崩溃

Collapse

Jared Diamond

How Societies Choose *to* Fail *or* Succeed

社会如何选择
成败兴亡

［美］贾雷德·戴蒙德 著
廖月娟 译

中信出版集团｜北京

图书在版编目（CIP）数据

崩溃 /（美）贾雷德·戴蒙德著；廖月娟译 . -- 北京：中信出版社，2022.1（2024.11重印）
书名原文：Collapse
ISBN 978-7-5217-3687-8

Ⅰ.①崩… Ⅱ.①贾… ②廖… Ⅲ.①社会发展－研究 Ⅳ.① K02

中国版本图书馆 CIP 数据核字（2021）第 245321 号

Copyright © 2005 by Jared Diamond. All rights reserved.
Simplified Chinese translation copyright © 2022 by CITIC Press Corporation
ALL RIGHTS RESERVED
本书仅限中国大陆地区发行销售

崩溃

著者：　　［美］贾雷德·戴蒙德
译者：　　廖月娟
出版发行：中信出版集团股份有限公司
　　　　　（北京市朝阳区东三环北路 27 号嘉铭中心　邮编　100020）
承印者：　河北鹏润印刷有限公司

开本：880mm×1230mm 1/32　印张：24.5　字数：575 千字
版次：2022 年 1 月第 1 版　印次：2024 年 11 月第 11 次印刷
京权图字：01-2021-6754　审图号：GS（2021）8341 号
书号：ISBN 978-7-5217-3687-8
定价：118.00 元

版权所有·侵权必究
如有印刷、装订问题，本公司负责调换。
服务热线：400-600-8099
投稿邮箱：author@citicpub.com

客自海外归,曾见沙漠古国
有石像半毁,唯余巨腿
蹲立沙砾间。像头旁落,
半遭沙埋,但人面依然可畏,
那冷笑,那发号施令的高傲,
足见雕匠看透了主人的内心,
才把那石头刻得神情维肖,
而刻像的手和像主的心
早成灰烬。像座上大字在目:
"吾乃万王之王是也,
盖世功业,敢叫天公折服!"
此外无一物,但见废墟周围,
寂寞平沙空莽莽,
伸向荒凉的四方。

——雪莱《奥西曼提斯》(王佐良译)

目录

致我的中国读者 III
序 曲 XIX

第一部分 第一章 在蒙大拿的长空下 003
现代蒙大拿

第二部分 第二章 暮色中的复活节岛 073
古代社会 第三章 灭绝之岛：皮特凯恩岛和亨德森岛 129
第四章 史前时代的大厦：阿纳萨齐印第安遗址 150
第五章 玛雅文明的陨落 177
第六章 维京：前奏与赋格 204
第七章 繁华如烟：维京人在格陵兰岛 247
第八章 格陵兰岛维京社会的挽歌 294
第九章 另辟蹊径：新几内亚高地、
蒂科皮亚岛和日本等社会的成功故事 333

第三部分 现代社会	第十章 非洲的人口悲剧：卢旺达的种族屠杀	377
	第十一章 一岛两国：多米尼加与海地	400
	第十二章 中国：摇摆的巨人	435
	第十三章 淘空澳大利亚？	458

第四部分 殷鉴	第十四章 千古恨事：群体决策的失误	509
	第十五章 大企业与生态环境	537
	第十六章 相依为命	595

后　记	645
致　谢	665
延伸阅读	669
插图来源	705

致我的中国读者

能有此机会向我的中国读者介绍我自己以及我写的书，我倍感荣幸。

我于1937年出生在美国东北部的沿海城市波士顿。美国人与中国人不同，大多数中国人的祖先包括早在50万年前就生活在中国的早期人类，而当今的美国人无一例外地要么是移民，要么是后来移居美国的人的后代。1.3万年前，在如今是美国的地方，甚至北美或者南美的任何角落，都没有人类生存过。直到1.3万年前，现代美洲原住民的祖先才来到美国。直到400年前，绝大多数现代美国人的祖先才开始来到美国——最早的一批来自欧洲，不久之后有来自非洲的，从大约170年前开始又有来自亚洲的。我的父亲是移民，他出生在当时的俄罗斯帝国，两岁时随父母来到美国。我的外祖父母在东欧出生长大，生了3个孩子后，于19世纪80年代带着孩子移居美国，后来又生了6个孩子，我的母亲是最小的那个。我妻子玛丽的父母于1948年从波兰移居美国。

我的母亲是一名钢琴家、语言学家，还是一名教师。在她的教育和帮助下，我从3岁开始识字，从6岁开始学习弹钢琴，从10岁开始学习英语语法和散文创作，还在11岁学习拉丁语，在16岁学习德语。我的父亲是一名医学家，他帮助创建了小儿血液学（儿童血液疾病）学科，还帮助建立起美国血库系统。在他的影响下，我对科学产生了兴趣。我的父母都不是观鸟人，我自己喜欢上了鸟类，从7岁就开始观鸟了。

在我成长的过程中，每当有人问我长大后想做什么，我都脱口而出："我想成为一名像我爸爸那样的医生。"11岁时，我很幸运地进入一所很好的学校读书，那里的历史课、外语课、写作课很精彩，科学课一般。因为我觉得我在今后的人生中会一直从事科学事业，所以我感到上学期间是接触历史、语言和写作的大好时机。17岁时，我考入哈佛大学，仍然怀揣着最终成为一名医生或者至少成为一名医学研究人员的梦想。但那时，因为我还是觉得我在今后的人生中会一直从事科学事业，所以我在大学期间尽可能地学一些与医学无关的课程，比如俄语、德语文学、作曲、口传史诗、动机心理学和天文学。

直到我在哈佛四年大学生涯的最后一年，我才意识到我不想行医，我真正想从事的是科学。因此，我没有按照原来的计划去医学院就读（我当时已经申请并被录取了），而是在毕业前几个月改变了计划，决定攻读生理学这门实验室科学的博士学位，研究人类和其他动物的身体机制。

为了完成博士期间的研究，我来到英国的剑桥大学，在欧洲生活了四年。我选择剑桥大学出于两个原因。一个原因是剑桥在当时拥有世界上顶尖的生理学家，我的博士生导师就是其中一位。另外一个原因是在此之前，除了去美国其他地区进行过短暂的旅游，我一直生活在波士顿，和我的父母住在一起或者和他们住得很近。我准备开始自己的人生，准备离开家去体验别处的生活。实际上，在欧洲生活是一段很愉快的经历，不仅仅是因为剑桥大学的生理学很杰出。我有许多机会去其他欧洲国家游览、学习，比如，我可以去德国练就一口流利的德语，去芬兰初步学习芬兰语这门很难的语言，还能去当时的南斯拉夫。在剑桥大学，我有很多闲暇时间作为钢琴演奏者和其他音乐家演奏室内乐，在大学合唱团演唱，自学管风琴，开启我演奏伟大作曲家约翰·塞巴斯蒂安·巴赫所有管风琴作品的逐梦之路。

在欧洲生活还有一个好处，那就是加深了我对地理及历史之于人类生活影响的理解。我在儿时就感受到了地理和历史的影响力，出生于1937年的我在第二次世界大战期间长大。那时，我父亲在我卧室的墙上贴了两张地图，一张是欧洲地图，另一张是太平洋和东亚地图。我父亲在地图上用大头针表示第二次世界大战中的欧洲战线和太平洋战线，随着战线的转移，他每天晚上都给大头针换位置。1958—1962年，我在欧洲生活，朋友也都是出生于1937年前后的欧洲人。但是，由于地理和历史因素，我的欧洲朋友有着与我截然不同的童年。尽管第二次世界大战对美国人生活的影响无处不在，自然对我也有很大影响，但我从没看到过炸弹从天而降，也没看到过有人被杀死。我那些欧洲朋友的童年生活就完全不同了。取决于他们是碰巧出生在英国、德国、南斯拉夫还是别的什么国家，他们经历的苦难各不相同，有的失去了双亲，有的从远处眼看着父母的房子被炸毁，还有的失去了受教育的机会。这些事情没有一件在我身上发生过——完全是由于地理上的偶然，我出生在波士顿，而不是出生在伦敦或慕尼黑或贝尔格莱德。

我在剑桥大学的博士实验室研究是关于胆囊的。胆囊是个很小的器官，我们平常不会注意到它，除非不幸地得了胆结石。但事实证明，我关于胆囊的研究发现能提供一个良好的模型，帮助人们了解肠道、肾脏、肝脏等相关且更重要的器官。我成了世界上最了解胆囊运输盐和水机制的人。这种专业问题在你看来可能毫无用处，但如果你的肠道或者肾脏出现问题，让你的生命危在旦夕，你就不会这么认为了。1962年，我从欧洲回到美国，在哈佛大学医学院任职。1966年，我搬到洛杉矶生活，在加州大学任职，我之后的职业生涯都在这里度过。我的工作是继续研究胆囊，同时为医学生讲授医学生理学的课程。

但是，我逐渐发现我被寄予了将余生奉献给胆囊研究事业的期望，不安的感觉与日俱增。因为在此之前我把我大段的人生用在了更广泛的兴趣上，包括钢琴、语言、历史、鸟类，所以把余生用来研究胆囊让我感到太受限制和束缚。因此，1963年，我与一位同我一样爱好探险和观鸟的大学同学一起，策划了一场前往秘鲁这个南美国家的旅行，去攀登安第斯山脉的高山，观察亚马孙盆地的鸟类。第二年，我和我的朋友又组织了一次旅行，去澳大利亚以北的热带大岛新几内亚岛研究鸟类。

1964年那场首次踏足新几内亚岛的旅行对我的人生具有决定性意义。一旦你去过新几内亚岛，你就会觉得世界上的其他地方黯然失色。新几内亚岛地处赤道附近，但岛上的山脉海拔高达5 000米。世界上只有三个地方可以在赤道附近的山顶看到雪和冰川，新几内亚岛便是其中之一（另外两个地方是安第斯山脉和东非山地）。

新几内亚岛上的鸟类是世界上最迷人、最漂亮的。岛上有上千个不同的部落，岛民说着上千种不同的语言：新几内亚岛是世界上语言最多样化的地方。即使到了现代，新几内亚岛也是世界上最晚改变传统生活方式的地方之一：人们传统上仍然使用石器工具而非金属工具，仍然没有文字，仍然没有中央政府——在远古，世界各地都是这样，直到1万年前左右，随着农业的出现，才有10个地方（包括中国）发明了金属工具，创造了文字，发展出中央政府。

在第一次新几内亚岛之旅后，我又去过31次，都是为了研究鸟类，以及（坦率地说）向新几内亚岛岛民学习。我很快就遇到了一个矛盾：为什么聪明的新几内亚岛岛民仍在使用石器工具而不使用金属工具，而我这个在丛林中自己找不到路也不会生火的愚钝美国人，却作为带来金属工具、文字并征服新几内亚岛的欧洲社会之代表来到此地？从新几内亚岛岛民那里，我学会了如何养育子女，如何预知危险，如何领导他人，还学会了许多其他东西。在这一过程中，我对新几内亚岛上鸟类的研究发展成为我在生态学和进化生物学方面的第二职业，这比我对胆囊的研究更让我在科学界为人所知。

随着第二职业的起步，我开始在两个不同的科学领域（生理学和鸟类学）撰写学术研究论文。但我所有的论文都是学术性的，只有科学家能读懂。至于其他方面的人类知识，我只能阅读，不能认真思考并写出点什么。我在学术性的科学期刊上发表论文，几乎用不到我从母亲那里以及从英语和其他语言的文学中学到的向广大读者传达想法的技巧。于是，我在20世纪70年代末开始为杂志撰写面向大众的短文，讨论人类的经验，内容与胆囊和鸟类都不相关。

20世纪80年代发生了两件事，让我从撰写面向大众的杂志短文转而撰写面向大众的书。第一个事件出人意料，我接到一通麦克阿瑟基金会打来的电话，告知我他们已经决定给我一份为期5年的奖金，资助我做任何我想做的事情。那天接完电话后，我一整天都非常兴奋，但从第二天起，一整周都情绪低落，这是我人生中唯一一次情绪低落的时候。我意识到这通电话实际上是说："贾雷德，你是一个很有才华的人，我们给你5年既有自由又有报酬的时间，希望你好好利用这一自由，做点重要的事情。你的人生到目前而言，都在撰写关于胆囊和新几内亚鸟类的学术论文，没能发挥出你的潜能！"

第二个事件是我和玛丽的双胞胎儿子马克斯和乔舒亚在1987年出生。在他们出生前，每当人们谈论到未来某年比如2050年地球可能会面临的灾祸，我都觉得不真实，因为我出生在1937年，意味着2050年这样遥远的年份其实只存在于想象之中：我不可能活到那时。但是，2050年到来时，马克斯和乔舒亚很可能还活着，处于人生的巅峰时期，还能活好几十年。他们的人生，以及2050年世界的模样，都不是胆囊和新几内亚岛上的鸟类能决定的。我想为孩子们创造更美好的世界，因此需要开始把世界上最重要、最值得关注的问题呈现给大众，而不是只为胆囊专家和新几内亚岛鸟类专家写作。

这两个事件让我决定开始撰写面向大众的书籍。这些书讨论的是公众会关心的问题，这些问题可能会决定我的儿子们在一生中大部分时间里所处的世界的状态。就这样，我踏上了写作之路。四年后，我出版了第一本面向大众的书，到现在一共出版了8本。我很荣幸这8本书都被翻译成了中文。现在，我准备依次介绍一下这8本书，希望能激发你的阅读兴趣。

我的第一本书是《第三种黑猩猩》(1991年)，论述了人类何以在这么短的时间内变得如此不同于其他动物。从基因角度看，我们不过是第三种黑猩猩：大约600万年前，我们的祖先才与另外两种黑猩猩的祖先分离开来，我们的基因组与它们的基因组的差异不到2%。（如今，生物学家将其他的黑猩猩从两类分为三类，所以我们现在不是第三种黑猩猩，而是第四种黑猩猩了。）这意味着人类和其他几种黑猩猩的亲缘关系十分紧密，比观鸟者分辨不出的几种鸟的关系还要紧密。但在某些关键方面，人类与其他几种黑猩猩的差异很大，因此传统上我们不仅不被认为是黑猩猩，甚至不被认为是动物。这些关键性差异一定是在最近1 000万年内进化出来的。

因此，《第三种黑猩猩》讨论的是艺术和语言等人类特征在晚近时代的演化，这些特征似乎用一道不可逾越的鸿沟将人类和"动物"分离开来：人类的艺术、语言、种族灭绝、农业、生态破坏性，以及特有的性行为。书中有一章提出这样一个问题：除了地球，智慧生命或任何形式的生命是否还存在于宇宙中的其他地方？在我看来，《第三种黑猩猩》是我所写的书中最有趣、写得最好的一本，也是我母亲至今仍最爱读的一本。接下来的三本书对于我在《第三种黑猩猩》中首次探讨的几个最重要问题进行了更深入的探究。

我的第二本书是《枪炮、病菌与钢铁》（1997年），研究的是我最先在《第三种黑猩猩》中讨论的几个问题之一，也是晚近的人类历史中最重大的问题：为什么在过去1万年间，人类社会在不同大洲发展得如此不同？例如，为什么那些聪明的新几内亚岛岛民最近还在使用石器，为什么是欧洲人而不是亚洲人或美洲原住民或非洲人在最近几个世纪崛起并征服了世界上大部分其他地方？有一种种族主义的解释，大多数欧洲人在不久前还相信，许多欧洲人至今仍然坚信，那就是欧洲人比其他人种更聪明。但是，欧洲的种族主义者从未给出支持这一解释的证据。我自己的经历是，尽管新几内亚岛岛民使用石器工具，但他们总体上至少和欧洲人一样聪明——这一说法比我之前写过的任何内容都要激怒我的一些欧洲读者。

不同于种族主义解释，《枪炮、病菌与钢铁》表明人类社会在不同大洲上的不同历史轨迹是由于各大洲的自然环境不同：首先是各大洲在适合驯化的野生动植物物种方面的差异，其次是各大洲在大陆轴线和孤立程度方面的差异。《枪炮、病菌与钢铁》解释了这样一些过程：农业只独立发源于世界上的部分地区（包括中国但不包括欧洲），农业带来了金属工具、文字、中央政府等多方面的发展，使一些族群有能力征服另一些族群。中国读者可能会对书中关于中国的部分尤其感兴趣，包括水稻、猪和蚕等驯化动植物的起源，以及这些中国的创新产物向朝鲜、日本、东南亚、印度尼西亚和波利尼西亚偏远太平洋岛屿传播的过程。

我的第三本书是篇幅最短的一本，即《性趣何来？》（1997年），我一写完《第三种黑猩猩》就开始写这本书。人类与其他动物包括我们的近亲黑猩猩的不同之处，不仅在于我们的语言和艺术，还在于我们特有的性行为、生理学和解剖学特征。如果你的宠物狗会说话，你可以问问它对你的性生活有何看法。你会惊讶地发现，被你视为理所当然的行为在狗看来很怪异。你的宠物狗会说："这些人类真病态、真疯狂！为了交配，他们还得去卧室并关上门，而不像有自尊心的狗一样在大庭广众下交配。他们在一个月中的任何一天都能交配，而不是只在女性可受孕期交配。实际上，如果不用体温计测量或者不用激素检测试剂盒检测，我和我的主人都不知道女主人在一个月中的哪几天可以受孕，甚至女主人自己也不知道。但雌性的狗会将它们可受孕的日子广而告之，任何其他正常的雌性动物都会这么做。最恶心的事情是，人类即使在女人衰老不能生育后还有性行为。这些人的大多数性行为是对精力的巨大浪费，因为大部分性行为都不能带来受孕！"没错，你的宠物狗观察得完全正确。但是，所有这些被我们人类视为理所当然、让你的宠物狗觉得恶心的人类性行为，与人类的语言和工具一样，对人类社会的运行至关重要。

下一本书是《崩溃》（2005年），探讨的问题是为什么有的社会实施愚蠢的政策而走向自我崩坏，而有的社会能持续兴盛数百年甚至数千年。我描述了几个历史上有名的崩溃事例：波利尼西亚社会之崩溃，该社会曾经所在的复活节岛上巨型石像群高高耸立；阿纳萨齐城镇之废弃，在欧洲人到来之前，美洲原住民在这片位于现代美国西南部的土地上建造了最高的大楼，建立了最先进的社会；玛雅文明之消亡，中美洲的那些美洲原住民城市曾因其神庙、神像和雕刻之壮观而举世闻名；维京人之没落，格陵兰岛上的维京人聚居地过了400年后，一个人也没有剩下。这些崩溃的古代社会与避免了自我灭亡的古代社会，以及成败不一的现代社会都形成了鲜明的对比。这本书探究了导致有些社会制定灾难性决策的多种原因，以及现代世界面临的主要环境问题。《崩溃》这本书为我们当今的社会提供了最现实的经验与教训。

我的第五本书是《历史的自然实验》（2010年），这本书是我和同事吉姆·罗宾逊（Jim Robinson）合著的，其中的篇章包括吉姆撰写的、我撰写的，以及另外5位作者撰写的，展示的是如何利用自然实验理解人类行为和人类社会。物理学家、化学家和分子生物学家告诉我们，唯一严谨的科学研究方法是进行可操纵的实验室实验：在实验中取两支相同的试管，在其中一支试管中加入某种化学物质或干扰试剂，将该试管与另一支未受干扰的试管进行对比，从而明确地证明该化学物质或干扰试剂的作用。如果我们能够开展此类可操纵实验，比如通过实验让一半的女性在每月的可受孕期变成亮红色，或者用时光机将历史倒退20次，其中10次有希特勒，10次没有希特勒，以此证明希特勒对历史的影响，那么我们社会科学家就能快速解决所有重大的历史和人类行为问题。可惜，对我们这些不幸的社会科学家而言，这类可操纵实验通常无法实现、违犯法律或者违背道德。但是我们仍然能通过对比所谓的自然实验结果取得进展，在这些"实验"中，自然有时受到了某种人为操纵，有时没受到人为操纵。

例如，对于拿破仑对欧洲的经济发展的作用究竟是正面还是负面，历史学家争执不下。法国历史学家通常认为拿破仑带来了可观的效益，而英国历史学家往往认为他让欧洲的经济变得混乱不堪。很不幸，我们无法控制拿破仑的存在与否让历史重来几遍，以此解答这个问题。但是，在拿破仑时期，德意志有几十个独立的邦国，有些邦国遭到拿破仑的入侵并完成了改革，有些邦国虽然遭到拿破仑的入侵，但其推行的改革后来被普鲁士王国推翻，还有些邦国从未实行过拿破仑的改革。即使不用化学家所钟爱的试管和可操纵实验，这一自然实验仍能表明：关于拿破仑的影响，法国历史学家是正确的，英国历史学家是错误的。自然实验已经成为回答人类历史和人类行为相关问题的最实用、最可行方法。

第六本书是《昨日之前的世界》（2012年），书中比较了传统社会的生活（比如我待了很长时间的新几内亚岛上的部落社会生活）

与大部分读者都不陌生的现代社会生活。传统社会与现代工业社会的差异表现在许多方面：敌友的划分、打仗的方法，以及解决争端、养育子女、对待老人、应对危险、保持健康的方式，等等。在有些方面回归传统做法是很可怕的，我们可以认为我们现代的生活方式更优越，比如不必总是卷入战争，不必眼睁睁看着大多数子女死去。但在另一些方面，传统社会处理问题的方式比我们现代人强，我们可以从中学到很多，比方说如何维持一生的友情，将子女养育成具有竞争力且快乐的人，识别危险，以及为老年人提供有意义的生活。《昨日之前的世界》是我最具个人色彩的一本书，也是最易于读者参考应用，使自己的生活更惬意的一本书。

在我最新出版的书之前的一本是《为什么有的国家富裕，有的国家贫穷》（2014年）。我的另外7本书都围绕一个单一话题展开，并且需要从头开始读，但这本小书只有7章，每章的话题都不同，你可以一次只读一章，随便什么顺序都行。各章讨论的话题包括：为什么有的国家富裕，有的国家贫穷？如何避免损害健康或者危及生命的事故？吃什么能够避免过早死于糖尿病、高血压、心脏病，或者其他可能威胁我和大多数读者生命的医学问题？还有一整章是关于中国的，描述的是我这个外国历史学家眼中的中国。

我最新出版的书是《剧变》（2019年），讨论的是现代国家如何应对国家危机，书中的案例多数发生在过去的80年内。虽然已经有数不胜数的书讨论最近或以前的国家危机，但是这本书从一个全新的视角剖析了这一常见且重要的问题：由个人危机提供的视角。几乎所有人都经历过个人危机，比如婚姻或其他亲密关系即将破裂、所爱之人去世这类事件，或者工作、财务或健康方面的重大挫折。

我对这一问题思考了很多，因为我的妻子玛丽是一名临床心理学家，她的专业涉及为面临严重个人危机的人提供帮助。

我们都知道，不管是根据自己的经历还是基于对朋友的观察，有些人在面对危机时比其他人处理得更妥当。借助玛丽和其他心理学家的经验，我们总结出了决定个人能否成功应对个人危机的12项因素，包括是否承认危机，是否承担责任，是否对自己诚实，是否有选择性地改变自身做得不好的部分，是否接受朋友的帮助，等等。结果表明，类似的因素也影响着印度尼西亚、日本、澳大利亚、德国等国家应对国家危机的方式。这本书的最后几章剖析了日本、我的祖国美国以及整个世界现在正面临的主要问题，还分析了影响日本、美国以及整个世界成功解决现存问题的可能性的因素。

你将会注意到我的这些书是在1991—2019年出版的。每一本书都在出版前的几年里写成。这可能会让你心生疑问：这些书是不是已经过时了呢？从1991年或者2005年至今，知识已经更新换代，这些书现在是不是不合时宜、失去价值了呢？

当然，对于我在这些书中所探讨的问题，相关研究肯定不会在书出版后就停滞不前。不过事实证明，后续的研究只是提供了新的例子，促进了我们的理解，并没有推翻我书中的结论。例如，1991年《第三种黑猩猩》出版时，我们不知道我们的祖先智人遇到现在已经灭绝的尼安德特人时，两个人种是否发生了杂交。现在，基于过去15年的基因研究发现，我们知道确实发生过杂交，特别是当我们的智人祖先从非洲扩张后首次遇到尼安德特人时——或许因为他们那时男女人数不平衡，智人中的男性不得不与尼安德特人中的女性交配。结果是，非洲之外的所有现代人类（中国人、美国人等）

有大约3%的基因源自尼安德特人与不断扩张的智人杂交的短暂时期。这一发现为我在1991年出版的《第三种黑猩猩》一书中所描述的人类进化进程增添了有趣的一笔，但并没有推翻我这本书的结论。

最后，我将列举11个问题，这些问题可能让你感到困惑，你不确定这些问题的答案是什么（许多科学家往往也不确定！），但是你会发现这些问题在我的这几本书中都有所探讨。这些问题能说明为什么我认为我们人类和我们的社会非常有趣，以及为什么我认为我的中国读者将会对这些问题特别感兴趣。举例如下：

为什么几乎所有的中国人都是黑头发、黑眼睛，而大多数北欧人是黄头发或红头发、蓝眼睛？为什么黑头发、黑眼睛会给生活在中国而非北欧环境中的人类带来优势？

为什么在世界上的所有人种中，中国男性的胡须（和体毛）特别稀疏，欧洲男性的胡须更浓密，日本北部的阿伊努人的胡须是世界上最浓密的？长胡须或者不长胡须对男性各有什么好处，为什么这种好处在中国、欧洲和日本北部有所不同？

中国人特别是中国北方人的一项独特的面部特征是眼型，这是由于叫作内眦赘皮的眼睑特征造成的。内眦赘皮在中国北方人和西伯利亚东部人口的眼部表现得很明显，在中国南方人和南亚人口的眼部表现得不太明显，而世界上大多数其他人种的眼部没有内眦赘皮。如果你的眼部有内眦赘皮，这对你有什么好处呢？为什么如果你的祖先来自中国北方，好处就会更大，如果你的祖先来自中国南方，好处就会更小，而如果你的祖先来自欧洲，就没有好处呢？

为什么中国的丈夫平均而言比他们的妻子高10厘米左右呢？为什么很少有中国男人比妻子高很多，也很少有比妻子矮的呢？

就地理方面而言，欧亚大陆以东的日本和欧亚大陆以西的英国像是对方的镜像——日本是靠近中国海岸的大群岛，而英国是靠近欧洲海岸的大群岛。人们可能因此便期待日本和中国的历史关系与英国和欧洲的历史关系大致相同。事实上，英语与欧洲大陆的日耳曼语系关系密切，与欧洲弗里西亚语的关系尤为紧密，而日语与汉语完全不相干，与任何其他亚洲语言也没有确切的亲缘关系。同样，英国在过去2 000年里与欧洲国家纠葛不断，不断遭到欧洲人的入侵和占领，几乎在每个世纪都派遣了军队到欧洲大陆作战；但日本早先一直与亚洲大陆国家保持着几乎是相互隔绝的状态，在公元前400年之后从未遭到过侵占，在近代之前只有一次（16世纪90年代）向亚洲大陆派兵作战。为什么日本和英国有着如此相似的地理特征，却在语言、社会和历史方面发展得如此悬殊呢？

中国在公元前221年首次实现了政治统一，从此在历史上的大部分时期都是统一的状态。相反，欧洲大陆从未实现过政治上的统一，直至今天，欧盟甚至连促使欧洲各国组成非常松散的联盟都很困难。为什么中国这么容易实现统一，而欧洲实现统一就难上加难？

人类女性有绝经期，这意味着所有女性在40岁之后的一段时间会逐渐丧失生育能力。这似乎违背了基于自然选择的期望，因为自然选择应该倾向有助于动植物物种繁衍更多后代这种特性的进化。另外唯一一种已知有雌性绝经期的哺乳动物是领航鲸，也可能还有虎鲸，还有一种哺乳动物（澳大利亚袋鼬）有雄性绝精期。为什么女性有绝经期，与基于自然选择的期望不一致呢？如果绝经对女性有某种好处，那么为什么绝精对男性没有好处呢？为什么人类男性没有绝精期呢？人类女性与雌性领航鲸或虎鲸有何共同之处，唯独让这三种生物的雌性有绝经期呢？为什么雄性袋鼬有绝精期，而人类男性或者任何其他雄性哺乳动物没有绝精期呢？

生双胞胎对中国女性来说很少见：只有几百分之一的概率。但在尼日利亚的女性中，生双胞胎非常常见，比中国女性生双胞胎常见20倍——每100名尼日利亚新生儿中就有6对双胞胎。人们可能会想当然地认为生双胞胎会为自然选择所青睐：生双胞胎的女性能因此繁衍更多的子女并最终占领全世界。那么，为什么生双胞胎对尼日利亚女性有明显的好处，而对中国女性不利呢？

糖尿病曾经在中国很少见，但最近几十年发病率大大增加，已经接近美国的病发率。但是，糖尿病患者在中国人口中的分布与在美国人口中的分布截然相反。在中国，糖尿病集中发生在受教育程度高的富人身上，几乎不会发生在受教育程度低的穷人身上。与之相反，在美国，糖尿病在受教育程度低的穷人中最常见，在受教育程度高的富人中不常见。为什么糖尿病的发病分布在中国与在美国完全相反呢？

中国未来面临的最严峻问题之一是蚯蚓的问题。蚯蚓正面临什么问题呢，为什么蚯蚓问题对中国人的未来是一项严重的威胁呢？

中国和美国经常将彼此视为经济竞争对手，甚至可能是军事竞争对手。但是，中国所面临的最严重的长期问题与美国所面临的最严重的长期问题是一样的，即核武器、气候变化、全球范围内关键资源的枯竭、世界各地不平等导致的种种后果，以及在新冠肺炎之后的新型疾病将给整个世界所带来的危险。所有这些问题都非常棘手，只有在中国、美国以及世界上其他强国的通力合作下才能得到解决。为什么中国和美国现在还不做出更多的努力，来保障自己政府和自己人民的利益，来应对这些共同的问题，来解决我们两国都在面临的这5个最严重的难题？

　　以上11个问题只是列举的几个例子，你将看到我在8本书中还探讨了上千个精彩的问题。对于其中的一些问题，我在书中提供了具有信服力的答案。对于其中的另一些问题，我只能提供一些推测，这些推测尚未得到广泛的认可。其中还有一些问题至今仍然是谜，不过科学家希望能够在你们的有生之年解开谜题。尽情阅读、尽情享受吧！这次有机会向我的中国读者致辞，我真的很高兴。

Jared Diamond

序　曲

两个牧场的故事

两个牧场

几年前的一个夏天，我参观了两个牧场，一个叫乌尔斯牧场（Huls Farm），另一个叫加登牧场（Garden Farm）。尽管这两个牧场有千里之遥，但两者的优势和劣势出奇地相似。就其所在地区而言，这两个牧场都是规模最大的，而且发展得欣欣向荣，采用的也都是最先进的技术。尤其是，牧场中央都有一座用来饲养奶牛与挤奶的牛舍，里头有两排长长的、相对而设的牛栏，看起来整整齐齐。这两个牧场的牛舍壮观、先进，堪称当地之最，令其他牛舍都相形见绌。夏季，两个牧场的主人都会让牛群在丰美的草地上吃草；夏末则收割青草晒干成草秣，以供冬日之需。他们还灌溉牧场，以便让青草长得更加繁茂，增进干草产量。两个牧场的面积相当（有几平方英里），牛舍大小也差不多，乌尔斯牧场的奶牛数量比加登牧场稍多（前者有 200 头，后者则有 165 头）。两个牧场的主人都是当地有名望的人，也都是虔诚的教徒。

此外，两个牧场都坐落于景色秀丽之地，依山傍水，吸引不少外地游客。牧场附近高山顶峰白雪皑皑，雪水融化涓涓成溪，溪涧中鱼儿群游，溪水往低处流，最后汇入河流或峡湾。乌尔斯牧场南面临河，加登牧场则南依峡湾。

以上是两个牧场相同的优势，然而两者也有同样的劣势，那就是它们所处的位置都谈不上适宜畜牧业发展。由于这两个牧场都在北半球的高纬度地区，夏季短暂，牧草的生长时节不长，能生产的干草有限。即使是风调雨顺的好年头，和纬度较低的牧场相比，这里的气候也只是差强人意；气候若起骤变，两个牧场都深受其害，尤其令人担心的是干旱和酷寒。此外，这两个牧场的位置都很偏远，离人口稠密的地区很远，产品的销售、运输是个问题。由于运输成本较高，与那些离城镇较近的牧场相比，它们的竞争力受到影响。此外，这两个牧场的经济效益还受制于它们自身无法控制的力量，比如邻近一带经济状况的变化与消费者口味的转变。在更广泛的层面上，这两个牧场所在国家的经济荣衰也和来自远方敌对社会的威胁消长有关。

乌尔斯牧场和加登牧场最大的差异乃是目前的状况。乌尔斯牧场是家族企业，经营者是五个兄弟姐妹及其配偶。这个牧场位于美国蒙大拿州的比特鲁特山谷，目前发展得欣欣向荣。这里的行政区属拉瓦利县，人口增长率高居全美第一。这家牧场的主人蒂姆·乌尔斯、特鲁迪·乌尔斯和丹·乌尔斯亲自带我参观了他们那新颖、高科技的牛舍，且不厌其详地解说蒙大拿牧场的魅力和变迁。我们很难想象，整个美国或这个乌尔斯牧场在可预见的未来会衰亡。反观曾作为格陵兰岛西南部主教教区农庄的加登牧场，早在500年前就被废弃了。这个由维京人于中世纪格陵兰岛建立的社会已经彻底崩溃：数千名居民，有的活活饿死，有的在内乱中丧生，有的在与敌人交战时死亡，还有的远走他乡，最后人迹杳然。如今，加登牧场的牛舍石墙仍屹立着，附近的大教堂依旧耸然，我还得以细数牛舍中的牛栏，只是已无从听闻其主人述说过去加登牧场的魅力与兴衰。当加登牧场以及格陵兰岛上的维京社会处于鼎盛时期时，人们似乎根本想象不到它们会有衰亡的一天，正如我们现在很难想象乌尔斯牧场以及今天的美国有一天会败亡。

我必须言明，在此比较乌尔斯牧场和加登牧场的今昔，并不是断言乌尔斯牧场和美国社会必然会走向衰亡。从现在来看，情况恰恰相反。乌尔斯牧场正在扩张，蒸蒸日上，这个牧场的先进科技已成为邻近牧场研究、取法的对象；美国也是今天世界上最强大的国家。此外，我也不是预言牧场或人类社会都有走向衰亡的倾向：其中有些的确已经成了废墟，就像加登牧场，但有些还是得以享有千年繁华，直至今日。我在同一年夏天参观了乌尔斯和加登这两个相距千里的牧场，追昔抚今，得出的结论是：即使是今天最富有、科技最先进的社会，也面临着日益严重的环境和经济问题，而且这些问题不可小觑。当初加登牧场和移居格陵兰岛的维京人所面临的问题也大致相似。在古代，有一些社会曾努力解决这些问题，有的失败了（如中世纪移民至格陵兰岛的维京人），有的则成功了（如日本和波利尼西亚的蒂科皮亚岛）。鉴往知来，过去犹如一个丰富的数据库，供我们学习，让我们了解如何持续立于不败之地。

抚今追昔

维京人在格陵兰岛建立的社会只是过去众多走向崩溃、消亡的人类社会中的一例，徒留雪莱在《奥西曼提斯》[1]一诗中描述的巨大废墟。我所说的"崩溃"，指的是某一地区在相当长的一段时间内，人口骤减，以及／或者政治、经济、社会复杂度急剧下降。这种崩溃现象在几种衰退形式中算是最极端的。一个社会的衰退程度得多么剧烈才能称得上崩溃，这个问题见仁见智。就单个社会而言，财富的略微增减，政治、经济、社会的小规模重组，遭到近邻征服或因邻近社会的崛起而衰退（但该社会本身的人口规模、整个地区的复杂度并没有变化），或者是新的统治者当政，这些都属于较为温和的衰退形式。以这些标准来看，大多数人都会认为下述这些已成为历史的社会所遭遇的应该是典型的崩溃，而非温和的衰退：现代美国境内的阿纳萨齐印第安部落和卡霍基亚酋邦、中美洲的玛雅、南美洲的莫切和蒂瓦纳科、欧洲的希腊迈锡尼和克里特岛的米诺斯、非洲的大津巴布韦、亚洲的吴哥窟和印度河流域的哈拉帕，以及大洋洲的复活节岛。（见第XXIV—XXV页地图[2]）

过去人类社会留下的断壁残垣，令人发思古之幽情。儿时，我们通过图片得知这些古文明，那些遗迹令我们啧啧称奇。长大之后，不少人计划前往这些古迹寻幽览胜，亲眼见识一下。那些

---

[1] 奥西曼提斯，古埃及法老拉美西斯二世的希腊名字。他在位67年，多次与邻国交战，以军功著称，统治期间兴建了不少大型建筑，其陵墓为一座庞大的狮身人面像。——译者注

[2] 本书所有图片系原文图片。——编者注

倾圮的雕像、石碑和废弃的古城，有着一种壮观、魅惑人心的美，同时也是让人百思不得其解的谜。那些废墟规模之大，足证当年建造者的强盛富足，正如雪莱笔下的奥西曼提斯夸口的："盖世功业，敢叫天公折服！"然而，当初的建造者早就成了一堆白骨，留下这些费尽心血刻成的巨大雕像。为什么一个曾经如此强大的社会，最后竟会崩溃、瓦解？其公民个体的命运又是如何？可是远走他乡？若真是如此，背后的原因是什么？还是守着家乡，结果死于非命？在我们寻幽怀古、思索这些古文明之谜的同时，一种挥之不去的不安感隐隐袭来：我们今天的社会看似富足，会不会也有崩溃的一天？纽约的摩天大楼未来某一天是否也会变成一片废墟，供游客瞻仰，就像我们今天在浓密的丛林中凭吊玛雅文明一样？

　　长久以来，一直有人猜测，很多人类文明的神秘荒废，至少有部分原因关乎生态破坏：人类一味破坏自身社会所仰赖的环境资源，因而自食恶果。近几十年来，考古学家、气象学家、历史学家、古生物学家和花粉学家等专家的发现证实了这的确是无意间造成的生态灭绝。过去人类社会对环境的破坏主要可分成8种——森林滥伐和生物栖息地的破坏、土壤问题（包括侵蚀、盐碱化和肥力流失）、水管理问题、过度放牧、过度捕捞、新物种引进并影响本地物种、人口膨胀，以及平均每人对生态环境造成的冲击渐增，这8种问题的相对重要性因情况而异。这种种行径犹如自掘坟墓，导致人类社会不知不觉走上毁灭之路。

　　过往人类文明崩溃的案例有着类似的轨迹可循，就像同一主题的变奏。人口膨胀迫使人们实行精细化农业生产（如实施灌溉、

崩溃　　XXIV

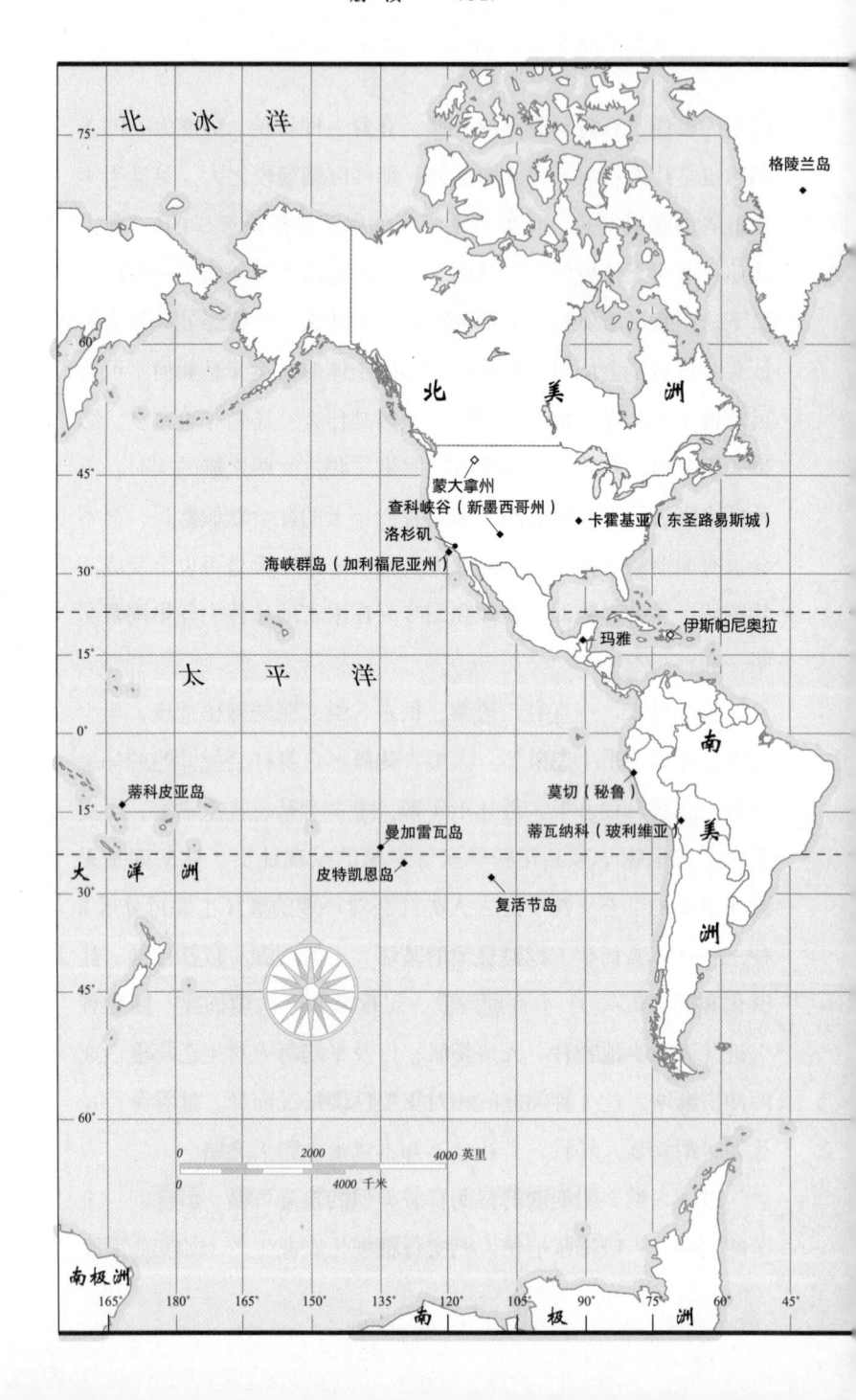

北冰洋

格陵兰岛

北　美　洲

蒙大拿州
查科峡谷（新墨西哥州）
洛杉矶
海峡群岛（加利福尼亚州）
卡霍基亚（东圣路易斯城）

玛雅
伊斯帕尼奥拉

太　平　洋

南
美
洲

蒂科皮亚岛
莫切（秘鲁）
曼加雷瓦岛
蒂瓦纳科（玻利维亚）

大　洋　洲
皮特凯恩岛
复活节岛

南极洲

南　极　洲

世界地图

史前社会、文明社会与现代社会

- ◆ 史前社会与文明社会
- ◇ 现代社会

一年两熟制、梯田耕作），扩展土地利用范围（从首选的优质土地扩展到边缘土地），以喂饱越来越多的嗷嗷之口。不可持续的利用方式必然造成上述8种环境破坏问题中的一种或多种，进而导致农业的边缘土地不得不再度遭到废置。如此一来，社会必然遭遇一系列冲击，包括食物短缺、饥馑，太多人为争夺有限的资源而争战连连，群众则因大失所望而奋起推翻精英阶层的统治。最终，人口因饥馑、战争或疾病的影响而减少，社会也因政治、经济和文化的黯然失色而不复全盛时期的光彩。有些作家在描述人类社会的发展轨迹时，不免喜欢用人的一生来做类比，说一个社会正像一个人，也会经历出生、成长、巅峰、衰老和死亡，而且社会兴衰的历程正如人的生老病死，都要经历从巅峰到死亡这一漫长的衰老期。但是对过去许多人类社会（比如苏联）而言，这种比喻是不恰当的：因为这些社会在规模与力量达到巅峰之后，急转直下，令民众惊惶错愕。在人类社会走向彻底崩溃的案例中，最可怕的情况有如世界末日，民众要么仓促逃走，要么只能坐以待毙。当然，过往的人类社会并非都循着这种可怕的轨迹走上绝路：不同社会的衰亡程度和衰亡方式各有不同，也有很多社会未曾崩溃。

　　今天，大家日益关注人类社会走向崩溃的风险。事实上，我们可以看到，索马里、卢旺达和其他一些发展中国家的崩溃已成现实。很多人担心生态灭绝对人类文明的威胁将超过核战争和新兴疾病。过去许多人类社会都因上述8种环境问题走上绝路，而我们今天所面临的环境问题，除了上述8种，还新增了4种：人为造成的气候变化、有毒化学物品在环境中沉积、能源短缺，以及地球的光合作用能力已被发挥到极限。有人认为，这12种威胁将在接下来的几十年内造成全球性冲击，这些问题如果得不到解决，遭到破坏的将不只是索马里，还有发达国家的人类社会。也许，现在谈人类灭绝和世界末日般的工业文明崩溃言之过早，但是若生态环境不保，我们很可能即将面临这样的未来：生活水平显著降低、风险长期升高，目前某些重要价值观沦丧。这样的崩溃可能会以不同形式呈现，比如因缺乏环境资源而引发疾病在全世界扩散或战争四起。如果这种推理是正确的，那么我们今天的所作所为将决定我们下一代的处境。换言之，现在的年轻人步入中老年后将活在什么样的世界，取决于我们今天怎么做。

然而，目前这些环境问题的严重性引发了大众激烈的争论。针对环境问题所带来的风险，我们是将其高估了还是低估了？过去地球上只有几百万人口，使用的工具大抵是石头和木头，所造成的生态破坏问题也只是地方性问题；今天人口已逼近70亿大关，加上强大的现代科技，生态环境不但加速恶化，而且已成为全球性问题，因此可能导致全面崩溃。这种说法是否合乎逻辑？现代科技可以解决我们的问题吗？还是说，它解决旧问题的速度还比不上制造新问题的速度？我们耗尽一种自然资源（如树木、石油或海洋鱼类）之后，可能以新的资源（如塑料、风能或太阳能，以及养殖鱼类）取而代之吗？全球人口增长的速度不是已经在下降了吗，我们是否已经致力于将人口稳定在可控水平？

这些问题表明，过去人类文明的崩溃不只是传奇之谜，还蕴含更多的意义。或许我们可从过去人类社会崩溃的例子得到一些实用的教训。我们已知有的社会崩溃了，有的社会仍然屹立：是什么因素使得某些社会特别脆弱？过去的人类社会究竟是通过何种进程走向生态灭绝的？为什么过去的社会看不见自己正一步步走向毁灭，而今天我们回过头来看，却觉得再清楚不过？过去的社会有哪些成功的解决之道？如果我们能回答这些问题，或许可以识别目前哪些社会面临最大的危机，进而防微杜渐，不至于像索马里那样坐以待毙。

不过，现代人类世界以及所面临的问题与过去人类社会不同。我们不可天真地以为，通过研究历史就能得到简单的解决之道，并且可以直接套用在今天的社会中。从一些层面看来，我们与过去社会之差异使我们面临的风险降低，如强大的科技（此处是指科技带来的正面影响）、全球化、现代医学的进步，以及我们对古老文明和现代社会有较多的认识。然而，从另一些层面来看，这些差异也使我们面临的风险升高，如强大的科技（此处是指科技带来的意料之外的负面影响）、全球化（导致牵一发而动全身，即使是偏远的索马里的崩溃，也会影响美国和欧洲）、数以百万计的人口（很快就达到数十亿）没有现代医药就难以活下去，以及现代人口的暴增等。也许我们可以从历史中吸取一些教训，但前提是我们必须审慎地思考。

消失的伊甸园

要了解过去人类文明的崩溃，我们必须直面一项重大争议和4个复杂的问题。这个争议就是过去的族群（其中有些族群的后裔今天还活着，而且能够表达自己的意见）的崩溃是否由他们自己一手导致。今天，有关生态环境破坏的问题，我们的确要比几十年前更为敏感。连酒店房间都挂着警示牌,提醒我们爱护大自然,因此哪怕多用一条干净的毛巾,或是没有及时关水龙头,都会让我们有负罪感。今天,破坏环境无异于罔顾道德。

有些古生物学家宣称,在夏威夷和新西兰演化出的鸟类物种,有半数早在远古时期就被夏威夷原住民或毛利人的祖先灭绝了。那些人的后代听到这样的话必然不高兴。美洲人也不喜欢听考古学家说什么阿纳萨齐人在美国西南部滥垦滥伐云云。古生物学家或考古学家的这些发现,在一些人听来,颇有种族主义的论调,认为那不过是白人剥夺原住民财产的借口。就仿佛是科学家在说:"你们的老祖宗对土地管理不当,所以活该失去土地。"一些美洲和澳大利亚的白人本就因政府给原住民土地补偿金而愤愤不平,确实会拿那些学者的发现来说事。不只是原住民,一些研究原住民且认同他们的人类学家和考古学家,也认为那些研究结果具有种族主义色彩。

有些原住民和认同他们的人类学家则走向另一个极端。他们坚持认为,过去的原住民是温和善良的人(今天的原住民也一样良善),很有生态环境管理的头脑,非常了解自然,也尊敬自然。这些原住民的家园就像一个人与自然和谐共处的伊甸园,原住民在此过着无忧无虑的日子,绝不可能做出那些坏事。正如一个新几内亚猎人曾告诉我的:"如果有一天,我在我们村子的一边猎到一只大鸽子,那么我会等上一个星期再去村子的另一边猎鸽子。"只有那些邪恶的发达国家的居民才不懂得珍惜自然、尊敬环境,径自破坏生态。

事实上,这两派走极端的人,不管是种族主义者还是认为过去的原住民生活在伊甸园中的人,都犯了同样的错误,那就是认为过去的原住民与现代发达国家的民众存在根本性差异(且不论孰优孰劣)。自从5万年前,人类有了发明、创造的技能,狩猎技巧也增进之后,环境资源的可持续经营一直是个难题。46 000年前,人类首次殖民澳大利亚,随后澳大利亚的许多巨型有袋动物和其他大型动物迅速灭绝。不管是澳大利亚、北美洲、南美洲、马达加斯加、地中海岛屿,还是夏威夷、新西兰等太平洋上的岛屿,在人类首次定居之后,总会带来一波大型动物灭绝的浪潮。这些动物原本在没有人类的威胁之下演化,遇上人类之后就遭了殃,不是容易遭到人类捕杀,就是因栖息地变化、害虫和疾病而灭绝——凡此种种,人类都脱不了干系。

任何族群都可能落入过度开发环境资源的陷阱,这要归因于一些普遍存在的问题,我们会在后文中详细讨论这些问题:自然资源起初看似取之不尽、用之不竭;自然资源存量本身在几十年内会存在自然起伏,而这会掩盖人类剥削环境资源的最初征兆;因为资源是由大家共享的,所以很难建立自我节制的共识(这就是所谓的"公地悲剧",我们在后文中会再详述);生态系统非常复杂,即使是生态学家也常常无法预测人类干扰行为造成的结果。今天我们觉得棘手的环境问题,在过去当然更难应付,特别是过去不识字的人类族群无法研究社会崩溃的案例,他们尽了最大的努力,却在无意间造成生态破坏的悲剧,这也是他们当初无法预见的结果。这种生态破坏不是该受谴责的盲目行为,也不是自私自利造成的。过去走向崩溃的人类社会中有些是最具创造力的(比如玛雅文明),也曾是那个时代最先进、最繁荣的,并不是只有愚蠢、原始的社会才会沦落到那个地步。

过去的人类族群既非无知、没有管理头脑，活该灭绝或被剥夺土地，也不是全知全能的环境守护者，能解决我们今天仍然无解的环境问题。影响他们成败的环境因素，其实和影响我们今日成败的环境因素十分类似。没错，虽然我们今日的情况和他们当年有所不同，但还是有相当多类似之处，所以过去可作为借鉴。

我认为特别重要的一点是：我们不可为了要给原住民一个公道，而做出历史性假设，假设他们与自然的相处之道为何。在我看来，这种假设似乎不只是一厢情愿，还很危险。从很多或大多数的例子来看，历史学家和考古学家已经发现非常多的证据，证明过去的原住民生活在伊甸园中的假设是错误的。如果提出这种假设是为了证明那些原住民应该受到公平对待，当这种假设被推翻，岂不是暗示：我们不必公平待之？事实上，要怎么对待原住民，并非根据有关他们如何与自然相处的历史性假设，而是基于道德原则：一个族群本来就不该剥夺另一个族群赖以生存的土地，使他们俯首称臣，更没有灭绝别人的道理。

五点框架

上述就是有关过去人类社会遭遇生态环境崩溃的一大争议。至于复杂之处，过去的人类社会并非每一个都因为生态环境破坏而注定走向毁灭：有些社会毁灭了，但有些社会依然屹立不摇。因此，真正的问题在于：为什么有些社会脆弱不堪？那些没有毁灭的社会，又有何突出之处？像我们后面将进行讨论的例子——冰岛和波利尼西亚的蒂科皮亚岛，就有化险为夷的本事，解决了困难的环境问题，因此得以长期繁盛，直到今天依旧欣欣向荣。维京人最初在冰岛殖民的时候，冰岛的环境状况从表面上看和挪威相似，其实大有不同。起初，维京人不分青红皂白地破坏冰岛的表土和大部分森林，后来有很长一段时间，冰岛都是欧洲最穷困、生态环境破坏最严重的国家。不过，在冰岛定居下来的人最终吸取了教训，实施了严格的环境保护措施。如今的冰岛在全世界国民人均收入排行榜上名列前茅。至于只有一丁点大的蒂科皮亚岛，因为周边没有近邻，不得不做到几乎所有东西都自给自足，岛上居民对资源利用进行微管理，而且小心控制人口规模，其生产力才得以持续3 000年以上，直到今天。因此，本书并不只是一连串人类社会走向崩溃的悲惨故事，还提供了一些可以取法的成功之例，让我们对未来不至于太过悲观。

此外，据我所知，没有一个社会是单纯因为生态环境受到破坏而崩溃的，总有其他因素介入。最初计划撰写本书之时，我并不认为那些因素是关键，天真地以为本书只需探讨生态环境的破坏就够了。最终，我得出了一个包含5点要素的分析框架，我认为分析任何社会环境崩溃的案例时都可从这5点出发，其中4点是：生态环境的破坏、气候变化、强邻威胁，以及友邻的支持。对某一个社会而言，这4点要素或许不一定特别重要，第五点却总是社会成败的关键，它就是面对环境问题时一个社会的应变力。接下来我们将逐一讨论这5点要素，这个顺序只是为了方便讨论，没有首要、次要之分。

第一点是人类对生态环境的破坏，这个问题我们先前已略提一二。生态环境的破坏程度以及是否可逆,部分取决于人的属性(例如人类每年在每一英亩[①]土地上砍伐的树木数量),部分取决于环境的属性(例如每年在每一英亩土地上有多少幼苗能发芽,幼苗的生长速度有多快)。环境的属性也被称为脆弱性(容易受到破坏的属性)或韧性(在被破坏后复原的潜能)。人们还可以单独讨论一个地区的森林、土壤、水产资源等的脆弱性或韧性。为什么只有某些社会遭遇了环境崩溃的问题?从原则上来说,这可能是居民恣意妄为的结果,可能是因为其环境的某些层面特别脆弱,也可能两者皆有。

在我的分析框架中,第二点讨论的是气候变化。一提到气候变化,我们常常联想到人类造成的全球变暖。其实,即使没有人类的干扰,大自然本身的力量也可能促使气候变得更热或更冷、更潮湿或更干燥,不同年份之间以及不同月份之间的气候也可能会有或多或少的变化。其原因可能是太阳散发出的热量发生变化、火山喷发导致大量火山灰进入大气层、黄赤交角的改变、地表陆地和海洋分布面积的改变等。有关自然力量导致的气候变化,人们最常提到的例子是大陆冰盖的消长,比如始自 200 万年前的冰期、1400—1800 年的小冰期,以及 1815 年 4 月 5 日印度尼西亚坦博拉火山大爆发后导致的全球性降温时期。坦博拉火山爆发时将大量火山灰喷至高层大气,遮天蔽日,导致抵达地球表面的太阳光减少,进而造成全球性温度下降,直到数年后灰尘散尽为止。坦博拉火山的那一次爆发,影响所及包括北美洲和欧洲,气候变

---

① 1 英亩≈0.004 平方千米。——编者注

冷加上作物产量锐减，导致饥馑遍地。于是翌年成了"没有夏天的一年"。

气候变化对过去的人类社会是更严酷的考验。在古老的社会，人类寿命短，且没留下书面资料供后代子孙参考。过去很多地区气候变化的时间跨度不只是几年，也可能是几十年，例如几十年的潮湿期之后，接踵而至的可能是长达半个世纪的干旱期。然而，在史前社会，一个世代（从父母辈出生到下一代出生的平均年数）往往只有几十年的光景。因此，等到几十年的潮湿期即将结束时，还存活的大多数人可能对前一次的干旱期已没有第一手的记忆。即使在今天的社会，人类仍倾向于在风调雨顺的几十年里增加作物产量，提升人口数量，却忘了（或根本意识不到）这样的丰年不能长久，等到荒年终于来到的时候，才意识到整个社会的人口数量已经超出了承载能力，或者之前养成的某些习惯已无法适应新的气候条件。（只要想想今天干旱的美国西部就知道了。由于之前几十年处于潮湿的气候环境，水资源较为充足，所以城市与乡村在用水政策上没有长远的计划，进而导致今天的窘况。）再者，过去许多人类社会没有"赈灾"的机制，无法从气候迥异的其他地区进口粮食来解决本地食物短缺的问题，使得气候变化的问题雪上加霜。凡此种种，可见气候变化对过去人类社会的冲击要比今天更严重。

对任何一个人类社会来说，自然力量导致的气候变化，可能是祸，也可能是福。此外，它可能对一个社会有利，而对另一个社会造成祸害。（例如，格陵兰岛的维京人就没能熬过小冰期的严酷考验，而格陵兰岛的因纽特人则趁机崛起。）历史上有许多例子显示，一个社会滥用自己的环境资源时，如果气候条件良好，或许还可以承受；万一碰上气候变化，变得更干燥、更寒冷、更炎热或出现水灾等，就有可能濒临崩溃。因此，社会崩溃既不是单纯由人类破坏环境造成的，也不是单纯的气候变化使然。如果一个社会没有滥用环境资源，即便遭逢气候变化，资源变少了，它仍有应变的能力。反之，如果一个社会本身已存在滥用环境资源的问题，再碰上气候变化的考验，就很难走出困境。很多因素都会交互影响，而不是单独作用，但如果环境资源遭到破坏加上气候变化，就会造成致命的打击。

第三点是强邻威胁。从地理层面来看，史上绝大多数社会都有近邻，难免与其产生摩擦，它们与邻近社会的敌对关系可能是间歇性的，也可能是长期性的。如果一个社会本身够强大，或许还可以抵御敌人的威胁；如果因为环境破坏等问题，社会本身较为虚弱，就可能遭到敌人的吞并。人类社会崩溃的一个直接原因就是军事征服，但其根本原因则是那些导致社会逐渐衰弱的因素。生态破坏就是这么一个根本原因，但这种根本原因常常会被军事征服等直接原因掩盖。

有关这种根本原因被直接原因掩盖的例子，最为大家所熟知的就是有关西罗马帝国衰亡的争论。罗马帝国面对蛮族的入侵，国力日渐不支，终于在476年，也就是西罗马帝国最后一个皇帝遭到废黜那一年宣告覆亡。其实这个时间的界定较为武断。不过，在罗马帝国兴盛之前，北欧和中亚——欧洲地中海"文明"地区的边境已有不少"蛮族"，不时入侵欧洲文明地区（也曾侵犯中国和印度）。在上千年的时间里，罗马帝国虽然多次遭受蛮族入侵，但仍然屹立不倒，如公元前101年，辛布里部落和条顿部落意图征服意大利北部时，在坎皮罗狄（Campi Raudi）之战中被罗马痛击。

然而，300多年后，最后的胜利者反而是蛮族，西罗马帝国就此覆亡。为什么会发生这种转变？是蛮族本身变强大了吗？比如说，人口有了显著增长，或者有了更严密的组织方式、更多精良武器或马匹，又或是中亚草原的气候变得更有利？如果是这样的话，我们会说蛮族入侵有可能是罗马帝国覆亡的根本原因。但还有另一个可能：在罗马帝国边境虎视眈眈的蛮族，其实长久以来并没有什么改变，只是等待罗马帝国因政治、经济、环境等问题国力渐衰，伺机而动。若真是如此，罗马帝国可以说是咎由自取，蛮族只是给了罗马帝国致命的一击罢了。目前，罗马帝国衰亡之因仍未有定论。同样引发争论的还有以吴哥窟为首都的高棉帝国，这个帝国是否因为暹罗军队的侵略而衰亡呢？类似的例子还有，印度河流域文明是否因为雅利安民族的入侵而衰败？希腊迈锡尼等地中海青铜时代的文明的崩溃是否源于海上民族[①]侵略？

第四点则是来自友邻的支持减少，这和第三点的强邻威胁日益严重刚好相对。翻开历史，大部分人类社会都有敌对的邻邦，也有友善的贸易伙伴。很多时候，同一个邻邦可能时而是朋友，时而是敌人，态度不定。大多数社会对友善的邻邦都有某种

[①] 海上民族，特指地中海东部的部族，公元前13世纪到公元前12世纪的百年间侵略了许多地中海周边地区，如埃及、赫梯、叙利亚–巴勒斯坦、希腊等。——译者注

程度的依赖，例如重要贸易物资的进口（比如今日美国的原油就仰赖进口，日本的原油、木材、海产品等也依赖进口）以及文化纽带，这种文化纽带是一个社会凝聚力的来源（如澳大利亚的文化认同就来自英国，直到最近才有所改变）。然而，如果一个社会的贸易伙伴因为某种原因萎靡不振（比如因为生态环境遭到破坏等），无法继续供应重要物资或是两者之间文化纽带中断，那么这个社会也会受到影响。这在今天是一个常见的问题。因为发达国家所需的原油就依赖生态环境脆弱、政治局势动荡不安的发展中国家，所以当1973年阿拉伯国家联手实施石油禁运时，就造成油价暴涨，使全球经济陷入衰退。过去维京人在格陵兰岛建立的社会、皮特凯恩岛上的人类社会等也曾发生类似的问题。

这个五点框架中的最后一点，就是一个社会面对问题的应变能力。这里所说的问题不只是生态环境破坏的问题，也包括其他问题。即使面对类似的问题，不同的社会总有不同的应对之道。就拿森林滥伐的问题来说，过去很多人类社会都有这样的问题，新几内亚高地、日本、蒂科皮亚岛、汤加等发展出了成功的森林管理之道，因此转危为安，得以继续繁荣下去，而复活节岛和波利尼西亚群岛中的曼加雷瓦岛上的居民，以及格陵兰岛上的维京人在森林管理上就不得法，最后走向崩溃。我们如何理解这种不同的结果？一个社会的应变能力取决于其政治、经济和社会制度，以及文化价值观，这些制度和价值观会影响到这个社会是否去解决问题（甚至是否尝试去解决问题）。本书将以这个五点框架来检视过去的人类社会，并讨论这些社会的兴亡。

当然，我应该再补充说明一点：气候变化、敌对的邻邦或友善的贸易伙伴不一定是一个社会走向崩溃的影响因素；同样地，环境破坏也不一定是一个社会走向崩溃的关键因素。我们不能断言所有社会走向崩溃的祸首都是环境破坏，苏联的瓦解就是一个现代的反例，迦太基在公元前146年被罗马夷为平地则是一个古代的反例。显然，一个社会也有可能仅仅因为军事征服或经济因素而走向崩溃。所以，比较确切的说法应该是：一个社会的崩溃不但可能牵涉环境因素，有时也和气候变化、敌对的邻邦、友善的贸易伙伴以及社会的应变能力有关。即便只限定这几个因素，从古至今已有相当多的史料可供参考。

企业与生态环境

今天人类对环境造成的影响到底如何，这是个经常引发争议的问题。基于人们对于这一问题的看法可以划分成两个阵营。其中一个阵营就是一般所谓的"环保人士"或"环境保护论者"，他们认为目前生态环境遭到破坏的问题很严重，迫切需要解决，我们目前的经济与人口增长率都是不可持续的。另一个阵营的人则认为，环保人士小题大做，毫无根据，当前经济与人口的可持续增长不但是可能的，而且是可取的。至于后面这个阵营，没有什么公认的简短的标签可套用在他们身上，我们姑且称之为"非环保人士"。这一阵营的人士多来自商界，但我们不能把"非环保人士"和"支持商业者"画上等号。很多商界人士以环保人士自居，也有不少非商界人士质疑环保人士的主张。在撰写本书的时候，面对上面两个阵营，我的立场为何？

先说我的背景。我从7岁开始观鸟，长大成人之后接受了专业生物学的训练。过去40年里，我一直在研究新几内亚雨林的鸟类。我很喜欢鸟类，喜欢观察它们，喜欢待在雨林里。我也喜欢其他的植物、动物以及它们的栖息地，并且予以尊重。我致力于新几内亚等地的物种和自然生态环境的保育。20多年来，我一直是世界自然基金会[①]美国分会的董事。这个基金会是全球最大的环保组织，关注全世界的自然生态。这些工作招致许多非环保人士的批评，说我"危言耸听"，还说什么"这个戴蒙德老爱宣传世界末日"，"夸大危机"，"关心濒临灭绝的紫色马先蒿，漠视人类的需要"。虽然我很爱新几内亚的鸟类，但我更爱我的儿子、我的妻子、我的朋友，还有新几内亚人等。我很关心环境破坏问题，因为我知道这个问题对人类社会造成的冲击更甚。

除此之外，我对一些大企业等社会力量也很感兴趣，而且有长期与之打交道的经验。这些企业因为大肆利用环境资源，常被视为反环保的一派。我十几岁之时就曾在蒙大拿的大牧场打工，做了父亲之后，也常在暑假带着妻子和儿子去牧场度假。有一年夏天，我曾在蒙大拿研究一群铜矿矿工。我爱蒙大拿，与那些牧场朋友友谊深厚，对他们的农垦事业和生活方式很了解，也很欣赏，同时也能体会他们的感受，因此将本书献给他们。近年来，我也有很多机会深入了解采矿、伐木、渔业、石油、天然气等其他行业的大型企业。过去7年，我一直在研究巴布亚新几内亚的

[①] 世界自然基金会，原名世界野生动物基金会，为独立的环保机构，创办于1961年，可见过去较重视野生动物的物种保育，今日则着重于整个自然界的生态保育。——译者注

石油和天然气开采对环境造成的冲击。这是当地石油公司与世界自然基金会的合作计划，基金会受委托来对这里的环境状况进行独立评估。这些石油公司多次邀请我参观访问，我和它们的主管与员工也深入讨论过，所以了解它们的看法和问题。

由于这层关系，我得以近距离地看到大企业经常对生态环境造成的毁灭性破坏，也深知这些公司有诚意采取更严格且有效率的生态保护措施，那些措施甚至比国家公园的做法还严格。不同的公司所采取的环境政策各有不同。我很好奇它们出于什么动机制度这些政策。然而，我与这些大型石油公司打交道的事也招来某些环保人士的非议，说什么"戴蒙德已经把自己卖给大企业"，"他和大企业狼狈为奸"，"他的节操都让石油公司买去了"，等等。

事实上，我并没有受雇于大企业，尽管我曾是他们的座上宾，但我还是必须坦率地说出自己的亲眼所见。看到石油公司和伐木公司破坏环境，我会直言不讳；看到他们小心翼翼地保护环境，我也会照实说出。我的观点是：如果环保人士不愿和大企业有所接触，就不可能解决今日世界的环境问题，因为这些企业是影响现代世界的关键因素。因此，我在撰写本书的时候，从我研究环境问题与面对企业现实的实际经验来谈，希望做到客观中立。

比较研究法

如何用"科学方法"研究人类社会的崩溃呢？我们常常误以为科学就是"在实验室复制控制式实验所得到的知识"。其实科学没有这么狭隘，而应该是更广泛的——获得关于这个世界的可靠知识。在某些学科领域，例如化学、分子生物学，在实验室复制控制式实验是可行的，这也是迄今为止获得知识最可靠的方法。我在学生阶段曾接受两个实验室科学领域的专业训练——在本科阶段学的是生物化学，之后又钻研生理学，并取得博士学位。1955—2002年，我先后在哈佛大学和加州大学洛杉矶分校进行生理学领域的实验研究。

当我于1964年开始在新几内亚雨林研究鸟类时，便立刻面临一个问题：当在实验室内和室外都无法复制控制式实验时，如何获得可靠的知识？这种实验不但不可行，而且通常违法或不符合伦理规范。我们不可能在一地人为地消灭或控制鸟类的数量，并将其与另一地没有受到人为控制的鸟类数量两相对照。我必须采用不同的研究方法。不只是鸟类研究，其他有关种群生物学的研究，还有天文学、流行病学、地质学、古生物学等，也面临类似的研究方法论难题。

因此，研究人员经常采用所谓的"比较研究"或"自然实验"来解决这个问题，即根据感兴趣的研究变量来比较自然界的情况，检视有何差异。例如，我在进行鸟类研究的时候，很想知道新几内亚一种棕眉吸蜜鸟对其他种类吸蜜鸟种群的影响，于是我就比较了山上几个吸蜜鸟群落（这些群落在其他方面相当类似，只是有的支持棕眉吸蜜鸟，有的不支持），观察它们有哪些行为差异。同样地，我在撰写《第三种黑猩猩》和《性趣何来？》这两本书的时候，曾比较不同的动物物种，特别是不同的灵长类动物，以了解为何人类女性有绝经和隐性排卵等现象（而其他雌性动物则无），为何人类男性的阴茎出奇地大（以动物的标准来看），以及为何人类通常进行隐秘的性行为（反之，几乎所有其他的动物种类都是堂而皇之地进行交配）等问题。已有大量的科学文献指出比较研究方法存在的明显陷阱，并且提出了克服这些缺陷的最佳之道。特别是历史科学（如演化生物学和历史地质学），若想以实验方法去操纵过去根本是不可能的事，我们不得不采取自然实验，而放弃实验室的控制式实验。

本书采取比较研究法，来了解人类社会如何因生态环境破坏而走向崩溃。我的前一本书《枪炮、病菌与钢铁》则以比较研究法探讨了一个相反的问题：过去的 13 000 年里，为何人类社会在各个大陆上发展的速度有别？本书的焦点则在于人类社会的崩溃，我比较许多过去和现在的人类社会，它们在生态环境的脆弱性、与邻近社会的关系、政治制度，以及其他被认为会影响社会稳定的"输入"变量方面存在差异。我将讨论的"输出"变量是人类社会经历浩劫的结果是崩溃还是幸存，如果遭遇崩溃，是以何种形式走向崩溃？通过探讨输出变量和输入变量之间的关系，我企图爬梳上述可能的输入变量对人类社会崩溃产生的影响。

比如，在研究太平洋岛屿上森林砍伐引起的人类社会的崩溃时，就可能进行严谨的、全面的、量化的比较研究。史前的太平洋岛屿上的族群在岛上砍伐森林的程度不一，从轻微程度的砍伐到全面性的滥伐都有，结果有的社会长久下来依旧坚挺，有的社会则完全崩溃，民众无一幸免。我和研究同人巴里·罗利特对太平洋上的 81 个岛屿进行调查研究，以数字量表评定其森林砍伐的等级，还对假定会影响森林砍伐程度的 9 个输入变量（如降雨量、地理隔绝程度、土壤肥力的恢复力等）的值进行等级评定。借由统计分析的方式，我们得以计算每一个输入变量对结果产生多大的影响。北大西洋也是一个可以进行比较研究的地方。维京人在此建立了6个殖民地，有的在岛屿上，有的在陆地上，适宜农耕的程度各有不同，与挪威的贸易关系也有好坏之分，再加上其他输入变量，这6个殖民地的最后命运也不同。（有的很快就被废弃了；有的撑了500年最后还是走向崩溃，没有人活下来；也有的在1 200年之后依然繁荣。）除了上述案例，不同地区的人类社会，还可能进行其他比较。

所有的比较研究都是以详细的资料为基础的，正因考古学家、历史学家和其他学者耐心积累的研究资料，我们才能对个别社会有深刻的了解。不管是有关古代的玛雅和阿纳萨齐印第安部落，还是有关现代的卢旺达和中国，抑或是我比较过的其他过去和现代社会，都有许多极佳的著作和研究报告，我在本书最后的延伸阅读部分将其列出。这一个个研究都是在写作本书时不可或缺的参考资料。然而，有一些结论是通过比较许多社会得来的，单靠进行单一社会的研究不可能得出。例如，为了探讨玛雅文明的崩溃，我们不仅要对玛雅的历史和环境有正确的认识，而且必须把玛雅放在一个比较大的脉络中检视，并将它与其他遭到毁灭或仍然屹立的社会相较，检视这些社会和玛雅的异同，如此才能更进一步洞视玛雅文明何以成为万古绝响。若是不透过比较研究，就难以得到这样的洞见。

我之所以不厌其详地说明个体研究和比较研究的必要性，是因为学者采用了一种研究方法之后，常常会小看其他研究方法的贡献。深入研究单一社会的历史的专家常对比较研究嗤之以鼻，认为比较研究是肤浅的；进行比较研究的学者也对单一社会的研究不以为然，认为这样难免导致只见树木不见森林，对其他社会的了解也将有限。我们要获得可靠的知识，单一社会研究和比较研究都不可或缺。尤其是基于单一社会的研究来进行归纳将有不够严谨的缺陷，借以解释一个文明的崩溃之因也难以周全。只有针对多个命运迥异的社会进行比较研究，才有足够证据推演出令人信服的结论。

本书概览

在此先简要介绍全书框架，以使读者对本书论述的内容有个概念。本书的架构就像一条巨蟒吞了两只很大的羊：一是立足当下，对现代社会进行讨论；二是回顾过去，剖析过去社会的兴亡。这两方面的探讨都是从某一个社会出发，花费较长篇幅深入对这个社会进行分析，再以较短的篇幅述及其他4个社会。

我们就从第一只大羊开始说起。本书第一部分由篇幅相当长的一章（第一章）构成，讨论了蒙大拿州西南部的环境问题。那里就是乌尔斯牧场所在地，我的友人伊尔希一家的牧场也在那儿（本书就是献给这些朋友的）。蒙大拿拥有身在发达国家的优势，虽然生态环境和人口是个问题，但比起发达国家大多数地区，这些问题还算轻微。更重要的是，我对很多蒙大拿人有深入的认识，了解蒙大拿的社会政策与个人动机的冲突。从蒙大拿这个我们比较熟悉的视角回顾过去，比较容易想象在那遥远的古代社会所发生的事，猜想在那乍看之下与我们相差十万八千里的社会中，个人受到何种动机驱使。

第二部分先是包括4个比较短的章节，论及过去走向崩溃的人类社会，按照前文提到的五点框架，由简至繁加以论述。本书详细剖析的过去社会，大部分规模很小，且地处边陲，有的与其他社会接壤，有的处于孤立状态，有的生态环境脆弱。为了避免读者产生误解，认为这些社会和我们熟悉的现代大型社会大相径庭，不是好的参考模型，我必须解释：这几个社会都是经过一番深思熟虑才选择出来的。这几个小型社会的变迁比较明显，结果也更极端，因此是特别鲜明的例子。地处中央、与邻近社会有贸易关系且生态环境强韧的大型社会过去并非没有衰亡，今天也不见得不会面临崩溃的命运。以玛雅为例，这个古代人类社会的人口有百万甚至千万之多，位于新大陆最先进的文化区域之一，那时该地仍无欧洲人驻足，和同一地区的其他文明社会有贸易往来，也深受影响。我将在本书的延伸阅读（第九章部分），简要描述其他和玛雅文明相似的古代人类社会，如肥沃新月地带、吴哥窟、印度河流域的哈拉帕等，以及它们如何在环境因素的严重影响下走向衰亡。

本书探讨的过去人类社会走向崩溃的第一个案例是复活节岛（第二章），这是一个几乎"纯粹"因生态崩溃而毁灭的例子。在这个例子中，我们可以看到全面的滥垦滥伐引起战争，导致贵族统治阶层被推翻，著名的巨石人像倾圮，岛上的大量居民也最终灭绝。就我们所知，复活节岛上的波利尼西亚社会从建立伊始就与世隔绝，因此这个社会的发展轨迹并不受敌人或友邦的影响。我和巴里·罗利特的比较分析有助于我们了解为何在所有太平洋岛屿中，复活节岛遭遇了如此严重的崩溃。

皮特凯恩岛和亨德森岛（第三章）也曾是波利尼西亚人定居之地，可作为五点框架中第四点的例证：因为失去友邦的支持而走向败亡。这两个岛屿虽然都面临生态环境遭到破坏的问题，但致命的一击来自其主要贸易伙伴因生态危机走向毁灭。就我们所知，这两个地方的衰败并没有涉及强邻威胁或气候变化等因素。

借由年轮数据重构的详细气候记录，我们发现美国西南部阿纳萨齐印第安部落（第四章）之所以崩溃，显然是环境破坏、人口增长与气候变化（在此是干旱）交叉影响的结果。在这个例子中，与邻近社会（无论是友邦还是强邻）的关系和战争（最后的战乱除外）都不是阿纳萨齐败亡的主因。

倘若要述及过去人类社会的崩溃，玛雅文明（第五章）是必不可少的一节。玛雅是最灿烂辉煌的美洲原住民社会，雄伟的古城矗立在丛林莽障中，也深锁在历史的迷雾中。正如阿纳萨齐印第安部落的情况，玛雅文明的衰落是多个因素交叉影响的结果，包括生态破坏、人口增长与气候变化。在这个例子当中，友邦的支持并非关键因素。和阿纳萨齐印第安部落不同的是，玛雅人在建城之初便遭受强邻威胁。在第二章至第五章讨论的人类社会中，只有玛雅人留下可以破译的书面记录供后人解谜。

在走向崩溃的史前文明中，古代维京人在格陵兰岛建立的社会（第六章至第八章）是最复杂的例子。这是一个已使用文字的欧洲文明社会，有最多的资料可供研究，势必值得以最长的篇幅来讨论——这就是那巨蟒腹中的第二只大羊。这个社会的崩溃涉及五点框架的每一项：生态环境的破坏、气候变化、与邻邦挪威失去友好往来、强邻因纽特人崛起造成的威胁，以及该地的政治、经济、社会、文化背景。格陵兰岛是有关人类社会崩溃的研究中最接近控制式实验的例子：两个社会（分别由维京人和因纽特人建立）在同一个岛上，但两者文化差异很大，后来一个社会成为苔原中的废墟，另一个至今依然生生不息。因此，格陵兰岛的历史透露了一个信息：即使面临严酷的环境，崩溃也不是必然的结果，一个社会的存亡取决于这个社会做何选择。除了格陵兰岛，维京人在北大西洋建立的社会还有5个，其中奥克尼群岛上的社会就发展得不错，不像格陵兰岛上的维京社会那样命运多舛。冰岛也是其中一个非常成功的例子，那里的维京人克服脆弱的环境，打造了一个富足、昌盛的现代社会。

第二部分的最后一章（第九章）介绍了其他三个像冰岛一样成功的社会，希望通过对比这些实例，我们能了解社会败亡的原因。这三个社会的环境问题虽然不像冰岛那样严重，可能也比大多数走向崩溃的社会来得轻微，但它们的经历向我们展示了人类社会走向成功的两条不同路径：一条是"自下而上"，也就是从个人开始做起，进而扩展到整个社会，典型的例子是蒂科皮亚岛和新几内亚高地；另一条则是"自上而下"，从社会最高统治阶层往下贯彻，一个典型的例子就是德川幕府时代的日本。

第三部分又回到现代。虽然我们已在第一章讨论过今日蒙大拿州的问题，但在第三部分将以4个截然不同的现代国家作为研究对象，前2个国家规模很小，后2个从规模上称得上是大国甚至超级大国：一个是发展中国家的灾难（卢旺达），一个是发展中国家的幸存者（多米尼加共和国），一个是从发展中国家奋起直追、试图赶上发达国家的国家（中国），还有一个则是发达国家（澳大利亚）。卢旺达（第十章）正是马尔萨斯灾难最活生生的例证，由于人口发展急剧最后演变成血腥屠杀，整个社会走向崩溃，就像古代玛雅社会的覆亡。卢旺达和邻近的布隆迪因种族暴力冲突声名狼藉，以胡图族和图西族的流血冲突最为严重，但我们应该看到，人口增长、环境破坏和气候变化早已为此埋下危机的种子，种族冲突不过是导火线。

第十一章讲述的多米尼加共和国和海地都位于加勒比海的一个小岛——伊斯帕尼奥拉岛。这种"一屋二家"的情境，犹如维京人和因纽特人同在格陵兰岛的翻版。几十年来，两国都由独裁者把持，最后海地成为现代世界中最穷困、悲惨的国家，相形之下多米尼加共和国还有一丝希望。读者可别误以为本书就是为了宣传"环境决定论"，多米尼加共和国的例子就让我们看到，个人也有扭转一国局势的力量，尤其是当此人是国家领导人的时候。

前述 12 种生态环境遭到破坏的问题，中国（第十二章）都有，而且每一个问题都已成沉疴。由于中国经济规模庞大、人口众多、幅员辽阔，不光是中国民众会受到环境和经济的冲击，全世界也将受到影响。

澳大利亚（第十三章）和蒙大拿州刚好是两个极端，前者虽然也身处发达国家，但环境极其脆弱，生态问题也最严重。为了解决这些难题，这个国家现在不得不考虑采取最激烈的手段来重建社会。

本书第四部分总结了我们今天应该牢记的前车之鉴。第十四章讨论一个社会为何会走上自我毁灭之路。这是一个令人困惑的问题，倘若我们步前人后尘，自我毁灭，后人也将大惑不解：古人为何看不到眼前的危险，而我们以后见之明来看，那些危险清楚得触目惊心？古人的毁灭是不是他们自己一手造成的？还是说，他们面临的问题根本无法解决，他们只是受害者？过去的环境破坏，有多少是人们的无心之过，又有多少是明知故犯？以复活节岛上的居民为例，他们在砍下岛上最后一棵树的时候，曾经说过什么吗？群体决策的失误可能是一连串因素所造成的，也许一开始的时候就未能防微杜渐，导致问题愈演愈烈，一发不可收。此外，当群体成员间发生利益冲突之时，有人会为了一己之利，不顾他人。

第十五章将讨论大企业的角色。有些企业可谓今日生态环境的杀手，有些则不遗余力地保护生态环境，而且成果斐然。我们将探讨为什么有些企业（只是一些）认为保护环境是利人利己的事，还将讨论我们需要做出哪些改变，才能让企业也加入环境的行列。

最后，我们将在第十六章总结今日世界面临的环境危机的类型，最常听见的那些反对正视环境问题的声浪，以及今日和过去人类社会面临的环境危机有何差异。其中最大的差异就是全球化。针对我们是否有能力解决目前的环境问题，持最乐观态度的人和持最悲观态度的人都以全球化作为着眼点。在这个全球化的世界，任何一个社会毁灭，都会使其他社会受到冲击，不可能像复活节岛岛民或格陵兰岛上的维京人那样孤零零地湮没在历史尘埃中。今天，任何一个社会发生动乱，不管它在多么遥远的地方（例如索马里或阿富汗），都会影响其他大陆上的繁华社会，而它们的反应又将加剧或缓和那个社会的动乱。在人类史上，我们首次面临全球崩溃危机，但也首次可以快速掌握全球信息，世界上任何一个社会有任何发展，我们很快就可以得知，继而见贤思齐或是引以为戒。此外，我们也可放眼过去，观察历史长河中人类社会的任一段发展轨迹，参悟兴亡的因果。此即本书写作的初衷。

第一部分

现代蒙大拿

第一章

在蒙大拿的长空下

斯坦·法尔科的大河恋

我问我的朋友斯坦——一位已到古稀之年的斯坦福大学微生物学教授,为什么他会在蒙大拿的比特鲁特山谷买一座房子,于是他便说起这段生命因缘。

我出生在纽约州,后来跟家人迁居罗得岛。小时候,我对山区一无所知。到了20岁出头,大学刚毕业时,我在医院解剖室待了几年,每天上大夜班。可想而知,这份工作让我这么一个不知死亡为何物的年轻人每天神经紧绷。我有一位朋友不久前才从朝鲜战争的战场上归来,见识过令人发狂的精神压力,他只看我一眼,就说:"老兄,你看来太紧张了,该好好放松一下。去试试飞蝇钓吧!"

于是,我就开始用飞蝇法去钓鲈鱼。先练习绑毛钩,上手之后,每天下班后都去钓鱼。朋友说得没错,这确实很减压。后来,我回罗得岛读研,又开始了高压生活。班上同学告诉我,飞蝇法不但可钓鲈鱼,也可钓鳟鱼,马萨诸塞州附近就有鳟鱼可钓。于是,我就开始钓鳟鱼。我的论文导师很爱吃鱼,看我去钓鱼,就笑逐颜开。只有为了钓鱼,他才准我开溜,不然放下实验室的工作,回来就有脸色瞧了。

差不多在我年过半百的时候,离婚的风风雨雨加上种种不顺心的事,弄得我心力交瘁,我又走到人生的困境。在这之前,我一年只去三次飞蝇钓。很多人在50岁生日之时,不免想到自己的余生。回想起我父亲的一生,他58岁那年就去世了。这么一想,不禁让我怆然暗惊:如果我的寿命和我父亲一样,那么在我去世前,岂不是只能再去24次飞蝇钓?对热爱钓鱼的我来说,24次真是少得可怜。意识到这一点之后,我开始反思该如何好好把握余生,多做一些我真正喜欢做的事,像是飞蝇钓。

这时候,我刚好受邀至蒙大拿州西南部的比特鲁特山谷评估一个研究实验室。我之前从没去过蒙大拿州。说起来,我直到40岁之后才踏上密西西比河以西的地方。于是,我飞到米苏拉,在机场租车南下,朝着实验室所在地哈密尔顿镇前进。米苏拉往南十几英里[①]的地方,道路长又直,谷地平坦,农田一望无垠,西边是顶峰白雪皑皑的比特鲁特山,蓝宝山则从东边陡然升起。如此壮阔的风景,美得让人悸动,我真是开了眼界,内心充满一种平和的感觉,而且能从一个

---

① 1英里≈1.609千米。——编者注

特别的角度看待自己在世界上的位置。

到了实验室，碰巧我以前教过的一个学生也在那儿工作。他知道我很喜欢飞蝇钓，就对我说，何不明年再回到这儿做实验，顺便在这附近钓鳟鱼，比特鲁特山谷的鳟鱼可是远近驰名。于是，第二年夏天我又去了，本来打算待两个星期，结果过了一个月才走。再后来的一个夏天，我原准备待一个月，却乐不思蜀，在那儿流连了一整个夏天。临走前，我和妻子干脆在那儿买了座房子。从那时起，我们便不时回到蒙大拿州，最后更以蒙大拿为家，大半时间住在那里。每次回到比特鲁特山谷，从米苏拉南行，最初那种宁静和宏伟的感觉又回来了。天地何其浩瀚，人有如沧海一粟，在蒙大拿特别容易让人产生这种感觉。

我与蒙大拿

蒙大拿美得令人震慑：像我和斯坦这种在市嚣中长大的人，对蒙大拿自是一见钟情；像我的朋友约翰·库克等人，虽然在美国西部其他山区长大，但也深受蒙大拿的吸引前来；还有一些朋友，像伊尔希一家这样的蒙大拿本地人，则愿在此终老一生。

和斯坦一样，我也是生于美国东北部（波士顿）的都市人。我父亲是名儿科医生，在我15岁那年夏天，父母带我去比特鲁特山谷南边的比格霍尔盆地（见第006页地图）度假数周，顺便探望父亲的一位小病人，我这才得以踏上密西西比河以西之地。那个小病人名叫约翰尼·伊莱尔，是一个牧场主的儿子，他得了一种罕见疾病，蒙大拿的儿科医生于是把他转介到波士顿接受专

崩溃　006

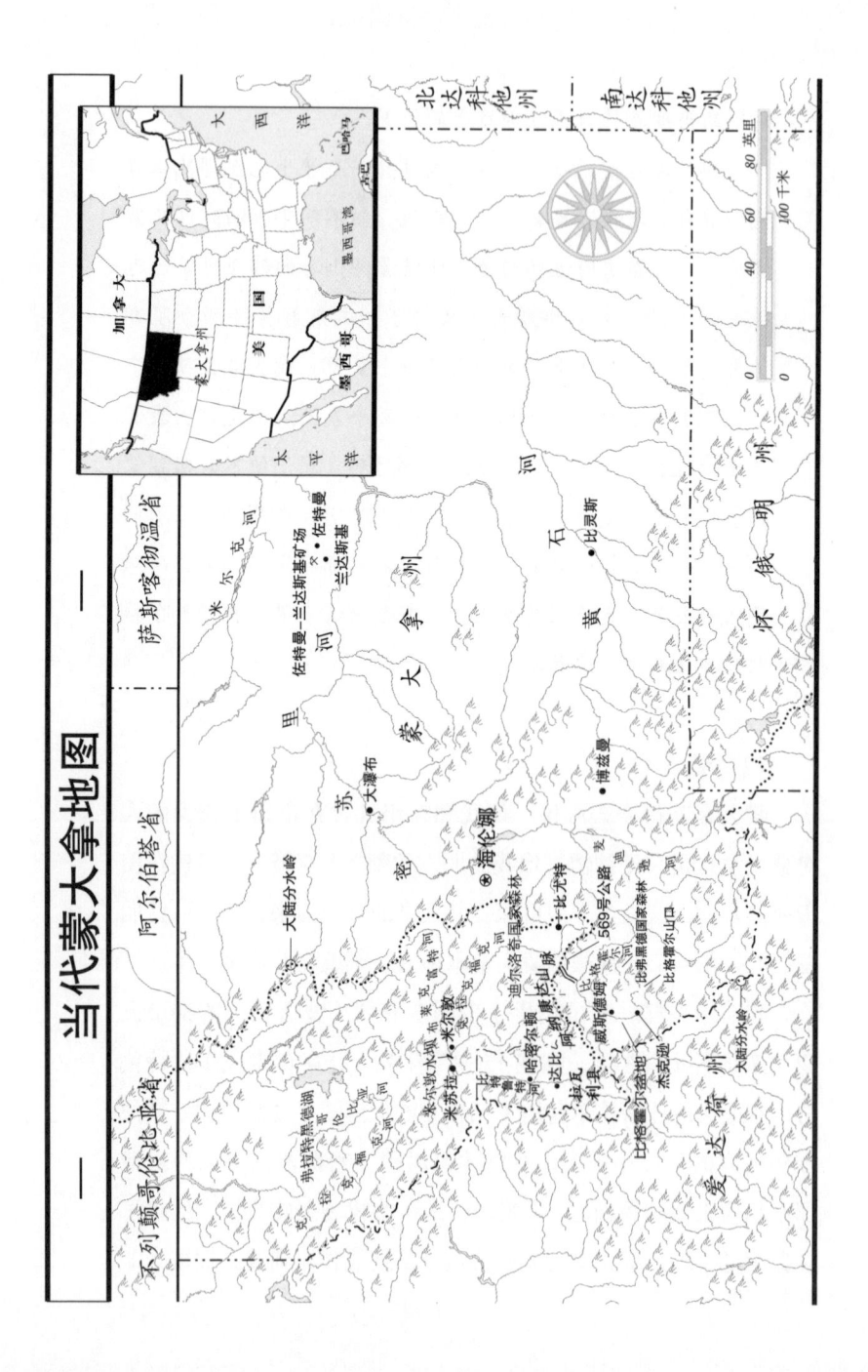

当代蒙大拿地图 一

不列颠哥伦比亚省　阿尔伯塔省　萨斯喀彻温省

北达科他州
南达科他州

米尔克河
佐特曼-兰达斯基矿场
佐特曼·兰达斯基
黄石河
比灵斯
怀俄明州
蒙大拿州
大潭布
苏
博兹曼
大陆分水岭
海伦娜
迪尔洛奇国家森林
569号公路
比尤特
威斯德姆
比特鲁特山脉
北弗黑德国家森林
比格霍尔山口
比特鲁特河
哈密尔顿
米苏拉
大陆分水岭
杰克塾
爱达荷州
比塔根河
克拉克河
弗拉特黑德湖
克罗蒙德雷
中拉塞尔洛盆地

0　40　60　80英里
0　100千米

加拿大
美国
墨西哥湾
大西洋
太平洋
蒙大拿州
巴哈

科治疗。约翰尼在我父亲的治疗下病情好转，他的父母和外祖父母便热情地邀我们去蒙大拿做客。约翰尼的外祖父老弗雷德·伊尔希在19世纪90年代从瑞士漂洋过海来此落脚，成为在比格霍尔拓荒的先驱。在我们前去做客时，他的儿子小弗雷德·伊尔希已经69岁，和儿女同心协力经营牧场。小弗雷德有两个儿子迪克和杰克，两个女儿吉尔和乔伊斯已嫁为人妇，吉尔嫁到伊莱尔家（约翰尼就是她儿子），乔伊斯嫁到了麦克道尔家。

和斯坦一样，我也为此地风景心醉神驰：群山如聚，倏地从地平线升起，寒冷季节可见白雪覆顶，被山包围的谷地平坦宽阔，绿草如茵，小溪蜿蜒。蒙大拿有"长空之乡"之称，真是名不虚传。以往我待过的地方，要么是抬头一看，天空下方多半被建筑物遮蔽的城市；要么是地形崎岖且谷地狭窄，因此只能看到一线天的山区，如新几内亚和阿尔卑斯山区；再或者是像艾奥瓦和内布拉斯加的平原，虽然也有一望无垠的蓝天，但天空不像蒙大拿这么美，大概是地平线不见连绵青山之故。三年后，我上了大学，暑假期间就与两个同学和妹妹去伊尔希家的牧场打工，为他们收割干草。妹妹在前面开着集草机，我开着捡拾机在后面收拾掉落的干草，同学就负责捆草和堆草。

那是1956年夏天的事了，几十年后我才得以旧地重游。夏日，我曾在新几内亚和安第斯山等地的美景中徜徉，但那些地方的美和蒙大拿大异其趣，我还是念念不忘蒙大拿和伊尔希一家。1998年，我终于得以回到阔别已久的蒙大拿。起因是位于比特鲁特山谷的一家当地的私人非营利机构——泰勒野生生物保护区——邀我前去参观访问。这真是个千载难逢的好机会，我可以带着两个双胞胎儿子前往蒙大拿，教他们用飞蝇法钓鳟鱼。比起初次造访蒙大拿的我，他们不过小个两三岁而已，两人立马就爱上钓鱼，其中一个现在正准备从事专业钓鱼向导。再次回到蒙大拿，伊尔希家的兄弟姐妹等故交一样热情款待，然而当初的青年如今已是年逾古稀的老人。他们仍旧一年到头都在牧场上劳作，和45年前我初次看到他们的时候一样。自这次相逢之后，每一年我必定和妻子、儿子去那儿报到，回到那美丽的长空下，也和老朋友叙叙旧（见插图1至插图3）。

　　我的心中总留着一方蒙大拿的天空。由于多年来皆在其他地方生活，直到回去好几次之后，我才习惯蒙大拿的长空、四周的山峦和平坦的山间谷地，才能徜徉其间，把这绝美的景色变成我的日常生活背景，将这山水纳入心胸。即便当远离之时，我也知道自己必将回到此地。洛杉矶是个便利的城市，适合我和家人一年四季在此工作、学习和居住，但蒙大拿的风景要优美多了，而且如斯坦说的，能予人宁静的感觉。对我来说，世界上最美的景致就是从吉尔家牧场房子的门廊放眼望去，近看比格霍尔的绿色原野，远观蒙大拿西部山区大陆分水岭峰顶的皑皑白雪。

为什么从蒙大拿说起？

　　总的来看，蒙大拿和其西南部的比特鲁特山谷可说是个吊诡之地。在美国本土48州当中，蒙大拿的面积居第三，人口总数却是倒数第六，因此人口密度全国第二低。今天的比特鲁特山谷看来绿意盎然，但原始植物只有一种名叫山艾（sagebrush）的绿色小灌木。谷地所在的拉瓦利县美不胜收，所以吸引了蒙大拿州内外的许多人前来定居，于是这里成了全美发展最快的一个县。不过，谷地的高中毕业生有七成会离开当地，大多数人也会离开蒙大拿州。虽然比特鲁特山谷的人口增加，但蒙大拿州东部的人口减少了，整个州的人口发展趋势因此持平。近10年来，拉瓦利县50岁以上的居民数量增加得很快，但30岁以下的居民数量减少了。最近选择在此地居住的人中不乏巨富，如嘉信理财集团的创始人查尔斯·施瓦布和英特尔的总裁克雷格·贝瑞特，但拉瓦利县仍是蒙大拿州最穷的一个县，蒙大拿州则是美国最贫穷的州之一。当地居民甚至得同时做两三份工作才能达到联邦政府界定的贫穷线标准。

一提到蒙大拿，我们就会想起那里的自然美景。的确，蒙大拿的生态环境或许是美国本土48州当中遭到破坏程度最低的，这也是许多人搬到拉瓦利县的主因。蒙大拿州1/4以上的土地归联邦政府所有，拉瓦利县的土地更是3/4都属于政府，大多是国家森林。然而，比特鲁特山谷就像美国社会的一个缩影，全美各地的环境问题在此均有所显现：人口渐增、移民问题、水质恶化与水资源缺乏问题、季节性或地区性的空气质量不佳、有毒废弃物、森林火灾的威胁升高、滥砍滥伐、土壤（及其肥力）流失、生态多样性的减少、有害物种的引进，以及气候变化的影响。

因此，蒙大拿是个很好的例子，我们可以由此开启本书对古今环境破坏问题的个案研究。在后文中，我们将陆陆续续讨论到过去人类社会，如波利尼西亚、阿纳萨齐、玛雅、格陵兰岛等，我们只知道那些社会的居民决定以某种方式对待环境的最后结果，但对大部分居民和他们的故事一无所知，至于他们的行为动机，我们也只能猜测。反之，在今日的蒙大拿，我们认识那些居民，知悉他们的故事和动机，其中有些人甚至和我有50年以上的交情。通过了解今日蒙大拿人的动机，我们或许可以更好地推测过去社会的居民的动机。本章为每个主题都赋予了鲜明的个人色彩，如此论述才不至于太过抽象。

此外，针对接下来几章我们将讨论的那些狭小、贫穷、地处边缘且生态环境脆弱的过去人类社会，蒙大拿这个例子提供了很有意义的今昔对照。我之所以选择对那些过去社会进行讨论，是因为它们切实尝到了环境破坏的恶果，因此有力彰显了本书的主旨。但蒙大拿的案例说明了，身受环境破坏之苦的，不只是过去那些人类社会而已。蒙大拿位于现代世界最富有的国家——美国，而且是这个国家最原始、人口最稀少的区域，因此它所面临的环境和人口问题似乎比其他地方要少。在我居住的洛杉矶和大多数都会区，环境问题丛生，如人口稠密、交通拥挤、乌烟瘴气、水质不良且有缺水之虞、有毒废弃物被大量排放。相形之下，蒙大拿的问题远没有那么严重。因此，倘若连蒙大拿都面临环境和人口问题，我们便可了解美国其他地方问题的严重性。蒙大拿这个例子可阐明本书的五大主题：人类对生态环境的冲击、气候变化、一个社会与邻近社会关系的好坏（对蒙大拿而言，则是看该州与美国其他各州的关系）、一个社会面临的来自其他社会的威胁（如来自海外的恐怖分子和今日的石油公司），以及社会面对问题的应变能力。

蒙大拿的经济发展史

整个美国西部山区都存在许多不利于粮食生产的环境因素，蒙大拿也不例外，作物的生产和牲畜的蓄养都受到限制。这些不利因素具体如下：雨水太少使得作物不易生长；高纬度和高海拔致使生长季节短暂，而且作物只能一年一熟，不像夏日较长的地区可以一年两熟；与人口较稠密的消费市场距离较远。这就意味着，其他地区可以用更低的价格、更高的产量提供相同的农牧产品，还能以更为迅捷、更为低廉的运输方式将其送到北美洲其他人口稠密地区。如何在蒙大拿这片美如人间仙境却没有农业竞争力的土地上讨生活？这就是蒙大拿经济发展面临的最根本的问题。为了解决这个问题，蒙大拿做了种种努力，遂成一部经济发展史。

人类定居蒙大拿的历史可分为几个经济阶段。第一个经济阶段，蒙大拿的土地上生活的是美洲原住民，他们至少在13 000年前就来到这里。虽然美洲原住民在北美洲东部和南部建立了农业社会，但是在欧洲人到来之前，蒙大拿的美洲原住民仍过着狩猎–采集生活，甚至在如今适合农牧业发展的地带也是如此。一个原因是蒙大拿不像北美洲东部和墨西哥，没有可以驯化的野生动植物，不能成为独立的农业起源地。另一个原因是蒙大拿离美洲的两个独立的农业起源地很远，截至欧洲人到来时，那儿的作物还未能传播到蒙大拿。今天，蒙大拿约有3/4的原住民生活在7块保留地内，除了丰美的牧草地，其他自然资源都可谓贫瘠。

根据历史记载，最先踏上蒙大拿的白人是1804—1806年横跨美洲大陆的刘易斯和克拉克探险队成员。他们在后来成为蒙大拿州的地方停留最久。在他们之后，蒙大拿进入第二个经济阶段，迎来了"山地硬汉",即从加拿大和美国其他地方前来猎杀动物、做毛皮买卖的商人。第三个经济阶段始于19世纪60年代,这个阶段的经济发展主要基于三大支柱:采矿业(特别是铜矿和金矿)、伐木业,以及食品生产(包括牛羊养殖和谷物、蔬果的种植)。(时至今日,蒙大拿的经济发展仍然依赖这三大支柱,不过其重要性已有所减弱。)蒙大拿的比尤特铜矿区吸引了络绎不绝的矿工,刺激了其他经济层面的发展,以满足该州内部市场所需。附近比特鲁特山谷的树木被大量砍伐并运输出去,为矿厂提供能源,或用作建筑房舍的木材,又或被用于支撑矿道。而矿工所需食物多半仰赖谷地生产的农作物。位于南部的比特鲁特山谷,气候温和(以蒙大拿的标准来看),因此有人戏称这里是"蒙大拿的香蕉带"。虽然谷地的降雨量很小(平均每年13英寸[①]),只有耐旱的山艾长得出来,但19世纪60年代白人在此落脚后,就开始克服这一不利因素,挖掘了小型的灌溉沟渠,接引谷地西侧比特鲁特山山顶积雪融化而成的山涧。后来,蒙大拿又斥巨资兴建了两个大型灌溉系统:一个系统是兴建于1908—1910年的"大渠",水源是谷地西边的科莫湖;另一个系统包含数条大型灌溉水渠,将比特鲁特河的河水引入。灌溉技术带来了不少生机,其中之一就是使比特鲁特山谷在19世纪80年代长出苹果,在20世纪最初的几十年里,这里的苹果产量进入高峰期,之后开始走下坡,今天仍在营运的苹果园已寥寥无几。

由于经济和环境因素的改变,蒙大拿以前的经济基础也出现

---

① 1英寸=2.54厘米。——编者注

转变：渔猎已从基本的谋生活动转为休闲娱乐，毛皮交易已经绝迹，而采矿业、伐木业和农业也渐渐式微；反之，旅游、休闲、养老和医疗保健等产业日益勃兴。比特鲁特山谷最近一次经济转型的里程碑见于1996年。证券经销商查尔斯·施瓦布从蒙大拿铜矿巨子马库斯·戴利手中买下面积约2 600英亩的比特鲁特斯托克农庄，并将其打造成富有的外州人的第二个家（甚至已是第三个或第四个家），这样他们每年可来这个美丽的谷地度几次假，在这钓鱼、打猎、骑马或是打高尔夫球。现在的斯托克农庄有18洞锦标赛级高尔夫球场和125栋"小木屋"。这里之所以加引号，是因为这些木屋内可有6个卧室，面积6 000平方英尺[①]，价格则从80万美元起步。能入主木屋的必然是高收入人士，至少要付得起俱乐部12.5万美元的入会费。光是这笔入会费已是拉瓦利县居民人均年收入的7倍以上。农庄四周都有围栏，入口挂着一个牌子，上面写着："本农庄只对会员和受邀嘉宾开放。"很多木屋主人都搭私人飞机前来，很少在哈密尔顿驻足或购物，大都在农庄俱乐部用餐。如果需要一些生鲜杂货、日常用品，就请俱乐部员工在哈密尔顿代购，然后送到农庄。一个哈密尔顿本地人曾挖苦道："这些贵族如果屈尊来城里溜达，你一眼就能认出来。这些家伙总是成群结队，活像外国游客。"

斯托克农庄的开发案宣布之初，对某些在比特鲁特山谷住一辈子的人来说，确实是一大震撼：谁会花这么一大笔钱来买这里的土地？肯定卖不出去的。结果却让他们大跌眼镜。尽管之前也

---

① 1英尺 ≈ 0.305米。——编者注

有富有的外州人陆续以个人名义前来置产，但斯托克农庄的开发一下子吸引了众多富豪买家，因此这被视为蒙大拿经济发展的里程碑。斯托克农庄的例子证明，这个谷地作为旅游休闲之用的经济效益远远超过养牛、种苹果等农牧业用途。

采矿

前述工业时代之前的人类社会以及今日世界各地共面临12种环境问题。这种种问题，在今天的蒙大拿几乎都存在，其中尤其严重的问题是有毒废弃物、森林、土壤、水（有时还包括空气）、气候变化、生物多样性的消失和有害物种的引进。我们就从看似最明显的问题——有毒废弃物开始说起。

在蒙大拿，虽然人们日益关心化肥、粪肥、化粪池污水和除草剂残留的问题，但最严重的有毒废弃物是矿渣。采矿污染的问题自从19世纪就有了，有些问题是最近新产生的，还有一些则是长久以来一直没能解决的问题。金属矿石的开采（以铜矿为主，其他还包括铅、钼、钯、铂、锌、金和银的开采）是蒙大拿的传统经济命脉。没有人能否定采矿业的重要性，现代文明产业，举凡化学、建筑、电气、电子工业等，都少不了金属。问题是开采金属矿石的最佳地点和最佳方式的选择。

然而，从蒙大拿矿场运出去的用于提炼金属的精矿（原矿石经选别后搜集起来的有用矿物）只占地下挖出来的原矿石的一小部分。剩下来的废石和尾矿（从原矿石选别出精矿及中间产品后的剩余产物）仍含有铜、砷、镉和锌等对人类有害的金属物质（对鱼类、野生生物和家畜当然也有害），因此这些采矿废弃物一旦渗入地下水、河川和土壤就大不妙了。此外，蒙大拿的矿石富含硫化铁，会产生硫酸。目前蒙大拿废弃的矿场就有两万座，有些比较新，有些则有百年以上的历史，而新旧矿场都将永远渗漏出酸性污水和有毒金属物质。这些矿场的老板绝大多数已经作古，不可能负起污染赔偿的责任，还活在人世的也没有足够财力重新经营矿场并解决污水问题。

早在一个世纪以前，蒙大拿人已经意识到有毒废弃物污染问题，并指出背后的祸首——比尤特铜矿区和附近的精炼厂。因为当时矿区附近的牧场主人发现，他们的牛变得奄奄一息，于是控告了这个矿区的经营者阿纳康达铜矿公司。阿纳康达把污染问题推得一干二净，宣称自己没有任何责任，并且打赢了官司。但在1907年，该公司还是修建了第一座用来倾倒有毒废弃物的沉淀池，后来又建了好几座。因此，我们很久之前就知道采矿废弃物若隔离处理，对环境的破坏程度就能减小。就目前世界各地的新矿场来看，有的运用最先进的技术处理废弃物，有的还是对废弃物污染环境的问题视而不见。现今美国法律规定，一家矿业公司如果欲开采新矿，必须购买另一家公司的债券。出售债券的公司承诺，一旦矿业公司破产，它将负担矿物的清理整治费用。但是，很多新矿业公司购买的债券价值根本低于所需的清理费用，至于老的矿业公司则无须购买这些债券。

在蒙大拿，有些收购老矿场的公司就会想办法逃避支付清理整治费用。天下乌鸦一般黑，其他地方的公司也差不多。它们逃避支付的方式有两种。如果公司规模很小，其所有者可以宣告破产，有的还会隐瞒公司资产，把公司业务转移给其他不必负担清理整治费用的公司或新公司。如果公司规模很大，无法以清理整治费用太高为由宣告破产（如下文将讨论的美国大西洋里奇菲尔德公司，以下简称ARCO），则会设法逃避责任或把清理整治费用减缩到最少。这么一来，结果要么是矿区和附近一带遭受有毒物质的污染，威胁当地居民的健康，要么由联邦政府或州政府划拨超级基金①或类似的基金来负担清理整治费用（当然，这笔费用最终会被转嫁到所有纳税人头上）。

  从上述矿业公司的狡诈行径，我们可看出一个问题：为什么社会中的个人或团体，明知自己的某些做法对社会有害，还是偏偏这么做？这个问题将在本书中反复出现。想方设法推卸责任或是把责任减到最轻，虽然短期内有助于提升矿业公司的经济利益，但会使整个社会受害；长远下来，公司自身和整个采矿业都将自食恶果。尽管蒙大拿长久以来视采矿业为"摇钱树"，并且以矿石之乡自居，但近来已渐渐不再对采矿业有所期待，蒙大拿的采矿业因此走向消亡，还在营运的矿场所剩无几。举例来说，1998年蒙大拿的选民联署提案公投，禁止在金矿开采中使用氰化物堆浸法，因为这种用剧毒提炼黄金的技术将带来生态浩劫。最后公投通过，蒙大拿采矿业深受打击，与矿业公司有密切联系的政界人士也非常震惊。我的一些蒙大拿朋友这么说道：回顾过去，我们蒙大拿的纳税人付了几十亿美元的整治清理费用，相形之下从采矿业中得到的利益实在少得可怜，更何况大多数利益被美国

---

① 美国为了解决自20世纪80年代开始出现的污染梦魇，于是成立超级基金来支付数百亿美元的清理整治费用。——译者注

东部或欧洲的投资人拿去了。我们终于学聪明了，假如蒙大拿不曾开采铜矿，而是直接从智利进口，把采矿的后续问题都留给智利人去伤脑筋，那么蒙大拿的境况肯定会比现在要好。

我们不从事采矿行业，采矿公司的所作所为自然会让我们义愤填膺，从道德层面对这些生态杀手进行谴责。它们明知自己做的终究是害人害己的事，这难道不是明知故犯还故意逃避责任？我有个蒙大拿朋友就在自家马桶上方挂了一个牌子，抒发不平之鸣：“使用后勿冲水。让我们效法矿业公司，让别人来清理自己的秽物。”

事实上，道德层面的问题更加复杂。在此引用最近出版的一本书中的内容来解释：“我们难以因矿业巨擘美国熔炼与精炼公司（以下简称 ASARCO）没能整治清理旗下一家污染特别严重的矿场而指责它。美国企业存在的理由就是为老板赚钱，这就是美国资本主义的运作方式。钱不好赚，因此不能花费不必要的钱……不是只有采矿业才奉行这种锱铢必较的理念。成功的企业会区分两种不同的花费：一种是维持企业运作必需的开销，另一种则是沉重的'道德责任'。环保人士和商界之间的对立，很多是因为难以理解这种区分或是不愿接受这种区分。企业的领导者多半比较像会计师或律师，而不是神职人员。"做出此解释的不是 ASARCO 的 CEO，而是环保顾问戴维·斯蒂勒。他在《伤痕累累的西部——蒙大拿、采矿与环境》(*Wounding the West: Montana, Mining, and the Environment*)一书中探讨了蒙大拿有毒采矿废弃物的问题，以及社会该怎么做才能修复受创的生态环境。

然而，旧矿场的整治清理总是需花大钱，这就是严酷的事实。

早期矿业公司的所作所为，皆因为政府对它们几乎没什么要求，而且它们莫不是循着斯蒂勒解释的企业运作法则，在追求利润。直到1971年蒙大拿州政府才立法规定，矿业公司关闭矿场后必须负起整治清理的责任。即便是ARCO和ASARCO这样财力雄厚的大公司，原本可能有意承担清理责任，但由于发现清理任务甚为艰巨、费用过于高昂或是结果很难满足社会大众的期待，就不愿处理这个问题了。当矿业公司的老板不愿或无法负担善后的费用时，纳税人也不愿插手，花几十亿美元来收拾烂摊子。纳税人认为这个污染问题不是一朝一夕的事，眼不见为净，只要不污染到自己家后院就行了，于是睁一只眼闭一只眼。只要不是燃眉之急的危机，大多数的纳税人不愿花钱。此外，抱怨有毒废弃物或支持提高税率的纳税人也不够多。如此看来，坐视不顾的美国大众也有责任，不能光责怪矿业公司或政府，毕竟最后责任还是会落在我们头上。只有大众对政治人物施压，并且通过立法，才有可能修正矿业公司的行为。否则，这些公司如果像慈善机构一样来经营，就罔顾了自己对投资人的责任。在这种两难之下，不同应对方式会有什么样的结果？克拉克福克河、米尔敦水坝和飞马金矿公司的佐特曼-兰达斯基矿场可以作为例证。

1882年，阿纳康达铜矿公司的前身已在比尤特开始运营。此地离哥伦比亚河支流克拉克福克河的源头很近。到1900年，光是比尤特一地的铜矿产量已是全美的一半。在1955年之前，比尤特的矿道大部分在地下，但阿纳康达从1955年起开挖了一个巨大的露天矿坑，即伯克利露天矿坑。这个矿坑直径约1英里，深度达1 800英尺。含有酸性物质和有毒金属的尾矿于是大量流入克拉克福克河中。然而，阿纳康达不敌外国业界削价竞争，加上智利的矿场被征收，以及美国环保意识抬头，因而逐渐走下坡路。1976年，这家公司被大型石油公司ARCO收购。（最近又被易手了，新的买主是一家更大的石油公司——英国石油公司）。ARCO在1980年关闭熔炼厂，在1983年终止采矿事业，比尤特这个矿业重镇因而损失数以千计的工作机会，经济体量只剩下原来的1/4。

于是，克拉克福克河和伯克利露天矿坑成了美国目前环境整治最大的烂摊子，动用的超级基金也最多。从ARCO的立场来看，要它承担之前矿业公司造的孽，并不公平，更何况在它收购阿纳康达之时，根本还没有联邦超级基金法。但在联邦政府和州政府看来，ARCO既然买下阿纳康达公司的资产，就该连带负起这家公司背负的赔偿责任。至少，不管是ARCO还是英国石油公司都没宣告破产。我有个朋友是环保斗士，他告诉我："ARCO希望尽可能全身而退，能少赔就少赔，但还有比这种大公司更可恶的。"酸性污水源源不绝地从伯克利矿坑涌出，必须被抽吸出来，这是个永远也难以完成的整治任务。ARCO已经付了几亿美元给蒙大拿州，希望能还克拉克福克河一个干净的面貌，全部赔偿金额预估达10亿美元。不过，我们无法确定这个金额是否足够。由于清理整治耗费很多电力，谁知道40年后我们又要为这些电力付出多少代价？

第二个例子是建于1907年的米尔敦水坝。此水坝建于比尤特的克拉克福克河下游，当初兴建是为了向附近的锯木厂提供电力。从那时起，含有砷、镉、铜、铅和锌等有毒沉积物的水，从比尤特矿区流下后就蓄积在水坝后面的水库。这些沉积物足足有

500多万立方米，水坝的兴建带来了一个"小问题"——克拉克福克河和布莱克富特河中鱼类的洄游受到影响。（自罗伯特·雷德福将诺曼·麦克莱恩的中篇自传小说《大河恋》改编成电影后，那波光粼粼的布莱克富特河和肥美的鳟鱼大概无人不知、无人不晓。）好吧，如果说鱼类的洄游算是"小问题"，1981年就爆发了大问题。当地居民发觉井里的水有异味，原来大量地下水已遭污染，砷含量高过联邦水质标准的42倍。祸首正是米尔敦水坝后方的水库。由于年久失修、不够稳固，又位于地震带，水坝已有渗漏、龟裂的现象，1996年就差点因冰塞而崩垮，目前更是朝不保夕。放在今天，没有人会兴建这样脆弱的水坝。万一水坝真的决堤，大量含有毒金属的水滚滚而下，则水坝下游7英里处的米苏拉（蒙大拿西南部的最大城）将在劫难逃，饮用水将成很大的问题，而且克拉克福克河下游将再难见到垂钓者的身影。

  ARCO收购了阿纳康达后，后者当年因采矿造成的水库污染的治理责任就转移到ARCO的肩上。1996年的冰塞事件差点引发生态浩劫；1998年又因水库的水含铜量太高，造成下游鱼群死亡。这迫使蒙大拿州不得不正视米尔敦水坝的问题。联邦和蒙大拿州的科学家都建议拆除这座水坝，清理水库的有毒沉积物。这笔费用约一亿美元，将由ARCO承担。长久以来，ARCO不断声明水库的有毒沉积物和鱼群死亡无关，拒绝为米尔敦地下水砷含量过高负责，也否认水源污染是米尔敦居民罹癌的一个原因。同时，ARCO资助米尔敦邻近城镇邦纳发动"草根运动"，不但反对拆除水坝，反而主张强化这座水坝的结构。如此一来，只需要花2 000万美元就能解决了。米苏拉的政界人士、商人和大众原本对拆除水坝的建议有所犹疑，但在ARCO动作频频的刺激下，对这水坝均恨不得除之而后快。2003年，联邦环境保护署已经采纳拆除水坝的提议，水坝被拆除的命运几乎可以说是板上钉钉。

蒙大拿的环境问题还有一个烫手山芋，那就是飞马金矿公司旗下的佐特曼-兰达斯基矿场。飞马金矿是家小公司，创办人原本来自其他矿业公司。这家矿场采用氰化物堆浸法来提炼低品位金矿石。要提炼出一盎司[①]黄金，需要50吨矿石，先从这些矿石中提炼出等级很低的金矿，之后再慢慢提炼出一点点纯金。金矿石被从露天矿坑挖掘出来后，先在堆浸场的过滤垫上堆积成一座小山，再洒上氰化物溶液。氰化物是一种常见的毒药，可用于制作氰化氢气体，也就是纳粹使用的毒气，美国在毒气室处死人犯也是使用这种气体，但氰化物可以与金结合。因此，氰化物溶液渗入矿石之后，就会与金结合，流到附近的化金池中，再由加工厂抽吸出来提炼成纯金。剩下来的有毒氰化物溶液不是被喷洒在附近的森林或牧场，就是加上更多的氰化物再喷洒在矿石上。

显然，利用这种堆浸法炼金，中间有好几个环节都可能出差错，佐特曼-兰达斯基矿场更是在每个环节都出现差错（见插图4）。首先，过滤垫就像一个5美分的硬币那样薄，以重型机具在上面堆放几百万吨的矿石，必然很容易破漏。其次，化金池的水可能会溢出。一次暴风雨来袭后，佐特曼-兰达斯基矿场就发生了这种不幸事件。最后，氰化物本身也很危险。有一次，矿场出现氰化物溶液溢出的紧急情况，老板在政府的允许下，准备将多

---

① 1盎司≈28.35克。——编者注

余的溶液喷洒到附近其他地方,以免过滤垫破裂。在喷洒过程中,因操作错误形成氰化物气体,差点让好几个工人送命。飞马金矿公司最后还是宣告破产,巨大的露天矿坑、堆浸场和化金池全都被废弃,但是矿场的酸性物质和氰化物永远都在渗漏,留下来的生态破坏问题永远是进行式。由于该公司的债券不足以负担整治清理的费用,还有4 000万美元以上的支出落在纳税人头上。我在此只是描述了有毒的矿场废弃物导致环境问题的三个个案,其实这样的个案还有好几千个。最近,德国、南非、蒙古国等正考虑投资采矿业的地区,纷纷派人前来蒙大拿考察,亲眼看看不当采矿祸遗千年的前车之鉴。

森林

蒙大拿的第二种环境问题包括伐木和森林火灾。正如矿产的重要性无可否认,我们也需要通过伐木来获得木材和纸张。我的蒙大拿友人赞同伐木,理由在于:如果你反对在蒙大拿伐木,那么要去哪里取得木材?我的朋友里克·莱布勒针对近日蒙大拿的伐木争议说道:"在蒙大拿伐木总比把雨林砍掉好吧!"杰克·沃德·托马斯的看法也大致相同:"如果我们拒绝把本地的枯木砍下,转而从加拿大进口活树,那就是把伐木造成的环境问题和经济效益都拱手送给加拿大。"迪克·伊尔希更是挖苦地说:"有人说:'不要通过伐木来蹂躏土地。'自己的土地不能蹂躏,所以就转而蹂躏加拿大的。"

比特鲁特山谷的伐木业始于1886年,主要为比尤特矿区提供所需的黄松。二战结束之后,美国房市大兴,对木材需求激增,美国国家森林土地上的木材销量在1972年达到峰值，是1945年的6倍。飞机在林地上方喷洒杀虫剂DDT，以控制树木的病虫害。为了实现树龄与树种齐一，以增加木材产量、提高伐木效率，工人采取"皆伐"的伐木法，而不是"择伐"（即只砍下做了记号的树木）。虽然皆伐式伐木法有上述优点，但也有不少缺点。首先，溪流两旁没有树木庇荫，溪水温度会过高，让鱼类难以产卵、生存；其次，冬天雪落在没有树木遮蔽的光秃秃的地面上，来年春天很快就会融化流失，假如林木蓊蓊郁郁，积雪就会慢慢融化，直至夏天结束前河水都源源不绝，可供牧场灌溉之用；最后，由于森林砍伐，内含沉积物的径流增加，水质就会恶化。此外，对重视林相之美的居民来说，皆伐之后，留下一个光秃秃的山头，简直惨不忍睹，这是最显而易见的缺点。

皆伐式伐木法因而引发不少争议。美国林务局的官员以伐木专业人士自居，认为大众对林务一无所知，应该闭嘴。气愤的蒙大拿牧场主人、土地所有人和普通民众于是起而抗议。1970年，林务局以外的森林学者提出一份"博勒报告"（Bolle Report），批评了林务局的政策，加上西弗吉尼亚州国家森林的皆伐也引起类似争议，终于促成全国性的变革，包括限制皆伐，以及重新强调森林经营的多重目的，而不是只重视木材的生产（其实林务局在1905年设立之初就持这种看法）。

在皆伐争议沸沸扬扬的那几十年间，林务局每年的木材销量减少了80%以上。一个原因是《濒危物种保护法》和《净水法》中相关环境法规的执行，以及国家森林必须继续作为所有物种的栖息地的相关要求；另一个原因则是容易砍伐的大树变少了——这是伐木本身导致的结果。每当林务局提出木材销售计划，环保组织就会起而抗议，甚至状告到法院。这些官司往往费时10年以上才能了结，即使法院最后驳回环保组织提出的诉讼，伐木的经济价值也减损了。在我的蒙大拿友人中，包括那些以环保斗士自居的人，几乎每一个都告诉我，这样的争议非常不利于伐木业。他们认为，林务局的伐木计划由于经年缠讼受到阻碍，非常可惜，因为伐木计划也不是一无是处（例如下文将讨论到的以减少森林火灾的可燃物载量[①]为目的的伐木）。但环保组织怀疑，官方提出看似合理的伐木计划其实背后隐藏伐木派的主张。目前比特鲁特山谷所有的锯木厂都已关闭，一来是因为蒙大拿公有林地可砍伐的林木极少，二来是因为私有林地的林木已被砍过两次。锯木厂的关闭意味着许多高收入、有工会组织的锯木业工作岗位已经不存在了，而蒙大拿也难再拥有这个锯木巨人的形象。

在比特鲁特山谷之外，很多蒙大拿私有林地依然存在。这些林地本来是19世纪60年代政府赠予北太平洋铁路公司的，作为兴建美国横贯大陆铁路干线的诱因。1989年，出于税收方面的考虑，这些林地的产权被从北太平洋铁路公司剥离出来，归于一家总部设在西雅图的梅溪木材公司，该公司的性质是不动产投资信托公司（收益可视为资本利得，适用于较低的税率）。梅溪木材拥有蒙大拿最多的私有林地，以全美而论，该公司排名第二。我看过梅溪木材发布的资料，也和其企业事务部主管鲍勃·伊尔

---

① 可燃物载量，即单位面积上可燃物的重量。——译者注

萨谈过。他为公司的环保政策辩护，并表达了公司可持续经营的理念。我听过不少蒙大拿友人吐槽这家公司，比如，"梅溪木材只在意净利润"，"它并不在意什么可持续经营"，"它有自己的企业文化，目标就是：木材能砍多少，就砍多少"，"还不是一家竭泽而渔的公司，它不会放过能从土地中取得的每一分钱"，"只有当有人抗议时，他们才会做杂草防治"，等等。

这种两极分化的观点是否让你想起先前提到的蒙大拿的矿业公司？没错。梅溪木材公司是营利性单位，不是慈善组织。如果蒙大拿人想让梅溪木材公司爱护环境、减少营收，就要看自己能否驱使政治人物通过立法并强制该公司执行，要么就设法买下土地，并以不同的方式来经营。在这个争议之上，还有一个残酷的现实：蒙大拿干冷的气候和较高的地势，对伐木业都是考验。比起蒙大拿，美国东南部和东北部地区树木的生长速度要快好几倍。虽然梅溪木材在阿肯色州、佐治亚州、缅因州和密西西比州这四州拥有的林地面积只占其在蒙大拿拥有的林地面积的60%~64%，但那四州生产的木材都比蒙大拿州要多。梅溪木材在蒙大拿经营伐木业的收益率一直面临瓶颈，无法攀升。在得以砍下树木之前，他们必须等上60~80年，每一年必须缴付税金，还必须进行火灾防护。如果是美国东南部的林地，只要等上30年，树木就能长成到可以砍伐。面对这样的经济现实，梅溪木材已经了悟蒙大拿林地的前景是不动产，而不是伐木业。因为在那些不动产的潜在买家看来，蒙大拿的山光水色正是打造世外桃源的好地方。另外，包括政府在内的买家常常是环境保护势力的代表。基于这些因素，蒙大拿伐木业的前景比起美国其他任何一地都更为堪虑，和其采矿业如出一辙。

和伐木相关的问题是森林火灾。近年来，蒙大拿和美国西部山区的森林火灾有变本加厉、愈演愈烈的趋势。在1988年、1996年、2000年、2002年和2003年的夏天，森林火灾特别严重。以2000年夏天为例，比特鲁特山谷1/5的森林都被焚毁。现在我每次乘飞机到比特鲁特山谷，第一个念头就是透过机舱窗口细数火点数目或估算当天的烟雾量。（例如2003年8月19日那天，我搭乘飞往米苏拉的航班，飞行途中发现12处火点，浓烟将可见度降至只有几英里。）2000年，约翰·库克每次想带我儿子去钓鱼，都要先考虑去哪一条溪，他考虑的因素之一就是那天森林火灾在往何处蔓延。我在比特鲁特山谷的友人就曾因为火灾迫近，数度撤离家园。

森林火灾增加，一个原因是气候变化（夏天有越来越干热的趋势），另一个则是人为因素。这里的人为因素涉及一些错综复杂的要素，护林员30年前就已经逐渐意识到这些要素，但其相对重要性仍存在争议。其中之一就是伐木直接造成的，被砍伐之后的林地就像是巨大的柴堆：有价值的树干被拖走了，满地残枝和树梢，加上新生的枝丫，火灾的可燃物载量因而变得更大。再者，那些不易着火的大树往往会被砍伐并拖走，剩下的都是些容易着火的小树。另外，在1900—1910年的10年间，美国林务局开始采取火灾抑制策略，以避免贵重木材化为灰烬，并保全民众的身家性命。林务局宣称的目标是："在灾情报告翌日早上10点以前完成灭火。"二战结束之后，由于消防技术的进步、有消防飞机可供使用，加上山路拓宽，消防车可开上山，灭火的效率大为提升。因此，二战之后的几十年间，被森林火舌吞噬的林地面积少了80%。

然而，好景不长。20世纪80年代以后，森林大火已不是火灾抑制策略能够控制的了。由于森林大火频频发生，除非靠雨水，而且风速不能太大，否则大火实在难以扑灭。这时人们才意识到，过去美国联邦政府实施的火灾抑制策略反而是今日森林大火的帮凶。由闪电雷击引发的森林火灾，其实发挥了维持森林结构的重要作用。天然火灾的作用随海拔高度、树种和森林形态而不同。以生长于比特鲁特山谷低地的黄松林为例，根据历史记录、年轮计数和残干上的焚烧痕迹等资料，此地黄松林因闪电雷击引发的火灾，在天然状态下（也就是林务局施行火灾抑制策略之前）发生的概率约是每10年一次。成熟的黄松树皮足足有2英寸厚，具有抗燃性。但大火会烧毁位于林下层的花旗松幼苗，因为这些幼苗易燃，而且距离上次火灾来临只隔了10年，幼苗还未能长高，火舌很难蹿升到大树的树冠，所以火灾只局限于地面和林下层。结果很多天然的黄松林看来就像公园，可燃物载量低，林木的间隔很宽，林下层干干净净。

当然，伐木公司只想拿走那些巨大的、价值非凡且具抗燃性的百年黄松。火灾抑制策略被施行几十年之后，林下层长满了花旗松的幼苗。这些小树苗长成大树之后，当然也能变成有价值的木材。于是，树木的密度就从每英亩30棵增加到200棵，如此一来森林的可燃物载量就增加了6倍，而国会一直无法拨出款项来剔除过于浓密的树苗。另一个和人有关的要素是放牧。国家森林下层的草可能因为羊群啃噬而变少，这是件好事，否则杂草丛生可能经常引发火灾。万一树苗过于密集的林地真的起火，不管是因闪电雷击、人类不慎引起还是有人蓄意纵火（很遗憾，这种事经常发生），已经长高的树苗就会成为阶梯，让火舌一步步蹿升到树冠。有时候，这会将整座森林变成一个炼狱，火势迅猛，所向披靡，火苗蹿起400英尺高，温度升高到超过1 000℃，土壤中的树木种子被烧得精光，接下来还可能出现泥石流和大规模的土壤侵蚀。

森林学者已知的是，管理西部森林最大的困难就是如何面对越来越高的可燃物载量。在过去半个世纪卓有成效的火灾抑制策略，却带来更高的可燃物载量，使得森林火灾一发不可收。在比较潮湿的美国东部，枯木很快就会腐烂。但在比较干燥的美国西部，枯木不光不易腐烂，反而会像巨大的火柴棒。如果对森林有管理、保护之责的林务局设法减少枯木的数量，并通过砍伐或控制得宜的小火焚烧方式来解决过于繁茂的林下层，当然是理想的处理方式。但这么一来，每英亩林地约需要1 000美元的经费，而美国西部森林面积约1亿英亩，总共需要约1 000亿美元。没有一个政界人士或选民希望花这一笔钱。即使这笔费用不是这么庞大，不少民众仍会怀疑这个计划只是伐木业死灰复燃的借口，意图染指美丽的森林。因此，联邦政府没有一个定期的支出计划用于西部森林的防火整治，也不去处理森林易燃的问题，只有在眼看大火吞噬森林的燃眉之急下，才会忍痛拿出一笔钱来灭火。以2000年夏天的森林火灾为例，最后花费约16亿美元，然而近10 000平方英里的林地已被焚毁。

有关森林管理和森林火灾防治，蒙大拿人意见分歧，且多有自相矛盾之论。一方面，面对那些太过危险或不可能扑灭的大火，林务局只能任其"自生自灭"，而这不免引起民众的恐惧和厌恶。例如，1988年黄石国家公园发生森林火灾，当局放任大火蔓延，民众就高声抗议，殊不知，当时灭火已是不可能的任务，人们所能做的，大概只有祈求老天来场大雨或大雪。另一方面，民众也不赞同林木疏伐计划，认为此举有损林木蓊郁之美。事实上，所有对自然的人为干预，都会遭到民众反对。民众希望森林能在原始、天然的状况下生长，当然不愿多付税金来实施疏伐计划。他们不了解美国西部森林早已受制于人为干预（其实大多数的森林学者也是最近也才了解这一点的），几近一个世纪以来的火灾抑制、伐木和放牧，使林地已离所谓的原始、天然很遥远了。

在比特鲁特山谷，人们将房屋盖在易发生火灾的森林旁边，一面徜徉在这城乡与荒野的交界处，一面希望政府能保护他们的房屋免于遭到火舌吞噬。2001年7月，我和妻子去哈密尔顿以西徒步，穿越布洛杰特森林之时，发现此地因前一年夏天的森林大火变成一片荒芜，一棵棵英挺的林木只剩下焦黑的残骸，我还记得当时那场大火将整个比特鲁特山谷笼罩在浓烟之下。布洛杰特森林地区的居民曾反对林务局进行疏伐计划，此刻却要求林务局派12架大型消防直升机来浇熄大火，拯救他们的家园。出动这样的直升机，一小时就耗费2 000美元。由于林务局必须遵照政府的命令，将保护人民的性命与财产放在首位，而林地次之，这导致比房屋更有价值的公有林地被大火吞没。后来林务局宣布下不为例，他们将不再为了保护私人财产浪费巨额公费，还让消防员出生入死。蒙大拿居民因此群情哗然，很多人扬言，但凡有以下情况发生，他们将对林务局提出诉讼：家园毁于森林火灾；林务局为了控制更大的火灾采取以火攻火①的策略，使他们的家园遭受池鱼之殃；或是他们的房屋虽未受到森林火灾波及，但从窗口向外望去的森林景观不再。有些蒙大拿人摆明和政府势不两立，既不愿为了消防经费付税，又不允许政府人员踏上他们的土地执行火灾防治计划。

土壤

在比特鲁特山谷，有一段时期苹果园如雨后春笋般处处可见，一开始果农也有不少进账。然而，由于果树耗尽了土壤中的氮素，再加上其他原因，苹果园渐渐荒芜。但这个土壤问题尚属次要，更大的一个问题是土壤侵蚀。造成土壤侵蚀的原因有以下几个：过度放牧、有害杂草丛生、伐木，以及表土层因被森林火灾破坏而寸草不生。其中任何一个原因都会使得保护土壤的植被消失。世代放牧的人家都知道过度放牧得不偿失，正如伊尔希家的迪克和杰克所言："我们必须好好照顾自己的土地，否则有一天将招致毁灭。"然而，伊尔希家有个邻居是个短视近利的外地人，花了大价钱买了土地，为了回收成本，在牧场上饲养过量的牲畜。还有些邻居将牧场出租出去，让承租人放牧，坐收租金。租约通常是三年一期，承租人为了获利，就会大量放牧，根本不管这么做是否会对土地造成长远的伤害。由于上述这几个原因，比特鲁

---

① 以火攻火或称逆火，就是在林火的周边放火，利用林火产生的内吸力，使所放的火向林火方向烧，把林火向外蔓延的火路烧断。——译者注

特流域的土地有1/3已遭侵蚀，地力急需复原，1/3面临被侵蚀的风险，只剩下1/3尚未被侵蚀。

除了氮素耗尽和土壤侵蚀的问题，土壤盐碱化也是个问题。土壤盐碱化是指盐分在土壤和地下水中沉积的过程。虽然盐分沉积在某些地区是自然现象，但令人日益忧心的是：一些耕作方式使得大范围的农田盐碱化，导致土壤遭到破坏，植物无法生存。在蒙大拿的某些地区，土壤水所含盐分甚至高达海水的两倍。我将在下文和第十三章中特别介绍由植被清除和人工灌溉导致的土壤盐碱化问题。

某些盐类可能对作物产生毒性作用。除此之外，盐分太高对作物的影响就像旱灾，会使土壤水中的渗透压升高，作物根部就更难通过渗透作用吸取水分。若是井水或溪流中盐分高，在表面的水蒸发之后，就会留下一层结晶盐。试想，如果你喝的水比海水还咸，这样的水不仅难喝、无法滋润作物、让作物生长，而且水中溶解的硼、硒等有毒物质会损害你的健康（野生生物和牲畜也会遭殃）。不只是美国面临土壤盐碱化的问题，其他如印度、土耳其等地也受到土壤盐碱化之害，澳大利亚更是严重（见第十三章）。回顾历史，土壤盐碱化也是美索不达米亚古文明倾圮之因。伊拉克和叙利亚作为古代世界农业最昌盛的地区，如今放眼望去只剩寸草不生、高盐分的沙漠。面对"肥沃新月"这一美誉，真是情何以堪。

蒙大拿的土壤盐碱化问题和美国大平原北部几百万英亩农地的问题一样，蒙大拿的受害区域包括北部、东部和中部的几十万英亩地。这个盐碱化的问题出在盐分渗出，也就是上坡处土壤中盐分含量高的水下渗到下坡处，使得周围半英里左右的区域受到影响。如果在上坡处耕作的农民使土壤盐分下渗到低处邻居的土地，双方就不免交恶。

那么，蒙大拿的盐分渗出问题又是怎么来的？蒙大拿东部的岩石和土壤本身富含水溶性盐类（特别是钠、钙和硫酸镁），还有许多海洋沉积物（因为这个地区在数亿年前是海洋）。土壤下方是基岩层（页岩、砂岩或煤层），透水性差。由于蒙大拿东部相当干燥，所有雨水几乎都被原生植被的根部吸收并通过蒸腾作用回到大气中，因此根部下方的土壤依然缺乏水分。然而，如果农民为种植小麦等一年生作物而清除植被，并且采用休耕方式，即收割之后让土地休养生息一年，那么在休耕年就没有植物根系来吸收降水。这些降水就会流入土壤，存留在根部下方的土壤中，并溶解土壤中的盐分，然后随着地下水位的上升到达根系区。由于土壤下方基岩层的透水性差，含有盐分的地下水无法渗入岩床，于是会往低处流，在低处渗出。如此一来，盐度越来越高，不但上坡处的作物难以生长或存活，下坡处的作物也在劫难逃。

1940年以后，由于农业耕作方式的改变——特别是日益倚重拖拉机和高效率的犁地工具，在休耕期使用除草剂去除杂草植被，再加上每年休耕的土地面积增加，蒙大拿有越来越多的土地面临盐分渗出问题。这个问题只有以集约化的农场管理方式来克服，例如：在下坡处盐分渗出的区域种植耐盐性强的植物；以弹性耕作来缩短上坡处休耕时间；种植苜蓿等需要很多水分的多年生植物，让深入土壤的根部吸收多余的水分。

在依赖降雨的蒙大拿农业区，盐分渗出是造成土壤盐碱化的主要原因，但并非唯一原因。分布于蒙大拿各地的数百万英亩农地依赖灌溉用水（例如我在比特鲁特山谷和比格霍尔盆地的避暑之地），而非完全仰仗雨水。由于灌溉水含有盐分，农地开始出现盐碱化的现象。另一个造成土壤盐碱化的原因是开采天然气。天然气公司在煤层钻井、抽水，把甲烷引到地面，再合成天然气。然而，溶于水中的不只是甲烷，还有盐分。自1988年起，与蒙大拿相邻、一样属于穷乡僻壤的怀俄明州，为了振兴经济，大肆施行天然气开采计划，结果怀俄明州的盐水就源源不断地流入蒙大拿东南部的保德河盆地。

水

和美国西部其他干燥地区一样，蒙大拿的用水也是个棘手的问题。为了探究这个问题，且让我们先看看比特鲁特山谷的两大水源：一是灌溉沟渠（水源是山涧、湖泊和比特鲁特河），用于农地；二是含水层中的地下水，用于民生。比特鲁特山谷较大的几个城镇由市政自来水公司供水，其他地区的居民则要通过私人水井解决个人用水问题。不管是灌溉用水还是井水，都面临一个根本问题：用户越来越多，水量却越来越少。比特鲁特山谷的水务专员维恩·伍尔西一针见血地指出："如果水源只有一个，却有两个以上的人要用水，问题就来了。但是争夺又有什么用？争夺又不会变出更多水来。"

水量变少归根结底是气候变化造成的：蒙大拿的气候变得更温暖、更干燥。全球变暖造就了一些赢家，也出现了一些输家，蒙大拿就是最大的输家之一。蒙大拿的降雨原先只是勉强能够满足农业之需,气候趋暖使水的问题加剧。由于干旱,蒙大拿东部以及邻近的加拿大阿尔伯塔省和萨斯喀彻温省都被迫放弃了大片农田。夏日,我在蒙大拿西部地区看到的气候变暖效应也很明显——只有在高山顶部才看得到白雪,举头望向围绕比格霍尔盆地的山脉,已不像我在1953年初次造访此地之时,整个夏天都能看得到山上的积雪。

在蒙大拿,也许可以说在世界上任何地方,气候变暖,最显而易见的影响体现在冰川国家公园。虽然全世界其他地区的冰川都在消退,如乞力马扎罗山、安第斯山、阿尔卑斯山、新几内亚的高山和珠穆朗玛峰附近,但蒙大拿州的冰川因为易于近距离观察,吸引不少气候学家和旅客前来仔细研究。19世纪末,博物学家初次踏上这个冰川国家公园之时,这里尚有150条冰川,现在只剩35条,而且大半冰川的规模都远不及当初。照目前融化的速度来看,到2030年,冰川国家公园将看不到冰川了。山顶积雪减少,对山下的灌溉系统来说无疑是坏消息。在蒙大拿,融化的雪水向来是夏天的水源,雪水少了,用水必然出现问题。近年来,由于干旱,比特鲁特河的地下水层也受到影响。

和美国西部其他干燥地区一样,比特鲁特山谷的农业必须依赖灌溉。谷地的年均雨量只有13英寸左右,若没有灌溉,就只能长出山艾。刘易斯和克拉克于1805—1806年在此地探险,放眼望去,尽是山艾。今天,你越过谷地东侧最后一条灌溉沟渠之后,就可看到一大片山艾。谷地西侧引来高山雪水的灌溉系统兴建于19世纪末,在1908—1910年达到高潮。灌溉系统或灌溉区所在地的农场主有权取用一定数量的水。

遗憾的是，比特鲁特山谷大部分灌溉区在水资源分配上都存在"僧多粥少"的问题——几乎每一年预定分配的水量都超过既有的水量。夏天快结束时，雪水变少，问题尤为严重。以我们这些外地人的天真眼光来看，这真是不可思议。一个原因是当地在计算和分配水量的时候，采用的是一个固定不变的数字，其实水量会因气候而改变，每年都不一样。用于计算的标准水量来自降水特别丰沛的一年，如果碰上干旱年，必然会有问题。一个解决之道是根据当年申请水权的日期来排定用水优先级，先申请的人具有优先使用权，因此在灌溉沟渠的水量变少时，晚申请者最先停水，申请较早的人就可用比较多的水。冲突的导火线就此埋下。最早申请水权的农地或牧场通常位于下坡地。对上坡的人来说，看到望眼欲穿的水哗啦哗啦地从眼前流下去，却不能取用，必然很难受。万一忍不住取水来用，下坡的邻居就可能会将他们告上法院。

一个更复杂的问题来自土地的细分：原来的农场主拥有的土地面积很大，农场主当然可从自家土地上的灌溉沟渠取水，但他不会笨到同时去灌溉每一寸土地，因为这样会把水用个精光。但随着原来足足有160英亩的大片土地被细分为40块屋地，每块屋地4英亩，倘若每一块屋地的屋主都要用水，都要在花园浇水、喷洒，使花园绿意盎然，而不管其他39个邻居是不是也正在用水，这时候水必然不够用。另一个问题是水权的定义，水的使用必须益于水权所在的土地。因此，鱼儿赖以存活的河水，或游客用以泛舟的溪流，就不在这个"益于"的定义之内。近几年夏天干旱，比格霍尔河有些地方已干涸见底。2003年之前，比特鲁特山谷几十年来的用水冲突幸赖年高德劭的水资源专员伍尔西进行仲裁,大家尊重这位82岁高龄的前辈,因而相安无事。现在伍尔西退休了,我的比特鲁特山谷友人不禁惶惶不安,担心用水冲突一触即发。

比特鲁特山谷的灌溉系统包括28座由私人在山涧间建造的小水坝,目的是储存春天融化的冰雪,并在夏天时让水流下来作为灌溉之用。这些水坝都有百年以上的历史,设计简陋且不够稳固,维修状况很差或是根本没人管,因此就像定时炸弹,不知什么时候会引爆。如果这些水坝崩塌,水流冲刷下来,下游的房屋和田地就遭殃了。几年前,有两座水坝崩塌,导致下游洪水泛滥,林务局于是宣布水坝所有人和修理水坝的承包商必须承担水坝崩塌造成的损失。如果所有人不愿修复水坝,就得拆除水坝。这个原则看似合理,但不符合经济效益,理由有三:第一,大多数水坝的所有人没能从水坝得到什么好处,也不想维修(例如,大块的土地早已被细分为屋地,水坝的水只是供屋主浇浇草坪,而不是农民生存的命脉);第二,联邦政府或州政府只愿补贴水坝修复费用,若要拆除就必须自费;第三,目前半数的水坝在无路可通的野生保护区,修复机具得租用直升机运送,代价太高了。

锡杯坝就是这么一个定时炸弹。这个水坝一旦崩塌,比特鲁特山谷南部最大的城镇达比就会被淹没。由于这个水坝已经出现龟裂,加上年久失修,水坝所有人、林务局和环保团体等各界人士就该不该修复争论不休,甚至诉诸法律途径。1998年,水坝有一处严重龟裂,眼看就要酿成大祸。水坝所有人于是雇用承包商，打算先把蓄水库中的水抽干，然后进行拆除工程。不料工程才刚进行，就碰到巨石阻拦，必须用直升机吊来大型挖掘机才能解决。这时，水坝所有人宣布他们已经没钱再继续了，州政府和拉瓦利县也不愿出钱协助，工程只好半途而废。水坝依旧朝不保夕，达比的所有居民因而寝食难安。最后，林务局只好租用直升机和挖掘机来完成这项工程，再要求水坝所有人支付费用。这笔钱结果成了呆账。美国司法部正准备控告水坝所有人，向他们求偿。

除了以积雪融水作为灌溉之用，另一个获取水源的途径就是挖掘水井，以地下水作为民生用水。然而，地下水也面临需求增加而水量减少的窘况。虽然积雪融水和地下水看似泾渭分明，其实暗中相连：有些灌溉用水未被土地吸收，便成为径流下渗到含水层，所以有些地下水的最初源头是积雪融水。因此，若蒙大拿的积雪持续减少，地下水也会跟着减少。

由于比特鲁特山谷人口一直增加，民生用水需求变大，需要越来越多的地下水。比特鲁特山谷当地水资源论坛的主办人罗克萨·弗伦奇就建议大家，在建造新屋时将水井挖得深一点，因为随着深入同一含水层的水井越来越多，水位会下降，就像"一杯奶昔插了太多吸管"。目前蒙大拿州县的法律对民生用水还没有什么限制，新建房屋的屋主开凿水井，可能会使邻居家的水井水位下降，但邻居很难为了这个损失求偿。为了计算一个含水层供应民生用水的水量，必须仔细绘出含水层的地图，并测量水流入含水层的速度。然而，这最基本的两个步骤，比特鲁特山谷的人却付之阙如。拉瓦利县没有监测含水层的资源，在审查开发商的新屋兴建计划时，也未能就房屋所在地的水源进行独立评估。反之，拉瓦利县只听信开发商的一面之词，相信建筑地会有足够的井水可供使用。

上述讨论的用水问题大多牵涉到水量，但是水质也是重要问题。因为蒙大拿的河流和灌溉系统源头都是纯净的积雪，所以水成为当地最有价值的自然资源，可以和蒙大拿西部仙境般的景色相提并论。尽管如此，由于一些原因，比特鲁特河已在"受污染溪流"之列。首先最重要的问题是河流沉积物增加，这是土壤侵蚀、道路兴建、森林火灾、伐木以及因灌溉使水位下降等因素造成的，如今比特鲁特河流域大半已遭侵蚀或者有被侵蚀的危险。其次是化肥残留造成的问题：每一个种植干草的农户，在每英亩的农地上至少会用 200 磅①肥料，多余的肥料有多少会排放到河川，就不得而知了。此外，化粪池渗出的排泄物也是水质的一大杀手。最后，正如先前讨论过的，有毒矿渣对环境的荼毒尤甚。这个问题虽在比特鲁特山谷尚不存在，但在蒙大拿其他地区造成极其严重的水质问题。

蒙大拿的空气质量也值得一提。我本就是从乌烟瘴气的大城市来的，何以斗胆批评蒙大拿这个人间仙境的空气质量？说起来，蒙大拿部分地区的空气质量在某些季节特别差，最严重的就是米苏拉。虽然从 20 世纪 80 年代开始，这个城市的空气质量已有一点改善，但有时还是和洛杉矶一样糟。米苏拉因为冬天存在逆温现象，且因位于谷地而空气不易流通，再加上汽车终年排放尾气、

---

① 1 磅 ≈0.454 千克。——编者注

冬日火炉燃烧木材、森林火灾以及夏日伐木等因素，空气质量实在令人不敢恭维。

本土物种与外来物种

蒙大拿其他主要环境问题关乎有害外来物种的引进，以及珍贵本土物种的消失，其中以鱼类、鹿、大角鹿以及杂草这些物种为甚。蒙大拿原本有许多珍贵的鱼类，如割喉鳟（蒙大拿州的州鱼）、公牛鳟鱼、北极茴鱼和白鲑，现在除了白鲑，其他都越来越少了。这是几个原因叠加作用的结果：积雪融水被引到山下用于灌溉，山间溪流的水量因而减少，不利于鱼类产卵、成长；伐木造成的气温升高，溪流的有毒沉积物增多；过度捕捞；外来物种的竞争，如虹鳟、河鳟和褐鳟这些蒙大拿本来没有的鱼类，这些外来物种有时还会与本土物种杂交；本土鱼类遭到外来的北梭子鱼、湖鳟的捕食；外来寄生虫感染引发的鱼眩转病。[①] 也由于以下这几个原因，各个物种遭受的冲击各有不同：渔夫喜欢捕捞梭子鱼，就将其非法引入蒙大拿的湖泊与河流，但梭子鱼嗜食公牛鳟鱼和割喉鳟，使得这两种鱼类在蒙大拿几乎绝迹；同样地，冰川国家公园南方的弗拉特黑德湖以前还看得到本土鱼类游来游去，自从湖鳟引进之后，这湖就成了湖鳟的天下。

美国本来没有鱼眩转病。1958年，宾夕法尼亚州一个鱼类养殖场从丹麦进口的鱼苗染有此症，鱼眩转病因而意外在美国落

---

① 鱼眩转病，又叫黏孢子虫病，病鱼在水面呈不正常的回旋游动，下不了深水——译者注

脚。由于鸟类的传播,加上公立和私人养殖场让病鱼在湖泊和河流中繁殖,现在几乎整个美国西部都可见到这种病症。传染鱼眩转病的寄生虫一旦侵入水中,永远无法赶尽杀绝。在蒙大拿,麦迪逊河原来是最有名的钓鳟点,由于遭到鱼眩转病寄生虫的污染,到1994年,河内虹鳟的数量竟然只剩下原来的1/10。

幸好这种鱼类寄生虫病不会传染给人类,只是使得钓鱼的游客减少。另一种外来的疾病——鹿和大角鹿等鹿科动物感染的鹿慢性消耗性疾病(CWD,俗称狂鹿病),由于会使人类感染,出现致命的脑海绵状组织病变,因此比较令人忧心。狂鹿病和出现在其他动物身上的朊病毒病如出一辙,例如让人闻之色变的克雅氏病(俗称疯牛病的牛海绵状脑病)以及羊痒病。这些传染病都是不治之症,得了克雅氏病的人,至今无一人痊愈。北美的鹿和大角鹿初次被发现患有狂鹿病是在20世纪70年代。至于起因,有人猜测可能是西部一所大学在研究计划完成后,把研究用的鹿带到野外放生,而关鹿的围栏附近刚好有得了羊痒病的羊,因此受到感染。(今天这种放生的行为是违法的。)这些感染病毒的鹿被人捕捉之后,运送到许多乡村俱乐部的狩猎区供人狩猎,疫情就此扩散开来,从一州传播到另一州。我们还不知道狂鹿病会不会像疯牛病一样传染给人类,但最近有些地方传出一些猎鹿人得了克雅氏病,因而引起惊慌。威斯康星州因为担心狂鹿病会危及每年产值高达10亿美元猎鹿业,不得不赶紧扑杀25 000头鹿(这是一个令所有相关人员无不感到震惊的绝望之举),希望能阻止狂鹿病蔓延。

由外来病源引发的狂鹿病虽让蒙大拿面临重大威胁,但这个可怕的问题尚未爆发，而由外地入侵的杂草已经让蒙大拿付出惨痛的代价。为害蒙大拿的杂草约有30种，大多来自欧亚大陆。杂草种子是随着干草夹带进来的，或是风吹来的，然后在蒙大拿落地生根。还有一些杂草因为外表美丽、吸引人而被作为观赏类植物特意引进，没想到后患无穷。杂草对环境的破坏如下：它们对于牲畜和野生动物来说不可食用，非但如此，杂草还影响到可供食用的植物的生长空间，致使牲畜的饲料减少了90%；有些杂草种类会使动物中毒；由于杂草根部紧抓土壤的能力比本土的草要弱，土壤侵蚀率因而增加两倍以上。

对蒙大拿的经济杀伤力最强的两种杂草是斑点矢车菊和乳浆大戟，这两种杂草已在蒙大拿蔓延开来。斑点矢车菊会分泌化学物质毒害本土植物，且生出大量种子，进而侵占地盘。虽然一些面积不大的农田或牧场可通过人工拔除这些杂草，但光是比特鲁特山谷一地，受到这类杂草危害的面积就高达56.6万英亩，而整个蒙大拿有500万英亩左右受害，这么大的范围不可能用手拔除。虽然斑点矢车菊可用除草剂来对付，但便宜的除草剂也会使其他种类的植物遭受池鱼之殃。专门铲除斑点矢车菊的除草剂，价格又非常昂贵（每加仑800美元）。此外，这些除草剂分解之后可能会残留在比特鲁特河或渗入作为民生用水水源的含水层。我们还不清楚这些化学药剂是否会伤害人体。由于斑点矢车菊这个"恶霸"已经侵占了国家森林和牧场上的大片区域，家畜和野生食草动物的饲料都变少了。也因为森林中可以啃食的草减少，鹿和大角鹿就可能来到山下的青草地觅食。乳浆大戟蔓延的程度虽然不若斑点矢车菊，但是它的根部可深入地下20英尺，更难控制，也完全不可能用手拔除。

据估计，由杂草带来的危害，给蒙大拿带来的直接经济损失每年高达一亿美元。此外，杂草也会减损不动产的价值和农牧场的生产力。杂草问题无法用单一方法解决，必须借由复杂的综合管理系统来处理，这让农民觉得非常棘手。很多农作方式也必须改变，如拔除杂草、使用除草剂、改变施肥方式、以昆虫或真菌等杂草的天敌来对抗、控制燃烧、变更割草时间、改变轮作方式、调整年度放牧方式等。如此大费周章，只因当初料想不到几株小草竟会带来这么大的后患。

歧见

看来素朴自然的蒙大拿确实已面临严重的环境问题，具体体现在有毒废弃物、森林、土壤、水、气候变化、生物多样性的消失和外来有害生物等，这些问题都会对经济造成冲击。这也可以解释为何近几十年来蒙大拿经济衰颓得如此严重，从最富庶的一州变成最穷的一州。

这些问题是否能得到解决，取决于蒙大拿人的态度和价值观。由于蒙大拿的人口组成越来越复杂，异质性趋高，很难就该州的环境和未来达成共识。不少友人也谈到这种意见分歧日益严重的现象，如银行家埃米尔·埃哈特说道："现在，大家常常争得脸红脖子粗。20世纪50年代之所以会有那样的荣景，是因为当时每一个人都得勒紧裤腰带生活，或者说我们都觉得自己很穷。至少，那时没有特别有钱的人，或者说看不到特别有钱的人。现在，我们的社会贫富分化严重，很多低收入家庭勉强维持在温饱线，有些新近才来这里落脚的人却一掷千金，在此大肆购置房地产，打造离群索居的桃花源。说真格的，今天将你我分隔开的不是居住地，而是财富。"

除了贫富分化，还有很多差异使这种极化的现象越来越严重：有些是老一辈的本地人，有些是新来的外地人；有些人固守传统生活方式，有些人希望改变；有些人拥护经济增长，有些人反对；有些人赞成政府计划，有些人反对政府干涉；有些人家里有学龄儿童，有些人则无。更何况蒙大拿本来就是充满吊诡的一州，就如本章开头提到的：本州的居民只能勉强保障温饱，本地人的孩子高中毕业后一个个都离乡背井，不愿回到蒙大拿；富有的外地人却在此坐拥豪宅，过着人间天堂的日子。

我最初有些疑惑，蒙大拿的环境问题和意见分歧是不是自私自利的结果？是否有人明知自己的所作所为会对蒙大拿的大环境不利，还是执意牺牲大我、成全小我？或许有些人的确如此，例如使用氰化物堆浸法开采黄金的金矿公司，尽管知道这种采矿方式会对生态环境造成严重破坏，还是不择手段。还有把鹿和大角鹿送到各个俱乐部狩猎区的牧场主人，是否为了图利而不顾狂鹿病传播的风险？还有钓客一时兴起，不管过去的惨痛历史，非法将梭子鱼引进蒙大拿的湖泊和河流，使许多本土鱼类遭受浩劫。就这些例子而言，我没能采访到当事人，不知道他们何以认为这么做不会危及环境。以我访问到的蒙大拿人来说，我发现他们的行动和价值观是一致的。大抵而言，蒙大拿的问题不是那么简单，不是少数自私自利之人明知故犯的结果，而牵涉到人与人之间的冲突：每一个人的生活背景和价值观或多或少都有差异，观点也因此不同。这些不同的观点互相对立，都希望能左右蒙大拿的未来。

其中之一就是本地人和新移民的冲突。在蒙大拿，绵延好几代的本地人敬重传统生活方式和传统经济的三大支柱（采矿业、伐木业和农业），看法和新近到此落脚的人或季节性游客有所不同。然而，那三大经济支柱已岌岌可危。由于有毒废弃物问题加上海外矿场的低价竞争，蒙大拿绝大多数的矿场都关闭了。木材销售量比起以前的巅峰时期滑落了80%以上，大部分的锯木场和木材厂不再运营，只有少数特殊建造企业一枝独秀（如木屋建造商）。这是多个因素叠加的结果：大众倾向于使森林恢复原始的面貌，且森林管理和火灾扑救费用高昂，干冷的蒙大拿不敌其他气候温暖、潮湿的地区在伐木业发展上的优势。蒙大拿经济的第三大支柱——农业也摇摇欲坠：1964年的比特鲁特山谷还有400座牧场，现在只剩9座。蒙大拿农业的衰颓从根本上来说和气候干冷有关，这种气候不利于作物、奶牛和林木的生长，但其背后的原因要比矿业或伐木业的式微来得复杂。

今日，蒙大拿的农民或牧人即使已经白发苍苍也都还在干活，一个原因是他们深爱这种生活方式，也为这样的生活感到骄傲。就像蒂姆·乌尔斯告诉我的："黎明坐看日出，见老鹰从头顶飞过，小鹿为了躲避机械在干草堆中跳来跳去。这样的人生岂不快哉！"我在1950年见到的29岁青年杰克·伊尔希，今天已是83岁的老翁，还在牧场工作。他说，他父亲弗雷德91岁生日那天还能骑马。不过，杰克的妹妹说："放牧和务农都是粗重的活儿，一不小心就会遭受意外伤害。"杰克在77岁那年因为一次拖拉机事故，内伤严重，还断了好几根肋骨；他们的父亲在58岁的时候，差点被倒下来的树压死。蒂姆·乌尔斯说到自己对牧场的工作乐此不疲："有时候，我会在凌晨3点起身到牧场上工作，一直做到晚上10点。这不是朝九晚五的工作。话说回来，如果做这一行每天都得从凌晨3点拼命到晚上10点，孩子们才不要呢。"

蒙大拿农业的兴衰可从乌尔斯说的话中听出一点端倪：老一辈的人非常敬重在土地上讨生活的方式，但他们的后代不作如是观。年轻一辈希望可以坐在办公室里、在计算机屏幕前工作，不想汗流浃背地抬着一捆又一捆笨重的干草；他们希望晚上和周末可以休息，但挤牛奶、收割干草可不是到了夜晚或周末就可以收工的。他们不愿到了八十几岁还得在牧场上辛苦劳作，就像杰克·伊尔希和他的兄弟姐妹那样。

史蒂夫·鲍威尔解释说："以前，人们只求土地可以养活一家老小。现在，不是吃饱就好了。人们希望可以多赚一点钱，好送孩子上大学。"约翰·库克是在农场上长大的，谈到自己的孩童时期，他说道："晚餐时分，我母亲会高高兴兴地去菜园采芦笋。打猎和钓鱼则是我小时候最喜欢做的事。但现在的小孩喜欢吃快餐，喜欢看HBO电视网，如果吃不到快餐，或者在家里看不到那些电视频道，就会觉得低人一等，比不上朋友。在我年轻的时候，大伙儿都穷，知道往后20年都是这样的苦日子，如果幸运的话，晚年或许得以安逸一点。但今天的年轻人才刚踏入社会，就想享受人生。你看看，现在上门应征工作的小伙子，最先问的问题就是：'薪水多少？工作时间从几点到几点？什么时候可以休假？'蒙大拿每一个像我这样的老农民，要么还在担心孩子不愿意继承家业,要么已经知道孩子不愿继承。"

　　由于牧场支出节节高升,而收入又一直在原地打转,现在的农民要靠务农养家糊口更加困难。目前牛奶和牛肉的价格几乎跟20年前一样,但燃料、机具、肥料等必要支出高出很多。就像里克·莱布勒说的例子:"50年前,农民想买一辆新的卡车,只要卖两头奶牛就可以了。现在,买一辆卡车要15 000美元,但一头奶牛还是只能卖600美元,所以必须卖25头奶牛才能买一辆卡车。"何以老一辈的蒙大拿人对牧场生活情有独钟?从我朋友说的一个笑话中或许可略知一二。问:如果有人给你100万美元,你会怎么做?答:我喜欢在土地上讨生活,如果有人给我100万,我会继续在牧场上工作,直到把这100万美元都赔光为止。

　　因为净利润越来越少,竞争越来越激烈,比特鲁特山谷几百个小型农场面临经营日益困难的窘况,难以支撑下去,一一关闭。毕竟光靠农场的收入很难过活,必须从事其他工作,但晚上和周末还是得在农场上干活。举例来说,60年前凯西·沃恩的祖父母还能在一块40英亩的农场上自给自足,于是凯西和她的先生帕特也在1977年买了40英亩的农场,养了6头奶牛、6只羊和几头猪,还生产干草用于喂食牲畜。除了务农,凯西在学校教书,帕特则是灌溉系统工程师。这对夫妻在农场上把三个孩子抚养长大,但这样的生活没有什么保障,他们也没有退休金。8年后,他们把农场卖了,搬到镇上,现在孩子们也都离开了蒙大拿。

　　全美各地的小农场都遭到大型农场或牧场的排挤,在利润率缩水的情况下,只有扩大营运规模才能生存。但在蒙大拿西南部,小农场很难通过购买更多农地扩大规模。艾伦·比耶戈说得好："美国的农业重镇已转移到艾奥瓦和内布拉斯加了，因为那里不像蒙大拿的景色这么优美，不是游山玩水的好去处！人们想到蒙大拿享受自然美景，所以愿意付更多钱购买那里的土地。如果是为了务农投资农地，就没有人愿意花这么多的钱。因为这根本不符合成本效益。比特鲁特山谷现在盛行养马，因为马匹有经济效益。农产品的价格取决于食物本身的价值，即便升高也是有限的。但现在大家买马为的是找乐子，不是从事农业生产，所以愿意花大钱。"

比特鲁特山谷的土地价格在近几十年内飙升了一二十倍。如果要靠经营农场收入来支付按揭贷款将极其困难，这也是比特鲁特山谷的小农场无法通过购地来扩大规模的最直接原因，这也是为什么农场最后会被卖给非农户使用。老一辈的农民在农场上终老一生，死后继承农场的子孙，为了缴付随土地价格飞涨的遗产税，只好把土地出售给愿意出重金的开发商，而不是卖给另一个农民。更常见的情况是，老一辈农民在生前就把土地卖掉了。眼睁睁看着自己耕作了一辈子、挚爱的土地变成一栋栋的房舍，虽然令人难过，但是出售一小块农地就可换来百万美元也不错。这是农民获得养老金的唯一方式。毕竟他们靠务农存不了多少钱，更何况孩子早已打算另谋他就。正如莱布勒所言："对农民来说，土地正是他唯一的退休金。"

比特鲁特山谷土地价格飙升的原因何在？主要原因是，此地的美景吸引许多富有的外地人前来置产。从老农民那儿购买土地的人，除了最近在此定居的人，还有炒地皮的投机客。投机客会把农地划分为若干块屋地出售给外地人或比特鲁特山谷的有钱人。比特鲁特山谷每年的人口增长率是4%，新增的人口几乎都是外地人，而不是来自本地人口增长的结果。外地人常来这里钓鱼、打高尔夫球或狩猎（比如我的朋友斯坦·法尔科、露西·汤普金斯和我儿子），这使得该地季节性旅游业兴盛。受拉瓦利县委托调查而形成的一份经济分析报告最近对外公布的内容也指出这一点："为什么比特鲁特山谷会吸引这么多人前来定居？这个问题应该很容易回答。简而言之，此地有山峦、森林、溪流和野生动物，景观优美，气候温和，所以令人心生向往。"

比特鲁特山谷的外来人口多半是"半退休"的人或刚退休的人，年龄一般在45~59岁。他们卖掉原来位于外地的房子，到比特鲁特山谷置产，收入常仰赖自己在外地继续经营的产业，或通过互联网做生意。换言之，他们的生财之道和蒙大拿环境引发的经济问题无关。例如，一个加州人以50万美元卖掉自己在加州的房子，然后用这笔钱在蒙大拿买了5英亩土地，上面有一栋大房子，还有马匹，平时还可以去钓鱼。由于他刚退休，还有存款，加上卖掉房产之后剩余的钱，余生就衣食无忧了。近来在比特鲁特山谷定居的外地人几乎半数是加州人，他们选择在比特鲁特山谷置产是为当地的美景所吸引，而不是因为这块土地可以种出苹果或饲养奶牛。这些外地人愿意为这片土地付出的成本和它的农业价值无关。

比特鲁特山谷的房价节节攀升，对必须在此工作的居民来说，必然是个问题。很多人买不起房子，只好住在活动房屋或房车里，或是住在父母家，即使同时做两三份差事，所得也仅能过着最清苦的日子。

　　由于这些残酷的现实，自然而然地，世代居住在此的本地人和刚来定居的外地人便产生对立。对那些富有的外地人来说，蒙大拿的房子不过是他们的第二个家、第三个家甚至是第四个家（他们在旧金山、棕榈泉和佛罗里达还有房产），他们每年只是来这里短暂度假——钓鱼、狩猎、打打高尔夫球或滑雪。本地人抱怨哈密尔顿机场上空的噪声，天天都有私人飞机飞来飞去。有人从旧金山飞到斯托克农庄（也就是他们的第四个家），在这里打几个小时的高尔夫球，又飞回去。当初这里许多大农场或牧场出售的时候，本地人想买买不起，但还是可以去那儿钓鱼或打猎。然而，富有的外地人买下农场或牧场之后，就禁止本地人进入，只供自己和友人游猎。由于价值观和期望的冲突，本地人和外州人的误会日趋严重，例如外州人希望大角鹿下山，好观赏这些美丽的野生动物或进行捕猎，但是本地人就不希望大角鹿下山，因为大角鹿会吃掉他们的干草。

　　在蒙大拿拥有房地产的富有外地人每年在蒙大拿居住的时间不超过180天，他们会注意这个时间以免被蒙大拿州政府征收所得税，从而分摊地方政府和学校的负担。一个蒙大拿本地人告诉我："那些外地人心里想的和我们这些本地人不同：他们要的是隐私、奢侈地独享大自然美景，没打算融入本地社区。有时他们走进本地酒吧，目的也只是带别人去开开眼界，见识一下乡村生活和怪里怪气的乡下人罢了。他们只是喜欢野生动物、钓鱼、打猎、欣赏美景，但并不属于本地社区。"就像比特鲁特山谷的银行家埃米尔·埃哈特说的："这些外地人的态度是：'我好不容易才躲开那些烦人的事,在这儿骑骑马、钓钓鱼,优哉游哉地享受山林之美。不要再拿那些事来烦我。'"

不过,外地人也不是一无是处。埃哈特还说道:"凭良心说,斯托克农庄也提供了高薪工作给本地人。比特鲁特山谷的房屋税和土地税大半是外地人缴付的。他们自费雇用保安人员,不会对当地社区或地方政府造成麻烦。当地的警察从未被叫到斯托克农庄制止酒吧的打架闹事。在斯托克农庄买了木屋的人也不会让子女在本地就学。"我的朋友约翰·库克也同意这点:"说起来,外地人来到这里落脚的确有好处。如果查尔斯·施瓦布没买下那么多的土地,今天的比特鲁特山谷也许根本看不到野生动物,也看不到大片碧绿的原野,说不定早就被开发商细分为一块块的屋地。"

富有的外地人被蒙大拿的美景吸引来,有些人不但爱护自己的土地,更成为捍卫环境的领导者,参与土地规划。举例来说,过去7年,我在哈密尔顿以南的比特鲁特山谷河畔租住的避暑屋的所有者是一个私人的野生动物保护机构,也就是泰勒野生生物保护区。这个机构的创办人奥托·泰勒是个富有的加州人,最爱来蒙大拿钓鳟鱼,加勒廷河的鱼潭是他最爱的垂钓之处。一天,他发现有人正在用大型建筑机械将大量工地废土倾倒在这里,顿时怒不可遏。后来,在他看到伐木公司在20世纪50年代进行的大规模森林砍伐是如何危及他挚爱的鳟鱼溪并使其水质恶化后,更是痛心疾首。于是,从1984年起,他大手笔买下比特鲁特山谷河畔的土地,并将其整合成一个私人的野生动物保护区。虽然这是泰勒的私人土地,但他还是欢迎当地人和过去一样前来打猎、钓鱼，甚至把土地的保护地役权捐给一个名为"蒙大拿倚赖之土"（Montana Land Reliance）的非营利机构，确保土地可以可持续经营，维持优良的环境质量。如果泰勒没把比特鲁特山谷这近1 600英亩的土地买下，今天它恐怕已经支离破碎，被细分成小块小块的屋地。

外地人络绎不绝地前来，导致该地房地产涨价、财产税上扬，加上蒙大拿多数本地人本来就穷，他们对政府和税收的态度趋于保守（见下文），凡此种种使得倚赖财产税作为经费的蒙大拿学校陷入困境。由于拉瓦利县的工商业不发达，财产税的主要来源是住宅税赋（如房屋税和地价税），当房地产增值时，这类税赋就跟着加重。对贫穷的本地人与没那么富裕的外地人来说，住宅税赋即使只增加一点点，也是沉重的负担。也难怪他们反对发行教育债券，也不同意地方为了筹措学校经费追加财产税。

于是，尽管拉瓦利县地方政府的支出中，公立学校的教育经费占了2/3，就教育经费在个人收入中所占的比例来看，在美国西部24个偏远县城之中，拉瓦利县敬陪末座，更何况拉瓦利县的个人收入本就已经偏低。再者，从整个蒙大拿州来看，拉瓦利县的教育经费也较低，尽管该州的学校经费已经很低。因此，拉瓦利县的多数学校尽量节约，把支出降到最低，以合乎州政府的最低要求为原则。蒙大拿州学校的教师薪资是全美最低的，尤其对拉瓦利县的教师来说，薪水少加上土地价格飙升，房价就高不可攀了。

在蒙大拿出生的孩子，很多人都不喜欢蒙大拿的生活方式，长大后纷纷离开故土。即使有一些人喜欢这种生活方式，因为在本地找不到工作，也待不下去。我的朋友史蒂夫·鲍威尔便发现，自哈密尔顿高中毕业后，其同班同学中有 70% 都离开比特鲁特山谷了。我那些选择在比特鲁特山谷定居的友人，每每谈到孩子的事都满腹辛酸，不知道孩子愿不愿意留在这里，以及离开家乡后还会不会回来。比耶戈家的 8 个孩子都离开了蒙大拿，而伊莱尔家的 8 个孩子中有 6 个也不住在蒙大拿。

再次引述埃米尔·埃哈特的话："我们比特鲁特山谷的孩子一个个都走了。来自电视等外界因素的影响，让我们的孩子知道山谷外的世界多么多姿多彩。相形之下，这里的生活就单调多了。外地人喜欢把孩子带到这里，让他们在大自然中长大。后来却发现，孩子要的不是大自然。"我想起自己的两个儿子。他们喜欢夏天来这里钓鱼，但只想待两周，其余大部分时间还是更习惯洛杉矶的都市生活。记得有一次我们在哈密尔顿一家快餐店用餐，离开时我的儿子们发现当地竟然没有供青少年消遣的娱乐场所，大吃一惊。哈密尔顿总共只有两家电影院，最近的购物中心在 50 英里外的米苏拉。哈密尔顿的青少年到外地旅游，看见外面的花花世界时，也同样感到惊讶，发现太多东西都是家乡没有的。

对政府管制的态度

蒙大拿人和许多其他住在美国西部乡间的美国人一样，对政府管制持保留或怀疑的态度。这种态度是有历史渊源的——早期西部的拓荒者人口稀少，地处边陲，离中央政府很远，因此必须自给自足，无法仰赖政府帮他们解决问题。由于与联邦政府的地理与心理上的隔阂，蒙大拿人对来自华盛顿特区的指示和管制特别反感。（不过，他们对于来自联邦政府的钱并不反感。蒙大拿每缴付给联邦政府1美元，联邦政府就会下拨给蒙大拿1.5美元。）从蒙大拿人的角度来看，联邦政府官员大都是都市人，根本不了解蒙大拿的情况，而从联邦官员的角度来看，蒙大拿的环境是所有美国人的资产，不该只由蒙大拿人获益。

就蒙大拿州内部的标准而言，比特鲁特山谷尤其保守且反政府，原因可能是早期在比特鲁特山谷拓垦的人是来自与北方对立的南方邦联，而且在洛杉矶发生种族暴动之后，不少右翼保守派人士从洛杉矶搬到了蒙大拿。正如克里斯·米勒所言："本地自由派和民主党人每次看到选举结果都泪流满面——选举结果真是太保守了。"在比特鲁特山谷，激进的右翼保守派人士自发形成民兵组织，囤积武器弹药，拒绝缴付税金，且禁止其他任何人踏上他们的土地。谷地其他居民有些尚可忍耐这些人的行径，有些则觉得这些人太过偏执。

因为这种政治态度，很多当地人反对政府在此进行土地使用分区或土地规划。土地所有者认为土地既是私有财产，他们就可为所欲为，不愿受到任何限制。因此，拉瓦利县至今还没有通过任何建筑法，土地使用分区也只限于几个区域，未扩及全县。除了两个市镇和某些郊区的选民自愿进行土地使用分区，其他地方完全没有任何针对土地使用的限制。例如，有一次我带家人在比特鲁特山谷度假，一天晚上我十来岁的儿子乔舒亚在报纸上看到哈密尔顿的一家电影院放映的片子刚好是他想看的。我问明那个电影院怎么去，就开车载他去。到了之后，我发现那电影院竟然屹立在一片农地中，与一间大型生物科技实验室比邻。有关农地用途变更，当地并没有任何规范法规。但在美国其他地区，公众担心农地越来越少，就以分区法规来限制或禁止农地变更为商业用地。一般选民倘若看到人来人往的电影院隔壁就是生物科技实验重地，不免大惊失色。

蒙大拿人开始意识到，他们最看重的两种态度实际上是无法兼容的：一是主张个人权利、反对政府管制；另一则是为自己的生活质量感到自豪。每次和蒙大拿人谈到他们的未来，我发现每一个人都把"生活质量"挂在嘴边。像我这样来自外地的游客，只要每年能在这里待上一两个星期，就觉得自己很有福气了。而蒙大拿人天天住在这里，时刻能够享受这里美好的环境。从他们口里的"生活质量"，也可感受到他们为传统生活方式感到骄傲，希望能在这地广人稀的乡村固守老一代本地人传下来的、人人平等的田园生活。埃米尔·埃哈特告诉我："比特鲁特山谷的人希望过着恬静的田园生活。社区规模较小，大伙儿一样过着清贫的日子，而且引以为傲。"或者如我的朋友斯坦所言："以前在比特鲁特山谷开车，每次看到有车驶来，就会跟人家挥挥手、打招呼，因为在这里大家都是熟人。"

遗憾的是，由于土地用途不设限，到蒙大拿落脚的人络绎不绝，加上蒙大拿长久以来反对政府管制的态度，最终危及当地人珍视的自然环境和生活质量。这是蒙大拿人必须承担的后果。史蒂夫·鲍威尔说得好："我告诉我的房产经纪人和开发商朋友：'你们必须保护这里的自然景观、野生动物和农地。'这里的土地的价值正是由那些事物创造出来的。土地规划越晚实施，自然景观受到的伤害就越大。对整个当地社区来说，未开发的土地才最有价值，吸引大家前来的'生活质量'正是由此而来。然而，在人口增长的压力下，原来反政府的那些人开始担心人太多的问题。这些人表示，由于他们最喜欢的休闲区域现在已人满为患，不得不赞同管制。"1993年，鲍威尔在拉瓦利县担任专员时，就曾召开公民会议，讨论土地用途规划，希望居民好好想一想这个问题。然而，那时蒙大拿的民兵组织仍冥顽不化，公然携枪闯入会场，恫吓其他居民。后来鲍威尔寻求连任，但出师不利。

蒙大拿明明需要政府规划，而当地人又如此抗拒政府规划，这样的冲突如何才能解决？这个问题现在还没有答案。且让我再次引述鲍威尔的话："这里的人希望保存比特鲁特山谷的自然风光，但不知如何在让自己存活下去的前提下保护这里的自然风光。"兰德·林德伯格和汉克·戈茨也表达了相同的观点："我们当初是受蒙大拿的美景吸引而来的，因此最根本的问题是：如何在应对不可阻挡的变革的同时，守住这里的美景。"

莱布勒的故事

第一章走笔自此，大抵是我的论述。现在换我的4位蒙大拿友人登场，让他们用自己的话语讲述他们是怎么来到蒙大拿的，以及他们对蒙大拿未来的关切。里克·莱布勒不久前才在蒙大拿落脚，现在是蒙大拿州议员；奇普·皮格曼是老一辈的本地人，是一名开发商；蒂姆·乌尔斯是本地牧场主人；约翰·库克也是新来的居民，在这里担任专业钓鱼向导。

以下就是莱布勒的故事：

我在加州伯克利出生、长大，在当地经营一家制造木制货架的工厂。我和妻子弗朗姬都很刻苦耐劳。一天，弗朗姬看着我，对我说："你一天工作10~12个小时，一星期工作7天，真是做牛做马。"于是，我们决定半退休，开车在西部走了4 600英里，希望找一个新的地方，开始新的人生。我们在1993年来到比特鲁特山谷，在一个偏远之地买了我们的第一栋房子，1994年又搬迁到维克托镇附近的一个牧场。弗朗姬在牧场饲养埃及系阿拉伯马，我则一个月回加州一次，看看工厂经营得如何。我们有5个孩子，老大一直很想搬到蒙大拿来，现在帮我们管理牧场。其他4个孩子则不了解蒙大拿的生活质量，不知道蒙大拿人很亲切，也不懂爸妈为什么要搬到这里。

现在，每个月回加州待个4天，我就受不了。我觉得那里的人就像"笼子里的老鼠"一样可怜，每次都迫不及待想回蒙大拿。弗朗姬一年只回加州两次，为的是看看孙子。除此之外，她对那里别无眷恋。为什么我会那么讨厌加州？举例来说，最近我回去开会，由于空闲时间不多，不能走远，我就在伯克利的街道上散散步。我发现迎面而来的人都低着头，不愿和我的目光接触。遇见陌生人，即使说声"早安"，也会让人退避三舍。但在比特鲁特山谷，即使遇到从没见过的人，还是会进行眼神致意。

说到从政的原因，我对政治一直有许多自己的见解。我们区的州议会议员不想寻求连任后，就建议我去参加竞选。他费尽唇舌希望能说服我，我的妻子也为此事大敲边鼓。最后为什么同意参选？我是抱着"回馈"的心情出来参加竞选的。我觉得这一生不虚此行，老天厚待我，因此我也希望贡献一己之力，让本地居民过得更好。

我特别关注的法律议题是有关森林管理的问题。我代表的这一区正在造林，很多选民有伐木业背景。这一区的达比镇过去是木材集散重镇，森林管理应该可为谷地创造更多的就业机会。原先谷地有7间锯木场，现在全都没有了，因此相关的工作机会和基础建设都已丧失。有关森林管理的决策目前由环保团体和联邦政府负责，州和县均被排除在外。我认为森林管理相关条例的制定应该由联邦、州和县三方共同负责，这就是我目前努力的方向。

几十年前，蒙大拿的人均收入在美国各州中还排得上前10名。如今，在全美50州中排行第49。这是因为传统产业（伐木、煤矿、采矿、石油和天然气）式微，原来高薪、有工会组织的岗位消失。当然，我们不应该再回到过去过度开采自然资源的时代。但目前在比特鲁特山谷，夫妇两人不但都要工作，而且常常一个人得做两份差事，才能养家糊口。与此同时，我们有森林可燃物载量过多的问题，森林火灾一触即发。这里的每一个人，不管是不是环保人士，都同意必须减少森林的可燃物载量，特别是要清除那些低矮的小树。现今，处理可燃物载量过多的问题都是通过焚烧的方式。联邦政府已提出一个"国家防火计划"，同意用砍伐的方式来减少那些可能引发森林火灾的小树。现在美国用的木材大多是从加拿大进口的，真是舍近求远！而我们对国家森林最初的任务就是提供稳定的木材来源，同时做好水土保持工作。过去，通过国家森林获得的收入有25%被用为教育经费，但如今这部分收入已大幅下降。多砍几棵树，我们的学校就能多一点经费。

目前，拉瓦利县尚没有什么统一的人口政策可言！过去10年里，谷地的人口增长了40%，下一个10年的人口增长率也可能会达到40%，那么增加的人口要去哪里？我们可以关上大门，阻止外地人搬进来吗？我们有权利把门关上吗？我们是否该禁止农民细分土地，不让他开发自己的土地？拥有土地的农民就该被土地绑一辈子，不能做别的吗？对农民来说，土地就是他们唯一的退休金。如果我们禁止农民将土地出售给开发商，那么他要怎么生活？

至于人口增长的长期效应，未来将会出现发展周期，就像过去那样，在某个周期，新来的人会返乡定居。整个蒙大拿不会有过度开发的问题，但是拉瓦利县仍将继续开发。目前该县仍有许多共有地，这里的房子、土地价格仍在上扬，但一旦高到某个程度，有意向的买家就会知难而退，去别的地方寻找便宜的土地。长远来看，谷地所有的土地终将被开发殆尽。

皮格曼的故事

再来听听奇普·皮格曼的故事：

我母亲的祖父在1925年左右从俄克拉荷马州来到这里，

从一个苹果园起家。我母亲在这里的一个饲养奶羊和绵羊的牧场上长大，目前在镇上经营一家房地产中介公司。我父亲则是小时候随家人迁居至此，长大之后成了一名采矿工人，也种甜菜，此外还在建筑工地兼职。因此，我会走上建造行业还是有一些渊源的。我在这里出生，也在本地求学，大学就在米苏拉附近的蒙大拿大学会计系就读。

后来我去丹佛住了三年。由于讨厌城市生活，我就决定回来。再者，我觉得比特鲁特山谷是个养儿育女的好地方。我到丹佛才两个星期，脚踏车就被偷了。我讨厌城市的车水马龙，那种人山人海也是我不能习惯的。我的需求在这里都能得到满足。当年没有五光十色的"文化"熏陶，我还不是照样长大，现在也不需要这些。我在丹佛等了三年，等到公司发放给我的股票兑现，就拍拍屁股走人了。离开丹佛，意味着要放弃35 000美元的年薪和种种额外福利。回到蒙大拿，我的年薪只有17 000美元，没有任何福利。可是为了在我挚爱的谷地生活，在这里的大自然中漫步、徜徉，我宁愿放弃丹佛那份稳定的工作。我妻子对这种没有保障的生活很不习惯，但是我早在比特鲁特山谷过惯了这样的日子，觉得没什么不好。在比特鲁特山谷要养家糊口，得做两份差事。从前我父母就兼了好几个临时差。那时我已有心理准备，万一有需要，晚上就去兼差，帮商家补充存货，好多赚点钱。我们回到蒙大拿定居之后，我足足努力了5年，所得才有当年在丹佛的水平，又过了一两年，我才有医疗保险。

我主要从事房屋建设工作，也开发便宜地段的生地。我可买不起高档地段。我开发的土地原来是牧场,但是在我购入之时,这些牧场大都已不再运营,而且已被转手过好几次,很可能还被分割售卖。这些牧场因为长期没有被使用,杂草丛生。

目前我手中有一个项目则是例外,它就是哈密尔顿高地开发项目。我买下一整块40英亩的土地,打算进行细分。这块地原本是座牧场。我把详尽的开发计划书呈交县政府审核,需要通过三个审核流程之后,才能着手开发。我已经通过前两个审核流程,第三个流程也就是最后一步必须通过一个公开听证会。这块地附近的80个居民出席了公开听证会,并且坚决反对土地细分,理由是这会造成农业用地损失。没错,这块地土壤肥美,以前是很好的农地,但在我购买的时候,它已经不再用于农业生产。为了这块40英亩的土地,我花了225 000美元,这笔支出不可能通过农业生产来回收。但是这里的居民不看经济因素,只是说:"我们不愿看到宽广的农地或森林从眼前消失。"如果这块土地的主人已过花甲之年,无法继续耕作,需要钱来养老怎么办?如果土地四周的居民希望保留这块地作为开放空间,为什么不买下来?他们本可以买,但他们没有这样做。尽管这片土地不属于他们,但他们还是想要拥有控制权。

因此,我的开发项目在公开听证会环节遭到否决。当时选举日临近,官员也不想得罪那80个选民。在呈交这个开发案之前,我没去跟附近的人协商。因为我这个人是个牛脾气,只要是自己认为自己有权去做,就会勇往直前,我不喜欢被人牵着鼻子走。另外，大家往往不了解，这样一个小项目协商起来费时费钱。我会吸取这次教训，下次进行类似的开发项目之前，我会先跟邻居谈谈；开公开听证会的时候，我也会把我手下的 50 个员工带去，这样县里的官员就不会只听一面之词，也能听听赞同一方的意见。在我跟居民博弈期间，那块土地的成本给我造成很大的负担。邻居们希望这块地就这么空着。这怎么可能呢？

　　这里的人说谷地开发项目太多，最后必然人满为患，大家都把矛头指向我。我的回答是：因为有需求，我才会推出这样的开发项目，这种需求不是我创造出来的。没错，谷地的房子年年都在兴建，如雨后春笋般一栋栋冒出来，交通也日益繁忙。尽管如此，空旷的地方还是很多。像我喜欢徒步旅行，还是有很多地方可以去。如果乘飞机从谷地上方飞过，就可以看到大片山水和原野。根据媒体报道，近 10 年来，谷地的人口增长了 44%。但谷地原来不过 25 000 人，现在也才 35 000 人。只是，年轻人一个个都离开了。我的公司雇用了 30 个人，不但给他们提供工作机会，还提供养老金、医疗保险、带薪假和利润分红。这里再没有第二个老板提供给员工这么好的福利，因此我的公司员工流动率很低。环保人士常认定我是坏人，是谷地环境问题的始作俑者，但是房屋需求不是我创造出来的。如果我不盖房子，别人照样会盖。

　　我打算在谷地终老一生。我是这个社区的一分子，我支持了很多社区项目，例如赞助地方的棒球队、游泳队和橄榄球队。我在这里土生土长,也想在这里待一辈子,我并没有在这里赚到钱就一走了之的心态。我希望往后的20年都住在这里,每天开车经过自己盖的房子时能引以为傲,而不是心怀愧疚,想着:"那房子盖得确实不好!"

乌尔斯的故事

蒂姆·乌尔斯是一个牧场主,家族几代都居于本地。

我的曾祖父母是我们家族在这里打拼的第一代。那是1912年,他们买下40英亩的土地。在那个年代,土地非常便宜。他们养了十来只奶牛,用手挤奶,早晚各挤两个小时。后来,我的祖父母又买下110英亩左右的土地,那时土地一样不值什么钱。他们出售用于制作奶酪的奶油,还种苹果和干草,但只能勉强养家糊口。虽然日子一度非常艰苦,但他们还是撑了下去,有一些农民就没能撑下去。我父亲本来想上大学,最后还是决定留在牧场工作。他很有远见,决定将全部心力投注于奶牛养殖,还建造了可容纳150头奶牛的牛舍,以增加牧场收益。

我们家几兄弟从父母那儿把牧场买下,因此我们的牧场不是父母赠予的。父母这么做是希望我们想好再做决定,看我们是不是真的很想在牧场工作,甚至愿意花钱把牧场买下来。我们这些兄弟、妯娌买下牧场,成为土地所有人,再把土地出租给我们的家族企业。经营牧场的也是我们这些兄弟、妯娌和我们的孩子,在牧场上工作的绝大多数都是我们家族的人，只有少数几个外人。像我们这样的家族牧场非常少见。我们可以同心协力做下去的一个理由是，我们有共同的宗教信仰，去同一所教会。当然，家族成员之间有时也会争吵，但是大家白天吵完，晚上就和好如初了。我们的父母也会吵架，不过在太阳下山之前就会把事情解决。我们已经想好了，哪一块地值得我们生死以之。

这种家族共同打拼的精神也在不知不觉中传承给了我那两个儿子。他们两兄弟从小就知道要合作：弟弟才 7 岁时，两兄弟就会分别站两头，协力移动共有 16 节、每节长 40 英尺的铝制洒水管。离家后，兄弟俩也合租房子。现在他们依然很要好，而且比邻而居。其他家庭也希望和我们一样，跟孩子保持亲近的关系。尽管他们和我们一样努力维持家人之间的关系，但孩子长大之后还是各奔东西。

这年头，牧场或农场都很难经营。比特鲁特山谷的土地只有兴建住宅或开发才能发挥最大价值。这里的农民都面临这样的两难困境：是该继续经营农场，还是把土地卖了，让人盖房子，自己就此退休？如果栽种合法作物，收入实在难以和在土地上开发房地产的收益相比，因此我们无法买下更多的土地。我们能否生存下去，正取决于能否依靠目前这 760 英亩左右的土地进行高效生产。在成本方面，像载货卡车的价格已经上涨好几倍，而我们卖出 100 磅牛奶的所得还是跟 20 年前一样。利润率这么低，我们要怎么赚钱？我们不得不引进新科技，但新科技又耗费资本。而且我们必须不断自学如何把科技运用在土地上。不管怎么说，我们已经骑虎难下，不得不放弃老旧的方法。

例如，我们今年又大手笔投资兴建了一座可容纳200头奶牛的、完全计算机化的牛舍。不但可以自动化收集牲口的粪便，还可通过计算机操控栅栏把奶牛赶到自动挤奶器前，进行自动化挤奶。计算机可识别每一头牛，并且在挤奶的同时进行实时监测，还会自动记录奶量。如有感染，早期就可发现，从而追踪奶牛的健康状况和营养需求。我们可根据计算机数据的分析，为奶牛分类，将其关在不同的围栏中。这种牧场运营模式在蒙大拿还是首创，其他牧场都在持观望态度，看我们这一套模式能否成功。

我们也担心失败，因为有两大因素不是我们能控制的。如果我们继续干这一行，就必须进行现代化，要不然就从事土地开发，除此之外别无选择。这里的土地，不是用来养牛，就是用来盖房子。我们无法控制的第一个因素，就是农牧机械、服务价格以及牛奶价格的波动。我们无法控制牛奶的价格。牛奶不易保存，挤出来之后，从牧场送到市场的时间只有两天。我们虽然出售牛奶，但卖价取决于买方。

另一个我们无法控制的因素是大众对环保问题的关切，这关乎我们对待动物的方式，以及如何处理牲口粪便和臭味的问题。虽然我们已经尽全力改善，但可能还是会有人不满意。新来到比特鲁特山谷的人是来欣赏这里的美丽风光的，起初他们远远地看到奶牛和干草场会很兴奋，但他们不了解农场的运作，特别是奶牛场。在奶牛场和住宅并存的区域，居民常抱怨奶牛场传出的异味、半夜机器运作的声音,或卡车在"寂静的乡间小路"轰隆驶过的声音等。我们牧场附近的居民也曾因白色慢跑鞋踩到牛粪气得向我们抗议。我们担心居民因为不谅解,会提出法案来限制或是禁止奶牛场在本地发展。两年前,一项禁止游客在有狩猎区的俱乐部打猎的法案,就导致比特鲁特山谷一家饲养大角鹿的牧场关门。我们之前从来就没想到会发生这种事。这个教训让我们不得不提高警觉,以免面临同样的命运。我们的社会不是提倡包容、和平共处吗?为何有人就是容不下畜牧业?人们一方面享用着食物,另一方面却不愿接受食物生产过程中产生的代价。

库克的故事

最后,且让钓鱼向导约翰·库克诉说自己的故事。感谢他在我的双胞胎儿子10岁时,以无限的耐心教会他们如何用飞蝇法钓鱼。而且在过去7年,每年夏天他都会带他们去比特鲁特河垂钓。

我在华盛顿州韦纳奇山谷的一个苹果园长大。高中念完后,我曾过了一段狂野不羁的嬉皮士生活,打算骑摩托车远征印度。虽然这个计划到美国东海岸就被迫放弃了,但我还是横越了整个美国。遇见我妻子帕特后,我们就搬到华盛顿州的奥林匹克半岛,后来又迁居阿拉斯加的科迪亚克岛。我们在那儿一共待了16年,我的工作是野生动物和渔业管理员。后来为了方便帕特就近照顾生病的爷爷、奶奶,我们又搬到波特兰。奶奶不久后过世，过了一个礼拜，爷爷也走了，于是我们离开波特兰，到蒙大拿落脚。

20世纪70年代，我初次造访蒙大拿。帕特的父亲在爱达荷州和蒙大拿州边界的塞尔韦-比特鲁特荒野开了家野外用品专卖店。我和帕特都曾在店里兼职，帕特帮忙煮饭，我则当向导。那时帕特已爱上了比特鲁特河，希望住在河畔。但这里的土地每英亩要1 000美元，如果买下来用于耕作根本付不起贷款。1994年，我们正准备离开波特兰的时候，发现机会来了。比特鲁特山谷有一个10英亩左右的农场要出售，价格还不错。买下之后，我们花了几年的时间整修农舍。我也在当地取得经营野外用品店和钓鱼向导的执照。

在全世界，让我魂牵梦萦的地方只有两个：一个是俄勒冈州海岸，另一个就是比特鲁特河谷。我们买下这个农场时，在心里就将其视为我们的"寿终之地"：我们将在此地终老一生。我们的农场上有大雕鸮、雉鸡、鹌鹑、林鸳鸯。牧场也够大，养两匹马绰绰有余。

有时候，我们想待在一个地方，但时过境迁，过了那个时候就可能不想再待下去。我们30年前就爱上了这个谷地，现在这块土地依然是我们的最爱。但是这里的人越来越多，如果未来哪天这个谷地变成一条又一条的商业街，在米苏拉和达比间的谷底平地住进来100万人，我就想离开了。对我来说，空旷的视野非常重要。我们家对面是个长2英里、宽半英里的老农场，几乎都是牧草地。唯一的建筑是两三间谷仓。买下这农场的是外地的摇滚歌手休伊·路易斯，他每年只来这里一个月，打打猎、钓钓鱼。农场上的奶牛、干草都由专人负责照料，有些土地也出租给农民。如果路易斯的土地交给建筑开发商，变成一大片的住宅区，每天面对一栋栋的房子，我怎么受得了？如果真有那么一天，我就得搬家了。

　　我常常思索自己要用何种姿态离开这个世界。我父亲最近离开了人世，在此之前他曾长期饱受肺病折磨。这样的人生由不得他，他死前一年过得极其痛苦。我不希望像他那样离开人世。如果能选择，我希望以这样的方式结束生命——也许这么说有点冷酷无情，但我希望帕特先走一步。因为结婚时，我曾答应她会一辈子爱她、尊重她、照顾她。如果她先走，我就履行了我的诺言。要是我先走，因为我没有人寿保险，她的余生将无以为继。帕特走了之后，我会把所有的房产、地产交给儿子，成天在河里钓鳟鱼。当年老体衰，不能再钓鱼时，但愿我能带着大量吗啡，遁入山林。我会选个没有人找得到的地方躺下，一边欣赏绝美的景致，一面注射吗啡。这就是我心目中的最佳死法：以自己选择的方式死去，而且最后一眼满是我心心念念的蒙大拿的美景。

蒙大拿：世界的缩影

　　从上述4位蒙大拿友人的故事和先前的论述可见，每一个蒙大拿人的价值观和目标各有不同。有人希望人口增长，有人厌恶人口增长；有人赞成政府管制，有人反对政府管制；有人拥护土地开发和细分，有人则抗议。有关农地保留、采矿和旅游发展等议题，也是众口难调。不同群体的目标显然是有冲突的。

我们已在这一章看到很多蒙大拿环境问题演变为经济问题。环境问题要怎么解决？怎么做成功的概率比较高？由于个人所持价值观和目标各有不同，每一个人切入问题的方式也不同。最佳解决之道为何？虽然众说纷纭，但都是诚恳的建言。我们不知道蒙大拿人最后会选择何种方式，也难说蒙大拿的环境和经济问题会就此获得改善，还是会每况愈下。

鉴于本书要讨论的是人类社会的崩溃问题，选择蒙大拿作为第一章的主题，乍看之下似乎有些荒诞。因为无论是蒙大拿一州，还是整个美国，都没有立即崩溃的危险。但是请深思这个问题：蒙大拿居民所得有半数不是在蒙大拿赚来的，而是从外地流入的金钱，包括联邦政府的转移支付（如社会保险、医疗保险、医疗补助计划和贫困救助计划等），以及来自外地的私人基金（如来自外地的退休金、房地产所得，以及营利所得）。换言之，蒙大拿本身的经济已不足以支撑蒙大拿人的生计，蒙大拿人其实得依赖美国其他地方才能生存下去。如果蒙大拿是座孤岛，比如欧洲人登陆前与世隔绝的复活节岛，那么其经济早就已经崩溃，而且打从一开始就无法发展起来。

再想想我们讨论过的蒙大拿的环境问题，那些问题虽然严重，但与美国其他大部分地区相比还算轻微。与蒙大拿相比，美国大部分地区的人口更为稠密，人类对环境造成的冲击更为严重，而且那些地区的生态环境都比蒙大拿更加脆弱。此外，美国在很多重要资源方面仰赖外国，也与世界其他地区有经济、政治和军事方面的纠葛。在那些地区当中，有些地方的环境问题更严重，衰颓的趋势比美国更甚。

　　接下来，我们将探讨与蒙大拿类似的环境问题发生在古代社会和现代社会的情况。我要讨论的古代社会中有半数没有留下文字，因此我们对它们的了解远不如蒙大拿，很难得知那些社会的个人价值观和目标。有关现代社会，我们确实可以获得有关其个人价值观和目标的信息，但就我个人而言，我对蒙大拿人的价值观和目标有更深入的了解。因此，当你阅读本书，从客观角度考虑人类社会的环境问题时，也请试着从个人的角度来看待这些问题：设想如果你是斯坦、莱布勒、皮格曼、乌尔斯、库克或伊尔希家的兄弟姐妹，你会作何感想。例如我们下一章将探讨的复活节岛，虽然这个社会看来同质性很高，但我们还是可以设身处地，从酋长、农民、石雕工人或海豚捕猎者的立场来看问题，想象每一个人会如何讲述自己的故事、价值观和目标——正如我那几位蒙大拿友人向我娓娓道来。

第二部分

古代社会

第二章

暮色中的复活节岛

神秘莫测的巨石人像

在我去过的地方中，最让我觉得阴森诡异的，莫过于复活节岛的拉诺·拉拉库采石场。那举世闻名的巨石雕像就一尊尊矗立在这里（见插图5）。说起来，复活节岛位于地球上人类栖息地的最偏僻一角。距离这里最近的陆地是往东2 300英里处的智利海岸，往西1 300英里左右是皮特凯恩岛（见第074—075页地图）。我于2002年自智利搭乘喷气式飞机来此一游，在那烟波浩渺、一望无际的海洋上飞行5个多小时才抵达。临近落日时分，这个孤悬于太平洋中的小岛才隐约可见。我们在朦朦胧胧的暮色中准备降落，我本来还担心能否在夜幕降临前成功找到这个岛，还担心若因飞过头、错过复活节岛而必须折返智利，飞机燃油是否足够。几个世纪前，在那些航行迅捷的欧洲大型船舰尚未被发明时，很难想象有人会发现这个岛，进而在此定居。

拉诺·拉拉库是一个直径约600码①的圆形火山口。我从外

---

① 1码≈0.914米。——编者注

太平洋、皮特凯恩群岛与复活节岛

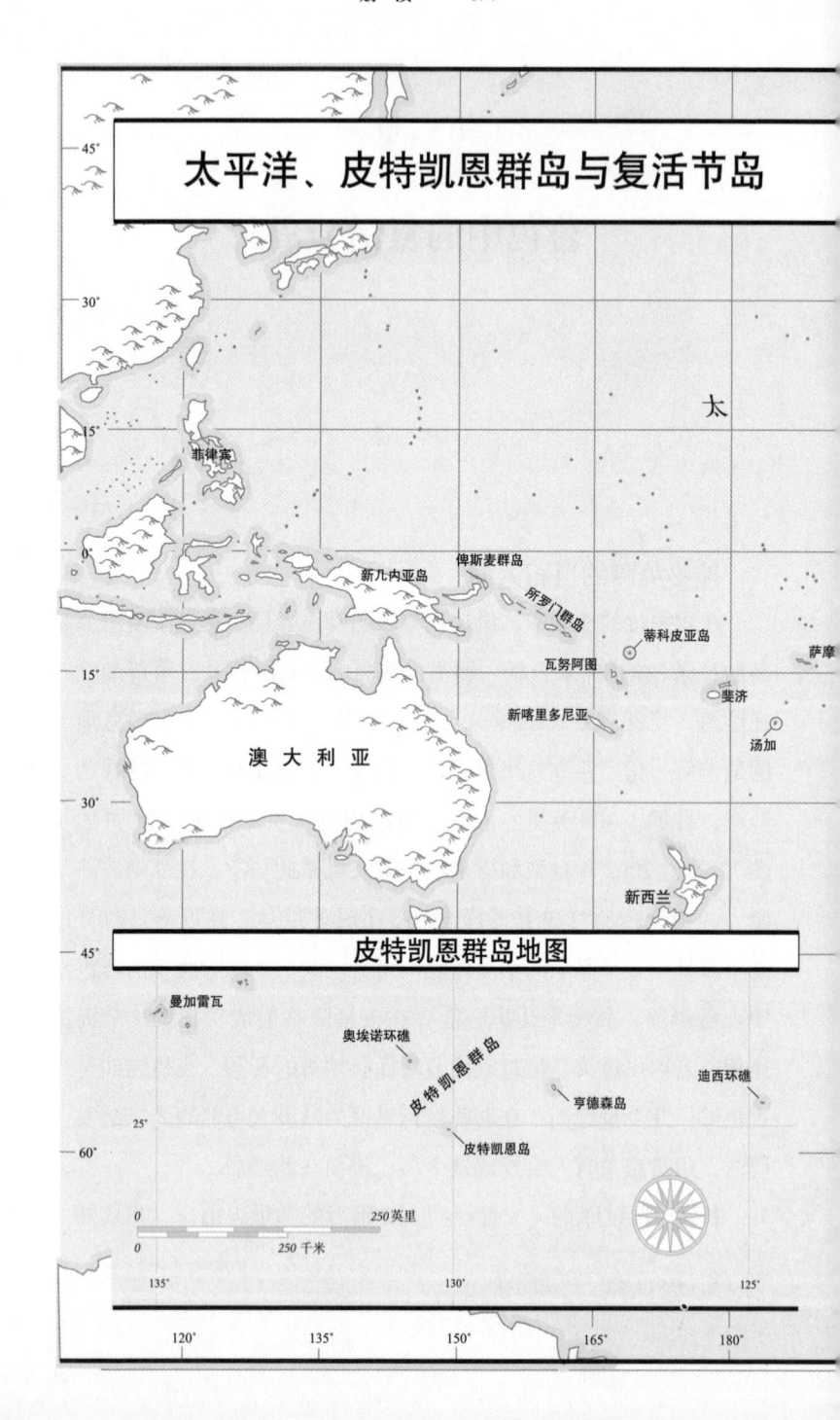

皮特凯恩群岛地图

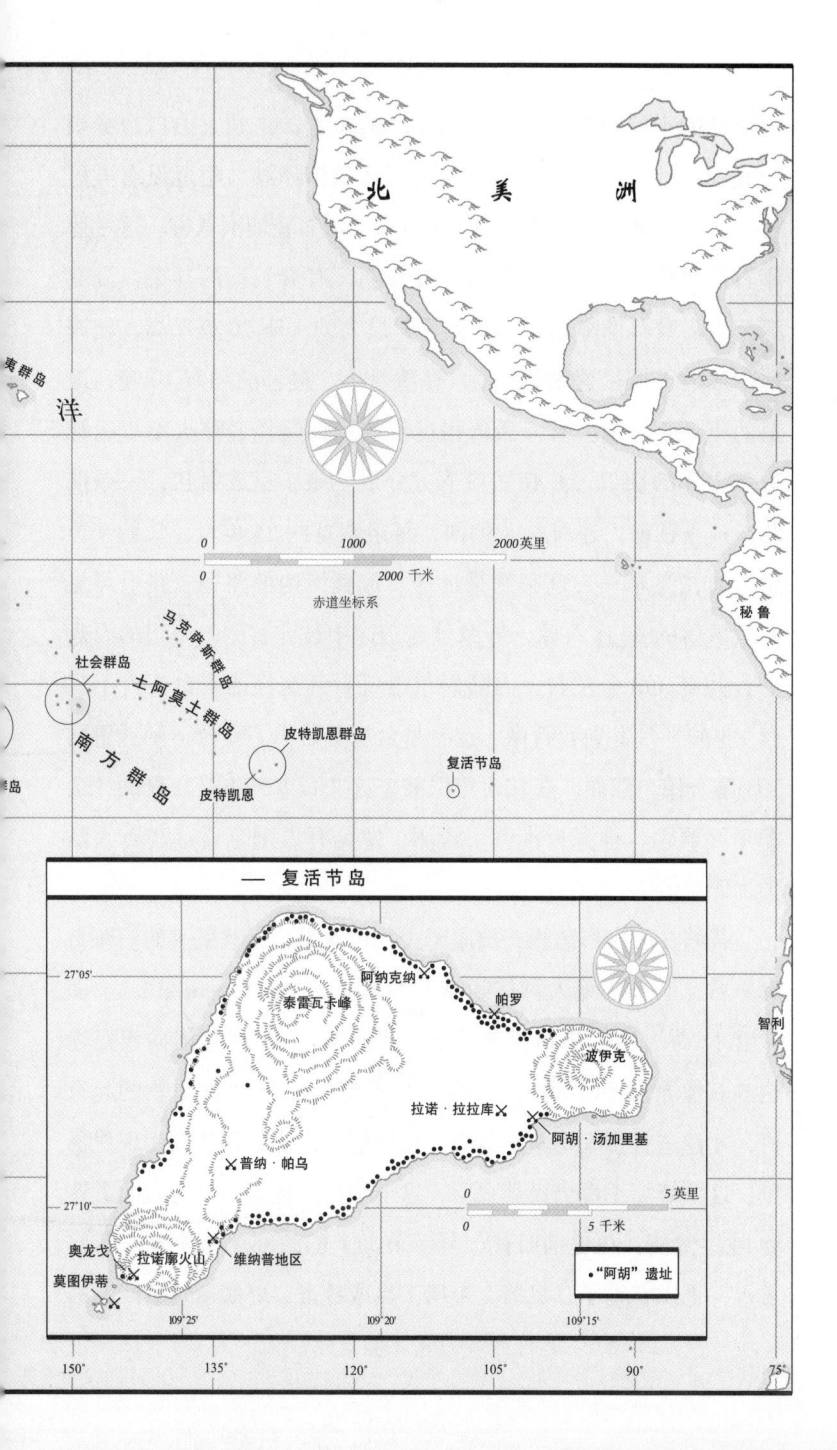

第二部分 古代社会   075

北 美 洲

秘鲁

马克萨斯群岛
社会群岛
土阿莫土群岛
皮特凯恩群岛
皮特凯恩
复活节岛
南方群岛

―― 复活节岛

27°05′
阿纳克纳
泰雷瓦卡峰
帕罗
波伊克
拉诺·拉拉库 ×
阿胡·汤加里基
普纳·帕乌
27°10′
奥龙戈
拉诺廓火山
维纳普地区
莫图伊蒂
109°25′ 109°20′ 109°15′

智利

0   5 英里
0   5 千米

• "阿胡"遗址

150° 135° 120° 105° 90° 75°

围低洼的平原沿着一条陡峭的小径向上走，走到火山口边缘则变成很陡的下坡路，通往火山口底部的沼泽湖。附近没有人居住。火山口里里外外共有397座石像，散布在四面八方。这一座座石像风格奇特，清一色是男性身躯，有着长长的耳朵，没有腿。大多数石像高达15~20英尺，最大的一座70英尺高（比现代一般的五层楼建筑还高）；在重量上，最轻的约有10吨，最重的则达270吨。有一条依稀可辨的运输路径通往火山口边缘一个很深的切口，并在切口下方分成三条，呈放射状，一条向北，一条往南，还有一条朝西，每条路宽约25英尺，长约9英里，通往海岸——这必然是运送石像到海边的路径。路上可见四处散落的97座石像，好像是运送途中被弃置的。海边的石砌平台共有300个左右，内陆偶尔也可看到这样的平台。差不多有1/3的平台上立着石像，这些平台想必是为了安放运到这里的393座石像。然而，在几十年以前，这些石人并不是立着的，全都东倒西歪，很多被推倒、毁坏，像是有人刻意要这些石人断头、碎身似的。

我站在火山口边缘，放眼望去，可看见最近且最大的一座石砌平台，它被当地人称作阿胡汤加里基（Ahu Tongariki），上面立着15尊石像。智利考古学家克劳迪奥·克里斯蒂诺向我描述，这些石像原来皆已倒地，1994年出动能吊起近55吨重物的起重机，才让这些石人重新站起来。克里斯蒂诺说，即使利用现代机械，这项修复工程仍极其艰巨，这个平台上最大的那尊石像重达88吨。然而，在史前时代，复活节岛上的波利尼西亚人没有起重机，也没有轮子、机器、金属工具或牲畜，要搬运这些巨大的石像并使之竖立，只能靠人力。

采石场残留的石像，有的只凿刻到一半，有的已经完工，进度不一。有些后脑还与岩壁相连，但脸部已经初步成形，只剩耳朵或双手还没刻成；有些已完工的石像躺在火山边缘切口下方的斜坡上，还有一些则屹立在火山口——这样的情景不免令人心生诡异，仿佛在某个时刻，所有石匠都放下手中的工作，把工具丢下，纷纷离去，留下一座座进度各异的石像。采石场上处处可见被弃置的雕琢工具，如石镐、凿子和槌子。仍与岩壁相连的雕像周围挖有刻槽，是供石匠站立的地方。岩壁上有些"V"形凹口，可能是石匠用来放置充当水壶的葫芦。火山口的石像有的看来遭到恶意损坏或毁容，仿佛是石匠之间起了内讧，因而对彼此的作品下毒手。有一尊石像的底部还有一块人的手指骨，应该是某个搬运工人不慎断指遗留下来的。凿刻这些石像的是何许人也？为何费九牛二虎之力做这件事？他们是怎么搬运这些石像的？又是怎么把石像竖立起来的？为什么最后将它们弃而不顾？

来自欧洲的探险家一踏上复活节岛，随即发现此地笼罩着神秘的面纱。荷兰航海家雅可布·罗赫芬带领三艘大船，从智利出发，在海上颠簸漂荡了17天，不见任何陆地，终于在1722年4月5日发现这座孤岛，因这天刚好是复活节而将该岛命名为复活节岛，此名于是沿用到今天。罗赫芬不禁自忖：他在登陆复活节岛海岸时遇到的那些波利尼西亚人究竟是如何抵达这一偏僻孤岛的？我们现在已知，从最近的波利尼西亚岛屿往东，欲抵达复活节岛，得在海上漂流多日。罗赫芬和后来的欧洲访客发现，岛民唯一的水上交通工具是一种不到10英尺长、只能坐一两人且容易渗水的小独木舟，不禁啧啧称奇。根据罗赫芬的记载："他们使用的水上交通工具实在简陋，而且不够牢固。岛民用巧手把植物搓成细线，再把小块木板和轻木缝合起来，遂成独木舟。但他们不知如何填嵌缝隙，更何况也没有填嵌的材料，于是独木舟有很多缝隙。由于海水不断渗入，岛民在航行的时候，有一半的时间都在忙着把水舀出去。"这样的独木舟如何载着一群人，还有他们的作物、鸡、饮用水等，航行两个多星期来到复活节岛？

当初的岛民是如何将石像竖立起来的？罗赫芬百思不解。后来造访的人，包括我在内，也都有这个疑问。再次引述罗赫芬的日志："那石像一看就让人目瞪口呆。那些人没有任何大型原木可制造机器，也没有结实的绳索，却能把那巨大的石像竖立起来。那些石像有的高达30英尺，而且非常厚重。我们实在想不通他们是如何办到的。"罗赫芬想得没错，无论岛民用什么方法把石像竖立起来，都少不了大型原木和结实的绳索。然而，他看到的复活节岛是一片荒地，没有一棵超过10英尺高的树或灌木（见插图6和插图7）。他说："我们起先从远处看，以为复活节岛有很多沙地。后来发现，原来覆盖土地的不是沙，而是枯草、干草或其他被烧焦的植被，因此呈现贫瘠、荒芜的景象。"以前在此林立的树木呢？

巨石像的雕刻、搬运以及竖立等，必然是一个复杂且人口众多的社会才能办得到的，同时也得仰赖富庶的环境。据18世纪和19世纪初踏上这个岛屿的欧洲人估计，岛上约莫只有几千人。但从岛上巨石像的数量和尺寸来看，岛上的人口数量原本应该多得多。原来那些众多的人口到哪里去了？石像的雕刻、搬运和竖立都需要很多专业石匠，但罗赫芬登陆之时，发现此地连比昆虫大的野生动物都没有，居民豢养的动物只有鸡。到底拿什么来喂饱那么多的石匠？从岛上资源的分布也可看出这不是个简单的社会：采石场靠近东岸，但制造工具的最佳石材在西南部，最好的捕鱼地点在西北部，最好的农地在南部。这些资源的采集和重新分配，必须通过一个能进行经济整合的体系来实现。这个贫瘠、荒芜的岛屿是怎么办到的？一个不毛之地何以竟有如此能耐？

这些谜团让世人百思莫解，持续了近三个世纪。很多欧洲人发现岛上的波利尼西亚"野蛮人"竟能竖立如此巨大的石像，还打造出美丽的石砌平台来安放这些石像，不禁啧啧称奇。然而，挪威探险家托尔·海尔达尔则认为，复活节岛上的文明不是起源于亚洲的波利尼西亚人跨越西太平洋的结果，而是南美洲的印第安人横越东太平洋的成就，复活节岛因而辗转吸收了来自大西洋彼岸的旧大陆的文明。海尔达尔数次搭乘"康提基号"或其他木筏漂洋过海，旨在证明史前时代的人们越洋接触的可能性，还旨在证明古埃及金字塔、南美印加帝国的巨石建筑和复活节岛上的巨石像之间存在关联。我在40年前读了海尔达尔的木筏航海记，由此对复活节岛深深着迷，看他以传奇笔法描述复活节岛的历史，更叫我欲罢不能。当时，我认为再没有比这更令人激动的解释了。后来又见瑞士科幻小说作家埃利希·冯·丹尼肯提出复活节岛上的石像是由外星人打造的。丹尼肯认为，那些拥有超现代工具、超高智慧的外星人曾被困在复活节岛，最后终于获救。

目前对这一谜团的解释是，复活节岛上的巨石像较可能是由岛上已知的波利尼西亚人利用石镐等被弃置在拉诺·拉拉库的工具打造的，不是印加人，也不是埃及人，更不是外星人的作品。尽管这个岛屿的历史因海尔达尔的木筏探险和外星人假说而充满浪漫、传奇色彩，但其实它也与现代世界正在发生的事件息息相关。就本书这一系列有关古代社会的讨论来看，复活节岛是个非常好的开端，让我们了解生态浩劫发生在一个完全与世隔绝的岛屿上，会导致什么样的悲剧。

复活节岛的地理和历史

复活节岛是个三角形岛屿，由三座相邻的海底火山喷发而成。在过去的100万年或几百万年内，这三座火山在不同的时间从海底喷发而出。自从岛上出现人烟至今，这三座火山都未曾再喷发过。其中最古老的是波伊克火山，在大约60万年前（也许是早在300万年前）喷发，构成岛屿的东南角；其后喷发的拉诺廓火山则形成岛屿的西南角；最年轻的是位于北部的特雷瓦卡火山，在大约20万年前喷发，喷出来的熔岩覆盖了全岛面积的95%。

复活节岛的面积仅66平方英里，海拔高度约为1 670英尺，在波利尼西亚群岛中实在是个不起眼的小岛。此岛地形平坦，不像我们熟悉的夏威夷群岛，处处是深谷幽洞。在复活节岛上，我发现除了陡峭的火山口和火山渣锥，人们几乎可以从一地以直线走到附近任何一地。如果在夏威夷岛或马克萨斯群岛，这样直线前进想必很快就会失足坠落悬崖。

复活节岛位于南纬27度，属亚热带地区，与赤道之间的距离正如北半球的迈阿密和台北，因此气候温和。加上火山喷发带来的肥沃土壤，这里本应该可以成为"迷你版"人间天堂，和问题丛生的世界其他地区不同。尽管如此，人类要居住在这样的地理环境中，还是得面对几项挑战。与欧洲和北美洲相比，地处亚热带气候区的复活节岛的冬天已相当暖和，但与地处热带的波利尼西亚群岛大多数地方相较还是温度偏低。在波利尼西亚人居住的所有岛屿中，除了新西兰岛、查塔姆群岛、诺福克岛和拉帕岛，大部分岛屿都比复活节岛更靠近赤道。因此，波利尼西亚群岛其他地方的一些重要热带作物，比如椰子（近代才被引进到复活节岛），在复活节岛上的生长情况就不尽如人意。复活节岛周围的海水水温太低，不利于珊瑚礁生长。没有了珊瑚礁，鱼类和贝类也就少了。我和巴里·罗利特在特雷瓦卡和波伊克四周溜达时，发现这个岛上的风很大。这给古代在此耕种的农民带来了一大挑战，对今天的作物种植依然是个问题。岛上最近才引进面包树，果实还没成熟，就被风吹落了。这个孤立的岛屿非但没有珊瑚礁鱼类，连一般的鱼类都不多，附近只有127种鱼，和斐济1 000种以上的鱼类完全不能相提并论。由于以上种种地理因素，复活节岛岛民的食物来源比大多数其他太平洋岛屿的岛民要少。

这个岛的地理环境还有一个问题，那就是降雨。岛上年均降雨量只有50英寸。与地中海沿岸的欧洲地区和南加州相比，这样的降雨量似乎还不错，但是与波利尼西亚群岛的整体水平相比还是偏低。由于复活节岛上的土壤大都是多孔的火山土，雨一落到地面，很快就渗透下去了。因此，岛上的淡水资源有限：只在特雷瓦卡火山的斜坡上有一条季节性溪流（在我造访之时正处于干涸期），还有三座火山口底部的池塘和沼泽、在地下水位接近地表的地方开挖的水井，以及从近海和潮间带涌出的淡水。尽管如此，岛民用来饮用、烹饪和灌溉作物的水还算够用，只是这些水实在得来不易。

纵使已有相当多的证据显示，复活节岛岛民是典型的波利尼西亚人，来自亚洲而非美洲，复活节岛上的文化（包括他们的石像）也来自波利尼亚西文化，海尔达尔和丹尼肯还是不予相信。不过，复活节岛岛民使用的语言显然属于波利尼西亚语族。英国的库克船长于1774年在复活节岛短暂停留时，一个随行的塔希提人可以和复活节岛岛民用语言沟通。他们使用一种东波利尼西亚方言，类似夏威夷语和马克萨斯语，与曼加雷瓦岛早期方言特别近似。复活节岛岛民用的鱼钩、石锛、鱼叉、锉刀等工具也有典型的波利尼西亚风格，和马克萨斯岛岛民早期的工具样式特别相像。很多复活节岛岛民的头骨都展现出波利尼西亚人种的典型特质，即摇椅式下颌。科学家从原来埋葬于石砌平台的12具骨骸中提取DNA进行分析，发现这12个样本和大多数波利尼西亚人一样，显示出9个碱基对缺失和3个碱基置换。这3个碱基置换中的2个无法在美洲原住民身上找到，可见海尔达尔的说法（即复活节岛岛民的基因库中包含美洲原住民的DNA）并不正确。再者，复活节岛上的作物，如香蕉、芋头、甘薯、甘蔗、构树等，大抵是源于东南亚的波利尼西亚作物。而复活节岛上唯一的家禽——鸡，也是波利尼西亚常见的家禽，追本溯源，这种家禽也来自亚洲。就连藏身于独木舟之中、跟着复活节岛上第一批定居者一起上岸的老鼠也是。

波利尼西亚人的史前扩张，为人类史前时代的海上探险写下最精彩的一页。截至公元前1200年，古代人类的足迹从亚洲大陆经印度尼西亚群岛扩展到澳大利亚和新几内亚，前进到新几内亚东边的所罗门群岛后便就此止步。大约就在此时，来自新几内亚东北部俾斯麦群岛的一个人类族群——他们有航海的本事，会从事农耕，还会制造陶器（即拉皮塔陶器①），在广阔的大洋上向东行进了将近1 000英里，越过所罗门群岛的东边，到达斐济、萨摩亚和汤加，成为波利尼西亚人的祖先。虽然这些波利尼西亚先民没有指南针、文字和金属工具，但仍有一流的航海技术。人们利用放射性碳年代测定法分析考古遗址中的文物，如陶器、石器、房址和寺庙遗迹、食物残屑和人类骸骨等，发现非常多的证据，能够推断波利尼西亚先民扩张的大概年代和路径。到1200年左右，在北到夏威夷、西南至新西兰岛、东南至复活节岛的广大洋面上，每一座可供人类居住的岛屿都被波利尼西亚人发现了。

历史学家常把所有波利尼西亚岛屿的发现与殖民归于运气，例如一艘载满渔民的独木舟因为风向偏离了航道，就此发现一个无人岛。然而，我们现在已知，这种发现和殖民是精心计划的结果。波利尼西亚人在太平洋诸岛上殖民的方向是由西向东，而盛行的风向和洋流方向却是自东向西，两者刚好相反。在大海中逆风航行，或者等待风向暂时逆转，的确可能发现新的岛屿。不过，要在新的岛屿上长住久安，并不是人过去就好了，还必须把家乡的各种作物、家禽与家畜，从芋头、香蕉到猪、狗、鸡等，都搬

---

① "拉皮塔"的名称源于新喀里多尼亚岛的一个考古遗址。拉皮塔陶器有罐、碗和盘等，花纹装饰独具一格，最典型的纹饰包括复杂的几何图形，也有风格化的人面和小的锯齿状纹饰。——译者注

运到新发现的岛屿。这无疑证明，这种殖民活动是殖民者精心筹备的结果。

会制陶的拉皮塔人第一波扩张是往东，但是只到斐济、萨摩亚和汤加，就不再前进。这几个西波利尼西亚的岛屿之间距离很近，不过几天的航程。但是从西波利尼西亚再出发，必须横越更为宽阔的洋面才能到达东波利尼西亚诸岛，如库克群岛、社会群岛、马克萨斯群岛、南方群岛、土阿莫土群岛、夏威夷岛、新西兰岛、皮特凯恩岛和复活节岛。波利尼西亚人在西边裹足不前，足足过了1 500年，才再度向东出发，向大洋迈进。或许是波利尼西亚人的独木舟有了更进一步的改良，又或许是航海技术更为精进，也可能是洋流方向改变，或者因海平面下降而浮现可作为"垫脚石"的小岛，当然也可能是某一次航行的运气特别好。大约在600—800年（确切年代尚未有定论），离西波利尼西亚最近的库克群岛、社会群岛和马克萨斯群岛这几个东波利尼西亚岛屿已有人烟，并且成为当地居民进一步扩张、继续占领其他岛屿的基地。1200年左右，波利尼西亚人往西南越过2 000英里的水路，踏上了新西兰岛。自此，波利尼西亚人在太平洋上的扩张大业宣告完成，太平洋上所有适合人类居住的岛屿都有了人烟。

至于波利尼西亚人更进一步往东登陆复活节岛，是走的哪一条路径呢？如果从马克萨斯群岛直接前往复活节岛，由于风向和洋流等阻力，势必难以成行。马克萨斯群岛的资源足以养活很多人口，似乎是波利尼西亚人殖民夏威夷岛的大本营。看起来，前往复活节岛的最佳起点就是位于马克萨斯群岛和复活节岛中间的曼加雷瓦岛、皮特凯恩岛和亨德森岛。我们将在第三章讲述这几个岛屿上的族群和命运交手的故事。不少线索都指向波利尼西亚人正是利用这几个中间岛屿作为垫脚石，迈向复活节岛：复活节岛的语言和曼加雷瓦岛早期方言近似；皮特凯恩岛有一尊雕像和复活节岛的石像相像；复活节岛的工具样式和曼加雷瓦岛、皮特凯恩岛的工具也很像；此外，复活节岛与亨德森岛上出土的人类头骨的相近度超过复活节岛与马克萨斯群岛上出土的人类头骨。1999 年，有人仿造古代波利尼西亚人的风帆独木舟，从曼加雷瓦岛出发，在海上航行了 17 天后，成功抵达复活节岛。在我们这些不谙航海的现代人眼里，从曼加雷瓦岛出发往东，在茫茫大海上经过多日的航行之后，竟然能碰上一个南北向仅 9 英里的小岛，这样的运气真是匪夷所思。然而，波利尼西亚人着实厉害，还没看到岛屿，就能预知岛屿会在何方。原来，他们靠的是观察成群结队的筑巢海鸟，这些海鸟往往在陆地周围方圆 100 英里的范围内觅食。由于复活节岛乃是太平洋上某些大型海鸟群最初的栖息地，对这些驾着独木舟探险的波利尼西亚人来说，他们在 100 英里之外就可推断复活节岛的位置。

根据复活节岛岛民的传说，最初来到这个岛上的是一个名叫霍图·玛图阿（Hotu Matu'a，意思是"伟大的先祖"）的酋长。他带着老婆、6 个儿子和其他族人，乘着一两艘独木舟前来。（欧洲人在 19 世纪末、20 世纪初来到此地时，将岛民的口传历史记录下来，让人得知在欧洲人抵达之前的一个世纪复活节岛上的生活场景。这些记载大抵是可靠的资料，但至于 1 000 年前的事件细节是否正如岛民所述，我们就不得而知了。）我们将在第三章介绍多个波利尼西亚岛屿的岛民如何互通有无，如何在新发现的岛屿和旧有殖民地之间定期往返。霍图·玛图阿酋长和其他乘独木舟来复活节岛的先民是否也如此？考古学家罗杰·格林以复活节岛和曼加雷瓦岛上的工具样式相近为根据，认为这是有可能的。他表示，在霍图·玛图阿登上复活节岛之后的几百年间，岛民仍常常往返新旧殖民地。然而，也有人反对这样的说法，理由是复活节岛上看不到狗、猪等常见的波利尼西亚家畜，也不见一些典型的波利尼西亚作物。若那些家畜或作物在霍图·玛图阿前往复活节岛的途中或在登陆岛上后不久都死了，之后再来的人也应该会带过来。此外，我们将在下一章看到，人们通过分析各个岛上的石器的化学成分，发现特产于某一个岛屿的石器（因为石器中的某一化学成分只在该岛上存在），却出现在另一个岛屿上。这明确证明马克萨斯群岛、皮特凯恩岛、亨德森岛、曼加雷瓦岛和社会群岛等地居民已实现岛际往来。奇怪的是，产于复活节岛的石像不曾在其他岛屿出现，反之亦然。因此，复活节岛岛民很可能打从霍图·玛图阿登陆开始就与世隔绝，就这样孤立地存在了几千年。直到荷兰航海家罗赫芬登陆，才与外界有了接触。

复活节岛最早从何时开始有人居住呢？确切年代至今未有定论，其实我们也还不能确切地知道人类开始在东波利尼西亚主要岛屿殖民的时间，只知约是 600—800 年。就已出版的文献资料来看，大多提到复活节岛最早可能在 300—400 年已有人烟。这是根据语言年代学的推论，以不同语言所保存同源词之多寡来推测语言分化的年代。另外，有人根据石像阿胡特皮（Ahu Te Peu）、波伊克火山沟和湖底沉积物中的木炭，以放射性碳年代测定法加以鉴定，因而得到三个介于 300—400 年的年代。不过，研究复活节岛历史的专家越来越怀疑这些早期年代的准确性。就以语言年代学的推论来说，像复活节岛和曼加雷瓦岛这种语言变迁如此复杂的社会（前者的语言可能因为塔希提人和马克萨斯人的传播而不纯粹，后者的语言显然又经后来的人修改），以语言分析来推算年代，很可能失准。至于那三个以放射性碳年代测定法得到的年代，我们无法断定那些木炭样本和人类活动有关；再者，就样本的年代测定法而言，也已经过时，现在有更新的方式了。

目前有关复活节岛上最早有人类定居的时间，最可靠的答案是900年。这是古生物学家戴维·斯特德曼和考古学家克劳迪奥·克里斯蒂诺、帕特里夏·瓦尔加斯等人，自复活节岛上最古老的考古遗址取得古代岛民用过的木炭和吃剩的海豚骨，以放射性碳年代测定法加以分析的结果。那个遗址就位于东北角的阿纳克纳海滩，该处是岛上最佳的独木舟着陆点，显然最初踏上这块土地的人会选择在该地落脚。此外，那几位专家采用的是最先进的放射性碳年代测定法——加速器质谱法（AMS），并对海豚等海洋生物骨骼的放射性碳测年进行了所谓的海洋储库校正。这样的年代估算可能比较可靠，因为这个考古遗址还有本地禽鸟的骨骼，但那些禽鸟在复活节岛上和许多其他太平洋岛屿上很快就灭绝了，用来捕捉海豚的独木舟也很快就消失了。因此，据目前的估算，复活节岛最早有人居住的年代应是略早于900年。

民与食

复活节岛上的居民吃什么？岛上有多少人？

当欧洲人来到这个岛屿的时候，岛民主要以务农维持生计，种植甘薯、山药、芋头、香蕉、甘蔗,唯一豢养的动物是鸡。由于复活节岛没有珊瑚礁,也没有潟湖,鱼类和贝类在岛民饮食中的占比就比其他波利尼西亚岛屿上的岛民小得多。最初来该岛定居的人有海鸟、禽鸟、海豚等可食,但这些动物减少得很快,最后甚至灭绝了。岛民的饮食结构因此含有非常多的碳水化合物,又由于淡水有限,岛民大量饮用甘蔗汁,进一步加重了糖分摄取过多的问题。无怪乎在已知的史前时代人类族群中,复活节岛岛民患蛀牙的比率最高:很多孩子在14岁前就有蛀牙问题,到了二十几岁更是人人都有蛀牙。复活节岛人口鼎盛之时到底有多少人?如果以房屋为计算单位,假设一间房屋有5~15人,且岛上1/3的房子都有人居住,或是从石像及安放石像的石砌平台来计算酋长和其追随者的数目,推算的结果少说也有6 000人,最多可能有30 000人,即每平方英里有90~450人。岛上有些地方(如波伊克半岛)和地势最高之处比较不适于栽种作物,因此较其他土地上的人口密度会低一点,但没有太大的差别。根据考古学家的调查,岛上大部分土地有被利用过的痕迹。

然而,有关世界上任何一地的史前人口密度估算存在差异时,都会引发考古学家的争论,复活节岛也不例外。估少的一派批评估多的一派高估得离谱,估多的一派认为估少的一派低估得不像话。我个人则认为,估多的一派更有可能是正确的。部分原因是,在估多的一派中,有多位是近年来在复活节岛实地深入研究的考古学家,如克劳迪奥·克里斯蒂诺、帕特里夏·瓦尔加斯、埃德蒙多·爱德华兹、克里斯·史蒂文森和乔·安妮·范蒂尔堡。1864年,到复活节岛居住的传教士估算岛上人口数是2 000人。

这是最早的比较可靠的估算数字。在1864年之前不久，岛上暴发天花，夺走大部分人的生命。而且，1862—1863年，秘鲁船只绑走了1 500个岛民去当奴工。在此之前，根据文献记载，早在1836年，岛上就曾暴发过两次天花。至于其他传染病的流行，虽然没有记载，但我们几乎可以确定：欧洲人自1770年起络绎不绝而来，传染病也跟着上岸。下面我们也将讨论到，复活节岛从17世纪开始，人口就出现严重衰减的现象。我们再回头看，使复活节岛上天花第三次暴发的那艘欧洲船只，后来驶向马克萨斯群岛，使当地7/8的人口难逃死劫。因此，鉴于复活节岛经历了17世纪的人口锐减，再加上天花流行、绑架以及其他传染病的侵害，到1864年剩2 000人，如果说这些劫难发生前该岛的人口只有6 000~8 000人，实在少得令人无法相信。再者，我曾亲眼见过复活节岛在史前时代实行集约化农业生产的证据，因此克里斯蒂诺和爱德华兹估计该岛曾有15 000人以上并不让我意外。

复活节岛上可见的曾实行集约化农业生产的证据可分为几种类型。一种是直径5~8英尺、深达4英尺的坑洞，坑洞周围都是用石头堆砌的。这是为了种植作物而挖的堆肥坑，也可能是作为蔬菜发酵坑。另外，我们在特雷瓦卡火山东南坡的季节性溪流上发现了两座石坝，看来是为了引水到广大的石砌平台而建造。类似的调水系统也可在波利尼西亚其他岛屿上看到，主要是用来灌溉芋田。能更进一步证明此地曾实行集约化农业生产的证据是岛上众多的石砌鸡舍，当地人称之为"哈瑞·摩阿"（hare moa）。这些鸡舍大都长20英尺（也有一些长达70英尺）、宽10英尺、高6英尺，靠近地面之处有可供鸡进出的小洞。鸡舍外围有石墙,以防止珍贵的鸡逃走或被偷。要不是岛上还有巨大的石砌平台,以及那宏伟的石像,复活节岛在游客的印象中就是鸡舍之岛了。靠近海岸的陆地上到处是史前时代的石砌鸡舍,总数有1 233座。至于史前时代人类居住的房屋,只有石头地基或露台,连石墙都没有,真是相形失色。

根据考古学家克里斯·史蒂文森的研究,岛民为了提高农业生产力,最常利用之物就是火山岩。由于复活节岛上风力强劲,岛民会将大石头堆起来,做成挡风墙,以保护作物免于被风吹干。岛民还会把小石头堆起来,用来保护田地或低洼园圃。他们常在低洼园圃种植香蕉或树苗,等树苗长大后再将其移植出去。岛民还在大片的土地上放石块,石块间留下很小的缝隙,让植物从缝隙中长出来。更进一步的做法是所谓的"石块覆盖法",也就是在土壤下1英尺处填充石块。石块可能来自附近露出地面的岩石或从基岩钻取并敲碎。种芋头的洼地就是在天然的碎石地挖掘出来的。用岩石做挡风墙或保护园圃都得搬运许多石块,因此需要费上九牛二虎之力。我的研究伙伴罗利特曾在波利尼西亚其他地区做过研究,他与我初次去复活节岛进行调查的时候,就有感而发:"我没看过其他波利尼西亚岛民这么拼命。你看,在复活节岛上,不过是几个小得可怜的芋头,他们也大费周章地用小石头围成一圈好生保护,以使其避免风害。库克群岛上的人也种芋头,但他们就懒得干这种事。"

是啊,为何复活节岛上的农民要如此大费周章呢?以我儿时夏日待过的美国东北部为例,那里的农民千辛万苦地把田里的石块搬开,如果看到有人竟然故意把石块搬进田里,必然非常惊愕。

布满石块的田地有什么好处？

这和前述岛上多风、干燥、寒冷的气候有关。石砌园圃或石块覆盖法不是复活节岛岛民的专利，世界其他干燥地区的农民也不约而同地发明了这种耕作方式，如以色列的内盖夫沙漠、美国西南部沙漠区、秘鲁的干旱地带，还有中国、罗马时代的意大利和毛利人入主的新西兰。岩石可使压在下面的土壤保持潮湿，减缓土壤中的水分因阳光曝晒或风吹而蒸发的速度。而且，若土壤没有岩石覆盖，干硬的表层很容易使雨水溢流到别的地方。同时，岩石会在白天吸收热能，到了晚上再把热能释放出来，从而使土壤的温度不至变化太大。深色岩石会吸收更多的热能，为浅色土壤增温。此外，岩石还有如长效肥料（就如同我们早上服用的长效维生素片，在我们体内慢慢发挥作用），会慢慢释放土壤所需的矿物质。现代科学家也曾在美国西南部进行农业实验，以了解古代阿纳萨齐印第安人（见第四章）如何利用石块覆盖法，最后发现这个方法有很大的好处：与未被石块覆盖的土壤相比，被石块覆盖的土壤湿度提升了一倍、白天土壤的最高温度较低，晚上土壤的最低温度较高，而且土壤中种植的 16 种作物产量也大增——16 种作物的产量平均增长 3 倍，其中受影响最大的作物产量更是升至原来的 50 倍。由此可知，石块覆盖法好处多多。

史蒂文森解释，他的研究工作是记录岛民利用岩石实施的集约化农业生产的扩展过程。他认为，在波利尼西亚人来到复活节岛定居的最初 500 年，农民仍停留在离海岸几英里的低地耕作，为的是方便取得淡水，同时又可到海边捕鱼或捡拾贝类。他透过证据分析得出，岛上最早的石砌园圃出现在 1300 年左右，而且是在地势较高的地方。那里的降雨量比海岸区域要多，但温度较低（因此利用深色岩石来提高土壤的温度）。之后，复活节岛内陆多半都变成石砌园圃。奇怪的是，内陆只有少量几座平民住的房舍、几个小小的炉子和垃圾堆，看不见鸡舍，可见农民并不住在内陆。不过，内陆还是零星可见几间看起来不太普通的房子，显然是管理这一大片石砌园圃的贵族（非一般农民）住的，他们把石砌园圃作为大规模的种植园（而非私家花园）来经营，以生产多余的作物来供给为贵族工作的劳动人口。所有的农民还是住在靠近海岸的地区，每天步行几英里到内陆耕作，耕作完毕再走路回家。在海岸和内陆高地之间有几条5码宽的路，路边都堆放了石头，可能就是农民通勤的道路。此外，农民或许不是全年都在内陆耕种，例如春天时至内陆种植芋头等根茎作物，等到收获时节再回去采收。

酋长、氏族和平民

和波利尼西亚其他岛屿一样，复活节岛上的人类社会阶层分明。今天的考古学家发现，从岛上截然不同的两种房屋就可看出社会地位的分别。酋长和贵族住在被称作"哈瑞·帕安加"（hare paenga）的房屋。这种房屋的外观就像是一艘细长的独木舟倒置，一般长约40英尺（也有的长达310英尺），宽度则不超过10英尺，两端都是弧形的。房子的外墙和屋顶（就像倒置的独木舟的船身）由三层茅草做成，地板则由切割整齐的玄武岩基石铺就。房屋两端的弧形斜面石块很不好做，因此很珍贵，常常是敌对氏族偷窃的目标。很多哈瑞·帕安加前面都有用石头铺成的石阶。复活节岛上的哈瑞·帕安加聚集在岸边约 200 码宽的带状土地上，每一个聚集处有 6~10 间房子。房子靠近海岸的一边紧挨着竖立石像的平台。相较之下，平民住的房子位于更深入内陆的地方。他们的房子很小，旁边有鸡舍、炉子、石砌园圃和垃圾坑——这些设施虽然实用，但还是必须与具有宗教祭祀色彩的大雅之堂——石砌平台和美轮美奂的哈瑞·帕安加所在的沿海地带保持距离。

根据岛民的口传历史和考古学家的研究，岛上的领土共分成大约 12 块，每块领土分属于一个氏族或一个世袭阶层，且每一个都是自海边向内陆延伸。这样的复活节岛看起来就像一张被切成 12 块的馅饼，每一块领土都有自己的酋长和摆放巨石雕像的祭祀平台。各个氏族竞相在岛上建造石砌平台、竖立雕像，比比看谁的宏伟壮观，但这种竞争最后不免演变成流血冲突。波利尼西亚其他岛屿上也可见到这种领土划分，但复活节岛有一点不同：根据口传历史和考古研究，氏族间的冲突可借由宗教、经济或政治的力量弭平，让大家重新团结，服膺一个大酋长的领导。反之，在曼加雷瓦岛和马克萨斯群岛等比较大的岛屿上，酋长在主要山谷各据一方，不断与其他酋邦交战，打得如火如荼，从来没有团结和平的迹象。

有什么考古学证据可证明复活节岛上的酋邦之间能团结？原来，岛上领地的划分并非大小一致，而是按照资源的不同来划分的。最明显的例子就是汤加里基，当地人称之为奥图·伊蒂（Hotu Iti）。它坐拥拉诺·拉拉库火山口，雕刻石像最好的石材尽在此地，这里还有用于填塞船缝以防渗水的泥炭沼。汉加·普库拉（Hanga Poukura）则拥有普纳·帕乌采石场，出产砖红色的火山岩，可刻制石像头上像帽子的红色圆柱。岛上三个主要生产黑曜石的采石场都在汉加·普库拉和维纳普（Vinapu）的掌控之下，黑曜石是一种质地较细的火山岩，可以用来制成锋利的工具。维纳普和汤加里基则拥有最好的玄武岩，可用作哈瑞·帕安加需要的石板。独木舟出海的最好地点是北岸的两处沙滩，都属于阿纳克纳（Anakena）的势力范围，与阿纳克纳相邻的赫奇（Heki'i）拥有的沙滩则是第三佳。因此，和捕鱼有关的人工制品大都出现在北岸，但北岸的土地较为贫瘠，不适合耕作。最好的耕作土地在南岸和西岸。在大约 12 个酋邦中，只有 5 个拥有大面积的内陆土地可作石砌园圃。筑巢的海鸟都在靠近南岸的小岛上活动，特别是在维纳普的领地上。其他如木材、制造锉刀的珊瑚、红赭石、构树（制作树皮纸的材料）等资源的分布也不平均，有的酋邦有，有的没有。

　　互相竞争的氏族最后走向团结的证据何在？最明确的考古学证据是：全岛所有领地的石砌平台上都有来自汤加里基的石像，而石像头顶的红色圆柱则来自汉加·普库拉。岛民要把石像和红色圆柱运到自己领地上的平台，沿途必然经过其他酋邦的领地，要是路途遥远，就必须得到多个酋邦的同意。此外，如黑曜石、最好的玄武岩、鱼和其他特产于某一区域的资源，几乎见于岛上各个领地。像美国这样政治一统的泱泱大国，这种资源的跨地区分配可能再平常不过，如东西海岸的资源经常源源不断地跨越许多州，被运送到另一头。但是我们不要忘了，若是在各个领地各自为政的情况下，要把一地的资源通过别人的领地运送过来，这件事有多么复杂。为何复活节岛上的各个酋邦能团结合作，其他如马克萨斯群岛上的酋邦就做不到？原因可能是复活节岛上地势平坦，易于人们往来、沟通，而马克萨斯群岛因山谷过于陡峭，岛民难以翻山越岭，要到其他山谷多半得通过海路。

平台和雕像

现在我们再回到复活节岛上让人印象最深的东西——巨石人像［当地人称之为"摩艾"（moai）］和安放石像的石砌平台［当地人称之为"阿胡"（ahu）］。目前我们可在岛上辨识出 300 座阿胡。很多阿胡都很小，上面没有石像，只有 113 座阿胡上面有石像，其中的 25 座规模庞大，看来是精工打造的。岛上每一块领地都有 1~5 座大型阿胡。有石像的阿胡大部分位于海边，石像面向内陆，好像在俯视自己的领地，没有一座石像面向海洋。

阿胡是个长方形的平台，不是由一块坚固的大石头制成，而是用灰色玄武岩做成四面墙，当中充填碎石而成。维纳普阿胡的石墙堆砌得很工整，很有印加建筑的风格，海尔达尔据此猜想复活节岛的文化和南美洲有关。不过，复活节岛的阿胡只有石面，不像印加的石墙是用巨大石块堆砌出来。虽然阿胡的一面石墙重达 10 吨，但与印加遗址萨克萨瓦曼古堡那重达 361 吨的石墙相比，简直是小巫见大巫。复活节岛的阿胡大约有 13 英尺高，加上侧缘许多可达 500 英尺宽。因此，一座小的阿胡重约 300 吨，像汤加里基这种大型阿胡可能重达 9 000 吨以上——这使得它上面安放的石像有些相形见绌。为何两者比例如此悬殊？在我们评估建造这些阿胡和摩艾必须耗费的人力后，再回头探讨其背后的意义。

阿胡后方的石面（向着海的那一面）几乎是垂直的，前方的石面则是倾斜状，连着长方形平台，两边的长度各有将近 160 英尺。阿胡后方是火葬场，里面埋葬着数千人的骨灰。复活节岛是波利尼西亚岛屿中唯一有火葬习俗的，其他地区都是直接将死者土葬。今天的阿胡是深灰色的，但其实它们原来还有白色、黄色和红色：前面的石面镶嵌着白色珊瑚，刚雕刻完成的摩艾是黄色的，摩艾头上有像帽子一样的红色圆柱体，有些阿胡前方的石面有一长条红色装饰，由红色岩石制成。

摩艾代表着岛民的先祖。根据考古学家乔·安妮·范蒂尔堡整理的资料，岛上共清点出 887 尊摩艾，将近半数还在拉诺·拉拉库的采石场，没有被运出来，被运出来的大都已竖立在阿胡上（一个阿胡上可能竖立 1~15 尊摩艾）。竖立在阿胡上的所有的石像都在拉诺·拉拉库用凝灰岩打造出来，但其他地方的几十尊石像（目前统计为 53 尊）是利用其他类型的火山岩，如玄武岩、粗面岩、红色或灰色火山渣①打造。竖立起来的雕像"平均"高 13 英尺，重约 10 吨。目前岛上成功竖立的雕像中，最高的一尊被称作帕罗（Paro），高达 32 英尺，因为比较细瘦，重量"只有"75 吨左右。在阿胡汤加里基上的一些雕像虽然矮些，但比较粗壮，有 87 吨重，让考古学家克里斯蒂诺费尽千辛万苦，动用起重机才能竖立起来。岛民还曾打造一尊比帕罗高几英寸的摩艾，但设法竖立在阿胡汉加·特·腾加（Hanga Te Tenga）上的时

---

① 火山喷发形成的矿渣状多孔岩石，由孔隙、火山玻璃和矿物组成。——译者注

候不幸倒塌。在拉诺·拉拉库那些尚未完工的雕像中，还有一尊长达70英尺，重量几近270吨。就我们对复活节岛科技的了解，岛民要搬运该雕像或将之竖立起来似乎是不可能的事。我们不禁好奇，当初打造这些雕像的石匠到底怀抱着什么样的壮志雄心？

对埃利希·冯·丹尼肯等对外星人狂热的科幻作家，复活节岛上的石像和石砌平台如此独特，恐怕只有来自外太空的神秘力量可以解释。然而，复活节岛的建筑风格的确有迹可循，可追踪至波利尼西亚群岛，尤其是东波利尼西亚地区。那里可见一种叫作"马拉埃"（marae）的石砌平台，被用作圣祠或在上面盖庙宇。皮特凯恩岛以前就有三座这样的石砌平台，而复活节岛上的先民很可能就是从皮特凯恩岛来的。复活节岛上的阿胡和马拉埃很像，只不过规模比较大，上面也没盖庙宇。马克萨斯群岛和南方群岛都有大型的石头雕像，马克萨斯群岛、南方群岛和皮特凯恩岛也有红色火山渣雕刻而成的石像——这种火山渣正像复活节岛上某些雕像使用的石材。此外，马克萨斯群岛上的石像也用到凝灰岩这种火山岩（和拉诺·拉拉库的石材一样）。再者，曼加雷瓦岛和汤加也有其他的石头建筑，例如汤加著名的三石塔（就是在两根巨大的石柱上横放另一根大石柱，每一根石柱重达40吨），在塔希提岛等地还可发现木头雕像。由此可见，复活节岛上的建筑风格其来有自，出自波利尼西亚传统。

我们当然很想知道复活节岛岛民是何时竖立起第一座石像的，石像的风格和规模又是如何随着时间的推移演变的。令人遗憾的是，石像的年代无法通过放射性碳年代测定法估算，只能通过其他方式间接估量，例如对阿胡中的木炭进行放射性碳年代测定，或以黑曜石水化年代测定法对黑曜石剖面进行年代测定，也可通过观察废弃石像的风格（那些石像应该是早期打造的）、观察某些阿胡经历的重建阶段（包括考古学家挖掘的阿胡）。似乎晚期的石像比较高耸（虽然不一定比较重），而且最大的阿胡是历经多个阶段不断重建、加工的结果。根据推测，复活节岛上的阿胡大都建造于1000—1600年。就间接测定年代的方法而言，贝克及其同事想出一个妙法，对珊瑚锉刀中的碳、石像的眼珠，以及装饰阿胡前面的平台的白色藻节实施放射性碳年代测定。从直接的年代测定来看，阿纳克纳的阿胡诺诺（Nau Nau）的建造和重建历经三个时期：最初始于1100年左右，最后大约在1600年结束。复活节岛上最古老的阿胡上方可能没有安放石像，就像波利尼西亚其他地区的马拉埃。早期石像有的被回收用于后期建造的阿胡或其他建筑中，它们通常比后期的石像更小、更圆，也比后期的石像更像人的模样，而且用以打造的火山岩有好几种，不是只用拉诺·拉拉库的凝灰岩。

复活节岛岛民最后采用拉诺·拉拉库凝灰岩的理由很简单：这种岩石是雕刻石像的最佳石材，表面坚硬但内在呈灰质，比从内到外都很坚硬的玄武岩更易雕刻。与红色火山渣相比，凝灰岩不易断裂，更适宜琢磨和雕刻细节。我们可从石像的年代推论出，晚期来自拉诺·拉拉库的石像要比早期的更大、更有棱角、风格更加明显，而且有批量生产的趋势，每一座石像看来都差不多。像岛上竖立的最高的摩艾"帕罗"，就是最晚打造的石像之一。

越晚期的石像越大，这意味着酋长之间在相互竞争，竞相打造最大的石像。晚期石像头顶的"普卡奥"（pukao）显然是竞争加剧的产物。普卡奥是用红色火山渣刻制的圆柱体，重达12吨以上（如帕罗头上的普卡奥），单独放到摩艾平坦的头顶上（见插图8）。（试想：岛民如何在没有起重机的情况下，把重达12吨的巨岩摆在32英尺高的石像上？这使得埃利希·冯·丹尼肯不禁设想，这莫非是外星人的杰作？外星人之说，未免过于天马行空。根据最近科学家在复活节岛实地做的实验，普卡奥和石像或许是一起被竖起来的。）我们还不确定普卡奥究竟代表什么，最靠谱的猜测是波利尼西亚酋长头上戴的红色鸟羽头饰，或是用羽毛和树皮布制成的帽子。举例来说，当西班牙探险家到达太平洋中的圣克鲁斯岛时，让当地人印象最深的不是西班牙的船只、刀剑、枪炮或是镜子，而是他们身上穿的红衣。所有普卡奥用的红色火山渣都来自同一个采石场，那就是普纳·帕乌。这里有许多未完工的普卡奥，还有已完工等着被运走的成品（正如同拉诺·拉拉库采石场上的摩艾）。

只有在史前时代晚期规模最大、最华丽的阿胡上所竖立的摩艾头顶才有普卡奥。现在已知的普卡奥不超过100个。我不由得猜想，这应该是为了显示自己更胜一筹而加上去的。普卡奥似乎是一种宣示："好吧，就算你们可以竖立起30英尺高的石像。但看看我们的：我们可以在石像头顶再摆上一个12吨重的普卡奥。你们这些胆小鬼，来啊，看你们能不能超过！"普卡奥还让我联想到好莱坞的大亨。我家就在好莱坞附近，大亨们为炫耀自己的财富和权力，竞相在这里建造更大、更华丽、更傲人的宅第。石油大亨马文·戴维斯以面积达50 000平方英尺的豪宅超越了之前的人；为了更有派头，知名电视制作人艾伦·斯佩林于是建造了面积达 5 600 平方英尺的豪宅。要是这些亿万富翁的宅第能不用起重机在房顶上放个 12 吨重的普卡奥，压倒群雄的姿态就更明显了。

既然平台和石像在波利尼西亚诸岛处处可见，为何只有复活节岛岛民如此执着，把这么多的社会资源投入石像凿刻和平台兴建，企图打造出笑傲全岛的巨石雕像？至少有 4 个因素导致了这一结果。第一，拉诺·拉拉库的凝灰岩是太平洋地区最好的雕刻石材。对雕刻惯了玄武岩和红色火山渣的工匠来说，这种凝灰岩好像在对他们呼唤："来雕刻我吧！"第二，其他太平洋岛屿的居民只要航行几天就可以到达附近岛屿，因此会把精力、资源和人力用于岛屿之间的贸易、掠夺、探险或殖民，而与世隔绝的复活节岛上的岛民就没有这些事可做。其他太平洋岛屿的酋长可通过岛际活动提高自己名声或地位，复活节岛的酋长只能以石像和平台来称王称霸。正如我一个学生说的："他们没有那些无聊的游戏可玩。"第三，复活节岛地势平坦，不同领地间的许多资源可以互补，因此岛上能形成和平、团结的气氛，所有氏族都能前往拉诺·拉拉库获取石材用于雕刻。如果复活节岛像马克萨斯群岛那样，在政治上呈现分崩离析的局面，那么坐拥拉诺·拉拉库的汤加里基族可能会把这个采石场据为己有，邻近氏族也会禁止其他氏族途经他们的领土搬运石像。事实上，在复活节岛一统以前，这种事的确发生过。第四，建造平台和石像需要众多的人力（我们接下来将详述这一点），只有在余粮充裕的情况下才有可能，而复活节岛贵族控制的高地园圃正好可以生产充足的粮食。

雕刻、搬运和竖立

在没有起重机等工具的情况下，复活节岛岛民是怎么完成雕刻、搬运、竖立这一连串任务的？由于没有欧洲人亲眼看过，也无文字记录，我们无从得知真相。但我们仍可基于岛民的口传历史（特别是石像竖立的过程）、遍布于采石场上的处于不同制造阶段的石像，以及最近科学家进行的各种搬运实验这几方面做出合理的猜测。

在拉诺·拉拉库采石场，可以见到仍在岩壁上的半成品石像，旁边是宽约2英尺的刻槽，石匠用的玄武岩石镐也还在采石场上。一尊石像还在打造之初，只是初具整体轮廓，脸部向前，后背仍与长长的岩壁相连。接下来就是要把头、鼻子、耳朵雕刻出来，然后是手臂、双手和束带。等石像背部和岩壁相连之处被凿开，就算完工，石像就可以准备运出去了。此时石像还没有眼窝，显然要等到被运到阿胡上、竖立之后才会刻出来。1979年，索尼娅·郝亚和塞尔吉奥·拉普·郝亚在一座阿胡附近挖到雕像的一只完整的眼睛——眼球是白色珊瑚制成的，瞳孔则是红色火山渣制成的。这真是个了不起的发现。后来又有人挖到类似的眼睛碎片。如果将这样的眼睛嵌入雕像，想必目光灼灼逼人，令人望而生畏。由于考古学家挖出来的眼睛极少，可见当初制作的眼睛就不多。这些珍贵的眼睛可能平常由祭司保管，只有在祭典时才嵌入眼窝。

从采石场运出石像的道路现在依然可见。这几条道路都沿着等高线修建，以免上坡下坡花费气力。最长的一条路将近9英里，可从拉诺·拉拉库通到西海岸的阿胡。虽然搬运这么大的石像看似是不可能完成的任务，但是不独复活节岛，不少史前时代的族群都有搬运巨石的经验，如英国索尔兹伯里平原上的巨石群、埃及的金字塔、墨西哥特奥蒂瓦坎古城的日月金字塔城、印加文明的巨石墙和奥尔梅克文明的神秘巨石头像等，我们可从每一个例子推理背后的运输方法。现代的学者曾试图以实地实验来破解岛民搬运石像之谜。第一个进行实验的就是海尔达尔，结果用于测试的石像在搬运过程中遭到损毁，因此他的理论可能有误。后来做实验的科学家想出各种方法：或者把石像竖立起来拉着走；或者把石像放平拖着走；或者利用橇运法，就是把石像放上木橇后，以人力拉绳索拖运；或者利用上油（或没上油）的滚轮，再或者在滚轮中间加上固定横杠。我认为可信度最高的是范蒂尔堡提出的理论。她认为，复活节岛岛民可能改良了"舟梯"——一种常见于波利尼西亚诸岛、被用于运送粗重木头的工具。波利尼西亚人在林地中将树木砍伐下来后，绑成独木舟的形状，然后拖运到海岸。这种舟梯的最下层是两根平行的木制轨道，由固定的木制横梁连接，就像梯子一样，因以为名。木头就放在横梁上被拖运。我曾在新几内亚看到过这种梯子，有的长达1英里以上，可以从岸边延伸数百英尺，到达坡上的林地。岛民就是在林地砍下树木、制成独木舟，然后用这种梯子拖下山去。我们已知夏威夷人就是用舟梯来运送独木舟的，最大的独木舟重量和一个一般大小的摩艾相当。因此，范蒂尔堡提出的方法颇为合理。

范蒂尔堡为了验证自己的理论，找一些复活节岛岛民制造了一个舟梯，使石像平躺在木橇上，再用绳索将木橇拖到舟梯上。她发现，如果是50~70人合力，每天工作5个小时，每次拉动可让木橇前进5码，便可在一星期内把12吨左右的雕像运到9英里外之地。范蒂尔堡和岛民还发现，成功的关键就在于大家要同心协力、动作一致地向前拉动，就像一起划独木舟那样。由此推断，若要搬运像帕罗那么大的石像，可能500个人就能办到。复活节岛的氏族动辄一两千人，号召500个人应该不是难事。

岛民亲口对海尔达尔描述了祖先当初如何把石像竖立在阿胡上。一提到那些自以为是、不肯降贵纡尊来请教他们的考古学家，岛民就一肚子火。他们不用起重机，就成功竖立一座石像给海尔达尔看，证明自己说得没错。有关石像的运送和竖立，后来不少科学家都做过实验，如威廉·马洛伊、范蒂尔堡、克里斯蒂诺等，我们也得以从这些实验过程中得到不少线索。岛民先在台前平地与平台顶部之间搭建一条缓缓上升的石头坡道，然后将俯卧的石像底座朝上地往上拉。石像底座到达平台顶部后，他们就用木头把石像的头部撑高一两英寸，接着在头部下方塞进石头作为支撑，接着再把头部撑高……如此反复，直至把石像慢慢竖立起来。用于修建坡道的石头最后还可拆下来用于制作阿胡的侧翼。普卡奥或许是和石像同时竖立起来的，岛民把头部撑高之时，就把普卡奥顶在石像头上。

整个操作过程中，最危险的时刻就是石像接近直立之时，如果倾斜过度，石像可能会栽下去。为了降低这种风险，石匠在雕刻时就会使石像与平坦的底座之间的角度略小于90度（比如87度）。这样一来，当石像的底座被平放在平台上时，石像虽然略为前倾，但不容易倒栽葱。之后，他们再小心翼翼地慢慢将底座的前缘撬起最后几度，并塞进石头作为支撑，直到石像完全垂直为止。这个步骤惊险万分，难免会发生意外。岛民在阿胡汉加·特·腾加上竖立一尊比帕罗更高的石像时，就不幸让石像倒栽下去，导致石像摔得粉身碎骨。

建造石像和平台这样的大工程，必然需要很多粮食来填饱众多石匠和搬运工的肚子。每个月要供给20个石匠的口粮，还要另外提供给他们粮食作为酬劳。另外，搬运石像的和竖立石像的50~500人，做的都是粗重的活儿，吃得也必然比常人要多。拥有阿胡的氏族必然会在石像竖立大典上大办宴席。石像搬运要途经不少领地，各个领地上的氏族必然乐意共襄盛举。考古学家一开始以工作量和燃烧的卡路里数来计算粮食消耗量，这样的计算却忽略了一个重要因素：石像只是整个工程的一小部分，平台的建造才是更大的工程。平台的重量是石像的20倍，建造平台所需的石头都得从外地运来。范蒂尔堡的丈夫是一名建筑师，夫妇二人的工作就是在洛杉矶建造大型现代建筑，并计算起重机和电梯的运载量。这对夫妇对复活节岛上的相应工作进行了粗略估计，最后的结论是：以石像和平台的数目及大小而言，在这项工程登峰造极的300多年间，粮食的需求量要比总人口正常的需求量多出25%。克里斯·史蒂文森也认为，在那繁盛的300年间，复活节岛岛民在内陆高地实行大种植园耕作，因此得以生产更多的粮食。

然而，我们还忽略了一个问题。石像工程需要的不只是更多的粮食，还有很多又长又粗的绳索（在波利尼西亚，绳索是用多纤维的树皮制成的），只有这样才能让50~500个人拉动重达10吨甚至90吨的石像，此外还需要很多粗大的树木做成木橇、舟梯和横梁。但是，在罗赫芬等欧洲人登陆之时，岛上根本看不到几棵树，即使有，也都是不到 10 英尺高的小树。在波利尼西亚所有的岛屿中，只有复活节岛几近不毛之地。那些可用来做成绳索和木材的树木到哪里去了？

消失的森林

植物学家研究了 20 世纪复活节岛上的植物，能辨识出来的本土物种只有 48 个。即便是其中最大的一种——托罗密罗树，也只有 7 英尺高，难以称之为树，其他的则是蕨类、小草、莎草和灌木。然而，根据近几十年的研究，我们发现人类定居复活节岛之前的几十万年里，以及在人类定居之初，这个岛屿非但不是不毛之地，反而是巨木参天、绿意盎然的亚热带森林。

人们最初得出这个结论是基于一种被称为花粉分析（孢粉学）的研究方法，也就是从沼泽或池塘中提取柱状沉积物作为样本进行分析。如果沉积物的柱状样本没有经过摇动或搅拌，最上层的泥浆沉积时间应当最晚，越靠近底部沉积的时间越早。每一层沉积物的确切年代可用放射性碳年代测定法估量。把柱状沉积物中的几万颗花粉放在显微镜下观察，计算花粉颗粒，然后将其与现代已知植物物种的花粉比较，以辨识花粉的植物物种，这样的工作实在艰巨。首位致力于复活节岛花粉分析的科学家是瑞典的奥洛夫·塞林，他以海尔达尔 1955 年从拉诺·拉拉库沼泽和拉诺廓火山口取得的沉积物来分析。他发现其中许多花粉来自棕榈树，不过种类无法辨识，这些物种已不是今天复活节岛上的本土植物。

另一位科学家是约翰·弗伦利，他在1977年和1983年采集了更多沉积物样本进行分析，也注意到其中有很多棕榈树的花粉。1983年，弗伦利幸运地从塞尔吉奥·拉普·郝亚那儿取得一些棕榈树的坚果化石，那些坚果化石是同一年法国探险家在一处熔岩洞穴中挖掘出来交给郝亚的。弗伦利将这些坚果化石送去给世界顶尖的棕榈树专家进行辨识，结果发现这些坚果竟然和全世界现存最大的棕榈树——智利酒棕榈的坚果很像，只是略微大一点。智利酒棕榈可长到将近65英尺高，树干直径足足有3英尺。后来的人在特雷瓦卡熔岩（已有几十万年历史）中发现了棕榈树干的遗迹，按照那根盘节错的样子，树干直径看来可能有7英尺多。如果这种棕榈树没有消失，应该是世界上最大的棕榈树，连高大的智利酒棕榈都得甘拜下风。

今天的智利人将他们的棕榈树当成宝贝，原因有以下几个。智利酒棕榈的树干会产生甘甜的汁液，可以用来酿酒、熬成蜂蜜或制成糖粉，可谓名不虚传。此外，这种棕榈树的坚果果仁含有油脂，非常美味；棕榈叶可用来覆盖屋顶，也可以做成篮子、草席或船帆。当然，粗大结实的树干放在古代可制成搬运重物的工具、竖立摩艾，或许还可用来打造独木舟。

弗伦利和萨拉·金从沉积物样本中辨识出其他5种树木的花粉，这5种树木现在皆已灭绝。后来，法国考古学家凯瑟琳·奥里亚克从复活节岛的炉子和垃圾堆中挖出的样本中筛出了3万块被烧成木炭的碎片。奥里亚克逐一过滤，从中筛选出2 300块碎片，再与波利尼西亚其他地方现存的树木样本进行比较。这种铁杵磨成针的精神，可与塞林、弗伦利和萨拉·金等人的锲而不舍互相辉映。奥里亚克就是用这种方法辨识出其他 16 种植物,其中有不少是今日东波利尼西亚常见的树木物种,或是与这些物种有关。这些都是以前在复活节岛上生长的树木,可见过去的复活节岛曾被一片树种繁多、蓊蓊郁郁的森林覆盖。

对岛民来说,除了棕榈树,科学家发现的这 21 种现已灭绝的树木也大都价值匪浅。其中两种最高的树——高达 100 英尺的麦珠子树(Alphitonia cf. zizyphoides)和高达 50 英尺的大果杜英(Elaeocarpus cf. rarotongensis),在今日的波利尼西亚其他岛屿还看得到,是当地人制作独木舟的材料(或许比棕榈树更佳)。所有波利尼西亚人都知道利用菲岛刺蒴麻(Triumfetta Semitriloba)这种小灌木的树皮做绳索,也许复活节岛岛民就是用这种绳索来拉动石像。另外,构树的树皮可用来做成树皮布;鱼骨木的树枝笔直且有弹性,是制成鱼叉和舷外浮木的好材料;马来蒲桃的果实可食;伞杨这种海洋檀木和其他 8 种树木质地坚硬,可作为雕刻和建筑之用;托罗密罗树就像合欢树和牧豆树,是作为柴薪的绝佳材料。这些树木物种都是奥里亚克从焚烧后的碎片中分析出来的,证明这些树木都曾被用来当作生火的木柴。

还有人从阿纳克纳沙滩早期的贝冢中挖掘出 6 433 块骨头,加以仔细分析、辨识,发现其中有些是鸟骨,有些则是其他脊椎动物的骨头。完成这项研究的就是动物考古学家戴维·斯特德曼,他之所以会选择阿纳克纳这个地点,是因为这里可能就是人类在这岛上是初登陆、定居的地点。尽管我是个鸟类学家,但我还是无法分辨知更鸟和鸽子的骨骼有何不同,甚至看不出知更鸟和老鼠骨骼的差异,而斯特德曼竟然能分辨十几种近似的海燕骨骼。

他这等高超的辨识能力和眼力，已不是明察秋毫一词可以形容，让我不得不佩服得五体投地。他还证明，今天看不到任何一种本土陆生鸟类的复活节岛，在远古时代至少是6种鸟类的家园，包括1种苍鹭、2种秧鸡、2种鹦鹉和1种仓鸮。更令人惊异的是，至少有25种海鸟曾在此筑巢产卵，因此复活节岛曾是全波利尼西亚（甚至可能是整个太平洋地区）最重要的海鸟繁殖地。这些海鸟包括信天翁、鲣鸟、军舰鸟、管鼻鹱、海燕、细嘴锯鹱、水薙鸟、叉尾海燕、燕鸥、鹲等。它们被吸引前来复活节岛筑巢产卵，主要是因此地偏远、没有捕食者，可无忧无虑地栖身、繁殖。当然，有人类定居之后，情况就不可同日而语了。此外，斯特德曼还发现了几种海豹的骨骼。这些海豹今天仍在复活节岛东边的加拉帕戈斯群岛和胡安·费尔南德斯群岛上繁殖，但我们无法确定的是，斯特德曼发现的海豹骨是来自过去曾在复活节岛上繁殖的海豹，还是只是偶然从别的繁殖地游过来的。

从阿纳克纳沙滩贝冢中挖掘出的鸟骨和海豹骨，使我们可略窥复活节岛上早期人类定居者的饮食结构和生活方式。在那6 433块被辨识出的骨骼中，最常见的一种约占总数的1/3，被证明来自真海豚。真海豚是鼠海豚的一种，是复活节岛岛民可以猎取的最大动物，重达165磅。这真是非比寻常的发现。在波利尼西亚其他地区的贝冢中，鼠海豚的骨骼占比很少超过1%。真海豚一般在大海中生活，不会接近岸边，因此不可能通过绳钓或从岸边投射鱼叉来捕捉。岛民必然是乘坐大型、稳固的独木舟出海捕猎，而这种独木舟正是用奥里亚克辨识出的那些高大树木打造的。

在阿纳克纳沙滩的贝冢中，鱼骨的占比只有23%，但在波利尼西亚其他地区，鱼则是主食（鱼骨的占比达90%以上）。复活节岛岛民之所以吃鱼不多，是因为海岸地形崎岖、陡峭，且多断崖，所以没有几个地方可撒网捕鱼，也几无可以绳钓的浅水区。可想而知，岛民能食用的软体动物和海胆也很少。虽然复活节岛的海鲜不多，但海鸟和陆生禽鸟倒是很多，可让岛民大快朵颐。岛民不但吃鸟肉，还会加上很多鼠肉一齐烹煮——老鼠是当初藏身于复活节岛先民的独木舟中偷渡上岸的。在所有波利尼西亚岛屿上的遗址中，只有复活节岛一地的鼠骨多过鱼骨。想到吃鼠肉，你可能会觉得恶心，认为实在难以下肚，但根据20世纪50年代末我在英国亲眼所见：对我那些英国生物学家朋友来说，老鼠不但是实验用的动物，在战时食物配给的年代，还可变成奶油鼠肉等珍馐佳肴，让饥肠辘辘的他们打打牙祭。

　　鼠海豚、鱼类、贝类、鸟类、老鼠，复活节岛先民菜单上的食物还不止这些。除了先前提到的海豹，贝冢中还有其他动物的骨骸，比如海龟，还有大蜥蜴。这些山珍海味大抵是用火烹制，所用的柴火就来自岛上的森林。

　　如果比较那些早期遗址和史前时代晚期的垃圾沉积物，并与现在复活节岛的情况互相对照，就会发现岛民的食物结构发生了很大变化。那众多的山珍海味逐一从餐桌上消失了，鼠海豚和金枪鱼等海鱼几乎完全没得吃了，原因我们会在后面详述。鱼类只剩下近岸水域可捕捉到的。陆生禽鸟也都没了，原因很简单：过度捕猎、森林滥伐，加上鼠类掠食，导致它们一一灭绝。这是太平洋岛屿上的陆生鸟类遭遇的最惨重的灾难，比新西兰和夏威夷的情况更甚。虽然新西兰和夏威夷的一些陆生鸟类物种已经灭绝，如恐鸟[①]和一种不会飞的野雁，但是劫后余生的禽鸟也不少。像复活节岛这样连一只本土陆生禽鸟都不再看得到的岛屿，在太平洋诸岛中绝无仅有。复活节岛以前还有25种或更多的海鸟在岛上筑巢产卵，但因为过度猎杀和鼠辈横行，后来有24种都不在本岛繁殖。其中有9种目前仍在繁殖，但只在本岛外的几个小岛上产卵，而且卵的数量极少，其他15种则已经绝迹。贝类也因人类的口腹之欲在劫难逃。由于美味的大螺越来越少，岛民只好退而求其次，多吃比较小的涡螺。时间越晚的贝冢，发现的螺壳越小，可见大的早就因过度捕食而灭绝了。

关于奥里亚克、弗伦利和萨拉·金等考古学家辨识出的棕榈树等树种灭绝之因，算起来可能有6个。奥里亚克从遗址的炉子中取得的木炭样本，证明复活节岛先民以树木为柴火。再者，遗体火化也会用到树木。复活节岛上的火葬场有几千具遗骸和大量人类骨灰，要焚烧这么多尸体必然需要很多燃料。此外，除了地势最高的地方，岛上很多树木都被砍伐，清理出空地来作为园圃，以便栽种作物。从早期贝冢中发现的许多鼠海豚和金枪鱼骨骼可以推论出，像是麦珠子树和大果杜英这样的大树都被砍伐做成可在大海上航行的独木舟。罗赫芬见到的那些简陋、容易渗水的木筏，必然难以让人们在上面站稳、投射鱼叉，更何况根本就划不远。我们还可推论出，搬运、竖立石像所需的木头和绳索也都来自树木。除此之外，树木的用途还有很多。偷渡上岸的老鼠

[①] 恐鸟，一种新西兰无翼大鸟。——译者注

也不会轻易放过岛上的棕榈树等树木，在复活节岛挖掘出的每一颗棕榈树坚果上都有老鼠啃噬的齿痕。这些坚果一旦被啃噬过，就不能发芽了。

复活节岛森林滥伐的问题可能始自900年，也就是人类抵达之初。到1722年，岛上的森林可能已被砍伐殆尽，因此罗赫芬上岸时才会发现这座岛是个不毛之地，没有一棵树超过10英尺高。然而，在900—1722年这段时间内，我们能否更进一步推断森林被砍伐殆尽的具体年代？目前，我们有5种证据可作为导引。岛上大多数的棕榈树坚果经放射性碳年代测定，发现是1500年前之物。也就是说，1500年后棕榈树就变得非常稀少或是灭绝了。科学家发现波伊克半岛的棕榈树在1400年左右消失，由于这里的土壤是全岛最肥沃的，或许树木最先被砍伐；森林清理留下的木炭都是1440年之前的，后来的农业遗迹显示这里成为人类的地盘。奥里亚克从遗址中的炉子和垃圾坑取得样本进行放射性碳年代测定，发现在1640年之后木炭就不见了，取而代之的是草本植物。就连当地贵族的家里都没有木头可用，更何况是平民。弗伦利也通过花粉分析证实：在10—14世纪，棕榈树、树菊、托罗密罗树和灌木的花粉都消失了，取而代之的是草本植物的花粉。然而，通过对柱状沉积物样本进行放射性碳年代测定来估算森林砍伐殆尽的年代，还是隔了一层，不如直接测定棕榈树及其坚果得到的年代精准。最后，根据史蒂文森的研究，岛民在高地发展大种植园时期，也就是15世纪初到17世纪，或许正是石像打造登峰造极之时，用了大量的木头和绳索。种种证据显示，人类在复活节岛定居后不久就开始砍伐森林，到1400年左右更是如火如荼。在15世纪初到17世纪，岛上各地的森林陆续被砍伐殆尽。

自食恶果

复活节岛的森林滥伐现象不仅是全太平洋地区，而且是全世界范围内最极端的例子：森林全部消失了，所有的树木物种都灭绝了。对岛民来说，这带来的最直接的冲击便是没有原料可用，没有野生食物可吃，作物产量也减少了。

由于本土植物和禽鸟的锐减、消失，很多原料，如木头、绳索、用于制造树皮布的树皮、羽毛等也无从获得。没有大型原木和绳索，石像的搬运和竖立就只能终止，岛民也无法建造扎实的独木舟。1838年，有艘法国船只在复活节岛海岸附近停泊。岛民于是分乘5艘简陋的小木筏，打算前去交易。根据法国船长的记录："所有的原住民看到我们，不断兴奋地叫道：'米路！''米路！'见我们听不懂的样子，不由得气急败坏。原来他们口中的'米路'就是波利尼西亚人用来制作独木舟的木头。他们要的就是这个……"复活节岛上最大、最高的山叫作"特雷瓦卡"，意思就是"获取独木舟之地"。过去岛民把特雷瓦卡山上的树砍伐下来作为木材，现在山坡上仍有不少木工制作独木舟的工具被弃置在那里，像是石钻、刮刀、刀子、凿子等。后来山坡上的树木全被砍伐，改成园圃。没有大型原木，岛民就没有木头可以生火取暖。在复活节岛上，冬日的雨夜又湿又冷，气温可能降到10℃。1650年之后，岛民只能以草本植物、甘蔗皮等作物残渣来当燃料。剩下来的一点小灌木，还要被用来覆盖屋顶、制成木制工具或树皮布，但因为数量不多，往往引发激烈争夺。就连葬礼也受到影响，因为没有足够的木头可作燃料来火化尸体，岛民只好把尸体做成木乃伊，或在尸体入墓成为白骨后再挖出来放入骨瓮改葬。

大多数野生食物来源后来也消失了。没有了能在海上航行的独木舟，岛民就不能像早期殖民者在头几百年那样可以捕捉鼠海豚来当主食。到1500年，岛民完全没有鼠海豚、金枪鱼等远洋鱼类可以享用。越晚期的贝冢中，所发现的鱼钩和鱼骨越少，最后只剩下一些生活在浅水处和近岸的鱼类可以捕食。陆生鸟类已完全灭绝，海鸟的种类减少了2/3，幸存的几种也只在远离海岸的小岛上繁殖。棕榈树坚果、马来蒲桃等野生水果也没得吃了，可以吃到的贝类越来越小，也比以前少很多。唯一没有减少的野生食物来源就是老鼠。

除了野生食物来源骤减，作物产量也减少了，原因有以下几点。森林滥伐导致土壤饱受雨水和风的侵蚀，如弗伦利从沼泽取得的沉积物样本中就出现大量来自土壤的铁离子。我们在波伊克半岛的遗址发现，那里的田间原来矗立着一棵棵棕榈树，树荫可保护下方的土壤和作物免受烈日曝晒，也可减少水分蒸发，防止风害或大雨的侵蚀。棕榈树被砍光之后，因为大规模的土壤侵蚀，低地的阿胡和房子都遭到土石流掩埋。到1400年左右，岛民不得不放弃波伊克的田地。后来，这里的田地长出青草，农业也在1500年左右恢复，但一个世纪之后又发生第二波大规模土壤侵蚀，岛民只好二度放弃田地。森林滥伐除了导致土壤被侵蚀，还导致土壤水分蒸发和肥力流失，致使作物产量锐减。野生植物的叶子、果实、嫩枝等可用作堆肥的材料也所剩无几。

以上便是森林砍伐和人为破坏环境导致的直接后果，随之而至的便是饥荒、人口骤减，甚至出现人吃人的惨剧。岛上除了庄严巨大的摩艾，还有一些小小的石像，被称为"卡瓦卡瓦摩艾"（即"肋骨石像"），刻的是双颊凹陷、瘦得只剩皮包骨的人。这些石像证实了幸存的岛民对饥饿经历的所述为真。库克船长1774年对复活节岛岛民的描述是："矮小、瘦弱、胆小、可怜。"在1400—1600年，靠近海岸的低地房舍数量最多。但是到1700年，房舍数量足足少了70%，意味着人口少了七成。野生动物——灭绝，岛民在无肉可食的情况下，把脑筋动到岛上唯一尚未被享用过的肉——人肉。在复活节岛上，人骨不只出现在坟场或火葬场，也出现在晚期的垃圾堆中（当地人会把骨头敲碎，吸取骨髓）。岛民的口传历史也提到这种人吃人的真实梦魇，岛民辱骂敌人最恶毒的话莫过于："你母亲的肉塞在我的牙缝中。"

以前复活节岛的酋长和祭司常标榜自己和神明的关系，并承诺会给人民带来繁荣富足和丰收，以证明自己身份、地位的正当性。他们以宏伟的建筑和仪式来加深这种印象。而他们只有通过向人民征收余粮，才有可能打造出那么多巨大、庄严的石像和平台。但当他们的承诺落空、老百姓民不聊生时，酋长和祭司的地位就岌岌可危，最后在1680年被当地叫作"马塔托亚"（matatoa）的军事领袖推翻了。先前由多个氏族组成的统一社会，也因内战连连变得四分五裂。今天，复活节岛上还能看到不少由黑曜石制成矛头的武器，被称作"马塔亚"（mata'a），这些武器都是内战时期遗留下来的。海岸原本是权贵住宅区（哈瑞·帕安加），如今平民也可以住在那里。然而，很多人为了安全还是选择以洞穴为家。他们把洞穴挖大作为居住空间，出口的通道刻意做得狭窄，以利防卫。考古学家在这些洞穴遗址中发现了食物残屑、骨头做的缝衣针、木工工具和修补树皮布的工具，显然岛民是在这里长住而不是暂时藏身。

当复活节岛的波利尼西亚社会即将崩溃时，酋长被推翻，旧的政治意识形态瓦解，岛民也不再信奉原来的宗教。根据口传历史，最后的阿胡和摩艾大约是在1620年竖立的，帕罗就是最后一批被打造出来的石像之一，也是最高的一尊。1600—1680年，贵族管理的高地种植园渐渐被废弃，无法再供养石像的工作团队。晚期的石像更加高耸，原因除了酋长之间的互相竞争，也反映出岛民在环境危机四伏、生活艰苦的情况下对祖先的热切祈求。大约在1680年的军事政变中，敌对的氏族开始把对方的石像推倒。他们在平台前放置石板，把石像往前推下，石像倒下之后撞到石板就会碎裂。复活节岛社会在人口膨胀到极限、建筑登峰造极、生态环境受到严重冲击之后，崩溃的噩运便随之到来。第四章和第五章所述的玛雅和阿纳萨齐社会也是这么走向覆亡的。

我们不知道欧洲人最初来到这个岛屿时，石像的毁坏已到什么程度。罗赫芬在1722年上岸时，只在一个地方短暂停留。1770年，西班牙探险家冈萨雷斯来到这里，除了航海日志，没有做任何记载。首个对复活节岛有所描述的欧洲人，便是1774年来到此地的库克船长。他在岛上待了4天，派了一个勘察队在岛上各处进行调查。幸运的是，有一个能用波利尼西亚方言和岛民沟通的塔希提人随行。库克提到岛上可见一些倾圮的石像，然而还有一些依旧竖立。欧洲人最后一次提到竖立的石像是在1838年，1868年记载的石像就全部都是倾倒的。根据岛民的口传历史，最后一尊被推倒的石像就是帕罗（约在1840年）。据说，这尊石像是一个女人为了她的丈夫竖立的，后来被仇家推倒，因而从中断裂。

阿胡本身也被破坏了。有些很好的石板被抽出来，做成阿胡旁边园圃四周的矮墙［被称作"马纳瓦伊"（manavai）］，有的则被拿来盖坟墓。至今大多数阿胡仍未被修复，乍看之下就像一堆乱石。我和乔·安妮·范蒂尔堡、克劳迪奥·克里斯蒂诺、索尼娅·郝亚、罗利特等人开车在岛上进行研究时，看着一座又一座残破的阿胡和倾圮、碎裂的石像，想到岛民的祖先穷尽精力雕刻石像，又大费周章地搬运到平台上，好不容易才将其竖立起来，这些心血却一下子都被子孙毁掉了，令人不胜唏嘘。

复活节岛岛民亲手把祖先的摩艾毁了，这让我想起苏联和罗马尼亚的共产党政权垮台后，人民把斯大林和齐奥塞斯库的雕像拆除。肯定是岛民对酋长积怨日深，才会对着石像发泄，就像苏联人和罗马尼亚人一样。我很想知道有多少石像是在氏族内斗时被推倒的（如帕罗），又有多少是岛民在愤恨不满、希望破灭之下群起破坏的。我还想起新几内高地一个名叫博马伊（Bomai）的村落所发生的悲剧。1965年，当地一位基督教传教士对我夸口说，有一天他把改信基督教的当地人找来，要他们把村子里所有异教徒的"神器"（也就是他们的传统艺术品）全部拿到广场上烧掉，这些人果然遵命。也许复活节岛的军事领袖（即当地人口中的马塔托亚）也对他们统治的岛民下达了类似的命令。

我不想把1680年后的复活节岛社会描述成完全没有希望的人间炼狱。幸存的岛民还是很努力地过日子，也有宗教信仰。1650年之后，岛上虽然盛行吃人肉，但鸡舍也如雨后春笋般冒出来。考古学家如斯特德曼、瓦尔加斯、克里斯蒂诺曾人等在阿纳克纳最古老的贝冢中挖掘出鸡骨，但鸡骨只占所有动物骨骼的不到0.1%。马塔托亚以新宗教支持自己的军事政变，令岛民崇拜创造之神"马奇马奇"（Makemake）。以前岛民信奉的神明很多，马奇马奇只是其中之一。位于拉诺廊火山口边缘的奥朗戈村（Orongo）特别盛行崇拜马奇马奇的宗教仪式，因为该村正好俯瞰着附近海面三个面积最大的小岛——海岛筑巢产卵的最后据点。新的宗教也带来新的艺术风格，岛民转而雕刻女性生殖器、鸟人和鸟（一开始刻的鸟还很多，后来越来越少）。岛民不只在奥朗戈的石碑上雕刻，也在别处倒塌的摩艾和普卡奥上雕刻。奥朗戈村每年会举办游泳大赛，参赛的年轻人必须忍受冰冷的海水、冒着被鲨鱼吞噬的风险从本岛游到1英里以外的小岛，捡拾乌燕鸥在繁殖季节下的第一颗鸟蛋，然后带着鸟蛋游回本岛，途中不得使蛋碎裂，得胜者就是翌年的"鸟王"。奥朗戈村最后一次举行这个活动是在1867年，当时在岛上的天主教传教士还曾观看过。复活节岛被自己的岛民亲手毁了大半，在苟延残喘中又遭到外界更彻底的破坏与凌辱。

外人欺压，还是自作孽？

欧洲人对复活节岛的冲击是个悲惨的故事，我们可简明扼要地交代这个经过。自库克船长1774年踏上这座岛屿之后，其他的西方人也络绎不绝前来。复活节岛的境遇和夏威夷、斐济等其他太平洋岛屿一样，欧洲人上岸之后也把传染病带来了，使许多从来没接触过这类疾病的岛民一命呜呼。前文提过，根据文献记录，复活节岛第一次暴发天花是在1836年。如我们所知，太平洋岛屿上的原住民常被人绑架去当奴工，当然复活节岛岛民也难逃此劫。早在1805年，就有复活节岛岛民被绑走了。到1862—1863年，竟有1 500个岛民（约占当时岛上幸存人口的半数）被20多艘秘鲁船只绑走，并送到奴隶市场拍卖，在秘鲁的鸟粪矿区①或其他地方当奴工。这真是复活节岛历史上最悲惨的一段时间。大多数被绑架的岛民沦落天涯，客死异乡。后来，秘鲁在国际舆论的压力下，把十几个还活着的岛民遣返。不幸的是，这些人又把天花带回岛上，造成另一波天花流行。1864年，天主教传教士在该岛居住。到1872年，复活节岛岛民只剩111人。

19世纪70年代，欧洲商人把羊引进复活节岛，并占据土地。1888年，智利政府并吞了复活节岛，并把岛上的土地租给一家总部在智利的苏格兰牧羊公司来管理。岛民只能集中住在一个村落，为牧羊公司工作，公司只提供生活物资，没有薪资。1914年，岛民叛乱，智利政府派战舰前来平息。岛上的土地经过数十年放牧，饲养绵羊、山羊、马等，土壤侵蚀严重，半数本土植物因此面临灭绝的命运，包括垂桉草和托罗密罗树。1934年之后，这些植物永远从复活节岛上消失了。直到1966年，复活节岛岛民

---

① 鸟粪矿，数百万吨鸟粪经压缩及长期化学变化而形成的高纯度磷酸钙，亦即磷酸盐矿。——译者注

才成为智利公民。今天的复活节岛岛民已开始进行文化复兴，以自己的文化为傲，岛上的经济也因旅游业的兴盛而有回春迹象。智利航空公司每周有几班飞机从圣地亚哥和塔希提抵达这里，载着像我和罗利特这样的旅客来看著名的巨石人像。然而，在此一眼就可看出岛民和智利人之间格格不入。在目前的复活节岛上，以人口数目而言，双方算是旗鼓相当。

复活节岛著名的"朗戈朗戈木板"（rongo-rongo），也就是刻有象形文字的板子，无疑是岛民发明的，但发明的时间已不可考。最先提到这种文字的是1864年在此居住的天主教传教士，目前留下来的25块朗戈朗戈木板显然是岛民与欧洲人接触后的产物。有些木板不是用当地的木头制成，有些是用欧洲人的船桨刻的，还有一些可能是岛民为了出售而制造的。塔希提岛的天主教主教对复活节岛的当地文字非常感兴趣，希望取得样本，于是派人前来购买。新西兰语言学家史蒂文·费希尔在1995年宣称他已破译一些朗戈朗戈木板上的文字，发现上面刻的是像"绵绵瓜瓞"这般祈求多子多孙的颂歌，有些学者并不同意这样的诠释。但大多数研究复活节岛的专家赞同，朗戈朗戈木板是岛民在1770年与西班牙人接触后受到启发而发明的，或是1862—1863年秘鲁人绑架岛民事件的产物。由于很多岛民遭到屠杀，口传知识恐有失传之虞，岛民想到发明书写文字来相佐。

如前所述，岛民破坏生态环境证据确凿，罗赫芬于1722年抵达之时，此岛早已成了失乐园。尽管如此，由于被西方剥削、压迫的悲惨历史，岛民和学者都不愿承认岛屿覆亡是岛民自己一手造成的。岛民自己的说法是："我们的祖先绝不会做那种事。"

来此访问的科学家也说:"这里的人这么好,不可能会做出那种事。"例如,米歇尔·奥里亚克论及塔希提岛的环境变化时,也探讨过类似的问题:"……至少存在这样的可能性,即环境变化是大自然造成的,而非源于人类的所作所为。我对波利尼西亚人有很深的感情,宁可相信这样的环境破坏是大自然造成的(例如飓风)。然而,这是个非常有争议的问题,许多学者都提出不同的意见(McFadgen 1985; Grant 1985; McGlone 1989),我也还不能下定论。"那些同情岛民的意见或理论主要有以下三种。

第一,罗赫芬在1722年踏上复活节岛,但他眼中的这片不毛之地并非岛民一手造成的。在罗赫芬之前,已有西方人来到这里并造成破坏。的确,很可能在罗赫芬抵达前已有一些西方人来到此地,只是没有记录罢了。在16世纪和17世纪,很多西班牙大帆船已驶过太平洋海域。岛民面对罗赫芬时所表现出的冷静、无畏和好奇,表明他们已有和西方人接触的经验。如果他们在罗赫芬抵达前过着完全与世隔绝的日子,没跟任何外人接触过,应该会以为自己是这个世上唯一的人类,那么当他们看到其他人类上岸,如罗赫芬等人时,应该会有惊吓的反应,但他们并没有。不管怎么说,1722年以前,西方人在岛上有何活动,我们一无所知。纵使西方人真来到此地,我们也不知道他们到底是如何把这个地方变成不毛之地的。1521年,葡萄牙航海家麦哲伦完成首度横越太平洋的壮举。然而,在此之前人类对复活节岛的生态环境就已造成巨大冲击,而且证据确凿:岛上所有的陆生鸟类都已灭绝;鼠海豚和金枪鱼从岛民的餐桌上消失;1300年之前树木花粉已大幅减少;波伊克半岛的森林在1400年左右已被砍伐殆尽；以放射性碳年代测定法来分析，发现1500年之后棕榈树坚果已经消失了。

第二，复活节岛森林的消失可能肇因于气候变化，例如干旱或厄尔尼诺现象。会有这种说法，我丝毫不感到惊讶。我们发现，如果生态环境已遭人类破坏，气候恶化确实会有雪上加霜的效果。不少人类社会都遭遇过这样的问题，如阿纳萨齐（见第四章）、玛雅（见第五章），以及中世纪的格陵兰岛（见第七章和第八章）等。有关复活节岛在900—1700年的气候变化情况，我们没有数据，因此不知道那个时期的气候是变得干旱、暴风雨侵袭更甚，还是变得更有利于森林生长。但我认为复活节岛森林的消失和鸟类灭绝似乎并不是气候变化造成的，证据有以下几项：从特雷瓦卡火山熔岩中发现的棕榈树干遗迹，可证明棕榈树已在岛上生存了几十万年；弗伦利通过分析沼泽沉积物也发现，38 000—21 000年前，复活节岛上除了有棕榈树、树菊、托罗密罗树，还有其他6种树木的花粉。复活节岛上的植物应该已经历经无数次干旱和厄尔尼诺现象的考验，何以这一次就熬不过去了？事实上，弗伦利的记录显示，26 000—12 000年前，复活节岛还曾遭遇更干冷的气候，近1 000年来世界任何地区都未出现过这么严酷的气候。然而，那个时期的气候变化只是使岛上的森林从高地退到低地，更何况后来高地的森林也复育了。这些都是相当有信服力的证据。

第三，复活节岛岛民不可能明知故犯，愚蠢到把所有的树全都砍伐下来，一棵不剩。正如凯瑟琳·奥里亚克所言："森林是岛民物资的来源，也是精神生活所需，把森林砍伐殆尽等于自断生路。他们为什么要做这种事？"这的确是个重要的疑问。为这个问题大惑不解的，不只有凯瑟琳·奥里亚克，还有我和我在加州大学的学生，以及其他所有对这种生态自杀行为感到迷惑的人。我常常问自己这么一个问题："复活节岛岛民在砍下岛上最后一棵树的那一刻，曾说过什么？"他们是否像现代的伐木工人那样叫喊道："我们关心的是生计，不是树木！"或者："问题就交给科技去解决吧。别担心，我们可以找出木头的替代品。"又或是振振有词："怎见得复活节岛其他地方也都没有树木了？我们得进行更进一步的研究。禁止伐木未免言之过早，真是杞人忧天。"在每一个无意中破坏生态环境的社会，都有人提出这样的质疑。我们会在第十四章中探讨这个问题，还会看到有一系列原因导致人类社会仍会犯下这种错误。

复活节岛的环境为何脆弱？

至此，我们依然未能回答一个问题：为何复活节岛上的森林砍伐问题发展到如此极端的程度？毕竟，太平洋上可供人类居住的岛屿有好几千个，每一个岛上的居民都会砍伐树木、开辟园圃、以木材为柴薪、打造独木舟，或是用木头、绳索来盖房子或制作其他东西。然而，在这几千个岛屿中，与复活节岛存在类似问题的只有三个岛屿，分别是夏威夷群岛中的两个小岛——内克岛和尼华岛，以及一个较大的岛屿——尼豪岛，但它们的问题都不及复活节岛严重。这三个岛上的气候都比复活节岛要干旱。尼华岛上现在还有一种大棕榈树，至于面积仅40英亩的内克岛上是否曾有树木生长，我们尚且不知。为何唯独复活节岛岛民把自己岛上的森林砍伐殆尽，到一棵不剩的地步？有人曾做此解释："那是因为复活节岛上的棕榈树和托罗密罗树生长速度缓慢。"如果真的是这样，为什么至少有19种同类树木在东波利尼西亚很多岛屿上都长得很好，唯独在复活节岛上绝迹了？我怀疑这也许是有些科学家不忍怪罪复活节岛岛民的结果，再者岛民也不愿承认。如果说这是岛民一手造成的，岂不是暗示复活节岛岛民罪大恶极、短视近利？

我和罗利特对复活节岛上光秃秃的独特景象感到困惑。事实上，在这个问题背后还有一个更大的问题：为什么太平洋群岛的森林毁坏程度不一？例如，在曼加雷瓦岛（将在下一章详细讨论）、库克群岛与南方群岛的大部分地区，以及夏威夷本岛和斐济群岛的背风面等地区，很多森林都已被砍伐，但不像复活节岛那样被砍伐殆尽。社会群岛、马克萨斯群岛、夏威夷本岛和斐济群岛的向风面等地区，高地森林仍在，低地则有次生林、蕨草地和青草地。汤加、萨摩亚、俾斯麦群岛与所罗门群岛的大部分地区、马卡泰阿（土阿莫土群岛中最大的一个）等地依然森林苍翠。为何会有这样的差异？

罗利特梳理了早期欧洲探险家的太平洋航海日志，查看这些最初踏上太平洋岛屿的欧洲人对每个岛屿的描述，特别是岛上森林砍伐的程度，再将其中81个岛屿的森林资料整理出来，借以研究在欧洲人上岸的几百年或数千年以前，太平洋岛屿上的原住民对环境造成的冲击程度。就这81个岛屿来看，我们可以列出9个自然因素。我们认为，这些因素在不同岛屿之间的差异有助于解释各岛屿森林砍伐程度的不同。有了这些资料，有些趋势一目了然，但我们还是用统计分析的方式来处理数据资料，以便将这些因素按照重要程度排出顺序。

影响太平洋岛屿上森林砍伐的因素

两相对比，前者面临更严重的森林砍伐问题：

干旱的岛屿／潮湿的岛屿

寒冷的高纬度岛屿／温暖的赤道岛屿

古老的火山岛／年轻的火山岛

没有落尘的岛屿／有落尘的岛屿

远离中亚沙尘羽的岛屿／靠近中亚沙尘羽的岛屿

没有马卡泰阿岩的岛屿／有马卡泰阿岩的岛屿

地势低平的岛屿／地势高的岛屿

偏僻的岛屿／有近邻的岛屿

小岛屿／大岛屿

以上9个因素都可能影响到岛上森林砍伐的情况。其中最重要的因素就是降雨量和纬度：干旱的岛屿和寒冷的高纬度岛屿，所面临的森林砍伐的情形要比较为潮湿的岛屿和赤道岛屿更严重。这个结果和我们预期的一样：植物及树苗生长的速度与降雨量、温度成正比。在新几内亚炎热、潮湿的低地，树木被砍伐后，不到一年原地就能长出20英尺高的树木，但在寒冷、干燥的沙漠地区，树木生长的速度就相对缓慢很多。因此，在潮湿、炎热的岛屿，森林的砍伐如果能有所节制，使树木的再生速度可以赶上砍伐的速度，岛屿就可一直保有苍翠葱郁的林地。

有三个因素（岛屿的年龄、落尘和沙尘羽）的影响是我们一开始未预料到的，这是缘于我们对有关土壤肥力维持的科学文献不熟悉。一个 100 多万年以来都没有经历火山活动的古老岛屿，与最近经历火山活动的年轻岛屿相比，森林砍伐问题更为严重。这是因为新近喷发的熔岩所形成的土壤含有较多养分，利于植物生长。而较古老的岛屿上的土壤经过长时间的雨水冲刷，养分就会慢慢流失。此外，火山喷发所形成的火山灰也有益于土壤养分的恢复。但是太平洋中有一道明显的界线，即地理学家所熟知的"安山岩线"。在靠近亚洲大陆的太平洋西南区，火山喷发的火山灰可能被风吹到几百英里外的岛屿上。即使那些岛屿上没有火山（如新喀里多尼亚群岛），其土壤也可能因火山灰飘落而变得肥沃。安山岩线的另一边，也就是太平洋中部和东部，土壤则需仰赖中亚大草原吹来的沙尘。因此，安山岩线以东的岛屿，远离中亚的沙尘羽，面临的森林砍伐问题更为严重。

另一个因素是马卡泰阿岩。在太平洋诸岛中，只有 6 个岛屿由这种岩石构成。基本上，这是一种因地壳上升形成的高出海面的珊瑚礁地形。土阿莫土群岛中的马卡泰阿岛主要由这种岩石构成，马卡泰阿岩因而得名。马卡泰阿岛的地表崎岖难行，有很多深沟，岩石表面锐利如刀，还会划破鞋底，手脚一碰就伤痕累累，简直寸步难行。我第一次见识这种可怕的地面是在所罗门群岛中的伦内尔岛。我足足花了 10 分钟，才走了 100 码。一路戒慎恐惧，一方面要把手臂张开以保持平衡，另一方面又担心一不小心碰到岩石就会被割伤手。只要在这种地面上走个几天，再怎么强韧的靴子都会报废。可想而知，岛民赤脚在上面行走会有多么困难。只要你曾在这种地面上走过，就知道在太平洋中何以有马卡泰阿岩的岛屿森林砍伐得比较少。

剩下三个因素造成的影响较为复杂。这三个因素就是海拔高度、与邻近岛屿的距离和面积。地势高的岛屿森林砍伐情况相较没那么严重（即使是在该岛的地势较低处），因为高山多云雨，雨水落地就成为溪流，水分本身可以促进植物生长，同时水分也会带来植物所需的养分和落尘。如果山区海拔高度过高或过于陡峭，不适合开辟为园圃，则森林被砍伐的可能性不大。在偏僻、孤立的岛屿上，森林会消失得比较快，或许因为岛民只能待在岛上，吃喝拉撒都在岛上，因此会对岛上环境造成较大的影响。而如果岛民容易与邻近岛屿接触，就会多把时间和精力放在贸易、掠夺或扩张殖民地上。在面积较大的岛屿上，森林消失的速度相对没那么快。因为面积大的岛屿相较而言地广人稀，要把森林砍伐殆尽需要更久的时间，不适合作为园圃的地方也比较多。

从这 9 个因素来看复活节岛，这个岛屿上的森林注定有何命运？在我和罗利特研究的 81 个太平洋岛屿中，复活节岛的纬度是第三高，降雨量最少，火山灰和来自亚洲的沙尘都极少，没有马卡泰阿岩，与邻近岛屿的距离第二远，地势低平，而且面积很小。这 8 个因素都导致复活节岛更易面临森林砍伐问题。复活节岛上的火山算不上古老，但也不算年轻（距离上次火山喷发有 20 万年~60 万年），最古老的波伊克火山上的森林最先被砍伐殆尽。今天，这个地区的土壤侵蚀也是最严重的。我们把这些因素综合起来进行统计，预测森林砍伐问题最严重的三个岛屿应该是复活节岛、尼华岛和内克岛。这三个岛屿的现况和我们预测的完全相同：尼华岛和内克岛上已没有人迹，只有一种树（尼华棕榈）幸存；复活节岛完全成了一个不毛之地，所有树种均已绝迹，人口也少了九成。

复活节岛上的森林砍伐情况为何如此严重？表面看来亲切和善的岛民，是否真的罪大恶极、短视近利？不是的。他们只是不幸生存在一个环境极其脆弱的岛屿上，森林被破坏的风险特别高。而且与本书讨论的其他人类社会不同的是，复活节岛环境脆弱的原因我们可以逐一详细地列举出来。

今日地球村：另一个复活节岛？

一个社会如果过度利用自己的资源，会带来什么后果？与世隔绝的复活节岛就是个最鲜明的例子。如果我们回头检视序曲中所述的导致环境崩溃的五点框架，其中强邻入侵和失去友邦支持这两点因素并未发生作用。实在没有证据表明，复活节岛上的人类社会建立后曾与邻近岛屿发生过什么关系。即便确实有其他岛屿的人后来划着独木舟来到这里，因人数不多，难以造成威胁，也谈不上结盟。就第三个因素（气候变化）来说，虽然未来可能有新发现，但目前我们并未掌握什么证据。最后只剩下两个因素：一个是人类对环境的破坏，特别是把森林砍伐殆尽，并且使岛上的鸟类灭绝；另一个则是这种环境破坏背后的政治、社会和宗教因素。复活节岛的与世隔绝使岛民插翅难飞，难以向外发展。此外，由于氏族和酋长间的竞争，岛民拼命攫取岛上的资源，如木头、绳索和食物，且竞相竖立更大的石像，这种竭泽而渔的行径最终把自己送上绝路。

为何复活节岛社会的覆亡比起任何一个史前社会都更让人触目惊心？也许是缘于其孤立性。然而，今天我们赖以生存的地球无疑是另一个复活节岛。由于全球化、国际贸易、喷气式飞机、互联网，地球上所有的国家共享资源，也很容易影响彼此。国家之间的关系就像过去复活节岛上的那十几个氏族。复活节岛是太平洋上的孤岛，而今天的地球何尝不是宇宙中的孤岛？过去的复活节岛岛民在灾难来临时插翅难飞，无处求援。今天的地球人倘若在这个星球遭遇浩劫，一样无路可逃。这就是为何有人把崩溃的复活节岛看作世界末日的隐喻。

当然，这种隐喻并不见得完全恰当。我们今天的情况和17世纪的复活节岛社会有很大的差异，但其中有些差异更加凸显了今日的危机。举例来说，过去的复活节岛上不过几千人，光靠石头和人力就摧毁了自己的社会，今天的地球上有几十亿人，且拥有各种金属工具和机器，要毁灭自己岂不是更快？即便如此，我们还是可从其他差异中看出今日人类的优势，且待最后一章再说分明。

第三章

灭绝之岛：皮特凯恩岛和亨德森岛

"叛舰喋血"之前的皮特凯恩岛

好几百年前，有人落脚于一块肥沃的土地。此地自然资源丰富，似乎取之不尽，虽然还缺几种工业原材料，但只要坐船出海交易就可取得。因为附近比较穷困的地区刚好有这些原材料，而且居民也很乐意拿出来交易。有一段时间，这片土地上的人们日子都过得不错，人口也增长了数倍。

然而，这块沃土上的人口最终增加到当地资源不堪负荷的程度。森林被砍伐殆尽，土壤也遭受侵蚀，农业生产已无法获得余粮。居民没有打造船只的材料，甚至到三餐不继的地步。由于与其他地方的贸易萎缩，进口原材料越来越少。接下来，内战连连，原来的统治阶级被推翻，地方群雄蜂起，政权更替频繁。原来丰衣足食的乐园成了人间炼狱，哀鸿遍野、饿殍载道，甚至出现人吃人的惨况。其贸易伙伴更是时运不济，因为失去赖以维生的进口物资，只得剥削自己的环境，竭泽而渔，直至最后四时失序、山河变色，所有的人全部灭绝。

美国与其贸易伙伴未来也会走上这样的绝路吗?我们还不知道,但这样的悲剧已经在三个太平洋热带岛屿上演了。其中一个便是因《叛舰喋血记》而声名大噪的皮特凯恩岛。1790年,英国皇家海军"邦蒂号"船员叛逃到这里,因为当时这里是个偏远的无人岛,是很好的藏身之地,可以躲过英国皇家海军的追缉。但船员上岸后在岛上发现了祭祀平台、岩画、石器等,证明这里曾是古代波利尼西亚人的家园。皮特凯恩岛的东边还有一个更偏僻的小岛,名叫亨德森岛,现在仍没有人烟。今天的皮特凯恩岛和亨德森岛位列全世界最偏远的岛屿,没有任何飞机航班或定期船舶抵达这里,只是偶尔有人会开着游艇到此一游。尽管如此,亨德森岛仍有不少波利尼西亚人留下的遗迹。皮特凯恩岛上的原住民究竟怎么了?为何亨德森岛上的人也消失了?

英国皇家海军"邦蒂号"船员叛逃至皮特凯恩岛的浪漫故事启发了众多书籍和电影作品,如《叛舰喋血记》,不过皮特凯恩岛和亨德森岛的原住民消失之谜一样耐人寻味。不久前,新西兰奥塔哥大学考古学家马歇尔·威斯勒花了8个月时间在这两座人迹罕至的岛屿上进行考古挖掘,我们才得以对曾在这两座小岛上活动的人口族群有基本认识。最初在皮特凯恩岛和亨德森岛殖民的族群,其命运其实与几百英里外的一座岛屿相系,这座岛屿就是他们的贸易伙伴曼加雷瓦岛。曼加雷瓦岛的生态环境经过长时间破坏,不但自身难保,也使皮特凯恩和亨德森这两个岛屿受到牵连。我们在上一章所讨论的复活节岛的生态浩劫几乎完全是人类一手造成的,这是环境破坏造成人类社会覆亡最鲜明的例子,而皮特凯恩岛和亨德森岛则是唇亡齿寒的最佳写照。在人类社会高度全球化的今天，这也是可能显现的危机。皮特凯恩岛和亨德森岛本身的环境破坏问题也是造成当初社会崩溃之因，至于气候变化和强敌的影响，目前我们还未发现什么证据。

岛屿大不同

在东南波利尼西亚，只有曼加雷瓦岛、皮特凯恩岛和亨德森岛这三个岛屿可供人类居住。除此之外，只有几个地势低平的环礁，可供人们短期停留或游览，但没有人在此长住。在800年左右，这三座岛屿上开始有人类定居。正如上一章所述，这是波利尼西亚人往东扩张的结果之一。三岛之中最西边的曼加雷瓦岛，尽管距离波利尼西亚人之前居住的大型岛屿，如西边的社会群岛（包括塔希提岛）和西北边的马克萨斯群岛最近，但仍相差1 000英里。社会群岛和马克萨斯群岛作为东波利尼西亚最大且人口最多的岛屿，与西波利尼西亚地势高耸的岛屿间，最近的距离也在1 000英里以上。西波利尼西亚岛上的定居者用了将近2 000年的时间才到达东波利尼西亚岛。因此，在偏远的东波利尼西亚，曼加雷瓦岛和其邻近的岛屿则算是更加孤立的存在。其岛民可能来自马克萨斯群岛或社会群岛，最初登陆的时间约为波利尼西亚人往更远的夏威夷和复活节岛推进之时。这波殖民扩张浪潮后，太平洋中南部所有的岛屿都被波利尼西亚人占领了。（见第074—075页和第132页地图）

在东南波利尼西亚这三个可供人类居住的岛屿中，发展出最大的人口聚落且拥有最多重要自然资源的就是曼加雷瓦岛。曼加雷瓦岛包含一个直径足足15英里、由珊瑚礁围起的大潟湖，还

—皮特凯恩群岛地图—

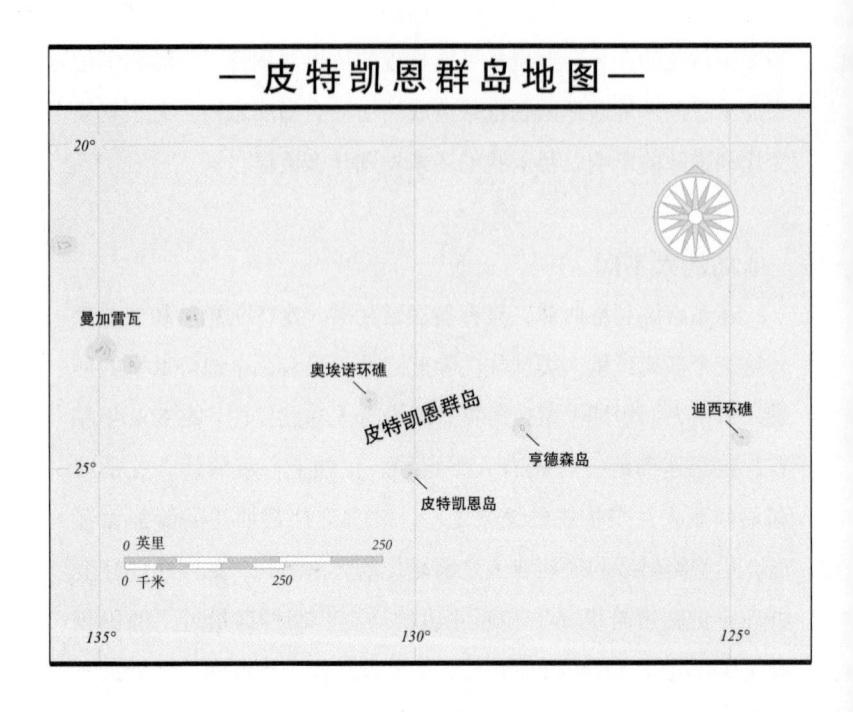

- 曼加雷瓦
- 奥埃诺环礁
- 皮特凯恩群岛
- 亨德森岛
- 皮特凯恩岛
- 迪西环礁

有20多个火山岛和几个环礁,土地总面积约10平方英里。在曼加雷瓦岛的潟湖、珊瑚礁和潟湖外的海洋里,鱼类川游不息,贝类也很多。在这些贝类中有一种特别珍贵,那就是黑唇珠母贝。曼加雷瓦岛潟湖中的黑唇珠母贝又多又大,似乎取之不尽,今天价值连城的黑珍珠就是利用这种珠母贝养殖出来的。贝类还是一种美味的食材,那直径可达8英寸的厚壳更是波利尼西亚人用来做鱼钩的好材料,还可做成削皮器、研磨器或当作装饰品。

曼加雷瓦岛潟湖区地势较高的地区雨量充沛,因而岛上有山泉和季节性溪流,原先林木苍翠。沿海狭窄的低地是波利尼西亚人的聚落所在。他们在村子后面的斜坡上种红薯和山药,在山泉下方的梯状山坡和平地种芋头，用泉水灌溉，还在高地种面包树和香蕉。如此看来，岛上作物丰饶、渔获可观，加上贝类多而肥美，养活曼加雷瓦岛的几千人应该不是问题。在古代波利尼西亚，皮特凯恩岛和亨德森岛的人口总数可能还不到曼加雷瓦岛的 1/10。

从波利尼西亚人的角度来看，曼加雷瓦岛最大的缺点就是缺少可做石锛等石器的上等石材。（就好比美国拥有几乎所有重要的自然资源，唯独欠缺精良的铁矿。）曼加雷瓦岛潟湖中的珊瑚环礁完全没有优良的石材，即使是火山岛上也只有粗糙的玄武岩。不过，这种玄武岩还是可用来盖房子、砌园圃的围墙，也可用于制作石炉、独木舟的锚、石杵或较差的石锛。

幸运的是，曼加雷瓦岛东南方 300 英里处的皮特凯恩岛刚好可弥补这个缺憾。皮特凯恩岛是一座由死火山形成的岛屿（面积约 2.5 平方英里），地势陡峭。我们可以想象曼加雷瓦岛岛民初次划着独木舟，在浩瀚无际的海洋上航行了几天几夜，终于发现这个岛屿时，多么喜出望外。他们在唯一可以靠岸的沙滩上着陆，爬上陡峭的斜坡，偶然发现"下缆采石场"——东南波利尼西亚唯一可以获取火山玻璃岩的地方。火山玻璃岩的碎片可制成尖锐的工具，波利尼西亚人的工具箱里从此多了剪刀和小刀等利器。他们沿着海岸往西走，在不到 1 英里处又发现了让他们喜出望外的宝藏——质地细致的玄武岩，于是这里成了东南波利尼西亚最大的石锛产地。

然而，从其他方面来看，皮特凯恩岛实在乏善可陈，不像曼加雷瓦岛资源丰富。皮特凯恩岛虽有季节性溪流，也有可做独木舟的巨木，但由于地势陡峭、总面积小，可以耕作的平原面积很小。另一个严重的缺点是海岸线没有珊瑚礁，地形陡峭、险恶，因此可捕到的鱼类和贝类要比曼加雷瓦岛少得多。尤其是，皮特凯恩岛也没有黑唇珠母贝这种既可作为美食又可用来做工具的珍贵贝类。因此，在波利尼西亚时代，皮特凯恩岛的总人口很可能还不到100。1790年，"邦蒂号"上的9个叛变船员带着18个塔希提男女在皮特凯恩岛上定居繁衍，直到今天子孙后代总数不过52人。但在1856年，岛上人口数量曾多达194。可这样的人口会过度消耗岛上的农业资源，使小岛不堪负荷，因此英国政府不得不将大部分人口迁徙到遥远的诺福克岛。①

在东南波利尼西亚还有一座可供人类居住的岛屿，那就是亨德森岛。亨德森岛虽是这个区域最大的一座岛屿（面积约14平方英里），但位于地球最偏僻的角落（在皮特凯恩岛东北方100英里，曼加雷瓦岛以东400英里）。亨德森岛不像曼加雷瓦岛或皮特凯恩岛，不是火山岛，而是因地壳上升形成的高出海平面约100英尺的珊瑚礁。因此，亨德森岛上没有玄武岩等适合制成石器的岩石。对仰赖石器的波利尼西亚人来说，这样的环境有着严重的限制。此外，亨德森岛由多孔的石灰岩构成，既没有溪流，也没有可靠的淡水来源，这对人类的生存来说是更大的限制。岛民充其量只能靠不期而至的雨水从岩洞滴下来，在地面上形成积水，还有在距离海岸20英尺之外的海洋中的一处淡水泉。威斯勒在亨德森岛上做研究那几个月，用他带去的防水布搜集雨水作

---

① 1838年，皮特凯恩岛已成为英国的殖民地。——译者注

为饮用水，但用来煮饭还远远不够，洗涤和洗澡更是只能使用海水。

亨德森岛上的土壤不多，局限于石灰岩间的小块区域。岛上最高的树只有 50 英尺高，用来做独木舟的船身还不够大。低矮的树木和灌木倒是长得异常浓密，只有用大弯刀才能突破重围。该岛只有北岸有狭窄的沙滩，可以登陆。南部沿岸都是峭壁，船只无法靠岸。最南端更是马卡泰阿岩和石灰岩交错的地形，表面崎岖不平，就像刀山一样寸步难行，且有很多裂缝。西方人只到过南端三次，其中之一就是威斯勒的研究小组。威斯勒穿着厚底的登山靴从北岸走到最南端，一共用了 5 个小时，才走完这 5 英里长的路。他很快就在南岸发现古波利尼西亚人栖身的岩洞，那些古人可是光脚走到这里来的。

尽管地形险恶，亨德森岛也不是一无是处。珊瑚礁和浅水区有龙虾、螃蟹、章鱼以及少数鱼类和贝类，只可惜没有黑唇珠母贝。亨德森岛的沙滩是东南波利尼西亚唯一已知的绿海龟产卵地，绿海龟会在每年 1—3 月到沙滩上产卵。过去至少有 17 种海鸟曾在此繁殖，光是海燕就多达数百万只。巢穴中的海燕成鸟或雏鸟都很容易捕捉。如果岛民百来个人，每人每天吃一只，经年累月下来也不会令其灭绝。亨德森岛还是 9 种陆生鸟类的家园，其中 5 种不会飞或飞不高，也很容易捕捉，包括 3 种特别美味的大鸽子。

由于这些特点，亨德森岛倒不失为午后郊游的好去处。来这里度假几天，大啖海鲜、海鸟和海龟这些野味也不错，但要在这里过一辈子恐怕很不容易。不过，根据威斯勒在此地做的挖掘调查，这里还是曾有一小拨人竭尽所能地生存下去，或许有几十个人。对曾来过或听说过这个岛屿的人来说，这个发现犹如天方夜谭。威斯勒在岛上挖掘出来的98块人骨和牙齿，至少分属10个成人（男人、女人都有，有些已是40岁以上的人）、6个青少年，还有4个年龄在5~10岁的儿童。儿童的骨头尤其证明了这里曾有人长住。现代的皮特凯恩岛岛民到亨德森岛获取木头或捕捉海鲜时，通常不会带孩子同行。

更进一步的证据是一个埋在地下的大型贝冢。这是目前东南波利尼西亚所发现的最大的一座贝冢，长约300码、宽30码，位于北岸的沙滩，面对亨德森岛裙礁的唯一出口。贝冢的垃圾堆里有许多食物残屑，威斯勒和他的同事在一个小小的探坑里就挖掘出大量鱼骨（光是2/3立方码的沙堆中就挖出14 751根鱼骨），还有42 213根鸟骨——包括数以万计的海鸟骨头（多半是海燕、燕鸥和鹱）和几千根陆生鸟类的骨头（不会飞的大鸽子、秧鸡和鹬为数最多）。我们可从威斯勒在探坑中发现的骨头数量推算整个贝冢中的骨头数量，从而得知岛民在此生活的几百年间必然留下了几千万根鱼骨和鸟骨。科学家在岛上进行放射性碳年代测定，发现最早有人类遗迹的就是北岸的贝冢，其次是海龟产卵的东北岸，显示这两个地方正是岛民最初的落脚之处，有不少野味可供人们果腹。

如果这里只是一片高出海面、长满矮树的珊瑚礁，人类何以长住久安？在所有有人类居住（或曾有人类居住）的波利尼西亚岛屿中，亨德森岛最独特的一点就是几乎完全看不到房舍或庙宇。我们只在三个地方看到古代建筑的遗迹：石板地面和贝冢中的柱子（应该是房舍或庇护所的地基）、一处小小的防风矮墙，以及用几片海滩岩砌成的坟墓。然而，靠近海岸的每一个洞穴或岩洞，只要有平坦的地面和可供出入的洞口，几乎都有人类居住的遗迹。虽然有些洞穴很小，约莫只有3码宽、2码深，只容得下几个人在此躲避烈日。威斯勒在岛上发现18个这样的洞穴，其中的15个分布在北岸、东北岸和西北岸，靠近岛上唯一的海滩，其余3个（都非常狭小）则在东岸或南岸。由于亨德森岛很小，威斯勒得以调查整个海岸线，研究那18个洞穴或岩洞，以及人类在北部海滩的栖身之地。过去亨德森岛岛民所有的"住所"或许就是这些地方了。

木炭、石堆和作物遗迹显示曾有人在亨德森岛东北部进行烧垦，以把小块土壤变成园圃，且为了扩大园圃把土壤表面的石头挪开，被挪开的石头于是堆成石丘。亨德森岛岛民曾特意引进波利尼西亚的作物和有用植物，考古学家已经在遗址中辨识出一些，还有一些是今天岛上仍然可见的，包括椰子、香蕉、沼泽芋，或许也有芋头，此外还有好几种林木、石栗（种仁榨出的油可用来照明）、木槿（纤维强韧可做绳索）以及朱蕉。朱蕉的根部甘甜，在波利尼西亚其他地区只是居民的紧急食物，但显然是亨德森岛岛民的主食。朱蕉叶可用来做衣服、覆盖屋顶或包裹食物。上述种种含糖和淀粉的作物使岛民饮食中的碳水化合物占比偏高，因此威斯勒挖掘出的下颌骨和牙齿都显示岛民生前多半有一口烂牙，存在牙周病、牙齿磨损和牙齿脱落等问题。岛民所需的蛋白质多半来自野鸟和海鲜。由于岛上还挖掘出几根猪骨，可见岛民偶尔也养猪。

互通有无

由此可见，东南波利尼西亚可供人类居住的岛屿并不多。曼加雷瓦岛是可以养活最多人口的岛屿，资源丰富，除了上等石材，其他皆可自给自足。其他两个岛屿——皮特凯恩岛面积太小，而亨德森岛过于偏远，能养活的人口都很少，无法发展出一个长期可持续的人类社会。况且这两个小岛都缺乏重要资源，特别是亨德森岛。我们这些现代人哪怕只是周末想去那儿逍遥一下，必得携带完备的工具箱、充足的饮用水和食物。实在难以想象古代的波利尼西亚人在完全没有这些东西的情况下，是怎么生存下来的。但皮特凯恩岛和亨德森岛上有曼加雷瓦岛没有的东西：皮特凯恩岛上有上等石材，而亨德森岛上有取之不尽的海鲜和海鸟。

威斯勒的考古调查发掘出三个岛屿互通有无的许多证据。尽管交易之物（如石头）没有可做放射性碳年代测定的有机碳，但还是可从同一考古层中找出可供测定的木炭。因此，威斯勒确认这些岛屿最晚在1000年就开始进行贸易，很有可能自从人类定居这些岛屿之初就开始，已经持续了好几百年。威斯勒在亨德森岛发掘出的很多东西很明显是进口物品，因为岛上根本无法生产这些东西，像是牡蛎壳做的鱼钩和剥皮器、火山玻璃做的切割工具、玄武岩做的石锛和炉石等。

这些进口物品从何而来？牡蛎壳做的鱼钩可能来自曼加雷瓦岛。这是合理的猜测，因为无论皮特凯恩岛还是亨德森岛都没有牡蛎，而其他有牡蛎繁殖的岛屿都比曼加雷瓦岛更遥远。考古学家还在皮特凯恩岛上发现几件牡蛎制品，这些可能也来自曼加雷瓦岛。至于亨德森岛上的火山玻璃工具就比较难断定是从何而来，因为曼加雷瓦岛和皮特凯恩岛上都有，其他较远的波利尼西亚岛屿上也有这种资源。

因此，威斯勒研究出区分火山岩来源的方法。火山喷发出来的熔岩有很多种，其中玄武岩可由化学成分和色泽来判定（曼加雷瓦岛和皮特凯恩岛的火山岩就是玄武岩）。不过，来自不同岛屿的玄武岩（甚至是来自同一座岛屿上不同采石场的玄武岩），化学成分都不尽相同，例如主要成分（硅、铝等）和次要成分（铌、锆等）的含量或多或少都有差异。更进一步细分会发现，铅元素还可能以几种同位素（即原子量略有不同的几种形式）的形式存在。因玄武岩的来源不同，铅元素的同位素所占的比例也会有所不同。对地质学家来说，岩石的化学成分就像指纹，可以借此辨识岩石出自哪一座岛屿或采石场。

威斯勒和一位同事分析了几十件石器和岩石碎片（或许是在制作或修理石器时掉落的）的化学成分，以了解铅元素的同位素占比。那些石器和岩石碎片都来自亨德森岛遗址中已测得年代的考古层。为了比较，他还分析了曼加雷瓦岛和皮特凯恩岛采石场的火山岩与突出的岩壁——这是亨德森岛上的进口岩石最有可能的来源。此外，他还从其他波利尼西亚岛屿取得火山岩进行分析，包括夏威夷、复活节岛、马克萨斯群岛、社会群岛和萨摩亚等，以进行确认，尽管这些岛屿离亨德森岛较远，不太可能输出岩石到亨德森岛。

这些分析的结果一清二楚。所有在亨德森岛上发现的火山玻璃都来自皮特凯恩岛的下缆采石场。其实，在进行化学分析之前，用肉眼观察也可得出这样的结果，因为皮特凯恩岛上的火山玻璃有黑灰色的斑点。亨德森岛上大多数的玄武岩石锛和玄武岩碎片（可能是在制作石锛的过程中掉落的）也来自皮特凯恩岛，然而也有一些来自曼加雷瓦岛。曼加雷瓦岛上的有些石锛显然也是利用皮特凯恩岛上的玄武岩打造的，因为曼加雷瓦岛上的玄武岩过于粗糙，只能从皮特凯恩岛进口。反之，亨德森岛上挖掘出来的气孔状玄武岩大都来自曼加雷瓦岛，也有一小部分来自皮特凯恩岛。这种气孔状玄武岩在整个波利尼西亚地区多半用来炸炉石，也就是岩烧的厨具。在亨德森岛上的炉洞中可发现不少这样的炉石，上面还有烧烤的痕迹，证明先前猜测的烹饪之用没错。

总而言之，考古研究已证实这几个岛屿之间的贸易相当繁荣，交易物品包括原材料，或许还包括工具成品：皮特凯恩岛和亨德森岛上有来自曼加雷瓦岛的牡蛎壳；亨德森岛上出现了来自皮特凯恩岛的火山玻璃；曼加雷瓦岛和亨德森岛上出现来自皮特凯恩岛的火山岩，亨德森岛上还出现了来自曼加雷瓦岛的火山岩。此外，波利尼西亚的猪以及香蕉、芋头等主要作物，也是人类到这几座岛屿殖民之后才带过去的。在这三座岛屿中，由于曼加雷瓦岛离其他波利尼西亚岛屿最近，因此可能是三岛中最早有人入住的，然后岛民再从曼加雷瓦岛将重要作物和猪带到皮特凯恩岛和亨德森岛。曼加雷瓦岛岛民在皮特凯恩岛和亨德森岛建立聚落之后，利用独木舟将物资运送出来。这独木舟正像那两座小岛赖以维生的脐带，后来更成为岛民生存的命脉。

亨德森岛拿什么和皮特凯恩岛与曼加雷瓦岛交易？我们目前只能猜测。亨德森岛没有值得输出的石材或贝类，或许用以交易之物无法长存，因此在皮特凯恩岛和曼加雷瓦岛的考古遗址中都没能发现。比较可能的一种交易物品是活海龟。在东南波利尼西亚的岛屿中，只有亨德森岛上有海龟繁殖。在整个波利尼西亚地区，海龟被视为难得的人间美味——就像今天的松露或鱼子酱一样，只有酋长才能享用。另一个可能的交易物品是红色鸟羽。亨德森岛上的鹦鹉、果鸠、红尾鹲都有红艳的羽毛。这种羽毛是奢华的装饰品，可拿来制作斗篷，和今天的黄金及貂皮一样价值连城。

然而，原材料、工具成品和奢侈品的交易并非岛民出海或贸易的唯一动机。即使皮特凯恩岛和亨德森岛的人口增长到最大规模，充其量不过百来人，适婚年龄岛民的结婚对象还是寥寥无几，不易避开近亲结合的乱伦禁忌。因此，皮特凯恩岛和亨德森岛的岛民与曼加雷瓦岛岛民交易，另一个重要的目的就是通婚。此外，这种交易有助于皮特凯恩岛和亨德森岛从人口众多的曼加雷瓦岛引进工匠和技术，还能重新引进在自己的土地上不幸灭绝的作物。同理，欧洲船舰进驻美洲和澳大利亚，不光是为了人口和物资，也为了巩固他们的海外殖民地。但是海外殖民地不是一朝一夕就可建立，必须经过长时间努力才能实现最基本的自给自足。

从曼加雷瓦岛和皮特凯恩岛岛民的角度来看，与亨德森岛交易还有另一个目的。如果乘坐波利西亚的独木舟，从曼加雷瓦岛到亨德森岛要四五天的时间，从皮特凯恩岛到亨德森岛只要一天时间。我自己曾几次乘坐这种原住民的独木舟在大洋上漂荡，虽然每次都时间不长，但始终因为担心独木舟倾覆或解体而心惊肉跳，有一次还真的差点丧命。想到要乘这种独木舟在大海上漂流几天，我就觉得苦不堪言。除非为了活命，不得已才会这么做。

但对善于航海的太平洋原住民而言，划几天的独木舟去买烟，只是家常便饭。因此，对以前的曼加雷瓦岛或皮特凯恩岛岛民来说，乘独木舟前往亨德森岛，在那儿过一个礼拜，大啖海龟和龟蛋、烧烤海鸟，这种度假方式应该相当不错。由于皮特凯恩岛没有珊瑚礁，加上沿岸水域不平静，岛民很难捕到鱼。因此，对皮特凯恩岛民而言，亨德森岛的鱼类和贝类都很丰富，实在是令人向往之地，也许只要上岸溜达溜达就觉得不虚此行了。"邦蒂号"船员的后代也是如此，若厌倦了所身处的这座小岛，就会出海到几百英里外的珊瑚环礁去散散心。

事实上，曼加雷瓦是一个更大的贸易网络的地理枢纽。朝东南前进几百英里到皮特凯恩岛和亨德森岛其实是最短的辐射路径。较长的辐射路径在1 000英里左右，如前往西北方向偏北的马克萨斯群岛、西北方向偏西的社会群岛，或许还有西边的南方群岛。土阿莫土群岛那几十个地势低平的环礁，正好可作为长途航行的"跳板"，供岛民暂时歇息。曼加雷瓦岛有几千个居民，相形之下皮特凯恩岛和亨德森岛的人口少得可怜。但是与社会群岛或马克萨斯群岛相比（人口各约一万），曼加雷瓦岛又成了寡民小岛。

基于威斯勒的玄武岩化学成分分析，我们得到更确凿的证据，证明这个更大的贸易网络确实存在。他在曼加雷瓦岛搜集了19件石锛并进行分析，幸运地辨识出其中2件源于马克萨斯群岛的采石场，还有一件来自社会群岛的采石场。其他证据则来自对工具样式风格的分析。每一个岛屿做出来的工具，如石锛、石斧、鱼钩、章鱼钓钩、鱼叉、石锉等，样式皆有不同。不同岛屿之间工具样式的相似，或一个岛屿的工具出现在另一个岛屿上，便可以证明岛屿之间有交易行为。例如，1100—1300年，很多马克萨斯群岛的工具出现在曼加雷瓦岛，显示当时两个岛屿的岛民往来密切。更进一步的证据是新西兰语言学家史蒂文·费希尔做的研究。费希尔认为，近代为人们所知的曼加雷瓦岛语言是由最初的定居者带到岛上，后来岛民与马克萨斯群岛东南部的人频频接触（马克萨斯东南部正是最靠近曼加雷瓦之处），因此近代曼加雷瓦语深受马克萨斯东南部方言的影响。

至于更大的贸易网络的形成，显然有其经济目的，正如由曼加雷瓦岛、皮特凯恩岛、亨德森岛组成的较小的贸易网络，具有资源互补的好处。马克萨斯群岛是东南波利尼西亚岛民的"第一故乡"，面积大、人口多，还有一个采石场可以取得优质的玄武岩，但由于缺乏潟湖和裙礁，海洋资源乏善可陈。"第二故乡"曼加雷瓦岛有巨大且资源丰富的潟湖，但土地面积不大，人口不多，也没有优质的石材。曼加雷瓦岛岛民在皮特凯恩岛和亨德森岛的殖民地也有土地狭小、人口少的问题，但皮特凯恩岛有上等石材，亨德森岛有丰美的海鲜和海鸟。土阿莫土群岛土地面积也很小，没有岩石，但有美味的海鲜，且位置便利，可作跳板。

结局

东南波利尼西亚诸岛间的交易从1000年左右持续到1450年，这是针对亨德森岛考古层挖掘出的人工制品进行放射性碳年代测定的结果。到1500年，无论是在东南波利尼西亚，还是在以曼加雷瓦岛为中心的其他辐射路径上，所有的岛际贸易均已经终止。在亨德森岛较晚期的考古层，已没有从曼加雷瓦岛输入的牡蛎壳，没有来自皮特凯恩岛的火山玻璃或用玄武岩制成的切割工具,也没有来自曼加雷瓦岛或皮特凯恩岛的玄武岩炉石。显然,在那之后就没有独木舟从曼加雷瓦岛或皮特凯恩岛驶来。由于亨德森岛上的树木太小,不能做成独木舟,几十个岛民就被困在这座世界最偏远、地形最险恶的岛屿上,没有别的出路。此时的亨德森岛岛民面临这样一项严酷的挑战:在一个没有金属、没有好的石材、没有任何物资可以进口、只有石灰岩的地方如何存活下去?这样的难题,即使在我们这些现代人看来似乎也难以解决。

为了活下去,岛民想出种种办法,让我觉得他们真是豁出去了,既聪明又可怜。他们用大蛤蜊壳代替石头做成锛子,用鸟骨做成打洞的锥子,用石灰岩、珊瑚或大蛤蜊壳代替玄武岩做成炉石。这些材料不像玄武岩那样有保温效果,加热后又容易龟裂,经常无法重复使用。至于鱼钩,则改用一种比黑唇珠母贝小很多的贝类来做,一个只能做一个鱼钩(而一个黑唇珠母贝的壳可做十几个鱼钩),而且样式极为受限。

我们可从放射性碳年代测定结果得知,亨德森岛那几十个岛民,在与曼加雷瓦岛和皮特凯恩岛的联系完全断绝后又继续存活了好几代,很可能持续了 100 年以上。但是,到 1606 年,也就是欧洲人"发现"亨德森岛那一年,一艘西班牙船只行经此岛,上岸之后并没有发现任何人迹。说明在此之前,亨德森岛上的人已经灭绝了。最晚到 1790 年,皮特凯恩岛上的人口也消失了。(这就是为何"邦蒂号"的船员上岸后发现这里是个无人岛。)也许,在此之前,岛上早已没有人烟了。

为何亨德森岛与外界的接触不能继续?这种结果源于曼加雷

瓦岛和皮特凯恩岛的生态浩劫。在整个波利尼西亚地区，所有的岛屿在没有人类干扰的情况下发展了几百万年，但在有人类定居之后便遭遇了动植物栖息地破坏和动植物物种大规模灭绝。上一章我们曾分析影响太平洋各岛屿森林破坏问题的因素，就曼加雷瓦岛而言，森林特别容易遭到破坏的原因是高纬度、低落尘和远离中亚沙尘羽等。曼加雷瓦岛岛民为了种植作物，将内陆山丘的森林砍伐殆尽，动植物栖息地因而遭到极度破坏。这导致的结果是，雨水把山坡上的表土冲刷下来。森林不见了，取而代之的是一片蕨原。在曼加雷瓦岛贫瘠的土地上，能长出的植物没有几种，其中之一就是蕨类。山坡水土流失带来的结果是，原来的园圃和木本作物全都不见了。森林的砍伐还间接影响到渔获量：因为没有树木就不能打造独木舟，没有独木舟就难以出海捕鱼。欧洲人在1797年"发现"曼加雷瓦岛时，岛民已无独木舟可用，只有木筏。

由于人口众多，而食物却极为有限，曼加雷瓦岛陷入内战，岛民长年饱受饥馑之苦。现代的岛民仍能细述当年发生的惨剧：为了获得蛋白质，岛民开始吃人肉，不仅吃刚死掉的人，还把坟墓挖开来，以尸体果腹。岛民为了抢夺最后一点可以耕作的土地，互相残杀。赢家占领输家的土地，并将其重新分配。世袭的酋长制已被推翻，再没有井然有序的政治制度可言。群雄并起，各自为政。曼加雷瓦岛全长不过5英里左右，俨然一个小人国，但东西两边的独裁者为了争夺地盘，不时爆发血腥冲突。倘若不是真实上演的人间悲剧，这样的场景实在令人觉得可笑。在这种混乱的政治局势之下，领导人难以号召一群人乘独木舟出海一个月，况且还要时刻提防敌人乘虚而入，侵占自己的家园。再说，岛上也没有木头可以做独木舟了。随着曼加雷瓦岛这个贸易轴心的崩溃，整个东波利尼西亚的贸易网络就此瓦解。从此以后，曼加雷瓦岛与马克萨斯群岛、社会群岛、土阿莫土群岛、皮特凯恩岛、亨德森岛等地的关系都断绝了。威斯勒的石锛来源研究便证明这一点。

虽然我们对皮特凯恩岛的环境变化了解不多，但从威斯勒有限的考古挖掘已可看出，岛上也存在大规模森林砍伐和土壤侵蚀等问题。亨德森岛本身也面临环境破坏的问题，因此可以养活的人口数量越来越少。岛上9种陆生鸟类中的5种都灭绝了（3种大鸽子无一幸免），在此繁殖的海鸟有6种也灭绝了。这些鸟类的灭绝是几个原因叠加的结果：除了人类捕食、栖息地遭到破坏，藏身于波利尼西亚人的独木舟偷渡上岸的老鼠也对它们虎视眈眈。今天仍存活在岛上的海鸟，不管是雏鸟还是成鸟都有可能遭到老鼠掠食。那些海鸟因为之前是在没有老鼠的环境中演化，碰到老鼠就不知道如何保护自己。考古证据发现，亨德森岛上的园圃是在那些鸟类消失之后才开垦的，这表明岛民因野生食物来源减少，只好自行耕作。在亨德森岛东北海岸年代较近的考古层中，可食用的角贝已经消失，蝾螺贝也变少了，由此可见贝类也渐渐被人类吃光了。

因此，环境破坏导致了社会动荡、政治混乱，以及可以制造独木舟的木材的缺失，进而终止了东南波利尼西亚岛屿之间的贸易。贸易终止必然会导致曼加雷瓦岛的问题雪上加霜。从此之后，曼加雷瓦岛成了孤岛，不能再从皮特凯恩岛、马克萨斯群岛和社会群岛取得制造工具的上等石材。对皮特凯恩岛和亨德森岛的岛民而言,这是更严酷的考验,最后甚至所有岛民全部消失。

皮特凯恩岛和亨德森岛岛民的消失,必然是因为其与曼加雷瓦岛相连的脐带被切断。亨德森岛岛民的生活本来就很困苦,没有了火山岩的进口,势必更加艰难。岛民是全部在一场大灾难中丧生,还是人口渐渐凋零,直至剩下一人带着记忆死去?南加州海岸附近有个圣尼古拉斯岛,岛上的印第安部落几乎全部灭亡,只剩一个女人独活了18年。最后的亨德森岛岛民是否一代接着一代孤独地在海滩上度日,望眼欲穿地看着无边无际的大海,等待着独木舟再度驶来,直至连独木舟的记忆也模糊了,不知斯为何物?

皮特凯恩岛和亨德森岛岛民最后是如何走向灭亡的结局的?答案我们仍不得而知。这个谜一样的剧目一再于我心头盘旋。我以其他孤绝社会发生的真实故事为根据,猜测有几种可能。如果岛民被困在岛上,插翅难飞,就不可能通过隔离敌对的派系来解决内部冲突。这种冲突可能导致血腥屠杀,"邦蒂号"叛变船员在皮特凯恩岛建立的殖民地差一点就以这种方式被毁掉。杀戮也可能是由食物短缺和人吃人的行为驱动的,就如同曾经在曼加雷瓦岛和复活节岛上演的惨剧,或者是发生在美国的"唐纳探险队"事件(美国西部拓荒史上最血腥的一页:19世纪40年代,打算前往加州的唐纳探险队因雪暴而被困于荒山上,为了求生,不得已只好吃同伴的尸体)。也许那些人在绝望之下,最后决定集体自杀,如圣迭戈附近的"天堂之门"邪教团体,其39名信徒在1997年集体服毒自杀。绝望也可能使人陷入疯狂,如

1898—1899年船只受困于浮冰长达一年以上的比利时南极探险队。另一个可能的灾难性结局是岛民被活活饿死。在二战期间，日本卫戍部队滞留威克岛，最后便面临这种命运。此外，干旱、飓风、海啸等天灾打击，也会加剧岛民的悲惨处境。

然后，我又想到几种不是那么悲惨的结局。皮特凯恩岛或亨德森岛岛民在孤绝的环境中繁衍了几代，在这百余个或几十个人组成的迷你社会中，人人都有血缘关系，近亲繁殖将是无法避免的事。因此，岛民可能一起老去，不再生养后代，正如加州最后的雅希族印第安人伊希[1]和他的三个同伴那样。如果最后剩下的几个人无视乱伦禁忌，继续生育、繁衍，就可能生下畸形或有遗传性疾病的后代，如马萨诸塞州附近的马撒葡萄园岛（岛上听障人士所占比例非常高）或特里斯坦-达库尼亚群岛（岛上民众患哮喘病的占比很高）。

我们也许永远不知道皮特凯恩岛和亨德森岛上的民众最后经历了什么。尽管我们无法掌握最后的细节，但整个故事的轮廓已呼之欲出。曼加雷瓦岛、皮特凯恩岛和亨德森岛的岛民都对环境造成重大破坏，渐渐失去许多赖以生存的重要资源。虽然曼加雷瓦岛岛民的生存环境恶劣，生活水平下降很多，但因为原本人数众多，不至于灭绝。但皮特凯恩岛和亨德森岛的岛民在环境尚未遭到破坏之前，就相当依赖从曼加雷瓦岛输入的农产品、技术、

---

[1] 由于这个人不肯吐露自己的名字，人类学家以雅希族语言中的"人"，也就是"Ishi"（伊希）为他命名。他的族人当年为躲避白人追杀而藏身于加州山林间，过着石器时代的生活。最后他的族人一一死去，只剩他一个人。他在1911年走出孤独的石器世界，来到现代的美国城市。——译者注

岩石、牡蛎壳等产品以及人员支持。因此，当曼加雷瓦岛日渐衰颓、无法输出物资时，就算皮特凯恩岛和亨德森岛最后的岛民适应本领高强，也无以为继，难以存活。也许读者会认为，这几个古代偏远小岛与我们的现代社会何干？事实上，现代世界的全球化和经济相互依存关系正如那几个小岛的翻版。这种唇齿相依会给我们带来好处，但也会引发危机。很多生态环境脆弱但占据重要经济地位的地区（如石油产区），一旦有风吹草动，就会波及世界其他地区，正如曼加雷瓦岛对皮特凯恩岛和亨德森岛的影响。

第四章

史前时代的大厦：阿纳萨齐印第安遗址

沙漠中的农民

就本书讨论到的走向崩溃的人类社会案例中，上一章叙及的皮特凯恩岛和亨德森岛可谓远在天边。然而，对美国人来说，也有近在眼前的，那就是位于美国西南部查科文化国家历史公园和梅萨维德国家公园的阿纳萨齐印第安遗址（见插图9和插图10），前者在新墨西哥州75号公路附近，后者近666号公路，距离我在洛杉矶的家都不到600英里。这两个古老的美洲原住民遗址和我们将在下一章探讨的玛雅遗址一样，都是热门的观光景点，每年吸引成千上万名发达地区的民众前往游览。在美国西南部这些古印第安"名胜"中，明布雷斯深受艺术品收藏家的喜爱，此地的陶器因装饰有几何图案和以天真素朴的写实线条描绘的人物、虫鱼鸟兽，令人爱不释手。这独特的文化出自一个不到4 000人的小型社会，它在几百年之间登峰造极、大放光华，然后骤然陨落。

我承认，与拥有数百万人口的玛雅社会相比，美国西南部的人类社会规模小得多，人口只有数千。两者相较，玛雅的城市规模要大得多，建筑、石碑和艺术品都相当可观——这是一个以国王为首、阶级严明的社会所缔造出的文明，并且拥有自己的文字。然而，阿纳萨齐印第安人还是用石头建造出北美最大、最高的建筑物，直到19世纪80年代才被芝加哥的钢梁摩天大楼超越。尽管阿纳萨齐印第安人没有书写系统，不像玛雅文化有铭文可详考年代，但我们还是能推断许多美国西南部建筑的年代，且误差在一年之内。考古学家因而得以在更加精准的时间范围内了解美洲古代原住民社会的历史，这就不是在复活节岛、皮特凯恩岛或亨德森岛进行考古研究做得到的。

在美国西南部，我们面对的并不是单一的文化和崩溃，而是一连串的（见第152页地图）。这些文化在不同时间、不同地点经历了区域性的崩溃、重组或荒废，比如1130年的明布雷斯文化，12世纪中晚期的查科峡谷、布莱克方山和维尔京的阿纳萨齐文化，还有1300年左右的梅萨维德和凯恩塔的阿纳萨齐文化、1400年左右的莫戈隆文化，可能还包括晚至15世纪、以复杂的灌溉农业闻名的霍霍卡姆文化。尽管在1492年哥伦布抵达新大陆前，上述文化的剧烈转变已经发生，但阿纳萨齐印第安人并未灭族，他们的后裔有些被美国西南部其他印第安部族同化了，如霍皮族和祖尼－普韦布洛族。这么多相邻的印第安社会为何全都走向衰颓或突然发生变动？

就这个区域的文化崩溃来说，常见的单因素解释为环境破坏、干旱或战争与人类互相残食。事实上，美国西南部史前文化研究从单因素分析下手是不可行的。有多种因素在发挥作用，不过它

阿纳萨齐遗址

犹他州　　　科罗拉多州

绿河

阿纳萨齐

梅萨维德

楚斯卡山　　圣佩德罗山
凯恩塔　普韦布洛博尼图
长屋谷　　查科峡谷
布莱克方山
　　　　　圣马特奥山　　圣塔菲
亚利桑那州　小科罗拉多河
科罗拉多河

弗德河　　　　　里奥格兰德河
索尔特河
霍霍卡姆
希拉河　　圣佩德罗河
明布雷斯　新墨西哥州

· 艾尔帕索

莫戈隆　　　　　　得克萨斯州
　　　　　　　　　佩科斯河

墨西哥

太平洋

0　英里　100　200　300
0　千米　　　　　300

© 2004 Jeffrey L. Ward

们都可归结于一个根本问题：美国西南部生态环境脆弱，地处农业发展的边缘地带。然而，今日世界大部分地区都是如此。美国西南部降雨量少且难以预期，土壤迅速枯竭，森林再生率非常低。至于环境问题，特别是严重干旱和河床侵蚀等灾害时有发生，而且每次持续的时间很长，甚至超过一代人的记忆。在如此恶劣的自然环境之中，美国西南部的印第安原住民竟可发展出如此复杂的农业社会，实在令人叹为观止。现在这些地区的人们依靠耕作自食其力，但人口要比古老的阿纳萨齐时代稀少得多。对我来说，在美国西南部沙漠区开车是一种令人感动且难忘的经历——广袤的沙漠中点缀着古老的阿纳萨齐石屋、水坝和灌溉系统，偶尔冒出一两栋有人居住的民宅。阿纳萨齐和其他印第安部族的陨落不只是一个扣人心弦的故事，更具有启发性，切合本书的主题：人类对环境的冲击和气候变化这两者如何交叉作用，对社会产生影响？环境和人口问题会如何演变成战乱？一个复杂的社会如果与其他社会相互依存，不能自给自足，将有何优势，又面临何种风险？一个社会在人口数量和权势达到鼎盛之后，为何会迅速衰颓？

年轮

我们之所以能掌握美国西南部史前文明的细节，是因为考古学家在此地的考古研究享有两大优势。其一是我们下面将介绍的林鼠贝冢。这种贝冢犹如冻结的时光胶囊，让我们得以研究某一特定年代前后几十年间贝冢方圆几十码内生长的所有植物，古植物学家可以据此重建某一地植物群落的变化。其二则是考古学家可以针对遗址建筑的木梁,采用树轮定年法推断建筑的年代,误差可缩小到一两年内。如果靠放射性碳年代测定法,则不可避免地存在50~100年的误差。

美国西南部地处温带气候区,降雨量和温度随季节变化,树木生长速度也因季节而异,因此可以利用树轮定年法来判定年代。温带地区的树木每年春长秋止,因此会在树干横切面上形成疏密相间的圆圈,即年轮。至于热带雨林地区,因终年高温、潮湿,树木几乎不会有生长停滞的现象,因此年轮不明显。另外,由于美国西南部气候特别干燥,木梁保存良好,即使是千年以上的木头也不会腐烂、毁坏,因此比其他温带气候区更适合利用树轮定年法。

科学家把树轮定年法称为"树木年代学"(dendrochronology,源于希腊词根 *dendron* 和 *chronos*,前者意为"树木",后者意为"时间"),其运作原理如下:如果你在2005年砍下一棵树,可从其横切面由外向内计数(最外面一圈就是当年新长出来的),你计数之后发现从树皮到中心共有177圈,可见此树是从1828年开始生长的(2005减去177)。由于我们不知道制成阿纳萨齐遗址中的木梁的木头是何时被砍倒的,因此年代没有那么容易推断。然而,树木年轮的宽度每年都不同,这取决于每年的降雨量和干旱程度。因此,树木横截面上年轮的宽窄序列就像以前发送电报用的摩斯密码。只不过摩斯密码是以"点"和"划"的不同组合来表示某种意思,而树木年轮则以"宽"和"窄"的不同组合来传达信息。事实上,树木年轮的宽窄序列要比摩斯密码更容易鉴别,所传达的信息也更丰富,因为树木年轮的宽度有许多差异,不像摩斯密码只有"点"和"划"。

　　树木年轮专家是这么进行研究的：首先记录近年已知年份砍下的树木年轮宽窄序列，同时记录过去未知年份砍伐下来的树木年轮的宽窄序列，然后进行比对，找出部分相同的序列。例如，你在2005年砍下一棵400岁的老树，此树的年轮就有400圈。你发现从1643年往前到1631年这13圈年轮的宽窄序列是五宽、二窄、六宽。如果你还有一棵在未知年份被砍伐下来、具有332圈年轮的老树，从第8圈往里的宽窄序列也是五宽、二窄、六宽，那么你就可推断这棵老树是在1650年被砍下的（也就是1643年往后推7年），且那棵树是从1318年开始生长的（从1650年往前推332年）。这么一来，1318—1650年的年轮图谱就建立起来了。接下来，如果有1318年之前开始生长且在1318年之后砍伐下来的树，你就可将其年轮宽窄序列与前述的年轮图谱进行匹配，以使年轮图谱得以拓展到更久远的年代。年轮专家就用这个方法为某些地区建立长达数千年的年轮图谱。目前每一份年轮图谱只适用于某一个地区，尚无全球共通的年轮图谱。由于地区不同、气候不同，树木生长的速度各有不同，所以年轮图谱深受一地气候的影响。以美国西南部而言，从墨西哥北部到怀俄明州的树木年轮图谱大同小异。

　　由于每一圈年轮的宽度、结构可反映所对应年份的降雨量和降雨季节，树木年轮学的研究使我们得以重建过去的气候数据，这是树轮定年法附带的好处。例如，一连串较宽的年轮代表一段潮湿周期，而一连串较窄的年轮则代表一段干旱周期。树轮定年法让研究美国西南部的考古学家得以准确推断年代，而且可掌握每一年的环境和气候变化数据。

农业策略

最初来到美洲落脚的人类过着狩猎-采集生活，他们大约在公元前11000年到达美国西南部，但也可能更早。他们就是现代美洲原住民的祖先，是从亚洲迁往新大陆的移民的一支。美国西南部可驯化的野生动植物寥寥无几，所以没能独立发展出农业，这个地区的作物是从墨西哥引进的。墨西哥驯化了不少作物，如玉米、南瓜和豆类等。玉米约在公元前2000年被引入今天的美国所在地，南瓜是在公元前800年左右被引进，豆类的引进时间稍迟，至于棉花则是在400年才被引进的。美洲原住民也饲养火鸡，然而火鸡究竟是先在墨西哥被驯化然后引进美国西南部，还是先在美国西南部被驯化再引进墨西哥，抑或是两地分别独立驯化出来，至今还没有定论。一开始，美国西南部的原住民就像18世纪和19世纪的阿帕切族一样，以原来的狩猎-采集活动为主，只是略事耕作。（阿帕切族于作物生长季节在一地居住、栽种，待收获之后，又四处游猎、采集。）到公元1年，有些美国西南部原住民已经在村落定居，挖掘灌溉沟渠，以农业耕作为主。自此之后，当地人口急速增长，并向各地推进，直到1117年开始遭遇瓶颈。

美国西南部至少出现三种不同的农业形式，都是为了解决当地的根本问题而生，这个问题就是：在一个降雨量稀少且不可预期的环境中，如何取得作物生长必需的水？即使在今天，这个地区也几乎寸草不生。第一种做法就是实行旱地农业，就是在地势较高之地耕作，因为那里有足够的雨水可让作物生长。第二种做法不是直接仰赖落在田里的雨水，而是寻找地下水位接近地表的地区，让作物根部得以深入地下水层。此法常施行于有季节性溪流或常流溪经过的峡谷底部，以及地下水资源丰富的冲积层，如查科峡谷。第三种做法主要由霍霍卡姆族采用，在查科峡谷也有人这么做，就是以沟渠或运河收集径流来灌溉。

以上三种策略就是美国西南部民众对抗雨水稀少的主要方法。美洲原住民用这些方法在不同地点进行各种实验，发展出更多不同的方法。这种农业实验实施了几乎1 000年，有很多方法成功运作了几百年，但是到头来因人类对环境造成的冲击或气候变化，除了一种方法外，其他全部宣告失败。说起来，每一种策略都不是万无一失的，都有其潜在的缺点。

莫戈隆人、梅萨维德人以及被称为"普韦布洛I"历史时期的农民，就在雨量较为丰沛的高地耕作。在此耕作的风险是高地的气候要比低地寒冷，遇到特别严寒的年份，就无法栽种任何作物。反之，若在较温暖的低地耕作，又会面临雨量不足的问题。霍霍卡姆族建立了规模宏大的灌溉系统，主运河长12英里，深16英尺，宽80英尺，由主运河延伸出去的旁支总计长达几百英里。这是除秘鲁之外的美洲地区最为广泛的灌溉系统。但是，在这种灌溉系统下，人工挖掘的沟渠或河道遇到大暴雨会使径流突增，从而使河道下蚀，最后导致水位低于农田，不用水泵就无法灌溉。再者，如果雨势太大，洪水泛滥，水坝和运河也可能被冲毁。也许霍霍卡姆族最后就是遭逢这样的命运。

另一种策略比较保守，就是只在有泉水或地下水充裕的地方耕作，如明布雷斯族和"普韦布洛Ⅱ"历史时期在查科峡谷耕作的印第安人。但这种策略可能失之太过，最后无法收拾。人们很容易在气候潮湿、宜于耕作的年代大肆扩展农地，甚至扩展到泉水或地下水不够充沛的边缘地带，使这些地带也变得人烟稠密。然而，一旦严重干旱不期而至，住在这些边缘地带的人就会遭遇缺水、无法栽种作物的困境，最后只得活活饿死。明布雷斯族就曾遭遇这样的命运。他们一开始在水源可靠的洪泛平原[①]耕作，当洪泛平原不足以养活日渐增加的人口时，他们开始进而开发洪泛平原上方的土地，以栽种更多的作物。这就像是一场赌注。在气候潮湿的丰年，所需粮食的半数能靠洪泛平原以外的农地生产，人们得以幸存；一旦碰上大旱，作物歉收，就会有半数以上的人没饭吃。明布雷斯社会就是在这种人口压力之下突然瓦解的。

还有一个解决办法，就是只在一地居住几十年，等该地的土壤不堪耕作，飞禽走兽也都被捕猎殆尽，就转往下一地。人口密度低的时候，这不失为可行之道，因为人们还能找到许多未曾开垦过的地方重新开始。原来的耕作之地经长时期休耕，植物和土壤的肥力还有恢复的一天。美国西南部的很多考古遗址都是古代印第安人居住几十年的地方，即便是现在令世人瞩目的几个大型遗址，如查科峡谷的普韦布洛·博尼托镇，人们也不过住了几百年而已。然而，人口密度较高之后，就难以找到一块新的地方东山再起。

---

① 洪泛平原，河流在洪水期溢出河床后堆积而成的平原。——译者注

还有一种策略就是在多个地点栽种作物。既然降雨不可预期,哪个地点的作物可以收获,就交给老天爷决定。有幸获得足够雨水的地点,农作物就能丰收,收成会被重新分配,没能得到足够雨水因而作物歉收的人们也能分享收成。查科峡谷的原住民最后实行的就是这种办法。但重新分配并不容易,必须仰赖一个复杂的政治和社会系统进行协调,一旦这个系统解体,很多人就只能饿死。

最后一种策略就是在永久性水源或可靠水源附近栽种作物和定居,但是必须在主要泄洪道上方的阶地,以免洪水泛滥淹没了田地和村落,到头来一无所有。同时,要实行多元经济,以尽量开发不同的生态区域,使各个部落得以自给自足。今天美国西南部的霍皮族和祖尼族仍仿效老祖宗,采用这一策略,所以该策略已有千年以上的成功经验。今天的霍皮族人和祖尼族人眼见周遭的美国人那样挥霍浪费,不禁摇头叹息:"我们老早以前就在这块土地上落脚,那时你们还没到。将来你们走了,我们还是可以在这块土地上长长久久。"

然而,以上种种策略都面临一个很大的危机——若是连续多年风调雨顺,有足够的雨水和充沛的地下水,人口势必大幅增长,社会也会日益复杂,各地区相互依赖,不再能自给自足。这么一个社会,一旦遭遇连续的荒年,就会因无法应付而动荡不安,难以重建。先前的社会因人口少、相互依赖程度低且较能自给自足,反而容易渡过难关。长屋谷的阿纳萨齐印第安部落就因为这种窘况无法生存,或许其他地区的部落也是如此。

查科峡谷的问题与林鼠贝冢

阿纳萨齐印第安人在新墨西哥州西北部查科峡谷的遗址，是最壮观、规模最大的一组遗址，也是科学家研究得最为详尽的。查科峡谷的阿纳萨齐社会在600年左右开始繁盛，享受了500年以上的昌隆岁月，然后在1150—1200年消失。这个社会组织复杂、幅员广阔，各个区域之间团结一致，在前哥伦布时期的美洲建立了最大规模的建筑。今日查科峡谷的荒凉贫瘠比复活节岛更甚，放眼望去，渺无人烟，只有几处国家公园管理局护林员的房子，但那深深的干河道与零星从地面冒出的耐盐灌木，还是让我们大开眼界。为什么有人会在这样一片荒地上兴建一座先进的城市？费了九牛二虎之力建成之后，人们又为何弃若敝屣？

最初的美洲农民大约于600年在查科峡谷落脚，一开始住在地下的坑屋，今天美国西南部的某些印第安人还住在这样的坑屋。700年左右，查科峡谷的阿纳萨齐印第安部落在对南边1000英里外的墨西哥原住民社会（该社会也曾打造石头建筑）一无所知的情况下，独立发明了建造石屋的技术。阿纳萨齐印第安人最后以碎石作为墙芯，再切割石板作为面层（见插图11）。原先的建筑只有一层，但是到920年左右，普韦布洛·博尼托镇（后来成为查科峡谷最大的村落）已出现两层的建筑。两个世纪之后，他们已经盖出五层甚至六层楼高的建筑，其内有多达600多个房间，房顶用长16英尺、重700磅的木头支撑。

在所有的阿纳萨齐遗址中，为什么唯有查科峡谷村落的建筑技术登峰造极，政治与社会的复杂程度如此之高？原因可能是查科峡谷具有环境优势——这里起初有如新墨西哥州西北部恶劣环境中的一片绿洲。雨水沿着众多的边渠流入狭窄的峡谷，上方广阔高地的雨水径流也会流到峡谷，谷地因水流冲积，地下水充裕，一些地区甚至不靠降雨也可耕作，同时径流也提高了土壤的复育力。因此，尽管此地气候干燥，但峡谷中宜于人类居处的大片区域及其方圆50英里还是能养活相当多的人口。此外，查科峡谷的野生动植物种类众多，可供果腹。再者，这里地势低平，作物的生长季节较长。起先，峡谷附近的森林里有很多矮松和杜松，可提供建筑所需的木材或柴火。最早的房顶横梁就是由当地的矮松制成的。多亏了树轮定年法，我们已可断定最早用于屋梁的木头的年代。由于美国西南部气候干燥，这些木头仍保存得很好。在早期遗址的火炉中发现的木柴，也是附近的矮松和杜松。阿纳萨齐印第安人的主食是玉米，也有南瓜和豆类可吃。但早期考古层的挖掘研究显示，他们也吃很多野生植物，如矮松的松子（蛋白质含量高达75%），还会猎鹿来打牙祭。

尽管拥有这些天然优势，但查科峡谷因地处环境脆弱的美国西南部而面临两大问题。一个问题就是水资源管理。起先平坦谷地的雨水径流覆盖区域广阔，洪泛平原的作物因而有径流可供灌溉，也可汲取地下水。然而，在阿纳萨齐人把水引入灌溉沟渠之后，雨水径流就集中到沟渠中，加上植被被清空以利耕作，还有一些自然因素，到900年左右，干河道下蚀严重，水位因此低于农地。如此一来就无法灌溉，作物根部也汲取不到地下水，必须等到干河道水位上升才能耕作。这种河道下蚀的现象可能突如其来，让人措手不及。例如，19世纪80年代末，亚利桑那州图森市的居民挖掘截水渠，以截取浅层的地下水并引到洪泛平原。不幸的是，1890年夏天因暴雨出现洪水灾害，导致渠头下蚀，发生向源侵蚀，三天内河道就朝上游方向延伸了将近6英里，导致图森附近的洪泛平原无法耕作。早期美国西南部的印第安部落或许也用过类似的沟渠截水，结果一样不如人意。为了解决干河道的问题，查科峡谷的阿纳萨齐人想出几个办法：在高于主峡谷的侧峡谷之内兴建水坝，以储存雨水；建立以雨水灌溉的农田系统；储存峡谷北面两个侧峡谷间断崖流下的雨水；在主峡谷兴建石坝。

另一个严重的环境问题和森林砍伐有关，这是人们通过分析林鼠贝冢所发现的。如果你从来没看过林鼠贝冢（我也是几年前才见识到），不知道它到底是什么东西，或是无法想象这种贝冢和阿纳萨齐史前文明的关联，我们可以来上一门速成课：1849年，几个金矿矿工在穿越内华达沙漠时，饿得头昏眼花之际，发现一处悬崖上有几颗圆圆的、亮晶晶的东西，看上去像是糖果，就拿来舔舔，还有人吃了下去。这东西果然像糖果一样甜甜的，但是随后他们便出现了恶心的症状。后来，科学家才发现这些像糖果一样的小球原来是林鼠贝冢里的东西，因为被林鼠的尿浸透，最后硬化、结晶。林鼠是一种小型啮齿动物，它们会在附近捡拾树枝、植物碎片、哺乳动物的粪便来做巢穴。除此之外，它们的巢内还会有食物残屑、丢弃的骨头和自己的粪便。这些没经过大小便训练的野鼠当然会随处便溺，于是巢穴中的东西都被它们的尿浸湿了。当尿液变干后，尿液中的糖和其他物质就会结晶，于是贝冢就像冻结的时空胶囊被保存下来。事实上，那几个矿工捡来吃的"糖果"正是掺有老鼠粪便和垃圾的干鼠尿。

自然而然，为了节省力气，并且尽量避免被其他动物掠食，林鼠不会走远，只会在巢穴附近捡拾东西。过个几十年，林鼠的后代就会舍弃这个巢穴，迁徙到另一个地方新建巢穴。结晶的林鼠尿液可以防止巢穴里的东西腐烂。古生物学家只要辨识林鼠贝冢内因尿液结晶保存的数十种植物，就可重建林鼠存活时代巢穴附近的植物生态，动物学家也可从贝冢里的昆虫和脊椎动物残骸了解当时的动物群。其实，林鼠贝冢正是古植物学家梦寐以求的时空胶囊：保存了几十年内方圆几十码的植物样本，其年代还可利用放射性碳元素来测定。

1975年，古生态学家朱利奥·贝当古在新墨西哥州旅行，开车路经查科峡谷。他俯视着荒凉贫瘠、林木不生的普韦布洛·博尼托，不禁忖度："在这有如蒙古大草原之地，当初的人们去哪儿取得木头和柴火？"来这里考察遗址的考古学家也问过自己同样的问题。三年后，贝当古的一个朋友出于一个完全不相干的原因，请他提交一篇以林鼠贝冢为主题的研究计划书。贝当古突然想起三年前造访普韦布洛·博尼托镇的最初印象，于是立刻打电话给研究贝冢的专家汤姆·范德文德，得知他已在普韦布洛·博尼托镇附近的国家公园管理局营区内搜集到几个贝冢。事实证明，这些贝冢几乎每一个都包含矮松的松针。今天，在普韦布洛·博尼托镇附近几英里内一棵矮松也没有，但该地的早期建筑中出现了以矮松做的屋梁。贝当古和汤姆·范德文德因而意识到，这些贝冢必然是从古老年代遗留下来的。那时，贝冢附近应该有矮松，只是他们不知道那个年代究竟有多么久远。他们猜想，或许只是100年前。他们把贝冢中的样本送去做放射性碳年代测定，当测定结果送到实验室时,两人不禁大吃一惊:原来这些贝冢已有千年以上的历史。

这个意外发现引发一波林鼠贝冢研究的热潮。这种贝冢在美国西南部干燥气候下腐烂速度极慢,如果贝冢位于悬崖下或在洞穴内,不受外界影响,甚至可以留存40 000年以上,因此没人猜得到这种贝冢的年代。我第一次见识到这种贝冢,就是在查科峡谷的阿纳萨齐印第安人的健·克莱特索遗址,正是贝当古带我去看的。那贝冢依旧如新,令我目瞪口呆,心想林鼠在做这个巢穴之时,猛犸象、巨型地懒、美洲狮等冰期灭绝的哺乳动物还活跃在北美洲这块土地上呢。

贝当古在查科峡谷搜集了55个贝冢,进行放射性碳年代测定,发现这些贝冢的年代为600—1200年,涵盖了整个阿纳萨齐印第安文化时期,贝当古因而得以重建查科峡谷在阿纳萨齐印第安人居住时期植物群落的变化。基于这样的贝冢研究,查科峡谷在1000年左右出现的环境问题终于水落石出。原来,查科峡谷的人口增长除了带来水资源不足的问题,所造成的另一个大问题就是森林砍伐。在1000年之前的林鼠贝冢中还有矮松和杜松的松针,例如贝当古分析的第一个林鼠贝冢,他带我去看的那个林鼠贝冢里也有。据此可以得知,查科峡谷的阿纳萨齐部落附近起初还有长满矮松和杜松的树林,不像今天已成不毛之地。在那个时代,取得柴火和建筑木材应该很方便。然而,1000年之后的林鼠贝冢中已找不到矮松和杜松的松针,可见那时整片树林都已被砍光。直到今天,遗址附近仍是光秃秃的一片。查科峡谷的森林为什么这么快就消失了?原因就如第二章的讨论所述。在干燥的气候下，树林被砍伐之后需要很长时间才能再生，然而砍伐的速度已远远超过树木再生的速度。因此，复活节岛等气候干燥的太平洋岛屿相比气候潮湿的岛屿，森林消失的速度要更快。出于同样的原因，查科峡谷的森林也在劫难逃。

区域整合

矮松消失后，阿纳萨齐印第安人就再没有这种松树的松子可吃，同时也没有矮松做成的木梁可用。于是，之后查科峡谷的建筑中再也看不到矮松做的木梁。他们不得不去寻找其他的木材来源，于是跑到50英里外的高山上砍黄松、云杉、冷杉。他们没有畜力可用，只得靠自己的力气把大约20万根原木从山上搬下来，再运到50英里外的查科峡谷，每一根重达700磅。

至于那些巨大的云杉和冷杉究竟是从哪一座山上运送下来的？贝当古的学生内森·英格利希与贝当古、杰夫·迪安和杰伊·奎德最近合作的研究终于解开这个谜题：查科峡谷附近的三座高山——楚斯卡山、圣马特奥山和圣佩德罗山均有可能。这三座山上的树种都相同，看起来也一模一样。英格利希利用锶的同位素进行辨识，锶的化学性质和钙很类似，因此和钙一起被动植物吸收。锶能以不同的形式（即同位素）存在于大自然中，其原子量会有些微的差异，其中最常见的就是锶–87和锶–86。岩石中锶–87和锶–86的比例会因年代及岩石中铷含量多寡而不同，这是因为锶是铷的同位素经过放射性衰变产生的。英格利希等人的研究显示，那三座山上的活针叶树的锶–87和锶–86的比例各有不同。英格利希佐以年轮分析，从查科峡谷的6个遗址中采集

52根木梁为样本,这些木梁都来源于974—1104年砍伐的针叶树。通过研究这些屋梁木材中锶-87和锶-86的比例,英格利希发现有2/3来自楚斯卡山,1/3来自圣马特奥山,没有任何一根来自圣佩德罗山。因此,查科峡谷中某间房子使用的原木可能来自楚斯卡山和圣马特奥山,而且是在同一年砍伐下来的;或者在某一年使用了其中一座山上的树木,另一年再用另一座山上的树木,而同一年在同一座山上砍伐的树木也可能供好几间屋子之用。显然,阿纳萨齐有一个组织良好的长途运输网络,把所需物资运往查科峡谷的中心部落。英格利希等人的研究结果就是铁证。

尽管查科峡谷面临的两个严重的环境问题致使作物减少,峡谷本身也成了不毛之地,不再能供应木材,但峡谷的人口还是持续增加,也许是峡谷的居民已找到对策。从1029年开始,房屋盖得特别多。拜气候潮湿之赐,这股建筑风潮持续了好几十年。降雨多意味着作物收成好,可以养活更多的人,也就需要更多的房屋。这一时期著名的"大屋"(比如普韦布洛·博尼托镇)就是人口稠密的明证。这些大屋位于查科峡谷北侧,相距约1英里。大屋之间的悬崖下方还出现一长排的崖屋,居民在崖下凿洞,架梁而居。峡谷南侧还有好几百个比较小的聚落。这时峡谷的总人口数仍未有定论。阿纳萨齐人盖的屋子虽然宏伟,但长住的只有祭司,其他房间则只是举办祭典时供农民暂时栖身,因此很多考古学家认为峡谷的人口少于5 000。其他考古学家则注意到,光是普韦布洛·博尼托镇的大屋就拥有600个房间,这样的大屋在查科峡谷还不止一座,加上峡谷两侧还有很多洞屋,因此推算这里的人口应远超5 000。人口总数究竟为多少?考古学界经常就此展开争论，就如我们先前讨论过的复活节岛，还有随后即将登场的玛雅。

不管查科峡谷在鼎盛时期有多少人，如此稠密的人口终究难以为继，必须靠周边的卫星聚落提供支持。查科峡谷有向四面八方辐射的道路，每一条路长达几百英里，通往各个聚落，这些道路今天还看得到。那些卫星聚落的建筑风格和峡谷内的房子类似，也都建造了用于收集雨水的水坝，因为降雨难以预期，并且分布非常不均。例如，一场暴雨或为一处带来丰沛的水源，而一英里外之地可能依旧干涸。只要有一处有雨水降落，将水流进水坝，人们就可赶紧栽种、灌溉，那一年就能有余粮供应其他缺水的卫星聚落。

查科峡谷有如一个黑洞，物资被源源不断地送入，却没有什么东西输出。输入峡谷的东西种类多样：数万根用来盖屋子的巨大原木，陶器（由于峡谷晚期已无柴火可以烧陶，所有的陶器都是进口的），可制造石器的上等石材，来自新墨西哥其他地区的绿松石（作为装饰之用），来自霍霍卡姆与墨西哥的金刚鹦鹉的羽毛、贝壳首饰、铜铃等奢侈品。最近也有科学家仿效英格利希追踪普韦布洛·博尼托镇木梁来源的方法，利用锶同位素年代测定法追踪从该镇挖掘出的玉米芯，证明粮食也非本地生产，而是从外面送进来的。结果显示，在9世纪，玉米已从普韦布洛·博尼托镇西边50英里的楚斯卡山运来（此山也是该地的两个原木来源之一）；到12世纪，也就是普韦布洛·博尼托镇被废弃前的最后几年，玉米芯却来自北方60英里处的圣胡安河系附近。

阿纳萨齐印第安人在查科峡谷建立的社会就是一个迷你帝国。

这个社会由两个阶层构成：一个是养尊处优的贵族阶层，另一个则是辛辛苦苦种植作物来供养贵族却未必能解决自身温饱的农民阶层。道路系统与各区域建筑的标准化，证明查科峡谷和其周边卫星聚落的经济、文化在相当大的范围内实现了区域整合。从建筑风格来看，这个社会分三个次序等级：位于峡谷内的最大的建筑，也就是所谓的大屋（也许是中央统治阶级或大酋长的宅第）；位于峡谷外各卫星聚落的大屋（也许是地方统治阶级或小酋长的住所）；只有几个房间的小屋（也许是农民的家）。和较小的屋子相比，大屋的石墙砌得精细得多，祭祀用的地下洞屋（被称为"大基瓦"）很大，储藏物品的总体空间也比较大。大屋里有最多外地送来的奢侈品，如绿松石、金刚鹦鹉的羽毛、贝壳饰品、铜铃等，还有来自明布雷斯和霍霍卡姆的陶器。普韦布洛·博尼托镇的第 33 号房间迄今拥有最多的宝物。该处是 14 个人的葬身之处，陪葬品有 56 000 颗绿松石和几千件贝壳饰品，其中包括一条由 2 000 颗绿松石串成的项链，还有一个篮子——篮盖由绿松石镶嵌而成，篮中装满了绿松石和贝壳珠饰。在大屋附近挖掘出来的垃圾中有不少鹿和羚羊的骨头，而从农家挖出的垃圾中就较少有这样的发现，可见酋长吃得比农民好。根据对挖掘出来的人骨加以推断，大屋中的人生前比较高大、营养良好，贫血问题较少，婴幼儿的死亡率也较低。

为什么查科峡谷周边卫星聚落的人如此恭顺尽责，把木头、陶器、石材、绿松石和粮食送进峡谷，却甘心空手而回？事实上，今天的国家首都何尝不是如此？例如，罗马和伦敦本身没有木材，也不生产粮食，但它们分别是意大利和英国的政治、宗教中心。查科峡谷的人就像今天的意大利人和英国人，身处一个复杂、相互依存的大型社会，且不可能走回头路，回到之前小规模、自给自足的原始社会。因为峡谷的树都被砍光了，干河道下蚀严重，而且人口稠密，也没有其他合适的地方可以搬迁。在矮松和杜松被砍伐得一棵不剩后，土壤养分的流失不可避免。即使是800年后的今天，峡谷仍是不毛之地，只有1000年之前的林鼠贝冢内有矮松和杜松遗迹。考古遗址中出土的食物残屑也证明当年居民的餐食营养越来越成问题：鹿渐渐没得吃了，于是以兔子和老鼠果腹。遗址里的人类粪便中甚至检测出无头鼠，可见当时居民饥不择食，抓了老鼠，砍了头，整只囫囵吞下去。

末日

现在已知的普韦布洛·博尼托镇最晚期的建筑大约是1110年之后的10年间所建，就是将广场南面包围起来的一长排屋子。该广场南面本来是开放的，可让外面的人进入，如今封闭意味着这里变得不大太平：有人进入普韦布洛·博尼托不是为了参加祭典或接受酋长命令，而是来制造事端。根据树轮定年法，普韦布洛·博尼托以及附近的杰德罗·柯特尔（Chetro Ketl）大屋最后用于建造房屋的木梁是用1117年砍伐的树木制成，查科峡谷其他地区最后用于兴建房屋的木梁则是在1170年砍下的。其他阿纳萨齐遗址还有更多动乱的证据，包括出现人吃人的迹象。此外，凯恩塔的阿纳萨齐部落搬到了陡峭的悬崖上方，远离田野和水源，可想而知这是个易于防守的安全地点。美国西南部有些部落比查科峡谷的部落撑得久些，在1250年之后还在苟延残喘。有许多证据表明这时防御工事增多，防御墙、壕沟、塔楼等处处可见，分散的小村落联合起来在山丘顶上形成更大的要塞。有些遭到焚毁的村子里还有未埋葬的尸体，有的头盖骨上有明显的头皮被剥下的割痕，有的骸骨上还插着箭头，显然这时战乱已如火如荼。环境和人口问题恶化，已演变成骚动与战争。这个主题会在本书中一再出现，不但是古代社会的悲歌（如复活节岛、曼加雷瓦岛和玛雅），也是现代社会的悲剧（如卢旺达、海地等）。

阿纳萨齐末年也出现了人吃人的现象，这件事很值得一提。我们都知道，若身处绝境，为了活命，有人确实会以同类为食，例如1846—1847年的冬天，唐纳探险队从怀俄明州出发前往加州，途中遭遇暴雪被困于荒山，为了求生只得吃同伴尸体；二战期间，列宁格勒因被封锁而成为孤城，苏联人在饥寒交迫之下，不得不吃人肉。如果不是为了活命而食人肉，就有可议之处。事实上，在近几个世纪，欧洲人初次接触的非欧洲社会中据说有好几百个也有吃人肉的习俗。有的是吃敌人的尸体，有的则是吃自然死亡的亲友遗体。我在过去40年里一直在打交道的新几内亚人曾面不改色地提到当地吃人肉的习俗，好像这是家常便饭，同时他们认为西方人埋葬亲友的风俗太对不起死者。在他们看来，死后被自家人吃掉，才算是哀荣备至。记得在1965年，我在新几内亚最得力的助手突然向我告别。他说，他的准女婿不幸过世，他得回去帮忙"消化"遗体。有关人吃人的风俗，考古学研究也多有发现。

然而，多数欧美人类学家仍认为以人肉为食恐怖之至。这和成长背景有关，因为他们所成长的社会视吃人肉为惊世骇俗之事。

这些学者发现自己研究且敬爱的族群竟然以人肉为食时,不禁惊愕万分。他们往往拒绝接受这个事实,认为这是有人歧视这些族群,于是加以毁谤。他们认为这些族群自述的食人风俗为无稽之谈,或者说这是早期欧洲探险家以讹传讹,除非有人提供官方录像为证,他们才会相信,当然这录像最好出自人类学家之手。不过,我们看不到这样的录像。原因很明显,最初的欧洲人与那些据说是食人族的族群接触时,对这种骇人的风俗总是表示极度厌恶,并扬言要逮捕他们。

无论如何,考古学家还是在阿纳萨齐遗址发现不少人吃人的迹象。最有力的证据来自遗址中的一间房子:里里外外全都被捣毁了,屋内的7人身首异处,显示他们是惨死在敌人手里,没有被好好安葬。其中有些人骨碎裂的样子就像人吃剩的动物骨头,被人折断以吸吮其中的骨髓;还有一些骨头两端平滑,就像在锅里久煮慢熬的动物骨头。遗址中有些陶锅碎片上还残留肌红蛋白(也就是人类肌肉蛋白质),可见此锅烹煮过人肉。但还是有人不相信阿纳萨齐遗址曾发生人吃人这种事,认为尽管锅里有人肉或被折断的人骨,但这人肉、骨头和骨髓不一定就祭了某个人的五脏庙。(可是谁又会没事大费周章地烹煮人肉后,敲碎骨头,再将其到处乱扔?)在这个遗址,人吃人最直接的证据还是来自风干的人类粪便。美国西南部气候干燥,粪便也就得以保存千年。科学家证明这粪便中含有人类肌肉蛋白质。一般人的粪便中不会有这种蛋白质,就算是消化道出血的病人的粪便中也不会有。由此可见,很可能有人攻击这个村落,杀了住在里面的人,断其骨、烹其肉,饱食一顿之后,把吃剩的骨头随手乱扔,最后还在壁炉旁方便了一下。

根据年轮研究，查科峡谷从1130年开始连年大旱。对峡谷里的人来说，这样的天灾无疑是个致命的打击。在1040年及1090年左右，这里也曾出现这样的旱灾，但1130年的查科峡谷已不堪一击。此时，峡谷人满为患，没有别的出路，而且相当依赖卫星聚落。大旱使地下水位下降，植物根部吸收不到水分，因此无法耕作，也使前述依靠降雨的旱地农业和灌溉农业无从实施。由于阿纳萨齐村落的玉米顶多只能储藏两三年，倘若遇到连续三年大旱，再多的玉米也会因腐烂或生虫而不能食用。再者，因为峡谷祭司求雨不灵，先前供应物资的卫星聚落可能也对其失去信心，不再把粮食送进峡谷。其实，在1680年，今日新墨西哥州一带的印第安部落反抗西班牙政权，正是查科峡谷的阿纳萨齐部落走向末日的翻版，只不过没有欧洲人亲眼看到阿纳萨齐部落在12世纪败亡。17世纪的西班牙人正像在查科峡谷坐享其成的阿纳萨齐人，横征暴敛，要求地方农民缴纳粮食。但是，大旱来临时，民不聊生，农民自己都要饿死了，根本没有粮食可以送进峡谷，因此起而反抗。

1150—1200年，查科峡谷逐渐人去楼空，一直到600年后，纳瓦霍族牧羊人发现这里，查科峡谷的大屋才再次有人入住。纳瓦霍人不知道这么宏伟的建筑是什么人盖的，就以"阿纳萨齐"（Anasazi）来称呼曾生活在这里的族群，在纳瓦霍语里的意思就是"古人"。查科峡谷最后剩下的几千人究竟经历了什么？17世纪70年代，有人看到因旱灾而遭到废弃的印第安村落并记录成史，或许我们可以据此想象阿纳萨齐人最后是怎么消失的：可能很多人活活饿死，也可能有人自相残杀，幸存者于是流亡到美国西南部其他地区。这必然是有计划的撤退行动。阿纳萨齐遗址中大多数房间内没有陶器等日常用品，因此可能是居民在撤退时带走了。至于前述留下来没走、不幸遭到杀戮且被吃掉的居民，他们的房间内就有陶器。那些从查科峡谷逃出去的人，可能前往其他印第安人村落，如现代祖尼族印第安人居住的地区。祖尼族印第安村落的建筑和查科峡谷的建筑风格类似，那里也有与查科峡谷风格相近的陶器，制造年代约是查科峡谷荒废之时。

杰夫·迪安和同事罗布·阿克斯特尔、乔希·爱泼斯坦、乔治·古默曼、史蒂夫·麦卡罗尔、迈尔斯·帕克、艾伦·斯韦德隆德等人进行了一项巨细无遗的古印第安村落重构计划，主角就是位于亚利桑那州东北部长屋谷一个约1 000人的凯恩塔阿纳萨齐村落。根据房屋的数目，他们计算出长屋谷在800—1350年各个时期的实际人口数。由于不同时期的陶器呈现不同风格，因此可利用屋内的陶器来推断房屋年代。他们还从树木年轮和土壤研究推测当地降雨量的变化与地下水位的高低，以计算长屋谷每年的玉米产量。结果显示，在800年之后，人口的消长曲线和每年玉米产量变化曲线同步。唯一的例外是1300年，也就是凯恩塔阿纳萨齐人废村之时。那时玉米产量虽然很少，但仍可养活400人，也就是谷地全盛时期人口（1 070）的约1/3。

既然长屋谷2/3的凯恩塔印第安人都走了，为什么最后剩下的400人没能留下来？或许谷地除了农业生产潜能大幅降低外，在1300年的环境已经恶化到难以居住的程度，如土壤肥力尽失，或森林砍伐殆尽从而找不到建筑木材和柴火，与查科峡谷的末日如出一辙。另一个解释是，也许复杂的人类社会还是需要一定的人口数量才能运作。如果纽约有 2/3 的市民不是饿死了就是逃往别处另谋生路，没有地铁，也没有出租车，所有的机构和商店都关门了，剩下 1/3 的人口有多少会决定留下来？

查科峡谷的讯息

除了查科峡谷和长屋谷阿纳萨齐人的故事，本章开头曾提到，在 1100—1500 年，明布雷斯、梅萨维德、霍霍卡姆、莫戈隆等许多在美国西南部的族群都经历了崩溃、重组或荒废的命运。事实上，这些社会的崩溃或转变是由不同的环境因素造成的，而且牵涉到各个族群的文化。例如，森林砍伐殆尽对阿纳萨齐族是个问题，因为没有树木，他们就没有屋梁可以盖房子。但是这对霍霍卡姆族就不是问题，因为他们并不用原木作为屋梁。灌溉农业引起的土壤盐碱化问题，使需要灌溉农田的霍霍卡姆族面临困境，但梅萨维德族不需要灌溉田地，因此不存在这一问题。由于莫戈隆族和梅萨维德族生活在高地，寒冷的气候会影响农业生产，从而使他们面临困境。西南部地区的其他族群也有地下水位下降问题（如阿纳萨齐族）或土壤养分耗竭问题（莫戈隆族可能就是如此）。干河道下蚀对查科峡谷的阿纳萨齐族是个问题，对梅萨维德族就不是问题。

尽管各个印第安部落走向荒废的直接原因各有不同，但其根本原因是相同的，那就是生存在脆弱且艰困的环境中，于是想出种种"从短期来看"非常高明的办法，但从长期来看，当面对外在环境变化或人类自身引起的环境问题时，还是经不住考验，甚至会形成更严重的致命伤。这些问题对那些没有书面历史可考，也没有考古学家的社会而言，根本是无法预测的，也谈不上未雨绸缪。前面我说"从短期来看"，但阿纳萨齐人的这个"短期"其实有600年之久，而自哥伦布在1492年发现新大陆，欧洲人在此殖民至今，甚至还不到600年。美国西南部各个印第安部落在他们所生存的年代试验了6种经济形态，几百年后才发现，原来能历经"长期"（至少千年）考验的只有一种自给自足的村落经济。让我们以查科峡谷的阿纳萨齐社会为借镜——它在登峰造极后不久，于1110—1120年陨落。查科峡谷的阿纳萨齐人哪能知道末日会这么快到来？因此，现代美国人也不可过于自信，以为发达国家的经济形态就能经久不衰。

先前讨论过导致社会崩溃的五点框架，其中四点可在阿纳萨齐社会的覆亡中获得印证。具体包括：人类对环境造成的各种冲击，尤其是森林砍伐和干河道下蚀；和降雨与温度有关的气候变化，使已遭受破坏的环境进一步恶化；友善的贸易伙伴也是个重要因素——不同的阿纳萨齐部落相互依存，形成一个复杂的社会，交换粮食、陶器、石器和奢侈品等，然而这个社会一旦崩溃，所有的部落都无法独活；宗教和政治因素显然在维持这么一个复杂的社会中发挥了重要作用，支配了物资的交换，使卫星聚落的人愿意把粮食、木材和陶器等资源送入中心区。在这个五点框架中，唯一和阿纳萨齐部落的崩溃没有明显关系的就是强敌入侵。当面临人口膨胀、物资缺乏以及连年大旱的困境时，阿纳萨齐印第安人虽出现互相残杀的情况，但美国西南部印第安文明距离其他人口众多的社会非常遥远，因此不曾面临强敌压境的威胁。

查科峡谷的荒废到底是源于人类对环境的破坏，还是源于旱灾？基于上面的观点，或许我们可以得到一个简单的答案：两者皆是。在长达600年的时间里，查科峡谷的人口不断增加，对环境的影响日深，环境资源却在不断减少，直到最后人口超出了环境所能承载的范围。这就是查科峡谷荒废的根本原因。至于直接原因，我们可用"压死骆驼的最后一根稻草"来形容，那就是最后把查科峡谷推向毁灭的旱灾。如果当时人口没那么多，阿纳萨齐社会应该可以经受住这次旱灾。在查科社会崩溃之后，剩下来的人再也无法像祖先那样在此重建家园。峡谷附近已无荟郁的林木，地下水位下降，洪泛平原也消失了，何来东山再起的条件？

这样的结论或许也适用于其他过去人类社会的崩溃（包括下一章将讨论的玛雅），以及我们今日的社会。今日社会经济繁荣，现代人可尽享奢侈浪费的生活，拼命消耗环境资源。但万一哪一天环境发生大变动，出现无法预期的考验，到了山穷水尽之时，人类要如何活下去？

第五章

玛雅文明的陨落

丛林深处的谜样古城

至今已有数百万名现代游客造访墨西哥的尤卡坦半岛和邻近的中美洲地区，为的就是一睹1 000多年前成为绝响的古玛雅文明。人们往往对神秘且传奇之地充满向往，玛雅便是这样一个地方，而且对美国人来说，它近在咫尺，就在家门口，几乎和阿纳萨齐遗址一样近。要造访玛雅古城，你只需从美国搭乘直飞墨西哥梅里达的航班，出了机场，租辆车或搭乘小型巴士，在高速公路上奔驰，一个钟头左右就到了。（见第178页地图）

直到今天，很多玛雅遗址，连同其宏伟的神庙和石碑，仍为密林所掩盖，远离人烟（见插图12）。然而，在欧洲人来到之前，这里曾经诞生新大陆最灿烂的文明。在所有神秘的古文明中，只有玛雅文明留下大量的文字，而且很多已经被破译出来。今日，在这片蛮荒之地上，连农民都寥寥无几，古代的玛雅人又是如何建立起那么复杂的都市的？古玛雅城市的魅力不只在于神秘、壮丽，还在于它位于人迹罕至的丛林，因而成为"纯粹的"考古学

玛雅遗址

墨西哥湾

坎佩切湾

梅里达

奇琴伊察

科巴

普克地区

墨西哥

卡拉克穆尔

乌苏马辛塔河

帕伦克

埃尔米拉多

伯利兹

蒂卡尔

佩滕地区

佩滕伊察湖

波南帕克

卡拉科尔

危地马拉

基里瓜

科潘

洪都拉斯

萨尔瓦多

尼加拉瓜

太平洋

墨西哥湾

大西洋

中美洲

加勒比海

太平洋

0   100   150 英里
0   150 千米

遗址——原貌大抵都在，不像很多古城早已湮没于后世的建筑中。例如，阿兹特克帝国的首都特诺奇蒂特兰便已被埋在现代墨西哥城之下，类似的还有罗马。

古玛雅城市在丛林中不知沉睡了多少个世纪，不为世人所知，直到1839年，美国人约翰·斯蒂芬斯和英国人弗雷德里克·卡瑟伍德联手探察，才发现了这个废墟。斯蒂芬斯本来是个富有的律师，后来放弃本行，在各国漫游，而卡瑟伍德是个精于素描和绘图的艺术家。他们早就听说中美洲丛林中有神秘的废墟，斯蒂芬斯成功说服马丁·范布伦总统任命他做美国驻中美洲联邦的领事。其实所谓的中美洲联盟早已在1838年解体，其涵盖的范围从现代的危地马拉到尼加拉瓜。于是，斯蒂芬斯便在此头衔的掩护下进行考古探险。斯蒂芬斯和卡瑟伍德两人一共走访了44个玛雅古城，发现城里的建筑和艺术精美得让人叹为观止。他们意识到，这绝非野蛮人的作品，而是代表着一个已经消逝的高度发展的文明。他们也看出有些石碑上的铭文可能是文字，并且猜测这些文字和历史事件有关，当中有些还是人名。斯蒂芬斯回到纽约后，将这次探险考察的记录写成两本书，并加上卡瑟伍德的插图，两本书都畅销一时。

玛雅的浪漫、迷人从斯蒂芬斯在书中的描述可见一斑："这古城湮没于丛林中，却不见城民的后代在这里徘徊，也看不到任何代代相传的文化传统。这座废城有如大海中的一艘破船，船桅已经不见了，船名无法辨识，船员也遭灭顶，没有人可以告诉我们这艘船的故事：它于何时启程，是何人的船，在海上漂流了多久，遭遇了什么不测……建筑、雕刻和绘画，所有将人生变得华美的艺术都曾在这浓密的丛林中大放光彩；辩士、战士、政客、美人，多少风流人士曾诞生于此，但如今都已逝去，所有的野心与荣耀也都化为尘土。现在，没有人知道这里的故事，更没有人能述说这个传奇……这是一个文明、文雅又特别的族群遗留的废墟。他们经历了兴衰，在登峰造极之后，从历史的舞台退下……我们步入苍苔漫漶的神庙和倾圮的祭坛，发现处处呈现高超的品味和艺术技巧……墙上刻了许多奇异的人物，栩栩如生，以忧愁的眼神凝视着我们。我们想象他们身穿绚丽的衣装，插着羽饰，在宫殿和神庙前拾级而上……眼前的奇观，这个消失在丛林中的伟大而美丽的城市，让我深深震慑。世界史上，没有一处比得上这里……我们甚至不知怎么称呼这个在密林深处的废墟。"今天到玛雅废墟观览的旅客也有同样的感受，这也是为何这个文明的陨落如此令人着迷。

玛雅文明提供了几个绝佳的视角，让我们得以窥视史前人类社会的崩溃。首先，玛雅文明有文字流传下来，虽然不够完整，解读起来也困难重重，但还是可用来重建玛雅历史，且依此重建出来的玛雅历史要详尽得多。这是复活节岛文明以及用树轮定年、用林鼠贝冢研究重建历史的阿纳萨齐文明所不能比的。如果玛雅人只是没有文字的狩猎-采集社群，以简陋的棚屋作为栖身之处，考古学家可以研究的东西将乏善可陈。但玛雅人留下了瑰丽的艺术和宏伟的建筑，考古学家就可大展身手。其次，最近气候学家和古生态学家从古代气候和环境变化数据着手，找出玛雅文明崩溃的原因。最后，目前中美洲还有玛雅人住在祖先留下来的家园，说着玛雅的语言。尽管玛雅古城已成废墟，但古玛雅文化还有不少流传至今。最早来到中美洲的欧洲人对当时的玛雅社会有不少记录，这对我们了解古玛雅社会也有很大的帮助。欧洲人最早和玛雅社会接触是在1502年，也就是哥伦布发现新大陆的10年后。哥伦布在他的第四次（也是最后一次）勘察航行中，截获了一艘用于贸易的独木舟，很可能就是玛雅人的。1527年，西班牙人开始征服玛雅，但直到1697年才降服它最后一个城邦。因此，西班牙人有几近两个世纪的时间可以近观独立的玛雅社会。特别值得一提的是，西班牙主教迪亚哥·德·兰达在1549—1578年进驻尤卡坦半岛传教，为了消灭"异教"，大肆搜刮玛雅人的古籍抄本，并将之付于一炬。这真是玛雅文化史上最大的灾厄，只有4卷幸免于难。不过，此人也将玛雅社会的一切详尽记载下来，并找来通晓玛雅文字的人为他粗解玛雅象形文字。由于有这个线索，近4个世纪之后，玛雅文字才得以破译。

我们用整整一章来探讨玛雅文明，原因是这个古文明可与其他章节论述的古代人类社会做对照。那些人类社会的规模比玛雅小得多，且生态环境脆弱，又位于孤绝之地，而且在文明和技术领域均落后于同时代的其他社会。玛雅社会则与之截然不同，在前哥伦布时期的美洲，它不但是最发达的社会（或者说是最发达的社会之一），也是唯一留下大量文字的社会，更位于新大陆文明（中美洲）两大心脏地带之一。玛雅的环境虽然也有问题，除了与喀斯特地貌有关，另一个难题是雨量时多时少，无法预测，但以全世界的标准来看，这样的环境并不算特别脆弱，至少比古代的复活节岛、阿纳萨齐印第安人居住的美国西南部、格陵兰岛或现代的澳大利亚要好。因此，我们切莫以为只有生态环境脆弱的小型边缘社会才有崩溃的危机，玛雅的覆亡警告我们：即使是最先进、最有创造力的社会也有可能灭亡。

从分析人类社会崩坏的5点框架来看，玛雅社会的崩溃可印证其中的4点：玛雅人的确破坏了自己的生存环境，主要问题是森林砍伐和土壤侵蚀；气候变化（干旱）也是一个因素，玛雅很可能经常遭逢大旱；玛雅各个城邦之间的冲突和战争也是个大难题；最后还牵涉政治／文化层面，特别是国王和贵族间的竞争，导致连年征战，竞相竖立石碑，却没解决社会的根本困境。在5点框架中剩下的一点就是和其他友邦的关系（贸易关系的延续或中断），这一点似乎与玛雅的覆亡无关。虽然玛雅的黑曜石（他们喜用这种岩石来制造石器）、玉石、黄金、贝壳都仰赖外地输入，但后面三种都是奢侈品，不是生活必需品。在玛雅社会的政治体系崩溃之后，各地区还一直用黑曜石制造工具，可见黑曜石未曾短缺。

玛雅的环境

让我们先从环境层面来了解玛雅。一提到玛雅，人们总会想起"丛林"或"热带雨林"，其实这是错误的印象。热带雨林生长在雨量丰沛、终年潮湿的赤道地带，而玛雅中心区域离赤道有1 000英里，在北纬17~22度，这里的栖息地可被称为"热带季雨林"——每年5—10月为雨季，1—4月为旱季。如果把着眼点放在雨季，或可称玛雅位于"季雨林"；如果把着眼点放在旱季，那玛雅就位于"季沙漠"了。

尤卡坦半岛从北到南，降雨量渐增，土壤厚度也渐增，北部每年降雨量约18英寸，到了南部可能高达100英寸。因此，半岛南部宜于垦殖，可生产大量作物，养活更多的人口。但玛雅中心区域每年降雨量不定，近年来曾出现比往年多达三四倍的雨量。此外，每年的降雨时节也难以预料。常常农民播了种，一心期待雨水的滋润，结果就是不下雨。因此，现代农民如果在古玛雅的中心区域种植玉米，特别是在北部，常常徒劳无功。关于这个问题，古玛雅人或许更有经验，也有应对之策，但还是必须经常面对干旱和飓风的考验。

虽然玛雅南部地区的降雨量比北部地区多，但矛盾的是，水资源问题在潮湿的南部地区更为严重。这不光给南部的古玛雅人的生活带来了困扰，也给现代考古学家出了难题——他们难以理解为什么古代的旱灾对潮湿的南部地区的影响会比干燥的北部更甚。一个可能的解释是，尤卡坦半岛下面有一个透镜似的淡水层（中间厚，四周薄），但地表海拔从北到南不断升高，所以越往南，地表和地下水位之间的距离就越大。在尤卡坦半岛北部，因为海拔足够低，古代玛雅人能够通过被称为"天然井"的深层天坑或深层洞穴汲取地下水。凡是参观过奇琴伊察古城遗址的游客，应该都会对那里的大型天然井印象深刻。北部沿海地区没有天然井，但因为地势较低，当地人只需挖一口75英尺深的井，就可以获取地下水。还有一些地区有现成的地表水可用，比如伯利兹的许多地方都有河流，西部有乌苏马辛塔河，南部佩腾地区有一些湖泊。但在南部的大部分地区，地表与地下水位相差太大，人们无法通过天然井或者人工井获取地下水。更糟糕的是，尤卡坦半岛的大部分地区属于喀斯特地貌，地表下多为海绵状多孔的石灰岩，雨水会直接流入地下，很少能在地表存积。

生活在玛雅南部地区的密集人口是如何解决所需的水资源问题的呢？最初让我们感到惊讶的是，南部的许多城市并没有建在仅有的几条河流旁边，而是建在隆起的海角之上。人们对此的解释是，玛雅人人工建造了一些洼地，还改造了天然洼地，并在洼地底部涂抹石膏以防止雨水顺着熔岩流入地下，这就使洼地变成一个蓄水池或水库，将雨季的雨水搜集并储存起来，供旱季使用。例如，蒂卡尔古城的水库储存的水量足以满足约10 000人18个月的饮水需求。科巴的玛雅人在湖边修建了堤坝，以提高水位，从而使水资源供给更加有保障。然而，对于蒂卡尔这类依赖水库提供生活用水的城市而言，一旦干旱期持续超过18个月，居民就会面临大麻烦。也许在干旱期持续这么久前，他们的粮食储备就已经耗尽，那么等待他们的就只有饥荒，因为作物生长需要的是雨水。

玛雅的农业

要解开玛雅文明陨落之谜，我们必须深入了解玛雅的农业。玛雅的农业依赖在墨西哥被驯化的作物，主要是玉米，豆类次之。科学家对古玛雅人的骨骸进行同位素分析，发现不管是贵族还是平民，都以玉米作为主食，玉米在人们的饮食结构中至少占70%。他们的家畜只有狗、火鸡、番鸭，另外也养殖一种无刺蜜蜂以采撷蜂蜜。他们最重要的野味是鹿肉，只有贵族才能享用这种珍馐美味，也有几个地点可以捕鱼。但玛雅遗址出土的动物骨头很少，可见肉类来源少。

过去学者莫不以为玛雅的主要耕作方式是刀耕火种（也就是所谓的烧荒垦种）——通过焚烧林地清理出一片空地，耕种个一两年或好几年，直到土壤肥力耗尽，再休耕15年或20年，等到土壤肥力复原、野生植被重生，才能重新进行耕作。由于这种刀耕火种的农业方式，大多数耕地处于休耕状态，因此收获有限，只能养活较少的人口。然而，考古学家以玛雅遗址的农舍地基数目估算，发现玛雅古城竟是人口稠密的都市，人口数量远远超出刀耕火种能养活的数量。虽然实际数字未有定论，显然各地区的人口数量也有出入，但大抵而言，每平方英里土地上有250~750人，甚至可能多达1 500人。（即使在今天的非洲，人口最稠密的卢旺达和布隆迪，每平方英里土地上的人口数也不过是750人和540人。）因此，古玛雅人应该不是只靠刀耕火种来耕作，想必还有其他方法提高作物的产量。

玛雅很多区域的确可见到能提高作物产量的农业建筑工程，如在山坡上修筑梯田以防止水土流失、保持土壤湿度，兴建灌溉系统，挖河排涝及修筑台田。挖沟修田的工程浩大，但是可以大大提高作物产量。不只是玛雅，世界其他地区也看得到这种耕作方式。农民在易涝之地挖掘平行沟渠作排水系统，以沟渠间隆起之地为台田，把沟渠中挖出的富含腐殖土的淤泥和水浮莲倾倒在台田上作为肥料，同时避免田地被淹没。除了在台田上耕作，沟渠还能供野生鱼类和乌龟自行生长，这也就成了其他的食物来源。然而，还有一些玛雅地区，如考古学家研究得比较透彻的古城科潘和蒂卡尔，却看不到梯田、灌溉沟渠或排涝筑田的遗迹。这些地区的居民必然利用其他方式来提高作物产量，只不过没有遗迹可考。他们可能利用石块覆盖法、在洪泛区耕作、缩短休耕时间、翻松土壤以利肥力恢复，或完全不休耕，年年耕种，在特别潮湿的地带甚至一年两作。

在阶级分明的社会中，主要的粮食生产者是农民，贵族和士兵等人不事生产但要消耗粮食，有如农民的寄生虫。因此，农民必须生产足够的粮食，不但要供一己之需，还得负担其他人的需要。一个社会到底能让多少人不事农作而有饭吃，就得看这个社会的农业生产效率。就拿今天的美国来说，农业生产效率很高，农民只占全部人口的2%，平均每个农民提供的粮食能养活125人（美国的非农人口以及从美国进口粮食的外国人民）。古埃及农业虽然远没有现今机械化农业的生产效率高，但每一个农民生产的粮食除了能养活自己的家人，还可提供其他4个家庭所需。回头看玛雅，每一个玛雅农民生产的粮食除了供给自家所需，只能再养活一家人。玛雅社会的农民人口占比达70%以上，足以显示玛雅的农业生产还是存在一些限制因素。

首先，蛋白质太少。目前看来，玛雅人最重要的作物还是玉米，但玉米所含的蛋白质比起旧大陆的主食——小麦和大麦都要少。前述可供食用的家畜中没有体积较大的，因此家畜供给的肉量比不上旧大陆的牛、绵羊、猪和山羊。玛雅农民能栽种的作物种类比安第斯农民要少（除了玉米，安第斯农民还能种植马铃薯、富含蛋白质的藜麦等多种作物，还可宰杀骆驼来吃），若与中国和欧亚大陆西部的农民相比，就更自叹弗如了。

其次，玛雅的玉米农业生产集约程度不高，生产力也较低，比不上阿兹特克人的"奇南帕"①（chinampas，一种生产力高的人工地块）、安第斯山蒂瓦纳科文明的台田、莫切人在秘鲁海岸建立的灌溉系统，以及欧亚大陆常见的以畜力耕作的田地。

还有一个限制因素是，玛雅地区气候潮湿，因此玉米难以贮藏一年以上。像美国西南部阿纳萨齐印第安部落，因环境干燥，玉米贮藏的时间就可长达三年。

最后，玛雅人不像安第斯山的印第安人有骆驼可用，也不像旧大陆的人有马、牛、驴和骆驼等畜力可用来运输或耕田。玛雅所有的陆上运输都必须依赖人力，也就是靠挑夫来运送。如果你派一名挑夫背一袋玉米随军队前往战场，那么来回路途中挑夫的粮食也要靠这袋玉米，剩下能给军人吃的已经不多了。路途越遥远，剩下的玉米就越少。行军时间在一周以内也许还可以，再多几天的话，派挑夫为军人背玉米或送到远方的市场，实在划不来。因此，鉴于玛雅农业生产力低，加上无畜力可用，行军的时日和距离都有严重限制。

我们常以为打胜仗的关键是武器精良，而不是粮食补给。但有一个鲜明的例子可以证明：粮食补给也可能是致胜关键。这个例子出自新西兰毛利人的历史。毛利人是第一个在新西兰定居的波利尼西亚族群。长久以来，邻近部落之间经常发生激烈战争。毛利人的主食是甘薯，但产量有限。若战争时间拉长或远征其他部落，战士必然会面临粮食短缺的问题，无以为继。欧洲

---

① 奇南帕，阿兹特克人的农业生产方式：农民用树枝、芦苇编成排筏，用淤泥掺上其他泥土，敷在筏上，然后种植菜蔬花卉，通常若干排筏相连，用木桩插入水底来固定。——译者注

人来到新西兰之后，带来了马铃薯。自1815年左右开始，毛利人的作物产量增加不少，可供给战士好几周的粮食。结果，从1818—1833年这15年间，从英国人那儿获得马铃薯和毛瑟枪的部落就可远征几百英里，打败那些没有马铃薯也没有毛瑟枪的部落。毛利人的战争因引进马铃薯才得以突破。相形之下，玛雅人的战争便受到玉米产量的限制。

这种粮食方面的限制，或可解释玛雅社会为何一直处于多个小国或城邦互相征战的局面，从未出现大一统的帝国，不像墨西哥河谷的阿兹特克帝国或安第斯山的印加帝国。阿兹特克帝国的民众发展了"奇南帕"等集约农业生产方式，而印加帝国的民众不光作物种类较多，而且可利用骆驼驮运，修筑完善、四通八达的道路系统。此外，玛雅城邦的军队和官僚组织也不大，难以进行远距离作战。（甚至在1848年，玛雅人举兵反抗西班牙人的统治，尽管胜利在望，军队却无法乘胜追击，因为要打道回府去收玉米。）很多玛雅城邦的人口数为25 000~50 000（实际的人口数目，目前考古学界未有定论），没有一个超过50万人。城邦也都不大，从宫殿出发，不管往哪个方向走，都只需两三天就能走到尽头。因此，从一个宫殿的高处，还可能望见邻近王国的宫殿。玛雅的城市都很小（大多不到1平方英里），人口不多，市集规模也不大，远远比不上墨西哥河谷的特奥蒂瓦坎和特诺奇蒂特兰，以及秘鲁的昌昌城和库斯科。也无考古证据证明玛雅的粮食储存和贸易如古希腊和美索不达米亚那样，是由皇室管控的。

玛雅的历史

现在我们来简单回顾玛雅的历史。玛雅文化属于古代中美洲文化的一部分,覆盖范围大约是从今日的墨西哥中部以南到洪都拉斯,在欧洲人来到以前,它是新大陆的两大创新中心之一。玛雅和其他中美洲社会有很多共通之处,不只是拥有东西的相同,缺乏的东西也相同。如果现代西方人以对旧世界文明的认知来看中美洲,会很惊讶他们没有金属工具、没有滑轮等机械,也没有轮子(有些地区把轮子当成玩具而非工具)。他们的船没有风帆,没有可以运货或拉犁的家畜。所有玛雅的神庙都是使用石器或木质工具以人力打造出来的。

就玛雅文明的诸多要素来看,很多是从古代中美洲其他地区传入的。例如,古代中美洲的农业、城市和书写系统都源于西部或西南部的河谷和海岸低地:玉米、豆类和南瓜应是在那里被驯化,并在公元前3000年成为当地居民的主食;公元前2500年出现了陶器;公元前1500年出现村落;公元前1200年墨西哥沿岸低地的奥尔梅克出现城市;公元前600年左右或更晚时,瓦哈卡的萨波特克文明出现了文字;公元前300年左右,最早的城邦兴起。此外,两种相辅相成的历法——一年365日的太阳历和一年260日的神历也源于玛雅以外的地区。至于其他文明要素,不是玛雅人创造出来的,就是玛雅人采用别人的,并进行了精进。

在玛雅地区,村落和陶器的出现时间约在公元前1000年左右或更晚,坚实的房屋出现在公元前500年,书写系统则出现在公元前400年。古玛雅文字可见于石头或陶器上雕刻的铭文,总计约有15 000处,记录的尽是国王、贵族和他们的丰功伟业

（见插图13），未有只字关于平民。当西班牙人踏上玛雅的土地时，玛雅人还在用浸泡石灰水的树皮纸来书写。西班牙的迪亚哥·德·兰达主教将玛雅人珍贵的手抄本焚毁，仅四卷幸存，是玛雅天文和历法的古抄本。古玛雅还有用树皮纸做的书，对此在他们的陶器上多有描绘，但只有腐烂的遗迹在墓穴中幸存下来。

著名的玛雅长纪年历始于公元前3114年8月11日，这一天就好比公历元年1月1日——西方历法的初始之日，也就是耶稣降生的那一天。想必玛雅长纪年历的初始之日也有特别的意义，只不过直到现在这个谜题尚未解开。考古学家在玛雅地区石碑上发现的第一个可考的长纪年历年份是197年，在玛雅以外的地区也发现了公元前36年的石碑，进而远溯长纪年历的初始之日为前述的公元前3114年8月11日。公元前3 000多年，新大陆没有任何文字，之后在长达2 500年的历史中仍有语而无文。

我们的历法分为日、周、月、年、十年、百年和千年。例如，我在2003年2月19日提笔写下这段有关玛雅历法的论述，这一天指的是自耶稣降生以来的第3个千年的第1个百年的第1个十年中的第4年的第2个月的第19日。玛雅长纪年历的计日单位为"金"（1天）、"乌纳"（20天）、"盾"（360天）、"卡盾"（7 200天）、"伯克盾"（144 000天）。玛雅历史皆发生在8—10伯克盾之间。

玛雅文明所谓的古典时期即从8伯克盾开始，约是250年左右，最初的国王登基，出现第一个朝代。研究玛雅文字的学者从石碑上的铭文中识别出了几十个文字，每个都集中出现在特定的地理区域，后来才发现原来这些文字跟朝代和王国的名称有关。每一个玛雅王国的国王都有代表自己名字的象形文字和宫殿，很多贵族也有自己的铭文和宫室。玛雅社会的国王有如最高祭司，能观测天象，根据神历祭祀天神，以期为人民带来风调雨顺、国泰民安。国王以天神的后裔自诩，因此宣称自己能呼风唤雨。由此可见，君民之间有一种不言自明的条件交换：农民愿意把玉米和鹿肉献给国王和他的臣子，为他们修筑宫殿，让他们过着富贵奢华的生活，而国王则要保证农民丰年稔岁。然而，如果大旱来临，赤地千里，民不聊生，国王失信于民，其王位也就岌岌可危。

从250年开始，玛雅的人口数（从可考的房屋遗址来推算）、石碑和建筑数、石碑和陶器上铭刻的长纪年历年代数目几乎呈指数级增长，到8世纪达到巅峰。最大的石碑都是在古典时期接近尾声时竖立的。这三个复杂社会的指标在9世纪开始下滑，一路下滑到最后一个已知的长纪年历年代，也就是10伯克盾（909年）。此时，玛雅人口、建筑和年代可考的纪事石碑皆大幅减少，代表玛雅古典时期从灿烂走向黯淡。

科潘

要研究玛雅古典时期的崩溃，我们可以位于洪都拉斯西部的科潘城遗址为例。科潘只是座小城，但房屋稠密，街道纵横。考古学家戴维·韦伯斯特即以科潘为题，出版了两本书。在科潘，最肥沃之地是河谷冲积土壤形成的5块平坦土地，这几块土地总面积不过10平方英里，当中最大的一块叫作"科潘地"，只有5平方英里。科潘四周都是陡峭的丘陵，将近半数的丘陵坡度皆在16%以上（约是最陡的美国公路坡度的两倍）。和谷地土壤相比，丘陵的土壤较为贫瘠，酸性较高且所含的磷酸盐较少。以今日的情况而言，谷地的玉米产量约是丘陵所产玉米的 2~3 倍。此外，丘陵上的土壤很快就会出现侵蚀的问题，不到 10 年，生产力就只剩原来的 1/4。

以房屋数目来计算，科潘的人口增长从 5 世纪开始直线攀升，到 750—900 年，人口最多时约有 27 000。科潘的书面历史始于 426 年（根据玛雅长纪年历），后来的石碑铭文也曾追述蒂卡尔和特奥蒂瓦坎贵族的造访。为国王歌功颂德的石碑在 650—750 年大量出现。700 年之后，国王以外的皇亲贵族大兴土木，纷纷建立自己的宫室。到 800 年，这样的宫室约有 20 座，其中的一座有 50 栋建筑，可容纳 250 人。由于贵族人数众多，加上国王及其随从，农民的负担必然很大。科潘最后的大型建筑约兴建于 800 年，有一处尚未完工的祭坛，上有国王之名和长纪年历年份，推算起来是 822 年。

针对科潘谷地不同居住环境的考古调查研究显示，最先开垦的土地是谷地中最大的科潘地，然后是谷地中其他 4 块地。当时人口已开始增长，但丘陵地仍无人居住。为养活不断增多的人口，谷地必然施行集约农业，或将休耕期变短并采用一年二熟制，或许还有灌溉系统之助。

到 650 年，丘陵上的斜坡也有人住了，但这些丘陵地的开发不过只有 100 年的光景。科潘丘陵人口最多时约占全科潘人口的 41%，然后这一占比逐渐减少，最后人口又集中在河谷土地。人口从丘陵回流到河谷的原因为何？科学家对谷底建筑的地基进行考古挖掘，发现这里的土壤在 8 世纪堆积了很多沉积物，显示山坡已有土壤侵蚀的问题，或许土壤肥力已经流失。丘陵贫瘠的酸性土壤被冲刷到河谷，覆盖了原来肥沃的土壤，河谷的作物产量因而降低。最后，古玛雅人不得不放弃丘陵地。事实上，现代玛雅人也遭遇同样的问题，丘陵土壤的肥力很快就耗竭，无法耕作。

丘陵土壤侵蚀的原因很明显：丘陵树木被砍伐殆尽，下面的土壤就得不到保护。人们通过考证花粉样本的年代，证明丘陵斜坡上方原本有一片松林，后来全被砍光了。根据计算，这些砍伐下来的松树大部分用作柴薪，剩下的则用于建筑或制成灰泥。前古典时期的玛雅遗址的墙壁常涂上厚厚的灰泥，为了生产灰泥，必须大面积地砍伐山林。砍伐森林除了造成谷地沉积物堆积、谷地居民日后无原木可用，还会在谷底造成"人为旱灾"。因为森林在水循环中扮演重要角色，大肆砍伐，会导致雨量减少。

科学家通过研究从科潘遗址出土的数百具骸骨，发现当时的人们存在疾病和营养不良的问题，如骨质疏松等。这些骨骼研究显示，650—850年，科潘居民的健康情况日益恶化，不只是平民，贵族也如此，当然平民的健康状况更糟。

前述科潘丘陵地在有人入住之后，人口直线上升，但后来人们放弃了这里的土地，这意味着原本依赖丘陵生产作物的人口现在也不得不依赖那10平方英里的农地上生产的粮食。这必然导致僧多粥少，农民为了抢夺最好的农地，甚至只是为了抢到土地，冲突四起，正如现代的卢旺达（见第十章）。由于科潘王在大旱之时未能唤来及时雨，农田干裂，面临绝收，大祸也就降临到他的头上。这或许可解释何以822年不再有科潘王的记录，其宫殿更在850年左右被焚毁。然而，截至975年后仍有奢侈品持续被生产出来，这表示国王虽然被推翻了，但仍有一些贵族得以继续过着奢华的生活。

从遗址出土的黑曜石碎片年代来判断，科潘总人口数逐渐减少的情况很明显。950年，科潘估计仍有15 000人，约是巅峰时期27 000人的54%。此后，人口继续凋零，到1250年，科潘谷地已无人迹。后来再出现的森林树木花粉显示谷地已空无一人，森林终于得到再生的机会。

玛雅崩溃的扑朔迷离

从上述的玛雅简史以及科潘一地的变迁，可见玛雅文明陨落的端倪。但这故事格外错综复杂，原因至少有5个。

第一，玛雅除了古典时期遭遇大崩溃，先前也出现过两次较小的崩溃事件：其一为150年左右埃尔·米拉多尔等城市的衰亡（即所谓前古典时期的崩溃），另一则是6世纪末至7世纪初出现的玛雅文明中断期。在考古学家研究得相当透彻的古城蒂卡尔，有一段时间没竖立任何一座石碑。古典时期的玛雅社会经历崩溃后，仍有一些社会幸存，人口甚至还有些许增加，重新建造繁荣的城市。然而，有些城市最后依然未能摆脱崩溃的命运，比如奇琴伊察在1250年左右被废弃，玛雅潘也在约1450年人去楼空，这就是所谓的后古典时期的崩溃。

第二，古典时期玛雅社会的崩溃显然不完全，仍有成千上万的玛雅人存活下来，后来与西班牙人交战。这样的人口数量虽远逊于古典时期，但已比本书讨论的其他古代社会人口要多。存活下来的玛雅人集中在水源稳定之地，特别是多天然井的北方、有人工井的海岸低地、靠近南方湖泊之地以及有河流和潟湖的低地。

此时，南部地区，即古典玛雅文明的中心地带已完全沉寂。

第三，从某一些例子来看，人口（根据房屋数目和黑曜石工具数目来估算）减少的速度比较缓慢，不像以长纪年历计算的数目那样剧减，如前面讨论过的科潘。可见，古典时期快速崩溃的不只是王权，还有长纪年历。

第四，很多城市的衰落其实是权力兴替的结果，也就是城市从兴起、衰颓、被其他城市征服，到再崛起、卷土重来征服邻近的城市。在权力兴替的过程中，总人口并没有多大的变化。例如，562年，蒂卡尔被对手卡拉科尔和卡拉克穆尔两个城邦夹击，国王被俘后惨遭杀害。然而，蒂卡尔后来日益强大，最后在695年征服对手。又经过200多年，蒂卡尔与其他玛雅城邦才在古典时期一起走向衰亡（蒂卡尔石碑最后的年代是869年）。同样，科潘在6—7世纪兴盛，到738年，国王瓦沙克拉胡恩·乌巴·卡威尔（今天的玛雅爱好者更熟悉的译名是"十八兔"）被敌对城邦基里瓜俘房，并被斩首示众。十八兔死后，科潘在继任国王的治理下力求图强，继续辉煌了50年。

第五，玛雅地区各城市的兴衰轨迹各有不同。例如，尤卡坦半岛西北部的普克地区在700年时几乎空无一人，但从750年开始（也就是南部城市衰败之后），人口就呈现爆炸式增长，人口数在900—925年达到高峰，又在950—1000年剧减。玛雅中部大城埃尔·米拉多尔的金字塔堪称世界之最，这个城市在公元前200年开始有人居住，到150年之后即遭废弃，而科潘的兴起则是很久以后的事。尤卡坦半岛北部的奇琴伊察则在850年后开始崛起，至1000年左右成为北方的中枢，却在1250年左右毁于内战。

基于以上5个原因，玛雅文明的崩溃很复杂，不可同日而论，有些考古学家甚至不承认所谓的古典时期的大崩溃。但如果所谓的古典时期的大崩溃不存在，以下明显的事实要如何解释：800年后，玛雅人口消失了90%~99%，特别是以往人口稠密的南部低地几乎没有人迹，国王、长纪年历，以及其他复杂的政治和文化体系均消失不见了。这也就是我们讨论玛雅古典时期崩溃的原因：这时期的玛雅遭遇的不只是人口消失，还有文化的失落。这个辉煌的文明骤然而逝，要如何解释？

战争和干旱

先前简要提到战争和干旱可能是导致玛雅文明陨落的另外两个因素，现在让我们详细探讨这两个因素。

长久以来，考古学家相信古代玛雅人性情温和、爱好和平。现在我们已知道，由于粮食短缺、运输困难，玛雅各城邦世代陷入苦战，穷兵黩武，仇恨难解，整个区域始终未能像墨西哥中部的阿兹特克帝国和安第斯山脉的印加帝国那样，形成统一的大帝国。玛雅在古典时期崩溃之前，烽烟四起，战况格外激烈。这基于近55年来考古研究得到的证据：在多个玛雅遗址周围挖掘出大型的防御工事；石碑、花瓶和1946年在波南帕克发现的举世闻名的壁画上都栩栩如生地刻画了战争和俘虏（见插图14）；玛雅文字被破译，其中许多被证明是为皇家歌功颂德的铭文。玛雅城邦之间的战争，除了为争城夺地，也会俘虏敌方君王，科潘王十八兔就不幸沦为阶下囚。玛雅的石碑和壁画上就刻画了对待俘虏的酷刑，叫人惨不忍睹（例如，把手指拉到指关节脱臼、拔掉牙齿、用利刃切除下巴、切掉嘴唇或指尖、拔掉指甲、将针刺入嘴唇等），后来更出现以俘虏献祭的残酷做法（如将俘虏的手脚捆绑成球状，让其从神庙的阶梯上滚下去）。

有关玛雅的战争有详尽记录的可分为几种形式：不同王国之间互相讨伐；王国中的某个城市发起反抗，借以脱离王国的控制；篡位者掀起的内战。这些事件的主角是国王和贵族，因此石碑上多有描述。至于平民间的暴力冲突显然更常发生，只不过石碑上不予以记录。由于人口过剩、土地有限，为抢夺土地，平民之间必然时常暴力相向。

另一个导致玛雅文明倾颓的重要因素就是反复发生的干旱。理查得森·吉尔在最近出版的著作中提到佛罗里达大学研究人员马克·布伦纳、戴维·霍德尔和已故的爱德华·迪维等人在这方面做的研究。他们采集了玛雅湖泊底部的沉积物柱状样本，以了解当地的干旱情况和环境变化。例如，干旱来临时，湖水蒸发，水中的石膏（即硫酸钙）就会析出沉淀于湖泊底部。在干旱期间，水中含有的氧的重同位素氧-18浓度就会升高，而氧的轻同位素氧-16则会蒸发。湖泊中的软体动物和甲壳动物也会吸收湖水中的氧，氧于是会残留在它们的壳中。即使这些生物死掉很久，气候学家仍可从湖泊的沉积层中挖出它们的壳，并分析其中的氧同位素。只要一层层地测量湖泊中沉积的石膏和氧同位素的浓度，科学家就能推断过去降雨量变化的情况。再对湖中的沉积层进行放射性碳年代测定，干旱或潮湿的大概年代就可得出了。从事花粉研究的科学家，也可借由湖泊沉积物样本分析以了解当地森林砍伐的情况（森林砍伐越严重，林木花粉就会减少，草花粉则增加）以及土壤侵蚀的问题（从别处冲刷下来的土壤会导致黏土沉积物和矿物质增多）。

根据对湖泊沉积物进行放射性碳年代测定所得的数据，气候学家和古生态学家得知玛雅地区从公元前5500—前500年都相当潮湿。接下来，公元前475年—前250年出现干旱，这是在玛雅前古典文明兴起之前。公元前250年之后，由于气候再度变得潮湿，也许正促进了前古典文明的萌芽与茁壮。但在125—250年之后，再度出现大旱，前古典时期的埃尔·米拉多尔等城市因此衰颓。之后，气候又变得潮湿，古典时期的城市如雨后春笋般一一兴起。600年左右出现短暂的干旱，致使蒂卡尔等城市衰亡。最后，在760年左右，近7 000年来最严重的干旱降临，在800年左右旱象更达到高峰，科学家因而怀疑这就是玛雅古典时期走向崩溃的原因。

如果我们仔细分析玛雅地区干旱出现的频率，将发现这种状况几乎每208年就会出现一次。干旱的周期可能源于太阳辐射的一些小变化，加上尤卡坦半岛降雨梯度（半岛降雨量从南到北递减）南移的结果。太阳辐射的变化所影响的应不只是玛雅地区，整个地球应该或多或少都会受到影响。气候学家注意到，干旱周期达到高峰时，玛雅地区以外的史前文明也受到冲击，如世界上第一个帝国（美索不达米亚的阿卡德帝国）在公元前2170年崩塌，秘鲁海岸的莫切文明在600年左右覆亡，安第斯山脉的蒂瓦纳科文明在1100年左右走向衰败。

因此，关于玛雅古典时期的崩溃，最简单的假设就是由800年左右的大旱所导致的。这次大旱影响到整个玛雅地区，引发玛雅所有重要城市衰亡。然而，就我们所见，在760—910年，各个重要城市遭受冲击的时间和程度不一，有的甚至得以幸免于难。这个事实使得研究玛雅文明的专家猜测或许干旱不是古典时期崩溃的主因。

尽管如此，明辨慎思的气候学家不会以这种异常简化的形式来描述干旱的假设。由于河流会把冲积物带到离海岸不远的海洋盆地，冲积物每年都会在海岸盆地形成沉积层，让科学家能更精细地研究每一年的降雨量差异，借此发现800年左右出现的大旱其实有4个高峰：第一个较不严重，发生在760年左右，持续约两年时间；第二个发生在810—820年；第三个则发生在860年左右，持续3年；最后一个发生在910年左右，持续6年。4个高峰时期的干旱程度逐渐加剧。理查得森·吉尔在书中论道，从玛雅各个主要城市石碑最后出现的年代来看，崩溃的发生皆围绕着三个时间点，即810年、860年和910年，和上述大旱的高峰期吻合。

当然，每次干旱降临，各个地区的旱象会有差异。所以，尽管玛雅连年大旱，但不同城市走向崩溃的时间各不相同，而且一些有天然井、人工井和湖泊等可靠水源的城市还是得以幸免于难。

南部低地的崩溃

受古典时期社会大崩溃影响最深的就是南部低地。原因我们先前提过：其一，此地人口最为稠密；其二，这里地下水位距离地表过远，民众汲取不到地下水，也没有天然井或人工井可用，只要不下雨，生活就难以为继。在古典时期的社会大崩溃过程中，南部低地的人口少了99%以上。例如，在古典时期的黄金时代，佩滕中部有300万~1400万人之多，但在西班牙人来到这里的时候，只剩3万人。1524—1525年，西班牙大将科尔特斯率兵经过佩滕中部，此地已是一片荒凉，前不着村，后不着店，难以取得能果腹的玉米，因此差一点饿死。科尔特斯一行人经过玛雅古典时期的大城遗址蒂卡尔和帕伦克附近，但由于那里已湮没于丛林之中，荒芜死寂，渺无人烟，柯提兹就此与世上最伟大的遗址擦身而过。

那几百万甚至上千万的人何以消失？我们面对阿纳萨齐空无一人的查科峡谷（见第四章）时，也曾发出同样的疑问。在美国西南部大旱之时，阿纳萨齐印第安人于是从查科峡谷出走，转往其他卫星聚落发展。或许玛雅南部低地的民众也是如此，见此地不可留，于是前往有天然井和人工井的尤卡坦半岛北部。因此，在玛雅古典时期社会大崩溃之后，尤卡坦半岛北部的城市崛起，人口快速增加。然而，这种数百万人大规模迁徙的事件已不可考。当然，因为当时资源短缺，难免会有饿死、渴死或互相残杀的情况。在大灾大难的年代，出生率和儿童的存活率也比较低。因此，人口的锐减也与死亡率的升高和出生率的下降有关。

鉴往知来，玛雅文明的崩溃也是很值得谨记的教训。从西班牙人到来之后，佩滕中部的人口凋零得更厉害，到1714年甚至只剩3 000人左右。西班牙人在征服这个地方的同时，也带来疾病和死亡。直到20世纪60年代，佩滕中部的人口才增加到25 000，但和玛雅古典时期的巅峰时刻相比，仍不及那时的1%。此后移民不断涌入这个地区。到20世纪80年代，人口终于增长到 30 万，人们又开始砍伐森林，土壤再度遭到侵蚀。生态破坏的历史再次上演。今天，佩滕半数地区的林木已被砍伐殆尽，生态日益恶化。1964—1989 年，这 25 年间，洪都拉斯 1/4 的森林已经消失了。

玛雅给后世的启示

研究玛雅的考古学家对玛雅崩坏的原因各持己见，尚未有共识。原因在于：首先，玛雅地区很复杂，各地崩溃的原因不一，不可一概而论；其次，只有几个遗址的考古研究做得比较详尽，还有很多遗址尚待研究；最后，玛雅心脏地带仍有一个让人大惑不解的谜——为何当崩溃已成千古往事，森林又恢复蓊蓊郁郁的面貌时，此地还是没有人烟？尽管如此，我们还是可试着为玛雅古典时期的崩溃找出 5 条线索。

第一是人口过剩、资源短缺的问题。这样的困境正如托马斯·马尔萨斯在 1798 年提出的人口论观点。今日的卢旺达（见第十章）和海地（见第十一章）等地也在上演着人口过剩的危机。正如考古学家戴维·韦伯斯特所说："农民太多，种的地太多，把不该种的地方也都种了。"第二，森林砍伐和坡地土壤的侵蚀致使可用的农地变少，而居民需要的农地却日增。这更加剧了人口和资源失调的问题。此外，人类滥垦滥伐引发的干旱、土壤肥力耗竭以及人类与大自然争地、阻止蕨类生长，让问题更加严重。

第三，争斗愈演愈烈。越来越多的人抢夺越来越少的资源。玛雅各城邦本就穷兵黩武，在崩溃之前的烽火更是炽烈。试想，

500多万人挤在一个比科罗拉多州（104 000平方英里）还小的土地上，可用的农地又是那么少，会出现何种惨况？此外，由于战争，有些土地即使宜于耕作，但因位于两个城邦交界处而成了兵家必争之地，农民何以能安心栽种？第四，气候变化导致这个地区出现更大的危机。古典时期出现的干旱虽然并非玛雅遭遇的第一次干旱，却是最严重的一次。先前干旱出现的时候，玛雅很多地方还无人居住，因此遭逢大旱的居民可以前往他地另起炉灶。但是在玛雅古典时期，宜于人居之地皆人满为患，没有地方可另起炉灶。仅有的几个水源有保障之地，也容纳不了所有的人口。

第五，有些问题明明摆在眼前，玛雅各城邦的国王和贵族却视若无睹，只顾着向农民横征暴敛，累积自己的财富、发动战争、竖立石碑、互相较量。其实，不只是玛雅的国王和贵族这般短视近利，人类史上这样的领导人比比皆是。我们会在第十四章探讨这个主题。

虽然我们接下来还将继续探讨一些古代人类社会的崩溃，但回顾一下第二章到第四章讨论的古代人类社会，并将其与玛雅社会进行对比，其中有些相似之处，让人震慑。正如复活节岛、曼加雷瓦岛和阿纳萨齐印第安部落，玛雅社会的环境和人口问题渐渐演变成战争和内部冲突。和复活节岛、查科峡谷一样，玛雅社会也是盛极而衰，人口数冲上巅峰之后，便遭遇政治和社会的全面崩溃。正如复活节岛上的农民从海岸低地逐步往高地发展，阿纳萨齐印第安人将作物从明布雷斯的洪泛平原拓展到山丘上，科潘的居民在人口压力下，也将农业从谷地发展到比较脆弱的丘陵地，这导致的结果是，在丘陵地区的农业崩溃之后，他们面临的人口压力更大。正如复活节岛上的酋长竞相竖立石像，一座比一座高，石像头上最后还加上普卡奥，以笑傲群伦，阿纳萨齐的酋长戴着用2 000颗绿松石串起来的项链，玛雅国王也拼命兴建最宏伟的神庙，灰泥越涂越厚——这反过来让人想到今日美国大企业老板的穷奢极侈，亦不遑多让。想想复活节岛酋长和玛雅国王面临大旱那样的重大危机时，只能坐以待毙，当面临严重的生态浩劫时，我们又有什么高明的应对之道？

第六章

维京：前奏与赋格

大西洋的实验

我这一辈的影迷只要听到"维京人"，就会想起柯克·道格拉斯。他在1958年令人难忘的史诗巨片《海盗》(*The Vikings*)中饰演维京首领，身穿缀满钉子的皮甲，带领一群大胡子海盗在海上横行，烧杀劫掠。这部电影是我在大学时代和女友约会看的，岁月如梭，一转眼过了快50年，然而电影一开始的场景至今仍历历在目：维京海盗攻陷城堡大门，城里的人还在狂欢饮宴，海盗冲进来见人就砍，城里的人惊声尖叫。道格拉斯房获珍妮特·利饰演的摩根娜公主，怀中的美人越反抗，便越让他乐不可抑。片中的血腥景象并非全是虚构：中世纪的欧洲人确实在维京人的阴影下度过了几个世纪，一听到维京人来了，就胆战心惊。在维京人自己的语言（古斯堪的纳维亚语）中，"Vikingar"（维京人），意为"掠夺者"。

但维京不光只有海盗头子和公主的故事，维京人的历史一样引人入胜且和本书主题相关。维京人除了是让人闻之色变的海盗，也善于农耕、贸易，还很会开疆拓土。他们是第一批在北大西洋探险的欧洲人，积极扩张，四处建立殖民地。维京人横行欧洲，后来出现的民族国家，如俄国、英国和法国，其苗裔中多有维京人的血统。但这些维京人建立的殖民地，结局各有不同：在欧洲大陆和不列颠诸岛定居的维京人，最后与当地族群同化；文兰代表欧洲人在北美洲殖民的初次尝试，但维京人不久就放弃了这块殖民地；维京人在格陵兰岛建立的殖民地地处欧洲社会的边缘，历时450年，最后消失；维京人在冰岛建立的家园，在贫穷和动荡不安的政局中挣扎了好几个世纪，终于在近代蜕变，跻身世界最富足的社会；维京人在奥克尼群岛、设得兰群岛与法罗群岛的殖民则很顺遂，没有多少阻碍。所有这些维京殖民地其实皆源于同一个古老的社会，但在环境的影响下走向了不同的命运。

因此，维京人在北大西洋往西扩张，为我们提供了一个可为殷鉴的自然实验，就像波利尼西亚族群在太平洋往东扩张的翻版。（见第206—207页地图）在这个大型的自然实验中，格陵兰岛就是一个小型实验：维京人在此与另一个族群因纽特人（见第七章）相遇，面对同样的环境问题，两个族群采取截然不同的生存策略。这个小型实验历时5个世纪后宣告结束——格陵兰岛的维京人全数灭绝，把格陵兰岛拱手让给因纽特人。维京人在格陵兰岛的发展虽以悲剧收场，但因纽特人的成功还是留给我们一个充满希望的信息：即使在艰难的环境中，人类社会的崩溃也并非无可避免，就看人类怎么应对。

维京人在格陵兰岛建立的社会因没有通过环境的考验而走上绝路，冰岛也因环境问题而一度陷入困境，其实这些已有前车之

崩溃　206

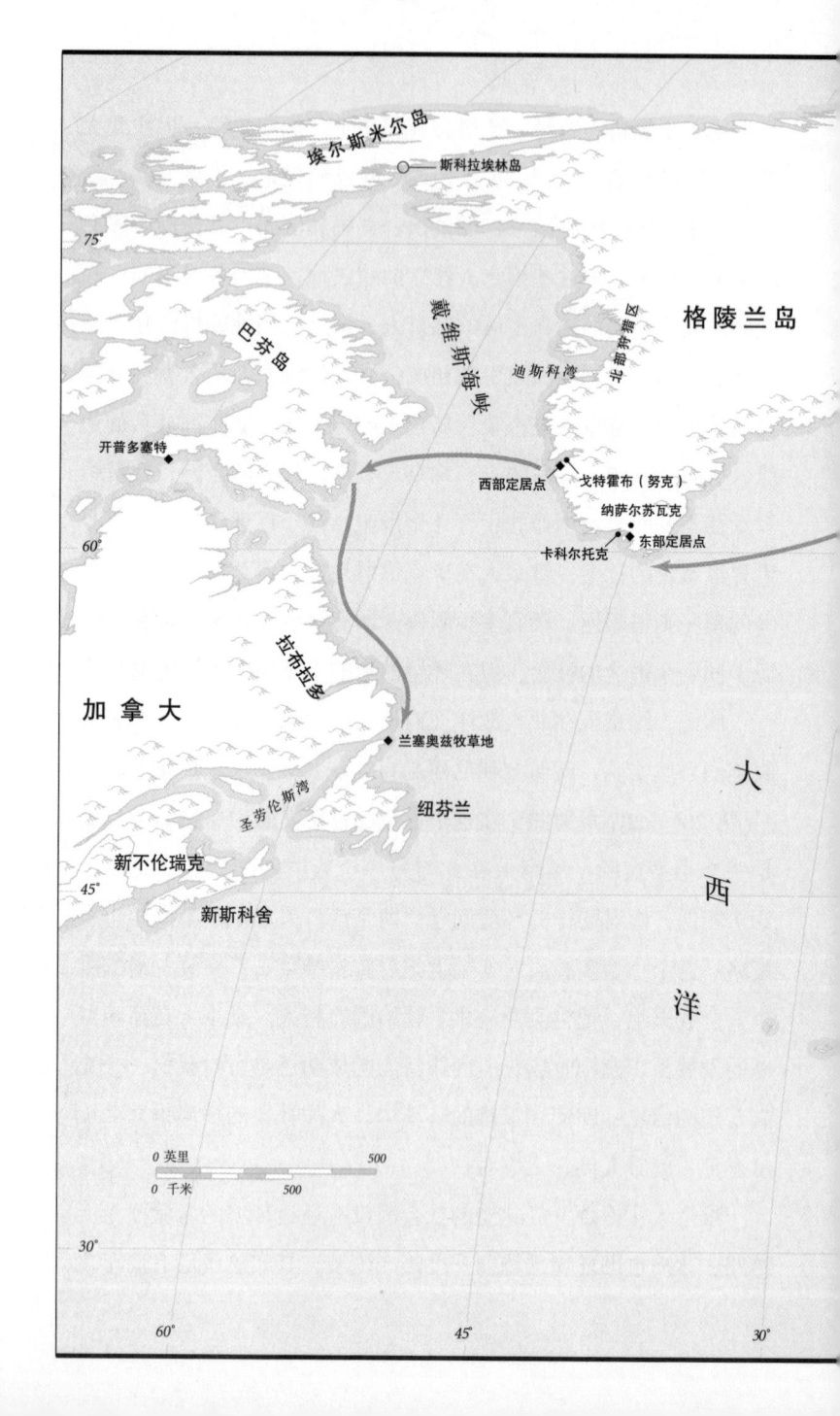

埃尔斯米尔岛
斯科拉埃林岛
巴芬岛
戴维斯海峡
格陵兰岛
迪斯科湾
北部狩猎区
开普多塞特
西部定居点
戈特霍布（努克）
纳萨尔苏瓦克
东部定居点
卡科尔托克
加拿大
拉布拉多
兰塞奥兹牧草地
圣劳伦斯湾
纽芬兰
新不伦瑞克
新斯科舍
大西洋

0 英里　500
0 千米　500

维京人扩张图

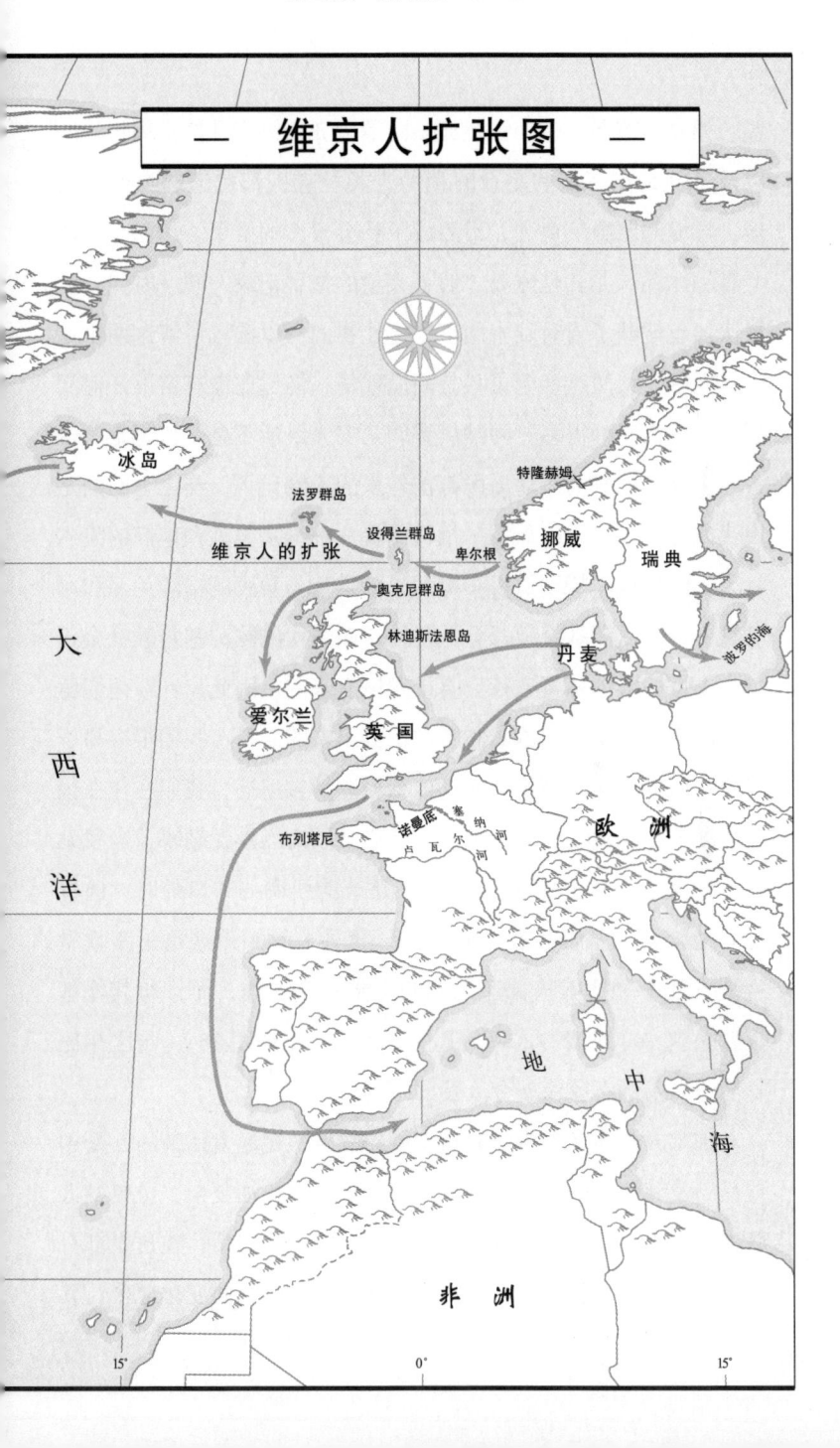

- 冰岛
- 法罗群岛
- 设得兰群岛
- 卑尔根
- 特隆赫姆
- 挪威
- 瑞典
- 维京人的扩张
- 奥克尼群岛
- 林迪斯法恩岛
- 丹麦
- 波罗的海
- 爱尔兰
- 英国
- 布列塔尼
- 诺曼底
- 塞纳河
- 卢瓦尔河
- 欧洲
- 大西洋
- 地中海
- 非洲

鉴。如复活节岛、曼加雷瓦岛、阿纳萨齐印第安社群、玛雅社会，以及其他许许多多前工业时期的人类社会，都曾遭遇类似的命运：环境问题愈演愈烈，最后成了社会覆亡的推手。然而，格陵兰岛和冰岛（尤其是冰岛）留下大量的文字记录，同一时代的贸易伙伴也记载了当时发生的事，这让我们得以深入了解这两个地区的问题。虽然这些记录只是断简残篇，但远比没有留下任何文字记录的情况好得多。阿纳萨齐印第安人最后不是死亡就是流落各地，幸存的复活节岛岛民都被外来的人同化了，与之不同的是，现代冰岛人大都是冰岛第一批移民者——维京男人和他们的凯尔特妻子的后代。特别值得一提的是，维京人殖民的格陵兰岛和冰岛是中世纪欧洲基督教社会的延伸，而现代的欧洲基督教社会正是由中世纪欧洲基督教社会直接发展而来的。因此，针对他们留下来的教堂废墟、艺术品和考古挖掘出来的工具，我们很容易了解其背后的含义，而要理解其他社会的考古遗迹，我们往往在很大程度上要靠猜测。举例来说，在格陵兰岛的赫瓦勒塞，当我站在一栋大约兴建于1300年的石头建筑的西墙的入口处时，通过与其他地方的基督教教堂做对比，我马上就知道这也是座教堂。这教堂几乎和挪威埃德菲尤尔的教堂一模一样，而且与其他基督教教堂一样西墙的入口是其主要入口（见插图15）。与之相比，复活节岛上的石雕像就令人疑惑不解。

维京人在冰岛和格陵兰岛发展的故事，比起复活节岛、曼加雷瓦岛及其邻近岛屿、阿纳萨齐和玛雅社会更加复杂，也更发人深省。本书一开始列出的影响人类社会的5个因素，在这里都有所体现。维京人破坏了自己的生存环境，深受气候变化之苦，其面对挑战的反应和文化价值观也影响了他们的命运。关于这三个因素，我们可在前几章的描述中清楚地看到复活节岛、曼加雷瓦岛及其邻近岛屿均受到第一个和第三个因素的影响，而阿纳萨齐和玛雅则受到这三个因素的共同影响。至于友善的贸易伙伴，在冰岛、格陵兰岛、曼加雷瓦岛及其邻近岛屿和阿纳萨齐的历史上都发挥了重要作用，而复活节岛和玛雅则不受这一因素影响。最后，在这些社会中，只有格陵兰岛的维京人遭遇强敌（即因纽特人）的威胁。因此，如果将复活节岛的历史比作一部二声部赋格，则曼加雷瓦岛及其邻近岛屿的历史是一部三声部赋格；冰岛史便是四声部赋格，如巴赫溘然辞世留下的未竟之作《赋格的艺术》(*The Art of the Fugue*)。只有格陵兰是五声部赋格，巴赫生前还没有机会创作出这么复杂的曲式。所以，除了本章，我们还要再以两个章节说明维京社会的发展，这三章合起来就是本书这巨蟒吞下去的第二头羊。

波澜壮阔的扩张行动

冰岛和格陵兰岛的前奏就是维京人始自793年在中世纪欧洲的扩张行动。他们的足迹从爱尔兰、波罗的海附近到地中海以及君士坦丁堡。中世纪欧洲文明于1万年前左右发源于肥沃新月，即位于亚洲西南部，西起约旦北部、北至土耳其东南部、东到伊朗的一块新月形地区。最初的作物、家畜、有轮子的运输工具，以及冶铸红铜、青铜和铁器的工艺，还有市集与城镇、酋邦与王国、有组织的宗教都源于这个地区。从公元前7000年开始，农业从安纳托利亚（即现代土耳其的亚洲部分）传到希腊，以上种种文明的种子也从欧洲的东南部逐渐飘散到西北部，进而改变了整个欧洲。斯堪的纳维亚位于欧洲西北隅，是欧洲距离肥沃新月最遥远之地，也是欧洲最后开化的地区，直到公元前2500年，农业才传到这个角落。在这么一个边缘地带，罗马文明亦鞭长莫及。罗马商人的足迹未曾踏上此地，罗马帝国的疆界也未曾拓展到这里。因此，在中世纪以前，斯堪的纳维亚一直是欧洲最封闭、落后的地区。

不过，斯堪的纳维亚还是享有两项天然优势：北方森林动物的毛皮、海豹皮和蜂蜡等，在欧洲其他地区均被视为珍贵物资；挪威的海岸线和希腊一样，曲折绵延，多是锯齿状的峡湾，因此走海路要比陆路来得快，对能够掌握航海技术的族群来说，条件可谓得天独厚。在中世纪之前，斯堪的纳维亚人的船只能靠划桨驱动，没有风帆。打造帆船的技术终于在600年左右从地中海传来，加上那时气候和暖、犁具得到改良，作物产量因而大增，人口也快速增长。由于挪威地形陡峭、多高山，只有3%的土地可以耕作，到700年，农地已难养活过多的人口，这种情况在挪威西部特别严重。既然家乡没有新的农地可以耕作，生计没有着落的人只好以海为家，去海上开拓新天地。风帆技术传入之后，善于航海的斯堪的纳维亚人很快就发展出速度快、吃水浅、转向灵活、风帆和船桨两用的船只，载满珍贵物资，前往欧洲大陆和不列颠岛进行交易。他们的船只不但能在波涛汹涌的大海中载重航行，而且方便在浅滩上停靠或在河中行驶，不必局限于少数深水港，而可在任何海岸停泊。

但就像历史上其他善于航海的族群一样，对中世纪的斯堪的纳维亚人来说，今日的贸易路线就是为明日的劫掠铺路。斯堪的纳维亚商人开通了前往欧洲其他地区的海上航线，可拿毛皮来换取那些富人的金银财宝。他们那野心勃勃的同胞便很快想到，不必拿任何东西出来交易，也能得到同样的金银财宝——利用原来的海上贸易路线，神不知鬼不觉地出现在岸边或河口，或沿着河流深入内陆，偷偷上岸进城突袭，进行抢劫掠夺的勾当。自此，斯堪的纳维亚人不再是精明的商人，而成了无恶不作的海盗，人称"维京人"。维京人捞了一票就远走高飞，被他们"光顾"的欧洲人船行速度比不上他们，只能瞠目其后。那些苦主也从未反击，没有直捣维京人的北欧巢穴。今日的挪威和瑞典当时仍是群雄并起的局面，许多酋长、领主各据一方，热衷于海外劫掠，并以战利品吸引小喽啰。在本土的权力争霸战中落败的酋长，尤其会转往海上发展。

793年6月8日，维京人突然发动攻击，血洗位于英格兰东北海岸林迪斯法恩岛的修道院，将这毫无防备的修道院洗劫一空，扬长而去。之后，每年夏天风平浪静、利于扬帆出海之际，维京人就来光顾，秋天再打道回府。多年后，维京人嫌这一来一往过于麻烦，索性不走了，就这么住下来，提早在翌年春天奇袭。维京人很会衡量敌我情势，并根据敌我力量悬殊程度施以不同的策略搜刮财富——从客客气气地做买卖，到勒索贡品以换取不袭击的承诺，再到烧杀劫掠长驱直入，建立海外殖民地。

维京人从斯堪的纳维亚半岛各地兵分多路往外发展。从今日瑞典来的维京人叫瓦兰吉人，他们往东航行，进入波罗的海，沿着河流深入今日的俄罗斯地区，之后继续南行，来到伏尔加河的源头，然后进入黑海和里海，与富有的拜占庭帝国贸易，后来更建立基辅公国，即现代俄罗斯的前身。另一批维京人从现代的丹麦出发，往西袭击欧洲西北部和英格兰东部海岸，并沿着莱茵河和卢瓦尔河进入欧洲内陆。他们在河口定居下来，在英格兰东部建立"丹麦区"领地，在法国建立诺曼底公国，又绕过西班牙海岸，从直布罗陀海峡进入地中海，然后袭击意大利。还有一批维京人从今天的挪威出发，航行至爱尔兰，入侵不列颠的北岸和西岸，并占领都柏林作为贸易港湾。维京人在殖民地定居之后，会与当地人通婚，没多久就被当地族群同化，不再使用斯堪的纳维亚语，直到最后殖民地也消失了。来自瑞典的维京人后来成为俄国人，来自丹麦的维京人后来变成英国人，在诺曼底定居的维京人后代最后也放弃了自己的语言，以法语为母语。在这族群同化的过程中，欧洲也吸收了来自斯堪的纳维亚的语言和基因，例如现代英语中的"awkward"（尴尬）、"die"（死亡）、"egg"（鸡蛋）、"skirt"（裙子）等几十个日常用词，追本溯源都是当年入侵欧洲的维京人流传下来的。

　　维京人在航行至其他已有人居住的欧洲大地时，船只常常被风吹偏航，因而进入北大西洋。那时候气候和暖，海上航行不受浮冰的阻碍（后来气候转冷，出现浮冰，海路就变得凶险——挪威人在格陵兰岛建立的殖民地最后就是因此陷入孤绝，1912年"泰坦尼克号"也是因为撞上浮冰而沉没的）。那些被风吹偏航的船只反倒因此发现了一些不为人知的岛屿，例如800年之后发现的法罗群岛、870年左右发现的冰岛、约980年发现的格陵兰岛（那时只有岛上最北端居住着来自北美洲的因纽特人，被称为多塞特人），以及1000年发现的文兰，包括今天的纽芬兰岛、圣劳伦斯湾，或许还包括北美洲东北部的海岸——维京人在此遇上了为数众多的美洲原住民，自知寡不敌众，待了10年就放弃这个地方。

由于欧洲人渐渐懂得防备，加上欧洲的君王变得强势，不再是任人欺负的软柿子，因此维京人在欧洲的劫掠不再势如破竹。同时，挪威国王也开始约束下面的领主，禁止他们在海外惹是生非，希望挪威成为崇尚礼义的贸易大国。自857年起，维京人开始在欧洲大陆遭受一连串的挫败：先是被法兰克人逐出塞纳河一带；891年，又在今日比利时地区的鲁汶战役中惨遭败北；最后在939年被赶出布列塔尼。在不列颠群岛，维京人也开始逐渐失势：先是于902年被赶出都柏林；其在英格兰建立的丹麦区也在954年瓦解，虽然从980年开始，维京人卷土重来夺回这个地方，但到1016年失败终成定局。1066年，诺曼底的威廉公爵（即征服者威廉）带领操法语的士兵入侵英格兰，在著名的黑斯廷斯战役中把英国人打得落花流水，而那些士兵其实是维京人的后裔。但在黑斯廷斯战役之前的9月25日，英国国王哈罗德刚率军队和来犯的挪威军队在英格兰中部的斯坦福桥决一死战，击毙了挪威国王，给维京人的入侵画下休止符，怎料诺曼底的威廉率兵来犯。哈罗德国王于是紧急挥兵南下，在不到三周的时间内行军220英里，终于来到东南海岸的黑斯廷斯，然而军队因长途跋涉、精疲力竭而不堪一击，于是败给了威廉。自此以后，斯堪的纳维亚的王国不再往外扩张、烧杀劫掠，只是偶尔才会卷入战争，多半安分守己地和其他欧洲国家做买卖。挪威从此不再是声名狼藉的海盗王国，而以鳕鱼干的出口国远近驰名。

自我催化

从上述历史来看，维京人离乡背井、四处征战或是在格陵兰岛这样环境恶劣之地落脚，背后的原因何在？千年以来，他们一直蛰居斯堪的纳维亚，有如欧洲的局外人，何以从793年突然开始大肆扩张，不到300年后又归于沉寂？就人类社会的扩张行动而言，主要受两种力量驱动：一种是"推力"（国内人满为患、僧多粥少，苦无发展机会），另一种则是"拉力"（海外开阔的天空、广大丰饶的土地在向他们招手）。很多扩张的浪潮都是这两股力量叠加的结果。维京人的扩张行动就是因为国内人口大增，加上为了巩固王权的政治斗争不断，很多人迫不得已出走。相形之下，海外机会较多，不但有广阔的处女地可以开垦、定居，还有很多富裕且没有防备的地方可以劫掠。同理，在19世纪和20世纪初，欧洲人移民北美洲的浪潮达到高峰，也是受到这两股力量驱动：国内有人口增长、饥荒和政治压迫等问题，而美国和加拿大沃野千里，有大把的机会可以翻身致富。

这两种力量的驱动作用为何在793年突然大增，快到1066年时又快速消退？维京人在欧洲的扩张和销声匿迹正是自我催化的最佳实例。"催化"是一个化学名词，指的是通过添加某种化学物质（如酶）来加快化学反应的速度。有些化学反应的产物本身就有催化作用，会加快化学反应，进而产生更多具有催化作用的产物，再进一步加快化学反应。这种连锁反应就叫自我催化。原子弹的爆炸就是很典型的例子：铀的原子核分裂时会释放中子，中子又会击中已分裂的原子核，造成更进一步的分裂，原子的裂变就这样持续进行，同时不断放出能量。

人类社会的扩张也有自我催化的效应。一个族群最初获得的某些优势（如技术优势）为他们带来好处，其他人于是群起效尤，得到利益或有了发现又会促使更多的人竞相仿效，追求更大的利益与发现，直到无利可图才善罢甘休。维京人不断扩张的连锁反应是由两起事件促成的：一是793年袭击林迪斯法恩岛上的修道院，由于大有斩获，维京人食髓知味，翌年又来侵犯，结果得到更多金银财宝；另一则是法罗群岛的发现，维京人认为这是个很适合牧羊的处女地，于是继续寻找，在更远处发现一个更大的岛屿——冰岛，这让他们再接再厉，果然又发现更大的岛屿——格陵兰岛。维京人每次出海不但满载而归，还为家乡同胞勾勒出美好远景，说海外还有更多的财富和土地，因此有更多的人跃跃欲试。这种自我催化式的扩张行动，不光发生于维京人身上，古波利尼西亚人于公元前1200年左右开始在太平洋上往东扩张也是如此，还有15世纪葡萄牙人和西班牙人开启的大航海时代。哥伦布在1492年"发现"新大陆更是将这扩张大戏推向高潮。

维京人的扩张与波利尼西亚人、葡萄牙人和西班牙人一样，当所有能到的地方都跑遍了，能抢的地方都抢了，能殖民的地方也都殖民了，接下来的扩张行动就不再那么顺心快意。正如维京人不断扩张的连锁反应是由两起事件促成的，维京人扩张势力的消退也可从两起事件中看出端倪：一是1066年的斯坦福桥战役，从此以后维京人尝到一连串的败绩；另一则是1000年左右好不容易横越大西洋踏上了文兰，结果不过10年光景就铩羽而归。古代挪威人流传下来的英雄传说曾明确交代舍弃文兰是因寡不敌众。乘船漂洋过海到北美洲的维京人为数不多，哪里对抗得了人多势众的美洲原住民。法罗群岛、冰岛和格陵兰岛都已是维京人的天下，而文兰既然是别人的地盘，死赖着不走只会凶多吉少。至此，维京人醒悟，继续在北大西洋的惊涛骇浪出生入死，不是白白送命，就是空手而归。

农业

来自海外的移民在新的土地上落脚，不可避免地会把家乡的生活方式融入新生活中。生活方式也是一种"文化资本"，包括原来的知识、信仰、谋生方法和社会组织等。维京人也不例外，尤其是当他们在从未有人踏足的地方开始生活时。即使所殖民的地方已有别的族群居住，维京人也几乎不跟他们打交道。即使是今日的美国，新移民面对的是一个本土人口规模庞大的社会，但每一个移民团体还是会保留自己的特色。以我居住的洛杉矶为例，如越南人、伊朗人、墨西哥人、埃塞俄比亚人等各个移民团体的文化价值观、受教育水平、工作和财富都有很大的差异。不同的移民团体适应当地社会的程度也不同，就看他们依循何种生活方式。

维京人也是如此，他们在北大西洋岛屿上建立的社会，都以斯堪的纳维亚社会为模板打造。他们的文化遗产对殖民地的农业、铁器生产、阶级架构和宗教都产生了深远影响。

我们印象中的维京人可能是强盗或海上枭雄，然而他们却以农民自居。维京人前往海外殖民，必然会以家乡的家畜和作物作为重要着眼点。他们前往冰岛和格陵兰岛殖民，也会把这些家畜和作物带去，当成生计的基础。此外，这些家畜和作物的种类也反映出他们的社会价值观。每一个族群对每一种食物或生活方式都有定见，例如美国西部的牧场主人就重牛轻羊。移民者依老家的习惯在新家园栽种作物、豢养家畜，若这些动植物水土不服，问题就来了。例如，当初殖民澳大利亚的人把绵羊从英国带来豢养，澳大利亚人直到今天还为了此事苦恼，不知这么做是否弊大于利。同样，格陵兰岛的维京人就因为从老家带来的家畜、作物和新环境格格不入，最后面临严重的后果。

在挪威寒冷的气候下，牲畜仍可喂养得肥肥壮壮，但作物就不如人意了。维京人的牲口是牛、绵羊、山羊、猪和马——这5种牲畜正是肥沃新月和欧洲数千年来食物生产的基础。在这些牲畜中，维京人最看重的是作为肉品来源的猪、可提供奶酪等乳制品的牛，以及作为运输工具且可彰显身份地位的马。在古代北欧人的传说中，战神奥丁的战士光荣战死后，灵魂就能进入天国的瓦尔哈拉殿堂，日日欢宴，享用猪肉。维京人认为绵羊和山羊是不入流的牲畜，因而不吃羊肉，但会为了获得乳制品和羊毛而养羊。

考古学家在9世纪挪威南部领主的农场垃圾堆进行挖掘，计算其中的骨头数目，以调查他们吃的动物种类。其中几近半数是牛骨，1/3是猪骨，只有1/5是绵羊骨或山羊骨。前往海外大展宏图的维京领主，在建立农场之时必然也会豢养这些动物。在格陵兰岛和冰岛的早期维京农场垃圾堆中，的确也发现了这些动物的骨头。不过，这些动物骨头所占的比例在后期有所不同，显然有些物种不太适应格陵兰岛和冰岛的环境：牛越来越少，猪到后来几乎消失，绵羊和山羊却增加了。

在挪威较北处，冬天时人们得把牲畜赶到可遮风避雨的棚舍里喂养，不让它们自行在户外觅食。因此，人们印象中威风凛凛的维京战士并不是一年到头都在外征战，他们必须在夏天和秋天收割牧草并晒干、捆绑起来，让牲畜好过冬。

在气候较为和暖、可以耕作的地区，维京人也会种植一些耐寒的作物，主要是大麦，还有燕麦、小麦、黑麦等次要谷物（因较不耐寒）。蔬菜则有卷心菜、洋葱和豆类，此外还种植可用来织布的亚麻和酿造啤酒的蛇麻草（俗称啤酒花）。在挪威越靠北的地方，作物的重要性就越比不上牲畜。除了家畜，居民也捕食野生动物来补充蛋白质，尤其是鱼。因此，在挪威维京人的贝冢中，鱼骨在所有动物骨头中的占比达到甚至超过半数。此外，维京人也会猎杀海豹等海洋哺乳类动物，以及驯鹿、麋鹿和其他小型陆上哺乳动物，还有本地繁殖的海鸟、鸭子或其他水禽。

铁器

我们可通过考古学家在维京遗址发现的铁器得知铁在维京社会中的用途：打造重型农业工具，如犁、铲子、斧头和镰刀；制造小型家用工具，包括刀子、剪刀、缝衣针；或制成钉、铆等建筑五金；打造成剑、矛、战斧、铠甲等武器。我们可从熔渣堆和烧制木炭的坑洞推测维京人如何制铁。当时没有集中管理的大工厂实行工业化、规模化采矿，只有农场上的小铁铺。制铁的原料是在斯堪的纳维亚半岛分布广泛的沼泽铁，即溶解在水中的氧化铁因沼泽或湖泊中的酸度变化或细菌作用而沉淀析出的物质。现代铁矿公司多使用氧化铁含量为30%~95%的矿石,但维京人连氧化铁含量只有1%的矿石也拿来炼铁。一旦找到这种"富含铁"的沉积物,维京人就会将其烘干,然后在熔炉中加热到熔点,以分离铁和杂质(熔渣),再经锤炼、提纯,就可熔铸成各式各样的工具。

光靠焚烧木头并无法达到铸铁所需的高温。木头必须先被烧成炭,才能产生足够的温度。一般而言,4磅的木头才能烧成1磅的炭,加上斯堪的纳维亚沼泽铁中的氧化铁含量不高,铸铁就需要大量木头燃烧成炭。而格陵兰岛林木不多,对那里的维京人来说,这必然是一大限制。

领主

维京人从斯堪的纳维亚带到海外殖民地的还有社会制度——这是一种阶级分明的制度:最下层是掠夺来的奴隶,中间层是自由人,最上层则是领主。在维京扩张时期,斯堪的纳维亚开始出现大一统的王国(过去的领主虽然也称王,但只统领一小块领地),殖民海外的维京人终归要臣服于挪威国王和后来出现的丹麦国王。然而,那些人选择移居海外,在一定程度上正是为了躲避这种即将成形的统一的主权,因此冰岛或格陵兰岛上都没有发展出主权,掌握实权的是由领主组成的军事贵族阶层。领主拥有自己的船只和各种牲畜(包括高贵的牛和低贱的绵羊、山羊)。领主手下则有奴隶、自由劳工、佃农和独立自由的农民。

领主之间不免龙争虎斗,有时是和平竞争,有时也会互相攻伐。和平竞争的方式包括比较谁的赏赐大方,谁的宴会盛大,借以称雄一方，纵横捭阖。领主还会以贸易、掠夺和农场生产累积财富。维京人是个好勇斗狠的民族，不只在国内互斗，还会转往海外侵略其他民族。在家乡斗争中失利的领主，就有可能转往海外发展。例如，一个名叫"红毛埃里克"的挪威人跟随父亲移居冰岛，在980年左右因杀人罪流亡海外，于是发现了格陵兰岛，并带领手下在那里找寻肥沃的农地另起炉灶。

维京社会的重要决策都由领主决定，他们为追求个人名望不择手段，甚至会为了个人利益而牺牲目前整体社会或下一代的利益。我们在前文中已经看到，复活节岛的酋长（见第二章）和玛雅国王（见第五章）便是如此，到头来只能自食恶果。维京人在格陵兰岛建立的殖民地最后因此付出很大的代价（见第八章）。

宗教

维京人在9世纪向海外扩展时还都是"异教徒"，膜拜日耳曼宗教的传统神祇，例如丰饶之神弗雷、雷神托尔和战神奥丁。维京人在欧洲大陆横行时，让欧洲人觉得最恐怖的一点就是：他们不是基督徒，会任意违背基督教社会的禁忌。更令人发指的是，这些野蛮人似乎特别喜欢攻击教堂和修道院。例如，843年，一艘大型的维京战舰沿着卢瓦尔河袭击法国，劫掠了河口的南特教堂，杀光主教和所有的教士。事实上，维京人并非特别喜爱攻击教堂，而是哪里有利可图，他们就去攻击哪里，教堂和修道院在他们眼中不过是易于宰杀的肥羊罢了。如有机会，维京人也会向富裕的贸易城镇下手。

一旦在基督教社会站稳脚跟，维京人就很愿意入乡随俗，与当地人通婚，并跟着信奉基督教。海外的维京人皈依基督教后，再回斯堪的纳维亚老家时会把福音带过去，斯堪的纳维亚的领主和国王也开始了悟基督教有助于自己巩固政治势力，基督教于是渐渐在斯堪的纳维亚兴起。有些领主甚至在国王之先，私底下已改信了基督教。基督教在斯堪的纳维亚的昌盛有几起决定性事件：约在960年，丹麦在国王蓝牙哈罗德①的带领下公开改宗基督教；挪威在995年左右改宗；瑞典也在接下来的一个世纪成为基督教王国。

挪威改宗基督教之后，其海外殖民地，如奥克尼群岛、设得兰群岛、法罗群岛、冰岛和格陵兰岛等地也都纷纷效仿。一个原因是，这些殖民地自己的船只很少，贸易皆仰赖挪威船只；另一个原因是，这些殖民地的人们意识到，母国挪威既已成为基督教社会，他们就不可能再以异教徒自居。例如，挪威国王奥拉夫一世改信基督教之后，就下令臣民不得与冰岛的异教徒交易，将来到挪威的冰岛人监禁起来作为人质，并威胁冰岛领主：要是他们不信基督教，人质就会残废或丧命。999年的夏天，冰岛经议会同意，终于确立基督教为国教。同年，红毛埃里克之子莱夫·埃里克松也把基督教引入格陵兰岛。

11世纪后建立于冰岛和格陵兰岛的教堂，与现代的教堂不同，尚无自己的土地与建筑，而是由当地领主或农民在自己土

---

① 蓝牙哈罗德，因统一丹麦而名留青史。1 000年后的今天，易利信公司认为他们在统一消费性电子商品世界所做的贡献，可媲美蓝牙哈罗德国王，于是将他们研发的无线传输技术命名为"蓝牙"。——译者注

地上兴建的，所有权属于兴建者。教堂向当地民众课征什一税[1]，而税收的若干部分需交给所有权人。领主有如"加盟商"，在特定地区享有特许"经营权"，可以兴建自己的建筑，所提供的"货品"完全按照"母公司"的标准，自己可以留存一些获利，其余的则必须上缴给母公司。在此，母公司就是罗马教廷，由驻尼达罗斯大教堂（在今天的特隆赫姆）的大主教为代表。罗马教廷自然希望各地的教堂不再归属于农民或领主。1297 年，冰岛教堂的所有人在教廷的施压下，终于把所有权交给主教。由于无史可考，不知格陵兰岛的教堂是否也如此。不过，格陵兰岛在1261 年接受挪威统治（至少名义上是挪威属地），当地教堂的所有权人或许也会遭受来自教廷的压力。我们确知的是，1341 年，卑尔根教区的主教令一个叫伊瓦尔·巴尔达松的教士到格陵兰岛担任督察员。巴尔达松回到挪威之后，将格陵兰岛的所有教堂一一列出，并详加说明，这表明教廷正加强对格陵兰岛教堂的掌控，就像对冰岛的教堂那样。

对维京人的海外殖民地而言，改宗基督教是一次巨大的文化冲击。信奉基督教必须以耶稣为唯一真神，以基督教为唯一的宗教，不得膜拜其他神祇，这就意味着要弃绝原来的异教传统。在艺术和建筑方面，则开始模仿欧洲大陆的基督教风格。维京人在海外殖民地兴建的大教堂，宏伟壮观的程度可以媲美母国的教堂。由于殖民地人口稀少，兴建出这样宏大的教堂特别不容易，殖民地的人民更是虔诚到向罗马教廷缴交什一税。根据历史记载，格

---

[1] 什一税，教区民众缴纳农作的 1/10 作为税捐。

陵兰岛主教在1282年以海象牙和北极熊皮为税金，缴纳十字军什一税给教廷。另外还有一张来自教廷的收据，开立于1327年，证明格陵兰岛已缴纳6年的什一税。欧洲最新的思想也随着教堂传播到格陵兰岛，因为每一位格陵兰岛的主教都来自斯堪的纳维亚，而非由格陵兰岛本地人担任。

或许殖民地人民改宗基督教最重大的影响在于自我认同。这样的结果让人联想到澳大利亚人：1788年英国人在澳大利亚建立殖民地之后，在很长一段时间内澳大利亚人都认为自己是身处海外的英国人，而非亚洲和太平洋地区的族群。这也是为何在1915年，众多澳大利亚年轻人远赴加利波利与英军并肩作战，对抗奥斯曼帝国，尽管这场战役其实无关澳大利亚的利益。同样地，北大西洋岛屿上的维京殖民地民众也认为自己是欧洲的基督徒，不管是教堂建筑风格、丧葬礼俗还是度量衡单位，都亦步亦趋地跟随欧洲大陆。这样的身份认同感有助于格陵兰岛上的几千个岛民互相合作，在恶劣的环境中熬过4个世纪。但倘若他们不是如此执着于这种身份认同，而选择向因纽特人学习，他们或许在4个世纪后仍可生存下去。

奥克尼群岛、设得兰群岛与法罗群岛

维京人在北大西洋岛屿上建立的6个殖民地，相当于6个同源社会的平行实验。正如我在这一章开头提到的，这6个实验的结局大不相同：奥克尼群岛、设得兰群岛和法罗群岛的殖民地顺利发展了1 000年以上，从来没遭遇严重的生存问题；冰岛历经贫穷和政治动荡的考验，最后还是撑下去了；维京人在格陵兰岛的殖民地生活了450年左右，最后消失了；文兰殖民地则持续不到10年就被遗弃了。这些殖民地有如此不同的结果，显然和其环境差异有关，最主要的4个变因如下：与挪威或不列颠的海上距离或航行时间、来自其他族群（非维京人）的阻力、适合发展农业的程度（主要取决于纬度和气候），以及环境脆弱程度（是否特别容易发生土壤侵蚀或森林砍伐殆尽的问题）。

在这北大西洋岛屿的平行实验中，我们只有6个实验结果，用以解释这些结果的变因有4个。这实在和太平洋地区的岛屿实验不可同日语，后者共有81种结果（81个岛屿），用以解释这些结果的变因则有9个。如果要进行统计学上的相关分析，还需要更多不同的实验结果。以太平洋地区为例，由于有那么多的岛屿可供研究，借由统计分析就可断定各个变因的重要程度。然而，在北大西洋的自然实验数量还不够，因此无法达成目标。对统计学家而言，要分析维京人的问题，如果仅能掌握这么一点资料，必然会宣称问题无解。而对史学家而言，要以比较方法来探讨人类历史的问题，则会碰到这种困境：显然有太多潜在的独立变因，实验结果却寥寥无几，因此无法确定每一个变因的重要程度。

不过，史学家对人类社会的了解远不止初始的环境情况和最后的结果，他们还掌握着自始至终每一个环节的大量资料。具体来说，研究维京社会的学者，可借由船只航行次数和载货量记录来分析航行时间的重要性，从史载维京人和原住民之间的战争来了解原住民对抗外来入侵者的情况，且根据当地生长的动植物物种资料来评估该地是否适合发展农业，并借由森林消失和土壤侵蚀等证据（如花粉的计数或植物化石碎片）来验证环境的脆弱程度，还可对当地使用的建筑材料（如木头）进行鉴定。有了这些数据和已知的结果，我们就可依孤绝程度和财富状况，逐一检视维京人在北大西洋建立的殖民地。本章先简明扼要地讨论其中的5个，即奥克尼群岛、设得兰群岛、法罗群岛、冰岛和文兰，后面两章再详尽阐述维京人在格陵兰岛的命运。

奥克尼群岛位于不列颠北端不远的海面上，被斯卡帕湾这个天然海港包围，自古以来即是北海最重要的船舶避风港，在两次世界大战中都是英国海军的重要基地。从苏格兰最北的约翰奥格罗茨到奥克尼群岛的最近距离只有11英里，维京人行船从奥克尼群岛到挪威不到24小时就可抵达。因此，挪威的维京人很容易入侵这个地方，从挪威或不列颠诸岛进口所需物资，并将要出口的货物运送出去。奥克尼群岛就是所谓的"大陆岛"，过去曾与不列颠岛相连，到了14 000年前冰期告终之时，冰川融化，海平面上升，遂与不列颠主岛分离。主岛的哺乳动物，包括麋鹿（在不列颠又叫红鹿）、水獭、野兔等便从陆桥而来，使奥克尼群岛成为狩猎的好去处。奥克尼群岛的原住民是皮克特人，维京人上岸后很快就把他们制服了。

维京人在北大西洋的殖民地中，除文兰之外，最南端的就是奥克尼群岛。奥克尼群岛受北大西洋暖流影响，气候和暖。此地土壤肥沃、厚实，因冰川作用使养分得以再生，且不会遭受严重侵蚀。在维京人来到之前，皮克特人早已开始垦殖，后来居上的维京人继续耕种，直到今天作物的产量仍然很高。今天奥克尼群岛出口的农产品包括牛肉、蛋、猪肉、奶酪以及一些作物。

维京人在800年左右征服奥克尼群岛，并以这些岛屿为基地，好突袭附近的不列颠和爱尔兰。他们在奥克尼群岛建立了一个富强的社会，有一段时期俨然是个独立王国。维京人在950年左右把重达17磅的银块藏在地下，这样的财富足以笑傲北大西洋各殖民岛屿，斯堪的纳维亚最大的银块也不过如此。另一个富饶的指标是建造于12世纪的圣马格努斯大教堂，宏伟壮丽，显然是受英格兰东北部的达勒姆大教堂启发。1472年，由于丹麦公主嫁给苏格兰国王詹姆斯三世时没有带来原先允诺的丰厚嫁妆，詹姆斯三世要求挪威（当时受丹麦管辖）把奥克尼群岛割让给他，作为失信的赔偿。尽管奥克尼群岛归苏格兰统治，其居民在18世纪之前依然说挪威方言。今日奥克尼群岛的岛民都是皮克特人和挪威人的后裔，拜北海石油开采所赐，生活富足。

以上对于奥克尼群岛的描述有些也适用于另一个殖民地——设得兰群岛。最早在设得兰群岛定居的原住民也是皮克特人。维京人在9世纪征服此地，但在1472年被割让给苏格兰。在后来的很长一段时间里，设得兰群岛的居民依旧使用挪威语，后来也因北海油田而获利。设得兰群岛与奥克尼群岛的差异在于地理位置，设得兰更偏北且较为偏远（在奥克尼群岛以北50英里、苏格兰以北130英里处），风力强劲，土壤比较贫瘠，农业生产力较低。设得兰群岛和奥克尼群岛一样，以养羊获取羊毛为经济支柱。奥克尼群岛还可养牛，但设得兰群岛就无法养牛，于是只能越来越倚重渔业。

法罗群岛的孤绝程度则比奥克尼和设得兰群岛更甚，位于奥克尼以北200英里、挪威以西400英里处。因此，搭载移民者或贸易物资的维京船只往西行驶就能来到这个岛屿，但早期船只因航行距离有限，所以未能到达这里。维京人踏上法罗群岛之时，岛上只有几个爱尔兰隐士，但这只是传说，并没有确切的考古学证据。

法罗群岛位处北极圈以南 300 英里处，纬度介于挪威西海岸两大城市（卑尔根与特隆赫姆）间，属温和的海洋性气候。然而，由于法罗群岛比奥克尼群岛和设得兰群岛更偏北，动植物的生长季节就比较短。法罗群岛面积小，各地都逃不过海风的吹蚀，海风不但强劲而且带有盐雾，因此岛上无法长出茂密的林木，原生植物只有低矮的柳树、桦树、山杨和刺柏，不久就被最初的居民砍光，新长出来的嫩芽也被羊群吃完，无法再生。如果气候干燥，就可能有土壤侵蚀的问题，但法罗群岛气候非常潮湿、多雾，每年平均 280 天有雨，雨势多半还不小。不过居民还是设法减少土壤侵蚀的问题，例如筑墙或修筑梯田以避免土壤流失。冰岛和格陵兰岛的维京人在控制土壤侵蚀方面要逊色得多，冰岛的状况尤为严重，不是因为他们不像法罗群岛的居民那样谨慎，而是冰岛的土壤特别容易遭受侵蚀，格陵兰岛则是气候的缘故。

维京人在 9 世纪来到法罗群岛定居。他们只成功栽种了一些大麦和少数几种作物。直至今日，法罗群岛的农地只占全部土地的 6%，主要用于种植马铃薯和一些蔬菜，没有他种作物。挪威的重要牲畜牛和猪到了法罗群岛，居民不到 200 年就已放弃饲养，甚至连低贱的山羊也不养了，以避免过度放牧。法罗群岛渐渐以饲养绵羊为主，以出口羊毛作为经济支柱，后来增加了咸鱼的出口，今日则还出口鳕鱼、大比目鱼和养殖鲑鱼制成的鱼干。法罗群岛的居民一方面出口羊毛和鱼干，另一方面则从挪威和不列颠进口大量生活所需物资，因为自己无法生产这些物资，即使能生产也面临产量不足的问题。法罗群岛当地除了被海浪推送上来的漂流木,没有林木可以砍伐,建筑木材只能依赖进口。岛上完全没有铁矿,所以铁也完全仰赖进口,以制造铁具。此外,岛民也进口石材和矿物,如轮形磨石、磨刀石和滑石。滑石硬度较小,可刻制成厨具,以取代陶瓷器皿。

维京人在法罗群岛殖民之后,岛民约在1000年改信基督教,和维京人在北大西洋建立的其他殖民地的岛民大约同时改宗,后来这里还兴建了一座哥特式教堂。法罗群岛在11世纪成为挪威属地。1380年,挪威国王驾崩,由于其子已获得丹麦王位,法罗群岛就和挪威一同受丹麦管辖,最后在1948年成为丹麦自治区。[①]今天岛上47 000个居民说的是源于古挪威语的法罗语,和现代的冰岛语很像,因此法罗群岛的居民和冰岛人可以用语言沟通,而且都能阅读古挪威文。

总之,法罗群岛比较幸运,不像冰岛那样土壤容易侵蚀而且有活火山,也不像格陵兰岛那样生长季节短、气候干燥、位置偏远,而且面临原住民的抵制。虽然法罗群岛比奥克尼群岛或设得兰群岛偏远,自然资源也少,但由于可以进口大量物资,生存便不成问题,不像格陵兰岛民众那样别无选择。

冰岛的环境

我初次前往冰岛是去参加北大西洋公约组织主办的国际生态

[①] 法罗群岛有自己的旗帜、邮票、特别护照和货币,丹麦克朗也可流通。
——译者注

研讨会，讨论如何复原遭到破坏的生态环境。在欧洲国家中，冰岛的生态破坏问题最为严重，北大西洋公约组织选择在此地举办这一会议再合适不过了。自有人类定居以来，冰岛大多数原生的树木和植物消失了，约有一半的土壤受到侵蚀。在维京人上岸时，这个岛屿的很多地方还是一片青翠碧绿，现在却已寸草不生，没有建筑物、道路，人迹杳然，死气沉沉，有如棕色沙漠。美国航空航天局初次把航天员送上月球之前，想在地球上寻找一个类似月球表面的地区，让初次登月的航天员能在类似月球的环境中受训，他们选定的地点就是冰岛上一块光秃秃的土地。

塑造冰岛环境的4个要素是：火、冰、水、风。冰岛位于挪威以西约600英里的北大西洋中，在所谓的大西洋中脊上，即欧亚板块与美洲板地的交会之处。火山定期从海中喷发，遂成为岛屿，冰岛就是这个地区最大的火山岛。冰岛火山众多，每10年或20年就至少有一座火山会大喷发。除了火山，冰岛地热资源丰富，处处有温泉，因此大多数地区利用地热能源来取暖而不使用化石燃料（即煤炭、石油、天然气等），例如首都雷克雅未克①，整座都市都使用地热。

塑造冰岛环境的第二个要素就是冰。冰岛最北端靠近北极圈，加上中部高原地势高（海拔高度达6 952英尺），大都在冰帽覆盖之下，因此非常寒冷。雨雪从天而降，形成冰川或河流，再汇入海洋。冰岛的河流不时泛滥，偶尔会出现壮观的大洪水，那是

---

① 雷克雅未克，在冰岛语中即为"冒烟的峡湾"，全市铺设了近600公里长的热水管道，首都10个区的热水来自4个地热区，此外还建立了10个自动化热水站，为全市居民提供热水和暖气。——译者注

因为熔岩或冰形成的天然水坝崩溃，或是冰帽下的火山喷发导致大量冰突然融化。此外，冰岛也是个风力强劲的岛屿。火、冰、水与风4个要素交互作用，使冰岛很容易出现土壤侵蚀的问题。

维京人初次踏上冰岛时，岛上的火山和温泉让他们啧啧称奇，无论是老家挪威还是邻近的不列颠都没有这种奇特的景观。除了火山和温泉，冰岛和他们的家乡很像，看来大有可为。岛上所有的动植物物种都是他们熟悉的。低地长满了低矮的桦树和柳树，很容易清理出来作为牧场。在那些清理出来的地点，还有一些本来就树木不生的低地（如泥沼地），以及林线以上的高地，维京人发现了丰美的牧草、植物和苔藓，正是饲养牲畜的好地方。这里土壤肥沃，有些地方土层厚达50英尺。尽管冰岛纬度高，多冰帽，且接近北极圈，但因为附近有北大西洋暖流，低地气候温和，有一段时期南部还可种植大麦。湖泊、河流和周围的海洋里鱼儿成群而游。这里的海鸟和鸭子未曾遭到猎杀，因而不知躲避人类。沿岸还有很多不怕人类的海豹和海象。

冰岛虽然从表面看与挪威西南部和不列颠很像，但这只是错觉。我们可从三个重要层面来看。首先，与挪威西南部的主要农业区相比，冰岛的位置要再靠北几百英里，因此气候更加寒冷，动植物生长季节更短，农业生产也就更边缘化。到了中世纪末，冰岛的气候变得更加严寒，冰岛的维京人只好放弃耕作，以放牧维生。其次，火山喷发之时，火山灰飘散的面积很广，使家畜的草料遭到毒害。翻开冰岛历史，火山喷发带来的饥馑之苦屡见不鲜。其中最严重的一次是1783年冰岛南部的拉基火山爆发，造成冰岛1/5的人口被饿死。

最大的问题是土壤的差异。维京人一开始不了解的是，冰岛土壤其实很脆弱，与挪威及不列颠的土壤状况截然不同。这不能怪维京人，因为辨别土壤性质并不是那么容易，即使是专家也不一定能完全了解各地土壤的差异。此外，这种差异一开始看不出来，可能要几年下来才会被发现。简言之，与挪威和不列颠相比，冰岛土壤的形成速度比较缓慢，更容易遭受侵蚀。维京人初次踏上冰岛时，岛上看来肥沃、厚实的土壤让他们喜出望外。这种喜悦就像得到一笔数目庞大的银行存款，如果存款利率优厚，每年就可产生不少利息。冰岛的土壤和茂密的林地乍看之下可观，却是自上一次冰期累积下来的，累积速度其实十分缓慢（有如利率极低）。维京人最后发现，他们根本无法靠冰岛生态的利息度日，反而一直在蚀老本。那"本金"是累积了一万多年的成果，但是没多久就被消耗殆尽。只有资源再生的速度高于取用的速度，资源才能源源不绝（如管理良好的渔场或林地），但维京人没有做到可持续经营。冰岛土地资源再生速度之慢有如矿物的形成，一旦用光，就是山穷水尽。

冰岛的土壤为何如此脆弱，生成速度为何这般缓慢？主要原因和土壤的来源有关。无论是挪威、不列颠北部还是格陵兰岛，都没有活跃的火山活动，在冰期完全被冰川覆盖，土壤因海泥上升或冰川沉积物而变得肥沃丰厚。相形之下，冰岛火山经常喷发，于是会产生大量的火山灰。火山灰中的颗粒很细，加上岛上风力强劲，火山灰就会四处飘散，从而在地面形成像滑石粉一样轻的火山碎屑。由火山灰形成的土壤很肥沃，有利于植物生长，植被也能保护土壤，使其免受侵蚀。但如果植被不见了（被羊群吃光或被农民烧光），火山灰就会暴露出来，土壤也就容易遭到侵蚀。因为火山灰很轻，能被风吹来，当然也会被风吹走。除了这种风蚀的问题，冰岛有些地方常下大暴雨，加上偶尔洪水泛滥，暴露出来的火山灰很容易被水带走，斜坡上尤为严重。

冰岛土壤脆弱的另一个原因和当地植被的脆弱性有关。植被的根可以紧抓土壤，而且植被的生长会增加土壤中的有机物，从而保护土壤不受侵蚀。然而，冰岛位置偏北，气候严寒，生长季短，植物生长缓慢。土壤脆弱加上植物生长缓慢，土壤侵蚀的问题就愈演愈烈：植被因羊群啃噬或被农民焚烧，土壤侵蚀就开始了；土壤侵蚀一旦开始，植物就更难生长，问题于是越来越严重。

冰岛的历史

冰岛的殖民时期大约为870—930年[①]。到930年，几乎岛上所有宜于耕作的土地都有人居住或有了主人。大多数的殖民者直接来自挪威西部，还有的是先前在不列颠待过并且娶了凯尔特人为妻的维京人。这些殖民者设法在岛上复制挪威和不列颠的牧业经营模式，饲养故乡的5种牲畜，结果绵羊一枝独秀，数量远超其他牲畜。绵羊奶可制成奶油、奶酪和一种叫作"skyr"（斯凯尔）的冰岛特产，尝起来像浓郁的酸奶，非常美味。动物学家在冰岛的贝冢挖掘，凭借着无比的耐心，辨识出47 000根骨头，从而发现当时的冰岛人不但捕猎野生动物来吃，也爱吃鱼。原来

[①] 930年冰岛议会成立，是世界上最古老的议会，冰岛从此成为一个独立的国家。——译者注

在岛上繁殖的海象很快就灭绝了，不久后海鸟也被猎杀殆尽，冰岛猎人于是转而以海豹为目标。最后，除了自己饲养的牲畜，冰岛人主要的蛋白质来源就是鱼。冰岛的湖泊和河流里有非常多的鳟鱼和鲑鱼，海岸则有无数的鳕鱼。冰岛人就是靠着鳕鱼熬过小冰期，冰岛的经济有今天的成就，鳕鱼也发挥着重要作用。

在刚有人类定居时，岛上 1/4 的地方都是蓊蓊郁郁的森林。接着定居者大刀阔斧地清理林地开辟牧场，砍伐下来的树木则作为柴薪、木材或木炭。几十年过后，岛上的森林已消失了 80%，到了近代，96% 的森林都砍伐光了，直到今天森林甚至只剩 1%（见插图 16）。考古学家在岛上最早的遗址中发现大块焚烧过的木头，显然大部分的木头不是被浪费掉就是被烧掉了。直到岛上的树木已所剩无几，冰岛人才意识到问题，但为时已晚。这样的结果看来似乎不可思议。岛上的树林被清理出来作为牧场，植被被羊群啃噬或被猪拱起，就不再能长出来了。今天你在冰岛开车，会看见一个奇观：这里的树寥寥无几，硕果仅存的几棵大都有篱笆防护，以免被羊啃噬。

冰岛林线以上的高地有肥沃的浅层土，绿草如茵，有如天然牧场，而且不必清理林木，真是维京人眼中的福地。但高地更加严寒、干燥，植物再生速度很慢，又没有林木的保护，土壤其实比低地更脆弱。一旦这天然的草地被牲畜吃光，源于火山灰的土壤暴露出来，很容易受到风的侵蚀。再者，从山坡上流下的水，不管是雨水还是雪水，都会侵蚀沟壑。而且，随着沟壑侵蚀加剧，地下水位下降，土壤就会丧失水分，更容易遭到风的侵蚀。在殖民初期，冰岛高地的土壤就开始被冲刷到低地和海洋。高地没有土壤，也没有植物，以往碧绿的中部高地于是变成了"人造沙漠"（也可说是"羊造沙漠"），就连低地也存在大块区域被侵蚀的问题。

今天，我们不得不问这么一个问题：那些维京人为什么对这么明显的生态破坏视若无睹，以如此愚蠢的方式利用土地？难道他们不知道这会导致什么后果？他们最后才意识到自己已铸成大错，但在一开始的时候确实看不出问题所在。对他们来说，这种土地经营的难题是全新的考验。如果岛上没有火山和温泉，这里的环境看起来就像是另一个挪威或不列颠。维京人无从得知冰岛的土壤和植物有多脆弱，和故乡的土壤有多大的差别。高地看来既是天然的牧场，维京人自然而然会在那里养羊，因为他们在苏格兰就是这么做的。怎知冰岛的高地不能养这么多羊？怎知低地也有过度放牧的问题？总之，冰岛之所以会变成生态破坏最严重的欧洲国家，不是因为向来谨慎的维京人踏上冰岛后变得鲁莽，而是被这里的生态环境表象蒙蔽了双眼。那绿草如茵的草地看似是天然牧场，殊不知这里的环境非常脆弱，其实不适合放牧。过去在挪威和不列颠的经验反倒害了他们。

最后他们终于恍然大悟，于是开始亡羊补牢。他们不再任意丢弃大块木头，不再饲养会对生态造成破坏的猪和山羊，也放弃大部分的高地。一些相邻的农场开始团结合作，共同商讨防止土壤侵蚀的对策。例如，大家约定在晚春青草繁茂之时，把绵羊赶到公有的高地牧场度过夏天，秋天再把绵羊赶下山。由于公有牧场能饲养的绵羊数量有限，所有的牧民须遵守约定，不得超过分配的数量。

这样的决策是弹性、灵活的，但还是趋于保守。我的冰岛友人就以"保守"和"死板"来形容自己的社会。自1397年起统治这个岛屿的丹麦政府，有意改善冰岛人民的生活，但冰岛人的保守和固执经常使其倍感挫败。丹麦政府想出一连串的改进方案：种植谷物、改良渔网，改用有甲板的船而非敞篷船来捕鱼；除了将鱼制成鱼干，也可用盐腌制以用于出口；推进绳索制造业及毛皮鞣制加工业发展；开采硫黄矿来出口等等。但是，丹麦人和比较具有变革意识的冰岛人士发现，对这些以及其他任何涉及变革的意见，一般冰岛人的反应总是敬谢不敏。

我的冰岛友人解释，这种保守有其根源，只要想想冰岛的环境有多脆弱就明白了。冰岛人为长期的历史经验制约，认为一动不如一静，改变往往只会弄巧成拙。在冰岛早期殖民史的前几年，维京人也设计出或多或少可行的经济和社会制度来进行实验，结果大多数的人依然贫穷，还有不少人饿死，不过幸好社会没有完全灭亡。其他实验的结果也常常惨不忍睹。面对过去的惨痛教训——如月球表面般光秃秃的高地、废弃的牧场以及土壤遭受侵蚀的农场，冰岛人不得不认命：实验的代价太大了，这脆弱的岛屿实在禁不起。至少照目前的方式能活下来，别要求我们改变。

自870年起，冰岛的政治史可简述如下。几个世纪以来，冰岛一直处于自治状态，到13世纪上半叶，岛上5大家族互斗，导致死伤无数，农地多遭焚毁。1262年，岛民请求挪威国王来治理他们，一来因为这位国王远在天边，应该不会对他们造成威胁，岛民仍可享有自由，二来有个共主总可结束岛上各大家族恶斗杀戮的局面。1397年，斯堪的纳维亚皇室之间的联姻促使丹麦、瑞典和挪威结合成"卡尔马联盟"，以丹麦国王埃里克七世为盟主。埃里克七世最在意的当然是丹麦，因丹麦是最富裕之地，对挪威和冰岛这两个贫穷地区则兴趣寥寥。1874年，冰岛开始获得有限的自治权；1904年，冰岛实现地方自治；1944年，冰岛正式脱离丹麦，成为独立的冰岛共和国。

从中世纪晚期开始，冰岛的经济主要靠鱼干出口。欧洲大陆新兴都市的人口需要更多的食物，由冰岛水域盛产的鳕鱼制成的鱼干遂成重要的出口商品。由于冰岛本身没有大型木材可用来造船，捕鱼和渔产品出口都只能依靠外国船只，其中挪威、英国、德国的船最多，其他还有法国和荷兰的船只。到20世纪初，冰岛造船业开始勃兴，渔业捕捞和出口迅速经历了工业化。到1950年，渔产品已占冰岛总出口额的90%以上，农牧产品相形之下变得微不足道。从1923年开始，冰岛城市的人口总数已超越乡村的人口。目前，在斯堪的纳维亚地区，冰岛是城市化程度最高的国家，将近半数的人口都居住在首都雷克雅未克。直到今天，冰岛人口仍不断从乡村涌入城市。放弃农地的冰岛农民越来越多，纷纷把农村改成夏日度假别墅，搬到城市来就业，畅饮可口可乐，拥抱全球文化。

由于丰富的渔产品、地热能源、河流水力发电，加上有了打造船只的材料（金属），今日的冰岛不再苦于无木材可用，从欧洲最穷苦的国家摇身一变跻身全世界最富有的国家行列，国民人均收入名列世界前茅。冰岛的成功故事可和第二章至第五章所述的人类社会崩溃的例子进行对比。曾摘得诺贝尔文学奖桂冠的冰岛小说家哈多尔·拉克斯内斯在其小说《萨尔卡·瓦尔卡》中，借女主人公莎尔卡之口道出冰岛人的心声:"说到底,生活首先就是咸鱼。"但是,渔业就像森林和土壤,也有经营的难题。对于过去对森林和土壤的破坏,冰岛人已竭尽全力补救,以避免类似的遗憾发生在渔业上。

冰岛的大环境

了解冰岛的发展史之后,我们再来比较冰岛和维京人在北大西洋上建立的其他5个殖民地。如前所述,影响这些殖民地命运的变因有4个:与欧洲的航行距离、是否遭遇来自其他族群的阻力、是否适合发展农业,以及环境的脆弱程度。如以这4个变因来检视冰岛,其中两个是有利因素,另外两个则是不利因素。对冰岛的殖民者来说,好消息是这里几乎渺无人烟,而且从欧洲航行到这里不算太远(虽然比奥克尼群岛、设得兰群岛和法罗群岛远,但较格陵兰岛和文兰还是更近),即使是中世纪的船只,也可载运大量进出口商品抵达这里。由于冰岛没有格陵兰岛偏远,每年都有船只往返于冰岛和挪威或不列颠。很多生活所需的重要物资(特别是木材、铁,后来还有陶器)都仰赖进口,岛上的海产品也借由船只运送出去。特别值得一提的是,1300年后,在气候剧变之下,冰岛的鱼干仍可出口,勉强保住经济命脉。格陵兰岛则因为遥远,通往欧洲的航行路线经常冰封,生路也就断了。

冰岛的一个不利因素是位置偏北导致粮食生产受到很大限制,是6个殖民地中仅次于格陵兰岛的最不适合发展农业的地区。即使是殖民早期气候温和的年代,这里也只能种植一点大麦,到中世纪晚期气候变得严寒,就无法耕作了。即使是以绵羊和奶牛为基础的畜牧业，在贫穷的年代也是边缘化的。幸好，大部分时候，绵羊在冰岛繁殖得不错，自从维京人在此落脚后的几个世纪里，羊毛出口都是其经济支柱。冰岛最大的问题就是环境脆弱：它是维京人在北大西洋殖民地中土壤状况最脆弱的一个，植被也很容易被破坏且不易再生，但仍比格陵兰岛好一点。

基于本书提供的影响人类社会的5点框架——自我造成的环境破坏、气候变化、来自其他社会的威胁、和其他社会的友好贸易关系以及文化态度，我们如何看待冰岛的历史？其中4点都对冰岛的发展产生影响，这4点因素交互作用的效应很明显，只有来自其他社会的威胁这一点对冰岛几乎没什么影响（冰岛只有一段时期遭到海盗侵犯）。冰岛先天环境不良已是不幸，加上小冰期气候变得更加严酷，环境问题也就变本加厉。尽管环境问题严重，幸好冰岛和欧洲其他地方的贸易关系良好，才得以生存下去。冰岛人对环境做出的反应和他们的文化态度有关。有些文化态度来自故乡挪威，尤其体现于牧业经济，他们一开始过度偏好饲养牛和猪。这样的做法在挪威或不列颠都没什么问题，但到冰岛问题就大了，最后让他们吃尽苦头。不过，他们也得到教训，知道如何面对脆弱的环境，不再饲养猪和山羊，也减少牛只数量，且态度趋于保守。但他们的这种观念让丹麦政府大伤脑筋，或许有时也害了自己。然而，不去冒险或许也避免了一些灾难。不管怎么说，他们终究还是靠着这种保守的态度活了下来。

土壤侵蚀和过度放牧羊群是冰岛历史上遭遇的两大诅咒，导致冰岛在很长一段时间里都处于贫困状态。今天的冰岛政府非常想打破这些诅咒,因此很重视环境问题,设立了一个专门的部门来负责水土保持、森林再生、促进高地植物生长以及控制羊群放牧的比率。在冰岛如月球表面般光秃秃的高地上,我看到了一点绿意,那就是这个部门努力种植的植物,以保护土壤,避免侵蚀面积扩大。但他们的环境问题已病入膏肓,冰岛人费了九牛二虎之力,才使不毛的高地稀稀疏疏地冒出些许植被。尽管颇为心酸,但冰岛人还是做出了一点成绩。

几乎在世界上任何一个地方,我的考古学界朋友要说服地方的政府,让他们了解考古学的实用价值,总是要费尽唇舌,还不见得有用。他们向机构申请研究经费之时,总要试图使对方了解,通过研究过去人类社会的命运,我们就可知道今天在同一地区生存的人类社会将会面临什么问题。他们认为尤其重要的一点是:今天的社会也可能重蹈覆辙,破坏生态环境,最后自取灭亡。因此,我们应该好好了解过去,鉴往知来,以免犯同样的错误。

但大多数政府把那些考古学家的建言当成耳边风,冰岛则是少数的例外。冰岛从1130年前就存在土壤侵蚀的问题,至今已成一片恶土,植被寥寥无几,半数土壤已经流失,环境破坏就是冰岛人千年来挥之不去的梦魇。现在有不少专家学者研究冰岛在中世纪殖民时期的生活和土壤侵蚀模式。我的一位考古学界友人和冰岛政府接触时,也滔滔不绝地陈述了考古学研究的好处。冰岛政府给他的回应是:"研究中世纪土壤侵蚀的问题当然有助于解决今天的困境。这一点我们已经非常了解。不必多言,经费在这儿,开始研究吧。"

文兰

　　维京人在北大西洋殖民地中最遥远的一站就是文兰岛,虽然维京人在那里没待多久就宣告放弃,但这个殖民地的故事还是相当引人入胜。这可以说是欧洲人首次尝试在美洲殖民,这个壮举比哥伦布开辟前往北美的新航线几乎早了500年,引发不少浪漫主义的遐想。很多探险名著都围绕这一主题展开。维京人勇闯文兰的故事固然振奋人心,但最后铩羽而归的经过也可使我们学到重要的一课。

　　维京人从挪威出发,要在北大西洋航行几千英里,才能抵达北美洲的东北海岸,这远远超出了维京船只能够航行的距离,因此他们是从北大西洋上最西边的殖民地格陵兰岛出发。以维京人的航行标准来看,即使从格陵兰岛到北美洲也很遥远。从格陵兰岛到维京人在纽芬兰的据点,光直线距离就将近1 000英里。鉴于当时维京人的航海能力还很有限,绕行海岸必须行走2 000英里,历时6周才能抵达北美洲。而且适合航行的季节只有夏季,扣除往返耗费的时间,能留在文兰探险的时间就不多了。因此,维京人在纽芬兰建立了一个据点过冬,以便翌年夏天在北美洲的新天地大展身手。

　　红毛埃里克在984年带领第一批冰岛移民落脚格陵兰岛,后来派两个儿子、一个女儿和一个女婿前去北美探险。他们的动机是勘探那里的土地,看看有何物产,是否适合定居。根据斯堪的纳维亚传奇,这些最初的探险者还带了牲畜,看来有定居的打算。维京人在北美定居的希望幻灭之后,仍不断造访北美海岸,持续时间长达300年以上,主要是取得格陵兰岛短缺的木材,也可能是为了开采铁矿以铸铁。熔铸铁器需要大量柴薪,此地有许多林木,柴薪来源无虞,所以是铸铁的最佳地点。

有关维京人在北美洲的探险历程,我们的了解主要来自两方面的资料:书面记录和考古发掘的证据。书面记录包括两部用口述方式流传好几百年的英雄传奇,描述了维京人在文兰的发现与探险,冰岛人最后在13世纪将其记录下来。由于这些传奇没有别的佐证,学者向来以为这是虚构的故事,怀疑维京人并未到过新大陆。1961年,考古学家在纽芬兰发现维京人的据点,终于确定维京人的足迹到过北美洲。有关文兰的英雄传奇故事,被记录在《格陵兰萨迦》和《红毛埃里克萨迦》这两份手稿中,虽然其中若干细节正确与否仍有争议,但无疑是有关北美洲的最早的文字描述。这两份手稿的描述大致相同,但很多细节有差异,述及维京人从格陵兰岛到文兰的5次探险,前后不过10年,每次探险维京人都只用一艘船,只有最后一次用了两艘或三艘船。

在这两部英雄传奇中,维京人不但简要地描述了他们的北美据点,而且为这些地点命名,如荷鲁兰、马克兰、文兰、雷夫斯布狄尔、斯特姆湾和霍普。[①] 学者仔细研究对其中每个地点的描述,以期辨识出这些地方。(例如,此地平坦,林木茂盛,斜坡缓缓下降,通往大海,且多白沙海滩……他们于是把这个地方叫

---

① 荷鲁兰(Helluland),意为"山之国";马克兰(Markland),意为"林地";文兰(Vineland)意为"酒之乡",此地多野生葡萄;雷夫斯布狄尔(Leifsbudir),意为"雷夫的营地","雷夫"即指红毛埃里克之子雷夫·埃里克松;斯特姆湾(Straumfjord),意为"新峡湾";霍普(Hop)则为其南方聚落之名。——译者注

作"马克兰",意为林地。)现在我们大概知道荷鲁兰在加拿大北极地区巴芬岛东岸,马克兰则在巴芬岛南边的拉布拉多海岸。巴芬岛和拉布拉多都在格陵兰岛西边,中间以狭窄的戴维斯海峡相隔。维京人为了将更多的海岸线收入眼底,没有直接航向纽芬兰,而是横越戴维斯海峡来到巴芬岛,再沿着海岸南行。其他如文兰、雷夫斯布狄尔等地,显然是指拉布拉多南边的加拿大沿海地区,纽芬兰当然包括在内,或许还有圣劳伦斯湾、新不伦瑞克和新斯科舍,文兰就是指这一带,可能还包括新英格兰部分海岸。维京人踏上北美洲之后,四处探险,寻找可以利用的土地。他们当初踏上格陵兰岛也是如此,发现有两个峡湾附近的牧地草肥水美,就此安家落户。

关于维京人在北美洲的行踪,我们还有考古学方面的史料可参考。考古学家辛辛苦苦上下求索,但最后只找到一处遗址,就是纽芬兰东北角的兰塞奥兹牧草地。考古学家对此地的古物做放射性碳年代测定,发现这个遗址约在 1000 年被建立,和传奇中埃里克松领导的文兰探险年代相当。兰塞奥兹牧草地似乎就是传奇中提到的雷夫斯布狄尔。这处遗址有 8 座建筑,其中 3 座是可以居住的房舍,总计可住得下 80 人。还有一座是铁匠工作的地方,他们在此熔炼铁矿、制造船只用的铁钉。另外有一座是木匠工作的地方,剩下的几座则是船只修理场所。没有农舍,也没发现任何农具。

根据传奇所述,雷夫斯布狄尔只是方便维京人过冬和夏季探索的据点。后来,维京人还是在文兰找到了他们想要的资源。考古学家从兰塞奥兹牧草地遗址挖掘出两个野生胡桃,也就是灰胡桃。纽芬兰当地并没有生长这种灰胡桃树。这两个胡桃虽小，却是重要发现。在始自1000年的气候和暖的几个世纪中，最接近纽芬兰的胡桃树产地在圣劳伦斯河谷以南，此地也相当接近传奇中描述的野葡萄生长之地。或许正因为这些葡萄，维京人才把这一带命名为文兰，意为"酒之乡"。

传奇中描述的文兰富含格陵兰岛没有的珍贵资源。文兰最大的优势就是气候温和、纬度较低，因此生长季节要比格陵兰岛来得长。青草丰美，加上冬季和暖，使得维京人一年到头都可在外放牧，夏季就不必忙着准备牛羊在畜栏过冬所需的干草。而且，这里林木茂盛，到处都可取得上等木材。另外，此地的河流、湖泊中鲑鱼成群，而且都比格陵兰岛能捕获的鲑鱼要大。这里可以捕猎的飞禽走兽则有鹿、驯鹿和在此筑巢繁殖的鸟类，还有鸟蛋可以捡拾。

尽管在文兰探险的维京人可将宝贵的木材、葡萄和动物毛皮运回格陵兰岛，但终究没能在此长驻，兰塞奥兹牧草地的据点也被放弃了。虽然考古学家在兰塞奥兹牧草地的发现令人兴奋，证明维京人的确在哥伦布之前就到了美洲，但可惜维京人没留下什么有价值的东西，只是一些他们丢弃或遗失的小东西，比如99根断裂的铁钉、1根完整的铁钉、1枚铜针、1块磨刀石、1个纺锤、1颗玻璃珠以及1根织针。显然他们不是匆匆忙忙离去，而是有计划地撤退，把所有工具和有价值的东西都带回了格陵兰岛。今天我们已知，北美洲是维京人在北大西洋发现的最大、最有价值的土地。虽然维京人在北美洲所到之处有限，但此处山川壮丽、物产丰饶，已让他们大开眼界。那么，为什么维京人要放弃文兰这块丰饶之地？

　　北欧的英雄传奇提供了一个简单的答案：当地有众多满怀敌意的印第安人，维京人无法与他们为友。根据传奇的描述，维京人初次与印第安人相遇，对方共有9人，维京人杀了其中的8人，还有一人逃了。这可不是建立友谊的开端。后来，印第安人乘着小船，成群结队前来复仇，拿弓箭射向维京人。红毛埃里克之子托瓦尔腹部中箭。据说，奄奄一息的托瓦尔把箭拔出，在临死之前叹道："我们发现了一片大好河山，然而我已肚破肠流。我们找到了一块资源丰富之地，然而我们却无福消受。"

　　后来维京人再度抵达北美洲，确实曾和当地的印第安人建立贸易关系（用布与牛奶交换印第安人的毛皮）。直到有个维京人杀死了一名试图偷武器的印第安人，双方再次操戈相向。在随后的斗争中，尽管维京人杀了不少印第安人，但他们心里有数，会有更多的印第安人前来寻仇。正如《红毛埃里克萨迦》的佚名作者所言："尽管他们知道那是块肥土，但其已被人捷足先登。倘若他们赖着不走，必然会持续受到当地人的攻击。于是便准备打道回府。"

　　放弃文兰之后，维京人再度来到北美洲时则以印第安人较少的拉布拉多海岸为目标，在那里砍伐林木、开采铁矿。考古学家在分布于加拿大北极地区的维京遗址中找到他们的遗留之物，如熔铸的铜块、铁块和山羊毛织成的毛线，证明维京人曾来到这里。最重要的发现则是在拉布拉多以南数百英里的缅因州海岸的一处印第安遗址找到的一枚挪威银币。那枚银币铸造于1065—1080年，即人称"寡言王"的奥拉夫三世统治时期。印第安人从中穿孔，做成吊饰。这个缅因州的印第安遗址是个贸易兴盛的大村落，考古学家还在此挖掘出不少石头和工具，有的源于拉布拉多，有的来自新斯科舍、新英格兰、纽约和宾夕法尼亚各地。也许那枚银币是维京人来到拉布拉多时掉落的，或者是交易之物，后来经由印第安人的贸易网络来到缅因。

冰岛1347年的编年史也提到维京人继续前往拉布拉多探险之事：一艘载着18名船员的格陵兰船只在从马克兰返回家乡的途中抛锚，被风吹得偏离航道，最后来到冰岛。这段记载非常简略，好像再平常不过，无须多做解释："年中记事：每年夏天前往马克兰的船只中有一艘抛锚了；托伦·凯提斯多提尔把一大壶牛奶倒在了农场上；比亚德尼·博拉森的羊死了一头，皆寻常小事。"

总之，维京人在文兰的发展受挫与格陵兰岛的后援无力有关。由于他们在格陵兰岛建立的聚落既小又贫穷，没有木材，也没有铁矿，与欧洲大陆和文兰的距离都相当遥远，没有多少可用于远洋航行的船只，更没有财力组成庞大的探险船队。维京人乘着一两艘船来到北美洲，不过几十个人，哪里打得过新斯科舍和圣劳伦斯湾数量众多的印第安人。1000年，格陵兰岛这个殖民地的人口可能不超过500人，因此出现在兰塞奥兹牧草地的那80人算是精锐尽出了。1500年后，欧洲人才又来到北美洲，企图在此殖民。尽管欧洲各国人口众多、财力雄厚、船坚炮利、舰队规模庞大（无疑是中世纪的维京人望尘莫及的），但欧洲人在此地的殖民大业也不见得一帆风顺。英国人和法国人在马萨诸塞、弗吉尼亚和加拿大殖民的第一年，就因饥荒和疾病死了一半的人。

人口仅有500的格陵兰岛是挪威最遥远的殖民地，而挪威又是欧洲的穷国，无怪乎来自格陵兰岛的维京人无法征服北美洲。

维京人在文兰殖民不到10年即铩羽而归，此事最重要的意义就是预示450年后维京人在格陵兰岛的命运。维京人在格陵兰岛发展了好几百年，这是由于格陵兰岛与挪威的距离较近，且维京人在此地殖民之初未逢对手。但维京人在文兰遭遇的孤立无援和与美洲原住民无法和平相处的问题，在格陵兰岛上同样存在，只是没那么严重。要不是美洲原住民，格陵兰岛的维京人或许可以熬过生态困境，不至于灭绝。在文兰也一样，如果没有印第安人，维京人在此处的发展将势如破竹，人口急速增长。如此一来，1000年后，北美洲就会渐渐成为他们的天下，而在21世纪的北美洲提笔写作的我，就会像现代的冰岛人或法罗群岛居民，使用源于古挪威文的语言而不是英语。

第七章

繁华如烟：维京人在格陵兰岛

在天之隅

格陵兰岛给我的第一印象是："Greenland"（字面意思为"绿色土地"）这名字未免名不符实，有如残忍的玩笑。岛上放眼望去只有三种色调：白、黑和蓝，其中白是主色调。有些史学家认为，当初发现这个岛屿的挪威人红毛埃里克是故意这么命名的，好把其他人也骗来。我搭乘的飞机从哥本哈根起飞，接近格陵兰岛东岸之时，在深蓝色海洋中第一个跃入眼帘的就是一大片耀眼的白——这就是格陵兰岛，仅次于南极大陆的世界第二大冰盖。雪白高地倏地从海岸边升起，冰川从高山往下，向着海洋移动。我们的飞机在千里冰冻的雪地上空飞行了数百英里，偶或看到黑漆漆、光秃秃的山头从雪地中冒出来，就像零零星星的黑色岛屿。只有在飞机从高地上空慢慢降落于西海岸时，我才瞥见岛屿边缘还镶着其他两种颜色：棕色的砂砾和浅绿的苔藓。

飞机在格陵兰岛南部的主要机场纳萨尔苏瓦克降落之后，我越过冰山漂浮的峡湾，前去红毛埃里克在岛上的定居之地——布拉塔利德[1]凭吊一番。我很讶异，在冰天雪地的格陵兰岛竟然冒出这么一片绿地，也许埃里克说的"绿色土地"不是幌子。我千里迢迢从洛杉矶飞到哥本哈根，再来到格陵兰岛，跨越了13个时区，真可谓精疲力竭。我在布拉塔利德的一家青年旅舍下榻，放下背包，随即去走访那古挪威人的遗址。没多久眼皮就张不开了，我累得再也无法走动，索性在草地上躺下。这里的草地茂密丰软，有如绿色长毛地毯，还有厚厚的苔藓，点缀着鹅黄的毛茛和蒲公英、蓝色的风铃草、雪白的紫苑和粉红的柳兰。我无需床垫、枕头，就在大自然这张最柔软、最美的大床上沉沉睡去。

我的友人挪威考古学家克里斯蒂安·凯勒说道："在格陵兰岛，只要找到有资源可用的土地，就像挖到了宝，生存就不是问题。"格陵兰99%的土地都是不能居住的白色雪地或黑色山头，只有西南海岸两大峡湾之间的绿地适合人居。狭长的峡湾深入的内陆区，土地平坦，牧草丰美，就像我小憩的青草地，实在是天然的牧场（见插图17）。靠近海岸之处则因受寒流影响、冰山漂浮，加上盐雾和强风吹袭，草木很难生长。从984年到15世纪的近500年间，这两大峡湾地区孕育了欧洲文明最偏远的一隅，斯堪的纳维亚人在这距挪威1 500英里之地兴建教堂，用拉丁文和古挪威文写作，制作铁器，饲养牲畜，按照欧洲最新流行的样式剪裁衣装——但它最后还是走向消亡。

赫瓦勒塞教堂遗迹便象征着维京人在格陵兰岛消失之谜。这座教堂是格陵兰岛最著名的建筑，每一本介绍格陵兰岛的旅游指

---

[1] 布拉塔利德，即今天的卡西亚苏克。——译者注

南上都能看见这座教堂的图片。赫瓦勒塞教堂坐落在峡湾尽头的草地上，依山傍水，一旁就是长而广的峡湾，放眼望去，附近几十平方英里的景色尽收眼底。教堂的墙面、西门、壁龛和石制山墙依旧完好，只有屋顶不见了。教堂附近还有维京人当年的房舍、谷仓、仓库、船屋和牧场。在所有中世纪的欧洲社会中，遗迹保存得最好的就属格陵兰岛，是因为这些遗址在被维京人放弃之后一直保持原样，不像不列颠或欧洲大陆的中世纪遗迹，因为持续有人居住或后期新建筑物的出现而遭到破坏。今天，我们来到赫瓦勒塞，会看到这里的教堂、房舍一如当年，好像维京人会从里面走出来似的，但此刻这里一片寂静：方圆20英里内，完全没有人居住（见插图15）。无论谁是教堂当初的兴建者，都在此建立了一个欧洲社会，并且生活了好几百年，只可惜没有足够的能力将其维持更久。

在中世纪格陵兰岛出现的人，除了维京人，还有另一个族群，那就是因纽特人（又称爱斯基摩人），这就使得格陵兰岛上的维京社会消亡的历史之谜变得更加复杂。在冰岛发展的维京人就幸运多了，只要专心应付自己的问题就好，没有其他族群搅局。最后，维京人从这个岛屿上消失了，而因纽特人却活了下来，这证明人类并非无法在此地生存，维京人的灭绝也并非不可避免。在今天的格陵兰牧场上，我们还是可以看到两个族群：因纽特人和斯堪的纳维亚人。1721年，也就是中世纪的维京人在格陵兰岛灭绝的300年后，其他斯堪的纳维亚人（丹麦人）掌控了这个岛屿。到1979年，格陵兰岛才获得地方自治权。我在这北国游历时，看到许多金发碧眼的斯堪的纳维亚人在此工作。当年在此用石块建造赫瓦勒塞教堂的人也来自斯堪的纳维亚，然而那些人早就死绝了。抚今追昔，令人不胜唏嘘。为什么中世纪的斯堪的纳维亚人无法克服问题生活下去，而因纽特人却办到了？

就像美国西南部的阿纳萨齐印第安人，格陵兰岛的维京人的命运也被置于各种单因素分析，但究竟哪种分析是对的，见仁见智，至今未有定论。最多人相信的解释是气候变化。考古学家托马斯·麦戈文就一言以蔽之："太冷了，所以他们活不下去了。"其他解释包括：维京人被因纽特人灭了；欧洲人见死不救，任其自生自灭；生态环境破坏；维京人保守、不求变通，最后只能坐以待毙等等。事实上，维京人在格陵兰岛的灭绝对我们而言极具启发意义。我在"序曲"中提出的影响人类社会的5点框架，在格陵兰岛的维京社会中都有体现。这不仅是个活生生的例子，而且有不少史迹可考。维京人留下许多有关格陵兰岛的描述（复活节岛岛民和阿纳萨齐印第安人就没留下多少文字记录），更何况相比波利尼西亚或阿纳萨齐印第安人的社会，我们比较熟悉中世纪欧洲社会。尽管如此，维京人在格陵兰岛灭绝的原因并非昭然若揭，还是留下几个重大疑点让人百思不解。

今日的气候

格陵兰岛上的维京社会从诞生到灭亡的几百年间，格陵兰岛的环境如何？维京人在格陵兰岛西岸建立的两个定居点都在北极圈以南，在北纬61~64度，与冰岛南部和挪威西岸的卑尔根、特隆赫姆纬度相当，但格陵兰岛更为酷寒，因为格陵兰岛受到来自北极的寒流影响，而冰岛和挪威受来自南方的暖流影响。虽然维京人在格陵兰岛建立定居点的地点已是全格陵兰岛气候最温和的地方，但那里的气候形态还是可以用4个词概括：严寒、多变、多风和多雾。

今天各个定居点的夏日平均气温在靠近海岸之处为5~6℃，峡湾内部约是10℃。虽然听起来不是很冷，但这可是在一年中最热的月份。此外，来自冰盖的干冷强风不时从北方吹来，还会带来浮冰，即使是夏日，峡湾也常会被冰山阻塞，从而引发大雾。我在夏季探访格陵兰岛时，曾领教过当地多变的气候，一会儿下大雨，一会儿刮强风，不一会儿又雾茫茫了。当地人告诉我，这都是很常见的，而且时常阻碍航只航行。格陵兰岛由于多曲折深邃的峡湾，最主要的运输工具还是船。（即使到了今天，格陵兰岛各个主要城镇之间仍无道路相通。有路可通的城镇多半位于在同一峡湾的同一侧，或是位于无崇山峻岭阻隔、道路可以穿过低平山丘的邻近峡湾。）我第一次计划前往赫瓦勒塞教堂的时候，就因暴风雨而无法成行。记得那天是7月25日，我坐船到卡科尔托克，当天还是晴朗的好天气，翌日就碰上了强风、大雨、浓雾和冰山，只能坐困愁城。幸好27日天气好转，我才能顺利前往赫瓦勒塞一游。隔天，当我离开卡科尔托克返回布拉塔利德时，又是晴空万里。

我曾在盛夏来到格陵兰岛最南边的维京人定居点，正是格陵兰岛最怡人之时。然而，对我这个习惯艳阳天的加州人来说，那里的天气还是"冷飕飕"的。我在风衣下穿了T恤、长袖衬衫、运动棉衫，风衣外往往还要再套上厚厚的派克大衣。这派克大衣是我第一次去北极时买的，如今又派上用场。格陵兰岛的天气说变就变，忽冷忽热，而且通常隔不了一个小时。在格陵兰岛户外行走，我光是为了适应天气变化，将派克大衣穿穿脱脱，就忙得不可开交。

现代格陵兰岛的气候不但瞬时生变，而且岛上不同地方、不同年份之间的气候差异都很大。难怪我的友人克里斯蒂安·凯勒说，在格陵兰岛讨生活，找准地点非常重要。每年气候的变化会影响牧草的产量，而牧草就是维京人的经济支柱。同时，气候也会影响海面浮冰的多寡。浮冰一多，甚至将海面冰封，不但不易捕猎海豹，水路贸易也会中断，如此一来，维京人的生路就面临挑战。格陵兰岛上本就只有维京人定居点勉强称得上适宜种植牧草，换个气候条件稍差的地点或是遇到较寒冷的年份，就无法生产足够的牧草，到冬天牲畜就要挨饿了。

格陵兰岛上不同地点的气候存在很大的差异，这一点可从两大维京定居点看出来。这两个定居点一北一南，相距 300 英里，但不叫北部定居点和南部定居点，反而以东部定居点和西部定居点命名，因此很容易让人误解。（几个世纪后，欧洲人前往格陵兰岛寻找消失已久的维京人，在格陵兰岛东岸遍寻不着东部定居点，却不知所谓的东部定居点在西岸。）偏北的西部定居点虽然在夏季和东部定居点一样温暖，但其生长季节较短（西部定居点气温在 0℃ 以上的月份只有 5 个月，东部定居点则有 7 个月），这是因为位置越偏北，阳光灿烂、温暖和煦的夏季就越短。此外，靠近海岸的峡湾出口处因直接受到格陵兰寒流的影响，气候较为寒冷、潮湿且多雾。而离海洋较远的峡湾内部因有屏障，气候较为和暖。

我在格陵兰岛游历时，印象很深刻的就是有些峡湾有冰川覆盖，有些峡湾则没有，这也和不同地点的气候差异有关。有冰川流入的峡湾常出现冰山，没有冰川流入的峡湾内偶尔有从海洋漂流过来的冰山。就以我7月造访过的伊加利库峡湾（维京人的赫瓦勒塞教堂就在此处）为例，由于没有冰川流入，峡湾内看不到冰山。至于埃里克斯峡湾（布拉塔利德所在地），因有一条冰川流入，峡湾内零零星星漂浮着冰山。邻近布拉塔利德北边的塞尔米利克峡湾，因为有许多大冰川流入，一片雪白。（尽管格陵兰岛的总体颜色单调，但峡湾呈现另一种多姿多彩的风貌——冰山的大小和形状各异，实在引人入胜。）当克里斯蒂安·凯勒在埃里克斯峡湾内的一处遗址做考古研究时，他常徒步爬过山头到北边的塞尔米利克峡湾，那里也有个遗址，有几个瑞典同行在那儿工作。那些瑞典人驻扎的营地要比凯勒的更寒冷，过去维京人在那里生产的牧草也比较少。

我们可从近代格陵兰岛居民的经验来看岛上每年气候变化的情况。从20世纪20年代开始，格陵兰岛居民又开始在牧场上养羊了。如果气候湿润、草木茂盛，对牧羊人来说可是个好消息。这么一来，羊群可以吃的草料就多了，野生驯鹿也有更多丰美的青草可吃（当地人就可猎捕这些驯鹿来打牙祭）。如果在8月和9月收割干草之时，雨下个不停，干草的产量就会变少。若是夏天太冷，干草生长季缩短，那就不妙了。冬天太长也是坏消息，因为牲畜就得在围栏内多待几个月，如此又需要消耗更多的干草。再者，夏季有浮冰从北方漂来也是问题，因为这会导致多雾，多雾又不利牧草生长。所以，今天在格陵兰岛养羊相当于靠天吃饭，中世纪的维京人必然也得听天由命。

古代的气候

今天,我们可观察到格陵兰岛每年或每10年的气候变化,那么过去的气候变化如何呢?例如,维京人刚踏上格陵兰岛之时,那里的气候如何?接下来的500年又有什么改变?要掌握过去格陵兰岛的气候变化,我们有三方面的数据可参考:书面记录、花粉样本和冰芯研究。

首先,在格陵兰岛殖民的维京人已有文字,加上已有读写能力的冰岛人和挪威人不时来访,如果他们愿意记录一下当时的天气情况,对后世将有很大的参考价值。可惜的是,目前我们尚无有关中世纪格陵兰气候的第一手记录。尽管如此,我们还是可从中世纪冰岛人偶然在日记、编年史和报告中提到的冰岛天气的状况,推测格陵兰岛的情形。虽然两地的气候不完全相同,但如果冰岛某一段时期的气候特别寒冷,格陵兰岛应该也差不多。如果冰岛附近出现海冰,使得格陵兰岛和冰岛或挪威之间的水路不通,格陵兰岛受到的影响就大了。

有关格陵兰岛的古代气候研究,第二种资料是花粉样本。花粉研究学家从格陵兰岛的湖泊和沼泽中取出柱状沉积物来分析,借以了解当年植被的情况。我们讨论复活节岛和玛雅时,也曾提到这种研究(见第二章和第五章)。一般人不见得对湖泊或沼泽底部的泥土有兴趣,但那可是花粉研究学家的极乐世界——挖得越深,就越接近过去;越深层的泥土就是从越久远的年代沉积下来的。以沉积物样本中的有机物质进行放射性碳年代测定,科学家就可推测沉积物形成的年代。再者，每一种植物的花粉在显微镜下看起来的形态各有不同，因此我们可从沉积物样本中的花粉得知，在具体某个年代那湖泊或沼泽附近有什么植物。花粉研究学家发现，随着时间的推移，来自耐寒的草或莎草的花粉越来越多，来自需要温暖气候的树木的花粉越来越少，可见中世纪的格陵兰岛气候变得越来越寒冷，但也可能是维京人砍伐森林造成的。花粉研究学家已知如何区分花粉减少是因气候变化还是由砍伐森林造成。

第三，有关格陵兰岛古代气候最详尽的资料来自冰芯研究。由于格陵兰岛气候寒冷，时而潮湿，树木不但矮小，而且只生长在部分地区，木头很容易腐坏。格陵兰岛不像气候干燥的美国西南部，木头可保存数百年之久，并且留下保存完好的年轮，让研究阿纳萨齐印第安社会的考古学家得以重建每一年的气候资料。虽然格陵兰岛没有树木年轮可供参考，但是科学家可以研究冰层。年年落在格陵兰岛冰盖上的雪，堆积得越来越厚、越来越重，下层的雪就会被挤压成冰。冰雪含有三种不同的氧同位素，也就是三种原子量略有不同的氧（质子数和电子数相同，但中子数不同）。其中最多的是自然氧，也就是氧–16（即原子量为16的氧），占比约为99.8%，还有少许的氧–18，占比为0.2%，氧–17的量就更少了。这三种氧同位素都很稳定，没有放射性，但还是可利用一种被称为质谱仪的仪器将其区别出来。冰雪形成的时期越和暖，所含氧–18的比率就越高。因此，每一年夏天降下的雪中氧–18的比率要比同一年冬天降下的雪高。同理，温暖的年份和寒冷的年份相比，同一月份降雪中的氧–18比率也会较高。

因此，如果你往下钻探格陵兰岛的冰盖（在格陵兰岛进行冰芯研究的科学家目前已钻探了2英里深），并测量不同深度下氧–18所占的比率，你会发现氧–18所占的比率会出现高高低低的波动。因为你从某一年夏天的冰层钻到前一年冬天的冰层，再深入前一年夏天的冰层，这是可以预期的季节性气温变化。你还会发现不同年份的夏天之间或不同年份的冬天之间的氧–18所占比率也有差异，这就源于气温在不同年份之间的波动，这种波动是无可预期的。因此，在格陵兰岛研究冰芯，就像考古学家在阿纳萨齐印第安部落研究树木年轮，可以得知每一年夏季和冬季的气温变化。研究冰芯还有一个额外的好处：测量连续两个夏季（或冬季）之间的冰层厚度，就可看出那一年的降雪量。

冰芯中还暗藏着另一种气候特征——风暴度，这就不是通过研究树木年轮可以得到的数据。暴风会把格陵兰岛近海的盐雾吹到内陆，盐雾飘到冰盖上空时有些会变成雪落下来，这种雪就含有海水中的钠离子。暴风还会把远方大陆的沙尘吹到冰盖上，而沙尘内含钙离子。纯水形成的雪就没有钠、钙这两种离子。如果在某一年形成的冰层中含有高浓度钠离子和钙离子，那一年必然多风暴。

总之，我们可从中世纪冰岛人的书面记录、花粉样本和冰芯中重建格陵兰岛古代的气候资料，特别是冰芯研究的分辨率高，可让我们重建逐年气候变化的详细资料。那么到目前为止，我们有什么发现？

我们发现，14 000年前，也就是上一次冰期结束后，气候变得和暖，这与我们预期的结果不谋而合。那时，格陵兰岛的峡湾区只能算是"凉爽",而非"酷寒",还长出一片低矮的森林。但格陵兰岛的气候在过去的 14 000 年里并不是趋于稳定、没有变化。有几个时期,气候变得寒冷,然后气温又回升,变得比较温和。这样的气候变化在很大程度上解释了在维京人到达之前,美洲原住民为何会移居格陵兰岛。北极地区可供捕猎的野生物种虽然寥寥无几,只有驯鹿、海豹、鲸和鱼,但一般而言每一种的数量都不少。如果这些野生物种灭绝或迁徙到其他地方繁殖,那么这些美洲原住民为了生存下去,只好转往物种较多、纬度较低的地区发展。简而言之,极地(包括格陵兰岛)的历史就是这样:人类族群在一大片土地上落脚,生存了好几百年之后,因为气候变化导致猎物减少,最后人口也渐渐凋零或是消失。

在 20 世纪的格陵兰岛,人们已经亲眼看到这种气候变化对以捕猎野生动物为生的原住民的影响。20 世纪初,海水升温使得海豹几乎在格陵兰岛南部绝迹。后来气候转冷,大群海豹才又现身。1959—1974 年,气候变得非常寒冷,受海冰影响,随着季节迁移的海豹数量变少,总猎捕量也很少。格陵兰岛居民于是改以环斑海豹为捕猎对象。这种海豹会在冰上钻洞,借以呼吸,因而可以不受海冰影响。来自美洲的原住民(即因纽特人)便因为类似的气候波动,为了追逐猎物来到格陵兰岛。他们大约于公元前 2500 年在此建立第一个定居点,在公元前 1500 年左右式微或消失,之后又卷土重来,最后在 980 年左右维京人到来之前,完全放弃了格陵兰岛南部。因此,维京人一开始在格陵兰岛落脚之时,并没有看到任何因纽特人,然而他们还是发现了那些原住民的遗迹。气候和暖对初抵格陵兰岛的维京人自然是件好事,但也是个不幸，因为这为因纽特人的扩张提供了契机，也为维京人的灭亡埋下伏笔。气候和暖，加拿大北边诸岛冰封之处在夏季融化，水路通畅，因纽特人不但可大肆捕猎出现在这个海域的弓头鲸，而且可以迅速越过白令海峡往东扩张，最后在1200年左右来到格陵兰西北部。

我们通过冰芯研究得知，800—1300年，格陵兰岛的气候相当温和，和今天的气候差不多，甚至还要更温暖一点。这个时期就是所谓的中世纪暖期，维京人就在此时踏上格陵兰岛，在岛上种植牧草、饲养牲畜。以格陵兰岛过去14 000年的气候标准而言，这样的气候不可多得。从1300年开始，北大西洋的气候转冷，每年的差异也越来越大，渐渐步入寒冷的小冰期，直到19世纪气候才又转暖。1420年左右，正是小冰期威力最强的时候，夏季的格陵兰岛、冰岛和挪威附近海域都是浮冰，格陵兰岛通往外界的水路因此中断。对过去在极地生活的因纽特人来说，这种气候不算是难以忍受的酷寒。再者，因气候寒冷而出现大量环斑海豹，反而是好事一桩。但对以种植牧草为生的维京人来说，碰上这种气候就是灾难。后来，格陵兰岛的维京人走向灭绝。这个不幸背后的一个原因就是小冰期。不过，从中世纪暖期到小冰期的转变非常复杂，我们不能以"天气变得越来越冷，他们就活不下去了"这种简单的说法来解释维京人的命运。在1300年之前，格陵兰岛也曾零零星星地出现几次寒冷时期，维京人还是熬了过去。在1400年之后，气候几度转暖，维京人却没能活下来。令我们大惑不解的是：面对同样的挑战，维京人为何不向因纽特人学习成功克服小冰期挑战的经验？

本土动植物

思及格陵兰岛的环境因素时,我们先来看看原产于此地的动植物。格陵兰岛最宜于植物生长的地带就在西南部海岸狭长峡湾深入内陆的区域,即东、西部定居点所在地点。这里气候温和,加上峡湾的屏障,可以避免盐雾的入侵。除了牛羊吃的牧草,其他在格陵兰岛生长的植物依地点而异。在寒冷的高地和峡湾的出海口,因为严寒、多雾,加上盐雾的影响,一般植物很难生长,只能看到营养价值低、矮小的莎草。莎草比牧草耐旱,甚至在干燥的砾石地都可生长。在不受盐雾影响的内陆、陡坡、冰川附近强风凛冽之处则寸草不生,只有光秃秃的岩石。在气候条件不是那么恶劣的内陆地区则生长着一些低矮的灌木。也有条件较好的内陆地区——地势低平、土壤肥沃、没有风害、水源无缺、向南(日照充足),这样的地区往往能长出一片树林,有矮桦、矮柳,还有些杜松和赤杨,虽然高度大都不及 16 英尺,但在最好的地点也能长出 30 英尺高的桦树。

在今天放牧绵羊和马匹之地,景观又截然不同,想必在维京人放牧的中世纪应该也是如此(见插图 17)。例如加登牧场和布拉塔利德附近,斜坡平缓,草地湿润,野花繁多,绿草丰美,可达 1 英尺高。丛生的矮柳和矮桦因为被羊啃噬,只有约莫 1.5 英尺高。在比较干燥、坡度较陡或是裸露的原野上,长出来的草或矮柳更只有几英寸高。只有在没有羊或马啃噬的地方,比如纳萨尔苏瓦克机场附近有围篱保护的地方,我看到了高达 7 英尺的矮柳或矮桦。由于附近有冰川,寒风强劲,这些树都被吹弯了腰。

至于格陵兰岛的野生动物,对维京人和因纽特人来说,最重要的是陆地和海洋哺乳动物、鸟类、鱼类和海洋无脊椎动物。在维京人过去活跃的地区，格陵兰岛本地的大型陆生食草动物只有驯鹿（不考虑北方的麝牛）。极地的拉普人和欧亚大陆其他的原住民族群曾将其驯化，但维京人和因纽特人未曾做到这一点。北极熊和狼只出现在维京人定居点以北的地方。比较小的猎物则包括野兔、狐狸、陆上禽鸟（最大的是雷鸟，为松鸡的一种）、淡水鸟（最大的是天鹅和雁）、海鸟（特别是绒鸭和海雀）等。最重要的海洋哺乳动物有6种，对维京人和因纽特人而言意义各有不同，与它们的分布地区和行为差异有关，我将在后面详述。这6种海洋哺乳动物中最大的是海象。此外，格陵兰岛海岸附近还有好几种鲸，因纽特人是捕鲸好手，维京人则不是。格陵兰岛的河流、湖泊和近海鱼类丰富，可食的海洋无脊椎动物中最有价值的是虾和贻贝。

定居点

根据北欧传奇和中世纪的历史，大约在980年，一个被称为红毛埃里克的脾气暴躁的挪威人被控谋杀，不得不离开挪威前往冰岛。没想到他到了冰岛后又杀了几个人，因而被驱赶到冰岛其他地方。后来，他和人发生口角，再起杀心，又有几个人惨死在他的手下，于是自982年起，他被判流放三年，其间不得踏上冰岛一步。

埃里克依稀记得，几十年前有一个叫贡比约恩·乌尔夫松的人在航向冰岛的途中被风吹离航道、偏向西边航行，结果发现几个光秃秃的小岛。今天，我们已知那些小岛就在格陵兰岛东南海岸不远处。978年，埃里克的远亲斯奈比约恩·加尔蒂也登上这些小岛，结果因为跟同船水手发生口角，被人杀死。埃里克于是前往那几个小岛试试运气，他花了三年时间探索了格陵兰岛大部分的海岸，在峡湾深处发现良好的牧地。放逐期满回到冰岛后，他再次跟人发生冲突，因为落败又不得不远走他乡。这一回，他宣称他将前往不久前发现的格陵兰岛，那里有美丽的草地，是放牧的天堂。不少人打算跟他前去，因此他带领了25艘船浩浩荡荡航向格陵兰岛。在接下来的10年里，冰岛人听说格陵兰岛名不虚传，前一批的移民已在那里安家立业，于是又有三艘船载着冰岛人过去。到1000年，格陵兰岛东、西部定居点已具规模，所有适合放牧的土地都已经被开发利用。那时候格陵兰岛的维京人总数约有5 000人：西部定居点约1 000人，东部定居点则有4 000人左右。

维京人从他们的定居点出发，沿着西岸往北探险和狩猎，足迹至北极圈附近。最北甚至曾到北纬79度之地，离北极只有700英里左右。考古学家在那儿的一个因纽特人遗址发现很多维京人遗留之物，如锁子甲、用于做木工的刨子、船用铆钉等。他们在北纬73度的石堆纪念碑上发现更多维京人在北方探险的证据，包括1300年左右竖立的石碑，上面刻有维京人用北欧卢恩字母书写的碑文：西弗瓦特森、索达森与奥德松三人于小祈祷节（4月25日）前一个周六立碑。

牧业

维京人在格陵兰岛的生计主要靠放牧（饲养牲畜）和捕猎野

生动物。红毛埃里克从冰岛带去了牲畜。由于挪威和冰岛的气候比较温和,人们所需食物大多来自放牧和栽种的作物(特别是挪威);格陵兰岛因气候条件恶劣,维京人无法光靠自己饲养的牲畜生存下去,必须捕猎许多野生动物来吃。

前去格陵兰岛殖民的维京人,起先也希望自己的牧场像家乡领主的牧场一样"六畜兴旺":他们饲养很多的牛和猪,绵羊的数量少一些,山羊更少一些,还饲养了马、鸭和鹅。针对格陵兰岛上维京人定居地在不同时期的贝冢,考古学家进行放射性碳年代测定,并辨识其中的动物骨头,发现维京人打算饲养的牲畜到了寒冷的格陵兰岛有些水土不服。鸭和鹅等家禽马上就消失了,或许在航向格陵兰岛的旅程中已经死得差不多了。考古学家在格陵兰岛进行挖掘研究时,没有发现任何饲养鸭和鹅的证据。虽然在挪威的森林里有很多可供猪吃的核果,而且维京人也认为猪肉是所有肉品当中最珍贵的,但格陵兰岛没有多少林地,而且猪会对脆弱的植物和土壤造成很大破坏,因此养猪实在没有多大的好处。没多久,猪的数量就变得非常少,最后甚至灭绝了。考古学家在格陵兰岛上发现了驮鞍和雪橇,表明维京人利用马来当运输的畜力。由于基督教禁止吃马肉,贝冢中很少发现马的骨头。在格陵兰的气候条件下,养牛比养绵羊或山羊都要辛苦。因为每年只有在夏季三个不下雪的月份才能在草地上放牧,其他9个月都得在室内饲养,以干草等草秣来喂食。因此,维京人夏天时就得忙着准备这些粮草。养牛很辛苦,而且费事,如果维京人不养牛,应该可以省去一些麻烦。于是,维京人在格陵兰岛饲养的牛只数量的确越来越少,但由于他们很看重牛这种动物,因而一直未能完全放弃养牛。

　　不过，维京人食用的肉品还是以羊肉为主，毕竟绵羊和山羊较适应寒冷气候。绵羊和山羊还有一个长处：它们能在冬天的冰雪之下挖掘出青草来吃。在今天的格陵兰岛，绵羊每年可在户外放养9个月（牛只能在户外放养3个月），只有在雪下得最大的那3个月才需要转移到畜棚内饲养。在维京人早期的定居点，绵羊和山羊加起来还没有牛的数量多，后来羊越来越多，总数足足有牛的8倍之多。至于绵羊和山羊的比例，冰岛人饲养的绵羊数量是山羊的6倍或以上，在格陵兰岛上早期维京人定居点，最好的牧地也差不多如此。但随着时间的推移，格陵兰岛上山羊的数量越来越多，最后和绵羊数量相当。这是因为山羊比绵羊更能适应恶劣的环境，就算是粗硬的树枝、灌木或矮小的树木，山羊也能啃食。虽然维京人初抵格陵兰岛之时对牛情有独钟，其次是绵羊，最后才是山羊，但最适合在格陵兰岛饲养的牲畜是山羊，其次是绵羊，最后才是牛。大多数的牧场（特别是更偏北、条件勉强可以放牧的西部定居点）到头来是山羊一大堆，牛寥寥无几。这是无可奈何的事，只有牧草最为丰美的东部定居点还能继续以牛为重。

　　目前在格陵兰岛还看得到中世纪维京人留下的牛舍——牛一年中有9个月都待在里面。牛舍是用石头和草皮墙砌成的狭长建筑物，墙造得很厚，是为了让牛在寒冬可以保暖。因为格陵兰岛的牛不像绵羊和山羊那样耐寒。牛舍中每一头牛都有一个单独的长方形牛栏，以石板相隔。今天，很多牛舍遗迹内还可见到那些石板好端端地立着。从牛栏的尺寸、牛舍的高度以及考古学家挖掘出来的牛的骨骸来判断，若与现代世界的牛相比，维京人在格陵兰岛养的牛可说是现代世界已知的最小的品种，肩高不到4英尺。那些牛整个冬天都待在牛舍里，粪便在牲畜周围堆积如山。到春天，养牛的人家就忙着把这些粪便铲到外面。冬天时，牛舍里的牛以干草为食，如果干草不够，就以海藻充数。格陵兰岛的农民很辛苦，必须跟着住在牛舍、忍受满地牛粪，而且眼看牛变得越来越虚弱瘦小又吃不下海藻的时候，就须强行喂食。5月，当冰雪开始融化、绿草再生之际，终于可以把它们放到户外吃草。只不过那时牛已经虚弱到无法走动，农民又得把它们抬到外面。碰上特别严酷的冬天，贮存的干草和海藻在新草长出来之前就被吃光了，农民就得将杨柳和桦树刚长出的枝叶采来给牛吃，免得它们饿死。

维京人在格陵兰岛养牛、绵羊和山羊的主要目的是获得它们的奶，而不是吃它们的肉。牛羊在五六月份生产，在夏季短短的几个月内会分泌乳汁。维京人会将牛奶或羊奶制成奶酪、奶油和吃起来很像酸奶的"skyr"。他们用大桶把这些乳制品装起来，放在山间溪流中或草皮屋内以低温储存，冬季就可以它们为食。由于气候严寒，格陵兰岛的绵羊毛和山羊毛富含油脂，可以防水，是高级毛料。维京人也吃牛肉或羊肉，但这些肉品都来自淘汰的牲畜。每年秋季，农民会计算贮存的干草可供多少牲畜过冬，然后把养不起的宰杀掉。即便如此，可以宰杀的牲畜数量还是有限，肉品依然不足。因此，农民宰杀牲畜之后，几乎会把它们的每一根骨头都敲碎，一点骨髓都不浪费。只有格陵兰岛的维京人才这么做，其他地区的维京人不至于节省到这个地步。猎术精湛的因纽特人捕到的野生动物要比维京人多，因而就留下很多腐烂的动物骨髓和脂肪，引来大批苍蝇。考古学家在他们的遗址中发现许多苍蝇幼虫的化石，而维京遗址的苍蝇就没有这等"豪华大餐"。

在格陵兰岛，要养一头牛，光是一个冬天就得准备好几吨干草，养羊就省事得多。因此，大多数的维京农民从夏天就开始忙着收割牧草，然后将其晒干、贮藏起来。贮藏干草的数量关系到冬天可以喂养的牲畜数量。如果冬天持续时间太长，原来贮藏的干草量就会不够，而冬天的长短往往很难预估。所以，每年9月就是维京农民大伤脑筋的时候：他们必须根据准备的干草量和预估的冬天长度，决定留下多少牲畜。如果宰杀牲畜太多，到了翌年5月干草没吃完，农民就会悔不当初，怨自己没多留下牲畜；要是宰杀的牲畜太少，在5月到来之前，干草可能已经吃得精光，到头来所有的牲畜都要活活饿死。

维京人在格陵兰岛种植牧草的田地分为三种。第一种是农舍附近的田地，也就是所谓的"内田"。内田的生产效率最高，完全被用来种植牧草，农民会用篱笆把田地围起来，免得牲畜跑进去践踏、啃噬。他们还会给内田施肥，以促进牧草的生长。在加登牧场等古老的维京牧场遗迹中，还可见到以前留下来的水坝、沟渠等引山涧溪流到田里的灌溉系统，为的是提高田地的牧草产量。第二种是所谓的"外田"，也就是离农舍较远的田地。第三种叫作"夏季牧场"或"高地牧场"，是维京人从挪威和冰岛引进的放牧方式。夏季，他们在适合种植牧草、放牧的高地上建造棚屋，就近照料牲畜。冬天一到，气候严寒，他们就得下山。虽然这种放牧有季节性，但是有些地点就像迷你牧场，有农民住的房子。夏天时农民就在这里照顾牲畜、种植牧草，冬天才返回山下的农舍。每年最先融雪、长出青草的总是低地，然后才轮到地势较高的地区。新长出的草富含营养，而且容易消化。因为格陵兰岛的可用低地有限，夏季放牧不失为一个解决之道，趁着夏季高地冰雪融化、长出新草，就把牛羊赶上山吃草。

正如前文提到的，克里斯蒂安·凯勒曾说过："在格陵兰只要找对地方，就像挖到了宝，生存就不是问题。"即使在格陵兰岛最有可能适合作为牧场的两个峡湾区域，实际上也根本没有几个好的放牧地点，而且分散在各处。我沿着格陵兰岛的峡湾区域游走时，尽管作为一个四体不勤、五谷不分的都市人，渐渐也能掌握维京人选择放牧地点的诀窍。虽然来自冰岛和挪威的维京人都是经验丰富的农民，但是我有后见之明的优势：我已经知道哪些地点是他们试过的，哪些地点尝试的结果不如人意，哪些地点最后被放弃了。当年的维京农民可没有未卜先知的本事，他们往往要尝试多年，甚至需要几代人的时间才能从错误中吸取教训，辨别哪些看起来条件良好、实则并不适合作为牧场的地点。下面就是我研究出的一套"中世纪格陵兰岛牧场选择标准"：

第一，广阔平坦或斜坡平缓的低地（海拔在700英尺以下）是首选，最适合开垦为种植牧草的"内田"。这是因为低地的气候最为和暖，没有雪的生长季也最长，而且地势平坦更有利于牧草生长（陡坡上的牧草往往长得比较差）。加登牧场就是最好的例子，面积大且地势低平，瓦特纳佛非的一些牧场则次之。

第二，如果找不到广阔的低地，则退而求其次，地势中等

（海拔在1 300英尺以下），面积广阔的"外田"是种植牧草的次优选择。根据统计，大多数维京牧场在低地生产的干草不够。考古学家通过实地估量牛舍和兽栏遗迹，发现低地所产干草量远不足以饲养当时的牲畜。因此，把牧场往地势较高的地区发展不失为变通之道。红毛埃里克的布拉塔利德牧场就是一个典型的例子。

第三，在北半球，南向的山坡可以得到最多的日照。春天时，南向的坡地冰雪融化最快，牧草的生长季就可多几个月，每天的日照时间也比较长。在格陵兰岛，最好的牧场都是南向的，如加登牧场、布拉塔利德牧场、赫瓦勒塞牧场和德桑内斯牧场，无一例外。

第四，附近要有溪流或灌溉系统，以保障牧场所需的水源，增加干草产量。

第五，切忌把牧场设在面向冰川的地方或设在冰川附近，否则在凛冽寒风的吹袭下，不但牧草长不好，土壤也会使大量放牧的牧场土壤侵蚀问题更加严重。像纳赫萨克和塞尔米利克峡湾的牧场就受到冰川诅咒，一直无法摆脱贫穷困苦的命运。此外，在科若克河谷源头和瓦特纳佛非区地势较高处的牧场也是，维京人最后都不得不放弃。

第六，如果可能，牧场坐落的峡湾最好有良好的港口，以便物资运输。

狩猎和渔业

光靠乳制品，哪能养活在格陵兰岛生活的那5 000名维京人？种植作物恐怕也于事无补。格陵兰岛气候严寒、生长季又短，种什么都不适宜。根据中世纪挪威人的记录，大多数格陵兰岛的维京人终其一生不知小麦为何物，从来没见过面包，也没喝过啤酒。今天，格陵兰岛的气候已经回暖，和维京人刚来到这块土地的时候差不多。我在过去维京人开垦的加登牧场看到两个小种植园，今天的格陵兰人在此种了些耐寒的蔬菜，像卷心菜、甜菜、大黄、莴苣和马铃薯。除了马铃薯之外，中世纪的维京人可能也种过这些作物。马铃薯是格陵兰岛的维京人灭绝后才从欧洲传入的。那时的维京人在气候特别和暖的年头或许也种过一些大麦。在以前的加登牧场和东部定居点的其他两个牧场，我还看到有人在悬崖底部栽种作物。或许此处阳光带来的热能不至于流失太快，比较暖和，加上有天然屏障，不会受到强风吹袭，羊群也不会前来啃噬。至于维京人在格陵兰岛栽种作物最直接的证据，则是亚麻花粉和种子的发现。亚麻是源于中世纪欧洲的作物，格陵兰岛本来没有，必然是维京人带过去的。亚麻能织布，还可榨油，非常实用。即使维京人真的在格陵兰岛种了些其他作物，想必也不够吃，也许只是供几个领主或主教偶尔尝尝的珍馐。

反之，让这些维京人得以填饱肚子的是野生动物的肉，特别是驯鹿和海豹。格陵兰岛上的维京人吃这两种动物的数量远超过挪威或冰岛的维京人。格陵兰岛的驯鹿喜欢成群结队，夏天在山间悠游，冬天就会下山。考古学家在维京人的贝冢中发现驯鹿的牙齿，显然它们是在秋天遭到捕猎的。维京人很有可能是集体行动，带着猎狗（贝冢中也发现大型猎鹿犬的骨头）、拿着弓箭，一行人浩浩荡荡地去猎杀驯鹿。维京人捕猎的海豹主要分三种：一种是常年以格陵兰岛海岸为家、春天会到峡湾内繁殖的环斑海豹（又称港海豹），维京人很容易在船上撒网捕猎，或是乱棒将之击毙；另外两种是洄游类的竖琴海豹和冠海豹，它们在纽芬兰繁殖，但在每年5月左右会沿着海岸线大群迁徙至格陵兰岛。由于竖琴海豹和冠海豹不会进入峡湾，只在海岸徘徊，维京人只好在离牧场几十英里的峡湾外设季节性捕猎据点。对于格陵兰岛的维京人来说，这两种海豹于5月到来，正是时候。因为前一年夏天制造、贮藏的乳制品已经吃得差不多了，前一年秋天猎杀的驯鹿也快吃完了，而牧场上的积雪还没融化，不能在外放牧，牲畜也还没下崽、分泌乳汁，正是青黄不接之际。幸好还有竖琴海豹和冠海豹可捕猎来吃，不然维京人真的要饿死了。由此看来，在格陵兰岛讨生活实在很不容易，要是碰上特别寒冷的年头海岸冰封严重海豹无法迁徙，或是受到因纽特人阻挠，生活就会陷入绝境。而且在这种寒冷的年份，夏天较冷，干草产量本就大减，到了冬天又处处冰封，维京人的生路恐怕就会断绝。

由于人体和动物骨骸会留下所吃食物的同位素特征，通过对古代骨骸的碳同位素分析，我们就可计算出格陵兰岛的维京人或岛上动物一生中食用的海产品或陆生食物所占比例。考古学家通过对从格陵兰岛出土的维京人骨骸进行同位素分析，发现在东部定居点建立之初，维京人吃的食物中只有20%是海产品（大部分是海豹），到维京人快灭绝之时，所食海产品所占的比例已高达80%。原因可能是他们无法生产足够的干草，冬季能饲养的牲畜大减；也可能是人口增加，牲畜提供的乳制品和肉品无法养活这么多人。至于西部定居点，自始至终，维京人吃的海产品都要比陆生食物多。这是因为西部定居点位置偏北，干草产量本来就少。实际上，维京人吃的海豹数量可能比考古学家估测的还要更多。因为考古学家倾向在较大的牧场遗址进行挖掘，得到的数字是基于对大牧场的维京人骨骸的研究。至于比较贫穷的小牧场，那里的农民可能只能养一头牛，可以吃的牛肉或乳制品更少，更要依赖海豹为食物来源。以一个贫穷的西部定居点牧场的贝冢研究为例，厨余中的动物骨头中竟有70%是海豹骨头。

维京人除了严重依赖海豹和驯鹿，也吃其他小型野生哺乳动物（特别是野兔），还有海鸟、雷鸟、天鹅、绒鸭、贻贝和鲸。因为格陵兰岛的维京人没有鱼叉等猎鲸工具，所以应该是趁其偶尔搁浅在海湾才进行猎杀。不管是牲畜还是野生动物的肉，维京人如果没有吃完，就会放在被当地人称作"斯凯米尔"的石屋中贮藏、风干。这种石屋通常盖在山顶多风处，石头间留有缝隙，使通风的效果更好。

令人惊异的是，考古学家在格陵兰岛的维京遗址找到的鱼骨少之又少。尽管格陵兰岛的维京人的祖先——挪威人和冰岛人很多都是渔夫，也很爱吃鱼，但从格陵兰岛的维京遗址贝冢中挖掘出的鱼骨在全部骨头中的占比远不到0.1%，而在约莫同时期的冰岛、挪威北部和设得兰群岛，从维京遗址中挖掘出的鱼骨占比达50%~95%。例如，考古学家托马斯·麦戈文在瓦特纳佛非区的牧场遗址进行研究，只在贝冢中发现三根鱼骨。而牧场附近就有湖泊，鱼儿川游不息。另一位考古学家格奥尔·尼高从名为"Ö34"的维京牧场遗址挖出35 000块动物骨头，其中也只发现2根鱼骨。即使是鱼骨出现最多的"加斯"遗址，总共发现了166根鱼骨，但在该遗址挖掘出的动物骨头总数之中也只占

0.7%——其中的26根来自一条鳕鱼的尾部；有一种鸟类（雷鸟）的骨头数是鱼骨的3倍，哺乳动物的骨头数是鱼骨的144倍。

格陵兰岛向来渔产丰富，今日最大宗的出口品就是咸水鱼（特别是黑斑鳕和软鳍鳕），而中世纪岛上的鱼骨却寥寥无几，这真是匪夷所思。格陵兰岛的河流和湖泊中的鳟鱼及鲑鱼数量都相当可观。我在布拉塔利德青年旅舍下榻的第一晚，和一个来自丹麦的旅客共享厨房。她煮了两条大鲑鱼，每一条都重达2磅，足足有20英尺长。这鱼可是她徒手从附近小池塘抓起来的。维京人的手脚显然不会比她笨拙，他们既然能用网捕猎海豹，应该也可以在峡湾内用网捞捕到鱼。就算维京人不想吃鱼，也可以把鱼喂狗，这样就不必把海豹肉等分给狗吃，可以给自己多留一点。

每一个在格陵兰岛进行挖掘研究的考古学家，一开始都不相信格陵兰岛的维京人不吃鱼，猜想鱼骨必然是被藏起来了。或许维京人只在岸边吃鱼，而这些遗址因为地层下陷已被淹没？又或许他们把每一根鱼骨都留存起来作为肥料、燃料，或是碾碎喂给牛吃了？又或许维京人养的狗把人们吃剩的鱼都叼走了，最后把鱼骨埋到没有人可以挖得到的地方？还是说维京人有吃不完的肉，不必吃鱼？如果有吃不完的肉，他们又何必为了那一丁点的骨髓费事地把每一根骨头敲碎？有没有可能所有小小的鱼骨在地下已腐烂、分解了？可是格陵兰岛贝冢里的东西，即使是绵羊身上长的虱子和粪粒都完整地保存下来了。然而，维京人在冰岛或挪威留下的遗址以及格陵兰岛的因纽特人遗址，都留下大量的鱼骨。另一个疑点是，格陵兰岛的维京人遗址中几乎没有任何鱼钩、钓线或渔网用的沉子等，而在其他地方的维京人遗址中，这些渔具都是常见之物。

既然看不到鱼骨，我宁可单纯推断，尽管维京人世世代代都吃鱼，但来到格陵兰岛之后出现了吃鱼的禁忌。每一个社会都有一套食物禁忌，这也是其文化特征之一。在食物的禁忌当中，禁吃鱼与肉的最多。有些民族眼中的珍馐佳肴可能让另一个民族反胃作呕，无法消受。比如，法国人爱吃蜗牛、青蛙和马肉，新几内亚人吃老鼠、蜘蛛和甲虫幼虫，墨西哥人吃山羊，波利尼西亚人吃海生蠕虫——这些动物或昆虫营养丰富，如果你敢吃的话，说不定还觉得美味可口。但是，这类食物还是会让绝大多数的美国人退避三舍。

至于鱼与肉成为禁忌食物的终极原因，可能是这类食物比起植物性食物更易产生细菌或寄生虫，造成食物中毒或寄生虫病。像冰岛或斯堪的纳维亚居民会用细菌发酵法来腌制咸鱼，包括使用致命的肉毒杆菌。我这一生中病得最厉害的一次就是因吃虾引起的食物中毒，简直比疟疾还难受。虾是我在英国剑桥的市场买来的，显然不够新鲜。下肚之后，我在床上躺了好几天，腹痛如绞、上吐下泻、肌肉疼痛、头痛欲裂。这个痛苦的经验使我联想也许格陵兰岛的维京人也曾有过类似的遭遇。也许红毛埃里克在初抵格陵兰岛之时，有一次因吃鱼而食物中毒，康复后就不断好心奉劝别人不要吃鱼，要大伙儿吃东西讲究一点，别像冰岛人或挪威人那样饥不择食，免得因为吃了不干不净的东西而送命。

整合经济

由于格陵兰岛发展牧业的条件很勉强，岛上的维京人必须发展出复杂的整合经济，才能生存。这种整合包括时间层面和空间层面的：不同季节从事不同的活动，不同的牧场生产不同物产，再互通有无。

让我们从春天来开始细说维京人在格陵兰岛的一年四季：5月底和6月初是捕猎海豹的时节，为期虽短却是维京人生存的关键，彼时从纽芬兰迁徙而来的竖琴海豹和冠海豹，成群结队地出现在峡湾外侧海岸，而常驻于此的环斑海豹也出来在岸边产子，正是最容易捕捉的时候；6—8月则是农忙季节，维京农民一面放牧，一面收集牛羊乳汁，制成可以储藏的乳制品，同时也有人驶向拉布拉多砍伐木材，还有人乘船到北方猎捕海象，这时还有从冰岛或欧洲前来做贸易的货船；8月到9月初，维京人为了牧草的收割、晒干和储藏忙得不可开交，紧接着就得把牛从牧场赶回牛舍，还得把绵羊和山羊赶到畜棚附近；9月和10月则是猎驯鹿的季节；接下来从11月到翌年4月的冬季，冰封大地，维京农民便照顾牛舍和畜棚里的牲畜，还要织布，用木头盖房子、修理房舍，或处理夏日狩猎得来的海象牙，并祈祷这一年储藏的乳制品、干肉、干草及燃料能撑到大地回春之时。

除了时间层面的安排，格陵兰岛的经济整合也牵涉到空间层面。即使是最富裕的牧场，也无法不假外求、自给自足地度过一整年。这种整合包括各地物资的调度，涉及峡湾内外之间、低地和高地的牧场之间、东部和西部定居点之间，以及贫富牧场之间。例如，最好的牧场都在峡湾尽头的低地，高地因严寒、生长季短，不是放牧的最佳地点，但有驯鹿可以捕猎。海豹多集中在峡湾外侧的海岸，但那里因盐雾、多雾和寒冷，难以发展农牧。一旦遇上如峡湾冰封或冰山阻隔，峡湾内的人就无法到峡湾外打猎。为了解决空间的限制，维京人就把海豹、海鸟从峡湾外运到峡湾内，把高地捕猎到的驯鹿运到低地。例如，在地势最高的内陆牧场贝冢中，仍可挖掘出大量海豹骨，必然是从峡湾口运送几十英里而来。在内陆的瓦特纳佛非牧场，贝冢里除了绵羊骨和山羊骨，海豹骨也很常见。反之，在富裕的低地大牧场，考古学家发现的驯鹿骨甚至比高地牧场来得多，而那些驯鹿本应是在高地捕猎到的。

由于西部定居点位于东部定居点以北300英里处，相同面积牧场生产的干草量不到东部定居点的1/3。虽然如此，但西部定居点比较靠近猎取海象和北极熊之地。海象牙和北极熊毛皮是格陵兰岛输往欧洲的主要商品。东部定居点大多数的遗址中可发现海象牙，显然这些海象牙是在冬天经过处理，然后送到加登牧场等东部定居点的大牧场与欧洲人交易的。因此，虽然西部定居点比东部定居点小得多，但是仍在格陵兰岛的经济体系中占有一席之地。

贫富牧场之间的整合也很重要。干草产量和牧草生长尤其取决于两个重要因素：温度和日照时长。夏季因气温上升、日照时间变长，牧场得以生产更多的牧草或干草，从而能饲养更多牲畜。若丰年稔岁，地理位置好的牧场，如坐落于低地、峡湾内或日照充足的向南坡地，这一年的干草就能丰收，进而实现牲畜兴旺；要是牧场地理位置不佳，如位于高地、靠近峡湾外侧或不在向南坡地，牧场生产的干草或牲畜只能小有剩余。若不幸碰到灾年，天气变得更加严寒或多雾，各地牧草歉收，原本富裕的牧场虽干草减产但可能还够用，但贫穷的牧场就没有足够的干草可让所有牲畜过冬，因此得在秋天宰杀一些牲畜，在最坏的情况下，甚至所有的牲畜在春天来临前都会被饿死。至于贮存的乳制品，可能都得拿来喂小牛、小羊或自己的小孩，农民自己只能靠海豹或驯鹿的肉来填饱肚子。

我们可从维京人牧场遗迹中牛所占的空间来判断一个牧场的发展情况。在中世纪的格陵兰岛，最好的牧场就是东部定居点的加登牧场，那里养了最多的牛。这座牧场有两个大型牛舍，总计可容纳160头牛。规模次之的，如布拉塔利德和桑内斯的牧场，则养了30~50头牛。但在贫穷的牧场，只能养几头牛，甚至只有一头。因此，在灾年到来之时，富有的牧场会在春天出借几头牲畜给贫穷的牧场，让牲畜进行繁殖，从而让贫穷的牧场得以东山再起。

由此可见，格陵兰岛的维京社会具有相互依赖、互相分享的特点，例如在海岸捕猎到的海豹和海鸟会被送往内地、高地捕猎的驯鹿会被运往低地、在北部获取的海象牙会被送往南部，富有的牧场也会出借牲畜给贫穷的牧场。和世界上其他地方一样，格陵兰岛的穷人和富人之间虽相互依赖，但终究财富状况有别，格陵兰岛的贝冢里不同动物的骨头足以反映出人们不同的饮食水平。像东部定居点的牧场或比较富有的牧场，居民吃的牛肉较多，吃的绵羊和山羊较少；而西部定居点的牧场或贫穷的牧场，居民多半只有山羊或绵羊可吃，牛肉很少。西部定居点饲养牲畜的条件差，居民常以海豹果腹，遗址中就比较常出现海豹骨，还因为靠近驯鹿栖息地，驯鹿骨也很常见。而驯鹿又比海豹受欢迎，因此富有的农民（特别是加登牧场的农民）较常吃驯鹿，贫穷的农民只好多吃海豹。我到格陵兰岛考察时，也曾在好奇心的驱使下尝过海豹肉。吃了一口之后，我已经无法拿起叉子再试一口。基于饮食背景的考虑，我可以理解为何来自欧洲的维京人喜欢鹿肉远胜过海豹肉。

让我们以实际的数据来说明这个饮食倾向。例如，西部定居点一个叫作尼亚夸萨特（或称W48）的贫穷牧场，居民吃的所有肉类中，海豹肉占比高达85%，山羊肉占比只有6%，驯鹿肉占比只有5%，绵羊肉占比为3%，而牛肉占比只有1%。（不知是什么大日子才能吃到牛肉！）同时，在西部定居点最富有的桑内斯牧场，居民吃的驯鹿肉占比为32%，牛肉占比为17%，绵羊肉占比为6%，山羊肉占比为6%，海豹肉的占比只有39%。至于东部定居点的大牧场，如红毛埃里克所在布拉塔利德的牧场，居民就大有口福，吃的牛肉要比驯鹿肉或绵羊肉都多，他们很少吃山羊肉。

即使是在同一个牧场，地位高的人可以享受更高级的食物，而地位低的人只好有什么吃什么，能填饱肚子就不错了。试以两个考古研究结果来佐证：考古学家从加登牧场的圣尼古拉斯教堂的石板下挖掘出一副手执主教权杖、戴着戒指的男人骨骸，这人可能是1189—1209年驻格陵兰岛的主教约翰·阿纳森·斯米里尔。通过对该骨骸进行碳同位素分析，考古学家发现他生前吃的东西中75%是陆生食物（主要是牛肉和奶酪），只有25%来自海洋食物（大部分是海豹）。在主教骸骨下面埋着一对同时代男女的骸骨，地位显然也不低，但他们吃的海洋食物比较多（占45%）。其他一些在东部定居点遗址出土的骨骸，经碳同位素分析，海洋食物占比有多达78%的；至于西部定居点遗址发现的骨骸，有些人的海洋食物占比高达81%。此外，考古学家还对桑内斯牧场（西部定居点最富有的牧场）进行了考古研究，发现领主住宅附近贝冢中的动物骨头大都是驯鹿和牲畜骨头，海豹骨不多。但在距离只有50码的一个牛舍——该处不但是养牲畜的地方，也是牧场工人居住的地方，挖出的动物骨头多半是海豹骨，驯鹿或羊的骨头很少。

如前所述，维京人在格陵兰岛建立的社会依靠复杂的整合经济生存下去，主要以饲养牲畜和捕猎野生动物为主。由于环境恶劣，两者都很重要，缺一不可。这样的经济就很脆弱，或许这正是格陵兰岛的维京人最后灭绝的原因。很多气候因素都可能使格陵兰岛被饥荒的阴影笼罩：夏季短暂、寒冷、多雾；8月过于潮湿，不利于干草生产；寒冬太长，牲畜因而需要消耗更多的干草，牲畜和驯鹿都可能被冻死或饿死；峡湾内有冰山阻碍，影响5—6月的海豹捕猎；海洋温度变化影响鱼群，进而使以鱼为食的海豹也受到影响。此外，纽芬兰的气候变动也会影响到竖琴海豹和冠海豹的繁殖。诸如此类的状况在现代格陵兰岛多有记录。例如，1966—1967年的冬季格外寒冷、风雪肆虐，22 000头绵羊因此死亡；1959—1974年，这段时期特别寒冷，迁徙来此的竖琴海豹数量只有往年的2%。即使是气候和暖的年头，西部定居点也只是勉强能生产干草，只要夏季温度下降1℃，就可能导致干草一点收成都没有。

如果只是一个夏季或冬季气候特别恶劣，尚有足够的海豹和驯鹿可以捕猎，维京人还可忍受。怕的是气候一年接一年没有好转，甚至变本加厉，夏季生产的干草不足，冬季牲畜缺少草秣，加上海豹数量大减，或因冰山阻碍春天出不了峡湾等，那就糟了。西部定居点就曾遭遇如此严酷的生存考验，这个悲惨的故事我们在后文会再详述。

社会

我们可用以下5个特征来描述维京人在格陵兰岛建立的社会：过着群体生活、有暴力倾向、阶级分明、保守和欧洲本位。这5项互相之间有点矛盾的特征都源于古代冰岛和挪威社会，只是到了格陵兰岛之后表现得更加极端。

首先，格陵兰岛的维京人约有5 000人，住在250个牧场上，平均每个牧场有20个居民。居民以14个教堂为中心，组成各个社区，平均每20个牧场的居民共用一间教堂。由于不可能独自过活，格陵兰岛的维京社会非常团结，像是春季捕猎海豹，夏季北上猎海象或北极熊，夏末收割干草，秋天猎驯鹿或建造房舍，都必须大伙儿一起出动，一个人是做不来的。（想象一下围猎一大群驯鹿或海豹的情景，或是兴建教堂时要抬起一块4吨重的大石头的情景。）此外，合作对不同牧场或社区之间的经济整合也很重要。格陵兰岛各地所产的物资不同，必须相互依赖、互通有无。先前已经提过：在峡湾外捕到的海豹会被运到峡湾内；低地居民也能分享高地抓到的驯鹿；碰上严酷的冬季，富有的牧场也会出借牲畜给贫穷的牧场去繁殖。加登牧场养的160头牛远超过当地所需，必然会与其他地区分享。像格陵兰岛最珍贵的出口品海象牙，就是西部定居点居民北上猎来的，由于出口前的处理过程耗时费事，便有赖东西部定居点的居民同心协力。

在格陵兰岛，如果一个人脱离了牧场，不但无法生存，更失去了社会身份。在东部和西部定居点，每一块有用的土地都属于某一个牧场或由几个牧场共同所有，这些牧场享有该土地上的所有资源，不只是牧场、干草，还有驯鹿、草皮、浆果，甚至包括当地的浮木。格陵兰岛的维京人一向群体行动，不可能一个人单枪匹马去打猎。在冰岛，如果你被所属的牧场赶出来，还可以找到另一个地方发展，例如附近的小岛、废弃的牧场或内陆高地。但在格陵兰岛，如果你离开原来生活的牧场，真的是无路可走。

在这样的社会中，个人受到极大的约束，少数几个富有的牧场主人因而能防止农民"图谋不轨"，以免威胁自己的利益——什么创新、实验，如果对自己没有好处，全部免谈。西部定居点最有势力的就是桑内斯牧场，这座牧场控制了峡湾的出口；东部定居点则由加登牧场掌控，加登牧场不但是东部定居点最大的牧场，而且有主教坐镇。这样的社会结构，也在一定程度上导致了格陵兰岛的维京社会最后面临的命运。

维京人从冰岛和挪威继承而来的不只有团结合作的精神，还有凶残暴力的本性。史书就有这样的记录：1124年，挪威国王西居尔·约萨尔法命一个名叫阿纳尔德的牧师担任长驻格陵兰岛的第一任主教，阿纳尔德不愿接受这项任命，理由之一就是格陵兰岛民风暴戾。精明的国王便对他说："对你来说，这正是最好的试炼，试炼越大，你的功德和回报就越大。"阿纳尔德见无法推却，于是便接受了，但提出了一个前提条件：他说格陵兰岛有个德高望重的领主，只要领主之子艾纳·索卡森发誓保护他和教堂的一切，为他铲除异己，他就同意去格陵兰岛。根据索卡森传奇（见下文）的描述，阿纳尔德到了格陵兰岛后果然卷入一场腥风血雨，当事人自相残杀（连索卡森也一命呜呼），只有阿纳尔德毫发无伤，继续稳坐主教宝座。

格陵兰岛主教一周记事——艾纳·索卡森传奇

西居尔·尼尔森和14个友人前去狩猎，发现岸边有艘货船搁浅，满载珍贵物资。接着，他们在附近的一个小屋发现船员和船长阿恩比约恩的尸体，他们都是饿死的，而且尸体已经开始发臭。尼尔森把船长和船员的遗骸送到加登教堂安葬，使他们的灵魂得以安息，并将船送给阿纳尔德主教。至于船上的货物，他坚持谁发现就该是谁的，于是和朋友将其均分。

阿恩比约恩的侄子奥祖尔听说了这事，率同船员家属前来，告诉主教他们才是有权继承这批货物的人。主教表示，根据格陵兰岛法律，谁发现就是谁的，因此货船和船上的货已归为船员举办弥撒的教堂所有，奥祖尔等人前来索取是毫无道理的。奥祖尔等人于是向格陵兰岛法庭提出诉讼，以索取船上的货物。结果，法庭裁决奥祖尔败诉。奥祖尔等人不但不服，而且觉得颜面无光，索性把阿恩比约恩货船（已归主教所有）的甲板毁了。主教在盛怒之下，宣称要奥祖尔以命相抵。

主教在教堂主持弥撒时，奥祖尔混入会众当中，并向主教的仆人说主教的不是。索卡森见状，就从一个会众手里拿过来一把斧头，往奥祖尔头上砍去，奥祖尔随即毙命。主教问索卡森："奥祖尔是你杀的吗？"索卡森答道："没错。"主教说："这样杀人是不对的，不过此人死有余辜。"主教不想为奥祖尔安葬，索卡森忧心忡忡地说道，如此一来，恐怕大难临头。

奥祖尔有个叫西蒙的亲戚，人高马大、孔武有力。他说，这种深仇大恨，说什么都没用，于是找了索尔乔特森、卡尔夫森等友人前去兴师问罪，西部定居点还有很多人也前去助阵。这时有个叫索基·索里森的老人出面为西蒙和索卡森协调。为了补偿奥祖尔的死，索卡森愿意献出传家之宝，即他家老祖宗留下的甲胄，以及其他一些东西。但西蒙说他不愿接受这样的垃圾。索尔乔特森偷偷拿了把斧头溜到索卡森后面，往他的背后用力一砍。而与此同时，索卡森的斧头也已砍入西蒙的脑袋。西蒙和索卡森双双倒地之时，索卡森叹道："早知会有今天。"索卡森的奶兄弟托德见状冲向索尔乔特森，结果被索尔乔特森用斧头砍死。

索卡森和索尔乔特森两方人马于是砍杀起来。一个名叫斯泰因格里姆的人叫大家住手，不要再打了。但两方已杀红了眼，甚至给斯泰因格里姆一箭。索尔乔特森那边，克拉克、索里尔和维格瓦特都死了，西蒙也惨死。索卡森那边，比约恩、索拉林、托德和索菲恩都丧了命，索卡森本人也一命呜呼，还有斯泰因格里姆也算他们的人。受伤的人也不在少数，真是伤亡惨重。最后，双方同意进行和谈，由头脑冷静的农民霍尔主持这场和谈会议。鉴于索卡森一方死伤比较严重，索尔乔特森方被命令支付赔偿。尽管如此，索卡森的人还是觉得判决不公。后来，索尔乔特森带了一头北极熊驶向挪威，作为献给哈拉尔·吉利国王之礼，同时抱怨他在格陵兰岛受到的凌辱。哈拉尔国王听了之后，斥责索尔乔特森简直一派胡言，并且也不愿给赏。索尔乔特森在盛怒之下攻击国王，国王因此负伤，索尔乔特森随后扬帆驶向丹麦，不料在半途溺毙。这个传奇就到此结束。

有关中世纪格陵兰岛居民的暴戾之气，最明确的证据来自那个时代的人类骸骨。在布拉塔利德教堂墓地，除了有许多骸骨保存完整、排放整齐的个人坟墓，还有一个乱葬岗，大约可追溯至维京人在格陵兰岛殖民初期，里面有13个成年男性和一个9岁孩童被胡乱埋在一起。这14个人或许都属于同一派人马，在一场派系械斗中丧命。其中5具骸骨的头骨上有利刃造成的伤痕，看来是被斧头或刀剑砍伤。这5具骸骨中的2个头骨伤口有愈合的痕迹，显示伤者没有立即死亡；其他3个的头骨则没有愈合痕迹，可见是当场毙命。如果你看了这些头骨的照片就更不觉得奇怪了：有一个头骨被砍掉一块，缺口长3英寸，宽2英寸。头骨的伤痕不是出现在正面的左侧就是后面的右侧，显示攻击者是用右手拿武器从正面或后面砍下去的。（由于大多数的人习惯用右手，因此在战场上被砍伤的伤痕常呈现这种形状。）

同一个墓地的另一具男性骸骨的肋骨间还插着刀刃。在桑内斯墓地，有两具女性骸骨的头骨也出现砍伤痕迹，这显示不只是男性，女性也会被卷入械斗。另外有4个成年女性和一个8岁儿童的头骨，经年代鉴定后发现是殖民晚期的维京人。每个头骨上都有一两个伤口，伤口呈圆孔状，直径在 0.5~1 英寸，显然是十字弓弩或箭所伤。那个时期因为铁短缺，斧头和剑都已变得很罕见。加登教堂墓地一具 50 岁女性的骸骨有舌骨骨折的迹象——在法医勘验中，这种舌骨骨折常是被人掐死的证据。也许这个女性是家庭暴力的受害者。

所谓江山易改，禀性难移，来到格陵兰岛的维京人一样凶猛、好勇斗狠，但他们倒是很注重团结合作。此外，他们也把阶级分明的社会组织形态从冰岛和挪威带到格陵兰岛。岛上由几个领主掌控大权，下面有小牧场主和佃农，在殖民初期还有一些奴隶。中世纪的格陵兰岛和冰岛一样，仍非统一的国家，而是处于群雄并起的封建局面，没有货币，也无市场经济。维京人在格陵兰岛殖民的头一两百年，奴隶制被取缔，奴隶成了自由人。然而，独立农民因为渐渐被迫成为领主的佃农，因此数量变少了。冰岛也有这样的历程，而且有详尽的记录。虽然格陵兰岛没有相关记录，但这样的社会结构变化似乎在格陵兰岛更加明显。这种变化主要是气候变化促成的：碰到困苦的年头，贫穷的农民不得不向富有的农民借干草和牲畜，最后因无力偿还，只好以土地相抵，成为佃农。我们可从今日格陵兰岛牧场的遗迹看出这种阶级之别：位置较好的牧场占尽优势，有大片丰美的牧草地，牛舍、畜棚、谷仓、住宅、教堂和打铁铺也都比较大，贫穷的牧场就什么都比不上。从古代牧场贝冢挖掘出的动物骨头也可看出这种分别：富有牧场遗址出土的牛骨和驯鹿骨所占比例较高，而贫穷牧场挖掘出来的多是绵羊骨和海豹骨。

维京人在格陵兰岛建立的社会和冰岛一样保守，墨守成规，抗拒改变，甚至比挪威的维京人更加严重。几个世纪下来，工具样式和雕刻风格几乎没有改变。维京人在踏上格陵兰岛之初就放弃捕鱼，在之后的450年也未曾再考虑以捕鱼维持生计。他们也不从因纽特人那儿学习捕猎环斑海豹或鲸的技术，即使当地渔产丰富，他们宁可饿死也不吃鱼。追根究底，格陵兰岛的维京社会的保守和冰岛社会的保守可能十分相似。不同于冰岛的是，格陵兰岛的生存环境更加恶劣。格陵兰岛的维京人发展出互通有无的整合经济，同舟共济过了好几百年，发现任何变革都弊多于利，因此宁可守成，不思改变。

和欧洲交易

维京人在格陵兰岛建立的社会还有一个特征，那就是"欧洲本位"。格陵兰岛从欧洲输入的不光是物质层面的贸易物资，更重要的是精神层面的，也就是宗教和文化。我们先来讨论贸易物资：格陵兰岛从欧洲进口了哪些东西，又出口了哪些东西来作为交换？

以中世纪的船只条件，从挪威航向格陵兰岛需要一周以上才能抵达，而且这趟海路险象环生。年鉴中不时提到海难，还有的船只出海之后便再无消息。因此，欧洲的船只并不常来到格陵兰岛，一年通常只有两三次，有时甚至两三年才来一次。再者，那个时代的船只载货量很小。如以商船往来的频率、船只的载货量和格陵兰岛的人口来估算，每年每人能从欧洲商船得到的物资平均为7磅。由于大部分进口商品是教堂或贵族需要的奢侈品，一般格陵兰岛的维京人能拿到的进口物资应该远远少于7磅。考虑到船只载货量不大，进口的只可能是比较不占空间且价值较高的东西。尤其是，格陵兰岛所需的食物必须自给自足，无法从欧洲进口大量谷物等主要粮食作物。

至于中世纪格陵兰岛从欧洲进口的货物种类，我们除了可参考挪威方面记录的货物清单，还可看看从格陵兰岛考古遗址中出土的欧洲物品。格陵兰岛进口的生活必需品主要有三种，包括当地非常短缺的铁和木材（主要用于建筑和家具制造），以及作为润滑剂和木材防腐剂的焦油。进口的非生活必需品多半是教堂用的东西，如大钟、彩绘玻璃窗、铜烛台、圣酒、织品、丝、银、神职人员的圣袍和珠宝等。从农舍遗址挖掘出来的奢侈品则有锡器、陶器、玻璃珠、纽扣等。进口的珍贵食材则有蜂蜜（用来发酵成蜜酒）和保存食物所需的盐。

为了得到这些进口物资，格陵兰岛的维京人要出口相应的物品。由于同样受船员载货量的限制，他们必然不会像同时代冰岛人或现代格陵兰人那样出口大量鱼类，再说他们也不愿捕鱼。因此，他们的出口品一样是量少珍贵之物，如羊皮、牛皮和海豹皮。中世纪的欧洲人正需要大量动物皮革来制作皮衣、皮鞋和皮带。另外，格陵兰岛的羊毛可以防水，也是价值很高的出口品。但根据挪威史册所载，格陵兰有5种来自极地动物的奇珍异宝是欧洲人难得一见、梦寐以求之物：海象牙、海象皮（可制成最坚固的船缆）、活的北极熊或北极熊毛皮（被视为身份地位的象征）、独角鲸①的角和活的矛隼（是世界最大的猎鹰）。中世纪，穆斯林

---

① 独角鲸。一种小型白鲸，雄鲸上颌左侧有一长齿，呈螺旋状长角。——译者注

控制了地中海地区，切断象牙输往欧洲基督教世界的通路，海象牙在欧洲就变得炙手可热。1396年，勃根第公爵为了从撒拉逊人手里救回儿子，就以12只格陵兰岛矛隼作为赎金，可见格陵兰岛矛隼价值连城。

海象和北极熊只有在格陵兰岛北部（当地人所谓的北部狩猎区）才捕得到，位置大约从西部定居点以北几百英里处开始，沿着西海岸向北延伸。每年夏天，格陵兰岛的维京人分乘数艘有风帆的六桨小船，日行20英里到北方狩猎，这种船的载货量可达1.5吨。狩猎小队在6月捕完竖琴海豹之后动身，从西部定居点前往北部狩猎区费时两周，如从东部定居点出发则要4周，然后在8月底打道回府。由于船只不大，显然载不回几百头海象和北极熊，光是一只海象就重达1吨，一只北极熊也重达半吨。因此，维京猎人就在原地宰杀猎物，只带回连着海象牙的海象下巴和保留熊掌的北极熊毛皮（偶尔也会把活着的北极熊带回），到了冬天再来慢慢处理。他们还把雄海象的阴茎骨带回家。雄海象的阴茎骨约有1英尺长，形状和尺寸正适合做成斧头柄或钩子（或许也用来吹嘘自己的能力）。

在北部狩猎区狩猎不但危险，而且必须付出很大的代价。首先，在没有枪支的条件下要围捕海象或北极熊谈何容易。试想，你只带了长矛、鱼叉、弓箭或棍棒去对付海象或北极熊这样的猛兽，而且是在它被激怒的状态下，一个不小心，恐怕自己就成了猎物。即使活捉了一只北极熊或其幼崽，把它们牢牢绑住之后，你还得在小船上和它们朝夕相处数周，才能抵达家园。即使没有活生生的北极熊做伴，冬日的格陵兰岛西海岸多惊涛骇浪，不知有多少人在此因船难葬身海底。除了危险重重，这样的狩猎行动还得出动船只，耗费大量人力和宝贵的夏日时光。由于格陵兰缺乏木材，船只数量本就寥寥无几，一旦船只出动到北方猎海象或北极熊，就不能去拉布拉多载运木材了。而且，夏季正是收割干草的季节，壮丁被派去狩猎，人力必然吃紧。此外，维京人去遥远的北方狩猎，将历尽千辛万苦得到的海象牙或北极熊毛皮用来和欧洲人交易，所得之物不外乎献给教堂和领主的奢侈品。从我们现代人的观点来看，这些船只、人力和时间或许应该用在更重要的地方才划算，但在维京人看来，这样的狩猎活动除了是维京猎人的荣耀，也使格陵兰岛的维京社会有着和欧洲相连的感觉——这种感觉对他们来说非常重要。

格陵兰岛和欧洲的贸易主要通过挪威的两个港口——卓尔根与特隆赫姆。一开始，为格陵兰岛载运交易货品的远洋货船不是格陵兰人自己的船就是冰岛人的船。由于冰岛和格陵兰岛都缺乏木材，船只老旧之后不能换新，后来便全靠挪威的船只。到13世纪中叶，常常一连好几年都没有船开往格陵兰岛。1257年，挪威国王哈康·哈罗德森为了巩固自己在北大西洋维京社会的主权，派了三名官员前往格陵兰岛说服格陵兰人臣服于他，并要求献上贡品。虽然双方协议的细节未曾保留下来，但根据当时留下的一些文件，可知哈罗德森国王同意每年派2艘船前往格陵兰岛，作为回报，格陵兰岛自1261年起成为挪威的属地。同时，冰岛也与挪威达成类似的协议，每年有6艘挪威商船航向冰岛。至此，格陵兰岛的贸易完全为挪威皇室独占。由于格陵兰岛远在天边，挪威难免有鞭长莫及，不易掌控。我们只知挪威在14世纪曾派官员进驻格陵兰岛。

自我形象

对格陵兰岛的维京人来说，欧洲物资的输入虽然重要，但同样重要的是宗教和文化的移植。今天，我们以后见之明来看，就能够理解为何格陵兰岛的维京人以欧洲基督教徒自居，也难怪他们终究和当地环境格格不入，最后甚至全数凋零。然而，也正是由于这样的自我认同和价值观，他们才能在中世纪欧洲最困难的环境中苦撑了数百年。

格陵兰岛的维京人在1000年左右皈依基督教，挪威以及冰岛等地的维京人在北大西洋建立的殖民地也差不多同时接受基督教。在接下来的100多年里，格陵兰岛上的教堂还很小，只是一间草皮屋，而且只有大牧场才有。这时候格陵兰岛的教堂在很大概率上就像冰岛的一样，属于私人财产，由牧场主人兴建，产权也归牧场主人，因此牧场主人有权从会众缴纳给教堂的什一税中收取部分。

那时格陵兰岛尚无驻岛主教，无法举行坚信礼，也不算是真正的圣所。因此，在1118年左右，格陵兰岛一个领主之子索卡森（就是前述索卡森传奇的主人翁）担任代表前往挪威，请求挪威国王派一位主教到格陵兰岛。当时，索卡森还带了大礼献给国王，包括大量的海象牙、海象皮，还有一头活生生的北极熊，借以打动国王。这招果然奏效。国王于是指派阿纳尔德担任驻格陵兰的第一任主教，在接下来的数百年间，大约还有9位主教被派到格陵兰岛。这些主教都在欧洲出生、受教育，只是在国王的指派之下才来到格陵兰岛。他们自然心向欧洲，喜欢吃牛肉，讨厌吃海豹肉，并促使当地人前往北方狩猎，以宝贵的社会资源换来欧洲的美酒和锦衣华服供自己享用，当然还有教堂那美丽的彩绘玻璃。

阿纳尔德主教到了格陵兰岛之后，就以欧洲教堂为蓝本，在当地大兴土木。这股教堂建筑风潮一直持续到1300年左右，赫瓦勒塞教堂正是最后兴建的教堂。格陵兰岛因此教堂林立，除了有一座大教堂，还有13座大型教区教堂，更有许许多多的小教堂，还有一间修道院和一间修女院。虽然大多数教堂是底部用石头、上面用草皮覆盖的结构，但至少有4间教堂（包括赫瓦勒塞教堂在内）完全用石头兴建。考虑到格陵兰岛的社会规模很小，教堂的规模实在大得不成比例。

以加登牧场的圣尼古拉斯大教堂为例，该教堂长105英尺，宽53英尺，冰岛最大的两座教堂不过如此，但冰岛的人口是格陵兰岛的10倍。我估计这教堂底墙的石块最大的重达3吨，都是从1英里外的采石场运来的，而且都经过精心雕刻。主教宅第前面有一块石板，甚至重达10吨。教堂旁边的钟楼有80英尺高，还有一个面积达1400平方英尺的礼堂，这是格陵兰最大的礼堂，约是挪威特隆赫姆大主教的礼堂的3/4。教堂的两座牛舍也很壮观，其中一个长达208英尺（在格陵兰岛首屈一指），其石制门楣更重达4吨。教堂地板镶嵌了25只海象和5只独角鲸的头骨作为装饰，真是富丽堂皇。这些头骨也是格陵兰岛所有维京遗址中唯一被完整保存下来的。一般遗址顶多只能找到海象牙的碎片，完整的海象牙非常宝贵，几乎被全数运往欧洲。

格陵兰岛的木材本就极其珍贵、稀少，而加登牧场的大教堂和其他教堂的梁与顶却消耗了大量的木材。从欧洲进口的教堂用具，如铜钟和圣酒，都是格陵兰岛猎人去北方狩猎、流血流汗换来的。拿海象牙和北极熊换了教堂用具之后，他们还能换多少铁？格陵兰人甚至每年缴纳什一税给罗马教廷，还尽基督徒的本分缴纳十字军税。为了缴纳这些税金，格陵兰岛的出口品运抵挪威卑尔根后必须先转换为银两。根据现存教廷收据，在1274—1280年的6年间，格陵兰岛缴纳的十字军税包括宰杀191头海象所得的共1 470磅海象牙，挪威大主教出售后得到26磅的纯银再交给教廷。格陵兰岛的主教能让会众缴纳什一税，并大兴土木建造出这么多宏伟的教堂，可见宗教在格陵兰岛有很大的影响力。

在格陵兰岛，教堂拥有的土地也多半是最好的，例如东部定居点有1/3的土地都属于教堂。格陵兰岛缴纳给教廷的什一税和其他出口品都从加登转运出去，现今在加登教堂的西南角仍可见一栋大型仓库的遗迹。加登有全格陵兰岛最大的仓库、最多的牛只、最肥沃的土地，因此控制了加登等于是控制了整个格陵兰岛。不过，我们不知道加登等教堂牧场的所有权归教堂还是归当地的牧场主人。无论权力归主教还是领主，格陵兰岛依然是个阶级分明的社会，教堂非常富有，民众奉献给教堂的财物数不胜数。以现代人的眼光来看，我们不禁猜想，如果格陵兰岛少进口一些教堂铜钟，多进口一些铁用以制造工具和对抗因纽特人的武器，或是进口一些可以和因纽特人交换肉品之物，维京人在格陵兰岛的境遇会不会好一点？当然这也是后见之明，我们忽略了维京人做出这些选择的背后是受到文化传统的影响。

格陵兰岛的维京人除了以基督教徒自居,崇尚欧式生活风格,从欧洲进口铜烛台、玻璃纽扣、金戒指等,在风俗方面也亦步亦趋地跟随欧洲,特别是丧葬礼俗。根据考古学家在斯堪的纳维亚和格陵兰岛教堂墓地所做的详尽研究,中世纪的挪威人把早夭幼儿和死胎埋在东面的山墙附近,格陵兰人也这么做。中世纪的挪威人早先把死者安放在棺木中,女性埋在教堂南边,男性则埋在北边。后来挪威人不用棺木,只是用尸布或寿衣包裹起来就入土了,埋葬的地点也不再有男女之别,格陵兰岛的丧葬礼俗也有同样的改变。在中世纪欧洲大陆的墓地中,死者保持仰卧的姿势,头朝西,脚朝东(使死者得以"面向东方"),但手臂摆放的姿态则有改变:在1250年以前,手臂和身体平行;1250年左右,手臂开始略弯向骨盆;后来,双手被放在肚子上面;到了中世纪晚期,双手则被置于胸前。格陵兰人也依循这些改变。

格陵兰岛的教堂建筑也是模仿欧洲而建。对欧洲大教堂印象深刻的旅客,若今日来到格陵兰岛的加登教堂遗迹,一眼就可看出那长形中殿、朝西的主入口、东端的圣坛和南北耳堂等都是欧洲教堂的翻版。赫瓦勒塞教堂和挪威埃德菲尤尔教堂几乎一模一样,可见格陵兰人不是把整座教堂照搬过来,就是参照挪威教堂的蓝图兴建的。1200—1225年,挪威的建筑商放弃了沿用已久的国际罗马制度量衡单位,采用希腊制,格陵兰人也跟着这么做。

格陵兰人就连梳子和服装等日常用品也紧跟欧洲流行风潮。挪威的梳子本来只有一排梳齿,到1200年左右,这样的梳子不流行了,取而代之的是两边都有梳齿的双排梳,格陵兰人也改用这种双排梳。(这样的模仿令人想起梭罗在《瓦尔登湖》中对世人疯狂追逐流行的讽刺:"巴黎的猴王戴上一顶旅行帽,美国所有的猴子均争相模仿。")从格陵兰岛殖民晚期的赫约尔夫斯尼斯教堂冻土出土的死者寿衣看来,格陵兰人一直在追求欧洲最新流行样式:女性穿低领细腰长袍;男性则穿胡普兰衫(一种长且宽松的高领长袍,须系腰带、袖口宽松,风很容易灌进去),再加上一顶高高的礼帽。格陵兰岛天寒地冻,这样的服装显然并不适合。与之相比,因纽特人的一件派克式大衣就方便、保暖得多,袖子紧而合身,还连着御寒风帽。

显然格陵兰岛非常热衷于追逐欧洲流行,紧紧追随欧洲的脚步。该行为反映出这样一种心态:"我们是高贵的欧洲人,是虔诚的基督徒,不要把我们和那些粗俗的因纽特人混为一谈。"与之相似的是,20世纪60年代我在探访澳大利亚时,看到澳大利亚人甚至比英国人更像英国人。尽管格陵兰岛在欧洲最偏远的一隅,但民众情感上仍与欧洲紧紧相连。如果格陵兰岛的维京人对欧洲人的模仿仅停留于梳子样式或死者手臂摆放的姿势,倒是无伤大雅。但是坚持认为"我们是高贵的欧洲人"的心态就大有问题,甚至影响到整个民族的存亡绝续,因为这种心态导致格陵兰岛的维京人无视严酷的气候条件,坚持和欧洲人一样养牛;为了和欧洲交易,在农忙的夏日还出动人力到北方狩猎;不屑向因纽特人学习生存的本事。最终,他们被活活饿死。然而,格陵兰岛的维京人面临的困境与心理障碍,我们很难从现代的世俗眼光来衡量。如果他们只考虑到生存的问题,当然知道不要什么都奉献给教堂,而该向因纽特人学习或和他们通婚,或许就能再熬过一个严寒的冬天。但是若考虑到来世呢？这种行为会导致他们上不了天堂，永远被打入地狱，因而肯定是不可取的。格陵兰岛的维京人也许就是因为以欧洲基督徒自居，才会这么保守。他们比欧洲人更像欧洲人，因为被这种自我形象禁锢了，无法改变生活形态，最后只有走上绝路。

第八章

格陵兰岛维京社会的挽歌

引言

在上一章，我们看到维京人曾在格陵兰岛建立一个繁华的社会。他们踏上格陵兰岛之初，会逢其适，那时的环境条件有助于他们大展宏图。他们发现了从没有人利用过的处女地，绿草茵茵，有如天然牧场，而且气候和暖，大多数年头能够生产足够的干草。同时，他们通往欧洲的海路畅行无阻，可把海象牙运往欧洲进行交易。此外，在他们的聚落或狩猎地点附近，还没见到美洲原住民的人影。

然而，渐渐地，这些有利于他们生存的因素都消失了。对此，他们自己也负有一定的责任。虽然气候变化、与欧洲交易的衰退和因纽特人的崛起等都不是他们能控制的事，但如何应对这种变局还是由他们决定的。至于对赖以生存的生态环境的破坏，更是他们一手造成的，怪不得别人。在这一章，我们将看到优势因素的改变和维京人应对变局的方式，何以使格陵兰岛的维京人走上绝路。

森林砍伐

维京人对格陵兰岛环境的破坏至少体现在三个方面：破坏天然植被、造成土壤侵蚀以及切割草皮。他们一踏上格陵兰岛就焚烧林地、开垦牧场。为了取得木材和柴薪，他们又继续砍伐所剩无几的林木。由于牲畜的啃噬和践踏，林地难以再生，尤其是在冬季，惨遭冰雪摧残，植物更难生长。

花粉学家对格陵兰岛湖泊和沼泽底部沉积物进行碳年代测定，可以估计格陵兰岛天然植被遭到破坏的程度。这些沉积物样本至少能显示5种环境指标：从植物的叶子和花粉，可辨识在该地区附近生长的植物物种；木炭粒子可作为附近曾发生火灾的证据；由于湖泊底部沉积物含有被冲刷或被强风吹来的表土，通过沉积物的磁化率分析，可了解附近表土的铁矿物含量；湖泊底部还有被冲刷入内或被强风吹入的沙粒。

借由这些研究，我们可重建格陵兰岛维京牧场一带的植被历史：随着上一次冰期结束，气温上升，花粉数量显示林木越来越密，取代了禾草和莎草。在接下来的8 000年当中，植被生态几乎没有什么变化，也没有森林砍伐或土壤侵蚀的迹象——这一切在维京人来到格陵兰岛之后都改变了。湖泊中的木炭层显示，维京人为了开辟牧场，曾放火烧山，清理林地。维京人开始饲养牲畜之后，柳树和桦树的花粉减少，而禾草、莎草、杂草和牧草的花粉则增加了。湖泊沉积物磁化率的增加也显示表土失去了具有保护作用的植被，因而遭到水的冲刷或风的侵蚀。最后，由于整个谷地失去植被、土壤侵蚀严重，表土下面的砂土也被吹到湖泊中。在15世纪维京人灭绝之后，格陵兰岛的土壤和植物又得到重生。但从1924年开始，在丹麦政府统治下的格陵兰人重新在岛上饲养绵羊，500年前环境恶化的剧目再次上演。

那有什么大不了的？那些环境变化怀疑论者也许会这么说。柳树的不幸对人类又有什么影响？事实证明，森林砍伐、土壤侵蚀和割草皮给维京人带来了极为严重的后果。森林砍伐带来的最明显的一个问题就是：居民很快没有木材可用，这也是冰岛人和曼加雷瓦岛岛民曾经面临的窘况。格陵兰岛最后只有矮小的柳树、桦树和杜松可用，枝干纤细，充其量只能制成小小的木制器具。至于建造房舍的屋梁、船舶、雪橇、木桶、墙板和床架等所需的大块木材，来源有三：捡拾从西伯利亚漂流到格陵兰岛海岸的木头，从挪威进口木材，以及前往林木蓊郁的拉布拉多海岸伐木——这是维京人在文兰勘察时发现的林木产地。维京人向来短缺木材，木制器具、家具或建材往往舍不得丢弃，尽量回收利用。除了西部定居点最后的人家，格陵兰岛的维京人遗址绝大多数都看不到大块墙板或木制家具。西部定居点有一个著名的遗址，名叫"沙下牧场"，被埋在冰冻的河沙之下，因而保留得相当完整。考古学家发现，木材多集中在遗址上层而非底层，这是因为木材珍贵，新房建造或旧房整修很少有新的木材可用，就拆下旧房子的木材来用。为了解决木材短缺的问题，维京人于是想出以草皮为墙的办法。然而，这也不是万全之策，后来又衍生出一系列问题。

林木砍伐殆尽，导致的另一个后果就是：人们没有柴火可用。维京人不像因纽特人懂得利用鲸脂等海兽脂肪来生火、照明。根据考古学家在维京遗址炉灶所做的研究，维京人一直利用柳树和赤杨木作为柴火。对维京人来说，柴火还有另一个重要用途，这个用途是一般现代都市人想不到的，那就是生火煮水来为牛奶桶消毒。牛奶营养丰富，但容易滋生细菌，如果不经巴氏灭菌和冷藏，很快就坏了。古代维京人当然不知道什么是巴氏灭菌，也没有冰箱，但他们知道用沸水清洗贮存牛奶的桶或制造乳制品的器皿。如果是牛奶桶，一天要用沸水清洗两次。于是夏季在高地牧场放牧只能待在海拔1 300英尺以下之地，尽管在2 500英尺以上的高地仍有牧草，但由于没有柴火，正值泌乳期的牛羊就无法在那里放养。因为没有柴火，就不能消毒牛奶桶或器皿。冰岛和挪威的农民都知道，一旦一个高地牧场的柴火用光了，该牧场就得关闭，这个道理格陵兰岛的农民应该也很清楚。因为木材稀少，维京人也以其他东西作燃料，如动物骨头、粪肥和草皮等。但动物骨头或粪肥有更好的用途，那就是作为肥料来增加干草产量，而燃烧草皮无异于自挖墙脚。

林木砍伐殆尽，除了造成木材和柴火短缺，铁的产量也受到影响。维京人的铁多半从氧化铁含量不多的沼铁矿提炼出来。格陵兰岛与冰岛、斯堪的纳维亚一样，也有沼铁矿。我和友人克里斯蒂安·凯勒就曾在东部定居点加登牧场看到一个铁红色的沼泽，考古学家麦戈文也曾在西部定居点看到这种沼泽。因此，格陵兰岛的问题不在于找不到沼铁矿，而在于提炼。这是因为提炼需要燃烧大量的木炭，以达到铸铁所需的高温，而木炭又是由木头燃烧而来的。即使格陵兰人从挪威进口铁块，熔铸时还是需要木炭。原来的工具常常需要磨利、修理或重铸，也少不了木炭。

我们已知格陵兰人有铁制工具，也常打铁。很多大牧场的遗址都可看到打铁铺子和铁渣，只是不知他们的铁是进口铁块，还是自己从沼铁矿中提炼的。此外，考古学家还从维京遗址发现了各式各样中世纪维京社会常见的铁制工具，如斧头、镰刀、刀子、羊毛剪、船用铆钉、木工用的刨子、打孔用的锥子和钻孔用的钻子。

从那些遗址出土的工具也可看出格陵兰岛极度缺铁，远比不上斯堪的纳维亚地区，尽管那里的铁也谈不上丰富。例如，考古学家在英国和设得兰群岛的维京遗址发现不少铁钉和铁制工具，即使在冰岛和兰塞奥兹牧草地遗址发现的铁钉也比格陵兰岛要多。在兰塞奥兹牧草地遗址常可发现废弃的铁钉，尽管冰岛的木材和铁都短缺，也还是可以找到很多废弃铁钉。在格陵兰岛的考古层中，最下层能找到的铁钉已寥寥无几，而上层则几乎完全没有铁钉。由此可见，格陵兰岛极度缺铁，使得铁极度珍贵。在格陵兰岛遗址，考古学家连一把剑都找不到，也没发现头盔，只找到几片锁子甲的碎片，这些碎片可能来自同一件锁子甲。格陵兰岛所有的铁器都一用再用，不断磨利，直到铁刃磨到只剩下一点点。像我在克罗托克谷地遗址看到一把刀子，刀刃几乎磨光了，刀柄长得不成比例，真是可怜。显然，只要刀刃还在，维京人就会继续磨利使用。

我们也可从格陵兰岛遗址出土的一些工具看出铁的短缺。如果在其他地区，这些工具通常都是铁制的，格陵兰人却别出心裁，用各种意想不到的材料来做，如用木钉和驯鹿角做的箭头。据冰岛史册记载，1189年冰岛人发现一艘格陵兰岛的船只偏离航道，漂流到冰岛，这船居然不用铁钉而用木钉，再用鲸须捆紧，让冰岛人开了眼界。维京人挥舞战斧的英姿不再，只能用鲸骨当武器，对维京勇士来说，真是情何以堪。

铁短缺也使格陵兰岛的经济效率受到影响。铁制镰刀、切刀、羊毛剪越来越少，这些重要工具改用骨头或石头来制造，不管是收割牧草、宰杀牲畜还是剪羊毛，都变得事倍功半。铁短缺带来的最致命的一个后果就是失去对抗因纽特人的军事优势。在世界各地，欧洲殖民者和殖民地原住民之间发生过无数战役，欧洲人因为有刀剑、盔甲，攻势凌厉。例如，1532—1533年，西班牙与秘鲁印加帝国一共打过5次仗，西班牙出动的人马分别为169人、80人、30人、110人和40人，却屠杀了成千上万的印加人，且西班牙未损失一兵一卒，只有少数几个人受了伤。这是因为印加人的棉衣不敌西班牙人的利剑，而印加人用石头或木头做的武器却伤不了西班牙人的盔甲。维京人在格陵兰岛最初的几代人还有金属武器或盔甲可用，但之后就无以为继。考古学家只找到一些锁子甲的碎片，它也许是某个欧洲人带来的，不是格陵兰人之物。格陵兰岛的维京人和因纽特人一样使用弓、箭和长矛。西班牙人征服印加帝国和阿兹特克帝国之时，曾用战马，然而考古学家并未发现格陵兰岛的维京人以马匹作战的证据，冰岛的维京人也未曾用过战马。此外，格陵兰岛的维京人缺乏军事训练，遇到因纽特人不但手无寸铁，而且技不如人，最后悲剧果然发生在他们身上。

土壤和草皮的破坏

维京人破坏了格陵兰岛的天然植被，最终导致自己损失惨重，面临木材、燃料和铁样样短缺的窘况。此外，他们还破坏了土壤和草皮，最后导致可使用的土地越来越少。我们在第六章谈到冰岛由火山灰形成的土壤很脆弱，非常容易发生侵蚀的问题。格陵兰岛的土壤虽然不像冰岛的土壤那么脆弱，但是此地寒冷、生长季短，导致植物生长速度慢，土壤形成缓慢，加上表土层很浅，从世界范围来看，其脆弱的程度也是数一数二。植物长得慢，导致土壤所含的腐殖质和有机黏土比较少，水分因而容易蒸发、流失。加上时常遭遇强风，土壤就会变得更加干燥。

格陵兰岛土壤侵蚀的问题始自维京人在岛上砍伐或焚烧乔木和灌木，土地变得光秃秃的，只剩下草时，水土保持的效果就变得较差。再加上维京人在草地上放牧羊群，而草再生的速度又很慢，一旦草皮被破坏，土壤暴露出来，遇上强风或暴雨，表土可能被吹到谷地之外几英里远的地方。如果连表土下面的砂土层都暴露出来，例如河谷地区，砂土就会被吹到下风处。

湖泊沉积物样本和土壤剖面研究则显示，自维京人踏上格陵兰岛之后，这里便出现严重的土壤侵蚀问题，表土和砂土在强风吹袭和水流冲刷之下沉积于湖底。例如，在科若克峡湾出口的一个牧场遗址，我发现位于冰川下风处的土壤几乎被强风吹光了，只剩下石头。在格陵兰岛的维京牧场，风沙是很常见的：瓦特纳佛非地区的一些遗址甚至被埋在10英尺深的沙子下面。

除了植被破坏造成的土壤侵蚀，维京人还切割草皮用来砌墙或是作为燃料，也使土地遭受伤害，最后变得不堪利用。在格陵兰岛，几乎所有的屋子都是草皮屋，充其量用石头做地基，再用木头做屋梁来支撑屋顶。即使是加登的圣尼古拉斯大教堂，也只有底部6英尺的墙用石头砌成，其余的墙都是草皮，屋顶以木梁支撑，正面则是木头墙板。赫瓦勒塞教堂是一个例外，它的墙完全用石头砌成，但屋顶还是使用草皮铺就。格陵兰岛的草皮墙往往很厚（厚达6英尺），保暖效果很好。

在格陵兰岛，一座大型住宅大概要用掉10英亩草皮。然而，用草皮盖房子无法一劳永逸，毕竟草皮会渐渐散落，每隔一二十年就得用新的草皮重新装修。维京人将这种割草皮来盖房子的行为称为"剥皮"，这么说很贴切，草皮被割下来之后，地表就像被剥了一层皮。格陵兰岛的草皮再生速度很慢，这代表割草皮将给地表带来永久性损害。

同样，或许有人会对土壤侵蚀和割草皮的问题不以为然，说道："那又怎么样？"答案很简单。别忘了，维京人在北大西洋岛屿建立的殖民地中，格陵兰岛在有人入主之前已是最寒冷的岛屿，因此最不适合干草和牧草生产，岛上植被也最容易因为过度放牧、牲畜践踏、土壤侵蚀和割草皮而遭到破坏。牧场要有足够大的草地，而且在下一个漫长的寒冬来临之前，所饲养的牲口数量至少要达到某个临界值，才不会因为冬天折损过多而无法存续。根据估算，东部定居点或西部定居点的牧场总面积即使只减少1/4，也会使牲畜的数量降到临界值以下。西部定居点就曾出现这样的危机，或许东部定居点也曾发生过。

中世纪格陵兰岛的维京人和冰岛的维京人一样，为了环境问题大伤脑筋。但格陵兰岛的维京人终究没能克服这个问题，全数凋零，之后的500年里，岛上只剩因纽特人，连牲畜也没有，后来格陵兰岛又成为丹麦属地。到了1915年，丹麦人试着把冰岛的绵羊引入格陵兰岛；1924年，布拉塔利德又重现大牧场的风貌。丹麦人也曾尝试在格陵兰岛养牛，但由于过于艰辛，最后还是放弃。至于人类对中世纪格陵兰岛环境影响的研究，是后来才展开的。

今天，格陵兰岛约有65个家庭以养羊为生，过度放牧引发的土壤侵蚀问题再度出现。格陵兰岛湖泊沉积物样本分析显示，自1924年以降，此地环境恶化情况和中世纪维京人殖民时期如出一辙：树木花粉减少，禾草和杂草花粉增加，越来越多的表土被冲刷到湖泊里。从1924年开始，只要冬季气候允许，羊群就会被放在户外自行觅食。可是这么一来，植物就没有机会再生。特别脆弱的是杜松，冬天被羊群和马匹啃噬光了，很难再长出来。1976年，友人克里斯蒂安·凯勒在布拉塔利德做研究的时候还看得到杜松；到2002年我到岛上时，只看到一棵枯死的杜松，一株活的都没看到。

1966—1967年，格陵兰岛遭遇酷寒的冬天，半数以上的绵羊饿死了，当地政府于是建立了格陵兰岛生态系统试验站，以研究绵羊放牧对环境的影响，具体是通过比较大量放牧的牧场、轻度放牧的牧场以及用篱笆保护起来、避免羊群入内的区域的植被和土壤的差异。研究计划还包括请考古学家来此研究中世纪维京时期的牧场变迁。格陵兰人了解这个岛屿的生态脆弱性之后，就以篱笆保护最容易受到伤害的牧场，冬天也不再在外头放牧，改在兽栏内喂食。为了增加冬季可用的干草量，他们为天然的牧草施肥，还引进了燕麦、黑麦、梯牧草等非本地草种。

尽管做了这么多的努力，土壤侵蚀仍是格陵兰岛面临的一大问题。我在东部定居点的峡湾看到有些地区因放牧使植被遭到破坏，地表石头和砾石裸露。过去 25 年来，建立在克罗托克谷地（古代维京牧场遗址）之上的现代牧场不断遭到强风吹蚀，正可作为我们研究 700 年前维京牧场的参考模型。格陵兰岛政府和岛上的养羊人家虽然都了解放牧对土地造成的长期伤害，但岛上失业率高，无法贸然废止牧业。讽刺的是，放牧其实并没有为格陵兰岛带来短期收益：格陵兰岛政府每年必须给每一户养羊人家发放 14 000 美元，以贴补损失，让他们得以养家糊口，鼓励他们继续在岛上养羊。

因纽特人的先驱

因纽特人可以说是导致格陵兰岛的维京人走向灭亡的一个重要因素。格陵兰岛的维京人命运多舛，而冰岛的维京人却得以转危为安，其背后的一个重要差异因素就在于因纽特人。虽然冰岛的气候没有格陵兰岛那么恶劣，且通往挪威的贸易路线也比格陵兰岛要短，但是最明显的优势在于：冰岛完全是维京人的天下，没有受到任何敌人（比如因纽特人）威胁。往小了说，因纽特人代表了格陵兰岛的维京人错失的一个机会：如果这些维京人能向因纽特人学习或与之进行交易，或许就有机会生存下去，可惜维京人坐失良机。往大了说，因纽特人对维京人发动的攻击，或对维京人造成的威胁，可能直接将维京人送上死路。此外，因纽特人的存续证明了一点：在中世纪的格陵兰岛，人类社会的存续并非不可能。为什么维京人最后无法存续，而因纽特人却可以？

今天，我们认为因纽特人就是格陵兰岛和加拿大极地的原住民。事实上，在维京人踏上格陵兰岛之前的4 000年里，至少有4个族群从美洲北部越过加拿大往东扩张，进入格陵兰岛西北部。因纽特人只是其中距离我们时间上最近的一个族群，这样的扩张行动发生过好几波，每个族群都是在格陵兰岛待了几个世纪，然后就消失了。他们的消失就像格陵兰岛的维京人、阿纳萨齐印第安部落和复活节岛人类社会的崩溃，令人好奇。然而，我们对这些族群所知甚少，无法纳入讨论，只能作为探讨维京人命运的背景资料。虽然考古学家根据工艺品出土的遗址、语言和他们自己的命名，将这些早期文化命名为第一期独立文化、第二期独立文化与萨卡克文化，但这些早期文化已经永远失落。

在因纽特人之前来到格陵兰岛发展的族群是多塞特人，他们来自加拿大巴芬岛的开普多塞特，因以为名。他们占据了加拿大极地区的大部分地区后，在800年左右来到格陵兰岛，在此居住长达1 000年，足迹遍布格陵兰岛各地，包括格陵兰岛西南部，也就是后来维京人的定居点。不知何故，他们在300年左右放弃了整个格陵兰岛和加拿大极地区的大部分地区，将活动范围局限于加拿大的几个核心区。在700年左右，他们再度扩张，重新占据拉布拉多和格陵兰岛西北部，但这次扩张未涉及格陵兰岛南部。维京人最初来到东部和西部定居点时，描述他们看到一些已成断瓦残垣的房子、兽皮船的碎片和石器，猜想那些是原住民遗留下来的，就像他们在文兰勘察时狭路相逢的美洲原住民。

从考古遗址中出土的骨头，我们得知多塞特人以狩猎为生，捕猎的动物种类很多，包括海象、海豹、驯鹿、北极熊、狐狸、野鸭、飞雁和海鸟等，而且不同遗址和不同时期捕获的猎物各有不同。加拿大北极地区、拉布拉多和格陵兰岛的多塞特人也会互通有无，这一点从相距1 000公里的遗址出土了相同的石器种类可见一斑。他们和后来的因纽特人以及在他们之前出现在极地的族群不同：多塞特人没有狗（因此没有狗拉雪橇），也不用弓箭。他们也不像因纽特人懂得做兽皮船——用海豹皮等兽皮覆在船的支架上，做成皮艇去猎鲸。没有狗拉雪橇，交通运输就没那么方便；不去猎鲸，就无法养活很多人口。这使得多塞特人的定居点很小，只有一两户人家，几个成人加上小孩，总共不到10个人。因此，在维京人遇上的三个美洲原住民族群（即多塞特人、因纽特人和加拿大印第安人）当中，多塞特人是对他们威胁最小的。加拿大南方的文兰则有大批充满敌意的印第安人，格陵兰岛的维京人自知寡不敌众，于是放弃殖民文兰的计划。这也是为何在之后的三四百年间，他们仍大胆前往多塞特人占据的拉布拉多海岸去砍伐木材。

至于维京人是否曾在格陵兰岛西北部与多塞特人相遇，目前没有明确的证据，但确实存在这种可能性。维京人在格陵兰岛西南部定居后，多塞特人在格陵兰岛西北部又生活了300年，而维京人每年总要前往格陵兰岛的北部狩猎区捕猎海象和北极熊，那儿就在多塞特人落脚之处以南几百英里处。而且，维京人后来又继续向北探险。下面还将提到，维京人史册曾载与原住民族群相遇的经过，这个族群很可能就是多塞特人。至于其他可供参考的证据，还包括加拿大北极地区和格陵兰岛西北部多塞特人遗址出土之物——有些显然源于维京人，如铸铁碎片——这是制造工具的宝贵材料。当然，我们不知道多塞特人当初是怎么取得这些东西的：是与维京人面对面和平交易得来的，还是从废弃的维京村落搜刮来的？无论如何，我们可以相信，维京人和多塞特人应该没有发生什么大冲突，与因纽特人之间的关系则剑拔弩张。

因纽特人的生计

大约在 1 000 年之前，因纽特人在白令海峡一带崛起。他们是捕鲸高手，有大型船只可乘风破浪，还会利用狗拉雪橇在陆地上奔驰。有了这两种交通工具，他们无论是旅行还是运输物资都要比多塞特人快得多。由于中世纪极地气候变得比较暖和，加拿大北极地区诸岛间的海冰融化，因纽特人就尾随弓头鲸，在 1200 年从加拿大向东沿水路进入格陵兰岛西北部，然后沿着格陵兰岛西岸南下，到达维京人的北部狩猎区。他们约在 1300 年来到维京人的西部定居点附近，在 1400 年左右抵达东部定居点。

因纽特人捕猎的动物种类和多塞特人相同，但他们有弓箭可用（多塞特人则无），因此外出狩猎更能手到擒来、满载而归。因纽特人还有一项绝活，那就是猎鲸。因而，与多塞特人或维京人相比，因纽特人就获得了额外的食物来源。由于比较没有食物匮乏之虞，因纽特人就能多养几个老婆和孩子，定居点也比较大。一般而言，因纽特定居点中的男女老少有好几十人，其中猎人有一二十人，均为男性。因纽特人还在格陵兰岛北部，即后来维京人的北部狩猎区，建立了一个叫作"塞梅米尤特"的大型狩猎聚落，有几百户人家聚集在这里。夏季，来到北部狩猎区打猎的维京人不过几十人，试想他们若是遇上几百个甚至上千个因纽特人，双方又未能握手言欢，会有什么下场？

和维京人不同，因纽特人代表了极地族群经过数千年磨炼、克服恶劣环境、文化发展登峰造极的结果。在漫长、黑暗的冬日，格陵兰岛的维京人为了缺乏木头而苦恼，不能盖房子、取暖，照明也成了问题。但对因纽特人来说，这都不是问题：他们用雪块建造冰屋用于居住，用鲸脂或海豹脂作为燃料，同时解决了照明问题。没有木头可造船？这对因纽特人来说也不是问题：他们以海豹皮覆在船的支架上做成小皮艇（见插图18），还用同样的材料来制作一种叫作"乌米亚克"的大皮艇，可用于出海捕鲸。

尽管我提前了解过因纽特人的皮艇设计得多么精巧，也在发达国家坐过类似因纽特皮艇的现代皮划艇，但第一次在格陵兰岛亲眼看到传统因纽特皮艇时，我还是目瞪口呆，深感百闻不如一见：那皮艇看起来就像迷你版的依阿华级战列舰——这是美国海军在二战时建造的航速飞快、呈流线型的战舰，甲板上布满了轰击炮、防空炮等武器装备。因纽特人的皮艇船身虽然只有19英尺长，但已经比我想象中的要长，狭长的甲板上也堆满了武器：把手装有投掷器的鱼叉杆；长约6英寸、以套锁钉与鱼叉杆相连的鱼叉头；射海鸟用的镖枪（除了一个箭头，还有三个前向倒钩，万一箭头没射中，还有倒钩可以补救）；几个用海豹皮制成的气囊，用于拖拽叉中的鲸或海豹；还有长矛，用于给被鱼叉叉中的动物来个致命一击。不同于战舰或其他船艇，因纽特人的皮艇根据划船人的身材、重量和手臂长度量身定做。皮艇中央有个孔洞可让划船人钻入座位，座位上的防水布可和划船人的派克外套连在一起，看起来就像是划船人"穿着"皮艇。这样当冰冷的海水溅到船上时，划船人也不会被打湿。在格陵兰岛进行考古研究的凯勒有一次曾试图"穿上"为他的一个当地朋友量身定做的皮艇，结果凯勒发现自己的大腿太粗，进不了座位的孔洞。

以狩猎策略来说，在北极历史上，因纽特人堪称最灵活、手法最巧妙的猎人。除了可以像维京人那样猎杀驯鹿、海象和陆生禽鸟，他们还能划着小皮艇在近海飞快穿梭，用鱼叉捕猎海豹，用镖枪射海鸟，乘着大皮艇出海捕鲸。猎杀鲸这样的庞然大物，不是一个因纽特人划着一艘小皮艇就能做到的，必须乘着大皮艇集体行动——有人拿着鱼叉瞄准鲸，有人负责划艇。这可不是容易的事。如果你是福尔摩斯迷，可能还记得《黑彼得案》中坏蛋船长黑彼得的离奇死亡案件。退休后的某天，黑彼得在自己的小屋内被鱼叉刺死。有人用原来挂在墙上作为装饰的鱼叉刺穿了他的胸膛。为了侦破这个案件，福尔摩斯一早跑到肉铺，使尽全力想用鱼叉刺进悬挂在天花板下方的死猪，但是怎么都刺不进去。于是，福尔摩斯推断，凶手必然是个技术高超的投叉手，生手绝不可能有这种一叉致命的功力。因纽特人就是厉害的投叉手。首先，他们的鱼叉投掷器可增加射程，增加投掷的威力。其次，正如黑彼得案中的凶手，投掷鱼叉这种绝活需要经年累月的训练。因纽特人从小就练习投掷鱼叉，长大成人之后，手臂孔武有力，好像天生的鱼叉投掷器。

鱼叉头刺入鲸体内后，设计巧妙的套锁钉就会松脱，鲸体内的鱼叉头就可以和鱼叉杆分离。如果不分离，鱼叉头和鱼叉杆还有绳索相连，在水中挣扎的鲸可能把整艘船都拖入水中，船员也会跟着灭顶。和鱼叉头相连的是海豹皮做的气囊，被鱼叉刺中的鲸越想沉入海底，就越要用力对抗气囊的浮力，在这一程度中不断消耗体力，直到再次冒出水面呼吸，这时因纽特人会再刺入一个连着气囊的鱼叉头。受了伤的鲸渐渐精疲力竭，无力挣扎。这时，因纽特人将船驶近，再以长矛给那海中巨兽以最后一击。

　　因纽特人还想出一个巧妙的方法来捕猎环斑海豹。环斑海豹虽然是格陵兰岛水域中数量最多的一种海豹，但习性特别，难以捕捉。不像格陵兰岛其他种类的海豹，环斑海豹可以在格陵兰岛沿岸的海冰下过冬，靠的就是在冰面上钻一个和它们的头差不多大小的孔洞来呼吸。由于环斑海豹懂得用雪堆把这些孔洞盖起来，因此这些孔洞很难被发现。而且，每一只环斑海豹都有好几个呼吸孔，就像狡兔三窟。因纽特人不能把雪堆敲开，这么一来就会把环斑海豹吓跑了。于是，他们就在冬夜的冰上守株待兔。由于不知环斑海豹何时会来，这一等可能要好几个小时。他们只要一听到环斑海豹呼吸的声音，看都不看就以迅雷不及掩耳之势把鱼叉刺入孔洞之中。鱼叉头连着绳索，等被刺中的海豹精疲力竭之后，就会被猎人拖回来，再用长矛射杀。维京人从没从事这种复杂的猎杀行动。当其他种类的海豹大幅减少，只剩环斑海豹的时候，因纽特人就会通过猎杀环斑海豹来果腹。而维京人不会这种本事，就只能面临饿死的危险。

　　因此，以极地生活的本领来说，因纽特人要比维京人和多塞特人强。短短几个世纪内，因纽特人就从加拿大扩展到格陵兰岛西北部，与此同时，之前占据这两个地区的多塞特文化就此消失。因此，和因纽特人有关的族群消失之谜，不是一个，而是两个：先是多塞特人，然后是维京人，这两个族群都在因纽特人抵达格陵兰岛之后不久就消失了。因纽特人来到格陵兰岛西北部之后，多塞特人在此地继续生存了一两百年，因此这两个族群应该知道彼此的存在。然而，目前尚无直接证据能够证明双方有接触。今日，考古学家并未在多塞特人的遗址中发现因纽特人的物品，也未在因纽特人的遗址中发现属于多塞特人的东西。不过，有些间接证据显示他们之间应该有接触：格陵兰岛的因纽特人后来显现一些多塞特人的文化特质，这是他们在来到格陵兰岛之前没有的，如用骨刀来切割雪块，打造圆顶雪屋，制作皂石以及一种叫作"图勒五式"的鱼叉头。显然，因纽特人不仅有机会向多塞特人学习，而且多塞特人的消失与他们脱不了关系。毕竟，多塞特人在极地生存了 2 000 年，怎会无缘无故地消失？我猜想，在那遥远的古代，因为某个特别严寒的冬天，多塞特人饥寒交迫，而因纽特人却大啖弓头鲸和环斑海豹。于是，多塞特人的女人纷纷离家出走，走向因纽特人的营地。

当维京人遇上因纽特人

因纽特人和维京人的关系如何？虽然这两个族群曾在格陵兰岛共同生活了好几个世纪，但匪夷所思的是，在维京人的史册中，有关因纽特人的记载只有两三处。

第一处记载的是 11 世纪或 12 世纪发生的事件，其中提到的人可能是因纽特人，也可能是多塞特人，因为那时多塞特人仍在格陵兰岛西北部生活，而因纽特人才刚来到这个地方。在《挪威史》这份 15 世纪的手稿中，记载了维京人和格陵兰岛原住民初次相遇的经过："猎人从定居点往北走，在那儿碰上了身材矮小的原住民。猎人们称他们为'斯克拉埃林'。他们被刀子刺到时，如果伤势不严重，就不会流血，伤口看起来白白的，伤势严重才会流血不止。他们没有铁，而是用海象牙作为矢头，用尖锐的石头作为工具。"

这段描述很简短，语气平淡无奇，可见维京人态度并不友好，根本不把那些人放在眼里，也为自己埋下祸根。维京人把他们在文兰和格陵兰岛遇见的三个美洲原住民族群（因纽特人、多塞特人和印第安人）都叫作斯克拉埃林人，在他们的语言里，这个词的大意是"可怜虫"。维京人送给对方的见面礼是给人一刀，看看会不会流很多血，这就注定了双方没有称兄道弟的可能。我们在第六章提过，维京人在文兰与一群印第安人相遇的情景：对方来了9个人，他们杀了8个。如此逞凶斗狠，怎么可能与对方交好？想必维京人遇见因纽特人也不会以礼相待，这也在很大程度上解释了他们为何没有和因纽特人进行交易。

第二处处记载同样简短，将1360年维京人西部定居点的灭亡归咎于斯克拉埃林人，我们会在下面讨论这一点。这里提到的斯克拉埃林人必然是因纽特人，因为那时多塞特人已从格陵兰岛消失了。第三处记载只有一句话，出现在冰岛的编年史中，提到1379年发生的事："斯克拉埃林人袭击了格陵兰人，杀了18个男人，掳走了2个男孩和1个女仆，强迫他们为奴。"除非此处记载有误，把挪威写成格陵兰（当时挪威的确发生过萨米人[①]入

[①] 萨米人，极地的少数族裔，主要分布在斯堪的纳维亚北部、芬兰北部和俄罗斯的科拉半岛。以前外界通常称他们为拉普人，有贬抑之意。萨米人长久以来即以狩猎、采集及捕鱼为生，直到中世纪才有部分的萨米人放牧驯鹿。他们依循自然的节奏，过着季节性的游牧生活。——译者注

侵之事），不然此事应发生在格陵兰岛的东部定居点。那时西部定居点已经成为废墟，且维京人前往格陵兰北部狩猎区的团体不大可能有女性同行，因此不可能发生在西部定居点。我们要如何解读如此简略的故事？以现代人的眼光来看，18个维京人被杀似乎并不是什么天大的事，20世纪的世界大战中死亡人数可是多达几千万。但若回头看中世纪的格陵兰岛，东部定居点的总人口或许还不到4 000人，这18个男性占其所有成年男性总数的2%。如果今日的美国遭到敌人攻击，成年男性中有2%丧生，鉴于当前美国总人口为2.8亿，按同样比例计算，那么美国丧生的成年男性将多达126万人。因此，单单是冰岛史册记载的这场1379年攻击事件，对维京人来说就是一场浩劫，更不用说之后几年维京人还继续遭到袭击。

有关维京人和因纽特人的关系，史册所载只有上述简短的三处。考古方面的证据则包括因纽特人遗址中出土的维京物品或仿维京物品，维京人遗址也曾出土因纽特人的物品或仿造物品。考古学家从因纽特人遗址中共挖掘出来170件与维京人有关的物品，包括几件完整的工具（一把刀、一把羊毛剪、一个点火器），大部分是金属碎片（如铁、红铜、青铜或锡）。对因纽特人来说，这些金属可是无价之宝，因为可用来打造自己的工具。而出土这些文物的因纽特人遗址，不只分布于维京人曾经居住过的地方（如东、西部定居点）或到过的地方（北部狩猎区），也出现在维京人足迹未至之处，如格陵兰岛东部和埃尔斯米尔岛。可见因纽特人对维京人用的东西很感兴趣，还会用这些东西与几百英里之外的族人交易。因纽特人究竟用什么手段从维京人手里得到这些东西？交易？杀戮？掠夺？还是在维京人遗弃的村落大肆搜刮？对此，我们已无从得知。然而，有10块金属碎片来自东部定居点教堂的铜钟。维京人无论如何也不会拿教堂的圣物来交易，因此这些铜钟应该是维京人灭亡后才到因纽特人手中的。比如，因纽特人在维京人遗址上盖屋子的时候，可能就地取材，拿过去维京人的东西来用。

关于维京人和因纽特人曾面对面接触的明确证据，来自因纽特人的雕刻。考古学家从因纽特人遗址中发现了9件雕刻，上面刻画的人物，从发型、服装以及十字架装饰物来看，毫无疑问是维京人。因纽特人还从维京人身上学到一些有用的技术。有些因纽特人的工具在形状上和欧洲的刀或锯子相仿，可能是因纽特人模仿从维京人废墟搜刮到的工具而造，双方未必曾有友善的接触。但是，因纽特人也会做桶板和有螺纹的箭头，可见因纽特人曾亲眼看到过维京人制作或使用桶板和螺丝。

反之，维京人遗址中出土的因纽特物品少之又少，只有1把鹿角做的梳子、2支射鸟镖枪、1个海象牙做的拖缆把手和1块陨铁，总计5件。这5件物品似乎都不是什么有价值、可以拿来交易的东西，可能只是维京人无意中捡到的。因纽特人有那么多实用的工具值得效仿，令人大惑不解的是，维京人一样也没学着去做。考古学家从未在任何维京遗址发现鱼叉、鱼叉投掷器、小皮艇或出海捕鲸的大皮艇。

如果因纽特人和维京人确实有贸易往来，海象牙必然是重要的贸易物资，毕竟海象牙是维京人输往欧洲最有价值的物品，而因纽特人又是猎杀海象的高手。至于在维京牧场上发现的海象牙碎片，到底是来自维京人自己猎杀的海象，还是来自从因纽特人那儿得来的海象？我们无法进行区分，因此没有直接证据可以断定双方曾进行交易。如果双方确实曾经进行过交易，因纽特人必然也会用环斑海豹来交易：在格陵兰岛的寒冬，维京人身陷食物短缺的困境，面对数量众多的环斑海豹却无从下手，而因纽特人恰恰精于捕猎环斑海豹。但是，维京人遗址没有出现任何环斑海豹的骨头，可见双方要么没有进行过交易，要么极少进行交易。从考古证据来看，这两个族群就像分别住在两个不同的星球，而不像是共同在一个岛屿打猎、生活。人们通过骨骸或基因研究也找不到双方曾经通婚的证据。考古学家仔细研究了从格陵兰岛的维京人墓地出土的头骨，发现头骨特征近似斯堪的纳维亚人，但并没找到任何因纽特人和维京人混血的证据。

维京人不但没能和因纽特人进行交易，而且从未向对方学习，取长补短。在我们看来，这实在是很大的损失。显然，维京人有自己的想法。维京人并非没有机会向因纽特人学习，他们必然在格陵兰岛北部狩猎区看过因纽特人打猎，后来肯定也在西部定居点的峡湾外侧见识过因纽特人捕猎技巧的卓越。维京人划着笨重的木船，看到因纽特人乘着轻巧灵活的皮艇在海上呼啸而去、满载而归，难道不动心？后来的欧洲探险家在16世纪晚期踏上格陵兰岛时，就曾惊异于因纽特人行船的速度和技巧，叹道：因纽特人必然是半人半鱼，才会在水中这般自如，任何欧洲船只都无法像因纽特人的皮艇那样神速。除此之外，因纽特人的大皮艇、狙击猎物的精准程度、用海豹皮缝制的衣服、船只和手套，还有他们的鱼叉、气囊、狗拉雪橇和捕猎海豹的技巧，每个都让欧洲人叹为观止。丹麦人从1721年开始在格陵兰岛殖民，不久就学会了因纽特人的绝活，他们乘着大皮艇在格陵兰岛沿岸航行，学会使用鱼叉，知道怎么捕猎环斑海豹，还会和因纽特人交易。而维京人在此生活了几百年却没学会。不过，在格陵兰岛殖民的丹麦人中，有些和中世纪的维京人一样，是自视不凡的基督徒，怀有种族偏见，看不起因纽特人这些异教徒。

　　试想，如果抛开这些偏见，格陵兰岛的维京人和因纽特人之间的关系可能会是怎样的？我们可从后来的几百年里欧洲人与世界各地原住民接触的经历推测出很多可能性。西班牙人、葡萄牙人、法国人、英国人、俄国人、比利时人、荷兰人、德国人、意大利人，还有斯堪的纳维亚的丹麦人和瑞典人等，都曾有与原住民打交道的经历。其中很多人抵达原住民居住的地方后成为中间商，发展出贸易经济：欧洲商人带去原住民垂涎的物品，换取欧洲人渴求的东西。鉴于因纽特人苦于无铁可用，甚至以在格陵兰岛北部约克角发现的陨铁冷铸，制成鱼叉金属头等工具，我们可以想象，如果维京人和因纽特人进行交易，就可以拿从欧洲输入的铁来和因纽特人交换海象牙、独角鲸的角、海豹皮和北极熊，再把这些珍贵物资输出到欧洲。维京人也可以拿布料或奶制品来和因纽特人交易。即便因纽特人有乳糖不耐受的问题，不能喝牛奶，也可食用不含乳糖的奶制品，如奶酪和黄油。今天的格陵兰岛就从丹麦进口不少这样的奶制品。再说，在格陵兰岛这样恶劣的生存环境中，不只是维京人，因纽特人也有可能面临三餐不继的问题。因纽特人如果能和维京人交易，获得奶制品，就可以降低这种风险，而且能使自己的饮食更加多样化，何乐而不为？自

1721年开始，格陵兰岛上的斯堪的纳维亚人和因纽特人就发展出这样的交易模式，为什么中世纪的维京人和因纽特人未能发展出这种关系？

其中一个原因可能在于文化障碍。倘若一个维京男人娶了因纽特女人为妻，会发现这个女人不会织布，不会纺毛，不会照顾牛羊，不会挤奶，也不会做"skyr"、奶油和奶酪等奶制品，很难称得上"贤内助"。这些活计都是维京女人从小就开始学的，而对因纽特女人来说则是完全陌生的。即使一个维京人和一个因纽特人称兄道弟，因纽特人愿意把皮艇借给维京人，维京人也很难学会如何操作。且不说其背后机制的复杂性，因纽特猎人的皮艇是由他们的妻子为他们量身定做的（因纽特女人从小开始学习如何缝制皮毛，这一点维京女人就做不到），如果身材不合适，维京人恐怕都坐不进去。因此，倘若维京人见因纽特人的皮艇着实实用，回家跟妻子说"给我也缝制一艘"，维京女人做得出来吗？

如果你想说服因纽特女人为你量身定做一艘皮艇，或想娶她的女儿为妻，总得先建立好关系。可是，维京人一看到这些原住民就动手，而且出言不逊，无论是北美的印第安人还是格陵兰岛的因纽特人，都是他们口中的"可怜虫"，要如何交好？维京人和中世纪的欧洲人一样，以基督教徒自居，对异教徒根本不屑一顾。

双方交恶的另一个原因是：维京人认为，格陵兰岛的北部狩猎区是自己的地盘，后来的因纽特人是外来入侵者，没有权力在这里捕猎海象。因为在因纽特人到来之前，维京人已经在北部狩猎区狩猎长达几个世纪。此外，尽管因纽特人对维京人的铁感兴趣，但在他们相遇的时候，维京人自己也极度缺乏铁，更别说拿出来跟因纽特人交易了。

在今日世界，除了亚马孙地区和新几内亚最偏远的少数几个原始部落，几乎所有的原住民都跟欧洲人有接触，所以我们现代人不了解与原住民接触的困难。但是我们可以猜想，维京人最初在格陵兰岛的北部狩猎区碰到一群因纽特人时有何反应：大喊"你好！"面露微笑地走向他们，然后开始比手画脚，指着因纽特人的海象牙，然后拿出一坨铁块？我在新几内亚进行生物学田野调查时，曾有过这种"第一类接触"的经历，当我见到那些原住民时首先感觉自己身陷险境，吓得魂不守舍。同理，欧洲人给原住民的第一印象也是来者不善、有入侵企图，可能使他们的健康、生命、财产受到威胁。由于不知道对方会有什么行动，双方都恐惧紧张、严阵以待，严密观察对方的一举一动，不确定是要转身逃跑还是先发制人。可想而知，要化解这种紧张对立、握手言欢是多么困难，连全身而退都不容易，还必须以极度的谨慎和耐心伺机而动。欧洲殖民者累积了不少经验之后，才知道如何和原住民打交道。但在中世纪，初次和因纽特人接触的维京人显然认为该先下手为强。

18世纪登上格陵兰岛的丹麦人，以及在其他地区和原住民接触的欧洲人，也曾面对类似的难题：他们对那些"原始的异教徒"抱有偏见，不知该把那些人杀了，抢夺他们的东西、占据他们的土地，还是跟他们交易或通婚？如何说服他们不要逃走、不要攻击？后来，欧洲人在面对这些问题的时候，渐渐学会衡量情势，做出最好的选择。他们主要基于以下考量：敌众我寡还是敌寡我众，我方有无足够的女性同胞随行，原住民有无欧洲人想要的贸易物资，原住民的土地是不是殖民的好地点，等等。中世纪的维京人遇见因纽特人时，并没有考虑这么多。未能向因纽特人学习（不管是不屑于学习还是不具备条件），加上没有强大的武器或兵力，最后导致格陵兰岛的维京人走向灭绝，而因纽特人还好端端地活到今天。

末日

有人以"千古奇谜"来形容维京人在格陵兰岛的消失。事实上，这么说不完全准确，这个历史谜团已在一定程度上被解开。我们需要区分维京社会消失的远因（导致维京社会缓慢衰退的潜在长期因素）和近因（已经衰落的维京社会遭受的最后一击，导致族人全数死绝或者被迫离去）。虽然维京社会走向崩溃的近因尚未完全明朗，但远因其实呼之欲出，那就是我们先前详细讨论过的5个变因：维京人对环境的影响、气候变化、与挪威的友好关系中断、与因纽特人交恶，以及维京人保守的民族特性。

简而言之，维京人耗尽了自己赖以生存的环境资源，具体是大肆砍伐林木、剥离草皮、过度放牧，造成严重的土壤侵蚀问题。首先，在维京人殖民之初，以格陵兰岛的自然资源而言，要建立起一个略具规模的欧洲农牧社会其实已很勉强，而且每一年的干草产量有很大的波动。因此，一碰上坏年头，维京社会便因自然资源短缺而岌岌可危。其次，从格陵兰岛冰芯研究的结果来看，维京人初抵格陵兰岛之时，岛上气候尚属温和（和今天的气候差不多），在14世纪遭逢几回大寒的考验，到了15世纪初小冰期全面发威，岛上连年酷寒，直到19世纪气候才又转为温和。当大寒年份来临，干草的产量更少，格陵兰岛和挪威之间的海路也因冰封而中断。再次，格陵兰岛的重要物资（如铁和木材）都仰赖从挪威输入，文化方面更亦步亦驱地跟随欧洲，之后与挪威关系遇冷甚至断绝，原因说来很复杂，海冰的阻隔只是其中一个原因。1349—1350年，挪威黑死病大流行，约有半数人口被病毒夺走性命，挪威自身难保。1397年，挪威、瑞典和丹麦结盟，推选丹麦国王为盟主，丹麦国王对挪威这个贫乏之地根本看不上眼。又次，格陵兰岛出口到欧洲的海象牙本是抢手的贸易商品，但在十字军占领君士坦丁堡后，被阿拉伯人切断的地中海贸易路线再度畅通，亚洲和东非的象牙又可输往欧洲，格陵兰岛的海象牙不如往日吃香。到了15世纪，欧洲不再流行象牙制品，无论是来自海象还是大象的象牙都不再炙手可热。这些转变不但使挪威本身的资源受到影响，也使商船失去前往格陵兰岛进行交易的动机。古往今来，受到主要的贸易伙伴牵连而身陷危机（甚至危及生存）的不只有格陵兰岛的维京人。1973年，海湾地区产油国对西方国家实施石油禁运，美国就深受其害；曼加雷瓦岛的森林砍伐殆尽，连带使皮特凯恩岛和亨德森岛遭到池鱼之殃。这样的例子实在不胜枚举。今日的全球化将加剧这种祸福相依的现象。最后，面对来势汹汹的因纽特人，维京人仍故步自封、不知变革，到头来只能坐以待毙。以上5个因素共同谱成格陵兰岛维京人的挽歌。

所谓冰冻三尺，非一日之寒，格陵兰岛维京社会的覆亡是上述5个因素长久作用的结果。因此，我们可以料想到，格陵兰岛上的维京牧场并不是一下子全部变成废墟，而是相继荒废。在东部定居点瓦特纳佛非地区最大的牧场，考古学家在一间大屋子的地板上发现了一个25岁男性的头骨，经放射性碳年代测定，可追溯到1275年。我们可以推测整个瓦特纳佛非地区大概是那个年代被废弃的。那位男性应该是该地区最后的居民，因为如果还有人活着，他们应该会为他安葬，而不会让他的尸首就这样躺在地上。考古学家在东部定居点的克罗托克谷地进行年代测定，发现最后的年代是1300年左右；西部定居点的"沙下牧场"则约在1350年变成废墟，并被冰川流沙所掩盖。

在维京人的两个定居点当中，第一个灭绝的是比较小的西部定居点。由于西部定居点位置偏北，生长季较短，发展牧业的条件更为勉强，即使是丰年，干草的产量也比较少，万一遇上一个较寒冷或潮湿的夏季，就无法生产足够的干草让牲畜过冬。西部定居点的另一个缺陷是只有一个峡湾出海口，如果这个出海口被因纽特人堵住了，维京人就无法到峡湾外侧的海岸捕猎海豹，暮春就没东西吃了，等于是断了生路。

有关西部定居点的败亡，我们有两个信息来源，即文字记录和考古发现。目前留存下来的文字记录是由伊瓦尔·巴尔达松所载。他是挪威卑尔根主教派驻到格陵兰岛的教士，负责报告格陵兰岛教会的情况，同时担任督察官和皇家税官。他在1362年回到挪威后写了一本《格陵兰岛风物志》，手稿虽已亡佚，但抄本仍流传于世。巴尔达松记载的多半是格陵兰岛教会及其财产明细，也潦草地交代了西部定居点的末日："西部定居点矗立着一间大教堂，名为桑内斯教堂，一度有主教留驻。如今，整个西部定居点已落到斯克拉埃林人之手……根据在加登驻守多年的督察官巴尔达松所述，他亲眼看到了这一切，还曾被上层官员派往西部定居点驱逐斯克拉埃林人。但他们到了西部定居点后，发现此地已成断壁残垣，杳无人迹，没有基督教徒的人影，也没有半个异教徒。"

我实在很想把巴尔达松从坟墓中叫醒，询问一些他没有交代清楚的事情：他是在哪一年、哪一月前往西部定居点？在西部定居点有无发现任何居民贮藏的干草或奶酪？为什么西部定居点那1 000个人全都不见了？有无任何打斗或杀人放火的迹象？有没有发现任何尸体？可惜巴尔达松已成白骨，无法为我们解惑。

因此，我们不得不求助考古学家的发现。在西部定居点几个牧场遗址的最上层，考古学家挖掘出最后的维京人的遗物，发现了门、柱子、屋顶木材、家具、碗、十字架等。这实在很不寻常。由于木材非常宝贵，住在斯堪的纳维亚北部的人在废弃旧房舍之前，必然会把房子里的木头全部拆下来带走，待盖新房时再利用。就像维京人在纽芬兰的兰塞奥兹牧草地建立的营地，一旦计划撤离，他们几乎把所有东西都带走了，只剩下99根断裂钉子、1根完整的钉子和1根缝衣针。显然，西部定居点的维京人要么是在仓促之中逃离，要么就是还来不及搬走东西就已经身亡。

考古学家从遗址最上层挖掘出来的动物骨头似乎诉说着一个悲惨的故事。其中包括小鸟和野兔的足骨（维京猎人不会去捕猎小鸟和野兔这么小的猎物，除非快饿死了，万不得已），小牛或小羊的骨头（应该是暮春出生的牲畜），牛蹄骨（从蹄骨的数目来看，约和原来牧场饲养的牛数量相当，表明所有的牛都被宰杀吃掉），以及大型猎犬的部分骨骸（骨头上有刀痕；一般而言，维京人家的厨余垃圾中不会出现狗骨头，因为维京人和现代人一样，不会吃掉自己的狗）。把猎犬杀了，秋季就不能捕猎驯鹿；把小牛、小羊杀了，牲畜就没了。这表明，西部定居点最后的居民已经饥不择食，顾不上未来了。遗址下层出土的人类粪便中滋生的腐蝇化石，属于比较喜欢温暖的种类，在遗址上层出土的腐蝇已属比较耐寒的种类，可见最后的居民不光没有东西吃，也没有可以取暖的燃料。

从这些考古证据来看，西部定居点牧场最后的居民是在春天因饥寒交迫而死的。也许是前一年冬天特别寒冷，应该在春天来峡湾外侧报到的海豹没有来；也许是峡湾被冰封了；也许是因纽特人南下寻仇，把峡湾出口堵住了，不让维京人捕猎海豹。如果夏天气温太低，干草产量就会大减，冬天牲畜的草秣就没有着落。维京人应该是不得已才把剩下的牛都吃掉，连牛蹄都吃了，还把猎犬也宰杀吃掉，最后甚至捕猎小鸟、野兔来吃。令我们觉得奇怪的一点是：何以考古学家在西部定居点的房舍中没发现维京人的骨骸？我想巴尔达松率众抵达西部定居点之后，可能依照基督教仪式为那些已成白骨的同胞举行了葬礼。有关这一点，可能是巴尔达松自己没有记载，也可能是巴尔达松的手稿虽有记载，但后世抄本遗漏了这一段。

至于东部定居点的末日，最后一艘由挪威皇家派往格陵兰岛的商船于1368年启航，但翌年那艘船就沉了。之后，根据记录，只有4艘船曾航行到格陵兰岛（分别在1381年、1382年、1385

年和1406年）。这4艘都是私人船只，船长宣称他们的目的地是冰岛，因为被风吹离航道才会开到格陵兰岛。挪威国王曾经下令，只有皇家有权和格陵兰岛进行贸易，私人船只不得擅自前往格陵兰岛和当地人交易。那4艘船都声称是在"无意"的状况下航向格陵兰岛的，可真是令人惊异的巧合。船长们声称，他们为海上浓雾所困，误入格陵兰岛。这种说法很可能只是借口为的是掩饰他们的真实想法：这些年来，极少有船只航行至格陵兰岛，如果能带一些货物卖给格陵兰人，肯定可以大赚一笔。1406年抵达格陵兰岛的那艘船的船长索尔斯坦·奥拉夫松，显然没有为了这趟"误入"格陵兰岛的航程而悔恨不已，要不然他也不会在这里待4年，直到1410年才回到挪威。

奥拉夫松回到挪威时，带回了三则格陵兰岛方面的消息：第一，有一个名叫科尔格林的男人，因为利用巫术引诱一个名叫斯坦农的女人，在1407年被绑在火刑柱上烧死。这个斯坦农是当地治安官拉文之女，索尔瓦松之妻。第二，可怜的斯坦农后来发疯，不久香消玉殒。第三，1408年9月14日，奥拉夫松和当地一个叫西格丽德·比约恩斯多特的当地女孩于赫瓦勒塞教堂成婚。这个喜讯在大婚之日的前三个礼拜日当众宣布，没有人提出异议，于是两人幸福快乐地结为连理，由布兰德·哈尔多松、托尔德·约伦达松、托尔比约恩·巴尔达松和约恩·荣松当证婚人。奥拉夫松提到的火刑、发疯或是婚礼等，都是中世纪基督教社会常见的新闻，看不出当地有何动乱。这也是有关格陵兰岛的维京人的最后文字记录。

我们目前还不知道东部定居点消失的确切日期。1400—1420

年，北大西洋地区变得更加寒冷，且多暴风雨，很长一段时间都没有船只航行至格陵兰岛的记录。考古学家从东部定居点的赫约尔夫·斯尼斯教堂墓地挖掘出一件女人的衣物，经放射性碳年代测定，是1435年左右之物。因此，在1410年最后一艘挪威船驶离格陵兰岛之后，格陵兰岛上的维京人可能继续存活了几十年。然而，放射性碳年代测定法可能有几十年的误差，因此1435年这个时间不见得可靠。我们确知的是，到了1576—1587年，又有欧洲人来到格陵兰岛。英国探险家马丁·弗罗比舍和约翰·戴维斯在寻找通往新大陆的西北航道时，发现了格陵兰岛，并在上岸之后遇见了因纽特人。他们为因纽特人的狩猎技术所折服，还抓了几个因纽特人带回英国展览。1607年，一支由丹麦人和挪威人组成的探险队，打算前往维京人的东部定居点，但被东部定居点之名误导，在格陵兰岛东岸遍寻不着维京人遗迹。从那时起，一直到17世纪结束之前，又有不少丹麦人和挪威人前来勘察，荷兰人和英国人不但来此捕鲸，还抓了几个因纽特人回国。尽管因纽特人身材矮小、肤色和脸部轮廓像东方人，而维京人金发碧眼、人高马大，两个族群使用的语言也完全不同，但17世纪的欧洲人还是以为因纽特人是维京人的后代，这真是不可思议。

1721年，挪威路德教传教士汉斯·埃格德动身前往格陵兰岛。他坚信那些被抓到欧洲的因纽特人本来是维京基督徒，在宗教改革运动之前被欧洲人放弃了，才沦为异教徒，但他们的内心必然渴望在基督教传教士的引导下皈依路德教。他先来到西部定居点的峡湾，非常惊讶地发现，此地只有身材、相貌和欧洲人大不相同的原住民（即因纽特人）。那些原住民带他去看维京人的遗址，他知道这些人并不是维京人。埃格德也相信东部定居点就在格陵兰岛东岸，于是前往东岸找寻维京人，当然徒劳无功。1723年，因纽特人又带他去看更多的维京遗迹，包括位于格陵兰岛西南部的赫瓦勒塞教堂——他想要寻找的东部定居点就在这里。这时埃格德才恍然大悟，原来维京社会已消失在历史的长河中。但维京人从格陵兰岛消失的这个谜团，还是让他魂牵梦萦，于是他又踏上了解谜之旅。埃格德从因纽特人口述的有关维京人的回忆中，零零星星拼凑出维京社会的样貌，包括维京人与因纽特人时好时坏的关系。埃格德暗自忖度：格陵兰岛的维京人是否为因纽特人所灭？不只是埃格德，一代又一代的游客和考古学家都在试图解开这个千古奇谜。

其实，这个谜团已经在一定程度上被解开，如维京社会式微的远因。另外，考古学家在西部定居点遗址上层进行的考古挖掘也为我们找到维京社会崩溃的近因提供了一些线索。尽管如此，我们对东部定居点末日发生的事件仍然一无所知，也许等东部定居点的遗址上层考古调查完成后，这个问题可以水落石出。既然这个故事已经说到这里，我还是忍不住提出我个人的臆测。

在我看来，东部定居点的崩溃肯定是突如其来的，令人措手不及，就像苏联的解体或西部定居点的突然崩溃。格陵兰岛的维京社会就像被小心翼翼搭起的纸牌塔，其稳定性最终依赖教会和领主的权威。当挪威国王不再派遣商船到格陵兰岛，再加上气候变得越来越寒冷，居民必然大失所望，也不再像从前那样尊敬领主和主教。1378年，挪威派驻格陵兰岛的主教过世，在后继无人的情况下，格陵兰岛的牧师如何被授予圣职？牧师没有被主教授予圣职责无法主持受洗礼、婚礼和葬礼。如果被最后一任主教授予圣职的最后一个牧师也归天了，这样的基督教社会要如何运作？领主的权威在于资源分配权，如果没有资源可以分配，农民一个个就快要饿死了，还会继续服膺领主的指挥吗？

与西部定居点相比，东部定居点偏南，发展牧业的条件稍好些，得以养活更多的人口（约4 000人，西部定居点则只有1 000人），因此东部定居点覆亡的风险应该比西部定居点要小。当然，倘若遇上连年大寒，不只是西部定居点熬不下去，东部定居点的牲口数目也会越来越少，饿死的人越来越多，最后也会撑不下去。我们可以想象，碰到这种严酷的打击，规模较小、农牧条件较差的牧场会先倒下去。那么，可以容纳160头牛和很多羊的加登牧场发生了什么呢？

我猜想，末日的加登牧场就像一艘挤满了人的救生艇。在东部定居点其他条件较差的牧场无法生产干草，牲畜死光或全部被宰杀果腹之后，那些走投无路的农民必然只能走向还有牲畜的牧场，像是布拉塔利德、赫瓦勒塞、赫约尔夫斯尼斯等大牧场，当然最后加登牧场也无法幸免。如果加登牧场的神职人员和当地领主能保护教区居民，他们的权威当然还是会被承认。然而，饥荒和疾病会让人们信仰破灭，不再相信权威。希腊史学家修昔底德曾描写2000多年前雅典发生瘟疫的情况，尸横遍野，饥民四起，这样的惨状必然也在加登再现：饥民不断涌入加登牧场，少数几个领主和牧师哪能阻挡得了这人潮，只好任他们把牧场剩下的牛羊宰杀吃掉。倘若加登牧场可以将饥民挡在门外，或许可以靠既有的资源生存下去。但此时的加登牧场就像一艘小小的救生艇，每一个人都试图挤上去。最后，或许就像西部定居点败亡之前的场景，人们把家里养的狗，还有刚出生的牛、羊都宰杀来吃，连牛蹄都吃得只剩骨头。

在我的想象中，加登牧场的末日就像1992年的洛杉矶大暴动，到了全面失控的地步。那次洛杉矶大暴动，是由4名白人警察残酷殴打涉嫌超速驾驶的黑人青年罗德尼·金引起的，此案被法庭受审后，陪审团最终判定警察无罪，由此引发群情激愤，几千个来自贫困社区的居民到处纵火、施暴、抢劫商家。由于警力有限，警察只能在富有社区的周围拉上黄色警戒线，禁止暴民入内。可区区的黄色警戒线怎么可能挡得住愤怒的暴民？今天，我们可以在全球范围内看到越来越多类似的想象。比如，我们会在电视上看到穷苦国家的非法移民拼命涌向富有国家的边境，所谓的边境管制根本阻挡不了他们的脚步。因此，我们切莫以为格陵兰岛的维京人的悲剧只是中世纪一个地处欧洲边缘的社会不幸灭亡的故事，与我们当前的人类社会无关。东部定居点比西部定居点规模大，但最后还是面临相同的命运，只是撑得久一点而已。

覆亡的种子

格陵兰岛的维京社会是否在建立之初就已埋下覆亡的种子？是否因为他们的生活方式根本行不通，所以迟早会饿死？在维京人踏上格陵兰岛之前的几千年，已有几个以狩猎-采集为生、来自美洲的原住民族群先后在格陵兰岛居住了一段时间。与这些原住民族群相比，维京人是否先天生存条件恶劣，因而注定不幸？

我认为不是这样。不要忘了，在因纽特人之前，至少有4拨美洲原住民从加拿大北极地区来到格陵兰岛，但最后却一一灭绝。极地气候的变化使得大型猎物（如驯鹿、海豹和鲸）迁徙到他处或者周期性地放弃原来的栖息地，猎物的数量也大幅波动。这就直接决定了以捕猎为生的美洲原住民的命运。虽然因纽特人从抵达格陵兰岛至今已经生存了 8 个世纪，但一旦猎物数量发生变化，他们仍会受到影响。考古学家就发现不少因纽特人的雪屋被冰封死，有如时空胶囊，一家人的尸体都被冻结在里面。他们应该是没能熬过某个寒冬的考验，在雪屋里被活活饿死。到了丹麦殖民时期，也经常有形单影只的因纽特人步履蹒跚地走向丹麦人定居点，说族人全都饿死了，只剩他一个人。

事实上，与因纽特人和先前在格陵兰岛生活的狩猎-采集族群相比，维京人有一项额外的食物来源，那就是牲畜。这算是维京人的一大优势。对美洲原住民来说，格陵兰岛植物的唯一用途就是作为驯鹿（以及野兔）的食物，他们再捕猎这些野生动物来吃。维京人也吃驯鹿和野兔，但还会利用格陵兰岛生长的植物喂养牛、羊等牲畜，然后吃这些牲畜的肉、喝它们的奶。从这方面来看，维京人的食物基础比较广，比起以前在格陵兰岛讨生活的美洲原住民，维京人的生存机会应该更大。维京人和美洲原住民一样，会捕猎野生动物（尤其是驯鹿、港海豹以及每年 5 月迁徙至格陵兰的竖琴海豹、冠海豹等），但和美洲原住民不同的是，维京人没有捕猎某些物种（如鱼、环斑海豹和海上的鲸）。如果他们也能捕猎这些野生动物，可以吃的东西就会更多，也许就能活下去。他们必定看过因纽特人捕猎环斑海豹、鱼和鲸，所以他们显然不是不能这么做，而是决定不这么做。格陵兰岛渔产丰富，有很多环斑海豹和鲸可以捕猎，但维京人还是活活饿死了。为什么他们会做出这样的决定？以后见之明来看，这种决定岂不是相当于自杀？

实际上，从维京人的视角、价值观和先前的生活经验来看，做出这样的决定并不奇怪。如果我们易地而处，也可能会做出一样的决定。我们可从4个方面来理解他们的选择。第一，在格陵兰岛不稳定的环境中，要生存下去实在很困难。即使是现代的生态学家和农业科学家，也不一定可以在那里长住久安。维京人何其幸运，在气候和暖的时候踏上格陵兰岛。他们又何其不幸，过去几千年他们没有在那里生存的经验，未曾经历过一系列冷暖周期的气候变化，因此不可能预见到格陵兰岛的气候将会变得异常寒冷，不适合饲养牲畜。20世纪，丹麦人重新把牛和绵羊引进格陵兰岛，因过度放牧造成土壤侵蚀，重蹈维京人的覆辙，于是不久后放弃养牛。今天的格陵兰岛除了通过向欧盟国家发放捕鱼许可获得收入，还非常依赖丹麦的援助，仍没办法做到自给自足。即使以今天的标准来看，中世纪的维京人能在格陵兰岛发展出这么复杂的经济社会体系，生存了450年，实属不易。

第二，维京人踏上格陵兰岛之时，大脑并非像一张白纸。就像史上所有的殖民者，他们带去的还有自己的知识、文化价值观、生活方式——这些都是基于维京人世世代代生活在挪威和冰岛的经验。他们的自我认知是：奶农、基督教徒、欧洲人，具体来说是来自斯堪的纳维亚的维京人。他们的祖先在斯堪的纳维亚从事奶业长达3 000年。他们和挪威人血脉相连，有共同的语言、宗教和文化，这就像过去美国和英国之间或澳大利亚和英国之间的关系一样。格陵兰岛的每一任主教都是由挪威派遣来的，而不是在格陵兰岛出生、长大的维京人。如果不是这种共同的价值观，格陵兰岛的维京人可能难以团结合作，共同生存下去。如此一来，我们便可以理解他们为何在养牛、前往北部狩猎区狩猎和兴建教会上投入那么多的心力，尽管从纯经济的角度来看这么做是不划算的。当初，他们就是靠着这种共同的文化价值观在冰天雪地中团结合作、克服险阻，开创自己的新天地的。然而，他们也正是由于死守这种文化价值观，不思变革，最后走上覆亡之路。这种成也文化、败也文化的主题，在古今社会经常出现，正如第一章讨论的蒙大拿社会：人们当年靠着一套文化价值观渡过难关，而今天那套价值观已经不合时宜，可人们宁可抱残守缺。但是，也不是所有的人类社会都这么蒙昧、执迷。有些社会就懂得适时变通，知道应该坚守哪些核心价值观，应该舍弃哪些不合时宜的价值观。我们会在第十四章和第十六章继续讨论这个问题。

第三，正如其他中世纪欧洲的基督徒，维京人鄙视欧洲人以外的异教徒，也缺乏和他们打交道的经验。直到哥伦布在1492年为大航海时代揭开序幕，欧洲人踏上各个未知地域之后，才知道如何以奸巧和权谋来利用原住民，尽管他们还是看不起这些人。因此，维京人拒绝向因纽特人学习，其来有自。他们在原住民面前表现得自尊自大、目中无人，更为自己招致杀机。很多后来到北极地区探险的欧洲人，同样因为轻视因纽特人或和他们交恶，最后无法通过极地环境的考验，客死他乡。比较著名的案例是，1845年，一支由138人组成的英国探险队——富兰克林探险队，前往极地探险。尽管这支探险队财力雄厚、装备齐全，但在通过因纽特人居住的加拿大极地地区时，还是遭到不测，结果无人生还。那些成功地在北极地区探险的西方人，如美国人罗伯特·皮里和挪威人罗阿尔德·阿蒙森都曾向因纽特人取经。

　　第四，格陵兰岛的维京社会由少数几个领主和神职人员主掌大权。大部分的土地（包括所有最好的牧场）和船只归他们所有，与欧洲的贸易往来也由他们一手操控。大部分的进口物资是他们用来彰显自己的身份地位的，如华服、珠宝、铜钟和彩绘玻璃等奢侈品或宗教器具。船只多半被派往北部狩猎区，以获得价值连城的出口品（如海象牙和北极熊毛皮），好和挪威人交换那些奢侈品。领主不顾过度放牧的问题，饲养大群绵羊，其动机主要有二：第一，羊毛也是格陵兰岛的主要出口商品，可用来和挪威人交易；第二，可以拥有更多的佃农。独立的农民在过度放牧的土地上难以生存，只好被迫成为佃农，为领主工作。领主手下的佃农越多，权势就越大。因此，维京人当初并非别无选择，如果他们能多进口一些铁，少进口一些奢侈品，多派一些船只前往马克兰，以获取铁和木材，生活物资就不会那么短缺。此外，他们也可以向因纽特人学习，或是以不同材料建造船只、研发新的狩猎技巧。但是，这些改变都会威胁到领主的权势、地位和一己利益，因此领主只希望社会保持现况，大权还是由自己一手掌控，不愿意看到任何改变。

　　从维京人的社会结构来看，掌权者的短期利益和整个社会的长期利益互相冲突。领主和教士所珍视的许多东西，最后都对社会造成损害。他们的社会价值观是他们生存下去的力量源泉，但也构成了他们的致命缺陷。虽然格陵兰岛的维京人最终还是消失在冰天雪地中，但我们切莫急着为他们贴上失败者的标签。不管怎么说，他们在欧洲最偏远的一隅建立一个独特的欧洲社会，并且生存了450年。而我们这个立足于北美洲的英语社会，从殖民时期发展至今还不到400年，孰胜孰败，还很难说。再回过头看看维京社会领主的末日，还不是落得众叛亲离，一无所有。权势不过是让他们比别人晚一点饿死而已。

第九章

另辟蹊径：新几内亚高地、蒂科皮亚岛和日本等社会的成功故事

两种策略："自下而上"以及"自上而下"

我们在前文介绍了 6 个被环境问题拖垮的人类社会：复活节岛、皮特凯恩岛、亨德森岛、阿纳萨齐印第安部落、古典时期的玛雅低地以及维京人在格陵兰岛建立的社会。有的环境问题是人类社会一手造成的，有的则是环境本身的问题。前车之覆，后车之鉴，也许我们可以从这几个社会的覆亡中得到宝贵的教训。然而，并非过去每一个人类社会都亡于生态浩劫：生态环境脆弱的冰岛社会就支撑了 1 100 年以上，还有许多社会也坚持了数千年之久，至今依然屹立。这些成功社会的故事可以带给我们希望和启发。由这些成功例证，我们可看出克服环境问题的两种策略：一个是"自下而上"，另一个则是"自上而下"。

这种认识主要是源于考古学家帕特里克·基尔希研究太平洋地区岛屿的结果。基尔希研究了太平洋地区不同大小的岛屿上的人类社会以及它们的命运。例如，人类在小小的蒂科皮亚岛（面

积为1.8平方英里）上建立的社会已发展了3 000年以上；南太平洋库克群岛中的中型岛屿芒艾亚岛（约27平方英里），因森林过度砍伐引发生态浩劫，最终走向与复活节岛相似的命运；至于在汤加群岛（共有170多个岛屿，总面积约288平方英里）这个大型群岛上出现的汤加王国，已经存续了3 200年，直到今天。为什么三个岛屿中的小岛和大岛最后都克服了环境问题，而那个中型岛屿就没能克服呢？基尔希认为，这是由于大岛和小岛各自采取不同的环境管理策略，最后都成功了，但是这两种策略在中型岛屿上均行不通。

小岛上的小型人类社会可以采取"自下而上"的环境管理策略。由于岛屿很小，没几步路就"走遍"了，岛民之间关系密切，岛上有什么风吹草动，人人都会受到影响，因此岛民会有休戚与共之感。每一个人也都明白，环境保护必须从自己做起，只有左邻右舍携手合作，大家才能共同获益。

在我们居住或工作的地方，我们大都体验过这种"自下而上"的管理模式。像我住在洛杉矶，我所在的社区的住户就组成了一个业主协会，共同为了小区的安全、和谐、美好而努力。这是利人利己的事。我们每年会推选委员，在年度大会上讨论各项规章，每一个业主每年也必须缴纳一笔费用作为协会运作基金。有了经费，协会就可以做很多事，例如维护路口的花圃、要求社区里的人不得随便砍伐树木、审核新的建设方案（以免丑陋或大而无当的建筑破坏社区景观）、社区协调服务（解决邻居纷争等）或是为了社区事务向市府官员进行游说。另一个例子就是本书第一章提到的比特鲁特山谷哈密尔顿附近的土地所有者。他们联合起来经营泰勒野生生物保护区，为当地社区创造了很大的价值：土地增值、生活水平提高，且让比特鲁特山谷再度成为狩猎者和钓鱼者的天堂。虽然这种方法并不能使美国或世界的问题得到解决，但至少使当地社区有所改善。

另一个策略则完全相反，那就是"自上而下"，适用于中央集权的大型社会，例如汤加王国。汤加王国所在的汤加群岛幅员广阔，在群岛某一个角落讨生活的农民，完全不知道群岛另一个角落发生的问题，就连自己居住的岛屿上发生的情况也不一定能完全了解。就算他打从一开始就知道群岛另一个角落正在发生的问题，他也可能会漠不关心，认为不会影响到自己（至少暂时不会）。他不知道的是，那些问题终究会影响到自己，甚至会威胁自己的生计。即使是本地发生了问题（如森林砍伐），他也可能会认为不打紧，觉得反正别的地方还有很多树木可以砍。事实上，他并不知道其他地方是否有很多树木。

以汤加的面积而言，足以产生一个由大酋长或国王统领的集权政府。国王不像一般农民那样目光如豆，他居高临下，关注整个群岛。国王也不像一般农民短视近利，他高瞻远瞩，着眼于整个群岛的长期利益，因为他的财富和权势来源于整个群岛。先王把王位传给他，他有责任巩固基业，让自己的后代子孙继续统领这个群岛，直到千秋万世。因此，国王或中央统治机构是以"自上而下"的管理方式来管理环境资源，给所有臣民下达命令。臣民或许只知这必然是国王的深谋远虑，从长远来看对自己应该是有利的，但未必能够明白命令背后的含义。

对发达国家的公民来说，他们不只熟悉"自下而上"的策略，

"自上而下"的策略应该也不陌生。照理来说,政府官员应该高瞻远瞩,以整个州或全国为着眼点,要比一般老百姓眼界广,因此他们制定的政策(如环保政策等)会影响整个州或整个国家。举例来说,虽然泰勒野生生物保护区归比特鲁特山谷居民所有,但比特鲁特山谷有一半的土地还是由联邦政府所有或是归政府管理,比如国家森林或是在土地管理局管理下的土地。

在中型岛屿上的传统人类社会,规模不大也不小,不管是"自上而下"还是"自下而上"的管理策略可能都行不通。这么一个岛屿说小不小,当地一个小小的农民无法具有举足轻重的地位,着眼点也不可能涵盖整个岛屿。再说,如果相邻谷地的酋长之间势不两立,不但不可能达成共识或合作,甚至会对当地环境造成破坏,一方的酋长可能会率领众人把树砍光或破坏对方的土地。但这样的岛屿说大也不大,因此也不能产生掌控全岛的集权政府。芒艾亚岛上的人类社会就是因此走向灭亡的,过去还有许多中型岛屿也是如此。今日世界的行政区划以国家为单位,进退两难的中型社会比较少。不过,如果一个国家的掌控力变得薄弱,还是会面临中型岛屿那样的困境。

我将以三个社会为例来阐明上述两种成功策略。先以两个小型社会为例(即新几内亚高地和蒂科皮亚岛),观察"自下而上"的策略如何奏效,然后再看一个大型社会(德川幕府时代的日本)如何实行"自上而下"的策略。这三个社会面临的共同的环境问题是:森林砍伐、土壤侵蚀和土壤肥力流失。不过,不只是这三个社会,过去许多社会也曾采用类似策略来解决水资源不足和过度狩猎的问题。此外,在层级分明的大型社会中,上述两种策略可并行不悖。例如，在美国等民主国家，当地社区会采用"自下而上"的管理模式，而各级政府组织（联邦政府、州政府、市政府）则采用"自上而下"的管理模式。

新几内亚高地

第一个例子是新几内亚高地。新几内亚实施的"自下而上"的管理策略是全世界最成功的例子。新几内亚高地的波利尼西亚人自给自足地生活了约 46 000 年，直到近代才输入一些用以彰显身份地位的奢侈品（如贝壳和天堂鸟羽毛），但并无重要经济物资输入。新几内亚是位于澳大利亚北方的大岛，离赤道很近，低地热带雨林繁茂，内陆崇山峻岭交错，最高处的海拔达 16 500 英尺有冰川覆盖。新几内亚高地崎岖险峻，与世隔绝，被 400 年来到此探险的欧洲人视为畏途，以为那里只是丛林蛮荒，不敢越雷池一步，仅在海岸和低地逗留。

到了 20 世纪 30 年代，生物学家和矿场老板包机初次飞越新几内亚高地上空时，赫然发现这里有个人烟稠密的世外桃源：平坦开敞的谷地点缀着几棵绿树，良田沃野，阡陌纵横，有如荷兰的田园风光（见插图 19），陡峭的丘陵上有层层叠叠的梯田，让人想起爪哇或日本的乡野，村落四周还有防御性的围墙。之后，更多的欧洲人来此一探究竟，发现这里的居民以务农为生，种植芋头、香蕉、山药、甘蔗、红薯，还饲养猪和鸡。我们现在已知，前面 4 种主要作物（加上其他次要作物）都是在新几内亚驯化的。说来新几内亚高地是世界上仅有的 9 个独立的植物驯化中心之一，农业已经在此发展了 7 000 年以上——可持续性粮食生产实验的时间长度堪称世界之最。

　　新几内亚高地居民给欧洲探险家和殖民者的第一印象是"野蛮无文"。他们住茅屋，部落之间争战不断，没有国王、酋长，没有文字，无论刮风下雨，几乎都是赤身裸体。他们没有金属，所有工具都用石头、木头或骨头制成，他们用石斧砍树，用木棍挖沟渠或开垦园圃，用木制弓箭和竹刀作为武器。

　　但这只是表象，实际上，他们的农耕技术可是先进得很。至今欧洲的农业技术专家仍不理解，为什么在某些情况下，新几内亚人的老方法能够奏效，而他们好意引进的新技术却会失败。例如，一个欧洲的农业顾问发现，一个潮湿地区斜坡上的红薯田的排水沟居然是垂直的，于是他告诉村民要改正这个可怕的错误，把排水沟改成水平的，沿着等高线走——这正是他们在欧洲的做法。村民敬畏这位来自欧洲的农业技术专家，于是遵照他的指示把排水沟改成水平的，结果水积聚在排水沟后方。后来一场大暴雨引发山体滑坡，把田地的土壤都冲刷到下面的河流。事实上，早在欧洲专家来到之前，新几内亚农民对高地的降雨量和土壤情况已相当了解，并据此设计了垂直排水沟。

　　新几内亚年降雨量高达 400 英寸，地震、山体滑坡频发，地势较高之处常被浓雾笼罩。几千年来，新几内亚的农民一直在这样的环境中种植作物，所有的技术都是不断试错得来的宝贵经验，包括上述的垂直排水沟。此外，在高地的人口稠密区，由于必须生产足够的粮食，必须持续不断地耕作，休耕期短甚至没有休耕期，于是他们便研发出一整套的方法来维持土壤肥力，包括下面将讨论的育林法。首先，他们会把杂草、禾草、老藤等有机物质倒在土壤上作为堆肥，每英亩土地上约有16吨堆肥。他们还把垃圾、草皮灰、割下来的秽草、腐烂的木头、鸡粪等作为肥料施在土壤表面。他们在田地四周挖沟，以降低地下水位，防止内涝，并把从沟里挖出的腐殖土移到土壤表面。豆类作物的根可固定大气中的游离氮，提高土壤中的氮含量，于是当地人便将其与其他种类的作物轮作——事实上，由新几内亚独立发展出来的轮作技术，目前在发达国家的农业生产中也很常见。新几内亚人在陡峭的斜坡上修筑梯田，并以栅栏拦土护坡，当然还利用垂直排水沟来排除多余的水。新几内亚高地的年轻人必须学习多年，才能掌握这些技术。因为这些技术就是一个复杂的知识体系，难以速成。我在那儿结交的朋友告诉我，他们小时候到外地求学，长大成人回到村子，发现自己居然笨手笨脚，什么都种不好。

在新几内亚高地，农业的持续发展不只要解决土壤肥力不足的问题，还要应对森林过度砍伐的问题。农民为了开垦园圃和建立村落，要把林地清理出来。此外，高地居民的生活方式严重依赖木材，盖房子、做栅栏要用木材，制作工具、器皿和武器也要用木材，平日生火煮饭、冬天生火取暖等都需要木柴。以前新几内亚高地生长着一大片橡树和山毛榉，但是经过几千年的开垦之后，人口最稠密的地区（特别是巴布亚新几内亚的瓦吉谷和印度尼西亚巴布亚省的巴连河谷，海拔8 000英尺以下的林地已经被砍伐光了。那么，高地居民所需的木材从何而来？

1964年，我来到新几内亚高地的第一天，就注意到这里的村落和园圃里种了很多木麻黄。木麻黄，别名番麻黄、铁木等，包括60多个品种，其叶子细长如针，原产于太平洋岛屿、澳大利亚、东南亚和热带东非等地,现在世界各地都有种植。木麻黄的木质坚硬(因此也被称为"铁木"),但很容易劈开。新几内亚高地原产的木麻黄是小齿木麻黄,原先在溪流两岸自然生长,后来居民将其幼苗移植到高地各处。除了木麻黄,居民还采用同样的方法种植了其他树种,但是木麻黄长得最繁茂。这种大规模、有计划的造林行动在现代被称为育林学。

欧洲森林学者后来才渐渐了解小齿木麻黄的独特优点,以及这类树种为新几内亚高地居民带来的好处。这种树长得很快,木质优良,可做木材和燃料,根部瘤节可以固定空气中的氮,大量落叶更可为土壤带来氮和碳。在耕作的园圃种植木麻黄,可增加土壤肥力;在休耕的园圃种植木麻黄,更可缩短休耕的时间,使土壤很快恢复肥力。在陡坡上种植木麻黄还有利于水土保持,减少土壤侵蚀的问题。新几内亚的农民还说,木麻黄可以减少一种会吃芋头的甲虫。从他们的经验来看,这种做法显然没错,然而农业专家至今仍不知这种木麻黄为何具有防虫之效。高地居民认为木麻黄很实用,喜欢在树荫下乘凉,也爱听风吹拂过木麻黄枝叶的声音,所以对这种树情有独钟。尽管谷地的原始林木被砍伐殆尽,这个深深依赖木材的社会还是因大规模种植木麻黄而重获生机。

新几内亚高地居民的育林行动已经进行了多久?前面第二至第八章讨论过,花粉学家在复活节岛、玛雅地区、冰岛和格陵兰岛等地通过湖泊沉积物研究寻找线索,以重建当地的植物史。在新几内亚高地进行研究的古植物学家也使用了类似的方法:分析湖泊沉积物中的花粉,辨识花粉来自哪些种类的植物;找寻火灾

（天然火灾或为了清理林地而人为焚烧山林）产生的炭粒子或碳化粒子；通过沉积物的积累分析清理林地是否造成土壤侵蚀；利用放射性碳年代测定法测定年代。

结果显示，在46 000年前左右，有人划着木筏或独木舟从亚洲经印度尼西亚群岛来到新几内亚和澳大利亚。那时新几内亚仍和澳大利亚相连，多个考古遗址的发现充分证明当时已有人迹。由炭粒子分析看来，32 000年前新几内亚高地经常发生火灾，而且与森林树种相比，非森林树种的花粉增加了。这表明有人已经来到新几内亚高地，可能是来此狩猎或在林中捡拾露兜树的核果来吃，就像现在的新几内亚高地居民。大约在7 000年前，森林持续被清理的迹象和谷地沼泽中人工排水沟的出现，显示新几内亚高地已经出现了农业。1 200年前左右，非森林花粉持续增加，森林花粉不断减少，东边的瓦吉谷和西边的巴连河谷虽然相距500英里，但几乎同时出现大量的木麻黄花粉。今日，这两个最广阔的谷地是森林砍伐最严重的地区，人口也最为稠密，1 200年前的情况应该也差不多。

如果我们把木麻黄花粉的大量出现解读为高地居民开始大规模、有计划地种植木麻黄，那么他们为什么要这么做？为何两个不同地方的民众同时出现这种做法？这应该是为了应对林木短缺的危机，而危机的背后该是几个因素的共同作用。一个因素是高地居民人口从7 000年前开始不断增长，为了耕作与林争地。另一个因素是火山灰落尘严重。当时，新几内亚东半部都在奥戈维拉火山灰的覆盖之下（包括瓦吉谷），不过火山灰没吹到西半部的巴连河谷。这些火山灰源于距新几内亚东部海岸不远的长岛火山。1972年，我到长岛一游。长岛中央是一个巨大的火口湖——这是太平洋岛屿中最大的湖泊之一，四周有山峦环绕，围成了一个直径约16英里的圆圈。正如第二章所述，火山灰富含养分，可刺激作物生长，从而带动人口增长，这反过来会使人们对木材和燃料的需求更大，而大规模种植木麻黄就可解决林木不足的问题。再者，我们可由秘鲁海岸观察到的厄尔尼诺现象，推论新几内亚高地当时可能遭遇干旱和多雾的问题。

在距今600~300年时，新几内亚高地突然出现更多的木麻黄花粉，这应该是扩大育林的结果。背后可能受两个事件刺激：一是蒂比托火山灰，火山喷发地点一样是在长岛，但规模更大，因此对土壤和人口的刺激都比奥戈维拉火山灰要大。我看到的火口湖就是这次火山爆发的遗迹。二是安第斯山脉的红薯被引进新几内亚高地，作物产量因而增加好几倍。瓦吉谷和巴连河谷出现大量人工栽种的木麻黄后，高地其他地区后来也在逐步跟进。直到20世纪，一些高地边缘地区也开始种植木麻黄。这种育林行动的扩展或许牵涉到技术传播，从最先开始的两大谷地逐渐传到其他地区，也可能是其他地区自行发展出来的。

我以新几内亚高地遍植木麻黄的做法，作为"自下而上"解决环境难题的例子。新几内亚高地没有文字，我们无从得知他们是如何决定采取这种技术的。但新几内亚高地是个极度民主的社会，所有决策都是"自下而上"、由大家不断讨论得来的，这个育林的决定应该也不例外。在20世纪30年代荷兰和澳大利亚的殖民政府到来之前，高地从未出现任何政治统一的苗头——村落与村落之间忽敌忽友，每一个村落并没有世袭的村长或酋长等领袖人物，每一个人的地位都差不多，比较具有影响力的个人被叫作"大人"。这些"大人"的影响力来源于个人魅力，但他们跟大伙儿一样住茅屋，也要下田劳作。村里遇到什么大事，都是大家一同坐下来促膝长谈（今天仍是）。"大人"不能命令任何人，也不一定能说服别人采用自己的提议。今天，在外人（不只是我，还有新几内亚的政府官员）看来，这种"自下而上"的决策方式或许让人很伤脑筋。因为凡事都得经过一番冗长的讨论才能决定，无法从某个指定的人那儿得到简单的答复。你得有耐心，等上几个小时或几天，待村子里的每一个人畅所欲言、反复辩论之后，才能得到答案。

种植木麻黄的决定应该就是这么讨论出来的，其他实用的农耕方式应该也是大伙儿共同决策的结果。村子里的人看到周遭森林日渐被砍伐，发现土壤肥力下降、作物产量减少，并且感受到木材和燃料缺乏的窘况，于是群策群力共商解决之道。新几内亚人比我看过的任何一个族群都更具好奇心和实验精神。曾经，我在新几内亚看到一个人拿到一支铅笔，那个人不知这东西是做什么用的，就百般尝试：用作发饰？一个刺戳工具？可以吃吗？用作棒状耳环？用来塞在鼻中隔鼻环穿孔处？记得我曾雇用几个新几内亚人担任助手，我们会到离村子比较远的地方工作。他们每到一个地方，就会采撷当地植物，问当地人那种植物的用途，还会带一些回去，打算在自家的园圃尝试种植。我们可以想象，1 200年前的新几内亚人也是如此，他们注意到溪畔长了许多木麻黄，就试着回家种植，结果发现这种树优点很多。其他人看到有人在田地附近种了木麻黄，于是群起效尤。

除了林木缺乏和土壤肥力下降的问题，在人口不断增长之后，新几内亚高地的居民也面临人口过多的问题。除了战争会削减人口，他们还利用种种方法来主动控制人口增长，如杀婴、用植物来避孕或堕胎、禁欲或推算安全期来避孕。这些做法一直延续到我的许多新几内亚友人的童年时期。因此，新几内亚不像复活节岛、曼加雷瓦岛、玛雅、阿纳萨齐印第安部落那样，因为森林过度砍伐和人口过度增长而面临灭亡的命运。事实上，在新几内亚出现农业之前，新几内亚人在高地建立的社会已经运作了好几万年。在农业出现之后的 7 000 年里，尽管气候已经发生改变，生态环境也不断受到人类影响，这个社会依然生生不息。

今天的新几内亚由于公共卫生政策的有效实施、新作物的引进与部落战争的减少，面临新一波人口过多的问题。但他们不再利用杀婴这种残忍的手段来控制人口。过去的新几内亚历经了不少重大转变，如更新世大型动物的灭绝、冰川融化和冰期结束后的气温回升，以及农业的发展、森林过度砍伐、火山灰落尘、厄尔尼诺现象、红薯的引进和欧洲人的到来等，最终都转危为安，可见他们适应环境的能力很强。面临最近一波的人口暴增，他们是否也能化险为夷？

蒂科皮亚岛

蒂科皮亚岛——西南太平洋上一个与世隔绝的热带小岛，是另一个实施"自下而上"管理策略的成功例证。虽然这个小岛面积不过 1.8 平方英里，人口总数为 1 200 人，但其每平方英里农耕地要养活 800 人。对一个没有现代农业科技的传统社会来说，人口密度可谓相当高。尽管如此，岛上的社会已经有 3 000 年以上的历史。

离蒂科皮亚岛最近的岛屿是 85 英里外的阿努塔岛，它比蒂科皮亚岛更小——面积只有 1/7 平方英里，人口只有 170。至于蒂科皮亚岛附近比较大的岛屿，当属 140 英里外瓦努阿图群岛的瓦努阿拉瓦岛和所罗门群岛的瓦尼科罗岛，面积皆不过 100 平方英里。英国社会人类学之父雷蒙德·弗思曾于 1928—1929 年在蒂科皮亚岛进行为期一年的田野调查，后来又多次回到这个小岛上做研究。他笔下的蒂科皮亚岛如下："没在这个小岛住过的人，很难了解这个岛屿与世隔绝的情况。它面积小到一举目就看到海，耳边也满盈海浪之声（离海最远的岛中央，距离海岸也只有 0.75 英里）。当地人的空间认知都和海有关。他们想象不出广阔的陆地是什么样子……一群岛民有一次认真地问我这么一个问题：'老兄，世界上有什么地方听不到海的声音？'由于生活空间脱离不了海，他们有关方向的表述分成两种——不是向着海，就是背着海。例如，房子的地上有把斧头，岛民会说那斧头是在向着海或者背着海的地上。我还曾经听见一个岛民对另一个人说：'你向着海那边的脸颊上有脏东西。'日复一日，月复一月，海洋线永远平直，未曾望见其他陆地的模糊身影。"

由于西南太平洋多台风，蒂科皮亚岛岛民乘着小小的独木舟要航向附近任何一个岛屿都很危险。对岛民来说，每一次的航行都是壮举。独木舟很小，航行次数又少，因此从岛外输入的东西稀少，有经济价值的仅限于可以用来制造工具的石材。来这小岛的人，多半是从阿努塔岛前来寻找结婚对象的年轻未婚男女。因为蒂科皮亚岛上石头质量低劣，无法用于制造工具（正如第三章讨论的曼加雷瓦岛和亨德森岛），岛民必须从瓦努阿拉瓦岛与瓦尼科罗岛进口黑曜石、火山玻璃、玄武岩和燧石，而这两个岛屿上的石头有些是从更遥远的岛屿运来的，如俾斯麦群岛、所罗门群岛或萨摩亚群岛。除石材之外的其他输入品则包括可作为装饰品的贝壳、弓箭，之前还有陶器。

岛民所需的食物当然不可能依赖进口，他们必须自己生产足够的粮食，并把余粮贮存起来，好应对 5—6 月的旱季以及台风过境造成的粮食歉收。（蒂科皮亚岛地处西南太平洋台风盛行区，平均每 10 年会遭遇 20 次台风。）因此，3 000 年来，蒂科皮亚岛岛民面临的两大生存挑战就是：如何生产足够的粮食，以养活岛上的 1 200 人；如何防止人口增长至难以养活的程度。

有关蒂科皮亚岛民的传统生活方式，我们主要的参考数据来自雷蒙德·弗思在岛上做的人类学研究。虽然早在 1606 年欧洲人已"发现"这个小岛，但由于此岛与外界隔绝，受到欧洲的影响不大。1857 年才开始有传教士上岸，直到 20 世纪才有岛民信奉基督教。因此，在 1928—1929 年来到蒂科皮亚岛的弗思，要比后来到这里进行研究的人类学家幸运得多，那时的蒂科皮亚岛刚受到欧洲影响，转变还不大，很多传统元素都还在。

我们曾在第二章讨论了影响太平洋岛屿社会的几个变因，了解哪些社会比较容易受到环境恶化的影响。从这些环境因素来看蒂科皮亚岛的粮食生产，我们发现多项利好因素：降雨量高、纬度适中、火山灰落尘多（附近岛屿火山喷发飘来的火山灰）以及来自亚洲的沙尘多。这些利好因素均源于蒂科皮亚岛本身的地理环境，和个人无关。但蒂科皮亚岛社会可以存续这么久，岛民的努力功不可没。蒂科皮亚岛并没有像其他许多太平洋岛屿那样实行刀耕火种，岛民以可持续方式精细化地经营农地。几乎岛上所有的植物都有用途，例如，野草会被用来覆盖在园圃上，饥荒时野树会被用来果腹。

如果你从海上远远看向蒂科皮亚岛，会以为整座岛都被郁郁葱葱、层层叠叠的原始热带雨林覆盖，就像许多渺无人烟的太平洋岛屿。然而，一旦你登上小岛并且走入林中，就会发现这里别有洞天，原来雨林只长在最陡峭的悬崖边，其他地方则尽是果树园圃。岛上大部分土地已被开垦成多层次的果园，种了许多树木。最高的树有的原产于本地，有的则从外地引进。这些树的果实都有食用价值，能产水果或核果，其中最重要的是椰子树、面包树以及树干含有大量淀粉的西米棕榈。还有一些数量较少但价值匪浅的冠层树木，包括本地原产的杏仁树、会结核果的山榄、塔希提栗树、玉蕊树和榄仁树等。种植在中间层的小乔木包括槟榔（含槟榔碱等尼古丁类物质，有兴奋中枢神经的效果）、加椰芒和箭毒木。箭毒木，或称"见血封喉"，虽有剧毒但树皮特别厚，富含细长柔韧的纤维，可以做成布料。其他波利尼西亚岛屿则是用构树皮来做布料。最下层则是园圃，种有山药、香蕉和大沼泽芋等。虽然很多品种的沼泽芋都得种植在潮湿的沼泽地，但蒂科皮亚岛岛民还是培养出一种比较耐旱的品种，可以种在排水良好的山坡果园。这种多层次的果园在太平洋地区独树一帜，层层叠叠、错落有致，结构就像热带雨林。不过果园中的植物果实皆可食，而大多数雨林树木的果实不可食用。

除了广阔的果园，还有两种没有树木的小块区域也用来生产粮食。一种是小的淡水沼泽，用来种植性喜潮湿的沼泽芋。另一种则是休耕期短、采取劳动力密集型耕作方式的区域，用于生产三种块根作物——芋头、山药和从南美洲引进的木薯。近年来，木薯在岛上被大量种植，取代了很多本地原产的山药。种这些块根作物很辛苦，得时时除草，还要用野草、树枝等覆盖在土壤上，以避免水分蒸发。

蒂科皮亚岛上的果园、沼泽和田地生产的粮食以富含淀粉的植物为主。岛上没有比鸡、猪更大的家禽或家畜，岛民蛋白质的来源主要是从大海捕捞的鱼类及贝类，其次则是鸭子及岛上一个咸水湖中产的鱼类。在蒂科皮亚岛捕鱼或吃鱼，都得经过酋长的允许。有人管控，就可避免竭泽而渔的问题。

每年旱季来临，作物歉收，或是台风来袭使园圃遭到破坏，蒂科皮亚岛岛民便必须依赖两种紧急食物维生。一种是果酱，将多余的面包果放在坑洞中发酵，制成的果酱可贮藏两三年。另一种则是剩余的少量原始雨林生长出来的果实、核果等可食用部分，这些虽然不是岛民喜欢的食物，但至少能使岛民避免饿死。1976年，我在所罗门群岛的伦内尔岛进行考察。岛上有几十种树，我问岛民哪些树的果实可以吃，哪些不能吃。岛民告诉我，有些树的果实可以吃，有些树的果实不能吃，还有一些树的果实则只有在"hungi kenge"时才吃。我从未听过什么"hungi kenge"，就问他们那是什么意思。岛民告诉我，那是他们记忆中最强烈的一次台风，大约在1910年侵袭伦内尔岛，由于所有的作物都被摧毁，岛民差点饿死，最后只好以森林中的野生果实果腹。这是他们应急的食物，平常不怎么吃。蒂科皮亚岛每年平均两次台风来袭，因此应急的野生果实对他们来说可能更重要。

以上就是蒂科皮亚岛岛民避免断粮之道。然而，岛民要想长久地在岛上生存下去，另一个先决条件是：人口必须控制在一定的水平，不能超过这一水平。根据弗思1928—1929年做的调查，当时岛上人口总数是1 278。1929—1952年，岛上人口的年增长率是1.4%。这样的增长率并不算高。3 000年前，那25个波利尼西亚人乘独木舟来到这个岛后，最初的那几代人的人口增长率肯定高于这个数字。但即便按照这个增长率计算，1 000年后这个小岛上将挤满2 500万人，到1929年将高达250万兆人。当然，这是不可能的事，人口不可能这样永无止境地增长。倘若按照这一速度，自从有人开始在蒂科皮亚岛落脚，只需283年，岛上的人口便能达到1 278人。之后岛上的人口数量是如何保持不变的呢？

弗思发现，1929年时岛民仍在使用的人口调节法有6种，还有一种已经被废弃。这6种方法中就包括现代人的节育法，如避孕或堕胎。现代人做出节育的决定时，人口压力或家庭负担往往只是潜在因素，但蒂科皮亚岛民明确表示，他们节育为了避免岛上人口过剩，若是生太多孩子，光靠家里那一点田地也养不起。例如，蒂科皮亚岛的酋长每年都会举行一个仪式，宣扬岛上"人口零增长"的理想。岛民不知道的是，20世纪60年代以来，发达国家也出现了一个"人口零增长"组织（不过后来已改名），致力于同样的目标。在蒂科皮亚岛，一对夫妇的长子到了适婚年龄，这对夫妻就不再生育了。岛民一般最多只生4个孩子，有些只生2个（一男一女），或生3个（一男两女）。

在蒂科皮亚岛传统的7种人口调节法中，最简单的就是通过体外射精避孕。另一种方法是堕胎，在孕妇临盆前按压她的腹部或用滚烫的石头压在她的肚子上。杀婴也是一种方法，即将婴儿活埋、闷死，或者让新生儿趴着、口鼻朝下窒息而死。贫穷人家年纪较小的儿子经常不结婚，这导致很多女孩到了适婚年纪没有结婚对象，但她们宁愿保持单身，也不会和别人共侍一夫。（但在蒂科皮亚岛，单身的定义是指不生孩子，单身者也可以有性生活，可以利用体外射精法避孕，万一怀孕就只好堕胎或杀婴。）还有一种方法是自杀。在1929—1952年间，已知有7个人上吊自杀（六男一女），12个女人投海自杀。比这种明确的自杀行为更常见的，是踏上危险的海外航行（因为这在当时无异于送死）。在1929—1952年，有81个男人和3个女人乘船航向波涛汹涌的大海，结果一去不返。在岛上年轻男子的死亡案例中，1/3以上都是在海上丧命。但年轻人出海不一定都是有意自杀，也可能是不顾一切想去海上闯荡，动机因人而异。不过，在这么一个小岛上，饥荒来临时本就生存不易，贫穷人家年纪较小的孩子更是看不到希望。1929年，在蒂科皮亚岛做研究的弗思听说了这么一个故事：岛上有个叫帕·努库马拉的人，他是酋长的弟弟，有一回碰上严重的旱灾和饥荒，他就带着两个年纪比较小的儿子出海去，说宁可瞬间就被大海吞噬，也不想在岛上慢慢饿死。

第7种人口调节的方法到1929年时已经消失了，弗思是从岛民的口述中得知的。据说，在17世纪或18世纪初，原本和海洋相通的海湾出海口出现沙洲，海湾因而封闭，成了今天的咸水湖。海湾变成咸水湖之后，其中的贝类和鱼群减少很多，住在附近的纳嘉·阿里奇族因而遭遇饥荒的冲击。这个部族为了取得更多的土地和海岸，就对另一个部族——纳嘉·拉文伽族发动攻击，灭其全族。一两代人之后，纳嘉·阿里奇族又攻击了剩下的纳嘉·法埃亚族。纳嘉·法埃亚族于是乘独木舟亡命大海（相当于是送死），以免惨遭纳嘉·阿里奇族的毒手。从岛上咸水湖和一些村落遗址来看，这些口述史应该真有其事。

不过，步入20世纪后，蒂科皮亚岛渐渐受到欧洲的影响，这7种调节人口的方法很多都已经消失了。由于蒂科皮亚岛属于英属所罗门群岛的一部分，英国殖民政府禁止岛民出海或发动部落战争，基督教传教士也在岛上劝大家不要堕胎、杀婴或自杀，结果岛上人口从1929年的1 278人，增长到1952年的1 753人。那时的蒂科皮亚岛又在不到13个月的时间内遭遇两次强烈台风来袭，岛上半数以上的田园遭到破坏，很多地方出现饥荒。为了应对危机，英国殖民政府往岛上输送了救灾的粮食，但为了长远着想，还是鼓励岛民移民到所罗门群岛中其他人口较稀少的岛屿，以减轻蒂科皮亚岛的人口压力。今天，蒂科皮亚岛上的酋长将人口数控制在1 115人，接近过去用杀婴、自杀等在现在看来不人道的手段控制的人口数，但岛民已不再采用那些手段。

蒂科皮亚岛的可持续型经济是从何时开始的？又是如何产生的？根据考古学家帕特里克·基尔希和古植物学家道格拉斯·延通过在岛上进行挖掘研究，发现这种经济形态不是突然出现的，而是将近 3 000 年来不断发展的结果。正如第二章所述，公元前 900 年左右，现代波利尼西亚人的祖先拉皮塔人最先在蒂科皮亚岛落脚，这些拉皮塔人对岛上环境产生了巨大的冲击。考古遗址中出土的木炭显示，他们曾焚烧山林、清理林地，还捕食岛上的海鸟、陆鸟、果蝠、鱼类、贝类和海龟。不到 1 000 年的时间里，岛上的阿伯特鲣鸟、暗色冢雉、奥氏鹱、乌燕鸥、红眼斑秧鸡这 5 种鸟类已经灭绝，后来红脚鲣鸟也跟着灭绝。考古学家通过研究岛上贝冢发现，在人类入主的头 1 000 年里，果蝠完全消失，鱼类和鸟类的骨头减少到原来的 1/3，贝类只剩原来的 1/10，巨大的砗磲蛤和银口蝾螺更是几乎绝迹（应该是人类特别喜欢捕捞最大的来吃）。

在公元前 100 年左右，岛上原有的食物来源日益稀少或被吃光，蒂科皮亚岛的经济形态开始有所转变。考古学家在岛上遗址中发现，在接下来的 1 000 年间，木炭沉积物变少了，本地原产杏仁树的残余物再现，这代表岛民放弃了刀耕火种的农业形态，转而在果园中种植坚果树。为了弥补鸟类和鱼类的减少，岛民开始密集养猪。在岛民摄取的蛋白质中，猪肉几乎占了一半。到了 1200 年左右，波利尼西亚人从东而来，他们独特的文化在斐济、萨摩亚、汤加和蒂科皮亚岛的拉皮塔移民的后代中落地生根。在坑洞内贮藏面包果使之发酵的技术，就是波利尼西亚人带来的。

1600 年左右，根据口传历史和考古遗址的发现，蒂科皮亚岛民做了一个重大决定：把岛上所有的猪全都宰杀掉，所需的蛋白质来源以鱼类、贝类和海龟来取代。根据蒂科皮亚人的描述，他们的祖先之所以做这个决定，是因为猪会破坏园圃，把植物连根拱起，还会和人类抢夺食物，因此养猪的效益很低（平均每消耗10磅蔬菜才能得到1磅猪肉），而且最后变成专供酋长享用的珍贵食品。大约在放弃养猪的同时，蒂科皮亚岛的海湾变成咸水湖。到19世纪欧洲人开始来此岛定居时，蒂科皮亚岛的经济形态已经定型。在20世纪殖民政府和基督教传教士发挥影响力之前，蒂科皮亚岛岛民已在这么一个小小的、偏远的岛屿上，精细地经营自己的土地，自给自足地过了3 000年。

今天的蒂科皮亚岛岛民分为4个部族，每一个部族都服膺世袭的酋长。蒂科皮亚岛的酋长要比新几内亚高地的"大人"权力大得多。尽管如此，蒂科皮亚岛岛民的生计经营模式的为"自下而上"，而非"自上而下"。只需要半天时间，你就可沿着蒂科皮亚岛的海岸走完一圈，因此每一个岛民对他们生存的岛屿都了如指掌。由于人口很少，岛上所有的居民都相互认识。在这个岛上，每块地都有名称，且归某个家族所有，每一户人家拥有的土地分布在岛上不同的地方。如果有一块园圃无人耕种，任何人都可以暂时利用它种植作物，不必请求主人同意。岛民可在岛上的任何一个礁石区捕鱼，而不用担心附近有没有人家。要是台风或干旱来袭，整个岛无一处幸免。由此可知，虽然蒂科皮亚岛岛民分属不同部族，拥有的土地有大有小，但他们属于一个命运共同体，面临的危险和问题完全一样。该岛的与世隔绝和面积之小决定自有人类定居以来，岛上只能实行集体决策。社会人类学家雷蒙德·弗思出版的第一本书就叫作《我们蒂科皮亚人》，因为蒂科皮亚岛岛民向外界人士介绍自己的社会时，开口闭口都是"Matou nga Tikopia"，意思就是"我们蒂科皮亚人"。

蒂科皮亚岛上各个部族的土地和独木舟都由酋长管理、分配。以波利尼西亚的标准来看，蒂科皮亚岛上的社会阶级是最不分明的，酋长的权力也是最小的。酋长及其家族就像一般岛民一样，得在自己的土地、园圃和果园上辛勤劳作，自食其力。正如弗思所言："这种生产模式已内化为社会传统的一部分，酋长不过是这种传统最主要的代理人和诠释者。酋长和一般岛民有着相同的价值观：由传说和神话强化的亲属关系、仪式和道德等意识形态。酋长是这种传统的捍卫者，但是捍卫传统的不只是他一个人，他的长辈、其他酋长、部族的每一个人，甚至他的家人，也都会以同样的价值观来对他的行动提出忠告或批评。"因此，蒂科皮亚岛酋长并不是高高在上、统御他人的人，和我们下面所要讨论的其他社会的领导者大异其趣。

德川幕府的难题

另一个成功社会的故事发生在和蒂科皮亚岛一样人口稠密、与世隔绝的岛屿上。这个岛屿上的人类社会几乎没有什么经济物资依赖进口，岛民长久以来一直过着自给自足的生活。不过，两个社会的相似之处仅限于此。这个岛屿的人口是蒂科皮亚岛的10万倍，有一个强势的中央集权政府，其算得上发达国家的工业强国。其社会阶级分明，最上面是有权有势的贵族，当环境出现危机之时，则是"自上而下"雷厉风行地解决问题。这个社会就是1868年以前的日本。

日本以科学方法来管理森林已有相当长远的历史，但是大多数欧洲人和美国人都不知道。很多森林学者还认为，今天传播到世界各地的森林管理技术，最先是在16世纪的德国发展出来，并于18世纪、19世纪再传到欧洲其他地区的。欧洲森林总面积虽在9 000年前农业萌芽后不断减少，但因森林管理技术的传播，从1800年开始已渐渐增加。曾经的我一直以为德国是个人口稠密、高楼林立、工业发达的国家，但我在1959年初次到德国时，看到大部分地区被郁郁葱葱、整齐划一的森林覆盖，震惊不已。

事实上，日本与德国大约在相同时间独立发展出了一套"自上而下"的森林管理策略。日本和德国一样，也是个人口稠密、城市化程度很高的工业国，这不免让人颇为惊奇。日本是发达国家中人口密度最高的国家，以国土总面积而言，每平方英里有1 000人，以农地面积来算，每平方英里农地要养活5 000人。尽管人口如此之多，日本有4/5的国土都是人口稀少的山区（见插图20），因此大部分的人口和农业区都集中在仅占全国面积1/5的平原。日本的森林保护和经营都相当有效，虽然民众会砍伐一些林木作为木材，但其森林总量仍在增加。日本的森林覆盖率很高，日本人因而会称自己的国家为"绿色群岛"。虽然日本的森林从外观看来像是原始林，但其实大部分原始林在300年前已被砍伐殆尽，目前所见的林地（像德国和蒂科皮亚岛一样）是经过精细管理之后再生的。

日本的森林政策是应环境和人口危机而生，而环境和人口危机却是和平与繁荣带来的结果，这看起来颇为矛盾。从1467年开始的近150年间，是日本的战国时期，天皇失去实权，军政大权都在各地封建领主（大名）手里，各霸一方，征战不休。到

16世纪末期，大将丰臣秀吉击败各个大名，统一全国，掌军政大权。丰臣秀吉死后，德川家康于1615年挥军攻陷大阪，秀吉之子秀赖自杀身亡，丰臣氏阵营彻底被歼灭，德川家康于是把持全国政权，结束了日本的战国时代。

1603年之时，德川家康被天皇赐予"征夷大将军"称号，成为武士阶层的首领。从此之后，德川家康在江户（也就是现代的东京）开设幕府，统揽大权。京都的天皇只是日本名义上的统治者，但无任何实权。全国1/4的土地都由幕府将军直接管辖，剩下3/4的领地则划分为藩，由全国250个大名管辖，但幕府将军对大名严格管控。此外，军权集中在幕府将军手中，大名之间不再互相争战，甚至成婚、修城或将财产传给儿子都得经过幕府将军同意。1603—1867年，在德川幕府的统治下，日本无内战也无外犯，度过了200多年的太平岁月。

和平与繁荣让日本人口数量激增，经济大幅增长。战国时代结束之后不到100年，日本人口数量翻番，主要原因如下：社会环境和平安乐，不像同时期的欧洲传染病肆虐（主因是日本实施了锁国政策，严禁国民出海贸易或旅行），新作物（马铃薯和红薯）的引进使农业生产力增加，湿地被改良，防洪技术改善以及灌溉水稻产量的增加，等等。在日本整体人口激增的同时，城市化发展的脚步更快，到1720年，江户已经成为全世界人口密度最高的都市。这一时期，和平的国内环境加上强有力的中央政府带来了统一的币制和度量衡，再加上税费减免、道路兴建、沿海各港口间的海上运输得到改善，种种措施都有助于日本国内贸易的兴盛。

但在这一时期，日本的对外贸易几乎陷入停滞。随着新航线的开辟，葡萄牙人以贸易或征服为目的向亚洲进军。他们在1498年绕过非洲来到印度，于1512年前抵达印度尼西亚东部的摩鹿加群岛，于1514年踏上中国，并在1543年登陆日本。最初来到日本的葡萄牙人是几个遭遇海难的船员，他们也是第一批来到日本的欧洲人，洋枪由此被输入日本，给日本社会带来不小的影响。6年后，基督教会的传教士来到这里，给日本带来了更大的影响，数10万日本民众，包括一些大名，纷纷皈依基督教。由于耶稣会和天主教方济会的竞争，开始有传言称，西方人传教只是为后续的征服做铺垫。

1597年，6名外籍教士及20名日本信徒因违反丰臣秀吉的禁教令，遭到处死。信奉基督教的大名有的向官员贿赂，有的甚至暗杀官员，德川家康因而认为，欧洲人和基督教威胁了幕府和日本的稳定。（回顾历史，欧洲确实总是以通商和传教为由，进入中国、印度等国，之后再进行军事侵略，可见德川家康的确有远见。）1614年，德川家康颁布禁教令，迫害传教士与拒绝弃教的民众。1635年，继任的第三代幕府将军德川家光更全面地实施海禁，不光禁止日本船只出海贸易，也不允许日本国民与海外往来。4年后，他更是把所有滞留在日本的葡萄牙人驱逐出境。

从此日本进入长达200年的锁国时代，闭关自守，除了与中国、朝鲜保持有限的关系，几乎不与欧洲人来往。其中，由于荷兰是信奉新教的国家，而且表明绝不传教，因此破例可以继续在日本贸易。然而，唯一对荷兰开放的窗口仅限长崎港附近的一个扇形小岛①，以避免日本国民接触到如同病菌的外国人。其他贸易地点则包括位于朝鲜海峡中央的对马岛（日本与朝鲜的贸易窗口）、南边的琉球群岛（包括冲绳），以及北边的北海道。北海道那时被称为虾夷，还不算日本的一部分，18世纪以前的日本史书记载将其归于"异国"，岛上有原住民阿伊努人。日本与外界的接触仅限于此，没有和任何一个国家发展外交关系，甚至和中国也没有官方往来。16世纪90年代，丰臣秀吉两度侵略朝鲜皆铩羽而归，此后再没有向外扩展的企图。

在闭关自守的200年中，日本大抵能够自给自足，特别是自产的粮食、木材和大多数的金属足以应付国内所需。进口物资只限于糖、香料、人参、药材、水银、中国的生丝、鹿皮等用以制造皮革的动物毛皮，以及铅、硝石等火药原料，除此之外每年还会进口160吨的珍贵木材。后来，日本国内自产的生丝和糖增加了，就不再进口那么多的生丝和糖，另外，因为火枪被管制最后甚至被禁用，火药原料的进口也少了。这种自给自足、与世隔绝的局面，一直持续到1853年。那一年，美国海军准将佩里率领舰队叩关，逼迫日本开放通商，要求准许美国捕鲸船和商船在日本港口停泊，以便补给燃料等必需品。西方人挟船坚炮利而来，德川幕府无法用现有武力驱逐外国人以保护日本，于是幕府势力式微。最后一代将军德川庆喜于1868年将政权归还天皇，从此日本自一个半封建社会急起直追，没多久就跻身现代国家之林。

所谓福兮祸之所伏，日本在17世纪虽享受了和平与繁荣，

---

① 以人工填海方式填出的岛，名曰出岛。——译者注

但森林砍伐带来的环境危机和人口压力也一一浮现。随着日本人口增长，耗费的木材越来越多（而且几乎所有的木材都产自国内）。19世纪晚期之前，日本大多数的建筑物都是木造，不像其他国家多使用石头、砖块、水泥、泥土或瓦片制成。日本木造建筑的传统，部分源于日本人对树木情有独钟，部分是因为早期森林辽阔，木材似乎取之不尽。当社会变得繁荣富足，城市和乡村人口激增时，住房需求量大，需要非常多的木材。从1570年左右开始，丰臣秀吉、继任的幕府将军德川家康及许多大名竞相建造大城和庙宇，以展现雄魄的气象，笑傲群雄。光是德川家康修筑的三大名城[①]，就需要砍伐约10平方英里的森林。在丰臣秀吉、德川家康和其子德川秀忠统治时期，日本总共兴建了200个城町。德川家康死后，城町所需的木材甚至要比贵族建造大城时来得多。城町的木造房屋鳞次栉比，又用茅草作为屋顶，冬日用火炉取暖，一个不慎便会引发大火，因此城町常因火灾而需要重建。[②]灾情最惨重的一次是1657年（日本明历三年）的江户大火，半个江户城都被焚毁，死者多达10万人。江户重建所需的木材都从其他港口运来，而运输所用的船只也都是用木头打造的木船，所以需要相当多的木材。再者，丰臣秀吉率兵远征朝鲜，也需要数量庞大的木造战船。

建筑房屋并非日本人砍伐森林的唯一动机。日本人还将木头

[①] 德川家康兴建的三大名城为江户城、骏府城和名古屋城。除了这三大名城，德川家康还建造了许多城、堡垒、寺院和神社。——译者注
[②] 1610—1866年，江户地区总共发生过93次火灾，平均每两年九个月就会发生一次。——译者注

作为燃料，用于生火取暖、烹煮食物，以及制盐、制瓦和制陶等工业活动。铸铁需要的温度很高，得用木炭作燃料，才能达到所需的高温。另外，日本人口不断增加，需要更多的粮食，只好把更多的林地清理出来作为农地。农民以"绿肥"（也就是叶子、树皮、树枝）来为土壤提供养分，还以草秣来喂养牛马。绿肥也好，草秣也好，都来自森林。每英亩耕地需要 5~10 英亩林地来提供必要的绿肥。在 1615 年战国时代结束之前，大名和幕府将军手下的军队以大量的草秣喂养战马，以竹子制作武器和木栅，都利用了不少森林资源。大名的领地若有森林，每年必须以木材作为年贡献给幕府将军。

1570—1650 年是日本大兴建筑之时，也是森林砍伐的高峰期。后来随着木材变少，森林砍伐的速度也放缓了。起初，森林砍伐主要出自幕府将军或大名的命令，或者是农民依自己的需要到山里砍树。但是，到了 1660 年，商人已经超越幕府成为木材的主要需求来源。举例来说，继 1657 年的大火之后，江户又发生火灾，富商纪伊国屋文左卫门就料到木材需求量会变大。于是，大火还没扑灭，这个富商就开船前往木曾地区，买了一整船的木材运回江户贩卖，大赚一笔。

早在 800 年，畿内盆地的森林已被砍伐殆尽。这是日本森林消失的起点。畿内盆地位于日本的最大岛——本州岛，即大阪、京都所在地。到了 1000 年，本州岛附近面积较小的四国岛上森林也渐渐消失。1550 年，日本约 1/4 的林地都被砍伐殆尽（主要是本州岛中部和四国岛东部），其他地区的低地森林和老龄森林大抵还在。

1582年，丰臣秀吉大兴土木，因直辖领地生产的木材不够，于是向全国各地征收木材。他是日本第一个大规模开发森林资源的统治者。日本一些有价值的森林归他掌控，大名也得向他缴纳木材作为年贡。将军和大名除了将领地上的森林占为己有，还有权取得村落或私人林地上的珍贵树种。幕府为了取得远方的木材，先清除河流上的障碍物，好让原木漂流而下，到了岸边再用船输送。伐木业遍布日本三大岛，从最南端的九州岛南端经过四国岛一直到本州岛北端。1678年，伐木产业已扩展到北海道南端。到1710年，日本三大主岛（本州岛、四国岛、九州岛）和北海道南部的森林几乎已全都被砍光了，只剩陡坡上、险峻的高山等难以进入的地区，以及以当时技术很难砍伐或成本过高的古老森林。

森林的消失对德川幕府时代的日本影响很大，除了造成木材、燃料和牲畜草秣的短缺，重大建筑也得停工了。物以稀为贵，木材变得珍贵之后，村落之间、大名之间，甚至大名和幕府将军之间经常为争夺林木起纷争。至于河流的用途也引发争议，有人要利用河流运送原木，有人则希望在河流上钓鱼或利用河水灌溉作物。正如我们在蒙大拿所见，林地被砍伐之后，再生出来的次生林很容易着火，从而酿成森林火灾。此外，林木的覆盖有助于水土保持，树木被砍光之后，土壤侵蚀的速度就会加快。加上日本多暴雨、融雪水多，又常发生地震，更是加剧了土壤侵蚀的问题。山坡上的林木被砍光后，径流增加，低地就容易积水，而土壤侵蚀和河流泥沙淤积也会使低地灌溉系统的水位增高。如此一来，暴风雨来袭造成的破坏就更严重了。再加上绿肥和草秣的减少进一步影响农业，作物产量大不如昔。17世纪晚期以降，德川幕府时代的日本因而发生过几次大饥荒。

解决之道

1657年江户大火后，重建江户需要大量木材，使幕府惊觉，随着国内人口，尤其是城市人口激增，国家已出现木材短缺的窘况。这样的危机可能使日本变成另一个复活节岛。然而，在接下来的两个世纪，日本的人口数量渐趋稳定，而且资源消耗的速度近乎维持在一个可持续水平。这种转变是好几代幕府将军"自上而下"雷厉风行的结果，他们崇尚儒家思想，提倡节约、积累资源、未雨绸缪，因此逃过资源耗竭的灾难。

日本人做出的其中一个转变是，更加依赖海产品，并通过与阿伊努人贸易来获得食物，以减轻农业的压力。日本人采用新的捕鱼技术，如使用大型渔网与进行深水捕捞。所有海域被划分，归附近的大名和村落所有，严加控制，不准任何人恣意捕捞，以免过度渔捞造成海洋资源枯竭。岛民也不再利用森林作为耕地肥料的唯一来源，尽量少用绿肥，改用鱼粉作为肥料。此外，他们也开始捕猎大型海洋哺乳动物（如鲸、海豹和海獭），还组织渔业联合会，以资助捕鱼所需的船只、设备和人力。他们与北海道阿伊努人的交易扩大许多，阿伊努人以烟熏鲑鱼、干海参、鲍鱼、海藻、鹿皮和海獭皮，换取日本人的米、米酒、香烟和棉布。结果，北海道的鲑鱼和鹿迅速减少，阿伊努人不再能依靠狩猎过上自给自足的生活，变得依赖日本输入的商品，最后毁于经济崩溃、传染病和军事征服。由此可见，德川幕府为了解决日本的资源耗竭问题，采取的其中一个手段就是剥削其他地区的资源（直到19世纪，北海道才被正式纳入日本国土范围）。今天很多发达国家发达国家和日本一样，为了自己脱困，不惜把资源耗竭的问题转嫁到其他地区。

日本做出的另一个转变是实现人口近乎零增长，这也有助于日本转危为安。1721—1828年，日本人口从2 610万增至2720万，增长幅度极小。和早先几个世纪的日本人相较，18世纪和19世纪的日本女性结婚较晚，哺乳期变长，从而拉长生育间隔。此外，日本人也以避孕、堕胎、杀婴等手段来控制人口。生育率下降也反映了一般夫妇面临粮食等资源短缺的应对之道。在德川幕府时代，米价越高，生育率就越低。

其他转变还包括减少木材的使用。从17世纪晚期开始，日本人渐渐改用木炭来作为燃料，而不是直接燃烧木头；兴建房舍不再使用大量的木材；烹煮食物时改用比较省燃料的炉子，不再使用开放式火炉；取暖也改用便携式小型木炭暖炉，而非直接为整个房屋供暖，越来越多地利用阳光来为房屋保暖。

幕府也"自上而下"贯彻一些做法，以矫正过去滥伐造成的森林资源失衡，最初主要致力于减少森林砍伐，后来逐渐开始积极倡导种树。江户大火发生的9年后，也就是1666年，幕府将军发布公告，警告国民滥伐森林将带来土壤侵蚀、溪流泥沙淤积和洪水泛滥等问题，并鼓励国民多种树。大约从那时起，幕府明令社会各阶层不得任意砍伐森林。到1700年，一个详尽的林地管理体系已经建立。根据专攻日本近代史的史学家康拉德·托特曼所言，这一体系特别着重于执行，包括执行的人、事、地、时、方法、力度和代价。因此，德川幕府时期的日本应对森林问题的第一步是减少滥伐。这虽然不能使林木的产量恢复到以前的水平，但至少可以为积极的植树造林政策的实施争取时间，避免问题恶化，同时为日本社会各阶层竞争日渐稀少的森林资源制定基本规则。

幕府旨在减少滥伐的措施主要是从木材供应链的三个环节下手：林地管理、木材运输和城镇的木材消耗。以第一个环节为例，由于日本有 1/4 的森林直接归幕府将军掌控，将军于是从财务省指派一个资深官员（御林奉行）负责森林事务。将军之下的250个大名也纷纷效仿，指派了自己的山林奉行。山林奉行会封闭已经砍伐过的林地，使森林得以再生，并且禁止山田烧垦。农民如需砍伐林木或在国有林地放牧，都必须向山林奉行申请。至于属于村落而非将军或大名所有的森林，就由村中的"大庄屋"管理。"大庄屋"以森林是村落共同的财产、供所有村民使用为原则，制定砍伐规则，禁止村民以外的人砍伐，并雇用守卫（山守）以防止盗伐。

幕府将军和所有大名都下令由各藩负责森林管理的机构（御林奉行所）将森林的具体情况登记在册。以江户西北80英里的轻井泽附近的森林为例，1773年的记录之详尽，令人叹为观止。[①]

森林面积：2.986 平方英里

林木总数：4 114 棵，其中 573 棵不良（曲木或多瘤节之木

---

① 参见托特曼专著的日文译本《日本人はどのように森をつくってきたのか》，熊崎实译，东京：筑地书馆，1998年。——译者注

详情如下：

大型针叶树	78 棵	树干长 24~36 英尺，树围 6~7 英尺，其中 12 棵不良
中型针叶树	293 棵	树围 4~5 英尺，其中 40 棵不良
小型针叶树	1 474 棵	树干长 6~18 英尺，树围 1~3 英尺，其中 130 棵不良
小型针叶树	255 棵	树干长 6~18 英尺，树围 1~3 英尺，预定于 1778 年砍伐
山坡上的中型针叶树	120 棵	树干长 15~18 英尺，树围 3~4 英尺，其中 16 棵不良
山坡上的小型针叶树	320 棵	树干长 12~24 英尺，树围 8 英尺~1 英尺，其中 79 棵不良
山坡上的小型针叶树	15 棵	树干长 12~24 英尺，树围 8 英寸~1 英尺，预定于 1778 年砍伐
橡树	488 棵	树干长 12~24 英尺，树围 3~5.5 英尺，其中 36 棵不良

另有 1 126 棵其他树木，其具体属性也同样被列出。这种记录显示了幕府"自上而下"管理模式的一丝不苟，没有任何一个农民可擅作主张、恣意砍伐。

至于第二个环节则是木材运输。将军和大名在要道和河流设立岗哨，检查运送木材的船只，确保人人遵守林木管理规定。最后一个环节是对木材使用者和用途的管控。一棵树被砍伐下来，并且经过岗哨检查后，还需了解使用者为何人、用途为何。贵重的雪松和橡木专供幕府使用，一般农民无法入手。一户人家建筑房舍可用多少木头，要视主人的社会地位而定：管理多个村落的"大庄屋"可用 30 间（1"间"指 1 根 6 英尺长的梁），其继承人可用18 间；村长（"小庄屋"）可用12 间；村长下面的干部（"组头")可用8间;有钱向幕府缴纳税金的农民可用6间;一般农民、商人或渔民只能用4间。幕府将军还颁布一些法令,规定什么样的木材不得用于制造比较小的器物。1663年,有一项诏书禁止任何江户人用杉木或柏木制作小木盒,家庭用的器皿也不准用杉木制造,但大木箱例外。1668年,幕府将军更进一步禁止利用杉木等上等木材制作公共场所的广告牌,38年后又禁止贩卖门松①(松树做的新年装饰品)。

以上措施都是通过由幕府将军和大名严格管理木材的用途来试图解决日本的森林危机。当然,幕府将军和大名以身作则,不再滥伐山林也很重要。除了这些限制滥伐的措施,要彻底解决过度砍伐的问题,还必须种更多的树,并做好水土保持以避免土壤侵蚀。日本从17世纪就发展出一套精密的育林技术。政府和商人雇用林业学者进行观察、实验,并出版农书。日本第一部重要的农书《农业全书》②就是日本农学之祖宫崎安贞于1697年所著。《农业全书》中详述了种子的选择、干燥、贮存和备用;如何准备平整、土壤松紧度适宜的苗床;如何浸泡种子;如何通过在播种后覆盖稻草来保护幼苗;如何拔除种苗床上的杂草;如何移栽和间隔育苗;如何在接下来的4年里剔除生长不良的幼苗,补植新苗;如何对太密的树苗进行疏剪;如何修剪树枝,以促进树干

---

① 门松,日本人过年时装饰于家家户户房屋门口的传统饰物。门松常用常青的松枝和生命力极强的竹子制作,象征健康、长寿。——译者注
② 日本学者指出,宫崎安贞的《农业全书》受到明末徐光启的《农政全书》的影响很深,《农业全书》甚至可说是《农政全书》"精炼化的日本版"。——译者注

生长等。种树除了从种子开始栽种，还可利用扦插法或萌芽更新法（从基部强剪，让枝条从基部再度生长）。

日本于是渐渐独立发展出人工林。日本人把树木当成一种生长极为缓慢的作物来长期培育。政府或私人开始购地或租地来种树，首选之地就是可带来经济价值的地带，如城市附近。从一方面来看，人工育林风险大，需要投入大量资金，成本很高。前期要雇用工人种树，往后数十年还得有人照料，直到小树长成大树、砍伐上市之后，投资才能回收。树木在还没长成之前，投资者随时都可能因为森林火灾或病虫害而损失惨重。而且人们在种树之时，难以预料数十年后木材市场的价格波动。但从另一方面来看，人工林也有几个天然林所不具备的优势。第一，人们可以挑选有价值的树种栽种。第二，树木的质量可以得到提升，例如通过修剪树枝使树干长得又直又美，从而可以卖出高价。第三，可以选择靠近城市或河流等方便运输的地点来种树，减少运输费用。如果从偏远山区把笨重的原木运下山，花费就大得多。第四，树木以一定的间隔栽种，长得整齐划一，较容易砍伐。有些日本林场的林木质量优良，远近驰名，价格自然居高不下，如吉野林场的杉木就是做清酒桶的最佳材料，可使清酒飘散杉香。

日本人工育林的兴起得益于全国统一的制度和方法。不同于当时的欧洲被分成好几百个公国或王国，幕府时代的日本是一个由集权政府统治的国家。西南部是亚热带气候，北部属温带气候，全国多雨潮湿，地形陡峭，属于火山地形，土壤容易受到侵蚀，不是崇山峻岭就是平坦的农地，育林的生态环境相当一致。过去日本的原始森林有多重用途，木材大都归贵族使用，农民所需的肥料、饲养牲畜的草秣和燃料也都来自森林。人工林则主要用来生产木材，其他用途不多，以免影响木材的生产。此外还有"山守"来守护森林，避免盗伐。因此，日本的人工林在1750—1800年大幅增加，林木短缺的危机终于解除了。

日本的成功之道

倘若有外部观察者在1650年到访日本，很可能会预测日本将因森林滥伐濒临崩溃，因为随着人口日渐增多，资源日渐减少，最后社会必然陷入你争我夺、民不聊生的境地。为什么幕府时代"自上而下"的森林管理策略得以奏效，进而转危为安，而古代的复活节岛岛民、玛雅人、阿纳萨齐印第安人、现代的卢旺达（见第十章）和海地（见第十一章）却难逃一劫？这是一个更大的问题，那就是我们在第十四章中将讨论的群体决策：群体决策的成败关键为何？所处的阶段对群体决策的成败有何影响？

人们一般认为，中晚期幕府时代的日本治林有道，原因在于爱好自然、受禅文化的见性尊生影响或受到儒家价值观的影响。其实并非如此，这几个说法很容易就可以被戳破。日本森林管理成功的原因说来复杂，非三言两语就可道尽。如果是因爱好自然或受禅文化的影响，幕府早期的日本社会为何还会出现滥垦滥伐的问题？现代的日本大肆利用海洋资源，不惜耗竭其他国家的资源，难道是因为不再见性尊生，不再行儒家中庸之道？说起来，日本人工育林成功的原因之一是环境优势：我们在第二章研究为何复活节岛等波利尼西亚岛屿的森林容易被砍伐殆尽，而蒂科皮亚岛、汤加等岛屿的森林仍然葱郁苍翠时，曾讨论到一些环境因素。蒂科皮亚岛和汤加群岛等，生态环境强韧，树木再生得快。日本的环境和这些岛屿很像，降雨量多、火山灰多，来自亚洲的沙尘也多，土壤肥沃且年轻，有利于树木的再生。另一个有利于育林的原因和日本社会有关：日本不饲养山羊和绵羊，因此没有过度放牧、破坏山林的问题；此外，幕府终结了长久以来的内战，因而不再需要饲养那么多的战马；再者，日本海产丰富，使得林地压力得以减轻。日本社会虽然利用牛、马等畜力来犁田、翻土，但是为了应对森林砍伐和草秣减少等危机，这些牲畜的数量渐渐减少，农民改用铲子、锄头等农具来耕种。

此外还有其他原因助力了日本森林管理模式的成功：日本从上到下各个社会阶层都认识到，保护森林对子孙后代有莫大的好处。具体而言，幕府将军铲除异己、统一天下之后，社会和平繁荣，无内忧外患，往后将是德川家族的时代。的确，日本足足有两个半世纪都在德川家族的掌握之下。和平、政治安定与对未来的信心，让幕府将军放心为国土做长远的投资与计划。反之，玛雅国王、海地和卢旺达的总统甚至不知道自己能在位多久，更不知道自己的儿子有没有希望继承王位。此外，日本种族和宗教的同源性很高（至今仍是），不像卢旺达、玛雅或阿纳萨齐印第安部落因种族或宗教分歧导致社会岌岌可危。而且，幕府时代的日本相当孤立，不与外国贸易，也不向外扩张，显然必须靠自己的资源生存下去，不能靠掠夺他国资源来解决国内所需。同样，幕府时代的日本社会太平，人民守法，自然也不会抢夺邻人的木材。由于社会稳定，不受外部影响，日本的贵族和农民都相信未来就像现在，未来的问题必须现在着手解决。

在德川时代的日本，无论是富有的农民还是贫穷的村民，一般都希望把土地传给自己的子孙。因此，日本林地越来越多地落入那些愿意长期投资森林的人之手：他们要么是期望子孙会继承森林的使用权，要么是因长期租赁而愿意做长远投资。例如，很多村落的公有林地被分割成若干块，供农民个人租用，因而避免了本书第十四章将提到的"公地悲剧"。村落还有一些林地专供砍伐、贩卖，经营合约（"年季契约"）则在砍伐之前就签订了。至于国有林地，则是政府与村落或商人签订长期合约，由后者来经营。以上种种政治和社会因素，使得幕府将军、大名和农民致力于森林的可持续经营。在1657年的江户大火之后，日本人更能体会森林经营是长远的事业，短视近利地剥削森林资源是愚不可及的行为。

当然，即使人们能着眼长远利益，也不一定能做出明智的决策，因为他们往往还是会以眼前的利益为重，从而做出从短期和长期来看都不利的事。这就是为何人生和历史要比化学反应复杂得多，而且难以预料；这也是为何本书并不鼓吹环境决定论。一个社会的领导人如果不是消极地走一步算一步，而是能预见危机、当机立断，"自上而下"雷厉风行，这个社会的命运就会有很大的不同。同样，一般的老百姓也能以勇气与积极的态度参与地方事务，"自下而上"经营自己的社会。无论是日本幕府时代的将军，还是蒙大拿那些为了泰勒野生生物保护区努力的朋友，都是社会经营的成功典范——只不过一个是"自上而下"，另一个是"自下而上"，都是为了大我着想，追求长远的目标。

其他成功社会的范例

我们在前7章看到许多社会因森林滥伐等环境问题面临崩溃，也提到几个成功之例（奥克尼群岛、设得兰群岛、法罗群岛和冰岛），在这一章则一连探讨了三个成功例证（即新几内亚高地、蒂科皮亚岛和幕府时代的日本），这样的论述并非暗示成功的例子只是少数。过去几个世纪，德国、丹麦、瑞士、法国等西欧国家也像幕府时代的日本，稳中求进，利用"自上而下"的策略管理森林、扩大森林面积。13世纪左右，崛起于安第斯山脉中部的印加帝国也是。印加人在美洲创造出规模最大、组织严明的原住民社会，几千万的臣民在国王的领导下，大规模重新造林，筑梯田以防止土壤侵蚀，增加作物产量，并保障了木材源源不断的供给。

以"自下而上"的模式经营小规模的农牧、狩猎或渔业经济的社会，成功的例子也不在少数。其中一个例子就是在第四章简要提到的美国西南部的印第安部落。比起庞大的印加帝国，这些印第安部落实在很渺小，但他们还是想出种种方法来解决问题，发展出可持续经营的经济形态。虽然阿纳萨齐、霍霍坎和明布雷斯族采取的农业策略最后没有成功，但霍比族和祖尼族发展的多元经济还是成功让族人生存了1 000年以上。又如，格陵兰岛的维京人虽然灭绝，但岛上的因纽特人自1200年来到这里，还是过了500年以上的狩猎-采集生活。澳大利亚的巨型动物在46 000年前的更新世灭绝后，澳大利亚原住民也以狩猎-采集维生，直到1788年欧洲人前往殖民之后才有转变。现代也有不少自给自足的小型农业社会，例如有农田灌溉系统的西班牙和菲律宾农村、瑞士阿尔卑斯山区的农牧混合经济,这些都有好几百年的历史,也是很多学者的研究主题。至于这些社会如何经营公共资源,当地都有详尽的规定。

我所提到每一个实行"自下而上"管理策略的例子,都是民众能掌握土地上所有经济活动的小型社会。印度虽然也实行"自下而上"的管理策略,但是情况复杂得多。印度因种姓制度使整个社会被分为几十个次级社会,每个次级社会从事不同的经济活动,如捕鱼、务农、放牧或狩猎-采集。不同种姓的人不互相来往,也不能通婚,可利用的环境资源和生活方式也都不同。即使一样以捕鱼为生,因种姓不同,捕鱼的地点和方式也有细分。就像蒂科皮亚岛岛民和幕府时代的日本人,种姓社会中的印度人知道赖以为生的资源有限,而且还要把这些资源传给子孙。所以他们会恪守严苛的社会规范,以对有限的资源进行可持续利用。

那么,为什么本章讨论的这几个社会得以长治久安,而第二章到第八章讨论的那些社会最后却变成废墟?其中一个原因是环境差异:有些社会的生存环境比较脆弱,因此面临的生存挑战比其他社会要严酷。我们已在第二章比较过太平洋岛屿的环境差异,并通过这些差异来分析何以复活节岛和曼加雷瓦岛上的社会难以为继,而小小的蒂科皮亚岛却能屹立到今天。本章讨论的新几内亚高地和幕府时代的日本也很幸运,拥有强韧的生态环境。但是,环境差异并不能解释一切——格陵兰岛和美国西南部就是典型的例证。在这些地区生存的社会不止一个,各自以不同的经济策略维生,有的成功了,有的却失败了,可见选择适合环境的经济策略也非常重要。最后,社会的存亡还有一大关键因素:无论社会采用何种经济形态，还要确保实现可持续经营。一个社会经济发展依赖的资源有很多种，如开垦农地、放牧、渔业、狩猎-采集或捕捉小动物等。有些社会懂得趋吉避凶，避免资源枯竭；有些社会却竭泽而渔，直到最后自取灭亡。我们将在第十四章检视种种应该避免的错误。不过，接下来的4章我们将继续探讨现代社会，以与前面第二章到第八章讨论的过去社会进行比较。

插图 1　美国蒙大拿州比特鲁特河。

插图 2　比特鲁特山谷中正在灌溉干草田。

插图3 比特鲁特山谷中的山林。

插图4 美国蒙大拿州的佐特曼－兰达斯基矿场，现已被废弃。这是美国第一座尝试采用大规模氰化物堆浸法从低品位金矿石中提取黄金的矿场。

插图 5　复活节岛上的石砌平台（阿胡）和巨石雕像（摩艾）。

插图6 复活节岛曾经拥有葱葱郁郁的森林。后来树木全部被砍光了，变成现在我们眼中的不毛之地。图中的火山口就是拉诺·拉拉库，也是岛上的采石场。当中那一小片树林是近年来才从岛外引进的。

插图7 从另一个角度观察光秃秃的复活节岛和火山口。

插图 8　复活节岛上被称为"摩艾"的石像,头上还顶着红色火山岩圆柱,被称为"普卡奥"。这种圆柱可能代表红色羽毛制成的头饰。每一个圆柱重约 12 吨。

插图9　从空中鸟瞰森林已被过度砍伐的查科峡谷，可看到阿纳萨齐印第安人留下的最大村落遗址——普韦布洛·博尼托。这个村子有五六层楼高的建筑，有如史前时代的大厦。

插图10　近看查科峡谷中的阿纳萨齐部落遗址。

插图11　阿纳萨齐的石头建筑门户，以干砌（即不使用水泥）的面层石隐藏下方的积石（疏松未固定的大块有角岩石）。

插图12 高耸的玛雅蒂卡尔城，已废弃了千年以上，被丛林包围，现在人们才从丛林中清理出可通行的道路。

插图13 玛雅蒂卡尔城的石碑，碑上有铭文。玛雅位于新大陆文明的心脏地带，也是前哥伦布时期唯一留下大量文字的文明社会。

插图14 波南帕克玛雅遗址2号房间的壁画拓印。

插图15　1300年左右，维京人在格陵兰岛东部定居点建造的赫瓦勒塞教堂。

插图16　因森林砍伐和过度放牧导致土地遭到严重侵蚀的冰岛。

插图17 格陵兰岛埃里克斯峡湾,有一条冰川流入,峡湾内漂浮着零零星星的冰山。东部定居点最富裕的牧场之一——布拉塔利德就位于这一带。

插图18 乘坐皮艇投掷鱼叉的因纽特猎人。中世纪,格陵兰岛的维京人必然见识过这两种因纽特人生存的利器,却从未采用。

插图19　位于新几内亚高地瓦吉谷的农业区。这里人口稠密,森林本已被砍伐了大部分,后来居民在村落和种植园内种了很多木麻黄,作为木材和柴薪的来源。

插图20　被森林覆盖的富士山。日本人在400年前开始"自上而下"实施严格的森林管理政策,今日的日本虽然人口稠密,但仍是发达国家森林覆盖率最高的国家(达74%)。

插图21　1994年卢旺达种族大屠杀惨剧，约有百万人遭到杀害。

插图22　1994年卢旺达种族大屠杀，造成境内200万人流离失所。

插图23 位于伊斯帕尼奥拉岛东半部的多米尼加共和国森林蓊郁，比西半部的海地富裕得多。

插图24 位于伊斯帕尼奥拉岛西半部的海地是新大陆最贫穷落后的国家，该国的森林被砍伐殆尽，放眼望去尽是荒芜、残破的景象。

插图25 澳大利亚最大的河流墨累河含盐量极高，很多盐分沉积于此，甚至冒出河面。

插图26 澳大利亚的羊群把地表的植物吃光了，导致土壤侵蚀问题更加严重。

插图27　澳大利亚引进的兔子大量繁殖，破坏了植被，导致土壤侵蚀问题严重。

插图28　亚洲葛藤入侵北美森林，对本土物种造成非常大的伤害。

插图29 美国时任总统肯尼迪及其顾问团就古巴导弹危机集思广益。肯尼迪已从"猪湾事件"中吸取教训,找出群体决策的盲点。

插图30 近年来损伤最严重且最广为人知的工业事故:1988年,西方石油公司的北海一号管钻油平台发生爆炸,造成167人丧生。

插图31　1984年，位于印度博帕尔的联合碳化物公司的一家化工厂发生毒气泄漏事件，造成4 000人罹难、20万人受伤的惨剧。

插图32　门禁森严的洛杉矶富豪小区。住在里面的有钱人以为铁门和高墙可以把社会问题隔绝在外。

插图 33 卫星在地球上空拍摄的各地夜空合成照片。有些地区特别明亮（如美国、欧洲和日本），有些地区比较幽暗（如非洲大部分地区、南美和澳大利亚）。这种明亮的程度和资源消耗、废物生产多寡与生活水平高低成比例，显现发达国家和发展中国家的差异。这种差异会持续下去吗？

插图 34　栉比鳞次的洛杉矶都会区，放眼望去尽是公路和住宅。

插图35　洛杉矶因为雾霾严重而成为全美空气质量最差的城市。

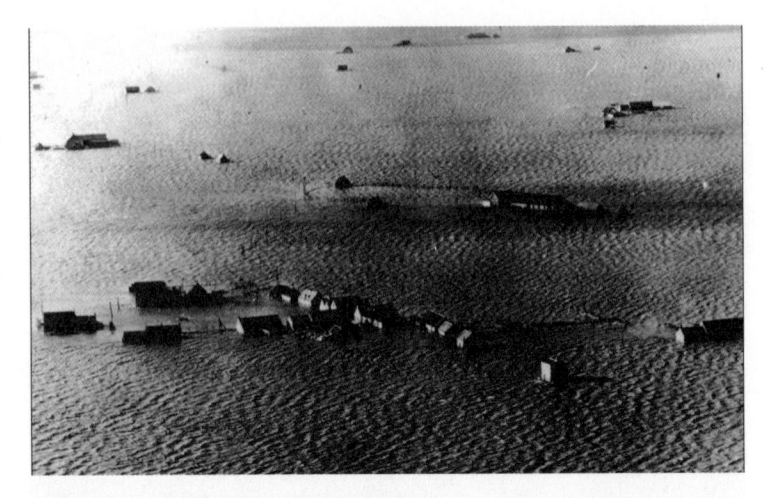

插图36　1953年2月,荷兰遭遇风暴潮,沿海低地因管控不善,大浪冲破河堤,导致将近2 000人被淹死。

插图37　与海争地的荷兰人:海平面以下的农地。

插图 38　印度河流域的摩亨佐·达罗遗址，在今巴基斯坦一带。公元前 2000 年之后，可能由于气候变化、河流改道和水资源管理不当，这个曾经在印度河流域光芒四射的文明最后走向覆亡。

插图 39　高棉帝国的首都吴哥窟，其巨大的庙宇结构和蓄水池堪称东南亚最著名的遗址。此地在现代柬埔寨的西北。高棉帝国的败亡可能和干旱有关，因为国力衰弱后无法抵挡敌人的入侵。

第三部分

现代社会

第十章

非洲的人口悲剧：卢旺达的种族屠杀

在我的双胞胎儿子10岁和15岁时，我和妻子带他们去过东非度假。当非洲那巨大的野生动物、一望无际的草原以及黝黑的非洲人出现在我们眼前时，我们全家人也和其他游客一样，内心悸动不已。从前，数不清有多少次，我们坐在客厅沙发上舒服地收看国家地理频道的非洲特辑，看黑尾牛羚在电视屏幕上奔驰。当亲自踏上塞伦盖蒂大平原，眼见几百万只黑尾牛羚，那画面、声音和气味，真是百闻不如一见。有时候，我们坐在观光车内被无数的动物包围，举目望去，从我们乘坐的车子到地平线，四面八方都是，壮观的程度令人屏息。我们也无法从电视画面感受恩戈罗恩戈罗火山口的辽阔与平坦，只有当你从火山口一侧顶端的旅店下行，才知山壁如此高耸、陡峭。

东非人的友善、对孩子的热情让我们受宠若惊，他们的服饰艳丽，引人注目。此外，此地人口之多更是到了令人咋舌的地步。在书上看到"人口爆炸"是一回事，亲眼一看又是另一回事。每天，街道两旁总有许多非洲儿童向开车经过的游客行乞，很多看起来跟我儿子差不多年纪，也差不多高矮，即使能得到一支铅笔他们也很高兴，因为在学校才有笔可以写字。不只是近处，道路远程依稀能看得到密密麻麻的人群，可见这里人口之多。牧场上的草稀稀疏疏，被成群的牛羊啃得光秃秃的。不久前被雨水冲刷、侵蚀形成的沟壑，淌着浑浊的泥水。

由于那些多不胜数的儿童，东非人口增长率已跃居世界前几位：根据资料统计，近来，肯尼亚每年的人口增长率是4.1%，依照这个增长率计算，每17年人口就会翻番。人类在非洲落脚的时间要比在其他地区长得多，因此我们可能会天真地以为非洲人口早就达到平衡了。事实上，最近非洲人口暴增的原因很多，包括种植来自新大陆的作物（特别是玉米、豆类、甘薯和木薯），使得粮食产量比只种植本土作物时大大增加，农业基础得到拓展。此外，还得益于卫生条件改进、预防医学发展、母亲和儿童接种疫苗、使用抗生素、疟疾等非洲流行病受到控制、国家统一以及国界确立等。例如相邻族裔必争之地原来荒无人烟，界线划分清楚后就能安家落户。

有关东非的人口问题，我们常常想到马尔萨斯的人口理论。马尔萨斯是英国的经济统计学家，他在1798年出版的《人口论》一书中谈道：人口按照几何级数增长，但是粮食只按照算数级数增加，如果人口增长没有节制，其增长的幅度必然大大超越粮食增加的幅度。举例来说，人口增加至原来的两倍需要35年时间，假设2000年某一地的人口为100人，在毫无节制的发展之下，到了2035年人口将变为200人，到了2070年则变为400人，到了2105年就变成800人，依此类推。然而，粮食产量的增加顶多只是多个25%或20%。除非饥馑、战争、疾病或人们刻意节制（如避孕或晚婚）来减缓人口增长，增加的人口最后必然会把所有粮食吃光。马尔萨斯如是说：如果我们只是依靠增加粮食产量，对人口增长毫无节制，地球将会饿殍遍野，幸福快乐必然无望。

马尔萨斯的悲观看法引发了许多学者辩论。事实上，已有一些现代国家（如意大利和日本）人民自愿配合或政府施以政策（如中国的计划生育政策）来降低人口增长率。就现代卢旺达的惨况来看，似乎印证了马尔萨斯所描述的人口悲剧最可怕的一幕。一般而言，支持马尔萨斯人口理论的人或是批评他的人都赞同这一点：即使因为资源有限，造成人口和环境的严重问题，最后这些问题还是可以解决的，使人口增长的曲线再度趋于平缓。有些解决方法出于我们自己的选择，有的则不是我们乐见的，如马尔萨斯预言的战争、疾病、饥馑等。

几个月前，我在加州大学洛杉矶分校向大学本科生讲述人类社会的环境问题，讨论人类社会为解决环境问题经常面临的争端。一个学生就提到，这些争端可以在冲突的过程中得到解决。他说的解决不是指利用杀戮作为手段，而是说因环境问题引发的冲突，在美国常可在法庭上解决，法律不失为解决争端的理想方式。这些学生因而有所体认，如果未来欲以解决环境问题为职业志向，必须熟稔法律。我们也从卢旺达学到一课：我的学生说得没错，有些问题可以通过冲突来解决，但是有些冲突往往非常血腥暴力，不像诉诸法律途径那样平和。

卢旺达大屠杀大事记

近几十年来，一提到卢旺达和相邻的布隆迪，我们就能联想到两件事：人口众多与种族屠杀（见插图21）。这是非洲人口最稠密的两个国家，人口密度在全世界数一数二——以平均人口密度而言，高居第一的卢旺达，甚至是非洲人口密度排行第三的尼日利亚的3倍，更是邻国坦桑尼亚的10倍。自1950年以来，在全世界的种族屠杀事件中，卢旺达大屠杀的死亡人数排第三位，仅次于20世纪70年代柬埔寨和1971年巴基斯坦发生的大屠杀。由于卢旺达的总人口只有孟加拉国的1/10，以屠杀人数占本国人口的比率来看，卢旺达超过孟加拉国，仅次于柬埔寨。布隆迪的种族屠杀规模比卢旺达小，受害者不过几十万人"而已"。然而，这样的死亡人数已使布隆迪在1950年以来的世界种族屠杀中名列第七，就屠杀人数占本国人口的比率而言，更高居全球第四。

我们向来认为，卢旺达和布隆迪的种族屠杀是种族暴力事件。事实上，这不只是种族暴力事件，还有其他原因。在了解这一点之前，我们先来探讨卢旺达种族屠杀的背景，卢旺达是在什么样的历史背景下走上悲剧的舞台，以及对卢旺达种族屠杀事件的一般解释（我会在后文说明为什么这种解释有误、不完整或过分简化）。卢旺达和布隆迪两国的人口都是由两大族群组成的：一个是胡图族（原占总人口的85%），另一个是图西族（占总人口的15%）。传统上，这两个族群有着不同的经济角色：胡图族以田地耕种为生，图西族则以游牧为生。常有人说这两个族群有体质上的差异：大抵看来，胡图族人比较矮小结实、肤色黝黑、扁鼻厚唇、下巴方正；图西族人身材则较瘦长、肤色较白、嘴唇较薄、下巴尖削。一般以为，来自南方和西方的胡图族最先在卢旺达和布隆迪定居，[①]而图西族比较晚到，是来自北方和东方的尼罗特语族，[②]却后来居上，成为统治阶级。1897年，卢旺达沦为德国的殖民地。1916年，国际联盟遂将此地委托比利时统治。由于图西族人的皮肤较白，长得像欧洲人或"含米特人"[③]，因此在欧洲殖民政府的心目中，图西族人比胡图族人优秀，也被欧洲人视作间接统治的工具。20世纪30年代，比利时殖民政府规定每一个人必须随身携带身份证，身份证上载明是胡图族人或是图西族人，这种做法更加凸显了早就存在的族群差异。

1962年，卢旺达和布隆迪都独立了。在踏上独立之路时，两国的胡图族人都设法挣脱图西族人的掌控，希望夺得政权。胡图族人和图西族人的冲突从小规模开始，之后愈演愈烈，冤冤相报，互相残杀。布隆迪的胡图族人在1965年和1970—1972年发动政变，其间几十万胡图族人被图西族人杀害（死亡人数其实难以估计，下面提到的死亡人数和难民人数也是，只是大概的数字），图西族人占了上风，继续执政。而在1963年，卢旺达的胡图族人赢得胜利，图西族人被杀了两万（保守估计或许只有

---

① 胡图族人大约在公元初年进入卢旺达。——译者注
② 图西族人属苏丹尼格罗人种的尼罗支系，大约在13世纪后从尼罗河上游进入现在的卢旺达境内。——译者注
③ 含米特人属于白种人。为了使图西族人的统治合理化，欧洲殖民者处心积虑地编造"含米特神话"，宣称图西族人属于含米特人，是比胡图族人更高等的种族和天生的统治者，而且体质、头脑和能力等都比胡图族人和巴特瓦人优越。——译者注

一万）。在接下来的20年中，约有100万卢旺达人（多半是图西族人）逃往邻近国家，不时返乡复仇，结果造成更多图西族人被胡图族人杀死。1973年，胡图族将军哈比亚利马纳通过军事政变上台，推翻以前的胡图政权，决定放图西族一马。

卢旺达在哈比亚利马纳总统的治理下过了15年的太平日子，外援源源不绝，可望成为一个和平、安定的国家，人民的健康、教育和经济状况都有改善。不幸的是，由于干旱和环境恶化（主要是森林砍伐、土壤侵蚀和土壤肥力流失），卢旺达的经济发展停滞不前。1989年，世界咖啡和茶叶价格大幅下滑（这两样都是卢旺达主要的出口商品），加上世界银行的紧缩政策和南部旱灾，卢旺达的经济因此遭受严重打击。1990年10月，图西族人从邻近的乌干达向卢旺达东北部进军，哈比亚利马纳借这个机会整肃异己，屠杀境内的图西族人，以巩固自己党派的势力。内战使得100万卢旺达人流离失所，有些走投无路的年轻人只能去当民兵。1993年，哈比亚利马纳与图西族叛军在坦桑尼亚的阿鲁沙签署停战和平协议，双方同意共组政府，建立多党政治国家。即便如此，亲近哈比亚利马纳的商人还是进口了581 000把大砍刀（大砍刀要比枪支来得便宜）。哈比亚利马纳的胡图政府把这些刀发放给胡图族人，让他们去砍杀图西族人。

哈比亚利马纳已经很放任胡图族人，让他们为所欲为，恣意杀害图西族人，但是胡图族的强硬派还是不满意（这些胡图族人甚至比哈比亚利马纳更偏激），他们担心阿鲁沙和平协议会导致他们的权力被削减，于是这些人训练自己的民兵、进口武器，准备彻底歼灭图西族人。图西族人不时带兵来犯，也在布隆迪杀了不少胡图族人和胡图政客，加上胡图族人过去在图西族人的统治下忍气吞声，现在终于能踩在图西族人的头上，当然希望赶尽杀绝，以绝后患。1993年，布隆迪的胡图总统被图西族强硬派军官刺杀，胡图族人为了复仇杀了很多图西族人，图西族人又杀害更多的胡图族人。卢旺达的胡图族人眼看族人在布隆迪的遭遇，更有芒刺在背之感。

1994年4月6日，卢旺达总统哈比亚利马纳搭乘总统座机前往坦桑尼亚开会，回程时布隆迪新任临时总统也在最后一刻上了飞机，结果飞机在即将降落卢旺达首都基加利机场时，遭不明人士发射的炮弹击落，机上人员全部罹难。炮弹是从机场周边发射的，这是谁干的好事？为什么正中哈比亚利马纳的总统座机？至今仍未水落石出。有好几个团体都有嫌疑，都有谋杀他的动机。不管凶手是谁，这个事件还是成了种族屠杀的导火线。胡图族强硬派在机毁人亡的一个小时内展开一连串行动，刺杀胡图总理等温和派人士，以及主张民主的反对派和图西族人——这一切都像是事前精心策划的。在铲除反对势力之后，胡图族强硬派随即掌控了政府和电台。尽管卢旺达的图西族人因先前的杀戮和流亡人口大减，但仍剩下100万左右。掌控政府的胡图族人打算把这100万图西族人全数杀光。

这场大屠杀由胡图军方的强硬派发动，他们用枪扫射图西族人。不久后又将胡图族的平民组织起来，发武器给他们，设下路障，如有图西族人越过路障，格杀勿论。电台广播一方面要每个胡图族人不要放过任何一只"蟑螂"（指图西族人）；另一方面又对图西族人喊话，要他们一起躲在"安全之地"，其实为的是一网打尽。当国际的谴责声浪终于出现时，胡图政府和电台随即改变语气，不再号召族人杀死"蟑螂"，而要卢旺达人在面对敌人之时做好自我防卫。至于胡图政府中的温和派官员，不但意见得不到听取，还遭到恐吓、撤职，甚至杀害。胡图政府广播的"安全之地"事实上是这场种族屠杀的最大刑场。数万名图西族人在教堂、学校、医院或政府办公处避难，结果被胡图族人团团围住，活活用刀砍死或烧死。很多胡图平民都加入刽子手的行列，这是一场全民犯罪，有人说参与暴行的胡图族人达全部人口的1/3，也有人宣称参与人数没有那么多。胡图军人用步枪扫射图西族的男女老幼，胡图平民接着就手持大砍刀或铁钉狼牙棒杀过来，很多人的手脚都被砍断，有的妇女乳房被割下来，儿童被活活扔到井里，被强奸的妇女更是不计其数。

这场大屠杀是由胡图政府强硬派组织动员的，执行者多半是胡图平民。至于卢旺达境内的重要机构和国际社会，不是成为帮凶，就是冷眼旁观，如卢旺达天主教会的神父就把前来避难的图西族人大批交给胡图族刽子手。卢旺达境内本有一小撮联合国的维和部队在此驻扎，联合国却要求所有维和部队撤出；法国政府虽然派遣一支人道救援部队前往卢旺达，最后却和胡图政府站在同一阵线，一起对付反政府军；[①] 美国则拒绝

---

① 法国希望通过这次行动显示法国的力量，证明自己是法语非洲国家的当然保护人。由于当时反对胡图政府的卢旺达爱国阵线几乎已控制卢旺达一半的国土，准备继续对政府军施压，一举夺取胜利，他们担心法军介入会使即将到手的成果化为泡影，因此坚决反对法军介入。他们于是以强硬的姿态宣称法军是侵略者，如在战区内相遇将毫不犹豫地向法军开枪。——译者注

干预。联合国、法国和美国政府后来为自己的政策辩护，都以"混乱""复杂难解"或"种族冲突"来形容发生在卢旺达的事件，仿佛这只是另一次种族冲突，是非洲一天到晚都在上演的戏码而已，没什么好大惊小怪的，对卢旺达胡图政府精心策划屠杀的种种证据视若无睹。

百日之内，约有80万图西族人遭到屠杀，相当于卢旺达境内图西族人口的3/4，约占卢旺达总人口的11%。当种族屠杀开始还不到24小时，图西族人领导的卢旺达爱国阵线即前往卢旺达。随着卢旺达爱国阵线主力部队的推进，胡图族人的政府军节节败退，各地区的种族屠杀终于告终。1994年7月18日，卢旺达爱国阵线获得全胜。一般认为，卢旺达爱国阵线的部队纪律严明，并不征召平民加入杀戮行动，但其夺取政权之后还是不忘复仇，又反过来杀害胡图族人（估计死亡人数"只有"2.5万~6万人，算是小意思）。卢旺达爱国阵线建立新政府之后强调"大和解"，以族群团结为目标，要全国人民以卢旺达人自居，不要再分胡图族人和图西族人。约有13.5万卢旺达人因涉嫌参与种族屠杀，遭到监禁。由于监狱人满为患，绝大多数的人都被释放，被审判或定罪的人只是少数。在卢旺达爱国阵线胜利之后，过去流亡到邻近国家的约75万卢旺达人（大多数是图西族人）纷纷返回家乡，同时有200万难民（大多数是胡图族人）逃往邻近国家（主要是刚果和坦桑尼亚，见插图22）。

不只是种族仇恨

一般对卢旺达和布隆迪种族屠杀的描述，多是政客为了一己之利，煽动存在已久的种族仇恨。正如人权观察组织出版的《灭口——卢旺达的种族屠杀》(Leave None to Tell the Story: Genocide in Rwanda) 一书所言："这次的种族屠杀不是宿怨引发的暴民动乱……而是现代精英阶级精心策划的结果，他们刻意激起人民的仇恨与恐惧，以保有自己的权力。这一小撮权贵人士起先见反对派势力扩大，于是利用多数人对抗少数人。后来卢旺达爱国阵线不但在战场上告捷，在谈判桌上也有所斩获，少数几个握有权力的人于是见风使舵，不再利用族群对立的策略，干脆一不做二不休，进行种族屠杀。他们相信，这样的种族灭绝行动可使胡图族在自己的领导下重新巩固势力，有助于赢得战争……"不少证据支持这样的观点和描述。

然而，我们还可从其他证据发现有其他因素造成了卢旺达的悲剧。除了胡图族和图西族，卢旺达还有第三个族群——特瓦人（或称俾格米人）。这些原住民只占全国人口的1%，在社会的底层讨生活，不会威胁到任何人。但是在1994年的大屠杀发生时，很多特瓦人还是难逃一劫。1994年的卢旺达大屠杀并非只是胡图族人和图西族人之间的冲突，其中的派系冲突其实十分复杂：光是胡图族人就分成三派，互相敌对，胡图总统哈比亚利马纳被刺身亡，可能就是反对他的另一派胡图族人干的好事；回国对抗政府军的卢旺达爱国阵线，虽是由图西族人领军，但当中也有胡图族人。此外，胡图族人和图西族人之间的差异并不像一般描述的那样明显。这两个族群说同一种语言，很多人都是天主教教徒，上同一所学校，去同一间酒吧，而且住在同一个村庄，由同一个酋长领导，或是在同一间办公室工作。胡图族人也和图西族人通婚，（在比利时殖民政府引进身份证制度之前）胡图族人有时会改称自己为图西族人，图西族人也是如此。一般而言，虽然胡图族人和图西族人外貌有差异，但是单从外表来看，很多人还是难以判定究竟是胡图族人还是图西族人。约有 1/4 的卢旺达人的曾祖父母同时为胡图族人及图西族人。（胡图族人和图西族人根源不同的传统说法是否正确，仍有待商榷，也可能两者源于同一种族，只是后来经济地位和社会地位有别。）这种血缘混合使得胡图族人和图西族人难分你我，胡图族人的丈夫或妻子可能就是图西族人。在 1994 年大屠杀发生期间，胡图政府呼吁每个胡图族人都出来砍杀图西族人，这些人又该怎么办？胡图族人一面砍杀图西族人，一面保护自己的图西族配偶、亲友、同事、顾客，甚至用钱收买其他胡图族人，请他们放过自己的图西族亲友。因此，若设身处地地想，在 1994 年卢旺达那场腥风血雨中，拿起大砍刀或斧头来砍杀你的人，可能是你的医生、病人、老师、学生、邻居或同事。胡图族人见到图西族人就砍杀过去，却又努力保护自己的图西族亲友。我们不得不问这么一个问题：何以这么多的卢旺达人受到强硬派政客操纵，以最残忍的方式自相残杀？

如果这只是胡图族人和图西族人之间的种族仇恨，为什么在卢旺达西北部几乎全为胡图族人的社群中也曾出现大屠杀？在这个社群中，尽管只有一个图西族人，整个社群"至少有 5%"的人还是遭到杀戮。这个现象实在令人大惑不解。这个社群被屠杀的人口比率不及全国（11%），却是遭到同族人的毒手。为何在缺乏种族仇恨的动机之下，屠杀仍然大行其道？其他地区亦然，在图西族人被屠杀得差不多的时候，有些胡图族人转而拿刀砍向同族人。

从这些事实来看，卢旺达大屠杀不光是种族仇恨造成的，背后还有其他原因。

山雨欲来风满楼

首先，我们来看看先前提到的卢旺达人口密度高的问题。在19世纪欧洲人到来之前，卢旺达（和布隆迪）已是人口稠密的地区。这里的降雨量适中，且因地势高得以逃过疟疾和舌蝇（非洲睡眠病的病原体）的侵袭，加上新大陆作物的引进、医药卫生进步和国界确立等因素，人口增长很快。虽有起伏，但平均每年的人口增长率约超过3%。邻近地区如肯尼亚和坦桑尼亚也有人口暴增的现象。到了1990年，尽管卢旺达已历经数十年动乱，人口死伤、出走的不计其数，平均人口密度仍达每平方英里760人，超过英国（610人），逼近荷兰（950人）。但是英国与荷兰都有高效率的机械农业，农民在总人口中占比很小，生产的粮食却足以养活全国人民。卢旺达的农民不使用机械，以手铲、镐头和砍刀在地里辛苦耕种，生产效能低。因此农民虽占总人口的多数，但生产的粮食几乎只够自己家里的人吃，少有余粮。

卢旺达独立之后，人口快速增加，但人民还是以传统方式耕种，农业未能走向现代化，未引进产量更多的作物种类或是扩大农产品出口，也没有推行有效的家庭计划。结果为了维持更多人的生计，只好砍伐森林或将沼泽抽干以获得更多的农地，缩短休耕时间，有些田地甚至一年两作或三作。在20世纪60年代和1913年，很多图西族人遭到杀害或流亡至邻近国家，他们的田地落入胡图族人手中，胡图族人因而有足够田地可让自己和家人过着丰衣足食的生活。然而到了1985年，除了国家公园，所有可以耕种的土地都已开垦，使得人口数量和作物产量都增加了。1966—1981年的人均粮食产量因而增加，但1981年之后又下滑到20世纪60年代早期的水平，这果然应验了马尔萨斯的人口论：粮食产量增加，但人口增长得更快，最后每一个人能分到的粮食还是没有多少。

我的一些朋友在1984年去了一趟卢旺达。那时他们已经感觉到生态浩劫的脚步近了，整个国家不是农田、园圃就是香蕉园。陡峭的山坡上也种满了作物，一直种到山顶。就连最基本的水土保持措施都没有实行——例如梯田、在山坡上沿着等高线而非以垂直的方式耕种、在休耕期间以草肥覆盖田地等。结果土壤侵蚀的情况相当严重，河流夹带大量泥沙。一个卢旺达人写信给我："农民一早醒来，可能发现整个田地（至少包括表层土壤和作物）在夜里被冲走了，邻居田地的东西和岩石出现在自己的田地里。"森林砍伐造成溪流干涸，降雨也越来越没有规律。到了20世纪80年代晚期，饥荒再度出现。1989年，卢旺达干旱，加上局部或全球气温上升与砍伐森林的负面影响，粮食短缺的现象更加严重。

比利时经济学家凯瑟琳·安德烈和让－菲利普·蒲拉图曾深入研究环境变化和人口增长对卢旺达西北部一个胡图族人市镇（卡纳马地区）的影响。安德烈是蒲拉图的学生，她曾在1988年和1993年两度前往卢旺达进行调查研究，在当地居住了16个月。1993年是种族屠杀爆发的前一年，社会相当动荡不安。她访问过该地区大部分的人家。在那两年的访问中,她仔细计算每一户人家的人数、拥有的土地面积和全家在务农以外得到的总收入。她也制表统计该地土地的交易或转移案件,并记录需要调解的土地纠纷。在1994年大屠杀发生后,她追踪幸存者的下落,希望找出胡图族人自相残杀的原因,了解什么样的胡图族人会遭到其他胡图族人的杀害。安德烈和蒲拉图想通过分析这些庞大的数据,从中寻找一些意义。

由于卡纳马的土壤由火山灰构成,非常肥沃,当地人口众多。在人口稠密的卢旺达,这里的人口密度甚至比其他地区更高:1988年,人口密度是每平方英里1 740人;到了1993年,更高达每平方英里2 040人(这样的人口密度,可与全世界人口最稠密的农业国孟加拉国一较高下)。由于人口密度极高,农场规模变得非常小:1988年,一般农场只有0.89英亩;到了1993年,一般农场的面积更缩小为0.72英亩。每一个农场又均分成10块地,给10个农民耕种,因此每个农民能耕种的土地在1988年只有0.09英亩,到了1993年则只剩0.07英亩,真是少得可怜。

由于卡纳马地区所有的土地都有了主人,年轻人很难获得土地进行耕种,进而成家立业。因此,年轻人越来越晚婚,与父母同住的时间也越来越长。例如在20~25岁的年龄层中,与父母同住的女性比率从1988年的39%上升到1993年的67%,男性更从1988年的71%上升到1993年的100%。也就是说,20来岁的年轻男子完全无法自立门户。已经长大成人却迟迟无法成家,这样的压力必然会导致问题。因为与父母同住的年轻人越来越多,平均每户的人口在1988年为4.9人,到了1993年则增至5.3人。

由于前文提到的平均每户拥有的土地面积已从0.89英亩减为0.72英亩，每户平均人口的增加又使土地短缺的现象更为严重。1988年，平均每人赖以维生的土地面积尚有0.2英亩，到了1993年只剩0.14英亩。

农田这么少，要吃饭的人却这么多，难怪人人吃不饱。就最低卡路里的摄取量而言，每一户卢旺达农家从自家农田得到的卡路里仅是所需的77%。因此，在务农之余，他们还必须从事其他的工作（如做木工、制砖、裁缝或做生意等）赚钱来购买食物。2/3的家庭除了务农，家庭成员还做其他工作；其他1/3的家庭则只是务农。1982年，每日摄取量低于1 600卡路里的人（也就是挨饿的人），只占该地区人口的9%；到了1990年，该比率却高达40%，并且后来还在继续增加。上面引用的数字都是平均值，也就是说不是每一个人都如此。有些人拥有的农场比较大，这意味着其他人的农场势必更小，这种差距在1988—1993年变得更大。如果我们把"大农场"定义为大于2.5英亩的农场，把"小农场"定义为小于0.6英亩的农场（请回想第一章所述，你就可理解卢旺达农民多么可怜。在蒙大拿，即使是40英亩的土地都还不够一个农民养家糊口），1988—1993年，大农场的比例从5%增加为8%，而小农场则从36%增加为45%。由此可见，卡纳马地区贫富悬殊越来越严重，富有的更富有，贫穷的更贫穷，介于贫富之间的人则变少了。而老一辈要比年轻人富有：50~59岁的人，拥有的农场平均是2.05英亩；20~29岁的人，则平均只有0.37英亩。当然，老一辈的人可能家里人多，食指浩繁，因此需要更多的土地。但老一辈家中每个成员赖以维生的土地，平均而言还是比年轻人的家庭成员多上三倍。

吊诡的是，拥有大农场的人来自农耕以外的收入反而比较高：农场面积平均达 1.3 英亩的才有这样的收入，而农场面积小于 0.5 英亩的则完全没有。农地面积狭小，生产的粮食不足，除了务农所得，他们才更需要其他收入，而事实却相反，大农场的规模已经比较大，加上更多来自农耕以外的收入，如此一来卡纳马地区的贫富差距越来越悬殊。在卢旺达，小农场的主人出售自己的土地是违法的，但这种事还是经常发生。土地销售调查显示，虽然有的农民只拥有一点土地，但是在急需用钱之时，例如在需要粮食、就医、打官司、贿赂、受洗、婚丧喜庆或犯酒瘾时，还是会拿土地出来卖。相形之下，大农场主人买卖土地往往是为了增加农场生产效率（如卖掉离家较远的一块土地，以便买进比较近的一块土地）。

大农场主"不务正业"的所得让他们能买下其他的小农场，最后大者恒大，小者恒小。几乎没有大农场是只卖不买的。但是在 1988 年有 35% 的小农场出售土地，同时并未购买任何土地；到了 1993 年，小农场出售土地的比例高达 49%，一样只卖不买。若观察以务农之外收入来购买土地的情况，有农耕以外收入的农场主都买了土地，而且若出售一块土地，还会买下一块；但是对只有农耕收入的农场主来说，仅有 13% 的会购买土地，65% 只是出售，并无购买。所以，农地面积小得可怜的农场主非但无法购买更多土地，反而因为需要用钱，迫不得已只好把土地卖给大农场主。虽然这里说是"大农场"，但其实在卢旺达所谓的"大农场"顶多只有 1~2 英亩。

因此，在卡纳马地区大都是食不果腹、走投无路的穷人，只有少数人日子过得还可以。然而，还有一些人更贫穷、更没办法维生，而且被贫穷逼入绝境的人越来越多。日子不好过，人与人之间就常常发生严重冲突，有时双方无法和解，必须找村民来调解，再不成只好上法庭。安德烈和蒲拉图调查了226起冲突事件，请调解人或当事人描述冲突的原因，结果发现大部分都是因土地而起：不是直接为了土地的事起冲突（43%），就是夫妻或亲属之间为争夺产权反目成仇（见下文）。还有偷窃（饥寒起盗心），有人最后几乎失去所有的土地，并且除了务农，没有其他收入，只好沦为盗匪（这类案件约占所有冲突事件的7%，有这种问题的家庭约占所有家庭的10%）。

层出不穷的土地纠纷，让卢旺达社会的传统人伦纲常失序。过去，比较富有的地主会对穷苦的亲戚伸出援手。后来，即使是大地主日子也一样难过，无法帮助贫穷的亲戚。如此一来，社会中的弱势群体更难生存，例如与丈夫分居或离婚的妇女、寡妇、孤儿、同父异母或同母异父的弟妹等。过去若一个女人因为和丈夫分居或离婚，没有经济来源，通常会回娘家，请娘家的亲人帮忙；现在娘家兄弟生怕已婚的姐妹回来，将来分土地时自己孩子的权益会受影响，所以拒绝分居或离婚的姐妹回家。要不然就只能带女儿回娘家，不能带儿子。这是因为卢旺达传统社会重男轻女，只有儿子才能继承财产。如果分居或离婚的妇女只带女儿回去，兄弟才不会担心别人家的儿子来跟自己家的儿子争财产。那么儿子该怎么办？妇女在分居或离婚之后，儿子通常会交给丈夫抚养，然而若丈夫死亡或无法保护自己的儿子，儿子就难以从丈夫的亲人那儿分到土地。寡妇也很可怜，丈夫死了，丈夫的家人不会照顾她，带着几个小孩投靠娘家，娘家那边的兄弟也不会给好脸色。过去，孤儿都是由祖父母抚养，祖父母死了之后则由叔叔伯伯来照顾。现在则不然，那些叔叔伯伯为了保护自己儿子的继承权，顾不了亲情，迫不及待把这些没爹没娘的孩子撵走。还有一些小妾生的孩子，或是父母离异后父亲娶了新老婆所生的孩子，一样会遭到异父母兄弟的排斥。

更悲哀的莫过于为了争夺土地，父子反目成仇。从前，父亲亡故后，所有的土地都由长子继承，长子于是担负照顾整个家庭的重责大任，也会把一些土地分给弟弟去耕种。由于一个家庭拥有的土地越来越少，做父亲的担心自己死后几个儿子为了争夺财产发生冲突，就在生前把财产分好。但是不管怎么分，总会有人不满意。例如弟弟见已经成家的哥哥分到一块比较大的土地，不免眼红，于是要求公平对待。传统上，由于幺子必须照顾年迈的父母，因此也吵着要比较大块的土地。若有人因答应照顾父母而分到较多的土地，其他兄弟姐妹也会不满意。还有做儿子的抱怨父亲死守土地不肯放手，要父亲多拿一些来分。也有人担心老早把土地分给儿子，自己老来无依无靠，因此迟迟不肯分家。这种为了争夺土地，兄弟阋墙、父子反目，最后只好请村民来调解的事件很多，对簿公堂的也有。这种纠纷使得人伦纲常荡然无存。

手足相残

长期发展下来，土地纠纷愈演愈烈，构成1994年大屠杀的背景。然而在1994年之前，卢旺达已经相当不平静，暴力、盗窃事件不断。没有土地也没有其他收入、饿着肚子的年轻人四处犯案。如果我们比较卢旺达各地21~25岁年轻人的犯罪率，可以发现，大部分的地区差异与人口密度及每人可摄取的卡路里多寡有关：人口密度越高、饥饿情况越严重的地区，犯罪率就越高。

在1994年大屠杀惨剧落幕后，安德烈尝试寻找卡纳马居民的下落。根据当地人给她的消息，有5.4%的居民已经死亡。由于有些人下落不明，实际死亡人数应该更多。不过我们仍不知这里的死亡人数比率是否和全国的11%相当。可以确定的是，在胡图族人占绝大多数的地区，死亡率是胡图族人与图西族人混居地区的一半。

在卡纳马地区，什么样的人会遇害？大概分为6种。首先，一个寡居的图西族女性遭受杀害。她的不幸是否和身为图西族人有关，这一点仍不清楚，不过其他胡图族人有不少杀害她的动机：她继承了不少土地，之前曾多次卷入土地纠纷，她的丈夫妻妾成群（她丈夫的其他配偶和她们的家人因而视她为眼中钉），她的丈夫生前曾把异父母兄弟赶出自己的地盘。

还有两种人则是胡图族大地主：一种占大多数，即年纪超过50岁的大地主，儿子也已长大成人，闹着要分财产；另一种人数比较少，基本上是年纪较轻的大地主，他们农耕以外的收入不少，并用这些收入来购买田产，让人见了格外眼红。还有一种人是爱制造事端的人，常为了土地等纠纷和人发生冲突。此外，另一种容易遇害的人则是年轻人和儿童，特别是穷人家的孩子，他们在走投无路的情况下去当民兵，最后被敌人杀害。安德烈在调查死者属于哪一支民兵部队时无法问太多问题，以免给自己带来杀身之祸,因而这一类别的死亡人数很可能比安德烈统计的数量要多。

最后,最多的一群人其实是死于营养不良,特别是没有什么土地又没有农耕以外收入的穷人。他们显然是饿死的,没有钱买吃的,导致虚弱不支而死,或是没有钱拿去贿赂路障守卫以活命。

因此,安德烈和蒲拉图得出一个结论:"1994年的大屠杀事件在当地社会出现洗牌效应,人们和仇家算总账,土地得以重新分配,即使是胡图族人之间也是如此……直到今天,有时还可以听见卢旺达人为战争辩护,口口声声说这是解决人口过剩的手段,使耕者有其田。"

罪恶的源头

我很惊讶,卢旺达人居然如此为他们的种族屠杀辩护。我一直以为,一般人很难看出人口压力和杀戮的直接关联。我向来认为,人口压力、环境破坏和干旱是远因,这些因素就像火药桶当中的火药,长期下来,慢慢陷入一触即发的状态。除了远因,我们还需要近因,也就是点燃火药桶的那根火柴。在卢旺达的大部分地区,这根火柴就是政客为了把持权力煽起的种族仇恨。(我说"大部分地区",是因为还有像卡纳马地区一样——几乎完全是胡图族人的地区,也出现了同族人互相残杀的大屠杀。)正如研究东非的法国学者热拉贝·普吕尼耶所言:"杀戮当然是政客为了自己的政治利益做出的决定,但是至少还有部分原因和人口过剩有关。一般基层的农民都拿起刀来砍杀,或许他们觉得土地太少、人满为患,铲除一些人,能活命的人就能分到比较多的土地。"

普吕尼耶、安德烈和蒲拉图看到了人口压力和卢旺达种族屠杀的关联，然而也有人批评这样的观点过度简化，甚至讥讽这是"生态决定论"。例如卢旺达爆发种族屠杀事件后不过 10 天，美国报纸刊出的一篇文章就把卢旺达人口过剩的问题和种族屠杀关联了起来，论述道："像卢旺达这类种族屠杀事件，是我们这个世界固有的病症。"这种宿命的、过度简化的结论自然引来不少反对声，让人误解了普吕尼耶、安德烈和蒲拉图的观点。

首先，对种族屠杀的任何"解释"都可能被误解为"借口"。但就对种族屠杀成因的剖析而言，不管最后只发现一个因素，还是找到 73 个原因，那些进行种族屠杀的刽子手必须承担的责任还是一样，其他罪人也一样，必须为自己的行为负责。在探讨罪恶的源头时，有人常把"解释"和"借口"混为一谈，对任何解释皆持反对态度。事实上，了解卢旺达种族屠杀的根源非常重要，这么做不是在为杀人凶手开脱。我们了解种族屠杀的源头之后，才能避免同样的事再度发生在卢旺达或其他地区。同样地，也有人毕生努力追查纳粹大屠杀的根源，或探究连续杀人犯、强奸犯的心理。他们这么做并不是为希特勒、连续杀人犯或强奸犯开脱责任，而是希望能够了解为什么会发生这样的悲剧，以及日后该如何避免类似事件。

其次，我们当然不能说人口压力就是卢旺达种族屠杀的唯一原因，事情没有这么简单。卢旺达种族屠杀的背后有许多原因。在我看来，有些原因不可小觑，在前文已有探讨。有关这个主题的专著和论文也有不少，可以参考书末延伸阅读的介绍。这些原因包括：胡图族人过去长期被图西族人统治；图西族人在布隆迪杀了很多胡图族人，在卢旺达也有一些胡图族人被图西族人杀害；图西族人入侵卢旺达；卢旺达的经济危机；干旱；国际因素（咖啡价格的下滑和世界银行的紧缩政策）；数万年轻卢旺达男子沦为难民或被征召为民兵；卢旺达政治派系的恶性竞争，为了把持权力不择手段。所以，人口压力只是其中一个原因。

最后，虽然卢旺达的种族屠杀和人口压力有关，但是人口压力并不必然引发种族屠杀事件。在这个世界上，许多国家都有人口过多的问题，却没有发生种族屠杀事件。孟加拉国就是一例（自1971年的种族屠杀之后，孟加拉国再也没有出现大屠杀），其他如荷兰和族群多元的比利时也是，这些国家的人口密度都比卢旺达高。反之，种族屠杀也可能不涉及人口过多的问题，如希特勒在二战期间对犹太人和吉普赛人的迫害；又如20世纪70年代发生种族屠杀的柬埔寨，人口密度也仅为卢旺达的1/6。

然而，就卢旺达而言，人口压力还是一个重要因素。马尔萨斯人口论所预言的悲剧在卢旺达上演。其实像人口过剩、环境破坏和气候变化等问题，都是一时的，即使我们不积极采取行动加以解决，这些状况再严重最后还是会自然消弭，如通过战争（卢旺达的种族屠杀）或其他我们不乐见的方式。就卢旺达社会的崩溃来看，我们看得到罪魁祸首的模样和动机。本书第二部分探讨历史上人类社会的崩溃，如复活节岛、曼加雷瓦岛和玛雅社会，我们看不到祸首的脸，但还是可以猜测是什么样的动机在作祟。类似的因素也可能影响到我们的未来或其他国家，如果不能从根本上解决问题，社会就可能崩溃，种族屠杀的悲剧就可能在卢旺达重演。目前卢旺达的年均人口增长率依然是3%，女性在15岁就生第一胎，一般家庭生养5~8个孩子，难怪来到卢旺达的游客老是觉得被数不清的儿童团团围住。

"马尔萨斯人口危机"不过是个客观、抽象的名词，只是这个名词实在无法让人联想几百万卢旺达人互相残杀的惨况。让我们以一个旁观者和一个幸存者的话来总结这一章。法国学者普吕尼耶的观察如下："那些惨遭杀害的人，死前都有田地，有的还有牛。他们死了，田地和牛都变成别人的。在贫穷日益严重和人口不断增加的国家，这是个不可轻视的诱因。"普吕尼耶访谈的一个图西族教师是大屠杀的幸存者。他的妻子和5个孩子当中的4个都被杀死了，当时他因出门在外而逃过一劫。他说："没有钱给孩子买鞋的人，把有钱给孩子买鞋的人杀了，自己的孩子就不必赤脚上学。"

第十一章

一岛两国：多米尼加与海地

一个岛，两个世界

佛罗里达东南方的加勒比海上有一个大岛——伊斯帕尼奥拉岛（意为"小西班牙"），岛上有两个国家，一个是多米尼加共和国，另一个是海地，其间有一条锯齿状的边界线，长达120英里（见第402页地图）。任何一个对现代世界问题感兴趣的人，都可试着去了解这条边界的意义。如果你搭乘飞机从空中俯瞰这个岛屿，你会发觉这条边界就像刀子一样，把整个岛切成两半，东半部（多米尼加）是深绿色，西半部（海地）则是浅黄色。如果你站在边界上，往东眺望，可见一大片葱葱郁郁的松林；转过身来面向西边，却是一片光秃秃的黄土。

在边界所见这种截然不同的景象，也象征这两个国家的差异。起初岛屿两边都有茂密的森林，绿意盎然：最先来到这里的欧洲人对此地的第一印象就是林木深秀，良木处处。后来分据岛屿两边的国家几乎都把树砍光了，但是海地那边更严重（见插图23和插图24），至今只剩下7片林地——其中只有两片是国家公园保护区，但是连保护区也难以阻挡盗伐者的脚步。至今多米尼加的森林覆盖率仍有28%，而海地仅剩1%。在多米尼加南北两大城——圣多明各和圣地亚哥之间最富庶的农业区，还能看到大片的林地，这让我十分惊讶。海地与多米尼加和世界其他地区一样，因滥垦滥伐、破坏森林而自食恶果，木材等建筑材料减少、土壤侵蚀、土壤肥力流失、河流沉积物增加、水土流失、无法利用水力发电、降雨量减少等。然而，海地滥伐的情况要比多米尼加严重得多。由于木材是海地人日常所用的主要燃料，毁林给海地造成的迫在眉睫的问题就是燃料越来越少。

海地和多米尼加不仅森林覆盖率有别，经济表现也有相当大的差异。海地和多米尼加都是穷国，也和大多数曾沦为欧洲殖民地的热带国家一样具有下列缺点：政治腐败、政府效能不彰、卫生条件恶劣、农业生产力不如温带国家。尽管如此，海地的问题比多米尼加更严重。海地不但是美洲最落后的国家，也是非洲国家以外世界最穷的国家之一。长期的政治腐败使得公共基础设施建设严重落后，电力时有时无，遑论自来水的供应、污水处理、医疗和教育。海地也是美洲人口最稠密的国家，其面积还不到伊斯帕尼奥拉岛的1/3[①]，人口却占了整个岛总人口的2/3（约1 000万人），平均人口密度为每平方英里1 000人。大多数海地人是农民，市场经济没什么发展，出口商品只有一些咖啡和蔗糖。在自由贸易区内，只有20 000劳工制造成衣和其他出口商品，赚取微薄工资。毒品走私倒是大行其道，海地已成重要的毒品转运

---

① 海地面积2.77万平方千米，约为我国台湾岛的3/4。——译者注

——当代伊斯帕尼奥拉地图——

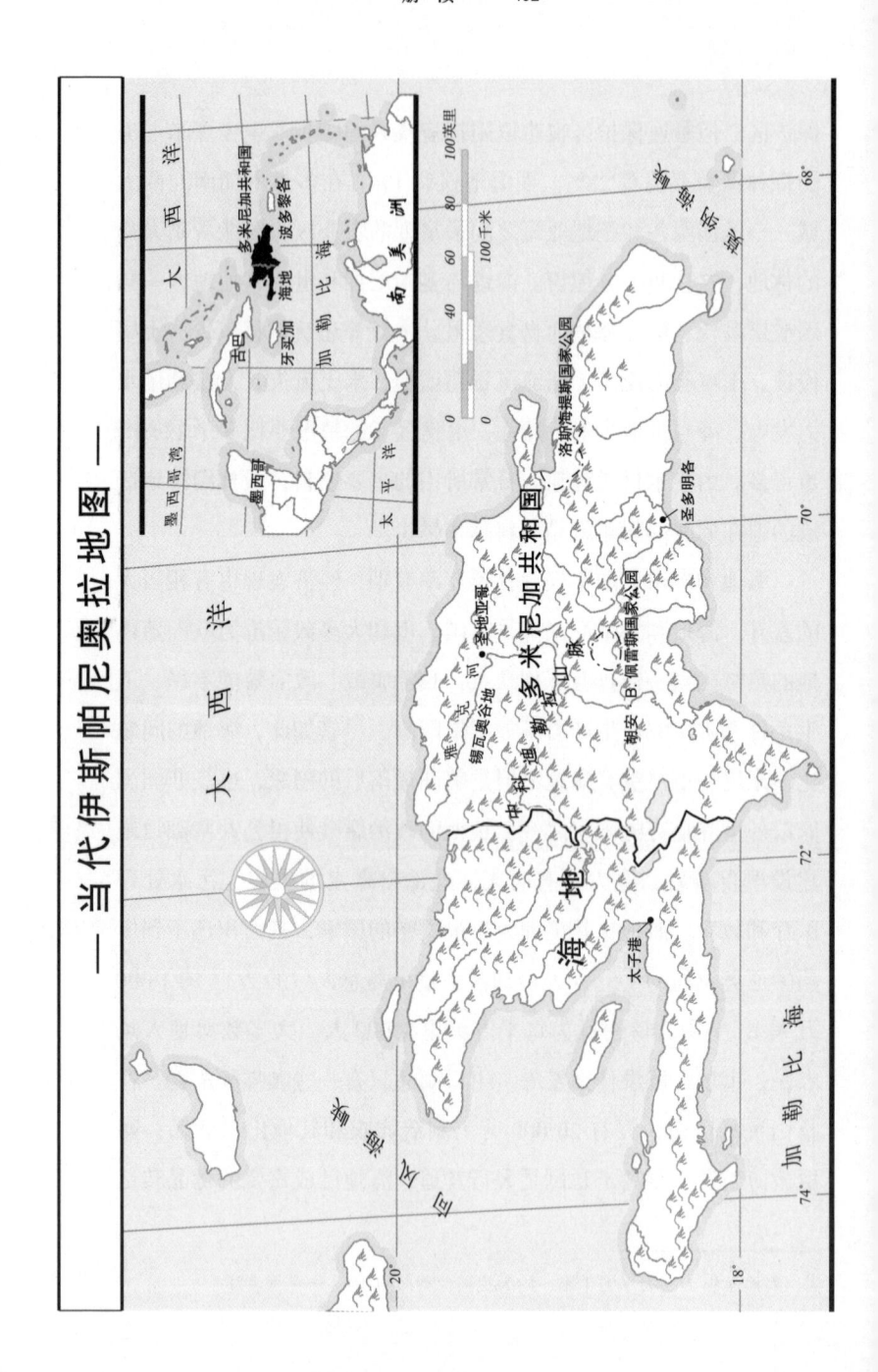

站，哥伦比亚的毒品源源不断地从这里输入美国（这也就是为何海地又有"毒品王国"之称）。海地的旅游业仅限于海滨几个"与世隔绝"的度假胜地，让游客眼不见为净。海地的乡村有很多穷苦农民，首都太子港也聚集了很多贫民，少数权贵则聚集在离太子港市中心半小时车程的佩蒂翁维尔，在凉爽的山间享受法国美食与美酒。海地人口增长率高，艾滋病、肺结核和疟疾等疾病罹患率也高居美洲第一。如果你问来到这里的游客，这个国家有没有希望？几乎每一个人都会告诉你这里是绝望的国度。

多米尼加也是一个发展中国家，与海地有着相同的问题，但是多米尼加比海地发展得快，问题也没那么严重。多米尼加人均国民收入是海地的5倍，人口密度和人口增长率都比海地低。过去38年，多米尼加的政坛虽然暗潮汹涌，但至少是个没有军事政变的民主政体。自1978年以来，多米尼加进行了多次总统大选，以不正当手段获得胜选者就算黯然下台，后来又能故技重施，以欺骗和恐吓对手的伎俩夺回总统宝座。多米尼加经济发展较快，主要原因包括：其国内矿产丰富，有铁矿、镍矿和金矿，以前还有铝土矿，这些工业产业带来了外汇收益；还有20万工人在自由贸易区工作，将商品运往国外；出口农产品，如咖啡、可可、烟草、雪茄、鲜花和牛油果（多米尼加是世界第三大牛油果输出国）；电信科技发达；旅游业也发展得不错。

多米尼加可供水力发电的水坝就有好几十座。美国所有的球迷都知道，多米尼加也是棒球明星的输出国。（本书写到这一章的时候，我看着多米尼加出身的王牌投手佩德罗·马丁内斯效忠我最喜爱的波士顿红袜队，在2003年美国职业棒球大联盟冠军系列赛最后一场比赛中,与死对头洋基队决一死战,鏖战至加时赛,最终败北。)多米尼加棒球好手在美国扬名立万的还包括阿洛乌兄弟、安杜哈尔、贝尔、贝尔崔、卡蒂、邓肯、费尔南德斯、格雷罗、马里沙尔、奥弗曼、培尼亚、罗德里格斯、萨穆埃尔、比尔希尔等,当然还有全垒打王索萨。如果你在多米尼加开车,没走多远就可以看到"béisbol"的路牌,它指向最近的棒球场。

这两个国家的国家公园也大不相同。海地的国家公园很小,只有4座,农民还常常为了获得木材而盗伐。而多米尼加却有美洲最完整也是最大的自然保护区。多米尼加全国土地面积的32%是林地,共有74座国家公园或自然保护区,包含所有重要的栖息地类型。尽管多米尼加的自然保护体系仍有不少问题,经费短缺,但这对一个还有很多状况急需解决的穷国来说,实在难能可贵。这个自然保护体系是通过当地自然资源保护运动与不少民间组织的努力推行的,而非抱着"外来和尚会念经"的心态由外国顾问主导。

尽管海地与多米尼加两国的森林覆盖率、经济发展和自然保护体系有相当大的差异,两国事实上却处于同一个岛屿。此外,两国一样有着被殖民的历史,民众大多信仰天主教和巫毒教[1](海地人信巫毒教的尤其多),两国人民的祖先有着非洲人和欧洲人的血统(海地人口中多数是非洲后裔),甚至历史上有三个时期两国曾经统一。

---

[1] 巫毒教源于西非贝宁,原意为"灵魂"。巫毒教属于自然信仰的一种,但被许多诡异传说抹上恐怖色彩。这种宗教杂糅了非洲、西印度群岛印第安原始宗教特点,以及天主教的仪式和圣礼。——译者注

这些相似之处使得现今的差异更加明显。其实海地过去比多米尼加更富有、势力更强大，曾在19世纪多次大举入侵多米尼加，并统治其22年。为何今天两国却有天壤之别？衰败的为何是海地，不是多米尼加？伊斯帕尼奥拉岛的东西两半虽然环境有别，以至于今天的结果不同，但这只是一部分的原因。两国不同的结果还与两国的历史、态度、自我认同和法制有关，近代的政府领导人也是关键。多米尼加和海地的对比将使"环境决定论"不攻自破，无法用以曲解环境史。没错，环境问题会影响人类社会，但是一个社会将有何种命运，还是要看这个社会如何应对时代变化。另外，领导人做出的行动或不作为也会产生不同影响。

本章将探讨多米尼加和海地政治、经济的发展轨迹，以了解两国为何有目前的差异。我也将讨论多米尼加环境政策的发展，包括"自下而上"以及"自上而下"的管理策略。最后再来检视两国目前的环境问题、未来的发展和前景，以及这样的结果对它们彼此和全世界有何影响。

分道扬镳

哥伦布在1492年首度横越大西洋，即来到伊斯帕尼奥拉岛。那时，美洲原住民印第安人已在这岛上居住了5 000年之久。泰诺人是阿拉瓦克印第安人的一支，他们以农业为生，在岛上建立了5个酋邦，人口总数约50万（关于其人口总数的估计从10万到200万不等）。所谓人善被人欺，这些印第安人个性温和友善，因而惨遭西班牙人践踏。

对泰诺人来说，拥有西班牙人觊觎的黄金实在很不幸。西班牙人垂涎岛上的黄金，又不自己开采，于是他们瓜分了这里的土地，且把岛上的印第安人当作奴隶。非但如此，他们还带来了欧亚大陆的疾病，导致印第安人染病，甚至死亡。1517年，也就是哥伦布登上伊斯帕尼奥拉岛27年后，原来岛上的50万居民已锐减为1.1万人。同一年，因天花流行，又夺走了大多数人的性命，最后只剩3 000人。在接下来的几十年内，幸存者不是渐渐死去就是和异族同化。由于岛上的印第安人凋零殆尽，西班牙人不得不去他处找寻奴工。

1520年左右，西班牙人发现伊斯帕尼奥拉岛适合栽种甘蔗及生产蔗糖，于是从非洲进口黑奴。岛上甘蔗园欣欣向荣，这个殖民地在16世纪为西班牙带来不少财富。后来西班牙人对伊斯帕尼奥拉岛渐失兴趣，有几个原因：他们在美洲发现人口稠密、更富庶的印第安社会，以墨西哥、秘鲁和玻利维亚为最，那儿有更多印第安人可以利用，政治也比较进步，玻利维亚还有丰富的银矿；西班牙把注意力转向别处，在伊斯帕尼奥拉岛投入的资源锐减，因为从非洲购买黑奴再运送到美洲必须付出不少代价，相较之下，在美洲奴役原住民可大占便宜，他们只要征服该地，那些原住民就都是他们的人了。此外，在加勒比海出没的英、法、荷等国海盗，也会攻击西班牙人在伊斯帕尼奥拉岛等地的殖民地。再者，由于英、法、荷等国的崛起，西班牙渐渐日薄西山，政治与经济势力都走向式微。

除了法国海盗，法国商人和探险家也在伊斯帕尼奥拉岛西端，即远离西班牙人集结的东半部建立了殖民地。此时法国已比西班牙富有，政治势力也更强，它大肆进口奴隶，在伊斯帕尼奥拉岛西部建立大片大片的甘蔗园——这不是当时的西班牙做得到的。伊斯帕尼奥拉岛的东西两半自此分道扬镳，发展出不同的历史轨迹。到18世纪，西班牙在东半部建立的殖民地人口稀少，奴隶不多，经济规模小，居民以牧牛和贩卖牛皮为生；而西半部的法国殖民地人口众多，奴隶也很多（在1785年拥有70万奴隶，反之在西班牙统治的东半部只有3万奴隶），非奴隶人口比率小（只有10%，东半部的非奴隶人口比率高达85%），经济以生产蔗糖为主。由法国统治的殖民地被称作圣多明各，是欧洲在新大陆最富裕的殖民地。此地正是法国的摇钱树，法国1/4的财富都来自这个殖民地。1795年，西班牙把没有利用价值的东半部让给法国，伊斯帕尼奥拉岛暂时在法国的统治下统一。法属圣多明各的黑奴在1791年和1801年两度发动武装起义，法国派遣军队镇压却被黑奴击败，法军也因在当地得了传染病而死了不少人，元气大伤。1803年，在路易斯安那购地案中，法国将其在北美的殖民地卖给美国。同年，法国也放弃了伊斯帕尼奥拉岛。于是，在伊斯帕尼奥拉岛西半部当家的人，自然是原来被法国人压迫、剥削的黑奴。他们出头之后，将自己的国家重新命名为"海地"（即原来岛上泰诺人称呼这个岛屿的名字，意思是"多山之地"），并屠杀当地的白人，焚毁所有的甘蔗园、咖啡园和基础建设，企图把法国人建立的奴隶体系连根拔起，然后将原来的甘蔗园和咖啡园分为小家庭农场。海地的黑奴追求个人的人权与自由，最后却毁了海地的农业、出口和经济，接下来执政的海地政府也未能帮海地农民发展可在市场交易的经济作物。此外，海地独立后，当地白人不是惨遭屠杀就是赶紧逃往其他地区，造成人才资源的流失。

无论如何，海地在1804年独立时还是富裕之邦，比同一岛上的东半部强势，人口也比较多。1805年，海地两度入侵东半部的圣多明各。4年后，圣多明各请求成为西班牙殖民地。可惜西班牙政府管理不彰，也对此地没什么兴趣，圣多明各于是在1821年宣布独立，不久后并入海地，直到1844年多米尼加共和国独立。直到19世纪50年代，海地还不断出兵进攻多米尼加。

1850年，西半部的海地领土面积比多米尼加小，但是人口较多，以农业经济为主，仅满足温饱，出口作物极少，人口绝大多数是非洲黑人的后代，少数是黑白混血。海地的黑白混血贵族说法语，以法国为精神故乡，由于海地对奴隶制度极为恐惧，宪法甚至明文规定外国人不得拥有土地或以投资手段来操控作物生产。至于大多数海地人说的语言，则是源于法语的克里奥尔语。东半部的多米尼加领土面积比较大，人口却少得多，经济以牧牛为主，他们欢迎移民，说的是西班牙语。19世纪时，多米尼加的移民人数虽然不多，但这些移民对该国经济有很大的帮助。移民来自世界各国，如来自库拉索岛的犹太人、来自加那利群岛的岛民、黎巴嫩人、巴勒斯坦人、古巴人、波多黎各人、德国人、意大利人，1930年后还有来自奥地利的犹太人、日本人和更多的西班牙人。海地和多米尼加共和国虽然各自为政，但两地的政治一样动荡，军事叛变是家常便饭，各地军阀拥兵自重，进而夺权。海地在1843—1915年的22任总统当中，有21人遭到暗杀或驱逐；1844—1930年，多米尼加总共换了50个总统，经历了30次流血革命。在这个岛上做总统的人都无视民间疾苦，穷奢极欲。

世界列强对海地与多米尼加的观感不同，对这两个国家也有差别待遇。在欧洲人简单的刻板印象中，多米尼加是说西班牙语的国家，具有部分欧洲社会的特征，对欧洲移民和贸易展开双臂欢迎；海地则是一个说克里奥尔语的非洲社会，封闭仇外，居民多半是曾遭受法国奴役的黑人。多米尼加先后接受不少来自欧洲和美国的投资，发展出口市场经济；海地则无外资，经济也越来越落后。多米尼加的经济以可可、烟草、咖啡为主，自19世纪70年代起也开始种植甘蔗，甘蔗园的荣景从海地消失后转移到了多米尼加。不过两边一样战争频仍，动荡不安。19世纪末，有一任多米尼加总统向世界各国借贷却没有偿还，迫使欧洲的债主如法国、意大利、比利时、德国都派军舰前来讨债，威胁多米尼加再不还钱就要占领其土地。美国生怕多米尼加被欧洲各国瓜分，于是先声夺人，抢先控制了多米尼加的关税征收，等于擒下了多米尼加政府唯一的"金母鸡"，并以半数关税收入来偿还外债。一战期间，由于加勒比地区暗潮汹涌，美国担心巴拿马运河不保，会让德国势力延伸到自家"后院"，于是美军以维持秩序、提供军事保护为由，进驻伊斯帕尼奥拉岛全境。美军从1915年进驻海地，直到1934年撤军，在1916年占领多米尼加，1924年撤退。美军一走，不论是多米尼加还是海地，又回到政党恶斗的时代，三天两头就闹政变。

20世纪30年代之后，特鲁希略崛起，结束了多米尼加群雄争霸的局面。20多年后杜瓦利埃上台，海地也安定下来。不过，特鲁希略和杜瓦利埃都是心狠手辣的暴君，一前一后在拉丁美洲长期实行独裁统治。特鲁希略是美军一手训练出来的，到美军撤出时，已高升至国民警卫队总司令。1930年，多米尼加总统大选，特鲁希略不择手段登上总统宝座，打造唯我独尊的王朝。他勤于政事，有知人之明，但狡诈奸滑、残忍无情，所作所为表面上看来是为了社会的福祉，其实骨子里自私自利。他将可能的反对者全数铲除，把多米尼加变成警察国家，实行严密监控的恐怖统治。

特鲁希略致力于多米尼加的现代化，发展全国经济、基础建设与工业，但他把国家当作私人产业来经营，国家经济最后落入特鲁希略家族之手。特鲁希略分派亲戚或亲信掌管所有重要的国营事业，独占全国出口牛肉、水泥、巧克力、香烟、咖啡、保险、牛奶、米、盐、肉品、烟草和木材等产品的生产与销售。多米尼加大部分的森林归特鲁希略掌控，蔗糖生产也是，他还拥有航空公司、银行、饭店、土地和海运。所有公务员薪资的10%都得给他，就连妓女赚的皮肉钱，他也要抽头。此人狂妄自大到了寡廉鲜耻的地步：首都的名字从圣多明各改为"特鲁希略城"，多米尼加的最高峰也从杜阿尔特峰改称为"特鲁希略"；他要求各级学校灌输他是一代伟人的思想，公共场所每一个水龙头上都标示着"有特鲁希略才有水"。为了避免国内有人起兵反抗或其他国家入侵，特鲁希略政府把一半预算用于扩张军备。多米尼加的军事力量因而成为全加勒比地区最强大的，甚至比墨西哥还可观。

特鲁希略依靠恐怖统治、发展经济和分配耕地给农民等手段建立自己的王朝，但到了20世纪50年代他开始走下坡，失去人民的支持。最重要的因素是经济恶化：特鲁希略为了举办上台25周年的庆典挥霍无度，还大肆购买私人制糖厂和电力公司，又遭逢国际咖啡价格下滑，多米尼加其他出口商品的价格也纷纷下跌。另外，他还以巨资投资国营制糖业最后宣告失利。1959年，流亡在外的多米尼加反抗军在古巴的支持之下入侵，结果没有成功，古巴电台更以广播煽动人心，鼓励动乱和造反。特鲁希略政府的应对之道就是变本加厉的恐怖统治，逮捕、暗杀更多的人，刑罚的手段也更加残酷。1961年5月30日，特鲁希略深夜搭乘座驾独自去和情妇幽会，结果遭到反对派包抄，在一阵飞车追逐、枪林弹雨中丧生。这个事件背后的主导者显然是美国中央情报局。

在多米尼加被特鲁希略王朝统治期间，海地的政治依然动荡不安，不知换了几任总统，直到1957年人称"医生爸爸"的独裁者杜瓦利埃上台，政治情势才稳定下来。杜瓦利埃是医生出身，也比他的兵痞子邻居特鲁希略知书达礼，但要论狡诈和权谋，他们都一样是佼佼者，杜瓦利埃也利用秘密警察进行恐怖统治，更是杀人不眨眼的魔头，甚至比特鲁希略更厉害。杜瓦利埃在1971年寿终正寝，由儿子小杜瓦利埃继位，直到1986年见江山已去，小杜瓦利埃才流亡国外。

杜瓦利埃王朝灰飞烟灭之后，海地的政治再次变得动荡不安，原已脆弱的经济更加退步，虽然还有咖啡出口，但出口量并未随着人口的激增而增加。海地的人类发展指数（衡量人民预期寿命、受教育情况和生活水平的指数）是非洲以外的国家中最低的。在特鲁希略被暗杀之后，多米尼加的政治也同样处于动荡中，1965年还爆发内战，美国海军再度进驻，多米尼加人也大批移民美国。1966年，民选总统巴拉格尔上台，这段风雨飘摇的时期才结束。巴拉格尔得到特鲁希略生前手下将领的拥护，这些将领恐吓反对派，使巴拉格尔得以上台。巴拉格尔是个特别的人物，下面将详细介绍。在接下来的34年中，他在多米尼加政坛叱咤风云：1966—1978年、1986—1996年担任总统，在1978年卸任总统至1986年的在野期间，他仍能左右政坛。2000年，巴拉格尔已94岁高龄，尽管失明且病魔缠身，寿命只剩两年，他仍在努力拯救全国的自然保护体系。这也是他最后一次干预多米尼加的政治。

在后特鲁希略时代（从1961年至今），多米尼加的工业化和现代化仍持续发展。有一段时间多米尼加的出口经济主要靠蔗糖，后来被采矿业、自由贸易区的工业出口品、蔗糖以外的作物（如前文所述）等取代。另外，对多米尼加和海地经济大有帮助的是在海外打拼的劳工。100万的多米尼加人和超过100万的海地人生活在国外，在美国工作的人尤其多。他们把薪资寄回老家，对两国经济贡献良多。多米尼加虽然还是穷国（人均年收入只有2 200美元），但有多项指标显示其经济一直在增长。我去多米尼加考察的时候，发现这里的建设工程如雨后春笋，都市车水马龙，明显感受到该国强烈的经济脉动。

差异的由来

对两国的历史背景有所认识后，让我们回到本章开头所述令人惊异的天壤之别：两国政治、经济和生态的发展为何有这么大的差异？

我们可从环境差异找到部分答案。伊斯帕尼奥拉岛的降雨自东部而来，因此多米尼加所在的东半部雨量较多，有利于作物生产。再者，伊斯帕尼奥拉岛的最高峰（海拔超10 000英尺）位于多米尼加境内，源于这些高山的河流也多往东流到多米尼加。多米尼加多宽广的山谷、平原和高原，土壤也比较肥沃，北部的锡瓦奥谷地是世界上最肥沃的农业区之一。相形之下，海地所在的西半部由于高山阻隔了来自东边的雨，比较干燥。西半部山地的比例也较东半部高，可发展集约农业的平地少很多，且多属于石灰岩地形，土壤比较浅薄、贫瘠，复育力较差。吊诡的是，海地所在的西半部虽然环境先天不良，但是早期的农业经济发展超过了多米尼加。为什么呢？当初海地农业的欣欣向荣不过是竭尽森林和土壤资源换来的，只是昙花一现。就像一个存款数目庞大的银行账户，隐藏起负现金流，只出不入，最后还是被掏空。我们会在最后一章探讨这个问题。

除了环境差异导致两国经济走向不同的轨迹，促使两国境况迥异的还有更重要的原因——社会和政治的差异。海地经济为此付出了相当大的代价。在多个因素的共同作用下，两国朝不同的方向发展，这就像不断在跷跷板的一边堆石头，两边重量悬殊后必然失衡。

在这些社会和政治差异当中，其中之一是海地是一个富有的法属殖民地，也是法国在海外最有价值的殖民地；多米尼加则是西班牙殖民地，到了16世纪末，西班牙本身已走向疲弱，经济和政治势力都大不如前，自顾不暇，没有余力顾及伊斯帕尼奥拉岛。因此，法国得以在海地发展以奴隶为基础的集约化种植园农业，西班牙却没有在东半部发展这样的农业。这不但是"不能"，也是"不为"，西班牙选择不这么做，使得法国引进的黑奴比西班牙多很多。结果,在殖民时期,海地的人口就比东边的邻居多上7倍;今天海地的人口约为1 000万,也多于多米尼加的880万。但海地的面积只有多米尼加的一半再多一点点,因而人口密度是多米尼加的两倍。高人口密度加上低降雨量的结果是,海地的森林很快就被砍伐光了,土壤肥力流失殆尽。在殖民时期,法国船只不但从非洲把黑奴运来,也把海地的木头运回欧洲,因此到了19世纪中叶,海地低地和山坡下半部的林木已被砍伐殆尽。

另一个社会和政治差异是多米尼加人的祖先多半来自欧洲,说西班牙语,欢迎欧洲移民和投资人,这样的地区对移民和投资人也比较有吸引力。而海地人多半是从前黑奴的后裔,说克里奥尔语,在1804年独立后海地对移民和投资有很多限制,欧洲移民和投资于是转到多米尼加,成为多米尼加经济发展的命脉。移民多米尼加者很多是中产阶级的商人和专业人士,对该国的发展是一大助力。1808—1821年,多米尼加甚至自愿恢复为西班牙殖民地,后来在1861—1865年,其总统又选择使多米尼加成为西班牙保护国。

另一个导致不同经济境况的社会差异和黑奴史及奴隶的反抗有关。在海地脱离殖民统治之后,大多数的海地人拥有自己的土地,但耕种所得仅能满足温饱,海地政府未协助民众发展可与欧洲国家进行交易的经济作物,而多米尼加却得以发展出口经济和对外贸易。至于海地的精英阶层则心向法国,对家乡没什么认同感,他们不征用土地也不发展有商业价值的农业,只是通过横征暴敛来累积自己的财富。

两国近代的差异则和独裁者的风格有关:特鲁希略致力于工

业经济和国家现代化（尽管是为了一己之利），杜瓦利埃却没这么做。这或许关乎独裁者的个人好恶，然而这样的差异最后还是反映在社会发展上。

最后，近40年来海地森林滥伐和贫穷问题变本加厉，而多米尼加还保有大部分的森林，也不断努力朝工业化发展。这样的计划始自特鲁希略时代，继任的巴拉格尔等人萧规曹随，建设水力发电的水坝。为了保护森林，巴拉格尔进口丙烷和液化天然气，不砍伐林木做燃料。贫穷的海地无力进口燃料，还是继续使用木炭，最后一片森林眼看就要消失。

多米尼加的经济

滥砍滥伐等环境问题由来已久，已成沉疴，其在海地造成的问题也比在多米尼加严重。这些问题背后的原因有好几个，我们若以本书一开始提到的5点框架来检视，将发现海地与多米尼加的对比涉及其中4个方面：人类对生态环境的破坏、强邻威胁、来自友邻的支持，以及社会和领导人是否应对得当。除了第八章讨论的格陵兰岛的维京人和因纽特人，海地和多米尼加也是一个对比，让我们清楚看到社会的命运其实掌握在自己手里，就看自己如何选择。

多米尼加的环境问题如何，他们又采取了何种应对措施？我们可利用第九章介绍的环境经营术语来解说。多米尼加的环境保护策略一开始是"自下而上"，到1930年之后转变为"自上而下"，现在则是两者并行。多米尼加的森林危机出现在19世纪60年代和70年代，有些地区的珍贵树种消失不少，甚至灭绝。

19世纪末，为了栽种甘蔗等经济作物，多米尼加开始砍伐森林、清理林地；到了20世纪初，由于都市化，加上修筑铁路需要枕木，多米尼加又大肆砍伐森林。一迈入20世纪，多米尼加就发现苗头不对，雨量少的地区砍伐森林来做燃料，使得森林不保，还有农耕造成的河流污染问题，因此政府在1901年即明令禁止森林砍伐，也不得污染河流。

多米尼加"自下而上"积极保护环境的做法，始自1919—1930年，最先在圣地亚哥地区兴起。圣地亚哥是多米尼加的第二大城市，其附近是最富庶的农业区，但环境已完全失去原始自然的面目。当地律师朗西耶以及身兼环境监测员的医师拉扎罗对森林砍伐、铁路修筑和水文地质的破坏忧心忡忡，于是四处奔走，游说圣地亚哥的商会，希望他们能买下土地作为森林保护区，同时向社会大众募款以筹措基金。他们的努力终于在1927年有了重大成果，多米尼加农业部同意以政府基金来购买林地，成立第一座进入受限的森林保护区，即在多米尼加境内第一大河亚克河一带成立亚克森林保护区。

1930年独裁者特鲁希略上台后，环境治理的动力改为"自上而下"。他在任内不但扩展亚克森林保护区的范围，增设其他森林保护区，更在1934年建设第一座国家公园，派遣一支森林护卫军加强森林保护，同时禁止山林烧垦，没有得到他的许可也不准在中科迪勒拉山的康斯坦萨附近砍伐松树。这些做法都以森林保护为名，但他的动机可能来自经济考量，包括他个人的经济利益。1937年，特鲁希略政府委任著名的波多黎各环境科学家卡洛斯·沙尔东博士评估多米尼加的自然资源（农业、矿业和林业潜力）。多米尼加拥有加勒比地区最广阔的松林，沙尔东特别计算了多米尼加可以砍伐贩卖的松树数量，他估计采伐这些松木市值约达 4 000 万美元，这在那个年代是个大数目。基于沙尔东的报告，特鲁希略开始介入伐木业，他也是全国主要锯木厂的合伙人。特鲁希略在砍伐林木时，也顾及森林保护，他留下一些成熟的树木，让这些树木的种子落地生根，能再长成大树。直到今天，我们仍可在再生的树林中找到那些壮硕的老树。20 世纪 50 年代，特鲁希略委任瑞典学者研究多米尼加水力发电的潜能，计划兴建水坝，并在 1958 年召开全国第一次环境保护会议，并设立更多国家公园。设立国家公园至少可以保护集水区，有利于建设水力发电。

特鲁希略的独裁统治是标准的"只许州官放火，不许百姓点灯"。他大肆砍伐山林，却禁止他人砍树，也不许他人未经许可在林地内居住。1961 年，特鲁希略被暗杀身亡之后，多米尼加的环境保护墙也被瓦解了：有人开始非法在林地内居住，占据土地，烧垦山林；大批乡村居民往城市流窜；圣地亚哥 4 个富有家族也开始砍伐森林，砍伐的速度比特鲁希略在世时有过之而无不及。特鲁希略死后两年，民选总统博什苦口婆心地对伐木者晓之以理，希望他们刀下留情，给国内的松林留一条活路，因为计划中的亚克水坝和尼扎奥水坝正仰赖这一片森林作为集水区。伐木者不但不听博什的好言相劝，还勾结其他利益团体推翻博什。多米尼加的森林自此劫难重重，直到 1966 年巴拉格尔上台才转危为安。

巴拉格尔清楚认识到多米尼加的当务之急是保护森林集水区，

才能进行水力发电，才可满足工业用水和民生用水之需。他上台不久后就施以铁腕，禁止所有商业伐木行为并关闭境内所有锯木厂。在他雷厉风行的政策下，权贵家族不敢堂而皇之地砍伐林木，只能在偏远山区偷偷进行，在夜里锯木。巴拉格尔只好采取更强硬的手段来保护山林，他宣布森林保护的业务不再由农业部管辖，而由军方负责，将盗伐视为危害国家安全的犯罪行为。巴拉格尔更布下天罗地网，从空中查勘到地面巡逻，全面禁止盗伐。1967年，军方在一次夜间扫荡行动中查获一个大型地下伐木营地，十来个盗伐者在军方的枪林弹雨中身亡。这是给伐木者的当头棒喝，也是多米尼加环境史上具里程碑意义的事件。尽管后来盗伐仍然存在，但军方继续出击，对盗伐者进行更彻底的打击。在巴拉格尔第一次上台执政的 12 年内（1966—1978 年，三届总统任期），盗伐已大幅减少。

巴拉格尔有许多影响深远的环境政策，这只是其中之一。在 1978—1986 年巴拉格尔下野期间，继任总统放任伐木，伐木场和锯木厂又开始忙碌，木炭生产业也变得兴旺。1986 年，巴拉格尔重回总统宝座的第一天，就发布行政命令，勒令伐木场和锯木厂关闭，翌日就派空军直升机侦测，查勘是否有人非法伐木或入侵国家公园。凡是伐木者都逮捕入狱，住在森林中的贫民被驱逐，富人的森林农场或别墅也被拆除（有些还是巴拉格尔友人的产业）。巴拉格尔甚至在 1992 年强制驱逐多洛斯海提斯国家公园的几千个居民。两年后，他又亲自指挥将坐落在胡安·B. 佩雷斯国家公园内的私人豪宅全部夷为平地。巴拉格尔不但禁止烧垦山林，还通过一项法令——规定以活树为篱，不可用砍伐下来的木头做篱笆（结果执行之后困难重重）。为了减少国内对木制产品的需求，巴拉格尔除了找寻可替代木材的资源，也开放从智利、洪都拉斯和美国进口原木，并进口液化天然气做燃料，减少木炭生产（不像海地拼命砍伐林木来做木炭）。为了鼓励民众放弃木炭，改用天然气，政府不但予以补贴，还免费提供天然气灶具。巴拉格尔进一步扩大自然保护区的范围，在海岸建立两座国家公园，并在领海水域内设立座头鲸禁捕区。他还规定，河流两岸20码内的土地、距海岸60码之内的陆地都是应受保护的湿地，他还参加在里约召开的环境会议，签署协议，承诺往后10年不捕捉野生动物。巴拉格尔也对工业界施压，要他们妥善处理废弃物，大幅提高矿业公司的税金。虽然他也有心改善空气污染的问题，但成效有限。为了保护环境，他不惜让一些重大建设提案胎死腹中，包括穿过国家公园到桑切斯港的道路工程、中科迪勒拉山纵贯公路、马德里加尔水坝、圣地亚哥国际机场以及一个超级港口的兴建案。他甚至拒绝维修高地一条年久失修、难以通行的道路。他在圣地亚哥建立水族馆、植物园、自然历史博物馆，还重建国家动物园，这几个地方都成为圣地亚哥的重要景点。巴拉格尔下台后，继任总统莱昂内尔·费尔南德斯·雷纳计划缩减自然保护区，后来伊波利托·梅希亚上台，巴拉格尔和梅希亚合作阻止费尔南德斯的计划，他们在费尔南德斯任内通过的法案中加上了一个附加条款，把自然保护区改为依照国家法令而设，而非以总统的行政法令为根据。这一法令在巴拉格尔1996年下台前就是如此，后来在费尔南德斯的运作下才改变。巴拉格尔为了多米尼加的环境保护可以说是鞠躬尽瘁，死而后已。

巴拉格尔把"自上而下"的环境管理策略发挥得淋漓尽致。事实上,"自下而上"的环境管理在特鲁希略被刺身亡之后便复苏了。在20世纪七八十年代,科学家对多米尼加海岸、海洋和陆地的自然资源做了诸多调查。多米尼加本来就有公民参与环境事务的传统,在特鲁希略的独裁统治下中断了几十年,后来人们又慢慢捡回了这个良好的传统。20世纪80年代,多米尼加出现了很多非政府组织,包括几十个环保团体,它们的作用也越来越显著。在许多发展中国家,环保方面的努力常常靠国际环保组织的分支机构推动,但是在多米尼加,除了总统"自上而下"雷厉风行的政策,当地非政府组织"自下而上"的努力也不可小觑。多米尼加非政府组织协同大学与多米尼加科学院进行研究,已成为多米尼加本土环保运动的急先锋。

巴拉格尔:谜一样的人物

为何巴拉格尔如此大刀阔斧地推行各项环境保护政策?很多人难以理解,为何这么一个令人反感的人,竟会不遗余力矢志保护环境?巴拉格尔在暴君特鲁希略手下工作了31个年头。1937年,特鲁希略大肆屠杀海地人,巴拉格尔还为他辩护。虽然他最后成了特鲁希略的傀儡总统,但他在特鲁希略底下做事(如担任国务卿),还是得以一展身手。话说回来,像特鲁希略那样十恶不赦的暴君,只要跟他有所牵连,都会被怀疑和鄙视。特鲁希略死后,巴拉格尔的罪行一样罄竹难书——这都是他自己的所作所为,不能怪罪于别人。1986年,巴拉格尔靠公平选举上台,但是在1970年、1974年、1990年和1994年,他为寻求连任,都像1966年选举那样，为了胜选不择手段，惯用欺骗、暴力和恐吓等伎俩。他还养了一票刺客，暗杀了成百上千个反对派。他下令强制驱逐国家公园内的非法居民，也放任军方射杀盗伐者（也许军方只是执行他的命令）。全国各地的官员贪污，他却视若无睹，并延续拉丁美洲强人政治（或军事独裁者）的传统，他还留下这样的名言："宪法不过是一张纸罢了。"

是否推行环境保护政策，背后的原因常常很复杂。我们将在第十四章和第十五章讨论这一点。我在多米尼加考察时，很想知道巴拉格尔的环境保护政策是因什么动机而产生的。于是我去访问跟巴拉格尔有过接触的人或经历巴拉格尔统治的多米尼加人。我请他们说说自己对巴拉格尔的看法。我对这20个多米尼加人进行深度访谈，结果发现没有任何人看法相同。很多人因为和巴拉格尔有深仇大恨，所以唾弃他，例如曾被他打入黑牢、被他效忠的特鲁希略政府监禁折磨，或是近亲朋友被他杀害。

虽然大家的看法有分歧，但还是有不少人不约而同地提到了一点——几乎在每一个人的眼中，巴拉格尔都是一个复杂的、谜一样的人物。他很爱掌权，他的政策也是基于权力的考虑而制定，他担心不做就会失去权力（然而有些政策得不到人民支持，他还是有失去权力的危险）。不管怎么说，他是个极度高明的政治人物，既愤世嫉俗又务实。在多米尼加近42年的政治史中，没有第二个人和他一样能干，他可以说是马基雅维利式的君王。他在军方、群众和敌对阵营之间维持巧妙的平衡，在军方各势力之间挑拨离间，避免军方连成一气发动政变，而且如有军官敢破坏森林或国家公园，巴拉格尔保准让他们吓破胆。1994年，多米尼加电视新闻曾播出一段精彩对质,据说这段新闻播出后,巴拉格尔怒气冲冲地把一个反对森林保护策略的上校找来,结果那个上校竟吓得尿裤子。我访问的一位历史学家生动描述了巴拉格尔:"他就像变色龙,会因需要而蜕皮或变换体色。"巴拉格尔放任官员贪污,但他自己又不像特鲁希略那样爱钱,用他的话说就是:"贪污到我办公室门口就打住了。"

最后,让我们再来听听一个人的结论。这个人曾被巴拉格尔打入黑牢、折磨得生不如死。他说:"巴拉格尔虽然邪恶,但他是多米尼加民主发展史的必要之恶。"他是指1961年特鲁希略被暗杀时,多米尼加海内外不少人具有远大的抱负,这些人虽然有满腔热血,但是从政经验远远不及巴拉格尔。巴拉格尔以行动巩固了多米尼加的中产阶级及其资本主义的发展,促使经济大幅增长,所以多米尼加才有今天。因此很多多米尼加人愿意容忍巴拉格尔的恶行。

至于巴拉格尔在什么动机之下执行环境政策?答案见仁见智。有人认为巴拉格尔的环境政策不过是幌子,为的是骗取选票和美化自己的国际形象。巴拉格尔把偏远山区的非法居民赶出来,是他防微杜渐的手段,怕这些农民在卡斯特罗的煽动下造反。另外如拆除森林中的别墅或豪宅,则是担心那些土地被多米尼加的富人和富有的度假开发公司或军方占为己有。还有人认为,巴拉格尔这么做是为了使自己与军方的关系更加紧密。

虽然这些动机都有可能,但从巴拉格尔在推行环境保护方面的各种措施来看,有些得不到大众的支持,有些民众根本没有兴趣,因此我认为他的环境政策应该不是幌子。有些行动,尤其是动用军力强制驱逐山区非法居民——不但让他灰头土脸，同时也失去了一些选票（虽然他已经操纵选举），更失去了权贵和军方支持（虽然他们对他别的政策表示支持）。在前述巴拉格尔的众多环境政策当中，我实在看不出这是为了打击度假村开发公司、避免谋反或是拉拢军方。像巴拉格尔这么一个老谋深算的政治人物，他的环境政策显得非常固执，甚至为此失去一些选票或某些有力人士支持都在所不惜，只要不引发军方叛变，他都不遗余力地去做。

有些接受访问的多米尼加人表示，巴拉格尔的环境政策是有选择性的，有时并没有什么成效，还有一些盲点。例如他允许自己的支持者破坏环境，如滥采河床砂石作为建筑材料。有些法令如禁猎、空气污染防治法或以树为篱等都徒劳无功。当政策遭到阻力时，他也会退缩。他的另一大缺点就是忽视乡下农民的需求，若要得到更广泛的民众对环境政策的支持，他能做的还有许多。不管怎么说，不论在多米尼加还是其他国家，没有政治人物像他这样积极推动多样、激进的环境保护政策。

我就巴拉格尔的环境政策左思右想，认为最有可能的原因似乎就是他真如自己所言那么在乎环境。几乎每一次演讲，他都提到环境问题，他说保护森林、河川和山峦是他从小到大的梦想。在1966年甫就任总统的几场演说中他就强调这一点，在1986年和1994年（最后一次连任）的总统就职演说中也不忘提及环境保护。继任总统的费尔南德斯表示，将全国领土的32%作为自然保护区已经走火入魔，巴拉格尔则反击道，多米尼加全国领土都应该在自然保护区的范围内。至于他的环境观点从何而来，没有人有相同的看法：有人说，巴拉格尔可能早年在欧洲接受环境运动思潮的洗礼；有人说，巴拉格尔彻头彻尾反海地，因此刻意绿化多米尼加，好和海地的"不毛之地"形成对比；也有人说，巴拉格尔和姐妹很亲近，她们对特鲁希略政府砍伐森林、河川淤积的问题痛心疾首，使巴拉格尔受到影响；还有人论到，巴拉格尔在后特鲁希略时代登上总统宝座，那时已经60岁了，他会大力执行环境政策应该和他前半生看到的变化有关。

巴拉格尔其人其事实在有许多地方令人费解。要摸清像他这样的一个人，或许是不切实际的期待。我们可能下意识地认为，人总是善恶分明——不是好人，就是坏人，如果有人具有一种了不起的美德，似乎就不会做出什么坏事。然而，当我们见识到一个人的嘉言懿行之时，说不定也不免发现这人做了些见不得人的事，似乎不值得人尊敬。人其实很复杂，是正义和邪恶的混合体，在不同的经验影响下会有不同的作为。

如果我们把巴拉格尔当作真正的环保斗士，想到他做的那些坏事，环保运动是否会蒙上阴影？我的一个朋友曾说："如果希特勒爱狗，而且每天刷牙，我们是不是就得讨厌狗，也不要刷牙了？"我回想起自己1979—1996年在印度尼西亚的工作。我对印度尼西亚的军事独裁相当反感，除了不赞同他们的政策，还有个人因素，包括发生在我新几内亚朋友身上的事，还有我自己也差点儿惨遭印度尼西亚士兵杀害。我万万想不到，这样的独裁政权竟能在新几内亚设立周全且有成效的自然保护体系。后来我去了巴布亚新几内亚，我希望能在这个民主政体下看到更进一步的环境政策，可惜事与愿违。

在我访问过的多米尼加人当中，没有人自认了解巴拉格尔这个人。当他们提到巴拉格尔的时候，常说他是个"充满矛盾的人""争议性的人物""谜一样的人物"。也有人将丘吉尔对苏联的形容套在巴拉格尔身上，说他有如"谜中谜"，巴拉格尔的真面目恐怕无法轻易地拼凑出来。我因此了悟，历史就像人生一样复杂难解，不管人生或历史都无法用三言两语道尽一切。

今天多米尼加的环境

我们已回溯多米尼加的环境史，那么多米尼加现在的环境如何？自然保护区运作得如何？我们将在第十六章逐一探讨12类环境问题，而多米尼加的主要环境问题包括其中8种：森林资源、海洋资源、土壤、水、有毒废弃物、外来物种、人口增长和人口对环境的冲击。

在特鲁希略执政时期，某些山区森林砍伐的情况非常严重；在特鲁希略死后那5年，更是到处有人砍伐森林。虽然巴拉格尔严格禁止森林砍伐，但是其继任者睁一只眼、闭一只眼。虽然多米尼加乡下居民大量涌向城市和海外，森林地区的人口压力因此减轻，但在多米尼加和海地接壤的边境山区，海地人常越过边界偷偷砍伐多米尼加境内的森林来做木炭，也有赖着不走干脆清理林地、垦殖定居的人。2000年，多米尼加执行森林保护任务的不再是军方而是环境部。环境部没有军方强势，经费也少，因此森林保护的成效比不上1967—2000年这一时期。

目前多米尼加海岸线、海洋栖息地和珊瑚礁大部分已遭破坏，也有过度捕捞的问题。

森林砍伐造成的土壤流失也很严重。有人担心土壤流失使水坝后方的水库泥沙沉积严重，水力发电会受到影响。某些灌溉区也出现土壤盐碱化的问题，如巴拉奥纳的甘蔗种植区。

由于土壤侵蚀造成沉积物堆积，加上有毒物质的污染和废弃物倾倒，多米尼加河川的水质非常糟糕。几十年前，多米尼加的河流还清澈见底，可以游泳，现在都是黄澄澄的泥水，没有人敢下水。工厂把废弃物倾倒在河川，在污水处理系统还不完善的市区，居民也任意将垃圾倒在溪流中。河床因滥采砂石，破坏的情况也很严重。

从20世纪70年代开始，多米尼加富庶的农业区（如锡瓦奥谷地）大量使用农药、杀虫剂和除草剂。这些药剂的生产国老早就禁用这些药剂了，但多米尼加还在使用。由于农业的收入很可观，多米尼加政府也就放任农民继续使用这些药剂。乡下工人喷洒农药，头、手一般都没有防护，有时到田里喷洒农药的还是儿童。如果想知道农药对人类身体健康的影响，多米尼加有非常详尽的记录可查。在锡瓦奥谷地这个农业区，几乎看不到鸟。这个发现对我造成了不小的冲击：如果农药会残害鸟类，对人类应该也好不到哪里去。

其他有毒物质的问题主要来自生产铁、镍的鹰桥矿区。这个大矿区冒出来的烟，使得圣多明各和圣地亚哥之间的高速公路上空乌烟瘴气。多米尼加产金的罗萨里奥矿区没有处理氰化物和酸性污水的能力，只得暂时关闭。圣多明各和圣地亚哥这两个城市的老旧车辆过多，加上能源消耗的增加，霾害严重。由于公共电力系统经常发生故障，很多家庭和商家都自备发电机。（我在圣地亚哥的时候，一天能碰上好几次停电。回美国后，我收到多米尼加友人的来信，说他们又停电了，这次甚至长达21个小时。）

至于外来物种，近一二十年来，为了使砍伐过的林地和飓风肆虐过的土地重新长出树木，多米尼加从外地引进长得比本土松树快的树种。我在多米尼加考察时，发现洪都拉斯松、木麻黄、柚木和好几种刺槐等外来物种长得很繁茂。然而，也不是每一种外来树种都长得不错，有的还是长不好。有的外来树种很容易得病，不像多米尼加松抗病力强。如果这些外来树种遭到疾病侵袭，种植这些树的山坡将再次失去植被。

虽然多米尼加的人口增长率不再飙升，但估计每年仍有1.6%左右的增长。

比起人口增加，更严重的问题是人均环境影响[①]也快速增长。（这里说的"人均环境影响"在后文中还会出现，指人均消耗的能源和产生的废弃物：发达国家的人对环境的冲击要比发展中国家的人来得大，也比过去来得大。将一个社会的总人口数乘以人均环境影响，就是社会总体对环境的冲击。）多米尼加旅游业兴盛，也有不少人出国旅行，加上电视节目的介绍，多米尼加人明显感受到波多黎各和美国的生活水平比较高。多米尼加的商品广告和广告牌到处都是，热闹的城市路口常可见到小贩贩卖移动电话设备和光盘唱片。多米尼加渐渐成为一个消费型

[①] "人均环境影响"的另一种说法是"生态足迹"，指用来生产所需资源及消化废弃物所需的土地面积大小，如我们的生态足迹从1961年以来已增长了2.5倍。当今人均生态足迹指数为人均使用2.2公顷土地提供的自然资源，实际上地球所能提供的限度是每人最多1.8公顷。——译者注

社会，但这样的消费并不是本国经济和资源所能支持的，部分是靠在海外工作的多米尼加人寄回家乡的薪资。消费多了，垃圾也增加了，市区的垃圾处理系统几乎到了难以负荷的地步。河川、路边、街道或乡村，到处有人倾倒垃圾。一个多米尼加人告诉我："我们的世界末日不是地震或飓风带来的天崩地裂，而是被垃圾活埋。"

在多米尼加，除了人口增长和消费冲击带来的问题，森林、海洋、河川、土壤等都在自然保护体系之内。多米尼加的自然保护体系很健全，包括74个自然保护区（国家公园、海洋保护区等），面积占全国领土的1/3。多米尼加地狭人稠，人均收入只有美国的1/10，有这样的成绩实在很了不起。而且这样的成果不是国际环境组织的功劳，而是多米尼加非政府组织促成和规划的，实属难得。

我曾与多米尼加的三个非政府组织进行讨论，包括位于圣多明各的科学研究院、莫斯科索·普埃略协会和大自然保护协会在圣多明各的分支机构（只有最后一个是国际自然保护组织的附属机构，不是纯粹的本土组织），这些组织的所有成员都是多米尼加人。巴布亚新几内亚、印度尼西亚、所罗门群岛等发展中国家的自然保护组织就不是如此，都由外国科学家担任重要干部和顾问。

未来

多米尼加的未来会如何？它的自然保护体系能在重重压力之下渡过难关吗？这个国家还有未来吗？

对于这些问题，很多人持不同看法，包括我的多米尼加友人。有人对环境悲观，原因是多米尼加自然保护体系已失去巴拉格尔的铁腕守护。近年来多米尼加总统在环境保护方面投入的基金比较有限，环保政策也乏善可陈，有人还企图缩减甚至出售自然保护区土地。大学中专司环境科学的教授很少，因此无法培养出生力军。政府对环境研究的资助也很少。我有些朋友开始担心多米尼加的自然保护区不久将名存实亡。

然而，也有人对多米尼加环境的未来持乐观态度，他们认为多米尼加的环保运动组织完善，"自下而上"的动力很强，这在发展中国家绝无仅有。他们的环保组织勇于向政府挑战。这些组织当中有些成员是我的朋友，他们有人曾经为了环保运动入狱，出狱后还是继续坚持，不向政府低头。多米尼加的环保运动和我熟知的其他国家相比并不逊色。未来会如何？我的一位多米尼加友人描述他们国家就和世界其他国家一样："就像赛马，才刚起跑，所有的马儿一股脑儿向前冲，结果还不能断定。"同时存在破坏性和建设性的两种力量。多米尼加环境的问题威胁日益加剧，但环保运动方兴未艾，未来将如何还难以断言。

同样，多米尼加的经济和社会前景会如何，大家的看法也仍然存在分歧。在我的多米尼加友人当中，有5个人对自己国家的未来非常悲观，认为将来没希望了。政府无能、腐败，官员似乎只会结党营私，近年来经济又数次遭受重大打击，这些友人因此痛心疾首。多米尼加经济衰退的原因包括蔗糖出口市场几乎完全崩解，比索贬值，自由贸易区的出口商品不敌其他劳动力成本更低的国家的竞争，两大银行倒闭，政府不但债台高筑且支出泛滥。多米尼加已进入消费时代，但这样的消费不是这个国家所能负荷的。对我这些对未来悲观的友人来说，多米尼加正在走下坡路，像海地一样滑向绝望的深渊，而且下滑的速度甚至比海地更快：海地经济到今天这步田地，是一个半世纪以年来持续衰退的结果，而多米尼加只数十年就已经完了。多米尼加首都圣多明各恐怕不久就和海地首都太子港一样将黯淡无光：大多数的居民住在贫民区，过着三餐不继的日子，没有公共设施，权贵则在郊区别墅啜饮法国美酒。

这就是多米尼加未来运势的下下签。然而，我还有一些多米尼加友人并不认为国家已经山穷水尽。他们说，过去40年来多米尼加的政权兴替令人眼花缭乱，没错，目前政府效能特别差，贪污腐败，但这样的政府毕竟经受不住下次选举的考验，每一个有意角逐下任总统的候选人似乎都比现任总统好。此外，多米尼加只是个小国，环境问题因此更显而易见，而且人民可以直接找上政府官员，不像美国官员那样高高在上或远在天边。最重要的是，多米尼加既然没有在过去的惊涛骇浪中灭顶，应该也不会栽在目前的风浪中。多米尼加曾有22年遭到海地占领的历史，1844—1916年不知换了几个总统，1924—1930年又动荡不安，1916—1924年、1965—1966年则被美国军事占领，后来又历经魔头特鲁希略长达31年的独裁统治。总之，1900—2000年，多米尼加社会及经济变动之剧烈，美洲各国无出其右者。

由于全球化，发生在多米尼加的事件影响到的不只是多米尼加人，世界其他地区也会受到波及。美国就在600英里之外，境内有100万多米尼加人，因此美国受到的冲击将特别大。除了多米尼加首都圣多明各，纽约是多米尼加人最多的城市。加拿大、荷兰、西班牙和委内瑞拉也有不少。加勒比地区犹如美国"后院"，1962年伊斯帕尼奥拉岛西边爆发古巴导弹危机，让美国寝食难安。多米尼加若能否极泰来，美国就能松一口气。

海地的未来呢？海地目前是美洲最贫穷、人口问题最严重的国家，未来只会更贫穷、更人满为患，每年人口增长率逼近3%。海地既贫穷又没有自然资源，训练有素或学有专长的人才也寥寥无几，实在看不出有任何改善的可能。就算仰赖外援、非政府组织或个人的努力，海地甚至也没有整合外界援助的能力。例如美国国际开发署在海地投入的经费是投入多米尼加的7倍，但是海地的成果远不如多米尼加，原因是没有人才，组织效能也很差。当我碰到熟悉海地问题的人，问这个国家的前景如何，几乎每一个人都告诉我，这个国家"没有希望"了。大多数的人真是看不到希望才这么说的。即使有人认为这个国家还有希望，也总先坦白他们是少数。这些人认为，海地现有的森林保护区虽然很小，但还是有复育、扩大的可能，海地的两个农业区已能生产多余的粮食，送到首都太子港以及北边海岸的观光区。最值得一提的是，海地成功削减军力，没有陷入分裂和民兵四起的泥沼。

因为全球化，海地也像多米尼加一样，一有什么风吹草动，世界其他各国都受到影响。它们在美国、古巴、墨西哥、南美洲、加拿大、巴哈马群岛、小安第列斯群岛和法国也都有侨民。多米尼加和海地两个国家同处一岛，因此休戚与共。很多海地人每天越过边境到多米尼加，为的是挣一口饭吃，或者带一些木头回家当柴烧。有些海地人则在多米尼加边境非法居留，务农维生。这里土地贫瘠，一般多米尼加的农民根本不屑一顾。在多米尼加境内讨生活的海地人在100万人以上，大都是非法移民。多米尼加本身虽然也是个穷国，但就工作机会和土地而言，还是比海地稍胜一筹。多米尼加有超过100万人在海外，又有超过100万的海地人来到多米尼加。目前多米尼加的海地人约其占全国人口的12%。海地人在多米尼加从事工资低且辛苦的工作，如建筑工人、砍甘蔗的工人、景点守卫或是用脚踏车载货的工人或小贩，多米尼加人大都不愿意做这些工作。多米尼加雇用了许多薪酬低廉的海地劳工，但由于本身资金不足，公共设施也不够完善，无法提供教育机会、医疗和住房给他们。多米尼加境内的多米尼加人和海地人不但经济地位有别，文化也截然不同：他们使用的语言不同，穿着打扮不同，吃的东西不一样，外表看起来也大不相同（海地人肤色黝黑，比较像非洲人）。

听了多米尼加友人描述海地人在多米尼加的处境后，我不禁联想到在美国工作的墨西哥等拉丁美洲国家的非法移民。我从友人口中听到这样的话：多米尼加人不愿意做那样的工作；钱再怎么少，还是比他们家乡好；海地人把艾滋病、肺结核和疟疾带进来；他们说不同的语言，看起来比较黑；我们没有义务提供医疗、教育和住的地方给那些非法移民，我们也没有能力这么做。把上述话中的"海地人"和"多米尼加人"换成"拉丁美洲国家的非法移民"和"美国人"，正可反映出拉丁美洲国家的非法移民在美国的情况，以及美国人对这些非法移民的态度。

人往高处走，多米尼加人纷纷转往美国和波多黎各发展，海地人则往多米尼加跑。结果多米尼加的海地人越来越多,而美国的拉丁美洲裔人口也日渐增多。因此,海地问题如果能得到解决,对多米尼加来说很有利;拉丁美洲的问题解决了,美国也能高枕无忧。对多米尼加来说,最会影响到自己的就是海地。

多米尼加能否成为海地未来发展的助力?乍看之下,多米尼加如"泥菩萨过江——自身难保"。多米尼加很穷,自己也是问题一箩筐。这两个国家不但语言和自我形象不同,并由此产生文化隔阂,长久以来也一直敌对。多米尼加人把海地视为非洲的一部分,瞧不起海地人,而很多海地人也对外国干预持怀疑态度。他们都无法忘怀过去遭受对方欺凌的惨痛经验。多米尼加人记得海地曾在19世纪入侵他们的家园,包括被海地占领的22年(他们忘了对方也有好的一面,如废除奴隶制度)。1937年10月2日至8日,海地人也记得特鲁希略曾下令砍杀两万名住在多米尼加西北部和锡瓦奥谷地的海地人。今天,两国政府都对彼此保持警惕甚至怀有敌意,几乎没有合作的关系。

然而,这些还是无法改变两个根本的事实:多米尼加的环境和海地连成一体,且海地是对多米尼加影响最大的国家。目前双方已有一点合作的苗头,例如我在多米尼加考察时,发现多米尼加科学家首度组团前往海地,与海地科学家联合召开会议,海地科学家也将造访圣多明各,行程已经排定。如果海地的命运有改善,我认为多米尼加必然功不可没,虽然这是今天大多数多米尼加人不乐见或几乎无法想象的事。不管怎么说,多米尼加完全袖手旁观让海地自生自灭,是更不可思议的事。虽然多米尼加的资源很少,至少还是能成为海地向外面世界发展或探索的桥梁。

  多米尼加人会这么想吗？过去多米尼加人再困难的事都办到了，与海地化敌为友应该容易得多。多米尼加未来的命运未卜，能否和海地交好，则是其中最大的变数。

第十二章

中国：摇摆的巨人①

举足轻重

中国是世界上人口最多的国家，已突破13亿大关，占全世界人口总数的1/5。中国的领土面积在全世界排行第三，植物物种的多样性也是世界第三。② 中国的经济规模已庞大得惊人，经济增长率在世界主要国家中是最快的，年均增长率近10%，是发达国家经济增长率的3~4倍。中国的钢铁、水泥、水产品和电视机的产量也是世界第一；煤、杀虫剂、肥料和烟草的产量同样高居世界之冠，消耗量之大也是举世无双。电力（不久后）和汽车的生产也在世界名列前茅，木材的消耗量也是。我写作本书时，中国正在兴建全世界最大的水坝和调水系统。

尽管有这么多傲人的第一，中国的环境问题也是世界大国当中最严重的之一，而且还面临继续恶化的风险。中国的环境问题

---

① 本书初版于2005年，本章内容限于2005年前，未包括2005年之后的情况。——编者注
② 中国生物多样性仅次于巴西和哥伦比亚。——译者注

包括空气污染、生物多样性的消失、耕地损耗、土地荒漠化、湿地消失、草地退化、外来物种入侵、过度放牧、河川断流、土壤盐碱化、土壤侵蚀、垃圾堆积、水污染、缺水，由人为破坏引起的天然灾害也越来越巨大、频繁。这些环境问题将给中国带来巨大的经济损失、社会冲突和健康问题。这些环境问题足以引起中国人的关注。

我们与中国同在一个星球上、共享一个大气层，海洋也相连。中国的人口、经济和领土规模又如此庞大，因此中国与世界休戚与共。不仅中国的环境问题会波及世界其他地区，其他地区也会通过全球化影响中国。中国已在2001年加入世界贸易组织，与其他国家有了更多互动。中国的硫氧化物、氯氟烃等破坏臭氧层物质的排放量，以及二氧化碳的排放量都很大。

中国也是讨论其他主题的好例子，如全球化对环境的影响和环境问题对人类社会的重要性（受到环境问题冲击的不只是大型现代社会，本书其他章节描述的小型社会也不例外）。在坏消息不断、令人灰心的统计数字纷纷出炉之时，我们如何拥抱根植于现实的希望？或许我们可以从中国的个案中得到答案。本章将先介绍中国的背景资料，再来讨论中国的环境问题，以及这些问题对中国和世界其他地区的影响，最后论及中国的应对之道和未来。

中国概况

让我们先浏览一下中国的地理情况、人口趋势和经济概况（见第438页地图）。中国环境复杂，部分地区十分脆弱。中国的地理环境风貌复杂多变，有世界最大与最高的高原、世界数一数二的高山、排名前几位的河流（长江和黄河），湖泊多、海岸线长，还有广阔的大陆架。栖息地丰富多样，从冰川、沙漠到热带雨林都有。各个生态系统脆弱的原因各有不同：纬度高的北部降雨很不均匀，加上强风吹袭和干旱，草地容易受到沙尘暴的破坏，出现土壤侵蚀的问题；南部不但潮湿，还多暴风雨，山坡易受侵蚀。

至于中国的人口，有两个举世皆知的事实：其一，中国人口数量高居世界第一；其二，全世界仅中国推行计划生育政策。在这种生育政策之下，2001年，中国每年的人口增长率终于下降至1.3%。基于这种成效，其他国家是否可能效仿中国的人口政策？有些国家可能会质疑这种方案，不敢效尤，但不这么做或许会陷于更可怕的人口悲剧之中。

此外，中国的家庭户数在这15年（1990—2005年）的年增长率都为3.5%，约是同时期人口增长率的两倍。这个事实虽然不是那么众所周知，但对中国一样是重大的人口冲击。这是因为平均每户家庭的人口减少了，在1985年每户仍有4.5人，到了2000年则减少至3.5人，预计到2015年会下降到2.7人。在今天的中国，人口仍在增加，但每户人口在减少，结果就是户数大增，增加了8 000万户，增加的户数甚至比俄罗斯全国家庭总数还多。每户人口减少是社会变迁造成的，特别是人口老龄化、每对夫妻生养的儿女数量变少、离婚率增高以及三代同堂的情况减少。同时，平均每户每人的居住面积却增加了近三倍。尽管人口增长率下降，但由于家庭户数和每户居住面积大增，因而人口对

当代中国地图

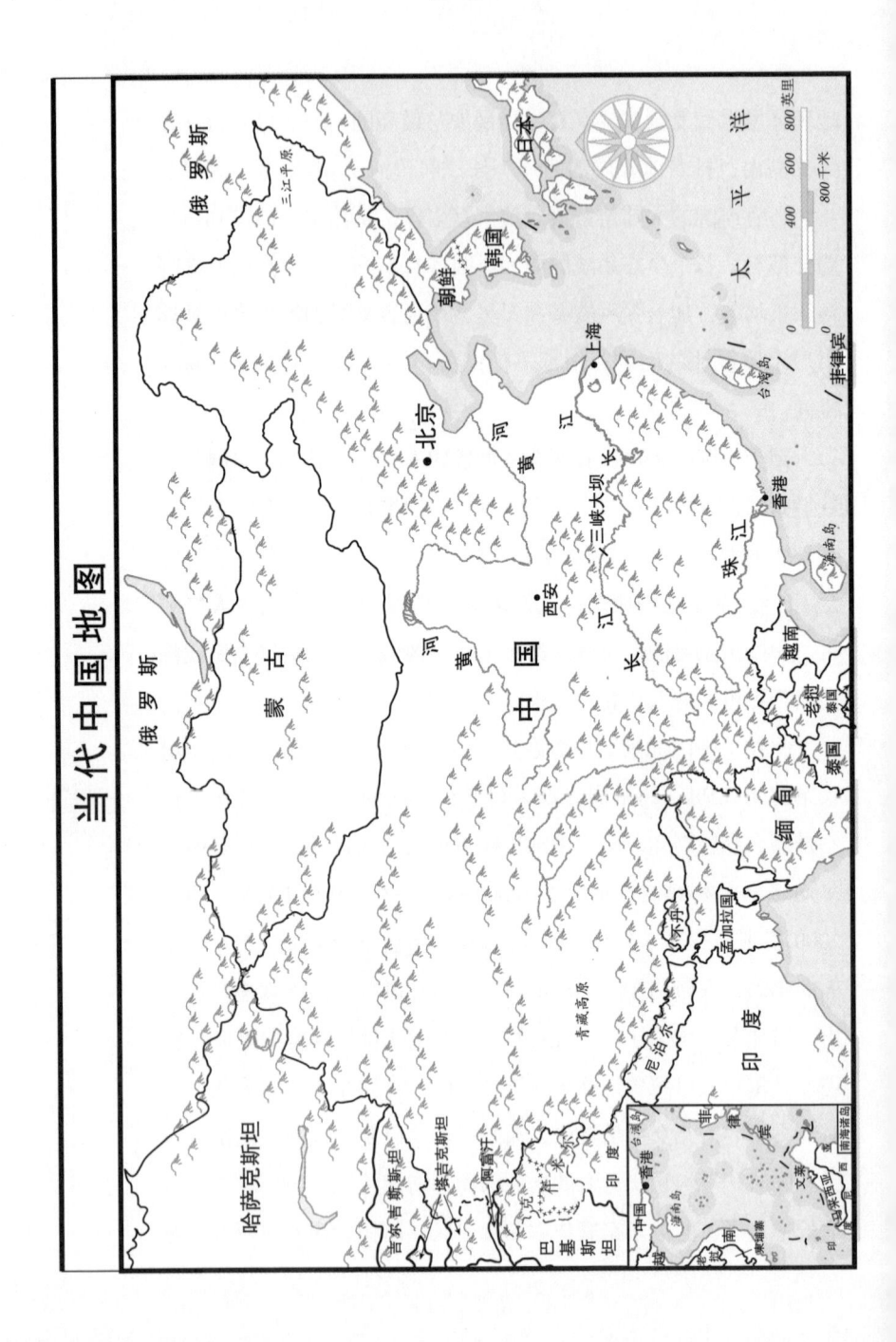

环境的影响仍有增无减。

中国的人口趋势还有一点值得一提，就是城市化的脚步很快。1953—2001年，中国的人口总数虽然"只是"变为原来的两倍，但城市人口比率却从13%增至38%，即城市人口数量增加至原来的7倍，现在有近5亿人口居住在城市。中国城市的数量增加至原来的5倍，有近700个城市，原有的城市面积也大大增加。

至于中国的经济，不但规模庞大，而且还在快速增长。中国是世界上最大的煤炭生产国和使用国，煤炭产量约占全世界总产量的1/4。中国也是全世界生产和使用肥料最多的国家，其使用量占全世界的20%。自1981年以来，全球肥料使用增加的部分有90%用在中国。中国的肥料使用量增加至原来的5倍，每英亩农田使用的肥料是世界平均值的3倍。中国农药的生产和使用量在世界排第二位，约占全球农药消耗量的14%，也是重要的农药出口国。此外，中国还是全球最大的钢铁生产国，农用薄膜使用量居世界之冠，电力和化学织品的产量为全球第二，也是世界第三大原油消费国。在过去20年里，中国的钢铁、钢铁制品、水泥、塑料和化学纤维产量分别增加至原来的5倍、7倍、10倍、19倍和30倍，洗衣机的产量更增加至原来的3.4万倍。

中国人吃的肉类过去以猪肉为主，由于近年来变得富裕，牛肉、羊肉、鸡肉等产量增加得很快。目前中国平均每人的鸡蛋消费量已赶上发达国家的居民。1978—2001年，肉、蛋、奶的人均消费量也增加至原来的4倍。

中国的交通网络和车辆数量也呈爆炸式增长。1952—1997年，中国的铁路、公路和航空线路分别增加至原来的2.5倍、10倍和

108倍。1980—2001年，大型车辆（主要是卡车和公共汽车）增加至原来的15倍，小汽车数量更是增加至原来的130倍。1994年，中国因全国机动车辆总数已增加至原来的9倍，决定将汽车产业列为四大支柱产业之一，计划在2010年将小汽车产量提高至原来的4倍。如此一来，中国将在美国和日本之后，成为世界第三大汽车生产国。中国大城市如北京等，由于汽车排放废气等原因，空气质量令人担忧。如果中国按照计划生产更多的汽车，那么就会有更多的土地因此变成公路和停车场，环境将受到更大影响。

空气、水、土壤

中国的环境破坏史历经几个阶段。早在几千年前，中国就出现了大规模的滥垦滥伐。在二战和解放战争结束后的和平时期，森林砍伐、过度放牧和土壤侵蚀的问题变得更加严重。1958—1960年"大跃进"期间，工厂数量开始无序增加（光是1957—1959年的两年间，工厂数量就增加至原来的4倍），森林砍伐的速度更快（以取得大炼钢铁所需的燃料），污染问题于是变本加厉。1966—1976年"文化大革命"期间，中国担心万一出现战争，海岸地区的工厂将会不保，于是把工厂迁至高山和深谷。1978年中国开始改革开放，但环境问题依然较严重。我们可从6个层面来讨论中国的环境问题：空气、水、土壤、栖息地破坏、生物多样性的消失以及超大型工程。

让我们先从中国最严重的污染问题说起，也就是令人摇头叹息的空气质量。有一段时间，在中国很多城市，几乎每一个人都戴着口罩或以手帕掩住口鼻。有些大城市的空气污染非常严重，污染指标超过正常值数倍，影响居民健康。污染物如氮氧化物和二氧化碳的增加是由汽车数量增多、排放大量废气所致，除此之外也和以煤炭为主的能源结构有关。20世纪80年代，中国的酸雨只发生在西南部和南部几个地区，后来范围开始扩大。

至于水污染的问题，由于工业和市区废水排放，加上农业和水产养殖的肥料、农药与粪便造成的污染及富营养化，中国大多数河川和地下水水质不良，而且持续恶化。中国75%的湖泊以及几乎所有近海都已遭到污染，近海海域的赤潮（即对鱼类和其他海洋动物有害的藻类）时有发生，现在每年约有100次赤潮侵袭，而在20世纪60年代每5年才出现一次赤潮。北京的重要水源官厅水库，自1997年开始已不再能提供饮用水。中国居民的生活废水只有20%经过处理，发达国家生活废水的处理率则达80%。

水资源短缺和浪费加剧了中国的水污染问题。以世界的标准来看，中国的淡水不够充足，人均每年可利用的淡水资源只有世界平均水平的1/4。① 更糟的是，中国境内各地水资源分布不均，北部地区人均可利用的水资源甚至只有南部地区的1/5。水源不足加上浪费，使中国有超过100个城市饱受缺水之苦，工厂有时也因缺水不得不停工。中国的城市用水和灌溉用水有2/3依赖地下水。然而，沿海含水层的水被抽光之后，海水就会倒灌，造成地层下陷。中国也是世界上河川断流最严重的国家之一，由于居

---

① 根据联合国第三届水资源论坛大会召开前发布的报告《世界水资源开发报告》，中国平均每人每年可利用的淡水资源只有2 260立方米。——译者注

民仍不断抽取河水使用，问题因而变本加厉。1972—1997年这25年间，有20年黄河下游出现断流，断流的时间从1988年的10天延长到1997年的230天。即使在比较潮湿的南部地区，如遇大旱，长江和珠江也会出现断流，船只航行因此受阻。

中国也是全世界土壤侵蚀问题最严重的国家之一，有19%的土壤遭到侵蚀，每年土壤流失量高达50亿吨。土壤侵蚀特别严重的地区在黄河中游的黄土高原（70%已遭侵蚀），长江流域也越来越严重，由于土壤侵蚀，长江的排沙量已经超过尼罗河和亚马孙河（世界上最长的两条河）。中国可航行的河道因泥沙淤积缩短了5%（水库和湖泊也有泥沙淤积的问题），航行船只的尺寸也受到限制。土壤的质量、肥力和数量都大不如前，加上长期使用肥料和喷洒农药，蚯蚓数量大减，肥沃的农地面积因而减少了50%。9%的中国土地也受到盐碱化的影响（盐碱化的原因将在下一章讨论澳大利亚时再详细探讨），主要是因为干旱地区灌溉系统的设计错误和管理不当。（这是政府可以力挽狂澜的环境问题。）

中国的土壤问题——土壤侵蚀、肥力流失、盐碱化、荒漠化，加上城市化及矿业、林业和水产养殖业的开发，共同致使耕地面积日益缩小。由于中国的人口和人均消耗的食物数量还在不断增加，耕地缩小，而有生产潜力的土地又有限，这就给中国的粮食安全带来了大问题。中国人均耕地面积为1公顷，勉强只达到世界标准的一半，几乎和第十章讨论的卢旺达西北部一样少。再者，中国不太重视资源回收，大量的工业废弃物和生活垃圾都倾倒在空地上，不但污染土壤，也使农地受到影响。以往的垃圾多半是厨余垃圾、灰土、煤渣，现在多是塑料、玻璃、金属和包装纸。在第十一章，我的多米尼加友人曾预言，他们的世界末日就是惨遭垃圾活埋，如果中国不好好处理垃圾问题，未来也可能面临同样的命运。

栖息地、物种和超大型工程

中国的栖息地破坏得从森林砍伐说起。中国是全世界森林资源最少的国家之一，人均森林面积只有 0.3 英亩，远不及世界平均值的 1.6 英亩。森林覆盖率只有 16%（日本有 74%）。由于中国政府大力造林（以单一树种为主），森林总面积因而略有增加，但是原始森林（特别是老龄木）仍在缩减当中。导致中国土壤侵蚀及洪水泛滥的一个主因就是森林砍伐。1996 年，中国洪水肆虐，总计造成 250 亿美元的损失；1998 年，更大的洪水来犯，使得 2.4 亿中国人受灾（约为当时中国人口总数的 1/5）。灾后，中国政府开始采取行动，包括禁止原始森林的砍伐。中国的旱灾也有变本加厉的趋势，其原因除了气候变化，还可能包括森林砍伐。每年旱灾总计有 30% 的耕地受到影响。

除了森林砍伐，另外两个最严重的栖息地破坏问题就是草原和湿地的退化。中国草原面积广大，在全世界仅次于澳大利亚。在比较干燥的中国北部，土地面积的 40% 都是草原。但由于中国人口众多，人均占有的草原面积还不到世界平均值的一半。由于过度放牧、气候变化和采矿等，中国的草原受到严重破坏，90% 的草原皆已退化。自 20 世纪 50 年代至今，每公顷青草的产量已减少了 40% 左右，杂草和毒草不断增生，高质量的青草反而减少。草原退化不只关乎中国的粮食生产。亚洲各国的主要河流都发源于中国的青藏高原（全世界最大的高原），这些河流流经的国家有印度、巴基斯坦、孟加拉国、泰国、老挝、柬埔寨、越南，当然还有中国。草原退化使得黄河和长江泛滥成灾，发生频率和严重程度都比以往更甚，也使中国东部发生沙尘暴的频率及强度增加。（20世纪初，北京常受沙尘暴袭击，世界各地的人都可在电视上看到黄沙蔽日的北京。）

中国的湿地面积也渐渐减少，水位高低起伏很大，洪涝调控和储水的能力都大不如前，很多湿地物种不是濒临灭绝就是已经灭绝。像东北的三江平原，这个中国最大的淡水沼泽地，已有60%开垦为耕地，按照目前排水、开发的速率，剩下的8 000平方英里的沼泽地将在20年内消失。

巨大的经济冲击也带来生物多样性的消失，例如过度捕捞和污染使得淡水与海洋渔业产量大减。中国在变得富裕的同时，鱼类的消耗量也在增加。过去25年来，中国人均消费的鱼类产品增加至原来的近5倍。除了国内的所需日益增多，鱼类产品的外销也不断增长，这导致白鲟已到了灭绝的边缘，以往盛产的渤海对虾产量下降90%。其他如黄花鱼和带鱼等过去还很丰富的鱼类，现在则必须进口。长江野生鱼类每年的捕获量也减少了75%。自2003年，长江首度禁止鱼类垂钓和捕捞。中国的生物多样性很丰富，拥有全世界10%以上的植物和陆栖脊椎动物物种。不过，目前中国原生物种当中已有1/5濒临灭绝（最著名的就是熊猫），许多珍稀物种（如扬子鳄和银杏）也面临灭绝的危机。

在原生物种锐减的同时，入侵的外来物种不断繁衍扩散。自古以来，中国就积极引进有益物种。近来由于国际贸易增加了60倍，在引进不少有益物种的同时，无意间也让有害物种潜入。例如光是上海港，1986—1990年，来自30个国家的349艘进口货轮，就带来了将近200种中国没有的杂草种子。有些入侵的植物、昆虫和鱼类物种不但喧宾夺主，甚至让中国的农业、水产养殖业和畜牧业蒙受其害，造成重大经济损失。

中国目前正在进行的超大型工程计划，对脆弱的生态环境来说更是雪上加霜。以三峡大坝的兴建为例，这座全世界最大的水坝在1994年动工，预计在2009年完工（实际在2006年竣工），以水力发电、防洪和航运等三大效益为目标，工程预算高达300亿美元。此外，数百万民众的安置、土壤侵蚀修护和保持生态稳定，都需要额外的支出。中国另一项世纪工程甚至更为昂贵，也就是2002年动工的"南水北调"工程，预计2050年完工，预算更高达590亿美元，这项工程有可能导致污染扩散和水资源失衡等问题。还有更大的开发计划，即"西部大开发"，西部地区占中国国土面积一半以上，被中国决策层视作国家发展计划的重点。

代价

让我们在此打住，想想这样的发展对动植物有何影响。近年来中国经济迅速发展，对这块土地的蚯蚓和黄花鱼来说显然是坏消息。

首先，就经济代价而言，我们先从小的开始说起，再论及比较大的。如引进喜旱莲子草这种植物，本来是当猪饲料，后来蔓延到园圃、甘薯田和柑橘园,最后不可收拾。为了抑制这种杂草的扩散,每年得花费 7 200 万美元。这还算是小数目。在中国,光是西安一个城市缺水导致工厂停工造成的损失,每年约 2.5 亿美元。中国的沙尘暴每年就刮走了 5.4 亿美元,而作物和森林因酸雨侵害,7.3 亿美元也就泡汤了。为了阻隔沙尘暴,让北京免受狂风和沙尘之苦,中国政府计划花费 60 亿美元,准备在戈壁沙漠的边缘种植防护林带作为"绿色长城"。此外,外来有害物种入侵,导致每年 70 亿美元的损失。中国人因洪水付出的经济代价更是惊人:1996 年的洪灾,造成 270 亿美元损失(1998 年因洪水造成的损失更大)。至于荒漠化,每年带来的损失高达 420 亿美元,然而水和空气污染耗费更甚,约为 540 亿美元。中国每年为了治理水和空气污染付出的经济代价,大致为国内生产总值的 14%。

中国近年来自然灾害的发生频率、数量以及造成的损害都有加剧之势。有些天灾其实也是人祸,是人为破坏环境造成的,特别是沙尘暴、泥石流、干旱和洪水,出现得越来越频繁。沙尘暴就是一例:森林砍伐、过度放牧、土壤侵蚀以及部分人为造成的干旱,使得越来越多的土地变成不毛之地,当大风吹起地面裸露的沙粒时,便形成了沙尘。自 300—1950 年,中国西北平均每 31 年才遭受一次沙尘暴袭击;1950—1990 年,每 20 个月就出现一次;1990 年以来,沙尘暴几乎每年来袭。1993 年 5 月 5 日出现在西北部的超级沙尘暴,甚至夺走了大约 100 人的性命。由于森林砍伐,水循环受到干扰,干旱现象大增。此外,过度利用湖泊和湿地、排水为田,可蒸发的水面减少了,也是导致干旱的原因。现在中国每年因干旱而被破坏的田地大约是 60 000 平方英里，是 20 世纪 50 年代的两倍。因为森林砍伐，洪水泛滥成灾的概率也大大增加，中国近年来最严重的洪灾发生在 1996 年和 1998 年。干旱和洪水交替出现的情况也越来越多，干旱先破坏了地表植被，洪水再来侵袭，土壤侵蚀的情形就更加严重。如此反复对土地交相打击，破坏力比单独一种灾害更大。

中国打喷嚏，全球都感冒

在 1980 年以前，中国的对外贸易还微不足道（现在则不可同日而语，每年贸易金额已达 6 210 亿美元），外国投资则是从 1991 年才开始兴盛。近 20 年来，中国与世界其他地区紧密相连、互动频繁，贸易、投资和外援几乎都有指数级的增长。然而，中国对外贸易的蓬勃发展也是环境污染的一个成因。中国的出口商品有一半是乡镇企业制造的，不但能源效率低，也很污染环境。一艘艘的货轮把这些商品载往世界各地，污染则留给中国自己。1991 年，中国的外国投资金额仅次于美国。到了 2002 年，中国的外资高达 530 亿美元，已跃居世界第一。1981—2000 年，中国也得到不少外援，包括来自国际非政府组织的 1 亿美元。这已是国际非政府组织预算中的一大部分了，但与其他外援相比犹如杯水车薪。如联合国发展计划署提供了 5 亿美元给中国，日本国际开发署更是大手笔提供了 100 亿美元，还有亚洲开发银行的 110 亿美元和世界银行的 240 亿美元。

这些热钱涌入中国，为中国的经济增长添火加油，同时也使中国环境的恶化变本加厉。让我们再来检视别的层面，看看世界其他地区如何影响中国，以及中国如何影响世界其他地区。这种相互影响，现在被冠以一个耀眼的名词："全球化"。本书主旨之一就是讨论全球化的问题。今日世界各地相互依存，世界的环境问题因而大大不同于过去的人类社会（如复活节岛、玛雅社会和阿纳萨齐印第安部落等）。我们将在第十六章继续探讨这些重要差异。

在世界其他地区带给中国的祸害当中，先前已经提到外来物种入侵，造成中国经济的损失。不少读者可能会很讶异，另一种大规模入侵中国的东西竟是垃圾。有些发达国家为了减少堆积如山的垃圾，就付钱给中国，把这些未经处理的垃圾转移到中国，有的还是含有有毒化学物质的废弃物。中国日益发展的制造业和各个产业也乐得接受这些垃圾，作为便宜原料回收使用。例如根据2002年9月浙江省海关的记录，美国运来一批400吨的"电子垃圾"，包括废弃的电子设备和零件，如故障或老旧的彩色电视机、计算机屏幕、复印机和键盘等。从国外运抵中国的这些垃圾很难得到完整的统计，我们只知道，1990—1997年，这类垃圾从100万吨增加到1 100万吨。1998—2002年，每年从发达国家经由中国香港转运到中国内地的垃圾，从230万吨增加到300万吨。这意味着发达国家把污染这个烫手山芋直接丢给了中国。

还有比垃圾更糟的问题。虽然很多外国公司把先进技术带给中国，帮中国解决环境问题，但有一些公司干脆把污染密集型产业直接迁往中国，而本国则禁止发展这种产业科技。日本在1992年把生产对付蚜虫的农药福雅满的技术卖给福建一家中日合资公司，毒害中国人民，造成严重的环境污染问题，而日本却在17年前就禁止生产这一农药。外国投资者把破坏臭氧层的氯氟烃大量出口到中国，光是广东在1996年就进口了1 800吨。因此，如果中国想减少对臭氧层的破坏，也有身不由己的困难。例如1995年，中国就有16 998家污染密集型企业，生产了价值500亿美元的工业产品。

方才讨论的是输入中国的东西，现在让我们广义地来看中国输出了哪些东西。中国本土的生物多样性非常丰富，这意味着中国很多具有侵略性的物种也可能输出到其他国家。在中国物种繁多的环境中，这些物种已经适者生存，是生存竞争的佼佼者。举例来说，有三种对北美洲树木为害甚烈的病虫害都来自中国或东亚，即栗疫病、荷兰榆树病和光肩星天牛，美国本土的栗树在栗疫病的肆虐下已经不见了。60年前，我成长的新英格兰地区遍栽榆树，犹如榆树城，由于荷兰榆树病的侵害，所有的榆树几乎都枯死了。美国在1996年第一次发现光肩星天牛，这种长角甲虫会钻入枫树或白蜡树的树干，使树木腐烂、死亡。光肩星天牛给美国带来的树木损失可能高达410亿美元，甚至比栗疫病和荷兰榆树病造成的损失加起来还大。近年来，中国的草鱼也已经在美国45州的河流和湖泊中安家落户、大肆繁殖，和美国本土鱼类竞争，使水中的水生植物、浮游生物和无脊椎生物族群遭逢巨变。中国还有一个物种数量庞大，对本国的生态和经济已产生重大冲击，目前向外输出的数量也越来越多，那就是"人"。在澳大利亚的合法移民中，中国人的数量已跃居第三（参看下一章）。有些中国人经过合法移民手续登陆美国，但也有不少偷渡客横渡太平洋赌命闯关。

中国的昆虫、淡水鱼和移民乘坐船只或飞机输出到海外各国，可能是有意，也可能是无意。还有一些输出物则是经由大气层抵达其他国家。如氯氟烃这种会破坏臭氧层的物质，发达国家已在1995年决议禁用，中国取而代之，成为氯氟烃最大的生产国和消费国。全世界排放到大气层的二氧化碳是全球气候变暖的元凶，其中有12%是中国排出的。从目前的趋势看来——中国排放的二氧化碳日增，美国的量固定不变，其他地区逐渐减少，中国将成为全世界最大的二氧化碳排放国。到2050年，全世界排放到大气层的二氧化碳预计约有40%来自中国。此外，中国已是世界上最大的氧化硫生产国，氧化硫产量是美国的两倍。

中国与其他国家的另一项交换，不只是输入，同时也是输出的问题：中国从其他国家输入木材，也把森林砍伐的问题输出出去。中国是世界第三大木材消费国，乡村能源的40%来自柴火，建筑需要木材，国内造纸业和纸浆业所需的原料也几乎都是木材。中国对木制产品的需求日益增加，国内能供给的木材却越来越少，尤其是在1998年洪灾之后，中国政府明令禁止森林砍伐。自此中国进口的木材量增加了6倍，主要是从热带林业发达的国家进口，如马来西亚、加蓬、新几内亚和巴西。目前中国木材的进口量仅次于日本，而且很快就会超越日本。中国也从温带国家进口木材，如俄罗斯、新西兰、美国、德国和澳大利亚。由于中国已加入世界贸易组织，木制品的关税从15%~20%下调至2%~3%，因此可以预计未来中国将进口更多的木材。这代表中国将追随日本的脚步，保护自己的森林，从其他国家进口木材，把森林砍伐的问题转移出去。有些木材输出国如马来西亚、新几内亚和澳大利亚，森林砍伐的情况已经非常严重。

很少有人讨论中国人民期望能过什么样的日子。比起其他方面的冲击，这一点或许更重要。中国人民就像其他发展中国家的人民一样，希望能像发达国家的居民那样过着幸福富足的生活。对发展中国家的居民来说，那样的生活意味着有能力购买自己的房子、家电、生活用品、衣服、工厂大量制造的消费性产品（用不着自己生产），也能享受昂贵的医疗照护，食用以人工肥料高效率栽培出来的作物（不使用粪肥或将树叶、稻草等覆盖在田地上），吃工厂加工的食品，有汽车代步（有自己的车更好，就不用走路或骑自行车），购买其他地区生产并以货运送来的货品（可购买的物品就不限于本地生产的东西）。就我所知，即使有些发展中国家居民努力维持传统生活形态，以原来的生活基础力求创新，他们对上述发达国家生活形态的某些方面还是相当肯定的。

中国人口数量称霸世界，加上经济突飞猛进，最能表现全球居民对发达地区生活方式的渴望。一个地区的生产或消费总量等于人口数量乘以人均生产率或消费率。中国人口总数庞大，虽然人均生产率或消费率偏低，但生产或消费总量还是很高。以主要工业用金属（钢铁、铝、铜和铅）为例，中国人均消费率只有世界主要工业国的9%。但中国经济正急起直追，很快就能达到发达国家和地区的经济规模。

未来

中国人向来有"人定胜天"的观念。然而，现在中国环境破坏的警钟已经敲响，这样的警报信号中国应该如雷贯耳。中国人的思想转变始自 1972 年，那年中国派遣代表团至瑞典参加第一届联合国人类环境会议。翌年，中国政府成立了环境保护领导小组，在 1998 年特大洪灾后升级为国家环境保护总局。[1] 1983 年，中国政府将环境保护确立为基本国策，然而虽然中国政府已经努力控制环境退化的问题，但事实上还是以经济发展为先。即使是政府官员的能力考核，也以是否有功于国家经济发展为主要的考虑。很多环境保护法规和政策虽已明载，但并没有彻底落实。

中国的未来会如何？当然，世界上任何一个国家和地区都面临这样的难题。虽然环境问题变本加厉，各地区也在努力克服，但还是很难预言最后结果。中国的环境问题特别急迫，不只是因为中国在全世界举足轻重，对世界其他地区影响很大，更因为中国历史的一大特色就是左右摇摆。我曾在《枪炮、病菌与钢铁》一书中讨论过，从地理层面来看，中国就像铁板一块，海岸线大抵平直，没有如意大利或西班牙／葡萄牙那样的大型半岛，也没有像不列颠或爱尔兰那样的大岛屿，主要河流平行由西往东流，因此早在公元前 221 年中国的核心疆域就已完成统一，自此以后大都维持统一局面，不像地理支离破碎的欧洲，未曾达成政治统一。这样的统一使得中国统治者得以王天下，进而改弦易辙，这不是欧洲的统治者做得到的。然而，改变可能使国家变得更好，

---

[1] 现在中国已组建中华人民共和国生态环境部。——编者注

也可能变得更差，常常是一下子好、一下子差（因此，我用"摇摆"一词来形容）。古代中国是个统一和中央集权的国家，因此得以在欧洲文艺复兴时代（15 世纪初）缔造最灿烂的航海传奇，派遣当时世界上性能最优越、规模最大的舰队抵达印度和非洲。我们也才能理解何以新皇帝一继位，不但停止打造船舰，还下令拆毁所有的远洋船只，并把海外殖民地拱手让给小小的欧洲夷邦。[①]
中国儒家官僚当权，刚刚萌生的工业革命之苗就这么枯萎了。

由此可知，中国的大一统有其利弊得失，直到现代也是如此。至今，就那些影响环境与人民的重大政策而言，中国仍摇摆不定。一方面，中国领导人解决问题的魄力远超过欧洲和美洲国家的领导人，例如为了减缓人口增长，推行计划生育政策，以及从 1998 年起禁止境内森林砍伐。另一方面，欧美也鲜少像中国那样，因决策错误造成更大规模的混乱，如"大跃进""文化大革命"。

至于中国的环境问题，结果会如何？由于时间差加上破坏变本加厉，在否极泰来之前必然备尝艰辛。自中国加入世界贸易组织之后，国际贸易更加活跃，关税减免，汽车、纺织品、农产品等商品进出口量增加，必然对中国有很大的影响。这样的影响有好有坏。中国的出口产品多是运往国外的成品，制造过程中产生

---

① 根据历史记载，三宝太监郑和率舰队在 1405—1433 年七下南洋，最远到达东非海岸，比哥伦布 1492 年发现新大陆早了将近 60 年。明成祖永乐帝于 1424 年驾崩之后，朝廷政争连年，结果文人出身的官吏在政争中得胜。为了防止阉党弄权，除了销毁郑和的航海记录，并在新皇帝的支持下，逐步解散海军。而后，明朝禁止民间建船，凡建造双桅船只者一律处死。1525 年，更明令拆毁所有远洋船只。——译者注

的污染物则留给自己,这种现象将有增无减。至于中国进口的东西,如垃圾或汽车,都是环境的杀手,这个趋势未来只会愈演愈烈。然而,世界贸易组织也有采取严格环境标准的成员,当它们从中国输入商品之时,必然会要求中国遵照国际环保标准。中国大量进口农产品,也能减少境内肥料、杀虫剂的使用量,并且渐渐放弃生产效能低的农地。同时,进口石油和天然气也可减少燃煤污染的问题。中国加入世界贸易组织有利有弊。虽然进口商品增加、国内生产减少,但环境破坏的问题并没有消失,而是转移到国外,木材由国内砍伐到大量进口就是一例(森林砍伐的恶果,则由那些以木材出口赚取外汇的国家承担)。

持悲观看法的人,已经注意到中国面临很多的危险和警示。其中一个危险就是中国仍以发展经济为先,把环境保护或可持续发展放在其次。中国民众的环境意识不高,这也和受教育程度有关。中国向来在教育上投资不多,与发达国家教育经费占国内生产总值的比率相比,中国的教育投资还不到发达国家的一半。① 虽然中国人口总数占全世界人口总数的20%,但对教育的投资只占全世界教育经费的1%。中国的大学学费昂贵,在21世纪初,一年学费约相当于一个城市工人(或者三个农民)一年的工资。此外,中国既有的环境法规较为零碎,难以有效落实,政府方面没有评估长期执行的结果,也缺乏系统方法。以正在快速消失的湿地为例,虽然已有相关法规,但没有一个整体架构来推进

---

① 公共教育经费占国内生产总值的比率,发达国家通常在5%甚至7%以上,而中国2017年为4.14%,仍未达到5%。——译者注

湿地保护的行动。此外，国家环境保护总局的地方官员由地方政府指派，而非由总局的高级长官派任，因此地方政府常常阻碍国家环境保护法令的推行。重要环境资源的价格过于低廉，反而鼓励浪费。例如百吨黄河水还不值一瓶矿泉水的价钱，引水灌溉的农民就没有节约的动机。此外，很多土地归政府所有，再租借给农民。农民也不是长期承租，因此不会想在土地上进行长期投资或好好爱惜土地。

中国的环境还面临着更多特别的危险。目前车辆数量大增，加上三个超大型工程计划、湿地快速消失，环境问题仍将是很大挑战。即使中国的人口总数维持稳定，每户人口数到 2015 年预计将减少为 2.7 人，家庭户数预计将增加 1.26 亿户（超过美国的家庭总户数）。由于中国居民开始变得富裕，消耗的鱼肉产品也越来越多，肉类生产和水产养殖造成的环境问题，如粪便污染和水的富营养化将更加严重。中国已是世界上最大的水产品生产国，全世界也只有中国的水产品大多来自水产养殖，较少食用野生鱼类（如海鱼）。

尽管中国环境状况不乐观，不过还是看得到希望。中国加入世界贸易组织，以及在 2008 年主办奥运会，已刺激中国政府更加关注环境问题。例如为了阻隔沙尘暴，减轻北京遭受沙尘暴袭击的程度，中国政府已着手在北京周边种植防护林带，这个"绿色长城"预计耗费 60 亿美元。此外，为了减轻北京的空气污染，北京市政府下令车辆改用天然气或液化石油气为燃料。中国只花一年多的时间就达成全面禁用含铅汽油的目标，欧洲和美国经过多年努力才达成这样的成果。最近中国决定实施汽车最低燃料效率标准,包括SUV(运动型多用途汽车)也须合乎这项标准,而且新车废气排放标准将比照欧洲。

中国已尽很大的努力来维护境内丰富的生物多样性,1757个自然保护区面积涵盖国土的13%,还有动物园、植物园、野生动物繁殖中心、自然博物馆、基因库和细胞库等。中国也大力推行合乎环保的传统技术,例如在中国南部推广水稻养鱼。在这种稻鱼共生的模式下,鱼的粪便可作为稻田的天然肥料,不但可增加水稻产量,更可控制病虫害和杂草,减少农药和人工肥料的用量,从而鱼米两得。如此不但可为膳食增添更多的蛋白质和碳水化合物,而且还可以避免破坏环境。中国的森林复育也取得了一番成绩,自1978年开始大规模造林,自1998年后全面禁止森林砍伐并推行森林保护计划,以减少发生特大洪水灾害的可能性。至于对抗荒漠化的努力,自1990年开始,中国已在将近15 000平方英里的土地上育林育草,以恢复天然植被及固定沙丘等方式抢救土地。自2000年开始中国还推动"退耕还林"和"退耕还草"工程,在陡坡、水土流失和风沙危害严重的耕地上优先实行,以遏止生态环境恶化。还地于林的农民可向政府申请粮食和生活补助。

中国的未来会是怎样的?像世界上其他国家一样,中国仍在摇摆,环境在人为破坏之下恶化,同时政府也在大力补救。从庞大的人口数量、飞快增长的经济和中国的政治制度来看,中国摇摆的幅度可能更大。这个结果不只影响中国,还影响全世界。我在撰写这一章的时候,心情起伏很大,一连串发生在中国的环境事件让人忧心,但看到中国强力推行环境保护措施,我又变得欣喜雀跃。中国幅员广阔，加上"自上而下"的决策形式，中国领导人的一举一动都会对中国、对世界产生重大影响，影响力远远超过多米尼加总统巴拉格尔。我个人以为，如果中国政府能了解环境问题甚至比人口增长问题更加急迫，以执行计划生育政策的魄力与效率来实施环境保护策略，那么中国应该能走向光明灿烂的未来。

第十三章

淘空澳大利亚？

煤矿、铁矿等矿产资源的挖掘是今日澳大利亚的经济命脉，矿业也为澳大利亚带来最多的出口收益。然而，矿产开采不但是澳大利亚环境史上最重要的一章，也是导致今日困境的根源。因为矿藏有限，不断开采之后，只会越来越少。由于地底下的金矿不会生出更多金子，所以淘金者不会考虑金子再生率的问题，只是拼命挖掘。淘金就像抢钱，越快越好，晚了就没了，直到金山淘空为止。矿产和其他可再生资源不同，例如森林和鱼类可以经由繁殖生生不息，表土也能一再更新。就可再生资源而言，如果消耗率小于再生率，就可取之不尽、用之不竭；反之，要是消耗率大于再生率，就像金矿中的金子，在不断开采下终有耗竭的一日。

澳大利亚对可再生资源的利用，就像开采矿产，消耗率大于再生率，这些资源因而越来越少。按照目前的速度来看，在澳大利亚的煤矿和铁矿开采完毕之前，这个大陆上的树将被砍得一棵不剩，鱼也都捕捞光了。明明可以再生的青山绿水，这么快就山穷水尽，实在讽刺。

不只是澳大利亚，还有很多国家也在拼命开采环境资源。本书这一系列针对过去和现代人类社会的探讨，以澳大利亚作为最后一个研究个案是很好的选择，原因如下：首先，澳大利亚属于发达国家，与本书大多数读者居住的地区一样，不像卢旺达、海地、多米尼加。而在发达国家中，比起美国、欧洲国家和日本等国，澳大利亚的人口和经济规模小很多，没那么复杂，因此比较容易掌握。再者，澳大利亚的生态环境特别脆弱，是发达国家中生态环境最脆弱的国家，或许仅次于冰岛。虽然澳大利亚目前看来不像前文中的卢旺达或海地那样动荡不安、岌岌可危，但有些环境问题如过度放牧、土壤盐碱化、土壤侵蚀、外来物种入侵、缺水和人为导致的旱灾等，在澳大利亚早已病入膏肓。这些问题已在发展中国家出现，发达国家也在劫难逃，总有一天也将遭遇这样的问题。可以说，澳大利亚的今日可能就是其他发达国家的明日，因此可作为借鉴。就世界各个地区的环境问题而言，有的是人类草莽无文、恣意破坏的结果，或是走到了穷途末路竭泽而渔；有的则是政府或企业腐败、贪婪的缘故。但澳大利亚的情况不同。澳大利亚人民教育普及，生活水平高，政治和经济制度都已上轨道，我相信澳大利亚还是有希望解决这些问题的。

以澳大利亚作为本章的主题还有一个好处：以澳大利亚为例，检视本书提到的导致生态衰颓或社会崩溃五点框架格外清楚。人为对澳大利亚环境造成的巨大冲击自不待言，加上气候变化的问题，更是雪上加霜。澳大利亚和英国贸易往来密切，很多方面常常向英国看齐，环境和人口政策因此受到英国很大的影响。现代澳大利亚曾经遭到轰炸,[①]但未曾真正遭遇敌人入侵,不过,澳大利亚的环境和人口政策仍不免受到外敌(包括潜在敌人)的影响。此外,澳大利亚也展现了文化价值观的力量。从环境受到的冲击来看,有些从外地输入的文化价值观到了澳大利亚"水土不服"。澳大利亚人也已开始认真思考这个重要问题:哪些传统核心价值观应该保留,哪些则已不合时宜?对于这个问题,他们或许比我知道的其他发达国家居民更为认真。

我选择澳大利亚作为本章主角还有一个原因:澳大利亚是我深爱的一个国家,这个国家就像是我的老朋友,因此我不但可从最贴近的角度来描述,也以同情的观点来看这片土地。我第一次前去澳大利亚是在1964年,当时是在前往新几内亚途中路过此地。自此之后,我去了几十次澳大利亚,还曾利用一年学术假期在澳大利亚首都堪培拉的澳大利亚国立大学做研究。在这期间,我爱上了那一大片美丽的尤加利树林。行走在高大的尤加利树之间,我的心中不禁充满宁静和惊奇。除了澳大利亚的尤加利树林,在这世上能给我这种感觉的只有两个地方,那就是蒙大拿的针叶林和新几内亚的雨林。如果我真要移民,只有澳大利亚和英国这两个国家会列入考虑。本书一系列的个案研究以我少年时期即钟爱的蒙大拿开始,我也希望以我青壮年之后深爱的地方作为结束。

[①] 澳大利亚遭到轰炸是指1942年2月19日,日军飞机轰炸澳大利亚北部的达尔文。——译者注

土壤

如果要了解现代人类社会对澳大利亚环境造成的冲击，可从环境特别重要的三个层面着手，即土壤（尤其是其所含的养分和盐分）、淡水资源以及距离的问题（包括澳大利亚各地之间的距离、澳大利亚和友邦或潜在敌人间的距离）。

一提到澳大利亚的环境问题，我们第一个想到的就是缺水和沙漠。事实上，澳大利亚的土壤问题甚至比缺水的问题还严重。澳大利亚是全世界农业生产力最低的国家之一：土壤最贫瘠，植物生长率也最低，因而生产力也最低。这是因为澳大利亚的土地大都非常古老，经过几十亿年雨水的冲刷，肥力已流失殆尽。现存最古老的岩石就是在澳大利亚西部默奇森山脉发现的，已有40亿年以上的历史。

肥力流失的土壤并非没有起死回生的可能。地壳有三种主要活动，都可使土地重新获得肥力，可惜澳大利亚都没有。第一种是火山爆发。火山喷发的火山灰富含养分，对土壤来说是最好的天然肥料，可使之从贫瘠转为肥沃。火山爆发为许多地区带来肥沃的土壤，如爪哇、日本和夏威夷，但是澳大利亚只有东部一小部分地区在近一亿年有火山活动。第二种是冰川活动。冰川带前进和后退的磨蚀作用可带来养分，土壤因此可变得肥沃。北美洲将近一半的土地（约700万平方英里）在近100万年间都曾遭受冰川活动的影响，但澳大利亚曾被冰川覆盖的土地还不到总面积的1%——只有东南部阿尔卑斯山的20平方英里和离岸岛屿塔斯马尼亚岛的1 000平方英里。第三，地壳缓慢上升也会带来新的土壤，北美洲、印度和欧洲大部分的沃土就是这么来的。但是，澳大利亚在这一亿年间上升的地壳面积相当有限，主要在东南部的大分水岭（维多利亚州和新南威尔士州）以及南部的阿德莱德一带（见第463页地图）。澳大利亚大多数地区土壤贫瘠，少数几个例外地区因有火山活动、冰川活动，土壤特别肥沃，使得现代澳大利亚农业生产力的分布严重失衡。

澳大利亚土壤平均生产力低对农业、林业和渔业经济的发展很不利。澳大利亚土壤起初还比较丰美肥沃，就像欧洲农业兴起之初的耕地，但澳大利亚土壤中的养分很快就耗尽了。最初的澳大利亚农民并不知这块土壤中的养分就像矿藏，用完就没有了，无法再生。接下来，作物所需的养分都得靠人工肥料，农业生产成本比世界其他土壤肥沃的农业区来得高。土壤贫瘠代表生长力低，平均产量也低。因此，若在澳大利亚要有一定的产量，就得耕耘更大面积的土地，农业机械如拖拉机、播种机和收割机等需要的燃料也相应增加。澳大利亚西南部是重要的农业区，是澳大利亚的小麦种植区，土壤几无肥力可言，所有的养分都来自人工肥料。换句话说，这个小麦种植区犹如一个巨大的花盆，沙土不过是基质，作物生长全靠人工添加的养分。

由于大量使用人工肥料和燃料，澳大利亚的农业成本非常高。尽管海外进口的农产品必须加上运输成本，澳大利亚生产的农产品还是无法和进口农产品在本地市场竞争。举例来说，在全球化的今天，就算在巴西种橙子，然后把浓缩的橙汁运到8 000英里外的澳大利亚，成本也相对低廉，在澳大利亚自产自销反而划不来。猪肉和火腿也是，从加拿大进口要比澳大利亚本地生产来得便宜。然而，如果是高附加价值的产品，生产成本没有特别高，

第三部分 现代社会　　463

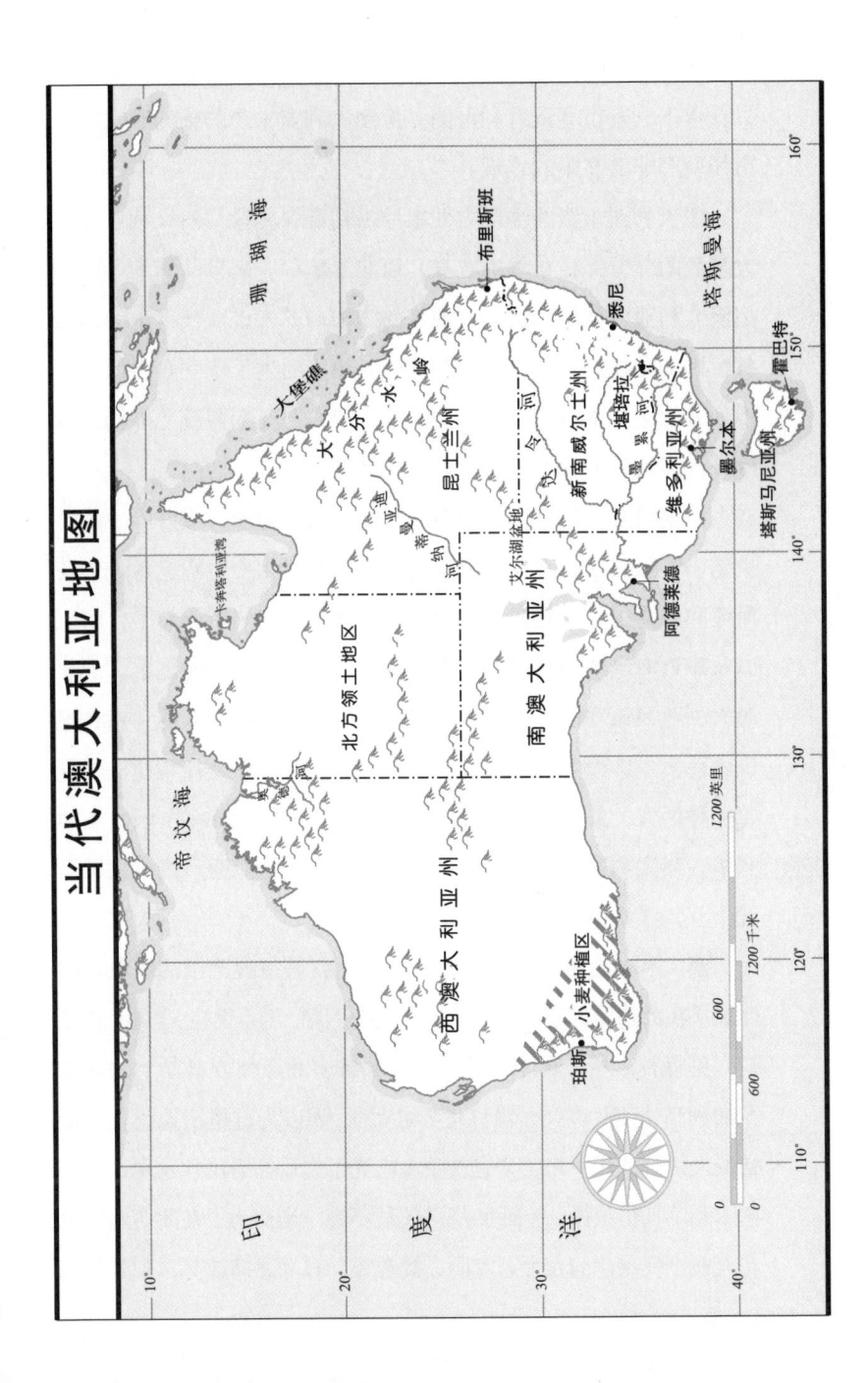

当代澳大利亚地图

珊瑚海
大堡礁
大分水岭
布里斯班
悉尼
塔斯曼海
霍巴特
卡奔塔利亚湾
阿纳姆地
昆士兰州
达令河
新南威尔士州
堪培拉
墨累河
维多利亚州
墨尔本
帝汶海
艾尔湖盆地
阿德莱德
塔斯马尼亚州
北方领土地区
南澳大利亚州
西澳大利亚州
小麦种植区
珀斯
印度洋

只要攻下利基市场就有利可图，像澳大利亚生产的葡萄酒在海外市场就有非常亮眼的表现。

澳大利亚土壤的生产力低也冲击到混农林业。澳大利亚森林大多数的养分保存在林木本身，而非土壤中。来自欧洲的殖民者把澳大利亚的原始林砍光，现代的澳大利亚人也砍伐再生的自然林，再加上他们对混农林业的投资，树木的生长率一直很低，远不如其他生产木材的国家。像原产于澳大利亚的蓝胶尤加利，在海外许多地区的栽种成本反而更为低廉。

我很讶异，第三个受冲击的层面竟然是渔业，或许不少读者也觉得不可思议。渔业和土壤的生产力有何相干？毕竟鱼是活在河流和海洋中，不是在土壤中生长。然而，我们不要忘了，河流以及靠近海岸线的海洋养分都来自被河水冲刷下来的土壤。由于澳大利亚河流和沿海所含养分很少，鱼类资源就像农地和森林很快就耗竭了。因为过度捕捞，澳大利亚的海产不到几年便一种接着一种消失，最后变得没有经济效益。在世界200多个国家和地区中，澳大利亚的渔场面积排世界第三，但是渔业产值排世界第五十五，淡水渔业就更微不足道了。

澳大利亚土壤生产力还有一个特点就是呈现肥沃的假象，因此最早在此殖民的欧洲人没有察觉这个问题。他们踏上这块土地之初，见森林广袤，林木高耸入云（如维多利亚州吉普斯兰的蓝胶尤加利高达400英尺，堪称世界之最），误以为这里遍地沃土。最初的大树被砍伐下来，草也被牛羊吃光了之后，居民才发现这里的树木和草长得很慢，土地的经济效益不高。当初为了在此落地生根，花大钱投资兴建的农舍、家园、篱笆等，只好忍痛放弃，到其他地方重新开始。从殖民早期至今，对澳大利亚土地的利用常常没有好结局，一次次堕入土地清理、投资、破产、放弃的轮回。

澳大利亚农业、林业、渔业的种种问题以及土地开发失败，罪魁祸首都是土壤生产力低。澳大利亚还有很多地区的土壤不只是肥力低而已，还存在盐度过高的问题。澳大利亚土壤盐度高的原因有三：西南部小麦种植区土壤的盐分源自几百万年来印度洋吹来的海风；至于澳大利亚东南部，另一个可与小麦种植区媲美、产量最高的农业区，亦即澳大利亚最长的水系墨累-达令河，因地势低洼，下游经常遭到海水倒灌，水退之后盐分大都留了下来；东部内陆还有一个盆地本来是不能入海的淡水湖，水分蒸发之后，湖水盐度慢慢升高（就像美国犹他州的大盐湖和中东内陆的咸水湖死海），最后完全干涸，土地的盐分就被风吹到澳大利亚东部其他地方。澳大利亚有些地区每平方码的土地含有高达200磅以上的盐。我们会在后面继续讨论盐对土壤的影响。简言之，林地清理和农田灌溉都会使表土盐碱化，最后土地变成不毛之地，无法生长任何作物（见插图25）。最初在澳大利亚耕种的农民没有土壤化学分析的技术，不知道土壤有多贫瘠，同样也对土壤中的盐分一无所知，结果就在农民辛苦耕种之下，土壤肥力渐渐丧失，盐碱化问题也日益严重。

水

澳大利亚土壤贫瘠和盐碱化不是那么显而易见，最初在澳大利亚耕种的农民不知道，澳大利亚以外的民众也不清楚，但澳大利亚缺水倒是举世闻名，尽人皆知。一提到澳大利亚，大多数人第一个联想到的就是沙漠。澳大利亚大部分地区降雨很少，极度干旱，不灌溉根本无法发展农业。至今，澳大利亚还有一大片土地既无法耕种，也不能放牧。即使是生产粮食的地区，靠近海岸的降雨量还是比靠内陆的地区来得多。如果我们从海岸往内陆走，首先看到的是农田，澳大利亚半数的牛就在这里牧养，放牧率很高；再往内走，就可看到牧羊场；继续走下去，又可看到养牛场（澳大利亚另一半的牛就在这里牧养，但此地放牧率极低），虽然这里的雨量比养羊区更少，但是养牛还有经济效益；最后走到内陆深处就是沙漠，完全不可能发展任何形式的农牧业。

澳大利亚除了平均降雨量低，雨期也难以捉摸。雨季稳定是有助于农业发展的条件之一，例如我居住的加州南部，几乎可以百分之百确定冬天会下雨，夏天则没有几滴雨。在世界其他农业地带，不只有雨季，而且每年雨季到来的时间也差不多，严重干旱很罕见。农民每年在固定的季节播种、耕耘，作物在雨水滋润之下渐渐成熟。

然而，澳大利亚大部分地区的降雨状况端视"恩索现象"（即厄尔尼诺与南方涛动，是发生在赤道海洋地区的一种气候现象）而定，不但10年间每年的降雨难以预期，甚至每10年还有很大的变化。最初在澳大利亚殖民的欧洲农民和牧人，并不知道澳大利亚气候受到"恩索现象"影响。当时欧洲人未察觉厄尔尼诺的发生，直到近几十年气象专家才知道这是怎么回事。在澳大利亚很多地区，最初的农民和牧民开始耕种、放牧之时，连年风调雨顺，他们因而以为此地气候良好。所谓福兮祸之所伏，这只是假象，欺骗了最初殖民者的眼睛。事实上，在一年中，澳大利亚大多数农地只有一小段时间有充分的雨水可使作物成熟，大部分地区有雨水的日子还不到半年，有些农业区甚至10年中只有2年可摆脱干旱的命运。这使得澳大利亚农业成本很高，不符合经济效益：农民辛勤播种、耕耘，但有半数以上的年头歉收，等于是做白工。即使有收成，农民在收成之后，继续播种、耙土，把杂草铲除，土壤就变得裸露。如果作物无法成熟，农民就任由土壤裸露，甚至不用杂草覆盖，土壤就会遭受侵蚀，形成另一个窘况。因此，澳大利亚降雨的难以预料，短期内不但使生产成本变高，长期下来也会增加土壤侵蚀的问题。

澳大利亚不受"恩索现象"影响的地带主要是西南部小麦种植区，至少近年来该地区冬季的降雨还算稳定，几乎年年可以丰收。由于此地降雨稳定，近几十年来，小麦生产异军突起，超越羊毛和肉类，成为澳大利亚最有价值的农业出口商品。如前所述，澳大利亚小麦种植区的土壤条件其实很差，不但贫瘠而且盐度颇高，幸好冬天降雨稳定。然而，这几年由于全球气候变化，澳大利亚西南部的降雨也变得难以预测。自1973年开始，小麦种植区的降雨急剧减少，虽然夏天雨量变多了，但雨落在收割后裸露的地面，反而造成土壤盐碱化。就如第一章讨论蒙大拿境况提到的，在全球气候变化之下，有赢家也有输家，蒙大拿虽是输家，但是澳大利亚将输得更惨。

距离决定一切

澳大利亚大多位于温带气候区，但离其他温带气候国家有好几千英里，因此澳大利亚潜在的海外市场都很遥远。澳大利亚历史学家曾言，澳大利亚发展的一大缺点就是"残酷的距离"，处处受限于距离。由于海运距离长，如果澳大利亚要将商品运往欧洲，每磅或一单位体积的运输费用会比从新大陆运往欧洲更高，因此出口商品必须体积小、价值高才有经济效益。从19世纪开始，矿产和羊毛就是澳大利亚的主要出口商品。1900年左右，澳大利亚食品可通过冷冻货柜出口，澳大利亚才开始输出肉制品，输出国家以英国为主。（我有一个澳大利亚友人在肉制品加工厂工作。这个对英国没有好感的澳大利亚人告诉我，他和几个要好的同事有时会在一批准备运往英国的冷冻肝脏中偷偷放入一两颗胆囊。工厂对小羔羊的定义是：如果供应家乡消费者，那么就是6个月即宰杀的羔羊，肉质鲜嫩无腥膻味；如果出口到英国，在18个月以下的羊都是小羔羊。）今天澳大利亚的主要出口商品仍是体积小、价值高的货物，如钢铁、矿产、羊毛和小麦；近一二十年来，酒类和澳大利亚坚果（别名夏威夷果）也成了出口大宗。澳大利亚也输出不少有独特用途的作物，如杜兰麦（质地坚硬，特别适合做意大利面）等高质量小麦，或不使用农药等化学药剂的小麦和牛肉产品。这些产品虽然体积较大，但是价值高，可以在利基市场攻下一席之地，海外的消费者也愿意多花点钱购买。

还有一个距离的问题，也就是澳大利亚国内各地之间的距离。澳大利亚有生产力的农业区或适合居住的地区不多，而且分散四处：澳大利亚人口虽然只有美国的1/14，但其分布面积相当于美国本土的48个州。由于澳大利亚国内运输成本高，必须花费昂贵才能拥有发达国家的生活水平。例如要使家家户户和每家公司都有电话，铺设全国电话路线就是极其浩大的工程，甚至必须在几百英里外的荒漠设站。今日澳大利亚是全世界城市化程度最高的国家，58%的人口集中在五大城市。（根据1999年的人口统计数字，悉尼有400万人、墨尔本有340万人、布里斯班有160万人、珀斯有140万人、阿德莱德有110万人。）在这五大城市中，位于西澳的珀斯可以说是全世界最孤立的大城市，方圆1000英里内没有其他大城市（就连最近的阿德莱德也远在东边的1300英里处）。难怪澳大利亚最大的两家公司——澳大利亚国立航空公司和澳大利亚电信公司都致力于拉近澳大利亚境内各地的距离。

　　由于澳大利亚境内各地受距离的影响极大，加上干旱的问题，银行等企业在偏远市镇的分支机构经营不易，一家接着一家关闭。很多医生从这些偏远市镇离开，也是出于同样的原因。欧美有大城市，也有中等规模的市镇和小村子，但在澳大利亚则呈两极化——有大城市，也有小村子，但中等规模的市镇越来越少。大多数澳大利亚人不是住在仅有的几个大城市，享受发达国家的便利生活，就是在偏远的小村子里过日子，没有银行、医院，完全不像发达国家的居民。澳大利亚的气候难以预测，干旱一来有时就是5个年头。澳大利亚的小村子通常只有几百位居民，也没有什么商业活动，撑过5年干旱并非难事。大都市因有整合经济互通有无，加上集水区大，也能熬过5年干旱。如果中型市镇5年干旱无雨就完了，中型市镇的商业机构将因缺水而难以运作，这样的市镇不但无法和较远的城市竞争，也很难扩展规模整合成大的集水区。事实上，大多数澳大利亚人对澳大利亚的大环境依赖不多：他们只集中在5个地点——和外面世界相连的5大城市，而不是遍布于辽阔的澳大利亚。

早期发展史

过去欧洲国家建立海外殖民地，目的不外乎谋求经济利益和争取策略优势。至于殖民地点，有些只是和当地居民交易的贸易站，没有几个欧洲人定居。欧洲人真的愿意拖家带口、漂洋过海的定居之处，通常是他们认为大有可为，有望发展成一个繁荣富足的社会的地区，或者至少是可以自给自足的地方。但澳大利亚是个例外，有几十年的时间，来到这里的移民不是为了寻求财富，而是被迫来到这里。

澳大利亚现代社会的前身就是英国犯人的流放地。18世纪，英国监狱人满为患，为了防止犯人叛乱，英国就把这些犯人流放到澳大利亚，以缓解国内社会罪犯激增的压力。在那个时代，英国罪犯过多的原因在于法律过于严厉，偷窃40先令以上者即判死刑，而法官倾向以偷窃39先令治罪，给人一条生路。因为偷窃和无法偿还债款等轻罪被判刑的人很多，监狱爆满，英国政府于是将海军淘汰下来的木帆船改装为监狱船。1783年之前，有些罪犯被流放到北美洲做"白奴"（即契约佣工），监狱的压力稍解。不过那时到北美洲的英国人并非全是被流放的犯人，也有追求财富和宗教自由的自愿移民者。

美国独立战争之后，英国缓解罪犯人口压力的调节阀被关掉了，只好另想办法。在英国一开始考虑的地点中，最有可能的有两个：一个位于热带西非甘比亚河以北 400 英里，另一个则在现在的南非和纳米比亚边界的奥兰治河河口沙漠地区。只要用点儿头脑思考，就会发现这两个地方都不可行。还有一个备案则是澳大利亚的植物湾，离现在的悉尼不远。1770 年库克船长才发现这个大陆，这个地点似乎不错。因此，英国政府就在 1788 年派遣第一舰队载运第一批移民前往澳大利亚。这些人主要是罪犯，另外还有看守这些犯人的海军官兵、官员和他们的眷属等。在往后的 60 年中，澳大利亚犹如一座大监狱，除了犯人就是看管罪犯的军人，直到 1868 年英国才停止运送犯人至澳大利亚。

由于罪犯人数渐多，除了悉尼，澳大利亚海岸还有 4 个地点是犯人集中地，位于今日的墨尔本、布里斯班、珀斯和霍巴特附近。这几个聚集地后来成为 5 个殖民地核心，皆由英国治理，最后演变为现代澳大利亚 6 个州当中的 5 个：新南威尔士州、维多利亚州、昆士兰州、西澳大利亚州和塔斯马尼亚州。英国政府选择这几个地点主要是考虑当地有港口或河流，而不是为了发展农业。事实上，这几个地点都不适合发展农业，甚至连居民生活所需的粮食也无法生产出来，因此英国必须借由港口或河流运送粮食给这里的罪犯、士兵和官员。南澳大利亚州的核心城市阿德莱德是例外，该地由于地壳上升，土壤肥沃，加上冬季有可靠的降雨，吸引了德国移民来此耕种。澳大利亚的早期移民是清一色的英国人，只有阿德莱德的移民是德国人。墨尔本东边土壤贫瘠，1803 年曾有一群犯人在此建立农场，结果一无所获；墨尔本西边的土壤就很肥沃，在 1835 年已发展出成功的农业村落。

英国人在澳大利亚最初的斩获来自捕猎海豹和鲸，羊则是他们下一个财源。1813年,有人越过悉尼以西60英里的蓝山,发现山的那一边绿草如茵,可做牧场,于是大量养羊,生产高质量羊毛,因而获利不少。然而,在19世纪40年代之前,整个澳大利亚还是无法自给自足,必须仰赖英国补给粮食。1851年起出现淘金热潮,澳大利亚自此从流放犯人的穷乡僻壤摇身一变成为人人向往的黄金大陆①。

　　欧洲人在1788年才开始在澳大利亚落脚,但澳大利亚的原住民已在这个大陆定居了4万年以上,知道如何克服恶劣的环境,实现可持续发展。在欧洲人占领的几个地点(犯人营)或后来发展成农地的居处,澳大利亚白人很少利用原住民,不像美洲白人那样利用印第安人。美国东部的印第安人至少还是农民,在欧洲殖民者刚来的头几年,他们就是靠印第安人的作物存活下去的,后来白人才种出自己的作物。之后,美洲的白人农民却视印第安农民为对手,不是把他们杀了,就是把他们赶出去。虽然澳大利亚原住民不是农民,也没为欧洲白人供给粮食,但是一样遭到杀害或驱逐。澳大利亚白人的发展策略是向可以耕种的土地扩张。他们这么一路扩展下去,不久就发现有些地方过于干燥,无法发展农业,但还可以放牧。这时候他们终于发觉原住民可以帮他们看守羊群。在澳大利亚养羊不像在冰岛、新西兰没有天敌,这里必须时时当心羊群遭到澳大利亚野狗的袭击。澳大利亚白人工人不足,原住民正好能填补这个人力缺口。有些原住民也为捕鲸者、海豹猎人、渔夫、海岸贸易商等效力。

---

① 1851—1861年,澳大利亚的黄金产量几乎占世界的一半。——译者注

文化价值观

正如格陵兰岛和冰岛的维京人把挪威的文化价值观带到殖民地（参看本书第六章至第八章），英国人也把英国的文化价值观带到了澳大利亚。如冰岛和格陵兰岛一样，澳大利亚对欧洲殖民者带去的文化价值观也产生了"水土不服"的现象，有些后遗症今天还看得到。其中对澳大利亚影响最大的文化价值观有如下5种：饲养绵羊、兔子和狐狸的引进、本土植物、土地价值观，以及对英国的认同。

18世纪的英国几乎不生产羊毛，英国所需的羊毛是从西班牙和德国的萨克森进口的。拿破仑战争爆发后，羊毛贸易路线被切断，这时刚好是英国殖民澳大利亚的初期。英国国王乔治三世特别重视这个问题，他暗中支持走私西班牙的美利奴羊到英国，然后再把一些羊送到澳大利亚。这就是澳大利亚羊毛业发展的起点，澳大利亚因而渐渐成为英国羊毛的主要来源地。1820—1950年，因为羊毛体积小、价值高，得以克服距离障碍，成为出口大宗，在海外市场崭露头角。澳大利亚其他体积大的商品就没有这样的竞争优势。

今天澳大利亚可以生产粮食的土地有一大部分也同时牧羊。这种牧羊农业在澳大利亚文化中根深蒂固，没有一个政治人物可以轻视乡村牧羊民众的选票。澳大利亚土地其实不适合牧羊：起先看起来茂密或经过一番清理后可种出一大片碧绿青草的草地，土地生产力很低（如前所述），因此牧羊人只是不断消耗土地肥力。很多牧场土地就这样耗竭，变成不毛之地。澳大利亚目前的牧羊业其实处于亏损状态（后文会讨论）。过度放牧对土地的伤害很大，易造成土地退化（见插图26）。

近年来有人提议干脆不要养羊，改为养袋鼠。不像羊是从外地输入，袋鼠是澳大利亚本土物种，早已适应澳大利亚的植物和气候。还有人说，袋鼠是软蹄动物，不像羊蹄那么硬，蹄子比较不会伤害土地，而且袋鼠肉精瘦健康、美味可口（至少总是让我大快朵颐）。袋鼠肉是佳肴，袋鼠皮更能制成高档的皮革制品。因此，袋鼠牧场似乎可取代牧羊场成为澳大利亚畜牧业的新星。

然而，由于袋鼠本身特质及文化障碍，袋鼠要取代绵羊成为澳大利亚牧场的新宠还是不容易。首先，袋鼠不像绵羊那么温驯，这些活蹦乱跳的家伙不会听从牧羊人和牧羊犬指挥，也不可能乖乖地排成一列跳上货车好运往屠宰场。如果你要经营袋鼠牧场，必得雇用猎人拿着枪一天到晚追逐这些家伙。其次，袋鼠除了很会跳远，更是跳高好手，轻轻松松就能跳过高高的围篱。例如你辛辛苦苦在牧场内繁殖了一大群袋鼠，后来因为干旱，你牧场上的袋鼠想搬家，一下子就能跑到30英里之外，在别人的牧场落脚。再次，虽然德国人吃袋鼠肉，有些肉可销往那里，但其他地区就不见得愿意进口，就连澳大利亚人自己也比较爱吃牛羊肉。最后，很多澳大利亚动物保护人士反对屠杀袋鼠，却忘了牧场饲养的牛羊不但生活环境比不上野生袋鼠，宰杀方式更是残忍。在美国人眼里，袋鼠是可爱的动物，加上一位议员夫人听说袋鼠濒临灭绝而为袋鼠请命，所以美国不愿进口袋鼠肉。有几种袋鼠的确濒临灭绝，但目前在澳大利亚宰杀的那几种，其实已经多到泛滥成灾。澳大利亚政府对袋鼠的宰杀有严格规定，也有配额限制。

外地引进的羊对澳大利亚来说利弊参半，兔子和狐狸的引进则有百害而无一利。来澳大利亚殖民的英国人发现他们对此地的环境和动植物很陌生，和故乡迥然不同，由于思乡情切，就从欧洲引进各种他们熟悉的动植物。他们引进了很多鸟类，结果只有两种遍布澳大利亚各地，也就是家雀和椋鸟，其他如乌鸫、画眉、树麻雀、金翅雀和绿金翅只在澳大利亚几个地方繁衍。不管如何，这些鸟类对澳大利亚大抵无害。兔子就不同了，因为没有天敌，它们肆无忌惮地繁衍，数量大得吓人，牧场上一半的青草都被它们吃掉了，牛羊反而挨饿（见插图27）。欧洲移民登陆澳大利亚后抑制原住民烧荒，加上放牧，栖息地环境因此改变。尤其是兔子和狐狸的引进，对澳大利亚本土的小型哺乳动物影响很大，很多都因此灭绝或数量大减。狐狸对这些小型哺乳动物垂涎三尺，而兔子也会和食草动物争夺食物。

澳大利亚几乎同时从欧洲引进了兔子和狐狸，我们仍不清楚是为了英国传统猎狐活动而引进狐狸，然后又引进兔子作为狐狸的猎物，还是为了狩猎作乐或让澳大利亚乡野看起来比较有英国风，而把兔子带进澳大利亚，然后为了控制兔子数量而引进狐狸。不管怎么说，兔子和狐狸的大量繁衍已成为澳大利亚人的梦魇。很难想象，当初移民者引进这两种动物只是为了解闷。更令人感到不可思议的是，澳大利亚人为引进兔子还真是锲而不舍：头四次带的是温驯的小白兔，它们无法在澳大利亚存活，第五次输入西班牙野兔才成功。

澳大利亚人引进的兔子和狐狸大量繁殖，不久就泛滥成灾。直到今天，澳大利亚人仍为控制这些动物的数量而大伤脑筋。对狐狸，他们以毒药或陷阱来对付；至于澳大利亚人的野兔大作战，看过近年上映的澳大利亚电影《漫漫回家路》①的观众，应该会对片中那长得不得了的兔篱笆有深刻印象——20世纪初，为了抵挡泛滥成灾的野兔，澳大利亚政府修筑了一条横贯西部的篱笆。澳大利亚农民麦金托什告诉我，他为自己的农场绘制了一张地图，将上面几千个兔子巢穴全部标示出来。他先用挖土机一个个铲除，然后再回去检查，如果发现兔子卷土重来，就用火药把巢穴炸开，炸死里面的兔子，再用泥土把巢穴填平。费尽千辛万苦，他终于摧毁了3 000个兔子巢穴。澳大利亚人为引进兔子付出了惨痛的代价，然而兔子还是生生不息、泛滥成灾。数十年前，科学家研究出以多发性黏液瘤病毒消灭兔子的绝招，一时之间消灭了澳大利亚90%以上的兔子。但不久后兔子产生了抵抗力，种群数目又渐渐回升。这场兔子大战没完没了，目前科学家正在尝试利用杯状病毒来对抗兔子。

移民澳大利亚的英国人看不惯澳大利亚的袋鼠和采蜜鸟，于是引进兔子和乌鸫以解思乡之情。此外，尤加利树和刺槐的外观、色泽和叶子都与英国常见的树木大不相同。有些移民把土地上的树木清理掉，除了眼不见为净，也是为了开垦、耕种。一直到20年前，澳大利亚政府还对清理土地的农民给予补助，更要求向政府租地的农民必须把土地清理干净。（澳大利亚很多农地

---

① 《漫漫回家路》，2002年上映，由曾拍摄《沉静的美国人》《爱国者游戏》的澳大利亚导演诺伊斯执导，描述20世纪初澳大利亚对黑人采取不人道的隔离政策，企图"漂白"澳大利亚人口的灰暗历史。影片由真人真事改编，讲述勇敢的黑人女孩带着两个妹妹逃离管训营，沿着兔篱笆远走1 500英里，最后终于重回母亲怀抱。——译者注

的所有权人不是农民而是政府，政府再将农地出租给农民。）向政府租地的农民为清理土地投资的农具和劳力，都可获得租税减免，租约也规定了他们必须清理的土地面积，如不按照合约清理土地，就会遭到解约。因此，农民和商人只要买下或租下一块不适合耕作的土地，把上面的原始植被清除掉，种几株小麦，耗竭土壤肥力，然后放弃这块土地，就可以发财。今天，澳大利亚人终于了解当地原生的植物不但独一无二，也濒临灭绝，而土地清理就是导致土壤盐碱度升高、土地退化的两大主因。直到不久前澳大利亚政府还拿钱要求农民清除当地植物，一想到就令人扼腕。澳大利亚政府终于了解今是而昨非，聘用像迈克·杨这样的生态经济学家，来计算澳大利亚有多少土地因土地清理而失去价值。迈克·杨告诉我，他少年时曾帮父亲清理家里的农场土地。他和父亲一人开一部拖拉机，两部拖拉机平行前进，中间连着一条锁链，可以一边行进一边拔除土地上的植被，清理干净后再种植作物，他们家因而可以减免一大笔租税。要不是这种租税优惠，农民才不会费力去清理这么多土地。

来到澳大利亚的移民购买土地或向政府租地，土地价格参照英国的标准，以英国肥沃的土壤来估算澳大利亚土地的投资回报率。在澳大利亚这意味着土地"过度资本化"，也就是土地发展农业的经济效益不及购买或租赁的价格。农民贷款买下或租下土地之后，由于土地过度资本化，需要负担的利息很高，因此必须竭尽所能地利用土地，以求回本。本来每英亩的土地最多只能饲养一定数量的羊群，或种植一定数量的小麦，农民却拼命饲养或种植，远超过土地所能负荷的程度。这种做法就是所谓的"鞭笞土地"。澳大利亚土地过度资本化源于英国的文化价值观（货币价值观和价值系统），因而面临过度放牧、土壤侵蚀、农民破产、农地废弃等问题。

来自英国的移民无视澳大利亚土地生产力低，以英国土地价值高估了澳大利亚土地，因此非常重视农业价值。由于这样的价值观，现代澳大利亚政治存在一个更难以解决的内在问题：澳大利亚宪法给予乡村地区农民较大的选票比例。像"乡村人诚实，城里人狡诈"的迷思，在澳大利亚甚至比在欧洲和美国还流行。如果农民破产，必然是遭遇不可抗力（如旱灾）；城里人破产必然是自作孽，干了什么见不得人的勾当，才有这样的报应。澳大利亚以农为尊，并给乡村地区农民较大的选票比例，忽略了前面提到的一个现实：澳大利亚已是城市化程度很高的国家。受这样的价值观引导，政府长期支持利用环境的做法，如土地清理与间接补助经济效益差的农村地区，忽视了环境的可持续发展。澳大利亚移民绝大多数来自英国和爱尔兰，直到50年前才有转变。今天很多澳大利亚人仍觉得和英国有血浓于水的关系。如果有人批评这样的心态不对，澳大利亚人总是义愤填膺。澳大利亚人自以为义不容辞的事，在外人眼中却是多此一举，不一定合乎澳大利亚的最佳利益。在20世纪的两次世界大战中，英国向德国宣战，澳大利亚也表示和德国势不两立。事实上，就第一次世界大战来看，澳大利亚离欧洲战场很远，根本就是局外人（顶多给了澳大利亚借口，让他们进军德国在新几内亚的殖民地）。至于第二次世界大战，在英国和德国开打时，即使澳大利亚仍对上一次大战的死伤惨重记忆犹新，还是毫不迟疑地出兵帮助英国。对澳大利亚（以及新西兰）来说，最重要的法定假日就是4月25日的澳新军团日，纪念1915年在土耳其加利波利牺牲的澳新军团将士。当时因英国将军领导不力，跟着冲锋陷阵的澳新军团伤亡惨重，没能拿下加利波利半岛。对澳大利亚人而言，浴血加利波利象征他们的国家已经"长大成人"，可以出兵支持英国，也可以向世界宣示：澳大利亚是一个联邦，而非6个各自独立的殖民地。对我这个世代的美国人来说，我们曾经历1941年12月7日的珍珠港事件，可以了解加利波利对澳大利亚人的意义。因为珍珠港事件，美国人在一夜之间团结起来，决心参战，不再抱守孤立的外交政策。不过，珍珠港是美国自家后门，加利波利却远在地球另一头，甚至在赤道另一边：像加利波利这么一个遥远的地方，和澳大利亚的利益又有什么相干？

然而，澳大利亚人今天仍和过去一样，一心向着英国。我在1964年初次造访澳大利亚之前，已在英国待过4年，我发现澳大利亚建筑和人民心态甚至比今日的英国还要英国。澳大利亚政府过去每年提交名单给英国，请女王封爵（这种做法直到1973年才废止）。对澳大利亚人来说，能得到女王封爵是至高无上的荣耀。至今英国仍指派总督到澳大利亚代表女王行使政治义务，英国驻澳总督有权罢免澳大利亚总理，如澳大利亚总理魏德伦在1975年就遭到总督罢免。20世纪70年代以前，澳大利亚仍然坚持"白澳政策"，禁止亚洲邻国人民移民澳大利亚，这种政策当然使亚洲邻国反感。近25年来，澳大利亚与亚洲邻国的互动大有改善，开始接受亚洲移民，敦亲睦邻，与亚洲贸易伙伴往来密切。如今在澳大利亚出口市场的排序中，英国已下降到第八位，排在日本、中国、韩国、新加坡和中国台湾地区之后。

贸易与移民

澳大利亚自认是英属国家,还是更偏向亚洲?这个问题关乎本书的一个重要主题:对一个社会的稳定来说,其敌友都很关键。在澳大利亚人的认知中,哪些国家是友邦?哪些国家是贸易伙伴?还有哪些国家是敌人?这种认知又有什么影响?让我们先从澳大利亚的贸易说起,再论及澳大利亚的移民政策。

从19世纪初到20世纪50年代,在这100多年间,农产品一直是澳大利亚的主要出口产品(尤其是羊毛),其次是矿产。今天澳大利亚虽然仍是世界最大的羊毛生产国,但由于合成纤维的竞争,澳大利亚的羊毛产量和海外需求量都不断减少。1970年,澳大利亚的牧羊业达到巅峰,那时共有1.8亿头羊(平均每一个澳大利亚人可分到14头羊),之后数量逐渐减少。澳大利亚生产的羊毛几乎全部用来出口,主要输往中国内地和香港地区。其他重要出口农产品包括小麦(主要销往俄罗斯、中国和印度)、杜兰麦、葡萄酒和有机牛肉等。现在澳大利亚生产的粮食除了供应国内,还有余粮出口,澳大利亚是粮食净出口国。由于澳大利亚人口不断增加,所需粮食越来越多,照这个趋势发展下去,澳大利亚总有一天会变成粮食净进口国。

现在羊毛和其他农产品为澳大利亚赚取的外汇已落到第三位,次于矿产(第一位)和旅游业(第二位)。最有出口价值的矿产是煤,往下依序为金、铁、铝。澳大利亚是世界最大的煤炭生产国,铀、铅、银、锌、钛、钽的储量也是世界第一,煤、铁、铝、铜、镍和钻石的储量亦高居全世界前六位。澳大利亚的煤、铁储量短期看来仍取之不尽、用之不竭。过去澳大利亚矿产多输出至英国等欧洲国家，现在亚洲国家从澳大利亚进口的矿产量几乎是欧洲国家的5倍。目前澳大利亚出口产品的前三大客户依序是日本、韩国及中国台湾地区。澳大利亚出产的煤、铁和铝几乎有一半销往日本。

简言之，过去半个世纪以来，澳大利亚最主要的出口商品已从农产品变成矿产品，而最主要的贸易伙伴也从欧洲国家变成亚洲国家。美国一向是澳大利亚进口商品的第一大供应国，也是澳大利亚出口产品的第二大进口国（仅次于日本）。

除了主要贸易伙伴变了，澳大利亚移民政策也发生大逆转。虽然澳大利亚国土面积和美国相当，人口却少得多（目前只有2 000万左右），原因很明显：澳大利亚环境生产力低，养活不了那么多人。尽管如此，在20世纪50年代，不少澳大利亚人（包括澳大利亚领导人）看到邻近亚洲国家个个人口繁茂（尤其是有2亿人口的印度尼西亚），不禁为澳大利亚的人口稀少感到忧心。澳大利亚的移民政策也受到第二次世界大战的影响。轰炸澳大利亚的日本虽然距离较远，但也是人口稠密的国家。相较于邻国，很多澳大利亚人认为他们的人口实在少得可怜，会成为生存的一大威胁，如果不赶快把这个空旷的陆地填满人，就可能成为印度尼西亚扩张的对象。因此，在20世纪五六十年代，吸引移民便成为澳大利亚的公共政策。

澳大利亚要吸引移民，就得放弃原来的"白澳政策"。澳大利亚在1901年成立澳大利亚联邦，首先就阻止非欧洲血统的移民进入澳大利亚,说穿了就是只允许英国人和爱尔兰人来澳大利亚。翻开当年的政府年鉴,官方说法是:"非盎格鲁-凯尔特人将无法适应澳大利亚生活。"然而,后来澳大利亚政府感到人口稀少的危机,不得不积极吸引移民。移民大门首先向其他欧洲国家敞开,特别是意大利、希腊、德国、荷兰和前南斯拉夫。到20世纪70年代,他们希望有更多的移民进来,光是欧洲移民还不够,加上澳大利亚渐渐认清自己是太平洋国家的事实,终于取消了对亚洲移民的限制。虽然澳大利亚移民主要还是来自英国、爱尔兰和新西兰,但目前已有1/4的移民来自亚洲国家。近年来越南、菲律宾和中国香港地区的移民不断增加,这一两年中国内地移民更有劲升的趋势。移民潮的最高峰出现在20世纪80年代晚期。目前将近1/4的澳大利亚人为海外出生的移民,该比例在美国为12%,在荷兰则为3%。

由于澳大利亚环境承载力有限,"填满澳大利亚"的政策其实大有问题。即使欧洲人早在200多年前就在澳大利亚落地生根,至今也无法"填满"到与美国相当的人口密度。澳大利亚水资源少,粮食生产的潜力也不大,实在无法养活更多的人。就矿产出口获得的外汇收入而言,人口增加,平均每人分配到的金额将会减少。近年来澳大利亚每年接受的移民净数量只有10万人左右,每年移民人口增长率只有0.5%。

尽管如此,澳大利亚许多有影响力的人士包括前自由党总理马尔科姆·弗雷泽、目前两大政党的领导人以及澳大利亚商会仍然认为澳大利亚人口应该继续增加,并以5 000万为目标。这种想法引发澳大利亚人心中的种种矛盾:他们一方面担心"黄祸"

再现，澳大利亚会被亚洲移民潮淹没；另一方面又希望澳大利亚人多势众，一跃成为世界强国，如果人口只有2 000万永远也达不到这个目标。不过，几十年前澳大利亚人已有自知之明，不再期待自己的国家成为世界强国。澳大利亚要强，不一定要人多，像以色列、瑞典、丹麦、芬兰和新加坡的人口都比澳大利亚少（每一个都只有几百万人口），但仍是经济强国，对世界科技革命和文化都有很大的贡献。70%的澳大利亚民众表示，他们希望移民人数能减少，而不是增多，这个看法和澳大利亚政府及企业老板大为不同。毕竟，长远来看，澳大利亚能否让目前的人口丰衣足食还是问题。就目前澳大利亚环境的承载力而言，最理想的人口数量是800万，还不到目前的一半。

土地退化

我从南澳大利亚州府阿德莱德开车往内陆走，沿途看到一个又一个农场废墟。南澳大利亚州因为土壤生产力还不错（以澳大利亚标准来看算是生产力高的了，但是跟澳大利亚以外的沃土相比还差得远），起初还是个可以自给自足的殖民地。我参观了其中一个古迹，也就是坎雅卡农场。此地目前已成观光景点：19世纪50年代，英国贵族斥资在此打造庄园和牧场，不到20年光景（也就是1869年），此地已经残破，人去楼空，荒废至今。从19世纪50年代到60年代初，南澳大利亚内陆有较多雨水，芳草萋萋，很多地方都发展成牧场养羊。然而好景不长，自1864年开始连年干旱，赤地千里，羊尸遍野，很多牧场最后都遭到废弃。澳大利亚政府在这天灾的刺激下，派遣测绘局长G.W.戈伊德调查从海岸到内陆究竟有多少地区可以得到稳定充足的雨水，可作为牧场扩张的地区。戈伊德画出可以耕作的北方界线，超越这条界线往北很可能出现干旱的问题，因此不适合耕种，这条界线后来就叫作"戈伊德线"。怎料从19世纪70年代开始，连年雨水丰足，荒地又起死回生，政府就把19世纪60年代废弃的牧场分成小块麦田以高价卖出。城镇也如雨后春笋般从"戈伊德线"的北边冒出来，铁路也延伸过去。开始那几年，雨水出奇地多，麦田收成不错。但不久又歉收，到了19世纪70年代晚期已经种不出小麦，于是几块田地凑起来变成牧场。后来干旱又来报到，赤日炎炎，很多牧场都撑不下去。至于少数今天还苟延残喘的牧场，光靠牧羊根本无法实现温饱，牧场主人还得从事别的行业，如经营旅游业或做其他投资，日子才能过下去。

澳大利亚大多数生产粮食的地区也差不多如此。为什么这么多的农地原本还可以丰收，不久就种不出粮食？说到底，还是跟澳大利亚第一大环境问题有关，也就是土地退化。土地退化的成因主要有9种，包括植被清除、过度放牧、兔子泛滥成灾、土壤肥力耗竭、土壤侵蚀、人为导致的旱灾、杂草、政策错误和土壤盐碱化。世界其他地区的土地也有这些问题，造成的冲击甚至比澳大利亚更严重。针对澳大利亚的土地退化成因，以下是进一步的讨论。

前面曾经提到，澳大利亚政府过去曾要求土地承租者清理植被。虽然现在不再这么做，但澳大利亚每年清理的植被面积还是比其他发达国家来得多，清除速率仅次于巴西、印度尼西亚、刚果和玻利维亚。目前澳大利亚还在清理植被的地区大都在昆士兰州，为的是开辟牧场养殖肉牛。昆士兰州政府已经宣布他们会渐渐放弃这种大规模清理植被的做法，不过得等到2006年。在澳大利亚，旱地盐碱化、土壤侵蚀、径流含盐分和沉积物致使水质变差、农业生产力丧失、土地变成无用之地以及大堡礁遭受破坏（见下文讨论）都是土地退化的结果。植被铲除后成堆腐烂和燃烧，会产生以二氧化碳为主的温室气体，这种温室气体排放量在澳大利亚和全澳汽车排放的废气量相当。

土地退化的第二个主因就是过度放牧。牛羊养得太多，很快就把草吃光了，来不及再生。如西澳大利亚州的默奇森，过度放牧已经对土地造成难以挽回的破坏。今天澳大利亚政府已经深刻意识到过度放牧的问题，因而制定了最高放牧率的规定，即在特定时间每一单位区域内饲养的羊只不得超过某一个数量。然而，以前澳大利亚政府规定的却是最低放牧率，即每一单位区域内饲养的羊只不得低于某一个数量，违反规定者视同违约。澳大利亚开始详细记载放牧率始于19世纪末，那时的放牧率约是今日土地承载率的三倍；在此之前，放牧率显然超出土地承载率10倍之多。可见第一批移民拼命消耗土地上的青草，没有把青草看作可再生资源。土地清理也一样，澳大利亚政府要求农民破坏土地作为农地租赁的条件，农民若不配合则会遭到政府解约。

其他三个土地退化的原因前面已经提过。兔子也和羊一样，会啃噬植被，使得牛羊可以吃的青草变少。为了控制兔子的数量，农民还得大费周章地用挖土机、炸药来破坏它们的巢穴，以篱笆围堵，甚至利用病毒来对付它们。至于土壤肥力耗竭的问题，澳大利亚土壤肥力原本就不高，耕作不到几年肥力就已经耗尽。植被变得稀薄或被清除之后，表土在风吹雨打之下，侵蚀现象也会日益严重。再者，土壤被冲刷到河流中，再流入大海，海岸附近的水域就会变得浑浊，澳大利亚著名的观光胜地大堡礁就是因此遭殃（更令人忧心的是这里的海洋生态）。

而"人为干旱"指的是因土地清理、过度放牧和兔子啃噬植被等间接造成的土地退化。植被由于以上种种人为因素遭到破坏，土地失去植被的保护，直接受太阳暴晒，土壤变得更干、更烫，结果就像自然干旱一样，致使植物难以生长。

至于杂草，我们已在第一章提过蒙大拿的杂草问题。杂草可定义为对农民没有价值的植物，可能是滋味比不上牧草的植物（或完全不能吃的植物），牛羊不肯吃，或是与有用作物竞争的植物。有些杂草是无意间从海外地区引进澳大利亚的，然而还有15%是刻意引进的，本来希望提供农业用途，结果酿成祸害。这些刻意引进作为观赏之用的植物，有1/3从种植园扩散到野外，其他种类的杂草则是澳大利亚本土植物。由于放牧的牲畜只喜欢吃某些植物，牲畜不爱的杂草（有些甚至会使动物中毒）生存空间变大，生长得更茂盛。有的杂草很容易铲除，土地可以再种植鲜美的牧草或作物；有的杂草则十分顽强，即使付出相当大的代价也不一定能斩草除根。今天澳大利亚的杂草约有3 000种，每年造成的损失高达20亿美元。像含羞草这种巨大的木本豆科杂草，就相当可怕，卡卡杜国家公园和世界遗产中心这些宝贵的地区尤其遭受重大威胁。这种杂草的茎表面有锐刺，最高的可达20英尺，结出来的种子很多，繁殖力强，不到一年生长的面积就会加倍。更可怕的一种是橡胶藤，这是19世纪70年代从马达加斯加引进昆士兰的观赏灌木，希望让当地灰头土脸的矿城增添绿意。没想到，这种美丽的灌木成了科幻小说中的植物怪兽：不但牲畜吃了会中毒，还会阻碍其他植物生长，蔓延开来如一张无可穿透的绿毯。这种蔓藤的荚果可随着河水漂流到远方，每一个荚果破裂能释放出300颗种子，再被风吹到各地。光是一个荚果的种子就可使2.5英亩的土地上长满橡胶藤。

就政策错误的层面来看，除了前文提到的土地清理和过度放牧，澳大利亚小麦管理委员会也有不当的政策。由于委员会高估世界小麦价格，农民在利诱之下，举债投资农业机具，在条件不是很好的农地上抢种。结果发现农地几年就报废了，小麦价格也不如预期理想，落到血本无归的地步。

澳大利亚土地退化的最后一个原因就是盐碱化。这一点最为复杂，需要最详尽的解释。前文提过澳大利亚土壤盐分很高，除了受到含盐海风吹拂，还有海水倒灌的原因（水退了之后留下盐分），以及湖泊干涸。有些植物耐盐性很高，但大多数植物无法在盐分高的土壤中生长，几乎所有的作物都是如此。如果根区下方土壤的盐分不会上来，就不成问题。但由于灌溉盐碱化和旱地盐碱化这两个过程，土壤中的盐分还是被带了上来。

干燥地区因降雨量太少或不稳定，为了耕作就必须进行灌溉，如澳大利亚东南部某些地区。如果农民采用滴灌法，也就是通过安装小型灌溉装置，用滴头将水一滴一滴均匀、缓慢地滴入作物根区附近土壤，让根部吸收水分，水不会浪费，就不会有问题。如果农民大范围地灌溉，让农地全部浸在水里，或使用喷水器进行大面积喷灌，在根部无法全部吸收之下，多余的水就会渗到根部下方含有盐分的土壤层，下方的盐分就会跑到比较浅的根区和表面，耐盐性低的植物就难以生长。多余的水也可能流到地下水层，再流入河川。虽然我们印象中的澳大利亚是个干旱的大陆，但澳大利亚的问题不是水太少而是水太多。因为澳大利亚水费低廉，有些地区的农民还是用大面积灌溉法。更确切地说，有些地区虽然有足够的水进行大面积灌溉，但如果要把盐分冲掉，水还是不够。如果可以投资滴灌设备，以滴灌取代大面积灌溉，就可解决一部分灌溉盐碱化的问题。

除了灌溉盐碱化，另一个盐碱化问题则是旱地盐碱化，可能发生在雨量足以耕作的地区，特别是西澳大利亚州部分地区和南澳大利亚州过去冬季雨量稳定的地区。如果土地终年都有植被，植物根部会吸收大部分雨水，只有很少的雨水会渗到较深、含有盐分的土壤层。但是若农民铲除天然植被、栽种作物，收割之后的一段时期土地就会光秃秃的。雨水落下，水渗入下方含有盐分的土壤层，就会把盐分带上表层来。干地盐碱化的问题要比灌溉盐碱化更棘手，花费巨资也不见得能解决问题，让天然植被重生。

盐分因为灌溉或旱地盐碱化渗入土壤的水分中，就像盐分高的地下河流，这也就是为何澳大利亚有些地区土壤所含盐分甚至是海洋的三倍。地下河流就像一般地表上的河流，也会往低处流，只是流动的速度缓慢得多。地下河流最后也可能渗进地面凹陷处，形成我在南澳大利亚州看到的高盐度湖泊。如果在高处耕作的农民土地经营得不好，使土壤出现盐碱化的问题，盐分可能会慢慢往下渗到低处土地。纵使在低处耕作的农民好好照顾土地，盐分从高处土壤一路渗下来，他们一样必须面对土壤盐碱化的问题，却无法向高处耕作的农民要求赔偿。有些地下河流并不是从低处凹陷的地方渗出，而是流入地表上的河流，如澳大利亚最大的水系墨累－达令河。

土壤盐碱化给澳大利亚经济带来三个层面的损失。首先，很多农地（包括澳大利亚原来最有价值的土地）生产力变得低下，无法种植作物或饲养牲畜。其次，有些盐分会渗入城市自来水系统。例如墨累-达令河供应南澳大利亚州府阿德莱德40%~90%的自来水，由于这条河流盐度升高，如果不经淡化处理、去除盐分，最后可能影响居民的健康，也不能用来灌溉作物。最后，盐分还会损害道路、铁路、机场、桥梁、水管、热水管道、雨水收集利用系统、污水处理系统、家庭电器、工业设备、电力、电信线路和水处理厂等，造成的损失更超过前面两个层面。据估计，澳大利亚经济遭受的损失只有1/3来自盐碱化直接对农业的损害；而盐碱化在农地之外和下游造成的损害（如损害自来水供应系统和基础建设），损失金额则是农业损失的两倍。

至于盐碱化的范围，目前澳大利亚所有清理过的土地已有9%出现盐碱化问题，如按照目前的趋势发展下去，将来受到盐碱化影响的土地可能高达25%。现在盐碱化问题最严重的地区是西澳大利亚州和南澳大利亚州。澳大利亚西南部小麦种植区是世界旱地盐碱化最严重的例子，9%的原始植被已经被清除，大都是在1920—1980年这60年间进行的。20世纪60年代，西澳大利亚州政府推行"一年100万英亩"计划，正是清除植被进行得如火如荼的时期。在世界上同样面积的土地上，植被从未曾消失得这么快。由于土壤盐碱化，小麦种植区已不断缩小，预计在接下来的 20 年内，将有 1/3 的土地会成为不毛之地。

澳大利亚受到盐碱化之害的土地总面积，可能会扩展到目前盐碱化面积的 6 倍以上，其中西澳大利亚州增加 4 倍、昆士兰州增加 7 倍、维多利亚州增加 10 倍，而新南威尔士州更有增加 60 倍的危机。除了小麦种植区，另一个盐碱化问题特别严重的地区是墨累-达令河流经的盆地。澳大利亚农业生产将近半数是在这里，现在由于地下水流入侵以及河流沿岸有人引水灌溉，靠近阿德莱德的下游地区盐碱化日益严重（有几年由于汲取的水特别多，最后河流竟没有水可流向海洋）。墨累-达令河水的盐分升高不只是下游区域引水灌溉造成的，昆士兰和新南威尔士的居民在水源区大量种植棉花也有影响。栽种棉花对澳大利亚水土保持是最大的挑战。棉花是澳大利亚经济价值第二高的作物，仅次于小麦，但是种植棉花会使土壤盐分升高，使用农药也会使墨累-达令河下游的其他农业受害。

盐碱化一旦开始，通常很难改善（特别是旱地盐碱化），且处理起来旷日持久，整治费用高得惊人。地下河流的流动极其缓慢，当土地经营不善，使得盐分上升到表层的土壤时，即使第二天就改用滴灌法并使盐分停止上升，要冲净土壤盐分可能也需要 500 年的时间。

其他环境问题

虽然土地退化是澳大利亚最严重的环境问题，让澳大利亚付出了很大的代价，但还有其他 5 种环境问题也值得一提，包括森林砍伐、海洋鱼类的减少、淡水鱼类的减少、淡水不足以及外来物种入侵。除了南极，澳大利亚是森林覆盖率最低的大陆，被森林覆盖的地区大概只占总面积的20%。澳大利亚本来有全世界最高的树木，也就是澳大利亚蓝胶尤加利，可以与之一较高低的只有加州海岸的红木，但澳大利亚蓝胶尤加利已经被砍伐光了。欧洲人在1788年来到这片大陆时，森林还在，后来有40%被清理掉，35%被砍伐，最后只剩25%。然而澳大利亚人还在砍伐老龄木，澳大利亚森林也像是有限的矿产，是另一种可能被淘空的资源。

澳大利亚剩余的森林除了砍伐来供国内使用，还输出国外。出口的半数木制品并非原木或成品，而是变成碎木，绝大部分销往日本用于造纸，且日本纸张1/4的原料都来自澳大利亚森林。澳大利亚卖给日本的碎木价格已跌到每吨7美元，而这些碎木在日本制成纸张之后的价格却高达每吨1 000美元。

因此，从澳大利亚木头获利的是日本，而非澳大利亚。澳大利亚在出口碎木的同时，进口的木制品几乎是出口木材的三倍，半数是纸张和纸板制品。因此，澳大利亚的木制品贸易有着双重讽刺。首先，澳大利亚是森林最少的发达国家，尽管森林面积越来越小，却还在继续砍伐，出口到日本。日本同样也是发达国家，森林覆盖率却是全世界最高（74%），而且森林面积还在继续增加。其次，澳大利亚木制品贸易其实建立在低价出售原料之上，进口原料的国家把这些低价原料变成高价、高附加价值的成品，再把这些成品卖给澳大利亚。想不到同样是发达国家，却有这种不平衡的贸易关系。一般而言，发展中国家经济落后、尚未工业化，交易手腕总比不上发达国家，因此任由它们剥削，把原料便宜卖给它们。发达国家将便宜的原料制成高附加价值、昂贵的成品，再销到发展中国家。（日本出口到澳大利亚的产品主要为汽车、电子通信设备、计算机设备，而澳大利亚出口到日本的产品主要是煤炭等矿产资源。）换言之，澳大利亚出售宝贵的资源，却没什么赚头，钱反而都让别人赚走了。

今日的澳大利亚为持续砍伐老龄木进行激烈辩论，尤其是在塔斯马尼亚州。塔斯马尼亚蓝胶尤加利可高达305英尺，是加州红木以外最高的树，目前砍伐的速度比以往更快。不管在中央还是地方，澳大利亚的主要政党都赞成砍伐塔斯马尼亚州的老龄木。也许我们可从一个事实看出端倪：澳大利亚国家党在1995年宣布支持砍伐塔斯马尼亚森林之后，数额最多的三笔政治赞助金都来自伐木公司。

除了老龄木的砍伐，澳大利亚也培育人工林，培育种类包括本土和外来的树种。如前所述，澳大利亚土壤肥力不足，降雨量少且难以预期，因此树木生长缓慢。在全世界13个主要的人工林输出竞争国中，澳大利亚是成本最高、获利最少的国家。虽然塔斯马尼亚蓝胶尤加利是最有经济价值的树种，但这种树木在世界其他地区（如巴西、智利、葡萄牙、南非、西班牙和越南）都比在塔斯马尼亚长得快，带来的经济利益也更大。

澳大利亚海洋资源的探采也和森林资源的情况类似。最初在澳大利亚落脚的欧洲人见古木参天、绿草如茵，因而高估了澳大利亚土地的粮食生产潜能：用生态学家的术语来说，就是土地上的现有量很多，生产力却很低。澳大利亚的海洋也如此。澳大利亚土壤贫瘠，随着河川流到海洋的养分很少，沿岸水域也没有富含养分的涌升流，如南美洲西岸的秘鲁寒流。澳大利亚的海洋生物种群生长率很低，因此很容易耗竭。例如在澳大利亚和新西兰水域捕获的橘棘鲷，这种肉质鲜美的深海鱼受到各地老饕欢迎，短期内也为澳大利亚和新西兰带来很大的经济利益，近20年来两国皆密集捕捞。但是科学家仔细研究之后，发现这种鱼的生长十分缓慢，到40岁才开始繁殖，被捕捞、进了饕客肚子的常是超过100岁的老鱼。由于橘棘鲷繁殖速度极慢，成鱼被捕捞光了之后，必然没有后继，所以这种鱼现在已经越来越少了。

澳大利亚过度捕捞由来已久：大肆捕捞一种鱼，直到捕不到这种鱼为止，失去经济价值之后，接着捕捞另一种，直到再次没有鱼可捕为止，就像淘金热。一种新的鱼类出现后，海洋生物学家可以研究出最大的捕捞率为多少，以求可持续发展。但在科学家的研究结果出炉之前，那种鱼类已因过度捕捞濒临灭绝。在澳大利亚因为过度捕捞而遭殃的除了橘棘鲷，还有石斑鱼、鲭鱼、埃克斯茅斯湾虎虾、翅鲨、蓝鳍金枪鱼和鲻鱼。澳大利亚海洋资源可持续发展做得好的只有西澳大利亚岩龙虾，这也是澳大利亚目前最有价值的出口水产品。目前岩龙虾的繁殖与生长由海洋监管委员会独立评估（见下一章）。

澳大利亚的淡水鱼资源也像海洋鱼类，由于流入河川的土壤养分稀少，因此鱼类繁殖力低。虽然淡水鱼看来不少，但和海洋鱼类一样存在现有量高、生产力低的问题。例如澳大利亚数量最多的淡水鱼墨累河鳕鱼，这种鱼可长达3英尺，生长在墨累－达令河流域，肉质鲜美、价值很高，以前数量最多的时候曾大肆捕捞，一卡车一卡车地运到市场贩卖。墨累河鳕鱼的生长速度和橘棘鲷一样缓慢，过度捕捞使其数量大幅减少，墨累－达令河流域已不再出产。再者，河水因引进鲤鱼而变浑，加上墨累河在20世纪30年代建造水库，使河水温度下降（水库排放出来的水太冷），且不再有定期洪水为河流带来养分，这些因素都影响墨累河鳕鱼的产卵。

如今，澳大利亚淡水鱼带来的经济利益可以说微乎其微。举例来说，南澳大利亚州每年的淡水鱼产量只带来45万美元的收入，目前捕捞淡水鱼出售的人员约有30人，而且只是兼职。墨累-达令河除了墨累河鳕鱼还有金鲈鱼，这两种具有经济价值的鱼类如能进行可持续发展，必然能带来更大的利润，只不过墨累－达令河的鱼类生态环境已遭破坏，不知有没有改善的可能。

至于淡水的问题，澳大利亚是淡水最少的大陆。澳大利亚仅有的淡水大都供应人口稠密区的饮水或用于农业。澳大利亚最大的河流墨累－达令河，每年有2/3的水被汲取来用，有些年份甚至全部水都汲取用光了。澳大利亚淡水资源还未被利用的主要是北方的河流，主要是因为距离人口稠密区和农业区很远。由于澳大利亚人口不断增加，还未被利用的淡水又越来越少，最后在无水可用之下，只好花费巨资进行海水淡化。袋鼠岛已有一座海水淡化处理场，艾尔半岛或许不久后也将兴建一座。

澳大利亚过去为了利用更多的淡水资源，曾开展几项大型工程，可惜最后皆宣告失败。例如在20世纪30年代，澳大利亚政府在墨累河兴建好几个水坝，希望达到船运的目的，半数水坝都由美国陆军工程兵团负责兴建，但这项工程最后还是被放弃了。

墨累河目前还是无法让货船航行，但兴建好的水坝使墨累河鳕鱼生存的生态环境遭到破坏，鱼儿数量大减。最浪费的工程计划莫过于奥德河水坝。澳大利亚政府在人口稀少的西北部兴建水坝，希望能汲水灌溉农田，种植大麦、玉米、棉花、红花、黄豆和小麦等。结果只有一小块地长出了棉花，过了10年就再也种不出来了。目前那个地区只生产甘蔗和甜瓜，带来的经济效益却远不及水坝工程的花费。

除了水量不足、取用不易，澳大利亚淡水的另一个问题就是水质不佳。有毒物质、农药和盐分从河川上游流到下游的城区和农业区。前面已经提过，供给阿德莱德自来水的墨累河含有盐分和农药，而新南威尔士和昆士兰的棉花种植区因使用农药，严重影响了下游无农药小麦的栽培和有机牛肉的生产。

澳大利亚的本土动物物种比其他大陆少，因此容易受到外来物种侵害，本土动物若没有演化出防御机制对付这些外来物种，数量就会变少，甚至濒临灭绝。泛滥成灾的兔子就是一例，这些兔子把澳大利亚一半的牧草都吃掉了，否则牛羊就有多一倍的牧草可吃。从国外引进的狐狸也成了许多澳大利亚本土哺乳动物的天敌。还有几千种杂草喧宾夺主，改变动植物栖息地，使本土植物的生存空间变小、破坏牧场，有时还会使误食的牲畜中毒。此外，墨累–达令河因引进鲤鱼，水质越来越差。

此外，外来物种造成的恐怖事件也值得一提。有些水牛、骆驼、驴、山羊、马野外放养之后，践踏牧场、吃掉牧草，破坏不少栖息地。不像其他温带气候国家，澳大利亚没有严寒的冬天，几百种昆虫进驻澳大利亚后有如发现天堂，很容易在此繁衍。如绿头苍蝇、疥螨、蜱等来到澳大利亚后，危害当地的牲畜和牧场，而毛毛虫、果蝇等又蚕食很多作物。为了对付甘蔗的病虫害，澳大利亚在1935年引进的海蟾蜍（又称蔗蟾），更让澳大利亚人深深体会"请神容易送神难"的痛苦。海蟾蜍不但没能帮忙铲除甘蔗害虫（澳大利亚甘蔗田太干燥，不适合它们居住，它们比较偏好郊区潮湿的草坪），反而到处攻城略地，已经占领了将近10万平方英里的土地。海蟾蜍不但长寿（可存活20年之久），还多子多孙，一只雌的海蟾蜍每年可产卵3万个。而且海蟾蜍有毒，澳大利亚所有的本土动物都不能以海蟾蜍为食。在澳大利亚害虫防治史上，引进海蟾蜍是最严重的错误之一。

最后，由于澳大利亚四周环海，非常依赖海运，很多有害物种跟着排放的压舱水或干压舱偷渡进来，有的黏附在船身，有的则是混在进口水产品中进入澳大利亚。这些来自海洋的有害物种包括栉水母、蟹类、有毒的沟鞭藻、贝类、虫子，还有一种会危害澳大利亚斑点长手鱼的日本海星，而澳大利亚斑点长手鱼是一种原产于澳大利亚东南部的珍贵鱼类。这些有害物种让澳大利亚付出了惨痛代价。澳大利亚政府每年必须花费几亿美元对付泛滥成灾的兔子，花6亿美元对付危害牲畜的苍蝇和蜱，花2亿美元对付牧场的疥螨，对付其他有害动物、昆虫花费25亿美元，杂草防治费用高达30亿美元。

希望与转机

总之，澳大利亚的环境极其脆弱，很多方面都遭到破坏，导致巨大的经济损失。有些破坏由来已久，现在已经难以弥补,例如土地退化和本土物种的灭绝(近代在澳大利亚灭绝的物种要比其他大陆更多)。很多破坏今天还在继续,甚至变本加厉,如塔斯马尼亚老龄木的砍伐。有些破坏经年累月下来没有解决,现在病入膏肓,例如盐碱化的地下水流已扩散好几个世纪。有些破坏是过去的文化理念和政府政策造成的,如今积习难改,例如水政策变革的最大阻碍来自"用水执照"①(有此执照的人就可汲水灌溉)。虽然每年实际分配到的水量通常有限,不如用水执照上面登记的使用量,但花钱申请执照的人自然而然认为水是他们的。

对倾向悲观或想法比较审慎实际的人来说,有关澳大利亚的种种事实,让我们不由得担心澳大利亚的生活水准是否会因环境持续恶化渐渐走下坡路。这是很有可能的事。当然,澳大利亚的未来不太可能像过去的复活节岛,一下子面临政治衰败、人口凋亡的世界末日,但也不会像澳大利亚政治人物或商界领袖想的那么乐观,他们认为消费率和人口增长率都将不断提高。后面两种情况发生的概率可能微乎其微,但前面那种比较切合实际的预测也适用于发达国家的其他国家,只不过澳大利亚或许早一步而已。

幸好目前澳大利亚还看得到希望,除了态度转变、澳大利亚农民的反思以及私人倡导外,澳大利亚政府也开始推行一些大刀

---

① 澳大利亚用水执照:澳大利亚政府对农业用水实行许可证制度,对整个墨累–达令盆地的水资源实施总量控制,农民只有申请到用水执照,才能"量水种地"。从20世纪90年代开始,澳大利亚把水的分配推向市场,首次通过招标方式竞卖水权。——译者注

阔斧的改革。反思关乎一个社会的应变与取舍：一个社会在面临挑战之际，应该拥抱有利于社会生存的核心价值，扬弃危及社会生存的价值观。前文讨论维京人在格陵兰岛的命运时（见本书第八章）曾触及这个主题，我们会在下一章继续探讨。

40年前，我初次前往澳大利亚访问的时候，发现有人批评农场主，说他们没为后代着想，破坏土地，害人害己。这些农场主的反应是："这是我的土地，我想怎样就怎样。"今天虽然还能听到这种论调，但大部分的农场主已经收敛得多，一般民众也不认为那是理所当然的事。几十年前澳大利亚政府推行对土地有破坏的政策（如要求土地清理）和有害环境的工程计划（如兴建墨累河水坝和奥德河水坝的计划），未遭遇什么阻力，但今天的澳大利亚民众就像欧洲、北美等地的民众一样渐渐勇于发声，表达他们对环境问题的关切。目前澳大利亚舆论对土地清理、河川发展和老龄木砍伐的抨击尤为猛烈。在我提笔撰写这一段时，刚好看到一连串的报道：南澳大利亚州政府（不惜违反选举诺言）决定征收一笔新的税金，筹措3亿美元挽救墨累河；西澳大利亚州政府将逐渐放弃砍伐老龄木；新南威尔士州政府与该州农民达成协议，计划用4.06亿美元提高环境资源的管理效率，同时终止大规模的土地清理措施；昆士兰州（传统以来最保守的一个州）也宣布将与联邦政府合作，在2006年前全面禁止清理成熟灌木林地。这些做法在40年前都是无法想象的。

澳大利亚民众团结奋斗，促成政策改变，让我们看到了希望。此外，澳大利亚农民心态的转变也让我们看到希望的征兆。农民已经了解，过去的农耕方式无法实现可持续发展，再这样下去，交给下一代的土地将面目全非。澳大利亚农民看到土地毁在自己手里，当然很痛苦，毕竟农村生活是他们的最爱，因此心甘情愿在土地上辛苦奋斗（就像蒙大拿农民一样），而不仅仅为了微薄的收入汲汲营营。前面提到的牧羊人麦金托什就是一个很好的例子，他辛辛苦苦地画地图、用挖土机铲除兔子巢穴，最后用炸药对付卷土重来的兔子。他的家族自1879年起就拥有这片牧场。他拿了两张照片给我看，拍摄的是同一个山丘，一张摄于1937年，另一张摄于1999年。很明显，1937年那张的山丘看起来光秃秃，那是过度放牧造成的，而1999年那张，山丘已变得绿意盎然。为了牧场的可持续经营，麦金托什的放牧率比政府规定的还低，还考虑改养肉羊（肉羊比较好照顾，所需的放牧土地面积也比较小）。另外，他也实行"围栏放牧"，限制羊群在一个区域内吃草，直到草吃光了，才转到下一个区域。如此一来，羊群就不会只挑鲜美的草吃，造成浪费，同时也能对付杂草的问题。令我惊讶的是，为了节省成本，麦金托什并没有雇用任何全职员工，只靠自己一人和兼职员工来经营。他带着望远镜和收音机，加上一只牧羊犬，骑着摩托车驱赶几千只羊。同时，由于他自知牧场无法长久，所以也经营民宿来增加收入。

由于同侪压力加上近来政策的转变，放牧率渐渐下降，牧场的情况也有所改善。在南澳大利亚州内陆，政府出租给农民放牧的土地租约长达42年，每14年放牧管理委员会会评估土地的情况：如果植被长得不好，设定的放牧率会再降低；如果土地经营得不理想，甚至会解除租约。至于靠近海岸的土地，通常是农民自有地或永久租用地。政府虽然无法直接监督，但是可以通过两种方法间接控制。根据澳大利亚法律，农场主或租赁土地的农民应该负起土地的"照顾责任"，防止土地退化。首先，一个地区的农民会成立自我管理委员会，关注土地退化的情况，同时以同侪压力使大家配合。其次，如果农民的自我管理委员会成效不彰，该地的土壤保护管理员就会出面干涉。麦金托什就向我提过4个例子，说明他们的自我管理委员会和土壤保护管理员如何使放牧率下降。如果有人不遵守规定，土地甚至会遭到查封。

不少澳大利亚人民愿意为改善澳大利亚环境问题贡献一己之力。我曾去墨累河附近一个名为卡柏伦站的地方参观，这个地方以前是牧场，面积将近1 000平方英里，早在1851年就开始出租给农民放牧，后来各种环境问题陆续显现：森林砍伐、兔子和狐狸泛滥成灾、土地清理、过度灌溉、过度放牧、土壤盐碱化、杂草丛生、风蚀等。1993年，澳大利亚联邦政府和芝加哥动物学会共同买下这块土地。芝加哥动物学会设在美国，但澳大利亚对土地可持续经营的努力让他们很感动，因此前来帮忙。买下土地之后，澳大利亚政府实施了几年"自上而下"的管理策略，交给当地志愿者执行，然而成果不尽如人意。1998年，改由澳大利亚景观保护信托会执行管理任务，这个私人机构动员当地400个志愿者推行"自下而上"的社区经营策略。该组织的基金主要来自澳大利亚最大的慈善机构波特基金会，这个基金会很关切澳大利亚农地退化的情况，不遗余力地挽救逐渐退化的土地。

在景观保护信托会的经营下，卡柏伦当地的志愿者纷纷致力于他们有兴趣的计划。政府基金有限，光靠政府是不够的，通过私人基金会号召众多志愿者才能完成这么多的任务。在卡柏伦训练出来的志愿者也把他们的所学应用到其他环境保护计划中。我亲眼看到一个志愿者在照顾一种濒临灭绝的袋鼠，努力增加它们的数量；另一个志愿者的专长是对付为害当地甚烈的狐狸。其他计划如减少兔子和墨累河中的鲤鱼、无农药栽培柑橘或甜橙、让湖泊重现生机、使过度放牧的土地植被复原、销售本地种植的野花或野生植物以改善土地侵蚀问题等。这些志愿者的想象力和热诚十分令人敬佩。在澳大利亚，由私人倡导的环境保护计划有几万个。像波特农地保护计划（隶属波特基金会）下的土地照料计划，就提供援助给1.5万个农民，让他们得以把良好的土地传给下一代。

由于认识到问题日益严重，澳大利亚政府提出一些环境改善的计划，其中包括彻底检讨澳大利亚的农业政策，以弥补私人力量的不足。现在我们还不知道澳大利亚政府会采用哪一种根本改革方案，但是澳大利亚政府对这些方案的态度很认真，甚至拨经费让公务员进行研究、规划。这些提案并非来自爱护动物的环保人士，而是由务实的经济学家提出的，这些经济学家问道："如果农业萎缩，澳大利亚经济是否会变得更好？"

这种想法的背景是，澳大利亚政府已经了解，具有生产力、适合继续发展农业的土地只有少数几个地方。目前澳大利亚60%的土地和80%的淡水用于农业，但农业产值越来越低，还不到国内生产总值的3%。澳大利亚的土地和珍贵的水怎堪如此浪费？说起来，澳大利亚99%的农地对澳大利亚经济几乎没有贡献。也就是说，澳大利亚农业80%的利润来自不到0.8%的农地，而且几乎都在西南角、阿德莱德附近的南部海岸、东南角以及昆士兰东部。澳大利亚很少土地有火山活动或地层上升运动，也只有少数地区拥有稳定可靠的冬季雨水。因此，澳大利亚大部分地区的农业只是不断耗竭土地资源，把土壤和植被转化为现金，用完就没有了。此外，澳大利亚政府还提供给农民一些间接补助，如低廉的水费、赋税减免、免费电话线路等基础建设，这些补助都来自澳大利亚的纳税人。澳大利亚政府等于拿纳税人的钱帮农民淘空土地，这么做有什么好处呢？

即使从最狭隘的观点来看，澳大利亚消费者购买本国出产的农产品也并不划算。如果消费者要买浓缩橙汁或猪肉，购买进口产品比本国产品更价廉物美。站在澳大利亚农民的立场，务农实在很难达到权益资本（净资产额）的最大收益。也就是说，除了农场支出，如果我们也把农民付出的劳力计算在内，2/3的农地（主要用于畜牧，饲养绵羊和肉牛）都是亏损的。

以澳大利亚生产羊毛的牧场为例，在牧场工作的收入，平均比全国最低工资来得低，经营牧场只是让牧民陷入债务的泥沼。由于没有利润，牧场的建筑设施和篱笆等年久失修，生产羊毛的所得也付不起牧场贷款的利息。生产羊毛的牧场要生存下去，就得依靠其他收入，例如兼职当护士、做店员或是经营民宿等，牧民等于是用自己的钱补贴亏钱的牧场。牧民为什么要这么做？有的人从小在乡间长大，喜欢在土地上讨生活，即使从事别的工作可以赚更多的钱，他们也不愿放弃。不过，澳大利亚也像蒙大拿一样，这一代的农民也许还喜欢务农的生活状态，但他们的下一代可不见得如此。目前只有29%的澳大利亚牧民期待儿女继承牧场。

以上是从消费者、农民的角度来看澳大利亚农业的经济价值，接下来我们再从整个澳大利亚的角度来看澳大利亚农业的利弊得失。澳大利亚政府为了照顾农民，给予农民赋税补贴、旱灾补助，花钱请专家进行研究与提供咨询，并进行农业推广服务等。从账面上来看，这些支出也吃掉了农业净利的1/3。此外，农业对澳大利亚其他经济层面的影响也带来不少损失。如果一块土地用来发展旅游业、林业、渔业或休闲娱乐业具有经济效益，如用来发展没有利润甚至亏损的农业，土地的经济效益就被牺牲了。例如澳大利亚为了发展农业清理土地，土壤流入河川、水域，使得大堡礁这个最重要的观光景点遭到破坏。事实上，旅游业为澳大利亚带来的外汇收入早已超过澳大利亚的农产品出口收入。澳大利亚农民在高处引水灌溉、种植小麦，即使可以赚个几年，低处土地也会因此出现大范围的盐碱化，造成无可挽救的破坏。因此，农民清理土地或在高处耕种虽在短期内可为一己带来利益，但对整个澳大利亚而言只有损失。

另一个最近人们经常讨论的例子就是澳大利亚棉花的种植。澳大利亚农民在昆士兰南部、新南威尔士北部、迪亚曼蒂纳河（流入艾尔湖盆地）一带以及墨累河上游大量种植棉花（墨累河下游新南威尔士和澳大利亚南部则是农业区）。狭义地看，棉花是澳大利亚获利第二高的农产品，仅次于小麦。因政府补助，棉花的灌溉用水几乎不花钱，但种植棉花大量使用杀虫剂、除草剂、落叶剂以及高磷高氮的肥料，反倒使棉花种植区的水源被污染（进而造成赤潮的问题）。上述污染环境的物质包括杀虫剂DDT及其代谢物。虽然澳大利亚在25年前已停止使用这种杀虫剂，但是它无法生物分解，进入食物链后，就会在生物体内积聚。由于河川下游是高价有机小麦和牛肉等利基市场的农业区，河川上游因种植棉花遭到污染，下游的有机农业就很难经营，受害农民因而强烈抗议。因此，如果我们要评估棉花种植对整个澳大利亚究竟是好是坏（虽然这种农产品的利润很高），也得把间接费用计算在内，包括水费补助以及它对其他农业区造成的伤害。

澳大利亚农业生产还有一个副作用，就是产生温室气体二氧化碳和甲烷。温室效应气体是全球变暖的一个重要原因，而全球变暖使得澳大利亚西南部小麦种植区的降雨大受影响。过去这个小麦种植区因为冬季有可靠降雨，才能生产大量小麦，小麦因此成为澳大利亚最有价值的出口农产品。如果全球变暖的问题未获解决，澳大利亚小麦种植区总有一天会变成荒漠。澳大利亚农业生产排放的二氧化碳量已超过澳大利亚所有交通运输工具排放的废气量。更糟的是牛，牛反刍、消化呼出的甲烷，造成温室效应的能力比二氧化碳高20倍。对澳大利亚来说，如果要减少温室效应气体的排放量，最简单的做法就是禁止养牛。

为了解决澳大利亚的环境问题，像禁止养牛等这样的釜底抽薪的方案不少，但目前我们还看不出澳大利亚政府会采纳哪些方案。如果澳大利亚政府为了将来着想，决定现在就淘汰大部分农业企业，而不是等走到穷途末路才决定放弃，澳大利亚将是现代世界第一个这么做的国家。然而，单是提出这一提议就足以引起轩然大波。澳大利亚像整个世界的缩影：一方面，环境问题变本加厉、急剧恶化；另一方面，民众对环境更加关切，不管是民间团体还是政府都拼命亡羊补牢。这就好比在进行一场赛马,双方以"指数方式加速",即 2、4、8、16、32……的核连锁反应的方式。哪一匹马会最终胜出呢?本书的读者大都还相当年轻,应该能在有生之年看到结果。

第四部分

殷　鉴

第十四章

千古恨事：群体决策的失误

在教育的过程中，有两种参与者，各自扮演不同的角色：老师传递知识给学生，而学生吸收老师教授的知识。每一个心胸开阔的老师都会发现，学生也可能在教学过程中扮演知识传递者的角色，挑战老师的假设，而且以老师过去没想过的角度来发问。最近我在加州大学洛杉矶分校给本科生教授一门课，探讨人类社会如何应对环境问题，就一再发现这个教学相长的道理，那些有高度学习热忱的学生教会了我不少。事实上，这本书写了几章之后，我就在这门课上尝试介绍本书的内容。我一面在课堂上讲述写好的几章草稿，一面计划撰写其他章节，因此还能进行大幅修改。

我以复活节岛的崩溃作为这门课的开场白（也就是本书第二章的主题），讲完之后，进行课堂讨论。有一个乍看之下很简单的问题，却让我的学生大惑不解，而我也没想过这个问题的复杂性。这个问题就是：为什么一个社会竟会做出这么一个灾难性的决策，明知树木是他们赖以生存的根本，还要全数砍光？还有一个学生问我：复活节岛岛民在砍下岛上最后一棵树的那一刻，曾说过什么？后来每一次进行课堂讨论，我的学生也常常提出这样的疑问：为什么人们经常故意破坏生态环境？为什么已经知道这么做会有什么后果，还明知故犯？有多少次是无意或无心之过？我的学生很想知道：如果百年后人类还存活在这个世界上，那时的人们是否会为今日人类的盲目感到惊愕，正如过去复活节岛岛民的无知让今天的我们笑话一样？

为何人类会以灾难性的决策自我毁灭？为这个问题感到惊讶和不解的，不只是我在加州大学的学生，还有许多历史学家和考古学家。举例来说，有关人类社会崩溃最常被引用的一本书，就是考古学家约瑟夫·泰恩特写的《复杂社会的崩溃》。泰恩特评估了古老人类社会崩溃的几个解释后，还是对环境资源耗竭这个说法表示怀疑。他认为，这个原因的可能性似乎很低。他说："有人认为这些社会坐以待毙，眼看危机逼近，却没有采取任何行动，试图救亡图存，这一点很难说得通。复杂社会的特点是中央决策、信息流量大、各组成单位的协调度高、由正式渠道下达命令以及资源整合。这样一个社会似乎有能力应付生产力波动或不足的问题，虽然这样的社会并不是为了这个目的而设计的。复杂社会有这样的行政组织，有分配劳动力与资源的能力，在面临逆境之时，应该最有能力解决问题［Isbell（1978）］。令人费解的是，他们既然有能力化险为夷，为何最后还是走上灭亡之路……对一个复杂社会的执政者来说，眼看着资源基础日益恶化，似乎应该采取理性的做法寻求解决。另一个解释是：大难临头时，他们毫无作为，希望'天降神迹'，危机自然解除。这种看法似乎令人难以接受。"

根据泰恩特的想法，复杂社会似乎不可能不去解决环境资源的困境而最终招致灭亡。然而，从本书讨论的很多例子来看，这种悲剧却一再发生。为什么这么多人类社会竟会犯下这么严重的错误？

我在加州大学的学生和泰恩特都指出了一个令人困惑的现象：社会或其他群体做出的决策为何失误？这个问题当然和个人决策失误有关。个人也会做出错误的决策：娶错妻、嫁错郎、入错行、投资失败、生意失败等。但群体决策失误还有其他影响因素，例如群体成员的利益冲突和团体互动。因此，群体决策是一个很复杂的议题，无法用单一解释来说明所有的情况。

我想在此绘出一个决策失误的路线图，以分析群体决策失误的原因。我将各种因素大略分为4类来讨论。首先，群体在问题确实来到之前未能预见问题。其次，问题来了之后，群体还是没能察觉问题所在。再次，他们终于察觉到问题了，但是没能想办法解决。最后，他们可能努力解决问题，但是没有成功。从这些讨论来看，人类社会的失败与崩溃似乎令人悲观。但事情总有两面，从另一个角度来看决策失误的路线图，何尝不是决策成功的路径表？若我们能了解群体决策失误的原因，或许就能利用这方面的知识归纳出一张检查表，若每一项都能做到，成功的概率必然大增。

无法预见危机

这张决策失误路线图的第一站：群体无法预见问题而铸成大

错。无法预见问题的原因有好几个，其中一个就是没有经验，以前没碰过这类情况，因此不够敏感。

关于无法预见危机的最显著例子，莫过于澳大利亚引进狐狸和兔子，英国殖民者在19世纪将狐狸和兔子引进澳大利亚。狐狸和兔子都不是澳大利亚的原生物种，引进这两个外来物种，给澳大利亚人带来了惨痛的教训，澳大利亚环境因而受到灾难性冲击（见第十三章）。让人情何以堪的是，这两个外来物种当初可是英国殖民者费尽千辛万苦才成功引进的，并非无心之过——像小小的种子藏在进口的干草中，或是如外来杂草在新的土地落地生根。狐狸进入澳大利亚之后，许多澳大利亚本土哺乳动物都成了狐狸的猎物。这些哺乳动物在没有狐狸的环境中演化，一碰上狐狸就招架不住了，最后甚至惨遭灭绝。澳大利亚的另一大祸害是兔子，它们大量繁殖、泛滥成灾，与本土食草性哺乳动物争食青草，不但吃掉了牛羊的草秣，还在地下挖洞、破坏土地。

以后见之明来看，我们自然会嘲笑那些苦心引进狐狸和兔子的澳大利亚人，认为他们真是愚不可及。"请神容易送神难"，现在为了控制这些动物的数量，花费几十亿美元还不一定有成效。然而这只是一例，外来物种危害的实例不胜枚举。我们今天终于了悟，引进某些物种可能会带来意想不到的灾难。这也就是为何你前往澳大利亚或美国旅游，或者从国外回到澳大利亚或美国，移民局官员问你的第一个问题总是"有没有从国外携带任何植物、种子或者动物"，这是为了避免这些动植物入境后大量繁殖，无法斩草除根。由于过去已经得到不少教训，我们现在知道引进外来物种可能有哪些潜在危险（但也不是每一次都预见得到）。即使是职业生态学家，也无法预测哪些物种的引进会成功，哪些无异于引狼入室，以及为什么同一物种可以成功引入某些地区，到其他地区则失败。19世纪的澳大利亚人不像20世纪的人，他们未曾经历外来物种造成的灾难，因此无法预见兔子和狐狸泛滥成灾带来的后果。

这一类的例子本书已经讨论了好几个。以格陵兰岛的维京人为例，他们无法预见十字军东征重新打开地中海贸易通道，让亚洲和非洲的象牙可以输往欧洲，使格陵兰岛的海象牙不如过去那样炙手可热；他们也想不到海冰会越来越多，通往欧洲的海路会因冰封而断绝。科潘城的玛雅人也是如此，他们不是土壤科学家，无法预见丘陵坡地的树木砍伐会带来土壤侵蚀的问题，贫瘠的土壤最后被冲刷到谷底。

即使以前已有经验，也无法保证社会能预见问题的发生，特别是过去久远的经验已经被遗忘。没有文字的社会尤其会发生这样的状况，由于口头传递信息的局限性，他们不像有文字的社会，可以把长久以前发生的事件巨细靡遗地记录下来。例如第四章提到的查科峡谷阿纳萨齐社会，在受到12世纪大干旱重创及崩溃之前，其实已经历过好几次旱灾。然而，对12世纪受到大干旱考验的阿纳萨齐人而言，过去的大干旱是他们出生之前的事。由于阿纳萨齐人没有文字，先人的经历未能记录下来，即使发生同样的灾难，仍无法预见。9世纪，古典时期的玛雅低地未能通过旱灾考验，也是一例，尽管这个地区在几个世纪前曾经历旱灾（见第五章）。虽然玛雅已有文字，但记录的都是国王的丰功伟业和天文历法，没有气象方面的记事。即使玛雅曾在3世纪经历大旱，这样的经验还是无助于9世纪的玛雅人，没能让他们预见问题。

对一个文字大行其道的现代社会而言，记录的事情当然不只是国王或天文，却也未必能吸取文字明载的历史经验。毕竟现代社会也很健忘。例如1973年石油危机，造成石油短缺，在这事件过后的一两年内，美国人都不喜欢耗油量大的汽车。尽管对1973年石油危机的记录文献汗牛充栋，我们最后还是忘了这样的经验，现在又为了SUV心动。又如亚利桑那州的图森市在20世纪50年代出现严重干旱，市民发誓他们未来一定会做好水资源管理，免得水到用时方恨少。然而旱灾过后，市民又忘记了节水的誓言，兴建用水量大的高尔夫球场，拼命在花园浇花洒水。

一个社会不能预见问题的另一个原因是错误模拟。当我们面对陌生的情况时，会以过去熟悉的事物来模拟。如果新旧两种情况雷同，倒不失为好方法；如果只有表面相似，则可能带来危险。例如870年左右，维京人从挪威和不列颠移民冰岛，由于冰岛上的树种是他们在家乡熟悉的，他们误以为这里的土壤也和家乡一样，是冰川形成的黏质土壤（见第六章）。不幸的是，冰岛的土壤不是冰川作用形成、不易被风吹走的黏质土壤，而是火山爆发吹来、轻飘飘的沙土。为了开辟牧场，一旦把林木清理掉，裸露的土壤就很容易被风吹走，于是很多冰岛表土很快遭到侵蚀。

在现代世界，错误模拟还有一个著名的悲惨实例，即法军为了第二次世界大战修筑的马其诺防线。法国经历第一次世界大战"血的洗礼"之后，面临第二次世界大战的爆发，认为最重要的就是抵御德军再次入侵。然而，法军以为第二次世界大战和第一次世界大战差不多。第一次世界大战期间，德法双方的西部战线壕沟战陷入胶着，双方都无法突破对方防线达4年之久。防守的一方以长长的壕沟加上机枪和铁丝网，阻止敌方步兵进攻；攻击的一方则以步兵为主力，辅以新发明的坦克车冲向敌阵。在第二次世界大战时，法军为了防止德军入侵，在东边打造了一条更长、更坚固的防御工事，即马其诺防线。于是在一次大战中打了败仗的德国将领知道必须用不同的战略来取胜。德军改以坦克车为前锋，派遣几支坦克部队绕过马其诺防线，穿越森林向法国进攻，短短6周内就击溃了法军。法国根本没想到德国坦克这么厉害，居然能在森林长驱直入。法军将领以第一次世界大战的经验来预演，因此犯了兵家大忌：在拟订作战计划时，误以为接下来的战争和上一场一样，特别是在前一次打了胜仗的时候。

不知不觉

在我绘制的决策失误路线图上，第一站是不能预见问题，下一站则是在问题发生后仍然不能察觉。这方面的失误至少有三点原因，这种失误在商业界和学术界都很常见。

首先，有些问题在萌生之初实在难以察觉。例如土壤的营养成分不是肉眼能看出来的，只有到了现代通过化学分析才能得知。比如澳大利亚、曼加雷瓦、美国西南部等许多地方，在人类定居之前，土壤中的养分已被雨水冲刷殆尽。人们在这些地方落脚、种植作物，作物很快就把土壤中残余的养分耗尽。一旦土壤变成不毛之地，农业就完了。这些贫瘠的土地起初还绿意盎然，这是因为生态系统中的大部分养分在植被中，不在土壤里，因此植被清除后就没有什么养分了。最初在澳大利亚和曼加雷瓦定居的人，无从得知土壤肥力耗竭的问题；有些地区的农民也不知道地层深处盐分过高（如蒙大拿东部、澳大利亚部分地区和美索不达米亚地区），无法察觉土壤盐碱化的问题；挖掘硫化矿石的矿工也是如此，他们不知道矿区地表径流内含有毒的铜和酸性物质。

另一个不能察觉问题的原因在于远距离管理。任何大型社会或大企业都可能有这种问题。例如蒙大拿最大的私有林区和林业公司的总部并不在蒙大拿州内，而是在400多英里之外的西雅图。由于这家公司的主管不在林区，不知道林区杂草丛生的问题有多严重。管理良好的公司为避免这种错误，会定期派经理人去现场察看。我有一个长得身材高大的友人，他是大学校长，为了解学生在想什么，经常跟本科生一起打篮球。远距离管理的反面就是现场管理。蒂科皮亚岛民和新几内亚高地居民对居住地的资源经营都有1 000年以上的成功经验，部分原因就是小岛或山谷里的每个人都对自己社会赖以生存的各个角落了如指掌。

社会不能察觉问题，或许最常见的情况是：问题的发生不声不响、缓步徐行，而且发生的过程存在起伏波动。目前最显著的例子就是全球变暖。我们现在已经了解，全球气温在近几十年来有缓慢上升的趋势，主要原因是人为造成的大气变化。然而，全球变暖并非是每一年都规则地比前一年升高1℃。实际上，气温上下起伏，每一年都不一样：某一年夏天比前一年高3℃，翌年夏天又升高2℃，再隔一年的夏天又下降4℃，再过一年又降几摄氏度，接下来的一年又升高5℃等。由于这种上下起伏不可预期，必须经历一段相当长的时间，去除种种干扰信号，才能得出每年升高1℃的平均值。几年前，大多数的气候学家还怀疑是否真有全球变暖这一回事，就是出于这个原因。即使此时此刻，我在提笔写这一段的时候，美国总统小布什还对全球变暖的事实半信半疑，他认为我们应该再做更多的研究。中世纪格陵兰岛的维京人也有类似的困惑，难以确定气候是不是变得越来越冷；对玛雅人和阿纳萨齐人来说，他们也很难断言气候是不是在变得更干旱。

政治学家常用"悄悄变化的常态"来形容长期、缓慢、受到许多信号干扰而难以察觉的变化。如果经济、教育或交通等方面状况的恶化非常缓慢，我们便难以察觉问题一年比一年糟，亦即"常态"或"基线"的标准以人们无法察觉的速率退化。总是在这种变化累积几十年后，人们才会惊觉今非昔比，想起几十年前不是这个样子，而人们习以为常的"常态"已神不知鬼不觉地发生改变。

另一个和常态缓慢变化有关的名词便是"景观失忆"：由于一地景观每一年的变化很小，50年后人们已经忘了多年前的景观是何风貌。蒙大拿冰川与雪地的融化就是一个例子（见第一章）。1953年和1956年，我才十来岁，曾在蒙大拿的比格霍尔盆地过暑假。我在1998年旧地重游已是42年后的事，之后我每一年都来到这个地方。犹记得我少年时期的比格霍尔盆地远方山巅总是白雪皑皑，即使是在仲夏也看得到雪白的顶峰。在我的印象中，比格霍尔盆地的低空被一圈白雪围绕。某一个周末，我还跟两个朋友爬上那梦幻般的雪地。阔别多年，我浑然不知那雪地在气温的上下起伏中已渐渐消融。1998年，我重回比格霍尔盆地，发现盆地周围的那一圈白雪几乎不见了。到2001年和2003

年，则已经完全融化。我询问住在当地的朋友是否注意到这个变化，他们几乎没察觉到这回事：他们很自然地以过去几年的情况来比较，因此无法察觉长时间的改变。在常态悄然改变或"景观失忆"的影响下，他们自然记不得50年前的景观是什么样子。这种经验可以说明，为什么人们很难注意到正在发生的问题，就像锅里的青蛙，等到冷水变成沸水，发现苗头不对，却为时已晚。

就像加州大学学生问我的那个问题："复活节岛岛民砍下岛上最后一棵树的那一刻，曾说过什么？"我认为，答案可能和"景观失忆"有关。在我们的想象中，变化常常突然发生：前一年，复活节岛还蓊蓊郁郁、林木参天，岛民吃着棕榈树的果实，拿这果实来酿酒，还利用树干来运送石像，并拿来当作竖立石像的工具；第二年，所有的树都砍光了，岛民因为这愚不可及的行为无法生存下去。事实上，复活节岛森林消失的速度可能难以察觉：今年在这里砍下几棵，但又长出几棵小树。只有当年岁最高的岛民回想起小时候的情景，才会惊觉当地的改变。至于他们的孩子，可能已经无法想象父母口中满是参天大树的景象。我和妻子对我们17岁的双胞胎儿子说起40年前的洛杉矶，告诉他们当时是什么样子，他们总是一脸迷惑。复活节岛上的树也一样，一年比一年少，一年比一年来得矮小，也越来越不受重视。当最后一棵长着果实的大棕榈树被砍下之时，这种树早已失去经济价值。为了开垦种植园，岛民把比较小的棕榈树苗拔掉，也清除其他的灌木和小树。没有人注意最后一棵棕榈树苗是什么时候被拔除的。至此，由于"景观失忆"，没有人记得几百年前岛上有一大片高大的棕榈森林。反之，如果森林砍伐的速度太快，人们比较能发现景观的改变，德川幕府时代的日本即是一例，幕府将军因察觉到森林消失的危机而及早采取行动。

合乎理性的恶劣行为

至于决策失误的第三站，它不但是最常见、最令人料想不到的，出现的形式也多种多样，因此需要最长的篇幅来讨论。社会在察觉问题之后，时常不能有效解决，结果以失败收场，不像泰恩特以及几乎每一个人认为的那样尽力补救。

这种失误的起因，可归咎于经济学家或其他社会科学家所称的"理性行为"，这是由人们的利益冲突造成的。也就是说，有些人可能认为他们追求利益并没什么不对，即使他们的行为会伤害到别人。科学家用"理性"一词来形容这种行为，是因为这是正确推理的结果，虽然在道德上应受到指责。这些人知道他们虽然做出了不好的行为，但是不会受到惩罚，特别是在没有法律约束或执法不力的情况下。这种人通常只有少数几个，为了获取巨大、确实和立即的利益汲汲营营，而承受损失的人数众多，因此获利的少数觉得很安全。至于蒙受损失的多数人，每一个人的损失只有一点点，因此缺乏动机向获利的少数人发起挑战。即使他们挑战成功，能得到的好处也只有一点点，甚至不知何时才能得到好处。所谓的"不正当补贴"也属于这类例子：有些产业全靠政府巨额补贴，才具有经济价值，如多个国家的渔业、美国的制糖业和澳大利亚的棉花产业（政府承担棉花田的灌溉费用）。然而，为数不多的渔民或农民拼命争取补助，倘若政府不给予补助，他们的生计就没有着落，但承受损失的一方（所有的纳税人）却没有什么声音，这是因为这笔钱不过是每人缴纳的税款中的几角几毛。在某些形态的民主政治体制下，拥有影响力的小群体特别会为了少数人的利益不惜牺牲多数人的利益，如美国参议院的小州参议员和以色列具有制衡力量的小教派，而荷兰的国会系统就几乎不可能出现这样的事。

"理性的恶劣行为"常见的表现就是"对我个人有利，对你和其他人不利"，说得直白一点就是"自私自利"。举一个简单的例子，大多数蒙大拿人钓的是鳟鱼，少数人喜欢钓梭子鱼，但梭子鱼是一种会吃其他鱼的大鱼，不是蒙大拿西部的本土物种，有人为了钓梭子鱼就偷偷将其放入蒙大拿西部的湖泊和河流。梭子鱼会吃鳟鱼，放入后对当地的鳟鱼造成重大威胁。最后得到好处的只是少数喜欢钓梭子鱼的钓客，绝大多数喜欢钓鳟鱼的人都蒙受其害。

另一个让更多人受害且损失更多金钱的例子，则是蒙大拿的矿业公司造成的。在1971年之前，蒙大拿州政府并未要求矿业公司在矿区关闭时做好环境清理工作，矿业公司因而一走了之，含有铜、砷和酸性物质的废水就渗漏到河流中。虽然蒙大拿州在1971年通过环境清理法，但矿业公司发现他们只要把宝贵的原矿挖掘出来，然后宣告破产，就可以规避环境清理的责任，省下一大笔钱。结果，高达5亿美元的环境清理费用全落到蒙大拿州居民和美国纳税人头上。矿业公司的首席执行官懂得钻法律空子为公司省钱，把清理环境的负担转嫁给社会大众，自己因而坐拥高薪和高额奖金。像这样唯利是图的例子在商业界简直数不胜数，但也不像某些愤世嫉俗的人所认为的那样天下乌鸦一般黑。的确，追求利益是一家公司的首要目标，但各家公司的运营结果有天壤之别。我们会在下一章讨论这个内容，也会论及政府规定、法律和社会大众的态度对企业界有何影响。

如"公地悲剧"这种特殊形式的利益冲突，也是一个重要的例子。这类问题与"集体行动的逻辑"和"囚徒困境"有着密切的关系。很多人都在利用一种大家共同拥有的资源，如渔民在某一片海域捕鱼，牧羊人在公有牧场上放牧，要是每一个人都过度利用资源，公共资源就会因为过度捕捞或过度放牧而减少，最后甚至消失，到头来所有人都将受害。因此，为了公共利益，人们都应该有所节制，不耗竭资源。然而，每一个人能利用多少资源就靠有效法规的约束。如果没有这样的法规，每一个人就会这么想："我要是不去捕鱼或者不让我的羊儿吃草，其他人也会这么做，因此我没有必要约束自己。"这种思考模式是合乎逻辑的——在下一个人之前自己抢先利用，不管最后是否会破坏公地，使每一个人都尝到苦果。

在现实世界中，这种思考逻辑已使很多公共资源被过度利用或破坏，其他受到保护的公共资源则可能继续利用几百年甚至几千年。我们可以看到的"公地悲剧"，如大多数重要海洋鱼类因过度捕捞而到几乎消失的程度，许多大型动物（指大型哺乳动物、鸟类和爬虫类）在近5万年有人定居的海岛或大陆上灭绝。好的结果则包括很多地区鱼类、森林和水资源的经营，如第一章叙述的蒙大拿鳟鱼和灌溉系统。在这些幸运的结果背后，我们可以观察到保护公共资源的三种永续经营方式。

一个明显的解决之道就是政府等外在力量的介入。不管人们是否请他们来，都通过强制执行配额的方式来保护资源，如日本幕府时代的将军和大名、安第斯山区的印加皇帝、16世纪德国君王和富有地主对伐木的掌控等。然而，在一些情况之下（如离岸较远的广阔公海），这种做法并不实际；至于其他一些情况，也可能使管理和管制的费用变得太高。第二种解决之道是资源私有化：将资源分配给每一个人使用，使每一个所有人为了自己的利益谨慎经营。在日本的幕府时代，有些村落的森林就实行这种办法。但是，有些资源无法分割（如具迁移性的动物和鱼类），拥有这些资源的人毕竟不是政府的海岸巡防队或警察，很难以个人力量赶走入侵者。

　　解决"公地悲剧"的最后一个方法，就是让每一个使用者了解公地的利益在哪里，拟定一套审慎的配额办法让所有人遵守与执行。下列情况如全部符合，的确有可能达成这个目标：使用者来自同质性群体，每一个人能彼此信赖、互相沟通，共享未来且在日后准备将资源留给后代，能自我组织、自我约束，资源的范围和所有的使用者都已明确定义。第一章讨论的蒙大拿灌溉用水使用权就是一个很好的例子，虽然用水权已写成法律条文，大多数牧场主人还是遵守他们选出的水资源管理委员的分配，不再动不动为了争夺水权闹上法庭。同质性群体谨慎经营资源、把资源留给下一代的例子，如第九章讨论的蒂科皮亚岛民、新几内亚高地居民、种姓社会的印度人等规模较小的群体。规模较大的群体如冰岛人（见第六章）和幕府时代的日本，由于处于隔离的岛国，他们已有觉悟，在可预见的未来都必须依靠岛上的资源生存，因此不得不做好资源管理。这些群体知道他们无法把管理不当的责任推给别人,例如我们常听到的借口:"这可不是我的问题,是别人的问题。"

如果主要的使用者短视近利,打算在短期内捞一票就走,而社会整体还是必须为了长远利益着想,这样就会产生利益冲突。例如跨国伐木公司砍伐热带雨林,它们一般都和拥有雨林的国家签订短期合约,在合约期限内把租赁范围内的林木砍光,然后转往下一个国家。伐木业者既然付了租金,为了自己的利益,当然只想赶快把林木砍完就离开,哪管林木重植的约定。马来半岛大部分的低地森林、婆罗洲、所罗门群岛、苏门答腊的森林就这么遭殃了,现在轮到菲律宾,接下来将是新几内亚、亚马孙和刚果盆地的森林。伐木业者大捞一票走了,当地的人又得到什么?他们不但失去了宝贵的森林资源,还必须承受土壤侵蚀和溪流沉积物增加的灾难。对东道国来说,这不仅使境内的生物多样性丧失,永续林业的根基也动摇了。然而,如果伐木公司拥有一片林地,而不只是和东道国签订短期租约,自然会把眼光放得长远些(同时会为了当地人和东道国着想),希望这片林地能有源源不断的林木可以砍伐。20世纪20年代,中国农民便面临类似的困境。在军阀混战的时期,虽然军阀有如土匪,还是能分成两种。一种是所谓的"坐寇",固定在一地进行掠夺。由于"坐寇"考虑到自己未来的利益,所以不会竭泽而渔,至少还会留下一些资源给当地农民。另一种则是到处流窜、随机掠夺的"流寇"。"流寇"要比"坐寇"糟得多,就像前述和一个国家签订短期租约的伐木公司,这些"流寇"不懂得手下留情,将一个村打劫一空,再转往下一个。

还有一种因理性行为产生的利益冲突：当权者的利益和社会其他人的利益发生冲突，然而那些当权者就是进行决策的人。当权者不但不必为了自己的行为负责，为了图谋私利，也根本不顾别人是否受到伤害。这种寡廉鲜耻的权贵以多米尼加独裁者特鲁希略和海地当权者为代表。在今天的美国，这种人也越来越多。一些美国巨富在自己的产业四周设立栅栏（见插图32），喝瓶装矿泉水，根本不管别人的死活。美国有史以来最大的破产案安然公司（曾是全世界上最大的综合型能源公司之一）舞弊案就是一例。该公司主管勾结查核会计师事务所"创造"巨额账面利润，中饱私囊，最后造成公司破产，股民哀鸿遍野，滥权失职的安然公司主管或许是这场豪赌的赢家，但终究须面临法律审判。

翻开历史，自私的国王、酋长和政治人物的所作所为或不作为，经常是社会崩溃的原因，如本书谈到的玛雅国王、格陵兰岛的维京酋长以及现代卢旺达的执政者。美国历史学家巴巴拉·W.塔奇曼在《愚政进行曲》一书剖析了许多史上著名的灾难性决策，他从古希腊的木马屠城记说起，到文艺复兴时期罗马教廷与亨利八世的决裂，造成新教势力兴起，乃至德国在第一次世界大战决定采取"无限制潜艇战"[①]，以及1941年日本偷袭珍珠港触发美国对日宣战等。塔奇曼一针见血："在这些有影响力的政治愚行中，最主要的一种是权力欲，也就是罗马历史学家塔西佗所言'所有的热情中最罪恶的一种'。"复活节岛的酋长和玛雅国王

---

① 即在毫无预警的情况下，击沉敌国各类船只，美国多艘商船因而被击沉，愤而对德宣战。——译者注

就在是追求权力的强烈欲望下,要求人民为他们竖立更大的雕像和石碑,以超越对手,于是森林消失的速度越来越快,却不知在紧要关头悬崖勒马。他们被困在竞争的恶性循环中,如果有任何一个酋长或国王为了保护森林,不去竖立更大的雕像或石碑,就会被人看不起,甚至地位不保。这是竞争短期声望经常出现的一个问题。

反之,如果统治阶级必须承担行动的后果,就不大可能因为与群众的利益有冲突而不解决问题。我们将在最后一章看到荷兰人(包括政治人物)都有强烈的环保意识,是因为该国大多数人不管是政治人物还是一般民众都在低于海平面的土地上生活,万一围海大堤崩溃,所有人都会被淹死。因此,政治人物如果不好好进行土地规划,个人安危也会受到影响。在新几内亚高地,有影响力的人物叫作"大人物",这些"大人物"住的茅屋和其他人没什么两样,也和大伙儿一样必须捡拾薪柴和木头,所以有高度的动机为社会解决问题,确保森林资源的可持续利用(见第九章)。

带来灾祸的价值观

前面提出的例子是用来说明:社会不去解决问题的原因,在于某些人能从中获利。与这些"理性行为"不同的是,有些问题无法解决,涉及社会科学家所称的"非理性行为",也就是对每一个人都有害的行为。每个人的心中如果都存有互相冲突的价值观,就常常会产生这种非理性行为:例如有一种非常糟糕的情况,但是这种情况与我们紧紧依附的价值观相合,我们就会对问题视若无睹。塔奇曼以"执迷不悟""木头木脑""拒绝思考负面信号的意义""心智停顿或停滞"来形容这种常见的人类特质。心理学家也用"沉没成本效应"来形容类似的特质，例如人们已经为一个政策（或股票）投入了很多，因此不愿放弃。

深植于文化的宗教价值观常是灾难性行为的起因。举例来说，复活节岛上树木的砍伐大都是因为宗教：巨大的雕像是岛民膜拜的对象、精神的寄托，而雕像的运输与竖立都需要巨大的树干。另外，距离复活节岛9 000英里之遥，在另一个半球的格陵兰岛，维京人也在追求基督教的价值观。由于这种价值观，加上以欧洲人自居和保守的生活风格，他们紧紧相系、同心协力，共同面对最严苛的环境，苦撑了几百年。这些特质固然不错（至少在过去很长一段时间中带来了成功），但这也阻碍了维京人变通和创新，不懂得向因纽特人学习生存的本领，因而在冰雪中灭亡。否则维京人可以在格陵兰岛存活更久。

现代世界还有很多世俗的例子，显示我们拥抱的价值观也有不合时宜的时候。在澳大利亚殖民的英国人，秉持豢养羊群、生产羊毛的传统，认为土地的价值很高，也对英国具有高度的认同感，最后在遥远的南半球建立了发达国家的民主政体。澳大利亚人现在才慢慢了解，过去他们所尊崇的价值观也有不好的一面。至于在现代的蒙大拿，蒙大拿人迟迟不愿解决矿业、伐木业和牧业造成的问题，原因就在于这三种产业过去是蒙大拿的经济支柱，代表蒙大拿拓荒者的精神，也是蒙大拿的象征。蒙大拿人向来提倡个人自由和自立自强，因此不易接受政府计划和对个人权利的限制。再如卢旺达人视大家庭为理想的家庭形态，这在过去儿童死亡率高的年代当然是适当的选择，却为今天的人口泛滥成灾埋下种子。我个人以为，在今日的发达地区，很多对环境问题嗤之以鼻的，似乎都是因为早年的价值观作祟。他们接受了这种价值观之后，就未再检验这种观念是否有问题。正如巴巴拉所说："统治者和政策制定者死守他们最初的理念。"

在核心价值成为生存的绊脚石之时，是否应该扬弃这些价值？这实在是一个非常痛苦的决定。到了什么样的关头，一个人会宁死也不愿妥协、苟活？在现代世界，也有好几百万人面临这样一个难题：是否应该为了自己的性命，卑躬屈膝、出卖亲友、默默地屈服在邪恶独裁者的淫威之下，还是干脆流亡海外？国家和社会有时候也会面临类似的选择。

这样的选择都具有赌注的意味。没有人知道拥抱核心价值会不会带来毁灭；反之，也没有人能断言放弃这些价值才能生存下去。格陵兰岛的维京人以基督徒和农民自居，这代表他们宁愿作为信仰基督教的农民而死，也不愿像因纽特人那样活着。结果，格陵兰岛的维京人输了这场赌博。在面临苏联大军压境的东欧五小国中，爱沙尼亚、拉脱维亚和立陶宛三国在1939年不战而降；芬兰在1939—1940年勇敢奋战，最后捍卫了国家的独立；匈牙利也在1956年背水一战，却赔上了自己的独立地位。谁能说哪个国家的选择是明智的？谁又能预言只有芬兰在这命运的赌注中获胜？

对一个社会而言，或许成败的关键在于知所取舍：知道哪些核心价值应该坚持，而哪些应该扬弃以应对时代的改变，并代以新的价值。在过去的60年中，世界上最强的国家纷纷放弃长久被珍视的核心价值（这些价值对他们以往的国家形象来说非常重要），转而拥抱其他的价值。英国和法国不再认为自己是可以单打独斗的世界霸主，日本放弃好战的传统，而俄罗斯也不再延承长期以来的共产主义实验。美国也已经远离过去坚持的一些价值观（虽然并不完全），如正当的种族歧视、同性恋恐惧、性别歧视、性压抑等。澳大利亚正在重新评估自己国家的定位：是不是以认同英国的农业社会自居？社会或个人若要成功，必须鼓起勇气面对挑战、进行选择，同时也需要好运气才能赢得赌博。今日的世界已成一个共同体，牵一发而动全身，在环境问题的挑战之下，也必须做出抉择。我们会在最后一章继续讨论这个问题。

其他非理性行为造成的灾难

还有一些非理性行为和价值观冲突有关。在价值观冲突之下，一个社会可能会设法解决问题，也可能因而不去解决。民众常常可能因为厌恶第一个察觉问题、抱怨的人，在非理性动机的驱使下，决定不去解决问题。例如塔斯马尼亚的绿党最先抗议引进狐狸，民众可能会因为先前的警报被证明是假警报而不理会新的警报。就像《伊索寓言》里一再高喊"狼来了"的牧童，村民上了几次当，等到恶狼真的出现，再怎么喊也没有人理他了。这时社会大众可能会推卸责任，说这是别人的问题，不关他的事。

部分以非理性行为拒绝解决问题的原因，是个人短期和长期动机的冲突导致的。不只是卢旺达和海地农民，今日世界还有几十亿人穷困潦倒，只能为明天的食物打算，过一天算一天。

热带地区穷苦的农民可能会在珊瑚礁用炸药炸鱼或用氰化物毒鱼，只求让孩子当天有鱼吃，没想到珊瑚礁生态会因此不保，以后再也捕不到鱼了。政府也是如此，常常只着眼于短期利益：只有当灾难逼近之时，官员才会有感觉，而且他们只会注意即将爆发的问题。我有一个朋友和美国政府方面关系密切，他告诉我，他在2000年总统大选后前往华盛顿特区拜会，发现政府高官只谈论所谓"90天焦点"，亦即只讨论未来90天内可能冒出来的大麻烦。这种把焦点放在短期利益的非理性行为，经济学家称为"以未来利益贴现"，这种说法真是贴切。我们还可听见这样的论调：资源今日能用则用，不必留待明日再用。因为今天利用资源得到的利益还可用来投资，投资又可不断衍生利息，直到未来的某一天，累积起来的利息将十分可观。所以今天利用资源得到的价值，会比未来利用资源得到的价值来得高。如果是这样，不好的后果必须由我们的下一代来承担，而下一代在今天还没有投票权，也还不能抱怨。

虽然已经察觉问题，但还是非理性地拒绝解决，多半是基于心理因素。在短期的决策过程中，有一个显著的现象称为"从众心理"。个人在规模庞大特别是情绪易于激动的群体中，可能会发现自己被牵着鼻子走，盲目支持群体的决定。然而，如果让一个人好好地独立思考一番，可能就不会接受这样的决定。就像德国剧作家席勒所言："任何单独的个人都是明智的、理性的，但当他变成群体的一分子，马上就变得盲目了。"历史上有不少运用从众心理的例子：中世纪晚期，欧洲对十字军的狂热；1634—1636年，荷兰出现"郁金香热"，有人不惜以千金换取郁金香稀有品种的一颗球茎；1692年，美国马萨诸塞州塞勒姆镇民众陷入集体歇斯底里状态，将无辜少女当作女巫逮捕、审判，甚至吊死；20世纪30年代，受纳粹宣传影响、迷失心智变成民族主义狂热分子的德国青年。

还有一种与从众心理类似的团体决策心理。决策团体人数较少、比较冷静，不会像盲目的群众那么激动。心理学家艾尔芬·贾妮斯以"群体育思"为这种心理命名，特别指一个具有高度凝聚力的小团体，在千钧一发之际必须做出决定时的反应。由于这个团体承受巨大压力，迫切需要同伴的支持与认可，因此可能刻意压抑任何怀疑与批评，看到同样的幻觉，仓促达成共识，最后做出后悔莫及的决定。（如肯尼迪总统在猪湾危机发生时的顾问团；又如约翰逊总统在越南战争情势紧张时组成的顾问团）不管是从众心理还是群体育思的运作，时间可能只有短短几个小时，也可能长达数年。我们不禁怀疑，面对环境问题这种长达几十年或几个世纪的沉疴，有些灾难性的决策是否也和从众心理或群体育思有关。

察觉问题之后仍不去解决，与这种非理性行为有关的最后一种因素就是"心理否认"。这个心理学名词原本是用来说明个人心理的防卫机制，现在也用来解释流行文化。如果某一件事让你感到非常痛苦，你可能会潜意识地压抑感觉或否认这件事，以避免痛苦，但是这么做只是掩耳盗铃，最后可能还是必须付出惨痛的代价。经常遭到否认的感觉包括恐惧、焦虑或悲伤。典型例子如刻意忘却恐怖的经历，或不愿去想配偶、儿女或好友可能濒临死亡，因为那样的念头令人痛苦不堪。

再举一个例子：在一个狭窄的河谷上兴建一座高高的水坝，万一水坝爆裂、崩塌，下游的居民都会被淹死。心理学家对下游居民进行问卷调查，询问他们是否担心水坝爆裂。一般而言，正如我们猜想的，离水坝越远的人越不担心，越近的越担心。但让人意外的是，住在水坝下游几英里的人最担心水坝崩塌，而离水坝最近的居民却表示一点也不担心。他们每天抬头一看，水坝就在头顶上方。在这种情况下，要活下去就得否认水坝可能爆裂这件事。这种否认机制常常可在个人身上观察到，似乎也可运用在群体心理的分析中。

行动失败

最后，即使一个社会已经预见问题、察觉问题，也努力去解决，结果还是失败了。这个环节的失误可能有几个显而易见的原因：首先，问题可能过于困难，不是我们现有能力所能解决的；其次，虽然有解决办法，但代价太大；最后，我们做的努力可能太少或为时已晚。一些尝试解决问题的努力成效甚微，甚至适得其反，例如澳大利亚引入蟾蜍控制害虫，或美国西部的林火扑救。过去人类社会（如中世纪的冰岛）光凭肉眼无从分析地质成分，不像今日我们因为有详尽的地质学知识，比较能应付地质方面的问题。尽管如此，今日还是存在我们力有未逮、无法解决的问题。

请回想第八章格陵兰岛的维京人奋斗4个世纪后的下场。过去5 000年来，格陵兰岛气候严寒，加上资源有限、多变且不可预期，欲建立长久、可持续发展的经济形态实在是莫大的挑战。在维京人失败之前，曾有4拨美洲的狩猎-采集族群来到格陵兰岛发展，最后也消失了。因纽特人设法在格陵兰岛过了700年自给自足的生活，然而族人经常饿死，生存对他们来说实在非常艰难。现代的因纽特人不愿再像老祖宗那样使用石器、靠狗拉雪橇过日子，也不想坐着皮艇乘风破浪、手拿鱼叉去猎捕鲸，只希望靠着外来的技术和食物过生活。今天的格陵兰岛还未发展出不依赖外援、自给自足的经济形态。格陵兰政府也曾像中世纪的维京人在岛上饲养牲畜，但最后放弃养牛。目前还有一些格陵兰岛农民养羊，但是没有政府补助就难以为继。从这些例子来看，过去维京人在格陵兰岛无法生存下去，并不令人惊讶。我们也必须用这样的角度来看阿纳萨齐族群的失败——在不适合务农的恶劣环境中，人类实在难以建立长久的农业社会。

今天人类社会面临的最棘手的一个问题就是有害物种的引进。有害的外来物种一旦落地生根，通常很难斩草除根或受到控制（见插图28）。以蒙大拿为例，为了对付乳浆大戟等杂草，州政府每年必须花费超过1亿美元。为什么不一劳永逸根除这些杂草？事实上，蒙大拿政府非不为也，实不能也。乳浆大戟的根长达20英尺，无法用手拔除，必须用专门控制杂草的化学除草剂。这种除草剂很贵，每加仑要800美元。澳大利亚也有类似的麻烦，为了控制从外地引进、泛滥成灾的兔子，他们试过种种办法，像是用长长的篱笆阻隔、用狐狸猎捕、射杀、用挖土机铲掉巢穴、用多发性黏液瘤病毒，乃至使用杯状病毒当武器。直到现在，澳大利亚这场人兔大战还没结束。又如气候干燥的美国西部山区，经常出现可怕的森林火灾，如果能利用机械让下层新生的树苗不至于长得太密，并拖走倒下的枯木，就能减少燃料载量，或许还能控制森林火灾的问题。然而，这种做法花费高得吓人，不可能大范围执行。佛罗里达的海滨灰雀一样命运多舛，当社会大众惊觉它们快灭绝了时为时已晚，即使付出巨大的代价也未必救得了它们。在它们的栖息地不保之时，人们还在辩论，花这么多钱保护这么小的栖息地是否值得，因而迟迟未能行动。最后，在20世纪80年代末，美国鱼类和野生动物管理局终于同意，以500万美元买下海滨灰雀最后的栖息地作为保护区，但是栖息地已遭严重破坏，海滨灰雀也已经死光了。这时候，又有人为最后几只养在笼子里的海滨灰雀展开激辩，争论是否让最后几只海滨灰雀和斯科特海滨雀杂交，再通过回交法培育出比较纯种的海滨灰雀。等到最后拍板定案，那几只养在笼子里的海滨灰雀已经太老不能生育了。不管是保护栖息地的努力还是繁殖计划，如果能早一点着手，不但比较省钱，成功的机会也大得多。

希望的曙光

人类社会和规模较小的群体，都可能因为一连串原因而做出灾难性决策：不能预见问题；问题已经出现还没有察觉；已察觉问题但不去解决；虽然努力解决，但是没有成功。本章开头提过，我的学生和泰恩特都认为，社会竟然允许环境问题变本加厉，最后导致社会覆灭，实在令人不可置信。此时，在本章的结尾，我们似乎已经找到了答案，得知社会覆灭的原因何在。每一个人都可从其中的一个原因着手，在自己的生活经验中寻找实例，了解某些我们熟知的群体正是在这里栽了跟头。

显然，社会并非老是失败，要不然今天的我们早就不存在了，或是像 1.3 万年前的老祖宗一样过着石器时代的生活。当然，那些失败的例子还是值得大书特书。不过本书篇幅有限，只能挑选一些重要的例子来讨论，无法像百科全书一样论及每一个社会。此外，第九章也特别挑了几个人类社会成功的范例来讨论。

但是，我们还是要问，为什么有些社会成功，有些却失败了？从本章切入的角度来看，其中一个原因和环境差异有关：有些环境问题特别难缠。例如格陵兰岛寒冷、偏远，对殖民者维京人来说，这样的环境要比他们挪威南部的老家恶劣得多，这是对生存的巨大考验。同样地，复活节岛岛民的祖先从曾居住过的大溪地来到复活节岛落脚，发现该地干燥、与世隔绝、纬度较高、地势低平，不像在气候湿润、与外地往来容易、接近赤道、地势高的大溪地容易过活。然而，这只是故事的一半。

如果我声称这种环境差异是社会成败的唯一原因，那我活该被贴上"环境决定论者"的标签。事实上，如果环境优良、得天独厚，一个社会有这样的"地利"，的确比较容易发展；若一个社会以穷山恶水为根基，当然不容易站得稳。不过，环境不能代表一切，社会的成败还取决于自己的行动。

为什么有些群体（或领导人）会走向失败，有一些却能踏上成功之路？这是一个很大的研究课题。例如同样是干燥、寒冷的环境，为什么印加皇帝的造林行动就成功了，复活节岛或格陵兰岛的维京酋长却做不到？其中一个原因是人有千百样，难以一概而论。但是，我仍然希望通过本章的讨论，让我们了解失败的可能原因，作为计划者或决策者的殷鉴，并尽量避免它们。

1961 年和 1962 年，美国和古巴连续发生两次对峙。美国总统肯尼迪和他的顾问团由于从第一次的惨败中得到教训，在危机再次出现时才能化险为夷。1961年春发生的猪湾事件，就是群体决策失误的例子：美国未经深思熟虑就派遣佣兵侵略古巴，不但铩羽而归，还导致了更加危险的古巴导弹危机。正如詹尼斯在《群体育思》一书中指出的，我们可从猪湾事件看出几个容易发生决策失误的特点：表面看来异口同声，其实是仓促之下形成的共识；个人疑虑遭到压抑，也很难表达反对意见；领导人（肯尼迪）也刻意把讨论导向一个结果，以减少分歧。但在接踵而来的古巴导弹危机发生时，进行危机处理的是同一批人，也就是肯尼迪和当初参与猪湾行动的顾问。他们注意到上一次的缺失，决策时广纳众议，因而比较能有成果。肯尼迪总统要求每一个顾问都提出质疑、自由讨论，并把所有顾问分成几个小组各自进行讨论，有时肯尼迪还会故意离开会议室，避免自己的意见过度影响与会者。

为什么两次古巴危机的决策如此不同？最重要的一个原因是肯尼迪吸取了1961年猪湾事件的教训，要求顾问团痛定思痛，找出第一次决策的问题。因此，他在1962年和顾问团商量对策时刻意改变了讨论方式。

本书讨论了人类社会的诸多领导人，如复活节岛的酋长、玛雅国王、现代卢旺达的政治领袖等，很多人沉溺于权力的追逐中，未能发现社会已经从根烂起。然而，也不是所有的领导人都是如此，除了肯尼迪，人类社会还有很多成功的领导人。当然，肯尼迪在危机一触即发之时，展现出了很大的勇气，值得我们赞赏。还有一种领导人能防微杜渐，甚至采取果敢的做法防患于未然。这种领导人在行动遭到批评或被人取笑的时候，还是必须有"虽千万人，吾往矣"的勇气，时候到了，众人才会恍然大悟为什么当初不得不这么做。历史上有不少这样有勇气、有远见且强而有力的领导人，如：日本幕府时代早期的将军，在日本变成复活节岛那样的不毛之地前，就明令禁止砍伐森林；在多米尼加以铁腕保护环境的巴拉格尔（不管他的动机为何），而和多米尼加同在一岛的海地领导者就什么也没做，因此伊斯帕尼奥拉岛的东西两边形成强烈对比；蒂科皮亚岛酋长眼见猪破坏种植园，毅然决然地将岛上的猪全部宰杀，尽管猪肉在美拉尼西亚社会是珍品，还是忍痛做出牺牲；再者如中国领导人，在中国人口像卢旺达一样造成灾难之前，就强力执行计划生育政策。其他令人钦佩的领导人如德国总理阿登纳和其他西欧国家领导人，他们在第二次世界大战后呼吁欧洲各国将眼光放长远，不要只看到自己国家的一点利益，敦促各国团结起来，建立欧洲经济共同体，让欧洲重现繁荣，避免欧洲再次沦为战场。我们除了为这些有勇气的领导人喝彩，也别忘了有些民族在核心价值观的取舍上令人激赏，如芬兰人、匈牙利人、英国人、法国人、日本人、俄罗斯人、美国人、澳大利亚人等。值得守住的价值观他们才紧抓不放，不合时宜的就展现壮士断腕的决心。

这些勇气十足的领导人和人民让我心生希望。因此我相信，本书主题乍看之下虽是悲观的，但其实这是一本乐观的书。只有像两度面临古巴危机的肯尼迪总统那样痛定思痛，深入检讨过去失败的原因，我们才能知道如何更弦易辙，走上成功之路（见插图29）。

第十五章

大企业与生态环境

资源的开采

每一个现代社会都依赖自然资源,包括不可再生资源(如石油与金属)和可再生资源(如森林与鱼类)。我们的能源大多来自石油、天然气和煤。几乎所有的工具、容器、机械、车辆等交通运输工具和建筑物都是以金属、木材、石化塑料等合成材料制成的。我们的纸用于书写和印刷,而纸的原料是树木。我们吃的野生食物主要是鱼和其他海产。世界上有几十个国家的经济都非常依赖开采业,像我做过多次实地调查的三个国家——印度尼西亚、所罗门群岛和巴布亚新几内亚都是如此。印度尼西亚的经济支柱主要是林业,其次是矿业;所罗门群岛是林业和渔业;巴布亚新几内亚最重要的是石油开采,其次是天然气,再次是矿业,近年来林业也越来越重要。由此可见,现代社会对自然资源的开采真是汲汲营营、不遗余力,但是问题在于开采的地点、数量以及方式。

像资源开采这样的计划,通常必须先投入庞大的资金,大抵是大企业才办得到。我们三天两头就可看到环保人士对阵大企业的戏码，两者经常水火不容。环保人士指控大企业是生态环境的杀手，使人类受到伤害，它们唯利是图，总是把公司利益置于公共利益之上。的确，环保人士指出的常常是真相。反之，大企业也指着环保人士的鼻子开骂，说他们不懂商业的现实，也没有兴趣了解；不知道当地居民想要什么，也不了解当地政府创造就业机会、繁荣地方经济的用心；把鸟类的幸福看得比人类福祉还重要，而且隐善扬恶，不提企业在环境保护上所做出的努力。大企业的这些指控也没错。

也许这种针锋相对带给人壁垒分明的印象，但我将在本章说明，大企业、环保人士和整个社会利益攸关，有如一个整体。从很多例子来看，企业与社会之间的确有利益冲突：一家企业赚钱（至少短期内是获利的）可能会伤害到社会整体。在这种情况下，一家企业的做法是一个团体（也就是该企业）部分人士的理性行为，到头来社会却必须为这个错误决策付出惨痛的代价（见第十四章）。本章将根据我个人的第一手经验，以4个开采业公司为例，探讨这4家公司的做法：为什么这些公司认为那么做是有利的，有的最后却伤害了环境，有的就两全其美，在追求利益的同时也没有伤害环境？我的动机很实际：希望让目前正在破坏环境的大企业知道悬崖勒马，并指出哪些改变最有成效，能让它们达成这个目标。我将讨论的4种开采业是石油业、矿业（包括金属矿和煤矿的开采）、伐木业以及渔业。

两个油田的故事

就我和新几内亚石油业的经验来说，我看过有着天壤之别的两处油田：一个恣意破坏生态环境，另一个却小心翼翼地保护生态环境。我从这些经验中学到很多。过去我总认为，开采石油必然会对环境造成很大的破坏。就像大多数人一样，我对石油公司深恶痛绝，如果有人敢给予这个产业正面的报道，提到他们对社会的贡献，我总是深深怀疑，不以为然。但在新几内亚的所见所闻改变了我的想法，并促使我去思考：在哪些因素的鼓励下，会使更多的公司成为模范？

我第一次参观油田是在印度尼西亚所属新几内亚海岸附近的萨拉瓦蒂岛。去这个地方的目的本来和石油无关，只是研究新几内亚岛屿的鸟类。刚好那时萨拉瓦蒂岛很多区域出租给印度尼西亚国家石油公司。1986，我得到许可之后前去萨拉瓦蒂岛进行研究，同时也前往那家石油公司参观访问。该公司副总裁和公关主任十分亲切，还借给我一辆车，让我能在油田的道路上行驶。

虽然接受他们的热情款待，但我还是必须实话实说。大老远就看得到烈焰冲天的油田，由于石油开采的副产品天然气不能得到利用（没有液化和运输上市设备），只好就地烧掉。石油公司在岛上的森林中清理出一条宽100码的车道。对新几内亚雨林的多种哺乳动物、鸟、青蛙和爬虫而言，这条大道有如难以跨越的鸿沟，地面上还有一滩一滩的油。在这里，我只看过三种大型果鸠。根据记录，萨拉瓦蒂岛共有14种果鸠。这些果鸠体型大、多肉且美味，因此成为新几内亚猎人捕杀的主要目标。印度尼西亚国家石油公司的一名员工告诉我，附近有两个果鸠孵育地点。他说，他常拿着猎枪去那里打猎。我心想，油田附近的果鸠已经快被吃光了。

我第二次参观的是库图布油田——由大型国际石油公司雪佛龙石油公司在巴布亚新几内亚的分公司经营，油田区就在基科里河的水源区。(以下简称这家公司为"雪佛龙"，指现在的雪佛龙石油公司，实际营运单位是雪佛龙新几内亚公司，这是雪佛龙公司的全资子公司。库图布油田是由6家石油公司共同经营的合资企业，包括雪佛龙新几内亚公司。母公司雪佛龙在2001年和德士古石油公司合并，变成雪佛龙德士古；2003年雪佛龙德士古退出，把权益卖给澳大利亚的石油勘探公司。)由于基科里河水源区的环境很脆弱，常有土石崩塌，加上多喀斯特地貌，雨量又是世界之最（年均降雨量为430英寸，日均降雨量为14英寸），因此开采石油困难重重。1993年，雪佛龙与世界自然基金会合作，在整个流域进行一项大规模的保护与发展整合计划。雪佛龙希望世界自然基金会能帮他们将环境损害降到最低，说服巴布亚新几内亚政府致力于环境保护，而且世界自然基金会在环保行动团体眼中是可以信赖的伙伴。再者，他们的计划有益于地方经济，世界银行也愿意提供基金给当地的社区发展计划。我在1998—2003年担任世界自然基金会顾问，其间曾四度前往库图布油田和水源区，每次长达一个月。我可以自由地开着世界自然基金会的汽车在这个地区参观，也能对雪佛龙的员工进行私下采访。

我搭乘的飞机从巴布亚新几内亚的首都莫尔兹比港起飞，飞向库图布油田在莫罗的小型机场。预定的抵达时间快到了，我从飞机窗口眺望，心想一座座的油井和冲天烈焰很快就会出现在眼前。然而，放眼望去，直到地平线的尽头，都是广袤的雨林。最后，我在雨林中看到一条细长的、约莫只有10码宽的小路，小路两旁绿树成荫——简直是赏鸟人梦寐以求之地。在雨林中研究鸟类，最大的困难就是很难看到藏身于森林中的鸟儿。如果雨林中有条小径，让人可从侧面观察，就再好不过了。这条小径从油田最高处的摩峦山（海拔6 000英尺）向海岸延伸，全长超过100英里。翌日，我踏上了那条像铅笔一样纤细的小径进行观察，我发现那里经常有鸟儿飞来飞去。穿越小径的还有哺乳动物、蜥蜴、蛇、青蛙等，有的跳跃，有的奔跑，有的爬行。后来我才知道这样的宽度经特别设计，刚好是可双向会车的宽度。油田早期没有道路可通往地震勘探台和油井，工作人员不是搭直升机就是必须徒步穿越雨林。

当飞机降落在莫罗的小型机场后，又有一个惊奇等着我，在飞机要飞离这个地方的时候也一样。在入境巴布亚新几内亚时，我的行李已通过海关检查，但是在莫罗机场出入时又得再一次接受详细检查，每一件行李都得打开，比任何一个机场的检查都严格，有如到了以色列的特拉维夫机场。安检人员在检查什么？航班抵达这个地区，严禁携入的物件有枪支等武器、狩猎用具、毒品和酒类；航班离开的时候，安检人员还会检查有无偷偷携带出任何动植物、皮毛、羽毛等。违反规定的人，立刻会被驱逐出去。有个世界自然基金会的秘书在不知情之下帮人托运一袋东西，结果惹上麻烦（包裹里装的是毒品）。

第二天清晨，令人惊奇的事又接踵而至。天还没亮，我就走上那条小径，在那儿赏鸟，几个小时后才回到营区。营区的安全代表请我到办公室，他告诉我，有人检举我，说我违反雪佛龙公司的两个规定。第一，有人发现我为了观察鸟类而在小径上行走，因此可能被车子撞到，或是车子可能会因为怕撞到我，在闪避时撞上路边油管，造成漏油事件。因此从即刻起，我在赏鸟的时候必须离开小径。第二，有人发现我在赏鸟时没有戴上工地用的安全帽。这里整个地区都是危险区域，万一有树倒下，我可能会被击中。所以为了安全起见，我在赏鸟时务必戴上安全帽。

由此可见，雪佛龙极度重视安全和环保，公司还不断教育员工安全与环保的重要性。我前后来过这里4次，没看过任何漏油事件，我也详读了布告栏的每月事故及可能事故报告。基于研究兴趣，我记录了2003年3月发生的14起事故。在那一个月，最严重的"可能事故"包括：一辆卡车朝停车标志倒车，另一辆卡车紧急刹车不当，一包化学物品没有附上正确的文件，还有一个压缩装备针阀漏气。

最后一件令人惊奇的事出现在我观察鸟类的时候。新几内亚有很多种鸟和哺乳动物，有的因为体型大、肉多或羽毛特别艳丽而被人猎杀，有的则从改变后的次级栖息地消失，退居到内陆完全不会被人干扰的森林，因此我们很容易从这些鸟类和哺乳动物的身影、数量多寡，看出它们被人类干扰的程度。这些鸟类包括新几内亚最大的原生哺乳动物树袋鼠、鹤鸵、犀鸟、大鸽子（新几内亚最大的鸟类）、天堂鸟、彼氏鹦鹉等有着珍奇彩羽的鹦鹉，以及森林深处的几百种鸟类。我在库图布地区进行鸟类调查，起先我设定的目标是计算雪佛龙油田区各种鸟类数量与油田外的差异。

结果让我大吃一惊：除了少数几个偏远、人迹罕至的山区，油田区内鸟类的数量比我去过的新几内亚任何地区都多。过去40年来，在巴布亚新几内亚野外地区，我唯一看到有树袋鼠出没的地方就在雪佛龙营区附近几英里的地区。如果这些树袋鼠在其他地区现身，必然是猎人捕杀的第一个目标，少数逃过一劫的树袋鼠已经学会只在夜间活动。然而，在库图布地区，它们白天也敢出来。彼氏鹦鹉、美洲角雕、天堂鸟、犀鸟和大鸽子等，也是油田营区附近的常客。我还曾看到彼氏鹦鹉停在营区的通信电塔上。

由于雪佛龙严禁员工和承包商在项目区域内进行渔猎活动，森林才完全没有遭到破坏，才看得到这种景观。鸟类和动物感受到人类的友善，才会如此温驯。说起来，库图布油田区是新几内亚防护工作做得最好的，也是最大的国家公园。

石油公司的动机

为什么库图布油田能保持这样的生态环境？这个问题让我思索了好几个月。毕竟雪佛龙不是非营利性的环境保护机构，也不是国家公园管理处，而是一家由股东持有、以营利为目标的石油公司。如果雪佛龙在环保方面花钱，公司盈余必然会减少，股东可能会控告公司，而且他们的确可以这么做。因此，雪佛龙显然认为它的环保政策最后可以帮公司赚更多的钱，才决定这么做。那么环保政策如何为公司带来利益？根据雪佛龙的公司介绍手册，关心环境本身就是一个激励因素，这种说法无疑是正确的。然而，过去6年来，我不但访问了雪佛龙几十名员工（有基层员工，也有资深员工），也和其他石油公司的员工进行接触，还请教非石油业人士的意见，我发现业界之所以会采取这些环保政策，还有很多因素，不只包括激励因素。

其中一个因素就是这么做可以避免损失惨重的环境灾难。一位雪佛龙的安全代表刚好也是鸟类爱好者，我问他促成雪佛龙采取这种环保政策的原因。他言简意赅："埃克森的"瓦尔迪兹号"、派珀·阿尔法、博帕尔。"他指的是三大工业灾难：1989年，埃克森石油公司的油轮"瓦尔迪兹号"在阿拉斯加外海搁浅，造成大量石油外漏；1988年英国派珀·阿尔法石油平台发生爆炸，导致167人死亡（见插图30）；1984年，印度博帕尔联合碳化物公司化工厂发生毒气泄漏，造成4 000人罹难、20万人受伤的惨剧（见插图31）。这三起举世震惊的环境污染事件是近些年最严重的事故，媒体有非常详尽的报道，企业也为之付出极大的代价。每一家公司的损失都高达几十亿美元，印度博帕尔事件更让联合碳化物公司无法经营下去。事实上，还值得一提的是1969年，联合石油公司在洛杉矶外海圣塔芭芭拉海峡石油钻井平台的爆炸和漏油事件，已为石油业的工业安全敲响了警钟。雪佛龙等大型石油公司意识到，每年只要多花几百万甚至几千万美元，长久下来，就可使灾难事件的发生概率降到最低。万一出事，严重的话可能是数十亿美元的损失，也可能让整个项目停摆，投资血本无归。雪佛龙的一位经理人解释，他已经知道保护环境的经济价值：他曾负责清理得克萨斯州一个油田的油坑，即使是一个小小的油坑，清理起来平均要花10万美元。也就是说，污染后的清理通常要比事前的预防花费大得多。这就像医疗，在公共卫生方面花点小钱，做好疾病防治，总比疾病蔓延开来再治疗更省钱、省事。

当石油公司认为一地有石油可以开采，进而装配油田设备时，从一开始就得投入庞大的金额，计划在未来的20~50年都能开采出石油。如果一家石油公司的环境和安全政策能降低大规模漏油事件的发生概率，平均每10年"才"一次，这样还不够理想，因为在往后20~50年，可能会碰上2~5次的漏油灾难。因此，环境保护和工业安全应该做得更严苛才行。荷兰皇家壳牌集团在伦敦有个办事处，这个办事处的负责人告诉我，他们的工作是预测未来30年世界可能有哪些变化。他解释，一个油田的经营通常长达好几十年，如果投资要精准，眼光必须放得长远，掌握世界变化，这就是壳牌伦敦办事处设立的目的。

另一个因素则是考虑大众对石油业灾难可能有的反应。一般来说，漏油事件马上会成为众人注目的焦点，这种事件一旦发生，常常是突然且醒目的（如油管、钻井平台或油轮的破裂或爆炸）。相形之下，矿场有毒物质泄露（见下文）就不是那么显而易见。漏油事件对环境的冲击也很明显，被油渍染黑的鸟尸不断出现在电视画面或报纸上。大众一般无法容忍这种环境浩劫，会对肇事的石油公司发出怒吼。

在巴布亚新几内亚开采石油，特别要考虑当地居民的反应，而且必须把对环境的破坏减到最小。巴布亚新几内亚是个中央控制力相当薄弱的民主政体，警力和军队不强，地方社区却勇于发声反抗。由于库图布油田区的农场主生计全靠当地的种植园、森林与河流，漏油事件一旦发生，对他们生活的冲击将非常严重。相较之下，即使漏油事件发生在美国附近海岸，海鸟都被油渍染黑了，美国民众的生活还是没有多大改变。正如雪佛龙的一名员工所解释的："我们已经了解，在巴布亚新几内亚，任何一个自然资源开采计划，如果没能得到当地农场主和村民的支持，最后一定会失败。如果他们发现环境遭到破坏，土地和食物的来源受到影响，一定会从中干扰，让我们做不下去，最后只好关闭。布干维尔铜矿的开采就是前车之鉴（见下文）。巴布亚新几内亚的中央政府根本无能为力，无法阻止农场主的行为。因此，我们必须小心翼翼，将环境伤害减到最小，并与当地居民保持良好的关系。"雪佛龙另一个员工也持类似的看法："打从一开始我们就很清楚，库图布油田开发能不能成功，就看我们能否和当地社群合作，让他们相信我们能为他们带来好处。如果我们走了，对他们来说不会更好。"

此外，当地人也常常紧盯着雪佛龙的运营状况。他们知道，对这种财力雄厚的大型石油公司施压，就能拿到钱。他们会计算石油公司在修建道路时砍下多少棵树，向石油公司要求补偿，如果是天堂鸟栖息的树，还必须加价赔偿。有人告诉我，新几内亚农场主得知雪佛龙考虑修建一条通往油田的道路，就赶紧在预定的路径上种植咖啡树，如此就可以为开路拔掉的每一棵咖啡树要求赔偿。这就是为什么石油公司为清理林地开辟的道路这么窄，以及为什么工作人员尽可能搭乘直升机到达钻油地点。对石油公司来说，更大的风险是当地农场主无法容忍环境遭受破坏，最后使得整个开采计划中止。有人还提到，开采布干维尔铜矿本来是巴布亚新几内亚最大的投资发展计划，由于当地农场主不满环境被破坏，1989年矿区被迫关闭。尽管政府军队和警力介入而引发内战，但因为政府力量薄弱，对当地民众无可奈何。布干维尔就是很好的教训，警告雪佛龙如果库图布的环境遭到损害，很可能一样吃不了兜着走。

雪佛龙的另一个教训是阿圭洛角石油开发项目。1981年，雪佛龙在加州外海发现石油，预估这可能是自阿拉斯加普拉德霍湾油田发现以来，在美国发现的最大油田。由于大众不相信石油公司，当地民众极力反对，加上法令烦琐造成延宕，费时10年才生产出第一桶油，最后雪佛龙不得不大幅削减投资金额。库图布油田是雪佛龙争取民众信赖的难得机会，证明没有法令的"紧箍咒"，他们也会爱护环境，不让环境受到一丝一毫的伤害。

从这方面来看，库图布油田开发项目显示了雪佛龙的先见之明，这家公司已经预见政府的环境保护标准将越来越严格。今后，世界各国政府对环境保护的要求将越来越多，而非越来越少（尽管有明显的例外）。即使是发展中国家，也许我们起先不认为他们会关切环境问题，但是他们对环境的要求终将渐渐提高。在巴林工作的一位雪佛龙员工告诉我，他们最近在波斯湾近海又开凿了一座油井。巴林政府破天荒要求雪佛龙提出一个详尽的环境保护方案，以监测钻油过程对环境的影响，并评估钻油之后的冲击，希望雪佛龙尽量不要影响到俗称"美人鱼"的稀有哺乳动物儒艮的生存和鸬鹚的繁殖。这个方案花了雪佛龙不少钱，但是石油公司已经学聪明了，知道一开始就把设备弄得干干净净、防微杜渐，预防环境灾难的发生，这么一来反而比较省钱。如果等到当地政府的环境标准提高，再来更新设备，就必须付出更大的代价。业界都知道，即使当地政府还未察觉出环境问题，只要油田或矿场还在当地运营，总有一天当地政府还是可能意识到这个问题，进而提出要求。

雪佛龙力行环境清洁政策还有一个优势，这样的声誉有助于他们争取合约。挪威的人民和政府都非常重视环境问题，最近挪威政府为北海油田／天然气开发工程招标，雪佛龙也参加竞标，结果脱颖而出，或许中标的原因之一就是他们在环保方面做得不错。有些雪佛龙的朋友认为，如果事实真是如此，这就是他们严格保护库图布油田环境获得的最大利益。

紧盯一家公司运营情况的不只是社会大众、政府、当地农场主，也包括公司员工。油田开发项目的技术、建造和管理问题尤其复杂。石油公司的员工大多是受过高等教育、高学历的专业人员，也比较具有环境意识。石油公司人员的训练及培养不易，得花很多钱，他们的薪水也很高。虽然雪佛龙在库图布油田雇用的员工大都是当地居民，但也有一些员工是美国人或澳大利亚人，他们飞往巴布亚新几内亚一连工作5周，再飞回家乡和家人团聚5周。这种空中飞人的工作状态，机票必然要花不少钱。雪佛龙所有的员工都目睹油田的环境状况，也都知晓公司对环保的承诺与用心。很多员工告诉我，公司的环境清洁政策对员工士气和环保观念很有帮助，反过来这些也是公司最先采取环境政策的驱动力。

特别值得一提的是，从高级主管的聘用条件也可看出雪佛龙对环境的关心。雪佛龙最近两任首席执行官德尔和继任的欧雷力都对环境问题十分关切。分布于几个国家的雪佛龙员工不约而同地告诉我，全世界的雪佛龙员工每个月都会收到首席执行官的电子邮件，向他们报告公司现况。邮件中常提到环境和安全议题，说公司总是把这些摆在第一位，而且维护环境和注重安全也会为公司带来经济效益。因此，员工也明白公司对环保认真且重视的态度，并非只是粉饰门面给社会大众看。企业管理畅销书《追求卓越——探索成功企业的特质》的作者彼得斯和沃特曼的结论也是如此。这两位作者发现，如果经理人希望员工有什么样的作为，最有效的方法就是以身作则。

最后，石油业现在有可以采用新的技术，更易于维护环境清洁，不必像过去那样污染环境。举例来说，现在可在一块地面钻几个互相平行或呈对角线的油井，而过去在一块地面只能垂直地往下挖掘一个油井，对环境的破坏比较大。开凿油井挖出来的岩屑现在可抽到一处没有产油、隔离出来的地层，而不是把这些岩屑挖出来倒在坑洞或海洋中。至于开采石油的副产品天然气，不必像过去一样就地燃烧，而是注入一个地下储气槽（如雪佛龙在库图布油田的做法），也有油田用管线将天然气输送出去或先液化储存再用船运输及出售。现在很多油田大多利用直升机作为交通工具，而不是开辟道路。直升机接送当然比较花钱，但是开路本身的费用加上对环境的冲击，其代价将更大。

这就是为什么雪佛龙等几家国际大型石油公司会对环境议题这么认真。也就是说，如果保护环境，不污染环境，石油公司其实能赚更多的钱，才能在未来继续探采新的石油和天然气。不过，我必须再次说明，我可没说现在每一家石油公司都注意环境的保护与清洁，或都是认真负责、令人敬佩的。媒体就经常报道石油业一直存在的严重问题——单壳油轮。单壳油轮老旧且维修不易，近年来几次严重的搁浅、漏油事件,出事的都是单壳油轮。(如2002年在西班牙外海沉没的"威望号",就是一艘已有26年历史的单壳油轮。单壳油轮的所有人大多是小船东,大型石油公司已淘汰了大多数的单壳油轮,改用双壳油轮。)其他的大问题也包括设备老旧。那些设备在购置时科技还没那么进步,因此比较会污染环境,如今要更新很困难,也很昂贵(如尼日利亚和厄瓜多尔)。另外一个问题是当地政府腐败、滥用职权,如尼日利亚和印度尼西亚。从雪佛龙在巴布亚新几内亚运营的例子来看,石油公司的确能在运营的同时保护好环境,也对当地民众有所帮助。同样一个区域,如果让伐木业者经营或是让人狩猎、耕种,都没有那么多好处。雪佛龙这个例子也可以说明,库图布油田会取得那么好的成果,是多个因素叠加的结果,其他很多大型石油公司都做不到。我们也可由此看出,公众其实也扮演了举足轻重的角色,能影响结果。

还有一个问题:就我1986年在萨拉瓦蒂岛所见,印度尼西亚国家石油公司对其造成的环境问题完全无动于衷;1998年开始,我前往库图布油田参观,却发现雪佛龙那么关心当地的环境问题。为什么有这样的差别?1986年的印度尼西亚国家石油公司是一家国有企业,而1998年在巴布亚新几内亚运营的雪佛龙是一家国际公司,两者大不相同,无怪乎有这样的结果。印度尼西亚民众、政府和司法机关不太关心他们的石油公司怎么做,也没有什么期待;雪佛龙的客户主要是欧洲人和美国人,他们比较关心石油公司的做法,也有所期待。印度尼西亚国家石油公司的员工和雪佛龙的员工不同,很少接触环境议题。从政治层面来看,巴布亚新几内亚是一个民主政体，公民可以阻挠开发计划；1986年的印度尼西亚则由军事独裁者统治，人民没有这种自由。此外，掌控印度尼西亚政府的人大多是爪哇人（爪哇岛是印度尼西亚人口最稠密的一个岛），他们只是把新几内亚岛西部的巴布亚省当成摇钱树，以及爪哇过剩人口移居地，才不管当地民众的意见。巴布亚新几内亚政府则不同，他们就在新几内亚岛上（也就是这个岛的东半部）。再者，不像一般国际大公司必须面对日益严苛的环境标准，印度尼西亚政府并没有对印度尼西亚国家石油公司提出这方面的要求。印度尼西亚国家石油公司大抵在印度尼西亚境内运营，极少和国外对手竞争；一般国际大型石油公司则是在竞争中求生存，两者不可相提并论。印度尼西亚国家石油公司既然不用竞争，也不必通过加强环境保护来提高自己的竞争优势，其首席执行官更不会每月发送电子邮件，强调环境优先的政策。我上次去参观印度尼西亚国家石油公司是在1986年，不知这家公司这20年来是否有改变。

金属矿业的运营

接下来，让我们再来探讨金属矿业的问题。目前金属矿业是美国最大的污染源，将近半数的工业污染都是金属矿业造成的。在美国西部的河流中，几乎一半的源头地区已遭矿业污染。美国的金属矿业正走向没落，会落到这步田地，大抵是采矿业者自己造成的。环保团体大都没有费心去了解金属采矿业。1998年，采矿业发动了一项国际性行动，决定改变做法，看来很有希望，然而环保团体还是拒绝参加。

乍看之下，金属采矿业的现状令人费解。表面上，这个产业似乎和石油、天然气产业很像，也和煤矿业并无大差异。这三种产业不都是从地底下采掘无法再生的资源吗？没错，但我们还是可从三个层面看出这几个产业的差异：除了经济和技术层面，还有业界本身的态度，以及社会大众和政府对各个产业的态度也有所不同。

金属采矿业造成的环境问题可分为几种，其中一种是挖掘对地面的破坏。若是露天矿坑，这种问题特别严重。因为原矿接近地表，要挖掘出来就得挖开上面的土层。反之，开采石油就不必挖开一整片土地，通常只需挖开一小块地，再深凿进入地下的油层即可。当然，有些金属矿在地下深处，而非位于靠近地表的地方，如此一来就和石油开采类似，只需挖开一条隧道通到地下，采矿废弃物占用的空间也不大。

金属采矿业开采出来的金属、开采过程利用的化学物品、酸性废水溢流和沉积物等，都会造成进一步的环境污染。金属矿中的金属和类金属元素，特别是铜、镉、铅、汞、锌、砷、锑和硒等，都具有毒性，容易污染附近的溪流和地下水。最惨痛的例子莫过于日本富山县神通川上游的公害事件，神通矿山的炼锌厂造成镉污染，很多居民因为镉中毒出现关节、骨头剧烈疼痛的症状。采矿使用的化学物品，如氰化物、汞、硫酸和炸药产生的硝酸盐，也都是有毒物质。近来大家才了解，含有硫化物的原矿流出酸性物质与水、空气接触，会造成严重的水污染，而且会把金属溶析出来。此外，采矿的沉积物也会随着矿区溢流的水流到矿区之外，对水中生物造成伤害（如堆积在河床），影响鱼儿产卵。除了这几种形式的污染，很多矿场消耗大量水资源也是个问题。

采矿还产生一个环境问题，那就是矿屑和废弃物的清理。金属采矿产生的废弃物可分为4种：矿体周围的非矿体物质、所含金属矿太少乃至没有经济价值的废石、尾矿（从原矿筛选出精矿及中间产品后的剩余产物）以及金属熔炼后在堆浸场过滤垫留下的有毒溶液。尾矿通常堆在尾矿库中，熔炼金属的有毒溶液则留在过滤垫上，矿体周围的非矿体物质和废石则只是像垃圾一样堆积起来。至于尾矿泥浆的清理，视矿场所在地的法律规定，有些国家允许矿场把这些废弃物倾倒入河川或海洋，有的则让矿场把这些泥浆堆积在地上，然而大部分国家要求矿场将这些泥浆堆积在尾矿坝后面。不幸的是，尾矿坝发生意外事故的概率高得惊人：尾矿坝的设计简单（为了省钱），支撑力不足，修筑的材料大多只是矿场废弃物，而非用混凝土，且工期一拖再拖，不知何时才能验收完毕并宣告安全无虞，只好时时监测。据统计，全球平均每年会发生一起尾矿坝重大事故，灾情最惨重的一次发生在1972年西弗吉尼亚州布法罗克里克，当地尾矿坝爆裂、崩塌，造成125人罹难。

接着，我将以新几内亚与其邻近岛屿上4个最有价值的矿场为例，说明金属矿开采造成的环境问题。这几个矿场都是我进行实地调查的地方。第一个矿场在巴布亚新几内亚布干维尔岛上，过去是该国最大的公司，为国家带来最多的外汇收益，也是全世界最大的铜矿产地之一。这个矿场把尾矿直接倾倒入加巴河支流，对环境造成巨大破坏。巴布亚新几内亚政府没有能力解决这个环境难题，加上政治、社会问题，布干维尔的居民发动叛乱，触发内战，好几千人死亡，国家几乎因此分裂。自内战爆发至今，已15个年头，布干维尔仍不平静。潘古纳铜矿场当然早就关闭，而且没有重新运营的希望。矿场所有人与债权人的投资血本无归，包括美国银行、美国进出口银行、澳大利亚与日本的债券认购人等。这也是为什么雪佛龙与库图布油田的农场主如此合作无间，雪佛龙不敢得罪他们，希望得到他们的接纳，免得功败垂成。

第二个例子是利希尔岛的金矿公司，该公司则是用一条深管把尾矿倾倒入海洋。虽然环保人士认为这种方式会对环境造成很大的伤害，但该公司的所有人宣称此举对环境无害。姑且不论利希尔岛的一家金矿公司对附近海洋生态的危害，如果世界其他矿场也把尾矿倒入海洋，问题肯定很严重。第三个例子是新几内亚内陆的奥克泰迪矿场，该矿场虽然建筑了一座尾矿坝，但在此坝建造前评估过设计图的专家表示，此坝设计不良，恐怕不久就会崩塌。果然，没几个月这座尾矿坝就爆裂崩塌。现在每天有20万吨的尾矿和废弃物流入奥克泰迪河，彻底摧毁当地的渔业。遭到污染的奥克泰迪河直接汇入新几内亚第一大河飞河，飞河本来拥有最有价值的鱼类资源，由于沉积物大增，飞河浮悬物浓度增加5倍，且造成河水泛滥。矿场废弃物就堆积在洪泛区上，致使洪泛区超过200平方英里的植被全数被破坏。更糟的是，有一艘为矿场载运多桶氰化物的平底船在飞河上游沉没，桶遭到腐蚀，氰化物就流泄到河中。经营奥克泰迪矿场的澳大利亚必和必拓公司（全世界第四大矿业公司）在2001年决定关闭这个矿场。对此，该公司解释道："奥克泰迪矿场的经营与敝公司环保价值观冲突，敝公司经营这座矿场是个错误。"然而，由于奥克泰迪出口的矿产占巴布亚新几内亚总出口值的20%，尽管必和必拓公司退出，巴布亚新几内亚政府还是继续让这座矿场运营。最后一例是印度尼西亚巴布亚省的格拉斯贝格-埃茨贝格金铜矿。这是一座巨大的露天矿场，也是印度尼西亚最有价值的矿场，但是这里的矿场直接把尾矿倾倒入米米卡河。经由米米卡河，尾矿流入新几内亚和澳大利亚之间的浅海阿拉弗拉海。奥克泰迪矿场以及另一个新几内亚的金矿场，加上格拉斯贝格-埃茨贝格矿场，全世界只有这三个跨国公司运营的矿场直接把废弃物倾倒入河流。

　　面对环境破坏的烂摊子，矿业公司一般都是在矿场关闭之后再来清理，而不是像煤矿公司一边运营一边进行土地复原与生态重建。金属矿业公司为了便宜行事，根本不愿效仿煤矿公司的做法，他们认为走了之后再来"善后"已经很够意思了：只要在矿场关闭之后的2~12年内清理干净，重整坡地避免土壤侵蚀，刺激表土的植物生长，用几年时间整治矿区流出的废水即可。事实上，任何一个现代大矿场都无法这么便宜行事，通常遭到破坏的水质难以恢复洁净。酸性矿物污水可能流出的区域都必须全面整治、绿化，所有遭到污染的地下水和从矿场流出的地表水也需要处理。只要水一天不够洁净，污染整治的工作就不能停止，因此矿区水污染的整治通常永无止境。如果没有酸性污水流出的状况，光是矿区环境直接与间接整治的实际费用，已比矿业公司预估的善后费用高出1.5~2倍；若必须处理酸性污水，费用会比矿业公司预估的高出10倍。因此，整治费用的最大变因就在于酸性污水的状况。铜矿场近来才意识到这个问题，其他金属矿场虽然比较早意识到这个问题，但是不管怎么说，问题总是难以预测。

金属矿业公司为了逃避巨额清理费用，经常使用的一个手法就是宣告破产，把产权转移到另一家公司名下，老板还是一样的人。第一章提到的蒙大拿佐特曼－兰达斯基矿场（出产金矿）就是一个例子。这个矿场由加拿大飞马金矿公司开发，1979年开始营运，是蒙大拿最大的金矿场，也是美国第一个以氰化物堆浸法炼金的大型露天矿坑。这座矿场的开发造成氰化物长期外泄，也有酸性污水流出，联邦政府和蒙大拿州政府却未要求这家公司做酸性污水检验，问题于是变本加厉。直到1992年，蒙大拿州矿场视察员才确认该矿场的重金属和酸性污水污染当地溪流。1995年，飞马金矿公司同意以3 600万美元和联邦政府、蒙大拿州政府及当地的印第安部落和解。1998年，矿区的土地复原工作完成不到15%，飞马金矿公司董事会就以投票方式决议发放超过500万美元的红利，并把飞马金矿公司剩余的仍有营利价值的资产转移到他们创办的新公司阿波罗金矿公司，然后宣告飞马金矿公司破产。（飞马金矿公司的董事就像大多数的矿业公司董事，居住地不在矿场所在水源区的下游，因此这些人就像我们在第十四章中讨论的少数权贵人士，总是置身事外，不会尝到自己种下的环境恶果。）为了清理、整治这个矿区土地，联邦政府和蒙大拿州政府已经花了5 200万美元，其中的3 000万美元来自飞马金矿公司支付的3 600万美元，另外的2 200万美元则由美国纳税人买单。然而，那个土地整治计划并未包含永久的水处理费用，纳税人恐怕还得支付更多的钱才能解决这个问题。蒙大拿州近年来共有13个大型金属矿场，其中5个矿场的所有人都是宣告破产的飞马金矿公司。在飞马金矿公司拥有的这5个矿场中，其中4个是利用氰化物堆浸法的露天矿坑（包括佐特曼－兰达斯基矿场）。这13个大型金属矿场中的10个已造成当地水污染，水处理的工作永无止境。这些矿场的关闭和矿区土地复原所需的费用，将是先前预估金额的100倍以上。

矿业公司宣布破产，留给美国纳税人的烂摊子还有更大的。在美国科罗拉多州每年降雪近32英尺的萨米特维尔山区，加拿大银河资源金矿公司利用氰化物堆浸的方式炼金。1992年，亦即银河资源金矿公司从科罗拉多州政府取得营业执照的8年后，该公司宣布破产，矿场不到一周就关闭了，员工都遭到裁员。该公司还欠地方政府一大笔税金，环境维护工作中断，一走了之。几个月后，冬雪降落，有毒的废水从废弃矿场流出，阿拉莫萨河长达18英里的河段因此遭到氰化物污染，河中的生物全数死光。此时人们才发现，科罗拉多州政府只要求银河资源金矿公司拿出450万美元保证金，便发放营业执照，但是矿区的整治费用将高达1.8亿美元。虽然科罗拉多州政府和银河资源金矿公司在法庭外和解，在该公司破产清算后获得2 800万美元来做善后工作，但美国环境保护署还得负担1.475亿美元——这笔钱终究还是来自纳税人。

有了这些教训，美国各州政府和联邦政府终于开始要求金属采矿业者在运营之前缴纳复垦保证金，留下足够的款项作为环境清理、恢复的费用，以防矿业公司最后拒绝支付整治费用，或者根本没有能力负担这笔费用。遗憾的是，政府监管机构没有足够的时间，采矿专业知识不足，也不知道矿业公司详细的开发计划，因而无法预估复垦保证金的多寡，这笔保证金的金额一般都由矿业公司自行估算。结果常常是矿业公司最后无法恢复环境，政府只得动用其当初缴纳的保证金，但实际整治费用总是比矿业公司预估的多上100倍。这一点不足为奇。既然政府让矿业公司自行估算，没有对这些公司施压要他们准确估算，多缴保证金又没有什么好处，矿业公司当然会尽量低估。复垦保证金一般来说有三种：第一种是现金等价物（如国库券、商业本票、货币市场基金、可转让定期存单等）或信用证，这是最保险的一种；第二种是保险，矿业公司每年向保险公司缴纳一笔保险费，环境清理费用最后由保险公司支付；第三种是矿业公司"自我担保"，允诺担负矿区环境清理的义务。然而，不少矿业公司的担保形同虚设，最后还是宣告破产、一走了之。现在，几乎所有联邦土地已不接受矿业公司的自我担保，只有亚利桑那州和内华达州例外（对采矿业特别友善）。

目前为了收拾金属采矿业留下的烂摊子，进行环境清理和恢复的工作，美国纳税人总计必须负担120亿美元。这笔钱不是该由矿业公司缴纳给政府的复垦保证金中支出吗？为什么一般民众必须承担这么一笔天文数字的费用？一个原因是政府放任矿业公司低估保证金金额；另一个原因则是亚利桑那州和内华达州仍允许矿业公司进行自我担保，而不要求它们提供保险债券，于是这两个州的矿区环境问题变成全民买单。即使矿业公司真的与保险公司签约，环境恢复工作由保险公司承保，投保金额也不是很高，最后请求理赔之时势必困难重重，就像一般民众向保险公司请求火灾理赔一样。保险公司通常会以"协议"为威胁，要你接受压低的赔付金额："阁下若不接受打折支付的赔付金额，可能必须聘请律师，再等上5年，等待法院判决结果。"（我有一个朋友因家里失火向保险公司请求理赔，就被这种"协议"折腾了一年。）此外，环境整治的执行有一定的年限，保险公司只在那几年进行理赔或支付协议后的赔付金额，超过年限它们就不管了，保险合同并未要求它们负责到底。然而，矿区的环境整治总是旷日持久，费用节节高升，很难在短短几年内解决。再说，不只是矿业公司会倒闭，保险公司也可能因无法负担巨额赔偿而宣告破产。美国矿业界留下了十大毒瘤（总计要纳税人掏出60亿美元来收拾烂摊子）：其中两个是美国熔炼精炼公司（见第一章）的矿区，这家公司已经濒临破产；6个矿区的经营者非常刁钻，不肯承担整治责任；只有两家公司比较负责。这10个矿区可能都有酸性污水流出，矿区附近的污水处理或许需要长期整治，也可能永远处理不完。

可想而知，纳税人被迫买单，心情必然郁闷，因此蒙大拿等州的民众提起矿业公司就一肚子火。美国金属采矿业已成夕阳产业，未来黯淡无光，仍在经营发展的只剩管制宽松的内华达金矿区和蒙大拿的铂／钯矿区（下文会再详述这个特别的例子）。现在全美国愿意投入金属采矿业的大学生只有578个，只有1938年的1/4。然而，从那个年代开始，美国大学生的人数已不知增加多少倍。自1995年起，越来越多的金属矿开发案因遭到美国民众拦阻而无法进行，矿业界也不再能靠游说或拉拢议员来推动自己的开发案。如果一个产业只着眼于自己的短期利益，无视公众利益，最后必然自取灭亡、无法生存。金属采矿业就是最明显的例子。

为什么金属采矿业会有这样悲惨的下场？照理来说，金属采矿业应该也像石油业，可从维护环境中受益：人工成本下降（员工工作满意度提高、流动率和缺勤率低，也因为身体变得更健康，医疗费用减少），银行提供更优惠的贷款，保险公司也会提出更好的条件，而且当地社区的接纳度高，比较不会发生民众抗议和阻挠。再者，一开始就利用先进技术做好环保比较省钱，如果等到当地政府的环境标准变得严格再来更新设备，反而需要花更多的钱。为何金属采矿业偏偏采取短视近利的做法，最后自取灭亡呢？而石油业和煤矿业面对类似的难题却可以做到可持续经营？答案和先前提到的三点因素有关：经济、金属采矿业者的心态以及社会大众的态度。

金属采矿业的动机

从经济因素来看，金属采矿业不像石油业，比较难负担整个环境清理、整治的费用，原因在于金属采矿业净利率较低，获利难以预期，加上环境清理费用较高，污染问题持久且棘手，较难把这些费用转嫁给消费者。再者，公司本身也没有那么多的资金可以消化这些成本，劳动力也大不相同。从利润来看，虽然有些金属矿业公司比较赚钱，但在过去的25年中，金属采矿业整体的平均报酬率低于成本。举例来说，如果某矿业公司首席执行官在1979年有1 000美元闲钱做投资，若投资在钢铁类股票，到了2000年，就有2 200美元；如果投资在钢铁之外的金属类股票，则只有1 530美元；如果投资金矿类股票，就只剩590美元——这就亏了老本了，加上通货膨胀的损失就亏得更惨；若是投资在一般共同基金上，原来的1 000美元可增值为9 320美元。如果你是矿业公司老板，你投资在自己产业的钱就付诸东流了！

即使是赚了点钱的公司，获利也难以预期，这不只是个别矿场的问题，整个产业都如此。即使确定一处油田蕴藏石油，也不是每一座油井开挖下去都有石油，但油田整体的藏油量和石油等级还是可以事先预测的。相形之下，金属原矿的等级（也就是所含金属的等级及其代表的获利率）常常难以预期，只有挖出来才能断定，有半数金属矿在开挖之后才会发现不能获利。此外，由于金属价格容易受国际物价影响，波动幅度比石油和煤炭都大，矿业界平均获利也难以预期。至于金属价格容易波动的原因很复杂，其一是金属体积小，我们消耗的金属量也比石油和煤炭少（金属比较容易囤积）。再者，我们认为石油和煤炭是不可或缺的民生必需品，而金、银等是奢侈品，不景气的时候就不必穿金戴银。更何况黄金价格并不受供给面或业界需求的影响——在投机者或投资人对股市没信心或政府出售黄金储备时，就会进场购买黄金。

开采金属矿产生的废弃物也比挖掘油井多很多，清理费用更为庞大。从油井抽出来的废弃物大都只是水，水与原油的比例为1∶1左右，不会更高。除了修建道路和偶尔出现的漏油事件，开采石油和天然气对环境造成的冲击很小。相较之下，采矿开采出来的金属只有一点点，为了这一点点的金属，挖出来的废石、废土却堆积如山。以铜矿的开采而言，废弃物约是铜的400倍；至于金矿，废弃物更是金的500万倍。由此可见，金属矿业公司要清理的废弃物数量真是巨大。

金属矿场造成的污染问题不像石油业的污染那么显而易见，经过很长时间也不一定能解决。石油污染问题主要是大量原油外泄，这类事故只要仔细维护和检查、改良机械设计（如淘汰单壳油轮，改用双壳油轮）就可以避免。如今重大的漏油事件主要是人为疏失所造成的（如埃克森的"瓦尔迪兹号"事件），通过严格的人员培训就能把这种灾害的发生概率降到最低。漏油造成的污染通常不到几年就可清除干净，原油也会自然降解。金属采矿造成的污染虽然有时也像漏油事件一样迅速发生且显而易见，一下子使很多鱼类或鸟类毙命（如萨米特维尔矿区流出的氰化物，使河流中的鱼全部死光），但是矿区的有毒金属和酸性污水通常会长期渗流。这种渗出并不显眼，也不能自然分解，而且可能持续好几百年。矿区附近虽不至于在短期内出现死尸遍野的景象，但居民的身体会逐渐孱弱，饱受病痛折磨。此外，尾矿坝等防止矿区废弃物外漏的工程又常常出事。

石油和煤一样，是看得到的大宗物资。车子一加油，加油站的油表立刻会显现加了多少汽油。我们知道石油是做什么的，而且认为它太重要了。我们都体验过车子开到半路没有油的不便，也害怕这种事再度发生。只要车子有油可以行驶，我们就心存感激，油价即使涨了一点，也不会去抗争。石油业和煤矿业看准这种心理，因此可能把环境清理的费用转嫁给消费者。相形之下，钢铁以外的金属大都做成不起眼的小零件，用于汽车、电话等设备。（让我们做个小测验，请不要查百科全书，马上告诉我：你身边有哪些东西是铜和钯做的？你去年购买的物品含有铜和钯各多少盎司？）如果矿业公司开采铜和钯的环保费用增加，使你打算购买的车子涨价，你不会对自己说："尽管每一盎司的铜和钯贵了一美元，车价因此贵了些，也没有关系，今年我还是要买车。"你还是会去各汽车经销商看看车，货比三家之后挑一辆最划算的。销售铜和钯的中间商和汽车制造商都知道你怎么想，他们会向矿业公司施压，把价格压下来。所以，金属矿业公司很难把清理环境的费用转嫁给消费者。

和石油公司相比，金属矿业公司没有那么多资金可用于环境清理。石油公司也好，金属矿业公司也好，都必须承受开采地区长久以来遗留的环境问题。这些环境问题由来已久，可能有百年以上的历史，直到近来环保意识抬头，人们才对环境采取比较友善的做法。要解决这些问题，需要一大笔资金。然而，2001年矿业总资本额只有2 500亿美元，其中前三大公司（美铝公司、澳大利亚必和必拓与力拓集团）每一家资本额只有250亿美元。相形之下，其他产业的大公司如沃尔玛、微软、思科、辉瑞制药、花旗集团与埃克森美孚等，其中任何一家公司的资本额都有2 500亿美元。通用电气公司的资本额高达4 700亿美元（几乎是所有矿业公司资本总额的两倍）。难怪承担环境清理费用对金属矿业公司来说十分吃力，不像财力雄厚的石油公司那样轻松。举例来说，美国铜生产商费尔普斯－道奇公司是美国仅存的大型金属矿业公司，他们必须承担的矿区关闭、环境恢复的费用高达20亿美元——这笔金额相当于这家公司的市值，而这家公司的资产总值大约只有80亿美元，且这些资产大部分在智利，无法用来支付北美方面的清理费用。至于买下阿纳康达铜矿公司的美国ARCO公司，虽然必须承担比尤特矿区的清理费用，金额在10亿美元以上，但其在北美的资产就超过200亿美元。从这个残酷的经济因素来看，我们就可了解为何费尔普斯-道奇公司迟迟不愿负起矿区环境的清理责任，不像ARCO公司那样勇于负责。

当然，矿业公司难以承担环境清理费用还有其他经济因素。短期来看，如果矿业公司请人游说或通过公关公司运作，使管制矿业的法规得以放松，对矿业公司来说这肯定比较省钱。这种策略过去还行得通，现在社会大众环保意识提高，加上现有法规的限制，矿业公司已经不能再打这个如意算盘了。

上述经济因素再加上传统态度和企业文化，更使得金属矿业公司不愿承担环境清理责任。过去美国政府希望居民多多前往西部进行开发（不只是美国，南非和澳大利亚也是如此），于是鼓励矿产开采，因此美国矿业界自我膨胀，以为自己拥有特权，可以不受法规约束，还以西部拓荒英雄自居。我们在上一章讨论到价值观不合时宜的问题，这就是一个明显的例子。如果有人批评采矿破坏环境，矿业公司的主管无不振振有词地说：如果没有矿产开采，就没有文明；对矿业多加管制，矿产就会减少，人类文明也会随之减损。事实上，人类文明不但少不了金属矿，也不能缺少石油、粮食、木材、书本等。然而，石油公司、农民、伐木业者或出版公司就不像矿业公司那样为自己的产业争辩，以原教旨主义的口吻说道："上帝把金属放在那儿，就是等着我们去开采，这是有益于全人类的事。"美国某大金属矿公司的老板和多数主管是同一教会的信徒，教会告诉他们，上帝很快就会来到地球拯救人类。于是他们认为，既然上帝就快来到，何必急着清理土地和恢复环境？只要再拖个 5~10 年，问题自会解决。我的矿业界友人就以各种生动的说法来形容矿业公司的态度："捞一票就跑"；"掠夺式资本家的心态"；"和自然战斗的孤独英雄"；"矿业公司的老板就像赌徒，手气好挖到主矿脉就发了，如此个人就能得到无穷的财富，不像石油公司以增加公司资产值、为股东带来更大利益为座右铭"。面对矿区遭到有毒废弃物污染的问题，矿业公司经常不认账。石油公司不会为漏油事件强词夺理，说漏油无害之类的瞎话，但矿业公司总是不见棺材不落泪，不承认从矿区溢流的金属和酸性污水危害了当地环境和居民健康。

金属矿业公司在环境方面的做法，除了和经济因素及公司态度有关，也受到政府和社会的影响。换言之，如果政府和社会不纵容，金属矿业公司就不会有那样的态度。目前与矿业开发有关的联邦法令，仍是 1872 年通过的《采矿法》。根据这项法令，矿业公司可从政府获得相当多的补助。例如在国有土地采矿，一年有高达 10 亿美元的免税金，还可任意在公用土地倾倒采矿废弃物，其他一些补助更让纳税人每年付出 2.5 亿美元。联邦政府自 1980 年开始实行《3809 条例》，这项条例的细则并未要求矿业公司必须在开采之初缴纳复垦保证金，对矿区关闭和环境恢复也没有明确定义。2000 年，执政的克林顿政府提出新的矿业管制条例，要求矿业公司缴纳环境清理保证金以备恢复环境，同时规定矿业公司不得再进行自我担保，以防矿业公司宣告破产一走了之。但在 2001 年 10 月，小布什政府提出新的矿业管制条例，只要求矿业公司缴纳保证金。如果小布什政府未对环境的清理和恢复清楚地定义、估算足够的清理费用，那么提交保证金的条例将形同虚设。

我们的社会也很少揪着矿业公司不放,要它们为破坏环境负起责任。法令、管制政策没能制裁违法的矿业公司,也没有政治人物愿意铆上这些公司。过去很长一段时间,蒙大拿州政府都被矿业说客牵着鼻子走,目前亚利桑那州和内华达州的政府也还在跟矿业公司眉来眼去。就说新墨西哥州吧,本来估算费尔普斯－道奇公司必须为奇诺铜矿区的环境清理负担7.8亿美元,费尔普斯－道奇公司却通过政治运作对新墨西哥州政府施压,硬是把这笔费用压到3.91亿美元。如果美国大众和政府对矿业公司几乎一无所求,怎能期待矿业公司自动自发地把干净的环境还给我们?

矿业公司之间的差异

以上对金属矿业公司的描述,可能会给人错误的印象,认为所有的矿业公司都是如此。当然,矿业公司不都是这样的,也有在环保方面做得较好的金属矿业公司或其他矿业公司。如果我们能了解它们为什么这么做,应该可以从中学到不少。在此,我将提出6个例子来讨论,包括煤矿开采、蒙大拿阿纳康达铜矿公司现况、蒙大拿的铂钯矿区、新近的矿物开采和可持续发展计划,以及力拓矿业集团和杜邦公司。

从表面上来看,在开采的过程中,煤矿公司和金属矿业公司都无可避免地会对环境造成巨大冲击,因此这两种产业很相近。就这一点来说,金属矿业公司和石油公司的近似程度就没那么高。由于每年煤炭产量巨大,开采煤矿产生的废弃物要比开采金属矿产生的废弃物来得多，是所有金属矿区废弃物总量的三倍以上。因此，煤矿开采受影响的面积很大，有时甚至把岩床上方的土壤层都挖掉，然后把这些堆积如山的废土倒在河川。然而，有时也能挖到10英尺厚、长达数英里的纯煤层，如此一来废弃物就很少，与煤矿的比例约是1∶1。如前所述，开采铜矿产生的废弃物与铜的比例是400∶1，开采金矿产生的废弃物更是金的500万倍，纯煤层开采产生的废弃物相较之下就少得多。

至于煤矿开采造成的灾害，前文提过1972年西弗吉尼亚州大洪水，当地煤矿区在布法罗克里克建筑的尾矿坝崩塌，这个灾难事件唤起了煤矿开采业对安全的重视，就像埃克森"瓦尔迪兹号"的北海漏油事件对石油业的教训。金属采矿业虽然也曾在发展中国家造成可怕的环境灾难，但由于发达国家的民众看不到，类似事件就没能给金属采矿公司当头棒喝。美国政府在布法罗克里克事件的刺激下，于20世纪70年代和80年代制定了比较严格的煤矿开采管制条例，要求煤矿公司更注意环境保护，并缴纳复垦保证金。相对来看，政府对金属采矿业的管制就宽松得多。

对于政府的管制，煤矿业一开始的反应是政府在"唱衰"它们的产业，但经过了20年，煤矿业也习惯那些规定了。（当然，我不是指煤矿业都是好的，应该说它们比20年前更规范了。）一个原因是大多数煤矿矿区不在美丽的蒙大拿山区，而是在平地，环境的恢复比较容易。要是把一个如诗如画的山头挖得面目全非，恢复的费用就如天文数字，煤矿公司可能承担不了。此外，现在的煤矿公司在停止营运的一两年内，通常就把矿区的土地整治完毕，金属采矿公司就做不到这一点。另一个原因或许是煤炭在大众心目中是生活必需品（就像石油，黄金则不是）。我们都知道煤和石油的用途为何，然而很少人知道铜用在哪里，因此煤矿公司便可能将环境清理费用转嫁给消费者。

有关煤矿业的反应，背后还有一个因素，那就是其供应链短且透明。煤总是直接由煤矿公司或通过一个中间商送到发电厂、钢铁厂等主要用煤厂商。大众很容易得知那些厂商的煤购自哪一家煤矿公司，是有良心、爱护环境的公司，还是唯利是图、破坏环境的公司。石油的供应链甚至更短。大型石油公司屈指可数，如雪佛龙德士古、埃克森美孚、壳牌、英国石油，也许油田在很远的地方，但它们总是在各地设有营业点，在自己的加油站贩卖汽油给消费者。因此，当埃克森的油轮"瓦尔迪兹号"漏油，污染海洋，愤怒的消费者就可能抵制埃克森，拒绝去它们的加油站加油。但是黄金从开采出来之后，可能要经过精炼厂、仓库、印度的珠宝制造商、欧洲批发商，最后才出现在珠宝零售店让消费者购买，所以供应链很长。请看看你手上戴的金戒指，你完全不知道这黄金挖自地球上哪一个角落，不知道它是去年生产的黄金，还是已经贮藏20年的黄金，不知道是哪家金矿公司的产品，更对那家公司的环境策略一无所知。铜的产销更加复杂，更不透明，生产过程还多了一道冶炼程序，你甚至不知道你在买车或买电话的时候，这些商品中也有若干铜制品。由于铜矿公司或金矿公司的供应链很长，它们根本不指望消费者愿意承担矿区清理的费用。

蒙大拿矿区环境破坏的问题已有久远历史，在这些矿区中，阿纳康达铜矿公司从前在比尤特下游一带的矿区已有人承担清理责任。原因很简单，阿纳康达铜矿公司被ARCO公司买下，后来这个矿区又被卖给规模更大的英国石油公司。阿纳康达矿区的清理成果最能体现金属采矿业和石油业处理环境废弃物的差异。ARCO公司和英国石油公司发现它们不只买下了阿纳康达矿区，也继承了难缠的环境整治问题，但它们终于看清，只有面对问题才能维护自己的利益，推卸责任只会对自己更不利。事实上，ARCO公司和英国石油公司也不是那么爽快，并不是一下子就掏出几十亿美元来清理环境。一开始他们也设法推诿，如否认矿区废弃物污染环境、买通当地的民众团体、不采用政府方案，想办法用比较省钱的方式来解决等。它们已经花了不少钱，显然不想继续把钱投在整治矿区环境这个无底洞上。但它们是大公司，难以为了推卸区区蒙大拿矿区的环境清理责任就宣告破产，最后它们知道无限期拖延也不是办法，只好硬着头皮解决问题。

　　博尔德蒙大拿矿区的景象也不是完全黑暗无望，像斯蒂尔沃特矿业公司经营的铂矿和钯矿就让人看到较有希望的未来。斯蒂尔沃特矿业公司不但和当地环保团体签订睦邻协议（这在美国矿业界可以说绝无仅有），而且提供赞助金给这些团体，欢迎他们随时到矿区参观。当地一个环保团体"鳟鱼无限"接受邀请时简直受宠若惊，该公司请他们去看看矿区附近博尔德河的鳟鱼是否因为矿产开采而受到影响。该公司与矿区附近小区签订的睦邻协议是长期的，公司承诺如果当地环保人士和居民能接受它们，不反对它们开采矿产，它们就提供就业机会、电力，也将帮忙建设学校、加强公共建设。这样的协议似乎创造出公司、环保团体和社区三赢的局面。然而，在蒙大拿那么多的矿业公司中，为何只有斯蒂尔沃特一家公司这么做？

这牵涉几个因素。首先，斯蒂沃尔特拥有的矿产价值连城，举世无双。除了南非，全世界只有蒙大拿的这个矿区出产大量的铂和钯（汽车制造业和化学工业都会用到铂和钯）。此外，蒙大拿的铂矿和钯矿的矿脉很深，估计至少还可开采100年以上，因此斯蒂尔沃特公司的眼光可以放远一点，不像一般矿业公司捞一票就跑。铂矿和钯矿是在地下开采的，不像露天矿坑把地表挖得面目全非，造成许多问题。而且铂矿和钯矿原矿所含有的硫化物很少，大部分的硫化物随着金属析出，不会产生酸性废弃物，含有硫化物的酸性污水因而微乎其微，不像开采铜矿和金矿对环境影响那么大，环境恢复的费用也少得多。1999年，斯蒂尔沃特公司的新任首席执行官内特尔斯走马上任。他原来从事汽车制造业（使用金属矿最多的产业），不是传统矿业出身，因此没有一般矿业老板的心态。他还深深体会到矿业界的公共关系非常差劲，因而决心找到一个长远的解决办法。最后，斯蒂尔沃特在2000年和当地社区民众签订了如前所述的睦邻协议。那时候美国总统大选即将开始，他们担心热衷环保的阿尔·戈尔当选，而蒙大拿州州长选举的赢家也可能是反商业人士，因此签订睦邻协议才会让他们有最大的胜算，未来得以在蒙大拿立足。换句话说，斯蒂尔沃特的主管着眼于公司的最佳利益，与当地居民协商。但美国大多数矿业公司对公司利益的看法有所不同，因此规避责任，雇用说客或公关公司反对政府政策，最后见大势已去则索性宣告破产。

1998年，几家跨国矿业公司的高级主管终于关心起矿业"渐渐不被社会认同"的问题，再这么下去，他们将很难经营。

于是他们共同拟订了一个"矿物开采和可持续发展计划",针对矿业的可持续发展展开一系列研究,并请著名环保人士(国家野生动物协会会长)来主持这个计划。虽然他们希望和更多的环保团体合作,但可惜金属矿业长久以来声名狼藉,环保团体大多拒绝和他们有所牵连。2002年,该计划进行的相关研究提出一系列建议。遗憾的是,大多数的矿业公司不愿采纳。

英国矿业巨头力拓矿业集团则是例外,只有这家公司决定采纳这些建议,付诸实施,其关键人物是大力支持矿业可持续发展的首席执行官以及英国的股东,当然伤痛的记忆也有影响。这家公司过去曾在布干维尔岛潘古纳地区开采铜矿,结果投资血本无归。前面提过,雪佛龙石油公司打造出环保模范的金字招牌,因而在北海油田开发工程招标中脱颖而出。同样,力拓集团也看到企业勇于承担社会责任带来的优势。位于加州东南部死亡谷的力拓集团硼砂矿区是美国境内环境清洁维护做得最好的矿区。力拓集团在环保方面的努力,终于得到蒂芙尼珠宝公司的青睐。蒂芙尼珠宝公司的商店外曾有环保人士前来抗议,他们高举抗议标语,说金矿开采造成氰化物外泄,鱼群大量死亡。因此,这家知名珠宝公司在挑选其黄金供货商时,就选择了力拓集团。力拓集团之所以中选,正是因为该集团近年来致力于环保的成绩有目共睹。正如前文提到的雪佛龙德士古石油公司,蒂芙尼珠宝公司更进一步的动机就是希望建立卓越的品牌形象,提高员工素质和士气,这当然也牵涉公司主管的经营哲学。

最后一个具有启发性的实例是总部设在美国的杜邦公司。这家公司是全世界最大的钛金属和钛合金的买主,它把钛用于油漆、飞机引擎、高速飞机和航天飞机等方面。大部分的钛是从澳大利亚沙滩的金红石提炼出来的，金红石这种矿物含有近乎纯粹的二氧化钛。由于杜邦公司是制造企业，非金属矿业企业，它得向澳大利亚的矿业公司购买金红石。杜邦将所有的产品印上自己的名字，包括含钛油漆涂料等，它当然不希望供应钛的矿业公司有环境杀手的恶名，赔上自己的声誉。因此杜邦与公益团体合作，严格要求澳大利亚的钛供货商负起维护环境的责任。蒂芙尼珠宝和杜邦公司的例子说明一个重点。一般消费者对石油公司比较有影响力，或多或少也能对煤矿公司施压，因为社会大众直接向石油公司购买汽油，也直接付费给使用燃煤发电的电力公司。因此，一旦发生重大漏油事件或煤矿事故，消费者知道该去找谁算账。然而，消费者和金属采矿公司隔得很远，即使知道金属矿业公司破坏环境，也无可奈何，几乎不可能用行动抵制某一家金属矿业公司。以铜为例，即使消费者想间接抵制含铜制品也不可能，大多数消费者甚至连自己买的物品哪些含铜也不清楚。然而，消费者还是可以向蒂芙尼珠宝、杜邦公司等购买金属的大公司施压。这些大公司无法睁着眼睛说瞎话，说不知道合作的金属矿业公司在环保方面做得是好是坏。在下面有关伐木业和渔业的讨论中，我们将进一步见识到这种消费者的力量。环保团体也开始利用这种策略来监督金属矿业公司，与其跟狡诈的金属矿业公司纠缠，不如从金属的大买主下手。

虽然政府或公众都认为环境保护从长远来看还是划算的，但在短期之内，为了环境的维护、清理和恢复，矿业公司还是得花一大笔钱。这笔钱该由谁来负担？过去政府法规过于宽松，导致矿业公司得以规避清理环境的责任，社会大众在别无选择之下，只好共同承担这笔费用。一想到矿业公司董事通过投票给自己发放大笔红利，接着宣告破产，把清理环境的烂摊子丢给所有纳税人，实在令人痛心疾首。往者已矣，我们应该好好思考这个现实的问题：矿业公司现在或未来的环境清理费用，该由谁来买单？

事实上，现在矿业公司几乎没有利润，消费者很难指望矿业公司从微薄的利润中拨出经费来整治环境。我们希望矿业公司做好环境清理，是因为采矿造成的恶果会由我们承受，如土地无法再利用、饮用水有毒和空气污染等。话说回来，不论再怎么小心翼翼地维护环境，开采煤矿和铜矿还是会产生废弃物。如果我们必须使用煤和铜，就必须认清环境清理费用对金属采矿业来说本就无法避免，也是成本的一部分，正如矿业公司一定得购买挖土机和冶炼炉一样。所以，金属价格加上环境费用，由消费者承担，是天经地义的事，就像石油公司和煤矿公司的做法。遗憾的是，金属矿业的供应链太长，加上大多数矿业公司长久以来声名狼藉，总是把青山绿水变为恶土毒水，因此这个简单的结论至今仍不可行。

伐木业

最后我将讨论的两种资源开采业是伐木业与渔业。这两种产业和石油业、金属矿业与煤矿业有两大不同。首先，树木和鱼类都是可以自行再生、繁殖的资源。如果取用的速率不大于繁殖率，就可取之不尽、用之不竭。反之，石油、金属和煤矿都无法再生，不能繁殖、生长或经过有性生殖生产石油或煤。即使开采的速率很慢，也是有减无增，无法维持原来的蕴藏量。（严格来说，煤和石油是动植物遗骸经过地底压力和热力在岩层中生成的，必须历经几百万年才能形成，根本无法应付人类开采的速率。）其次，在伐木和捕鱼的过程中，人类获取的树木和鱼类都对环境有很大的价值。因此，不管砍伐树木或捕鱼，都会造成环境破坏。相较之下，石油、金属和煤对生态体系的重要性就很低或毫不重要。如果在开采石油或矿产的时候，小心不去破坏生态体系的其他部分，并不会减损任何有生态价值的资源，尽管日后的使用或燃烧还是会造成破坏。在下文中我先讨论伐木业的影响，再来简要地论述渔业的问题。

对人类来说，森林有很大的价值，但因为遭到大肆砍伐而出现危机。人类使用的大量木制品都来自森林，如柴薪、办公室用纸、报纸、图书用纸、卫生纸、木头建材、夹板和木制家具等。对占有世界人口一大部分的发展中国家居民来说，虽然使用的木制品不多，但他们还是会用树木制作绳索和修筑屋顶，鸟类和哺乳动物也会在森林中寻找食物、水果、坚果等植物可食用的部分，人们也会用草药来治病。对发达国家的居民而言，森林更是休闲的好去处。森林是世界上最重要的空气净化器，为我们除去一氧化碳等空气污染物。森林及土壤也是碳的主要汇集处，森林砍伐造成碳汇集处减少，这也是全球变暖的一个重要原因。水分从树木中蒸发，可以使水分回到大气中。如果森林减少，降雨就会减少，荒漠化的问题就会越来越严重。树木也有水土保持的功能，使土壤潮湿，也可使地表免于崩裂或受到侵蚀，沉积物也不至于大量流入溪流。有些森林特别是某些热带雨林保有生态系统中大部分的营养物质，森林砍伐光之后，光秃秃的土地就变得贫瘠。此外，森林也是人类以外陆地上大多数生物的栖息地：热带雨林虽然只占地表面积的6%，但陆地上50%~80%的动植物物种尽在其中。

森林既然有这么多的价值，伐木业者也发展出很多做法，以减少伐木对环境造成的负面冲击，包括：只砍伐特别挑选的树种，保全森林其他部分，而不是把整片森林全部砍光；砍伐的速度以可持续发展为着眼点，使树木生长率和砍伐率相当；只砍伐小块区域的林木，不大范围砍伐，因此砍伐区域周围仍有森林，种子便容易飘进来，让砍伐区的林木得以再生；在砍伐处种植新树木；如果是很有价值的原木，如龙脑香和南洋杉，可使用直升机将砍伐下来的木头运下山，避免使用卡车载运（因为在森林中开辟山路载运原木，将对森林没被砍伐的部分造成破坏）。伐木公司可能因为这些环境保护措施赚钱或赔钱，视情况而定。我将举两个例子来说明这两种相反的结果：一个是我的朋友阿洛伊修斯最近的经验，另一个则是林业监管委员会的运作。

阿洛伊修斯不是他的真名，而是化名，听我说完他的遭遇后，读者就会知道我为什么这么做了。他是亚太地区某一个国家的公民，我曾在那个国家做实地调查。我初次和他见面是6年前的事。见面不久后，我就发现他是办公室里性格最开朗也最有幽默感的人。他聪明、快乐而有自信，对什么事都抱有好奇心，也很独立。有一次，遇上工人暴动，他毫不畏惧，一个人赤手空拳将他们摆平。夜晚，他在陡峭的山路上跑上跑下，在两个营地之间奔波协调。我们一见如故，他听说我写了一本有关人类性行为的书，交谈了不到15分钟,他就开怀大笑,说他准备洗耳恭听,听我说有关性的种种,就先别提鸟的事了。

我们一起参与了几个项目,之后我就返回美国。两年后,我又来到他的国家。再次见到阿洛伊修斯,他像是变了个人似的,讲起话来神经兮兮,眼睛左顾右盼,好像害怕什么。我们在他国家首都的一个会议厅里谈话,我将在那儿为他们的政府官员演讲。我觉得很奇怪,这里这么安全,他到底在害怕什么。我们先叙旧一番,聊聊当年工人暴动、山中营地,还有性方面的话题。然后我问他这两年过得如何,下面就是他的故事。

阿洛伊修斯换了工作,目前为一个阻止砍伐热带雨林的非政府机构做事。在东南亚热带地区和太平洋岛屿,大规模砍伐森林的主要是跨国伐木公司,它们的子公司遍布多国,办事处主要设在马来西亚,在中国台湾、韩国也有。他们和拥有林地的当地人签订租约,取得砍伐林木的权利,再把砍下来的原木出口,砍伐后并不做林地再造的工作。原木砍伐下来后,经过切割、加工处理,才有商品价值。也就是说,木材成品的价格远远超过原木。因此,如果只是出口原木,对当地人或当地政府来说并没有什么利益。伐木公司常常贿赂政府官员以取得官方伐木许可,然后开辟林道、砍伐林木,砍伐范围总是超过实际租赁范围。另一个做法是伐木公司派一艘船前去,以迅雷不及掩耳之势,和当地人谈好条件,直接把林木砍伐下来运走,省去取得官方许可的麻烦。举例来说,在印度尼西亚当地所有被砍伐的林木中,有70%是盗伐的,使得印度尼西亚政府一年损失的税收、使用费和租金等总计近10亿美元。伐木公司是怎么买通当地人的呢?他们会找上村子里具有领导地位的人，这些人不一定有权和伐木公司签订租约，但伐木公司还是招待他们到首都甚至前去中国香港等国外城市旅游，让他们住最奢华的饭店、享受美食、畅饮美酒，还为他们召妓，直到他们签字为止。这么做生意似乎要付出不少代价，但如果你了解热带雨林一棵大树可卖到几千美元，就会觉得伐木公司还是占尽了便宜。至于一般村民，伐木公司则是用钱收买，给他们一笔钱，让他们同意林木砍伐。对村民来说，好像发了一大笔横财，但他们通常拿钱用来吃吃喝喝或买东西，不到一年就花光了。此外，伐木公司还会开一些空头支票，取得当地人的信任，如承诺回来种树或是兴建医院，却从来没有兑现。然而，在印度尼西亚婆罗洲、所罗门群岛等地，伐木业者向中央政府取得许可前来砍伐森林，当地人知道此举将对他们不利，于是封锁道路、放火烧了锯木厂，伐木公司只得请求警力或军队协助，伸张其权利。我也听说有伐木公司放话要杀害反对他们的人。

阿洛伊修斯就是他们欲除之而后快的人。伐木公司恐吓要杀他，他不为所动，他相信他能保护自己。但他们也威胁要杀死他的妻儿，他知道他的妻儿无法保护自己，如果他外出工作，妻儿可能遭到不测。于是为了安全起见，他将妻儿送往国外。他孑然一身，随时提高警觉，担心有人前来取他的性命。这也就是他变得神经兮兮的原因，以前的快乐、自信全都不见了。

就像我们之前讨论过的矿业公司，我们不得不问：为什么伐木公司会做出这种丧尽天良的事？答案是一样的，因为这么做有利可图。伐木公司同样是在三个因素的驱动下这么做的：经济因素、伐木业者的企业文化以及社会与政府的态度。热带雨林原木非常珍贵，市场上供不应求，因此伐木公司租赁林地，把树木砍光就一走了之，获利甚巨。由于当地人多半很穷，看到白花花的现金难免见钱眼开，无视雨林砍伐的后果，于是默许伐木公司为所欲为。（阻止热带雨林砍伐的非政府组织有一招很厉害，那就是带着准备与伐木公司签约的林地业主去已经砍伐的地方，让他们亲眼看到那里变成什么样子，并和那里的业主谈谈，听他们述说后悔莫及的心情。等他们回到自己的山林，就会拒绝和伐木公司签约。）政府林务局的官员没有伐木公司的国际视野和财力，不了解木材成品的价值，经常为了一点小钱出卖祖国的森林。在这种情况下，伐木公司自然一本万利，直到没有林木可砍，或者当地政府和林地业主悍然拒绝出租森林让他们砍伐，并以更大的力量对付盗伐者的暴行。

在其他国家和地区，特别是西欧和美国，伐木公司这种"砍了就跑"的行径越来越难获利。西欧和美国的森林不像热带的大部分森林，原生林早已被砍完或者急剧减少。大型伐木公司不是拥有自己的林地，就是签订长期租赁合约，因此它们有进行可持续经营的经济诱因。很多消费者也对环境问题相当了解，他们在意自己购买的木制产品是否来自遭到滥伐的森林。有时政府的管制也很认真、严格，政府官员没那么好收买。

因此，对西欧和美国的伐木公司来说，它们越来越关心的不仅仅是能否与低价竞争的发展中国家企业一争高下，还有自己的生存，或是（用矿业和石油业的术语来说）担心自己能不能取得"社会许可"。有些伐木公司采取了很好的做法，希望借此让社会大众信服。但是它们发现，在社会大众眼中，它们自己的声明并不具有说服力。例如很多木制品或纸制品在上市时，经常会贴上爱护环境的标签，例如"每砍一棵树下来，就种两棵树回去"。但根据调查，在 80 个这样的声明中，有 77 个完全无据可循，其余 3 个只有部分证据。如果有人对它们的声明提出质疑，它们就干脆放弃声明。大众已经知道伐木公司的声明只是表面功夫，并学会了驳斥它们。

除了担心社会大众对它们反感，伐木公司也担心森林将越来越少，树要是都砍光了，它们就没生意做了。过去 8 000 年以来，原生林已有半数以上被砍伐或遭到严重破坏，而我们对木制品的消耗更是有增无减。在遭到破坏的森林中，又有一半是这 50 年内发生的，例如将林地清理出来作为农地，乃至世界的纸张消耗量自 1950 年以来增加了 5 倍。砍伐林木常常只是连锁反应的开始：伐木业者修筑林道，深入森林；偷盗者从林道悄悄潜入，捕猎动物；之后又会有人来这里落脚，非法居住。目前全世界的森林只有 12% 位于保护区内，在最悲观的情况下，不到几十年，那些位于保护区外、容易进入的森林就会被砍光。最好的情况是，森林得到良好的可持续经营，现存一小部分林地（20% 或更少）砍下的树木就足以应付人类社会所需。

森林管理委员会

林业公司和伐木业者为了长远的未来着想，在 20 世纪 90 年代初派遣代表与环保组织、社会公益机构、原住民团体进行讨论。他们的讨论终于在 1993 年取得成果，成立了一个名为森林管理委员会（FSC）的国际非营利组织，总部设于德国，经费由多个企业、政府、基金会和环保组织赞助。至于森林管理委员会的运作，则由选举产生的委员组成的委员会负责，每一个加入森林管理委员会的委员都是会员团体推派的代表，包括林业公司、环保组织与社会公益机构。森林管理委员会最初设定的任务有三项：首先，建立一整套森林管理标准；其次，核查某个地区的森林管理是否符合标准；最后，在复杂的供应链中追踪木制品的源头，让消费者知晓自己在店家购买的纸张、椅子或木板是否贴有森林管理委员会的标签，是否来自管理良好的森林。

就第一项而言，森林管理委员会制定了10条详细的标准，作为考核森林是否可持续经营的指标，其中包括：限制砍伐率，不过度砍伐，以可持续使用为目标，让新种植的树木得以取代砍伐的树木；保护有特殊价值的森林（如老龄木森林区），避免其转化为单一树种的林场；重视生物多样性、营养物质循环、土壤完整等森林生态系统的功能；保护水源区，且在溪流和湖泊附近留下足够的滨水区；制订长远的经营计划；慎选化学物质和废弃物处理场；遵守森林法规；尊重森林地区原住民社群和从事保护、造林的工作者权利。

第二项任务就是核查某一个森林区的经营是否合乎标准。森林管理委员会并不进行林地评估，而是交给专门负责评估、认证的机构来处理。核查机构会派人前往林区，进行可能为期两周的核查。这样的核查机构在全世界约有12个，具有国际公信力，可为世界上任何一个林区进行评估与认证。在美国进行林区认证的机构主要有两个：一个是总部设在佛蒙特州的优质木材认证机构（Smart Wood），另一个则是总部设于加州的科学认证体系

(Scientific Certification Systems)。林地所有人或经理人与上述核查机构签约，申请评估和认证，同时必须自行负担核查费用，且事先无法预知核查结果。认证机构在核查之后，常常会提出一长串的先决条件，待林区达到那些条件才能得到认证，或者必须合乎某些条件才能得到短期许可，之后才会获准使用森林管理委员会认证标签。

有一点我必须强调，优良林区的认证申请必须由林区所有人或经理人提出，认证机构不会主动前去任何一个林区调查。当然，这涉及一个问题：为什么林区所有人或经理人愿意付费接受检查？答案是：越来越多的林区所有人和经理人认为，通过认证可以为他们带来利益。如果能通过独立的第三方来认证，提升企业形象和品牌声誉，它们在市场上就能更站得住脚，也就有更多的消费者愿意支持它们，因此花一点钱申请认证十分值得。森林管理委员会认证特点在于消费者信任这个标签，这不是一家公司自卖自夸，而是国际认定的标准，要经过训练有素、经验丰富的专家核查与认证。如果申请者不符合标准，认证机构就会拒绝给予认证或要求他们改进。

最后一步就是产销监管链或完整轨迹数据的建立，例如一棵树在俄勒冈州被砍伐下来后锯成木板，最后在迈阿密的店家贩卖，所有过程都有记录。即使是通过认证的森林，森林所有人将原木出售到锯木厂，但锯木厂加工的不一定都是经过认证的木材，也可能有未经认证的木材，制造商购买时也无从区分。从生产商、供货商、制造商、批发商到零售商的产销链非常复杂，即使公司自己也常常不知道原料来自哪里或最后销往何处，只知道直接供货商和顾客。若要迈阿密的消费者相信自己购买的木材来自通过认证的林区，直接供货给消费者的商店就必须区分已认证和未认证的货品，而认证机构也必须要求每个供货商确实做到。这就牵涉产销监管链制度：经过认证的材料，在产销链流通的每一个环节都必须追踪、记录。最终我们发现，来自经认证森林的木材只有17%有认证标签，其他83%都在产销链中与未经认证的产品掺杂在一起。建立产销监管链听起来很麻烦，却是必要的。如果不这么做，消费者就不知道自己在迈阿密零售商店买的木板来自哪里。

还有另一个问题：大众是否在意自己购买的产品有标签？会这么做的消费者是否有一定的数量，以促进优良木制品销售？一项调查显示，80%的消费者表示，如果有选择，他们愿意购买来自重视环保的公司的产品。这是否只是空话？一般大众在店家购买木制品之时，是否真会注意标签？如果贴有标签的产品贵一点，他们仍然愿意购买吗？

对正在考虑付费申请认证的公司而言，上述问题的答案都很重要。为了解消费者的实际反应，有一项实验就在美国家居建材零售巨头家得宝在俄勒冈州的两家分店进行。每一家分店在邻近货架上放同样尺寸的夹板，几乎完全相同，只不过一个货架上的夹板有标签，另一个货架上的夹板则无标签。实验进行了两次：一次是两个货架上的夹板价格完全相同，另一次则是贴有标签的夹板比没有标签的贵2%。在价格完全相同的情况下，结果贴有标签的夹板销售量是没有标签夹板的两倍。（在其中一家设于大学城的分店，由于位于"自由"、环保意识较强的地区，贴有标签的夹板销售量与没有贴标签的夹板销量量之比为6∶1。即使分店开在比较"保守"的地区，贴有标签的夹板销售量仍比没有贴标签的夹板多19%。）当贴有标签的夹板比没有贴标签的夹板贵2%时，大部分消费者（63%）仍喜欢买较便宜的商品，不过还是有为数不少的消费者（37%）愿意购买有标签的商品。由此可见，还是有很多人购买东西时会考虑环境价值，且有一部分人愿意为商品的环境价值多付一点儿钱。

在森林管理委员会认证制度开始实行时，很多人担心经过认证的产品因为多了认证费用，或者为了符合认证条件加入环保方面的成本，价格会比较高。事实上，后来的经验显示，认证并不会使木制品的成本增加。然而，经过认证的产品一般还是比没有认证的产品贵，这和供需法则有关：零售商发现经过认证的产品很受欢迎，常常缺货，把价格提高一点一样卖得出去。

森林管理委员会制度推行之初，已有一些大企业共襄盛举，推派代表加入委员会或致力于既定的目标。这些企业包括全世界最大的生产商和木制品公司：总部设在美国的公司有世界最大的家居建材零售商家得宝、美国第二大家居建材零售商劳氏公司、美国最大的木制品公司之一哥伦比亚林木产品公司、全世界最大的影印服务业供应商金考公司、美国最大的樱桃木供货商柯林斯林业和分公司凯恩硬木公司、世界领先的吉他制造商吉普森、在缅因州经营百万英亩林地的七岛地产公司，以及全世界最大的门窗制造商安德森公司；在美国之外，积极加入的大公司还有加拿大最大的两家木材与纸业公司天柏和多塔尔、英国最大的家居建材公司百安居、英国第二大连锁超市塞恩斯伯里，以及来自瑞典的世界上最大的组合家具公司宜家家居、瑞典两大木材与纸业公司爱生雅和斯韦亚·斯科格（以前叫阿西·多曼）。这些企业不遗余力地支持推行森林管理委员会制度，是因为这么做有助于其经济利益。它们会走上这一步是很多力量相互"推拉"的结果。就"推"的力量而言，有些公司因砍伐老龄木，已经被环保团体盯上了，像雨林行动联盟就对家得宝施压。至于"拉"的力量，企业界发现大众对环保问题日益关切，加入森林管理委员会有助于销售自家产品。如家得宝等大公司被环保团体盯上之后，就知道必须注意长年合作的供货商。它们学得很快，不久就发表声明，表示家得宝也会对智利和南非的供货商施压，要求它们采用森林管理委员会制定的标准。

其实这一点和前面提到的矿业公司很像。前面讨论到，对矿业公司施压、要它们注重环境的最有效方法，不是动员消费者去围堵矿区，而是从购买金属的大客户下手（如杜邦公司和蒂芙尼珠宝），林业也是如此。消耗木材最多的是家居装潢公司，然而大多数房主不知如何选择优良林业公司的商品，常常通过大型连锁店购买所需物品。像家得宝、宜家家居这样的大型连锁店或大型机构买家（如纽约市或威斯康星大学），才是林业公司的主要客户。这些公司机构曾团结起来对南非实行经济制裁，迫使强大、顽固、富有且具军事实力的南非政府终止种族隔离政策。许多木材产销链中的零售商和纸业、木材公司体会到"团结力量大"，于是纷纷组成"采购团体"以壮大力量，促进认证产品的销售，优先选择有标签的商品。今天，这样的团体在世界各地已有十几个，最大的一个成立于英国，包括英国的一些大型连锁店。采购团体在荷兰等西欧国家、美国、巴西和日本等国也都越来越有影响力。

除了采购团体的影响力，推广森林管理委员会标签产品有功的还有美国能源与环境设计先锋（LEED）提出的"绿色建筑标准"，这项标准是用来评估环保设计和建材使用的。美国州政府和城市都同意让采用该标准的公司享受减税优惠，很多公家建筑也要求承建公司依照此标准兴建。一般而言，承包大型工程的建设公司、承包商和建筑设计公司不和大众直接接触，消费者很难看到其工作内容，但基于减税和增加中标机会的考虑，它们还是选择有认证标签的产品。我必须强调，不管是采纳环保标准或是加入采购团体，其动力还是来自重视环境标准的消费者和企业对环境声誉的关注，若不是这些规范和组织使个体消费者得以影响企业行为，企业恐怕会把消费者的要求当成耳边风。

自森林管理委员会于1993年创立以来，森林认证运动很快在世界各地推广开来，目前已有64个国家拥有经过认证的森林和产销监管链。全世界经认证的森林已有15.6万平方英里，其中的3.3万平方英里在北美。现在全球有9个国家各自拥有至少4 000平方英里的经认证森林：瑞典以3.8万平方英里高居世界第一位（这代表瑞典国内一半以上林地已通过认证），其次是波兰，接下来依序为美国、加拿大、克罗地亚、拉脱维亚、巴西、英国和俄罗斯。在世界各国当中，森林管理委员会认证产品所占比重最高的是英国和荷兰——英国木制品约有2%贴有标签。还有16个国家各拥有面积400多平方英里的经认证森林。北美最大的经认证森林是加拿大安大略省东北的戈登·科曾斯森林，面积达7 800平方英里，由加拿大的纸业和木材巨头天柏集团负责经营。天柏集团希望在不久的将来，它们在加拿大经营的5万平方英里的林地都能通过认证。此外，有些经认证森林是公有林，有些是私有林。宾夕法尼亚州拥有的经认证森林面积是美国最大的，约有3 000平方英里。

在森林管理委员会成立之初，经认证森林的面积每年增长一倍，近年来增长率渐缓，每年"只有"40%。这是因为最先申请认证的林业公司早已符合标准，而近年才申请认证的森林必须先行改善，才能符合的要求。也就是说，制度一实行就可凸显那些本来就做得好的林业公司，其他还没达到标准的公司也能渐渐迎头赶上。

尽管有些林业公司一开始对森林管理委员会持反对态度，最后也不得不承认这个委员会效能卓越。为了和森林管理委员会抗衡，他们成立了其他考核标准较为宽松的认证组织，包括由美国森林与纸业协会成立的森林可持续经营计划、泛欧森林管理委员会、加拿大标准协会。这么多的森林认证组织让大众眼花缭乱。以森林可持续经营计划为例，就有6种标签用在6种标准上。这些认证组织和森林管理委员会的差别是：都不要求独立的第三方进行认证，而且允许林业公司自我评估、自行认证（我可不是开玩笑），也没有统一的标准和量化的结果（例如溪流两侧植被滨水区的宽度），甚至采纳无法量化的说法（"我们有自己的政策"或"我们的经理人会参与讨论"）。这些组织也没有产销监管链，因此锯木厂锯的木头有的来自经认证森林，也有来自未经认证的森林。泛欧森林管理委员会还实行地区自动认证制度，例如奥地利全国的森林一下子就通过了认证。在消费者眼中，这些认证组织可能因为失去公信力，未来终究无法与森林管理委员会匹敌。如果要得到消费者的信赖，那就得像森林管理委员会一样采取严格的标准。

渔业

最后讨论的是渔业（海洋渔业）的问题。渔业的根本问题也与石油业、矿业和林业一样：由于世界人口增加、人类社会富裕，需求量越来越大，供给量却越来越少。虽然发达地区消耗的水产品很多，而且消耗量还在增加，但世界其他地区的消耗量更大、增长更快，例如近10年来中国消耗的水产品就是过去的两倍之多。以发展中国家消耗的蛋白质（来自动物和植物）而言，鱼类占40%；对10亿以上的亚洲人来说，鱼类则是主要的动物性蛋白质来源。就世界范围而言，人口逐渐从内陆移居到沿海地区，也会增加水产品的消耗量。到2010年，全世界3/4的人都将住在离海岸50英里以内的地区。我们对渔业相当倚赖，全球也有2亿人从事渔业。对冰岛、智利等国来说，渔业更是经济命脉。

任何可再生的生物资源都有经营难题，经营海洋渔业尤为困难。一个国家在其控制海域内经营渔业就有困难，若在多国控制的海域，渔业经营会变得十分棘手。由于没有单一国家能按照自己的意愿来掌控，这样的海域很容易面临资源枯竭的问题。此外，在200英里界线之外的海域就没有任何国家可以管辖。研究显示，如果经营得当，渔获量应可比目前多。遗憾的是，由于过度捕捞，世界上重要的海洋鱼类不是快捕捞光了，失去了商业价值，就是大幅减少，再生的速度很慢，迫切需要良好的经营。很多重要鱼类都快灭绝了，如大西洋大比目鱼、大西洋蓝鳍金枪鱼、大西洋剑鱼、北海鲱鱼、纽芬兰大浅滩鳕鱼、阿根廷鳕鱼和澳大利亚的虫纹石斑。在大西洋和太平洋过度捕捞的地区，1989年是渔获量最高的一年，之后能捕到的鱼就越来越少。这正是上一章所述的"公地悲剧"。就共享可再生资源而言，尽管这么做对大家都有好处，使用者还是很难达成用量限制的协议。渔业也缺乏有效的经营和约束，加上所谓的不正当补贴，即很多政府基于政治因素考虑，不顾海洋资源有限，提供渔船补贴，让过多的渔船去捕捞，如此势必出现过度捕捞的问题，渔获量因此越来越少。最后，若是没有政府补贴，渔船出海已没有足够的收益维持生存。

过度捕捞造成的破坏，不只是未来我们可能吃不到鱼，也不只是造成某一种鱼类消失。利用海底拖网等方式捕捞鱼类时，不免把非目标的鱼种一网打尽。这些不幸被捕捞的鱼类或水生动物就称作"副渔获物"，其数量可达全部捕获量的1/4~2/3。这些动物经常在捕捞过程中死亡，然后被抛回海中，如目标鱼种的小鱼、海豹、海豚、鲸、鲨鱼、海龟的幼崽等。然而，这种情况并非无法避免，近年来渔具和捕鱼方式的改良，就可使部分副渔获物逃过一劫。举例来说，渔船捕捞东太平洋的金枪鱼，混获的海豚死亡率已降低至原来的1/50。过度捕捞也对海洋栖息地造成严重破坏，特别是拖网渔船对海床的破坏，以及用炸药炸鱼和氰化物毒鱼对珊瑚礁造成的残害。最后，过度捕捞也会伤害到渔民自己的利益，鱼捕捞光了，渔民的生计也就完了。

这些问题不只让经济学家和环保人士头痛，有些渔业界的领导人更是关切，包括全世界最大的冷冻鱼类采购者联合利华的主管。联合利华的冷冻鱼类在欧美有几个响当当的品牌，消费者几乎无人不晓，如美国的戈顿（已被联合利华出售）、英国的鸟眼沃尔斯和英格罗，以及欧洲的芬达斯与福德沙。联合利华的主管担心，他们购买和销售的鱼类在世界各地将急剧减少，正如设立森林管理委员会的林业公司担心森林变少一样。于是在1997年（也就是森林管理委员会成立4年后），联合利华和世界自然基金会合作，成立了一个和森林管理委员会类似的机构——海洋管理委员会，目的是提供有生态标签的优质商品供消费者选择，以市场的正面诱因鼓励渔民解决渔业的"公地悲剧"，而非以威胁或抵制的手段促使他们改变。除了联合利华和世界自然基金会提倡，一些大公司、基金会和国际性组织也加入了行动。

就英国地区来看，支持或购买认证水产品的企业，除了联合利华，还有英国最大的渔产品公司杨氏蓝冠水产食品公司、英国最大的生鲜食品供货商圣斯伯里超市、马莎百货和西夫韦等大型连锁超市，还包括拥有多艘拖网渔船的博伊德渔业公司。至于美国方面的支持者，则有全世界最大的自然有机食品零售商全食超市、萧氏超市和乔氏超市。其他地区的支持者还有瑞士最大的食品零售商米格罗斯，以及澳大利亚凯利斯与法兰西食品公司，这个公司拥有渔船、工厂、市场，也做水产品外销。

海洋管理委员会的标准是由渔民、渔业公司经理人、水产品加工厂、零售商、研究渔业的科学家和环保团体多方协商制定的。最主要的原则包括：必须维护鱼群的健康（包括鱼群的雌雄比例、年龄分布和基因多样化），以可持续捕捞为原则、不得破坏生态系统的完整、尽量减少对海洋栖息地的冲击、尽可能不捕捞非目标鱼种（即减少副渔获物）、建立鱼群经营和环境保护的规则、遵行现行法规等。一些水产品公司以林林总总的声明对大众消费者进行轰炸，从其声明的环保做法来看，有些是不实的，有些则故意混淆视听。因此，与森林管理委员会一样，海洋管理委员会采取由独立第三方认证的方式，也一样授权几个机构执行认证工作，并不亲自查核。申请认证完全自愿：如果一家公司认为花钱认证是值得的事，就可以提出申请。如果中小型公司想申请认证，则可向帕卡德家族基金会的渔业可持续基金请求补助认证费用。一家公司提出申请之后，认证机构就会做预评估，这个评估是保密的，之后才是完整的评估（如果该公司仍然愿意接受核查）。一般而言，评估需要一两年的时间（若是复杂的大型渔产公司，评估时间甚至可能长达三年），并列出必须弥补的缺失。如果核查结果不错，列出来的缺失也都弥补了，一家公司就能得到5年的认证，但是每年还必须接受一次突击核查。年度核查结果会公布在官方网站上，接受各界的审查与挑战。从认证制度执行的情况来看，得到认证的公司都会设法保留这个资格，也会尽全力满足海洋管理委员会的要求以通过年度核查。与森林管理委员会一样，海洋管理委员会也有产销监管链，借此追踪认证水产品的整个产销过程——从捕捞上岸到批发市场、加工处理厂（冷冻和装罐）、批发商、经销商和零售市场。只有经过认证且可通过产销监管链追踪的水产品，才能贴上海洋管理委员会标签供商店或餐厅的消费者购买。

鱼种、鱼群、捕捞法、渔具等都能申请认证，而申请认证者可能是渔民团体、国家或地方的政府渔业部门、加工者或经销商。至于申请认证的"鱼类"也不只是鱼，还包括软体动物和甲壳类动物。在目前 7 个已经认证的渔场中，数量最多的是阿拉斯加渔猎部的阿拉斯加野生三文鱼，其次是西澳大利亚龙虾（澳大利亚最珍贵的水产品，价值约占澳大利亚水产总值的 20%），再次是新西兰无须鳕（新西兰最有价值的出口水产品）。另外 4 种包括英国的泰晤士鲱鱼、用手线垂钓的康沃尔鲭鱼、南威尔士的巴里青蛤以及托里登湾的龙虾。目前正在申请认证的还有阿拉斯加狭鳕（美国出产最多的鱼类，约占美国渔获量半数）、美国西岸的比目鱼、珍宝蟹、斑点虾、美国东岸的条纹鲈鱼以及南下加州龙虾。海洋管理委员会计划扩展认证范围，从野生鱼类到人工养殖的水产品（下一章将讨论人工养殖水产造成的严重问题）未来都能申请认证。人工养殖的水产品包括虾等十几个物种，或许还有三文鱼。目前来看，在世界重要的鱼类当中，认证问题最大的是野生虾的捕捞（因野生虾大都用海底拖网捕捞法，捕获的有一大部分是副渔获物），以及单一国家管辖海域之外的鱼类。

整体来看，鱼类的认证比森林更困难，需要的时间也比较长。然而，我还是为近 5 年鱼类认证的成绩感到惊喜——原本我以为鱼类的认证会更加艰难、耗时更久。

大企业与社会大众

简而言之，关于环境方面的议题，大企业有什么样的作为与一个基本事实有关，而这个事实可能会让大多数人感到愤慨：一家公司可能为了追求短期最大利益，不惜牺牲环境，伤害人类健康。今天仍有渔民，在没有配额限制的情况下拼命捕鱼；跨国伐木公司以短期租约在生长热带雨林的国家砍伐林木，必要时还贿赂腐败的官员，欺骗无知的农场主。石油业也一样，1969年圣塔巴巴拉海峡钻油平台爆炸、漏油之后，才知痛定思痛。再看蒙大拿的金属矿区，矿业公司也是为所欲为，近年来才开始受到环境清理法规的约束。如果政府法规有效力，社会大众又有强烈的环保意识，注重环保的大企业才能赢过只顾赚钱、不顾环境的公司。反之，如果法规执行不力，社会大众又不重视，注重环保的企业很可能拼不过只顾赚钱的公司。

指责一家公司自私自利、不惜伤害他人是很简单的，而且指责也不一定有什么用。我们可别忽略一个事实：企业不是非营利慈善机构，而是追求利润的公司；企业必须对所有股东负责，追求最大利润正是它们的义务，更何况法律也要求它们这么做。依照法律规定，一家公司的董事必须负起"信托责任"，如果故意减损公司收益、影响股东权益，就是未尽到信托责任。以福特汽车公司为例，它在1919年将工人最低日薪提高到5美元，结果被股东告上法庭。法官做出裁决：尽管福特汽车公司有人道精神、关怀员工，公司还是必须以"为股东创造利益"为优先目标。

我们也不要只顾着指责大公司，忘记社会大众也有责任。社会大众放任大公司为所欲为，姑息养奸，才会有今天的后果。例如不要求矿业公司做好环境清理的工作，或购买木制品时也不管产品是否来自可持续经营的森林。长远来看，如果一家公司唯利是图、不惜破坏环境，只有社会大众予以抵制——不管是直接抵制或通过政客抵制，才能使该公司在无法获利之下改变自己的做法。从另一方面来看，有良好环保政策的公司，也需要社会大众的支持，让其生意蒸蒸日上。如果大企业对环境造成重大伤害，社会大众也能向它提出诉讼，要法院给个公道，例如埃克森的"瓦尔迪兹号"事件、北海石油平台爆炸事件、印度博帕尔事件等。一般民众能做的事还很多，例如爱用支持可持续发展的环保商品，家得宝和联合利华就注意到这一点。大众也可对环保记录不良的公司员工施压，让他们以公司为耻，向公司主管抱怨。同时大众也可支持政府和环保记录优良、注重环境洁净的公司签约，如前文提到的北海油田工程招标案就让雪佛龙中标。又如20世纪七八十年代，美国就是在民众的压力下拟定新的煤矿管理条例，强力执行好的环境政策。此外，就算供货商不理会大众的要求和政府的压力，他们对采购原料的大公司还是毕恭毕敬，因此大公司可以对供货商施压。举例来说，由于美国民众担心疯牛病疫情蔓延，美国食品药品监督管理局欲以新的法令要求屠宰加工厂，要它们放弃旧的做法，防止疫情扩散。对于这样的要求，美国的屠宰加工厂抗拒了5年，表示新的法令代价太大，它们难以承受。后来麦当劳因汉堡销售量大幅滑落，也对屠宰加工厂提出一样的要求，不到几个星期那些加工厂就乖乖配合。麦当劳的代表解释说："这是因为我们的购物车是全世界最大的。"环境存亡，匹夫有责。大众的任务就是在产销链中找出对他们反应最敏感、最容易施压的一环，如麦当劳、家得宝、蒂芙尼珠宝等。至于屠宰加工厂、伐木业者或金矿业者，社会大众对它们无计可施，必须通过向它们采购的大客户来发力。

大企业破坏环境，社会大众必须付起最后的责任。这个说法可能会让一些读者失望、愤怒。我也提倡消费者为了企业的环保做法付费，把这方面的费用当成商品成本的一部分。有人或许会质疑，我的观点忽视了一种道德责任，即大企业应该洁身自爱、遵守道德，无论这样做是否有利可图。我必须言明，翻开人类历史，在政治制度复杂的人类社会中，人们日常生活中碰到的大都不是家人，也不是亲戚，因此社会必须制定法律，以确保大家遵守道德原则。道德原则只是诱发善良行为的必要的第一步，但光有道德原则是不够的。

我认为社会大众应该负起最后的责任。我会做出这个结论，是因为大企业的确能在公众压力下成全别人、创造多赢的局面，而非只是让人失望。我的用意不在于道德劝说，区分谁对谁错、谁值得尊敬、谁自私自利，或者谁是好人、谁是坏人。我的结论是根据我过去的所见所闻而得出的。如果社会大众对大企业有所期待，要求它们改变做法，以实际行动褒善贬恶，大企业自然会从善如流。过去大众态度的改变对企业的环保实践影响很大，我相信未来也将是如此。

第十六章

相依为命

本书各章节讨论了过去或现在的社会，有的成功通过环境考验，有的则无法解决环境问题，最后甚至覆亡，本书也剖析了这些成败背后的原因。在最后一章，我们来思考一个最实际也最切身的问题：对今天的我们来说，这一切有什么意义？

首先我将讨论现代社会面临的主要环境问题，以及这些问题在哪些时间范围内造成威胁。我会以一个具体的例子来说明——我生活了39年的南加州地区。接下来则是为环境问题辩论，我将列举今天最常见的环境迷思，然后逐一解开。本书一半的篇幅以古代人类社会为题，因为那些社会正可作为现代社会的前车之鉴。我也将比较古代和现代世界的差异，看看我们能从过去学到什么。最后，如果有人提出这么一个问题："凭我一人之力能做什么？"我会在延伸阅读中提出几点建议供读者参考。

当今世界最严重的问题

在我看来，不管是过去还是现在，人类社会面临的环境问题似乎可分为12种。这12种中的8种在过去已很明显，其他4种（第五、第七、第八和第十：能源、光合作用上限、有毒化学物质和大气变化）则是最近才变得严重。这些问题的前4种涉及自然资源的破坏或消失；接下来的3种则与自然资源的上限有关；之后的3种是我们生产或转移的有害物质；最后2种则是人口问题。让我们从人类正在破坏或损失的自然资源开始讨论，这个部分包括自然栖息地、野生食物资源、生物多样性和土壤。

一

我们正在加速破坏自然栖息地，或将自然栖息地变成人造栖息地，如城市、乡村、农田、牧场、道路或高尔夫球场。在那些遭到破坏的自然栖息地中，目前引起最多讨论的包括森林、湿地、珊瑚礁和海底。正如我在上一章提到的，世界上有半数以上的原生林已转为他用。以目前森林消失的速度来看，现存森林的1/4再过50年也将消失。森林的消失代表人类的损失，尤其是森林是木材和其他原料的来源。森林同时具有所谓"生态服务"的功能，如保护水源区、使土壤免于侵蚀，而且是水循环的重要环节，与降雨息息相关，也是大多数陆上动植物物种的栖息地。关于森林的重要性，本书描述了不少过去人类社会因森林砍伐而自断生路的例子。此外，正如我们在第一章中提到的，我们关心的不只是森林砍伐或转为他用，还包括仅存林木栖息地的结构变化，特别是林木栖息地结构的改变已使森林火灾发生的规律也随之生变。森林、浓密常绿阔叶木和草原的火灾次数虽然减少，但一旦发生总是一发不可收，酿成巨灾。

除了森林，其他宝贵的自然栖息地也遭到破坏。地球原始湿地遭到破坏、伤害或改为他用的范围甚至比被破坏的森林面积更大。湿地不但具有维护水质的功能，也是具有重要经济价值的淡水鱼类的生存之处。此外，红树林湿地也是多种海水鱼孵育、生长的地方。全世界的珊瑚礁约 1/3 已遭到严重破坏。珊瑚礁是很多海洋物种的家，因此珊瑚礁之于海洋，就像热带雨林之于陆地。如果按照目前的破坏速度继续下去，今天的珊瑚礁到 2030 年将再减少一半。珊瑚礁破坏的原因如下：越来越多的人利用炸药来捕捞鱼类；本来以海藻为食的鱼被捕捞殆尽，海藻因而过度繁殖，破坏珊瑚礁生态；附近的陆地被清理或变为农田，沉积物和污染物质被带到珊瑚礁；海水温度升高造成珊瑚礁白化。此外，近来人们才警觉拖网渔业对浅海海底的破坏。

二

野生食物（尤其是鱼类和部分贝类）也是人类所需蛋白质的一大来源。鱼类只要捕捞就有了（成本只有捕捞和运输费用），然而从家畜身上得到的蛋白质就比较昂贵（必须辛苦饲养）。目前约有 20 亿人（大多数是穷人）在海洋捕捞鱼类以获得蛋白质。若野生鱼类能被友善对待，鱼儿就能生生不息，渔夫也永远都有鱼可捕捞。不幸的是，由于"公地悲剧"（见第十四章），海洋鱼类的可持续发展困难重重，大多数有价值的鱼类不是被捕捞光了，就是数量急剧减少（见第十五章）。在过去的人类社会，如复活节岛、曼加雷瓦岛和亨德森岛都有过度捕捞的问题。

目前越来越多的鱼虾都由人工养殖。理论上，这是生产动性蛋白质最廉价的方式,未来大有可为。然而,从几个层面来看,今天水产养殖的做法不但无助于野生鱼类繁殖,反而加速了它们的凋亡。水产养殖业者大都以海洋捕捞的野生鱼类作为鱼饲料,那些人工养殖鱼吃掉的鱼肉,比所产的肉多20倍以上。其次,人工养殖鱼含有的毒素比野生鱼类高。再者,水产养殖业者刻意选择生长快速的品种来繁殖,但这种鱼难以在野生的环境中生存(以人工养殖的三文鱼为例,其生存能力只有野生三文鱼的1/50)。而且人工养殖鱼经常逃脱,和野生鱼类杂交,野生鱼类的基因就会受到污染,使生存能力降低。此外,人工养殖鱼逃脱之后还会造成污染和水体富营养化。水产养殖的成本比海洋渔业低,可以低价竞争,因此出海捕鱼的渔民在这种竞争下收入减少,为了生计不得不更拼命地捕捞。

三

有一大部分的野生物种、种群和基因多样性已经消失。依照目前的消失速度,剩下来的在半个世纪内又将消失一大部分。有些物种,如可供食用的大型动物、果实可食的植物或可提供优良木材的植物对人类来说价值匪浅。过去人类社会常常不知节制,使得这些宝贵的物种灭绝,最后也害了自己,正如我们前面讨论的复活节岛岛民和亨德森岛岛民。

其他不能作为人类食物的、小小的生物物种的消失对人类又有什么影响?我们常会听到这样的话:"管他的!这些没有用的小鱼或小草,什么螺镖鲈、科虱子草,有什么好在乎的?"说这种话的人忽略了一个重点:整个自然界由许多野生物种构成,这些野生物种为我们人类服务，而且不要我们一毛钱。若换成我们自己来完成这些事，需要付出很大的代价，甚至可能很多事都做不到。消灭了这些不起眼的东西，人类常常就会吃不了兜着走。试想：如果随便拔掉飞机上那些小小的铆钉，会有什么后果？这类例子真是数不胜数。就像蚯蚓，不但能使土壤再生，也可维持土壤的质地（如亚利桑那州"生物圈二号"计划就存在大气组成比例无法自行达到平衡、氧气浓度下降的问题，再加上其他问题，最后宣告失败。"生物圈二号"计划的一个研究人员是我的朋友，这个实验让他的健康受损，原因就是这个封闭的生态圈没有蚯蚓来做土壤再生和气体交换的工作）；有些土壤细菌会固定空气中的氮，提供植物养分，要是没有这些天然的养分，我们就得花钱买肥料；蜜蜂等昆虫免费为我们的作物授粉（如果用人工为一株株作物授粉，花费将是天文数字）；鸟类和哺乳动物为我们散播种子（举例来说，所罗门群岛有些树种具有很高的商业价值，森林学家即使有这些树木的种子，还是不知如何才种得出来，而果蝠有边飞边排泄的习惯，囫囵吞下的大型种子因此得以散布到远方，但目前果蝠已经快被捕杀光了）；鲸、鲨鱼、熊、狼等海陆主要掠食者被猎杀殆尽，致使位于这些动物下游的食物链发生变化；有些野生动植物会为我们分解废物、回收营养物质，为我们提供清洁的水和空气。

四

用来栽种作物的农田土壤在水和风的侵蚀下，流失速度约是生成速度的 10~40 倍，更是森林土壤的 500~10 000 倍。由于土壤侵蚀速率远远快于土壤形成速率，土壤必然变得越来越少。例如美国农业生产力最高的艾奥瓦州，一半的表土在近150年内已被侵蚀了。最近我前往艾奥瓦州访问的时候，主人带我参观一个墓园，让我见识到土壤侵蚀的一大奇观。那个墓园修建于19世纪，四周都是农地。百年来墓园依旧，而农地在不断耕作下，土壤侵蚀变本加厉，最后墓园竟然比周围农地高出10英尺，犹如一个小岛。

　　发展农业造成的土壤破坏，除了土壤侵蚀，还有其他类型：如土壤盐碱化（如第一章蒙大拿、第十二章中国和第十三章澳大利亚的讨论）；土壤肥力丧失（农业生产使土壤养分快速流失，而来自底层岩石风化的养分补给太慢，缓不济急）；有些地区有土壤酸化的问题，另外一些地区则出现土壤碱化的状况。由于世界人口激增，人类对农田的需求有增无减，在发展农业带来的有害冲击下，世界农地约有20%~80%遭到严重破坏。土壤问题就像森林砍伐一样，也是过去人类社会覆亡的推手。

　　下面三个问题与上限相关，包括能源、淡水和光合作用的能力。每一种的上限都不是固定不变的，而是因情况而异——用得越多，必须付出的代价就越大。

五

　　世界最主要的能源是化石燃料，工业社会的用量尤为惊人。化石燃料包括石油、天然气和煤。尚未开采的大型油田和天然气田还有多少？对于这个问题已有相当多的讨论。虽然一般认为煤的储量还很多，但石油、天然气的已知储量只够再使用几十年。请各位不要误解，认为这种看法是指地球的石油和天然气那时候将全部用光。事实上，在地底下更深处，还蕴藏有石油和天然气，不过有更多杂质，更难开采，更不容易处理，环境清理的代价也更大。当然，化石燃料不是我们唯一的能源，还有许多替代能源。

六

全世界河流和湖泊的淡水，大部分已汲取出来用于灌溉、供应民生所需和工业生产，在有些地区则是就地使用，如用于航运、渔业或休闲娱乐。至于尚未开发的河流和湖泊，大多数是在人烟稀少的偏远之地，如澳大利亚西北部、西伯利亚和冰岛。地球地下水层的消失速度非常快，在自然补给来不及的情况下，最后必然将减少。即使淡水可通过海水淡化获得，但是成本很高且耗费能源。各位不妨试想：把海水淡化后运到内陆，会多么费钱、费事。虽然海水淡化有助于解决部分地区的问题，但是对大多数干旱缺水的地区而言，代价实在太大。阿纳萨齐印第安部落和玛雅人就是败在缺水问题上。直到今天，全球仍有超过10亿人没有洁净、安全的饮用水可喝。

七

乍看之下阳光似乎是无限的，或许有人因此推断地球生长作物和野生植物的能力也同样无穷。过去20年来，我们终于知道实际情况不是如此，比如植物难以生长在寒冷的南极和干燥的沙漠（除非不计血本地供给热能和水）。一般而言，每英亩植物进行光合作用需要的太阳能是固定的。因此，就同样面积的土地而言，植物生长好坏取决于温度和降雨。然而，在一定的温度和雨量之下，即使有充分的日照，就算植物能完全吸收阳光，不让任何一个光子白白穿过、没有吸收就到达地面，每英亩土地上能长出多少植物还受到植物形状和生化功能的限制。早在1986年，科学家已估算出地球光合作用的上限，那时估计人类已耗费了地球光合作用能力的一半。有的是有效利用（如栽种作物、种植树木或用于高尔夫球场），有的则是浪费（如阳光照射在路面或建筑物上）。由于地球人口不断增加，人类对环境的冲击日益增大（见下文第十二项），到了21世纪中叶，恐怕全球陆地光合作用的能力大部分是人类所利用。也就是说，阳光带来的能量大部分都被人类利用，只剩下一点点留给自然界植物，如天然的森林。

接下来的三个问题，牵涉人类产生或转移到各处的有害之物：有毒化学物质、外来物种和大气气体。

八

化学工业与其他许多制造业在制造过程中会产生有毒化学物质，或是将这些有毒废物排放到空气、土壤、海洋、湖泊和河流中。有些有毒化学物质通过人工合成产生，有些则以微量形式存在于自然界（如汞）或在生物体内合成。然而，人类合成、排放的化学物质远多于自然合成的化学物质（如激素）。雷切尔·卡森在1962年出版《寂静的春天》一书，社会大众才注意到有毒化学物质（如杀虫剂、农药和除草剂）对鸟类、鱼类和其他动物的危害。后来我们才发现，有毒化学物质的副作用对人类的伤害更大。罪魁祸首不只是杀虫剂、农药、除草剂，还有汞和其他金属、耐火化学材料、冰箱制冷剂、清洁剂和各种塑料成分。我们可能不知不觉地让有毒化学物质进入我们体内，例如吃饭、喝水、呼吸或皮肤接触。有毒化学物质在浓度很低的情况下就能引发我们的身体缺陷，如生下畸形儿、造成智力障碍，以及对免疫系统或生殖系统造成暂时性或永久性损害。有些化学物质会干扰我们的内分泌，即模仿或阻断性激素的作用。近几十年来，尽管很多社会都有晚婚的趋势，但很多族群精子数量的减少与女性不孕问题的增加，都可能和有毒化学物质有关。此外，光是在美国，每年因空气污染造成的死亡人数保守估计就有13万。

很多有毒化学物质在环境中的分解速度极慢（如DDT和多氯联苯），有的甚至完全不会分解（如汞）。美国有很多遭受环境污染的地区，清理费用动辄数十亿美元，如纽约州北部拉夫运河、哈得孙河、切萨皮克湾、埃克森"瓦迪尔兹号"漏油事件和蒙大拿的铜矿区等。然而，在俄罗斯、中国和很多发展中国家的矿区，污染问题要比美国上述地区严重得多，清理费用之高简直到了无法想象的地步。

九

所谓的"外来物种"，是指我们有意或无意把一个物种从原生地转移到非原生地。有些外来物种显然有很高的价值，如作物、家畜和园艺植物，但是有一些外来物种会对本土物种造成很大伤害。如果本土物种在演化过程中未曾接触外来物种，碰上外来物种入侵，就不知如何防御，可能成为外来物种猎食的对象，或被寄生、感染，甚至在生存竞争中落败（像人类族群初次与天花或艾滋病交手，就难以招架）。有的外来物种只入侵一次，有的则是年年卷土重来，造成的损失可能多达几亿甚至几十亿美元。近些年的例子如澳大利亚的兔子和狐狸，对农业危害很大的斑点矢车菊和乳浆大戟（见第一章），会入侵树木、作物或家畜的害虫和病原体（如美国栗树和榆树的杀手枯萎病），容易蔓延滋生并堵塞水道的水葫芦，会阻塞水厂水管的斑纹蚌，以及破坏北美大湖区珍贵鱼种的八目鳗等。早期的例子如引进复活节岛的老鼠，它们将当地棕榈树的坚果啃噬殆尽，导致其灭绝。由于复活节岛、亨德森岛等太平洋岛屿以前未曾出现老鼠，老鼠上岸后，岛上的雏鸟和鸟蛋也接着遭殃。

十

人类活动产生的气体进入大气层后，有的会破坏保护地球的臭氧层（如以前使用广泛的冰箱制冷剂），有的则加剧温室效应，导致全球变暖。会助长全球变暖的气体包括燃烧和呼吸作用产生的二氧化碳、反刍动物肠胃发酵作用产生的甲烷等。当然，自然火灾和动物的呼吸作用一直在产生二氧化碳，野生反刍动物也产生甲烷，但人类燃烧木材和化石燃料大大增加了二氧化碳排放量，我们饲养的牛羊也大大增加了甲烷排放量。

科学家针对全球变暖的事实、原因和程度已辩论多年：目前全球温度是不是创下历史新高？如果真是如此，比以前高出多少？人类是不是罪魁祸首？尽管气温每年略有起伏，经过复杂的分析才能得出全球变暖的结论，但大多数科学家同意近年大气层增温的速度非比寻常，即使人类活动不是唯一的原因，也是主要原因。目前还不能确定，这对未来的影响有多大。在下一个世纪，地球气温将"只"升高1.5℃，还是5℃？或许这些数字听起来没什么了不起，可是不要忘了，现在地球的气温只不过比上一次冰期全盛时高了5℃。

乍听之下，有人可能认为全球变暖并不是坏事。气温上升，植物不是可以生长得更快吗？事实上，全球变暖有赢家，但也有输家。在原本气候寒冷勉强发展农业的地区，作物产量可能会因气候变暖而增加；在已经够暖和或干燥的地区，进一步的变暖将使作物产量减少。在蒙大拿、加州等气候干燥的地区，气候变暖会使山上积雪减少。积雪减少，水就少了，不但民生用水受限，灌溉用水也少了，作物产量就会受到影响。全球变暖使得冰雪大量融化，海平面因此升高。很多人口稠密、地势低洼的海岸平原和河川三角洲已与海平面差不多高，甚至低于海平面，若海平面继续升高，就有被淹没的危险。目前很多地区都面临洪水灭顶的威胁，如荷兰、孟加拉国、美国东部沿海地区、地势低平的太平洋岛屿、尼罗河与湄公河三角洲、英国的滨海城市和河岸城市（如伦敦）、印度、日本与菲律宾。全球变暖还会带来影响深远的次级效应，而这种效应很难预测，如南极冰帽融化造成的洋流变化与气候变化。

最后两种问题是有关人口增加的难题。

十一

世界人口不断增加。人口越多，需要的食物、空间、水、能源等资源就越多。世界各地人口增长率和人口结构变化很大：有些发展中国家每年人口增长率达4%或更高，而有的发达国家每年人口增长率很低，只有1%或更低，如意大利和日本；还有一些国家面临严重的公共卫生问题，甚至出现人口负增长（即人口减少），如俄罗斯和艾滋病肆虐的非洲国家。虽然大家都认为世界人口不断增加，但每年的增长率已不像一二十年前那么高。至于世界人口是否过一段时间（30年或50年）再增加若干（例如增加到目前人口总数的两倍）就会达到稳定状态，还是会持续不断地增加，现在仍没有定论。

　　人口增长有一股内在的动力，也就是所谓的"人口膨胀"或"人口惯性"，例如儿童或处于生育年龄的青年人的数量高得不成比例，这也是近年来人口增加的结果。假设世界上每一对夫妻都在今晚决定只生2个小孩（如果考虑丁克或不婚族，平均应是2.1个小孩）。长久来看，增加的新生儿数量将正好可取代死亡的父母人数。然而，今天处于生育年龄和将进入生育年龄的人口数，大于老年人和过了生育年龄的人口数，因此人口还会继续增加，直到70年后才能达成平衡。近几十年来，世界各个地区渐渐重视人口增加的问题，因此出现了所谓"人口零增长"运动，以减缓或抑制人口增加。

十二

　　重视人口增加的问题，不该只是看到数字，还要注意人口增加对环境的冲击。如果今天的60亿人口都变成超低温贮藏的冷冻人，不吃、不喝、不呼吸，代谢作用也暂时停止，就不会有环境问题。然而，今天这60亿中的每一个人都在消耗资源、产生废物，因此都会对环境造成冲击。今日世界每人对环境造成的冲击，依地区差异而有差别：发达国家居民造成的冲击最大，发展中国家居民造成的冲击最小。美国、西欧、日本平均每人耗费的自然资源，要比发展中国家居民多32倍（如化石燃料等），产生的废物也多了32倍（见插图33）。

然而，本来对环境冲击较小的人群，目前看来可能会变成对环境冲击大的一群，原因有二：一是发展中国家居民的生活水平不断提高，发展中国家的人羡慕发达国家的生活方式，因而"见贤思齐"；二是由于政治、经济或社会因素，发展中国家的居民纷纷向发达国家移民（有的是合法移民，有的是非法移民）。目前美国和欧洲人口渐增主要是移民增加之故，而这些移民都来自对环境冲击小的发展中国家。因此，现今世界最重要的人口问题并非发展中国家人满为患，如肯尼亚、卢旺达等。虽然人口激增的确是肯尼亚、卢旺达的一大问题，也是最常讨论到的人口议题，但今日最重大的人口问题还是发展中国家民众生活水平提高，加上发展中国家前往发达国家的移民人数增加，而且过着发达国家的生活，使得整个人类对环境造成的冲击变大。

很多乐观主义者认为，地球可以支撑的人口其实是现在人口的两倍。但是，这么说只考虑到人口数量的增加，没考虑到人均环境影响。假使发展中国家所有居民都有发达国家那样的生活水平，全人类对环境的冲击将是目前12倍，地球可能承受得了吗？在我认识的人中，没有一个人认为这有可能。（虽然前文曾提到，发达国家居民对环境的冲击是发展中国国家居民的32

倍,且发展中国家的人口要比发达国家多,但以全世界的人口而论,已有一大部分的人过着发达国家的生活,因此在这里算作12倍。)即使发展中国家中只有中国人可以过着发达国家的生活,其他地区的生活水平维持不变,人类对环境的冲击仍然会翻番(见第十二章)。

  发展中国家人民也向往发达国家的生活水平。通过电视节目、在他们国家播放的来自发达国家的商品广告以及来自发达国家的游客,他们认识了发达国家那种奢华、舒适的生活方式。即使是住在最偏远村落(甚至是难民营)的人,也知道外面有个五光十色的世界。因此,发展中国家在发达国家和联合国发展计划的鼓励下,希望提升自己的生活水平。然而,只有政策正确——如国家预算达到平衡、增加对教育和基础设施的投资等,这个梦想才能实现。

  不过,无论是联合国还是发达国家的政府,没有人愿意承认这个梦想是不可能实现的:以地球的环境承载力而言,若发展中国家人民达到发达国家的生活水平,环境根本无法支撑。发达国家不可能通过阻止发展中国家的发展和追赶来解决这个困境。韩国、马来西亚、新加坡、中国香港和中国台湾、毛里求斯已经成功达到或接近发达国家的生活水平;中国大陆和印度也在奋起直追。此外,富裕的西欧国家将一些较贫穷的东欧国家纳入欧盟,帮助它们提高生活水平。即使不存在发展中国家的人口问题,发达国家单靠自己维持现状也是不可能的,因为它们本国的资源和从发展中国家进口的资源正在被耗尽。同样,发达国家的领导人也不可能提议让自己国家的居民降低生活水平,以减少资源的消耗和废物的产生。如果发展中国家居民认识到自己不可能拥有发达国家的生活水平，而发达国家又拒绝放弃原来的生活方式，又会如何？人生本来就有许多难以取舍的事，但是我们必须解决这个难题：我们必须鼓励并协助所有人追求更高的生活水准，同时不可过度利用地球资源，造成生活水平降低。

上文分别描述了人类社会最严重的12种环境问题，其实这些问题环环相扣，一种问题可能会使另一种问题恶化或更难解决。例如人口过多的问题也会影响其他11种问题：人口越多，森林的砍伐就越多，产生的有毒化学物质也越多，也会使越多野生鱼类被捕捉来食用。能源问题也与其他问题有关，如用化石燃料作为能源会产生大量温室气体；用人工肥料来补足土壤肥力，制造肥料又必须使用能源；在化石燃料不足的情况下，我们转而利用核能，而核能又可能造成最严重的污染；当化石燃料短缺时，又要利用能源淡化海水以解决淡水不足的问题，必然耗费更多的金钱。鱼类和其他野生食物资源越来越少，我们就会更加依赖家畜、作物和水产养殖，这么一来又会造成更多的表土流失，农业和水产养殖也会使水的富营养化更加严重。发展中国家因森林砍伐、淡水短缺、土壤退化等问题引发战争，民不聊生，于是许多居民前往发达国家寻求庇护，非法移民更是大有人在。

我们的地球资源不是取之不尽、用之不竭的，上述12种资源短缺的问题势必在接下来的几十年间影响我们的生活。这些问题就像定时炸弹，不到50年就会引爆。以马来西亚半岛为例，国家公园保护区范围外的低地热带雨林已经几乎被砍伐光。就目前的砍伐速度来看，不到10年，所罗门群岛、菲律宾、苏门答腊和苏拉威西等地的热带雨林也将消失。在25年内，也许只有亚马孙盆地和刚果盆地的部分雨林能逃过一劫。以目前鱼类捕捞的情况来看，未来几十年内，世界上剩下的海洋鱼类也将被捕捞一空或者灭绝，可供使用的石油和天然气储量也将用尽，光合作用的能力也将到达上限。在未来半个世纪，全球变暖也会越来越严重，预计气温将再升高1℃或更多；许多野生动植物也将濒临灭绝，甚至永远灭绝。常常有人会问道："现在世界最重要的环境或人口问题是什么？"一个开玩笑的答案是："目前最重要的，莫过于过分关切哪个问题最重要这个问题。"这么说也没错。由于所有的问题都有关联，如果不解决上述12种问题，人类社会将受到严重影响。但是若我们解决了其中的11种，就是有一种解决不了，不管最后留下什么问题，还是会有大麻烦。因此，所有的问题都必须解决。

由于人类社会目前有竭泽而渔的倾向，不管用什么方式，在今日的孩童和年轻人的有生之年，世界的环境问题都必须解决。唯一的问题是：解决之道是我们心甘情愿选择的，还是在情非得已之下，不得不接受的残忍方式，像是战争、种族屠杀、饥荒、传染病和社会崩溃？这些惨剧在人类历史上都上演过，如果环境退化、人口压力增加、贫穷和政治动荡不安，这些情况发生的概率就更大了。

诸如上述残忍的解决方式，不管是在现代还是古代的人类社会都有不少实例，如在卢旺达、布隆迪和前南斯拉夫发生的种族屠杀，古代玛雅和现代苏丹、菲律宾、尼泊尔的战乱频仍，在史前时代的复活节岛、曼加雷瓦岛和古代阿纳萨齐印第安部落发生过人吃人惨剧,许多现代非洲国家和史前时代复活节岛的饥馑,在非洲肆虐也在其他地区萌生的艾滋病,古代玛雅和现代索马里、所罗门群岛、海地政府的倾颓。也许我们不会面临全球大崩溃的灾难,顶多只是冷眼旁观许多发展中国家出现像卢旺达或海地的动乱,自己却依旧在发达国家过着舒适的生活,但是想到未来可能出现更多的恐怖分子、战争和疾病,就令人忧心忡忡。如果一拨拨的移民从分崩离析的发展中国家涌入发达国家,人数比现在的移民更多,甚至多到怎样都挡不住的地步,那么发达国家的居民还能置身事外,继续过自己的日子吗?我心中再度浮现格陵兰岛加登牧场的末日情景:加登牧场四周都是贫穷、残破的牧场,牲畜不是死光了,就是吃光了,无法生存的维京人于是涌向富裕的加登牧场,烧杀劫掠。

然而,我们不必沉溺在悲观的想象中。且让我们好好思考当前的问题,抽丝剥茧,也许能以审慎、乐观的眼光展望未来。

洛杉矶的生活

为了使前文的讨论更具体,我将以世界上我最熟悉的一个地区为例,说明前述12种环境问题对人类生活的影响。这个地区就是我居住的地方,也就是南加州的洛杉矶。我在美国东岸长大成人,之后在欧洲住了几年。1964年,我第一次来到加州,就很喜欢这个地方。1966年,我搬来这里定居。

因此,南加州39年的变迁,我看得一清二楚。这些变化大部分是不好的,南加州因而从人间天堂变得没有那么迷人。以世界标准来看,其实南加州的环境问题还相当轻微。就像美国东岸人开的玩笑：南加州没有面临立即毁灭的危险吧！此外，不论是以世界标准还是以美国标准来看，南加州人都是很富有的，环境知识也很丰富。全世界都知道洛杉矶的问题，特别是空气污染。但大抵而言，与其他发达国家城市相比，这个地区的环境和人口问题是较为轻微的。那么环境问题如何影响我和其他洛杉矶市民呢？

在洛杉矶，每一个人抱怨的事情总是和人口问题相关，这里人满为患，并且人口还在继续增加。洛杉矶的交通拥堵已无可救药，几百万人在少数几个商业区工作。由于商业区附近的住宅有限，房价高得令人咋舌（见插图32），大多数人只好开车上下班，单程最远60英里，可能需要两个小时左右的车程。自1987年以来，洛杉矶一直是美国交通状况最糟的城市，今天依旧如此。近10年来，每一个人都感觉交通越来越差。正是因为交通状况太差，让人一想到要去洛杉矶工作，就打从心底害怕。这就是洛杉矶的雇主招聘员工时最大的困难。再者，塞车也影响我们开车出去玩或拜访朋友的意愿。从我家开车到洛杉矶市中心或机场约有12英里，现在我都要预留一个半小时的开车时间。光是开车上下班，不把前往其他地方列入计算，洛杉矶每人年均有368个小时耗在车上，约等于15个日夜（见插图34）。

洛杉矶的交通问题已病入膏肓，尚无起死回生的对策被提出讨论，看来这个问题只会越来越糟。虽然目前高速公路的兴建计划正在推进，但这只能使几个严重堵塞的地方顺畅一点，而车辆不断增加，车流迟早还是会再打死结。我们不知道洛杉矶的交通会恶化到什么程度，但就这个问题来看，洛杉矶还不是最糟的城市，有的城市比洛杉矶更严重，不知有几百万人都在忍受交通拥堵之苦。泰国首都曼谷就是一例。在曼谷的朋友告诉我，他们现在开车出门，车上都得准备一个小型马桶。这种马桶利用化学药剂处理秽物，携带方便。他们一陷入车流，常常动弹不得，不知道多久才能下车。友人说，某一次周末假期，他们全家开车出游，开了17个小时居然只走了3英里左右的路，最后只好放弃，打道回府。虽然有人对人口问题相当乐观，用抽象的理论解释为何人口增加是好事，且认为世界可以容纳这么多人，但我从未听过任何一个洛杉矶人表示希望洛杉矶地区的人口再增加（其他地区也一样，难得听见有人抱怨当地人口太少）。

由于发展中国家往发达国家移民的人口渐增，南加州也有移民不断涌入，人均环境影响也一直在攀升。多年来，移民问题一直是加州讨论得最激烈的政治议题，常引发口水战。南加州增加的人口几乎都是移民，移民人数不但众多，他们落脚后不久也会把家人接来，而这些移民的家庭人数一般都不少。加州与墨西哥接壤的边界很长，来自中美洲的非法移民防不胜防。这些非法移民来美国，大多是为了有个工作，希望过安全无虞的生活。每个月我们都会看到这样的新闻：非法移民在沙漠中奄奄一息，或被抢，或被杀。尽管如此，为了实现美国梦，非法移民还是前仆后继，有些甚至从中国或中亚漂洋过海，企图偷渡上岸。对这些来自发展中国家的移民，加州人的心里很矛盾。在经济方面，这些移民是不可或缺的生力军，很多服务业、建筑工程或农场工作都靠这些移民。然而，加州居民又抱怨这些移民抢走了工作机会，使本地人失业，造成工资降低。他们也认为移民使得医疗和教育系统不堪重负。1994年加州选举甚至出现提案（即"第187号提案"）主张褫夺非法移民接受医疗和教育等权利和公共福利，得到大多数选民的支持，后来因地方法院裁定违反宪法，该提案才作罢。移民问题由来已久，没有一个加州居民或官员能提出具体办法来解决。这使人联想到多米尼加人对海地人的态度：一方面需要海地移民为他们工作；另一方面又讨厌看到这些人，也不愿提供他们需要的东西。

南加州也是能源危机的一大推手。其市区的电车公司在20世纪20年代和30年代破产倒闭，电车网络的发展于是中止。后来路权被汽车公司买去，在土地细分后，电车系统难以重建，无法与汽车竞争。再者，洛杉矶人喜欢住在离市中心有一段距离的郊区，不愿住在市区的高楼大厦。由于居民从四面八方前来市区工作，很难设计出一个能满足大多数居民需要的公共运输系统。因此，洛杉矶人还是以汽车代步。

我们消耗的汽油量很大，而且洛杉矶盆地四面环山，加上风向的助长，空气污染因而变成洛杉矶最严重的问题（见插图35）。虽然近几十年来洛杉矶不断努力对付空气污染问题，而且已有突破〔除了夏末初秋，其他季节都好多了，也有地区差异（内陆较差）〕，但在美国城市的空气质量排行榜上，洛杉矶还是排在倒数。洛杉矶的空气质量之前虽有改善，但近几年来再度恶化。另一个危害加州居民生活和健康的问题，就是近几十年在河流和湖泊出现的病原体蓝氏贾第鞭毛虫。我在20世纪60年代搬到加州，那时登山健行若口渴可生饮溪水，今天要是你在加州生饮溪水，一定会感染蓝氏贾第鞭毛虫。

至于栖息地管理的问题，目前我们最担心南加州两大林区的森林火灾，即灌木林地（硬叶常绿灌丛，类似地中海地区的马基亚灌木群落）和橡树林。这两个林区偶尔会因闪电雷击等自然状况发生火灾，就像我们在第一章讨论的蒙大拿森林。现在有人住在林区内或附近，一旦发生火灾，林区都是易燃的树木，很容易陷入火海，因此民众会要求森林消防队立刻来灭火。每年夏末秋初是南加州最热、最干燥、最多风的时候，于是森林火灾频发，常常有几百户人家被火舌吞噬。我居住的峡谷在1961年一度出现无法控制的大火，共有600间房舍遭到烧毁。理论上，加州森林火灾的问题与蒙大拿类似，或许可通过经常性的小火焚烧来减少可燃物载量。但在这个人口稠密的地区，这么做实在太危险了，当地的居民必然无法接受。

另外，外来物种已为加州农业带来重大威胁和经济负担，目前第一号敌人是地中海果蝇，还有一些外来病原体危害到加州的橡树和松树。另外，加州本地的两栖动物也岌岌可危。我的儿子从小就对两栖动物（如青蛙和蝾螈）非常感兴趣，但我发现洛杉矶2/3溪流的原生两栖动物已经灭绝。这是三种外来物种（淡水龙虾、牛蛙和食蚊鱼）猎食本地两栖动物的结果。南加州的两栖动物在演化过程中未曾接触过这些外来物种，因此不知如何应付。

对加州农业影响最大的土壤问题就是盐碱化，这是长期实施灌溉农业的结果。加州中央河谷本来是美国最富裕的农业区，现在已有一大片农地遭到盐碱化的破坏。

由于南加州雨量少，洛杉矶需要的水主要是利用长长的输水管道从内华达山脉、北加州河谷和东边州界的科罗拉多河引至洛杉矶。加州人口持续增长,加上水源不够丰沛,农民和城市居民的用水冲突越来越激烈。再者因为全球变暖,内华达山脉积雪减少(和蒙大拿山脉一样),可融化的雪水变少了,洛杉矶就更可能缺水。

至于水产减少的问题,北加州的沙丁鱼在20世纪初已经被捕捞光了,南加州的鲍鱼也在几十年前(也就是我搬到加州后不久)就已消失。现在,南加州的石斑鱼也处在濒临灭绝低点,因此被严格限制或禁止捕捞。自从我在60年代搬到洛杉矶至今,超市鱼类的价格已涨了4倍。

最后,南加州最特别的物种也受到生物多样性消失的影响。加州和加州大学的象征是加州金熊,但是这种大熊早就灭绝了(对一个州和大学而言真是可怕的征兆!)。南加州的海獭也在20世纪灭绝了,重新引进这种动物的结果如何,还不知道。我在洛杉矶定居这几十年间,本地最特别的两种鸟类——走鹃和珠颈翎鹑已经难得一见。至于南加州的两栖动物加州红腹蝾螈和加州树蛙,数量已经剧减。

简单地说,环境和人口问题对南加州的经济和生活质量已造成很大伤害。不管是缺水、能源短缺、垃圾堆积、学校学生人数过多,还是住房短缺、物价上涨、交通拥堵,大抵都是环境恶化和人口太多所造成的。然而,加州除了交通拥堵情况特别严重、空气质量恶劣,其他方面的问题其实和美国大部分地区差不多。

环境问题的12个迷思

大多数环境问题的细节还有很多争议,因此值得好好辩论。

我们经常听到许多轻视环境问题的论调。在我看来，这些说法都失之偏颇，过于简化。以下就是最常听见的12种论调。

"环境问题和经济发展就像鱼与熊掌，不可兼得。"这种说法认为关切环境是奢侈的事，解决环境问题必然导致成本增加；反之，不管环境问题就可省钱。不过，真相并非如此。要收拾破坏环境的烂摊子，不管在短期还是长远的未来，都必须付出更大的代价。若能避免环境破坏或在短期内做好环境的善后工作，长期下来反而可以省下大笔费用。如果我们爱护环境就像爱护自己的身体一样，平日注重保健、避免疾病上身，总是比生了重病再来治疗好。

例如，为了解决损害农业的杂草和害虫，以及堵塞水道的水葫芦，阻塞水厂水管的斑马贻贝等问题，政府每年不知要花多少钱。又如，因为堵车造成的时间浪费、居民因为环境中的有毒物质而生病或死亡、有毒化学物质的清理、鱼类因过度捕捞导致数量减少而价格飙涨、农地因土壤侵蚀或盐碱化而受害等，凡此种种都会造成经济的重大损失。这个问题可能要花费几亿美元，那个问题又得要几十亿甚至几百亿美元，而这些环境问题林林总总加起来恐怕有好几百个。以美国社会的情况为例，在一个人有能力对国家经济做出贡献之前，社会必须投资的养育和教育费用高达500万美元。但是以最保守的统计数字来看，美国一年死于空气污染的人数高达13万人，即损失65亿美元，想想这些人的死亡对美国社会是多大的损失。虽然美国自1970年起开始执行《清洁空气法》，为了防治空气污染必须花费不少钱，但扣除防治污染的经费，省下来的医疗费用每年高达1兆美元。

"环境问题交给科技去解决就好了。"这么说的人是着眼于过去的科技成就。由于科技解决的问题多于科技本身带来的问题，因此人们对未来信心满满，相信我们可以把目前的问题交给科技去解决，而科技也不会再制造新的问题。抱持这种信心的人也认为，现在讨论的新科技能成功，而且很快就会奏效，产生重大影响。我曾与美国最有名的企业家和金融界重量级人物长谈，这两人能言善道、说服力十足，为我描述即将出现的崭新科技和新金融工具，说这些科技和工具不是过去科技成果所能比拟的，将可为我们解决环境问题。

不过，实际经验却不见得那么美好。有些我们梦寐以求的新科技成功了，有些则没有。成功的科技通常需要几十年时间研发，然后进入我们的生活，成为运用广泛的产品，如煤气炉、电灯、汽车、飞机、电视、电脑等。然而，不管新科技能否为我们解决问题，它经常带来一些意想不到的新难题。如果一开始就能避免问题发生，还是比状况发生后再用科技来解决省钱。举例来说，几次严重的油轮漏油事件，对环境造成的破坏和清理费用多达几十亿美元。如果能通过安全措施把这类事情的发生概率降到最低，就可省下相当多的费用。

更重要的是，科技的发展只是增加我们做事的能力，结果可能更好，也可能更坏。我们目前面对的所有问题都是科技无意间带来的负面结果。20世纪世界科技突飞猛进，解决了一些旧的问题，却带来更多新的难题，这就是为什么我们今天会面临这样的困境。我们有什么理由相信2006年1月1日出现这样的奇迹：科技将破天荒地解决以前所有的问题，而且不再制造无法预期的问题？

　　关于新科技最后带来无法预见的副作用，这样的例子成千上万，这里举两个就足以说明：一个是氟利昂，另一个是汽车。以前用于冰箱和空调的制冷剂具有毒性（如氨），万一半夜屋主熟睡，制冷剂外泄，可能使屋主丧命。因此，无臭、无毒、在大气中极稳定的氟利昂在问世之初被誉为科技的一大进步。至于这种制冷剂有什么不良的副作用，没有人看得到，也没有人想得到。不久，神奇的氟利昂就成为世人爱用的产品，像冰箱和空调的制冷剂、塑料发泡剂和喷雾罐的推进剂，都以之为首选。但是科学家在1974年发表研究报告提出，排放到大气中的氟利昂将缓慢地移转到平流层，经紫外线照射会产生反应，分解出氯原子破坏平流层中的臭氧层。臭氧层出现破洞，更多的紫外线就会长驱直入，侵害地球所有生物。为了维护公司利益，相关企业当然拼命否认这项发现，毕竟这可是价值2 000亿美元的产业。当然也有人认为这项科学研究过于复杂，真相如何还有待商榷。氟利昂从问世到淘汰足足有几十年：杜邦公司（最大的氟利昂制造商）直到1988年才停止生产氟利昂；1992年，所有的工业国才同意在1995年以前全面停止制造氟利昂。然而，有些发展中国家目前还在生产氟利昂。不幸的是，目前累积在大气中的氟利昂数量巨大，并且消散速度很慢，即使各国不再生产，在往后的几十年，它们还是会继续存在。

　　说到科技盲点，另一个代表性的例子是汽车。20世纪40年代，我还只是个孩子，有时听年纪大的老师述说20世纪初的美国，那时候，汽车逐渐取代马车和有轨电车。这带来的两大变化就是城市变得干净和安静。马车慢慢被淘汰后，街上的马粪和马尿味就少了，也不再有哒哒的马蹄声，马车少了，耳根也就清净多了。在小轿车和公共汽车问世百年后的今天，想到居然有人会对汽车赞不绝口，说不会造成污染又安静，实在匪夷所思。至于汽车排放的废气污染该如何解决，应该没有人会提议大家骑马或以马车代步。汽车不像氟利昂，不是我们现在可以淘汰的交通工具。

"如果耗尽了一种资源，总是可以找到其他替代资源，满足同样的需求。"这么说的人对未来很乐观，忽视了没能预见的困难，也不知道这种转换通常需要很长一段时间。汽车也是一个很好的例子。由于石油短缺，加上以汽油作为燃料的环境问题，目前大家都对氢能车和燃料电池寄予厚望，希望依赖这些新科技突破汽车运输的困境。但是我们没有使用氢能车的经验，不知道氢能车能否解决化石燃料的问题。事实上，汽车科技长久以来不时有所"突破"，像是旋转发动机和最近的电动车，都引发相当多的讨论，甚至进入商业销售阶段，却因无法预见的问题而逐渐消失于大众视野。

至于汽车产业界最近发展出来的油电混合车，销量虽有增加，但还谈不上取代原来使用化石燃料的汽车。虽然许多人改用油电混合车，却有更多人购买耗油量大的 SUV（运动型多用途汽车）。整体看来，化石燃料的使用和尾气的排放还是有增无减。科技在带来环境友好型产品（如油电混合车）的同时，如何避免带来对环境造成不良效应的产品（如 SUV）？目前还没人有答案。

对于科技，人们抱持的另一个希望是改用可以再生的能源

（如风能或太阳能），以解决能源危机。当前科技的确可做到这一点。现在很多加州人都使用太阳能为游泳池加温，而丹麦则有 1/6 的能源来自风力发电。不过，风力或太阳能只能在多风或阳光充足的地区使用，因此有不少限制。此外，回顾科技发展史，主要能源的转变——如照明从蜡烛、油灯、煤气灯到电灯，或如燃料从木头、煤炭到石油，往往需要几百年的时间，这是因为改变的不只是能源本身，很多设备以及与原科技有关的次级科技也必须跟着改变。我们的确可能以其他能源取代化石能源，使汽车运输和能源工业迈向新境界，但这是长远目标，也是急不得的事。在新科技广泛使用以造福人类之前，至少有好几十年的时间，我们还是必须想办法解决燃料和能源的问题。目前我们把焦点放在氢能车和风力发电等新科技上，反而忽略了当务之急：从现在起，我们就得设法减少汽车的使用、汽油的消耗，也要尽量少使用化石燃料来发电。

"世界上没有食物短缺的问题。粮食已经足够，只要解决分配、运输的问题，把多余的部分送到需要的地方就可以了。"（同样的说法也可套用在能源问题上。）或者说："绿色革命使得稻谷等作物出现高产量的品种，加上转基因作物，世界的粮食短缺问题就能迎刃而解。"这种说法指出两个重点：首先，发达国家的居民人均食物消耗量大于发展中国家的居民；其次，如美国等发达国家生产的粮食除了满足本国人民所需，还有余粮。如果全世界的粮食可以平均，或是发达国家的余粮可以送到发展中国家，是否可以减轻发展中国家的饥荒问题？

但是，发达国家居民不愿意少吃一点，以便让发展中国家居民填饱肚子。其次，发达国家只愿救急，在非常时刻捐献粮食给面临旱灾或战争肆虐的发展中国家，但不想长期负担发展中国家数十亿人的粮食（纳税人可不愿为了外援或农业补助加税）。最后，如果发展中国家没有有效的人口控制政策（美国政府目前反对这一原则），放任人口增长，最后必然出现马尔萨斯预言的悲剧，即人口增长的幅度大大超越粮食增长幅度。这正是美国政府反对长期援助发展中国家的原因。这也是为何绿色革命在世人的希望和各国资金挹注下发展了几十年、研发出高产量的作物种类，至今世界各地却还是有不少人挨饿。也就是说，转基因食物也无法解决全世界的粮食问题（即使世界人口总数不再增加）。目前生产的转基因作物主要只有 4 种（黄豆、玉米、油菜籽和棉花），没有人拿它们当粮食，而是作为动物饲料、油或纺织使用，主要生产国为 6 个温带地区国家。之所以有这个结果，是因为消费者强烈反对食用转基因食品。生产转基因作物的公司若要获利，必然要把产品卖给富裕国家的农民，不会卖给热带发展中国家的贫穷农民。因此，转基因作物公司没兴趣为发展中国家农民研发转基因的木薯、小米或高粱等。

"从人类平均寿命、健康和财富（如经济学家所谓的人均国民生产总值）等一般指标来看，过去几十年，人类情况已经越来越好。"或者，"看看四周：草地还绿油油的，市场里的食品琳琅满目，打开水龙头就有洁净的水流出，说人类社会即将崩溃，岂不是杞人忧天？"对富裕的发达国家居民而言，生活的确越来越好；至于发展中国家，由于公共卫生的改善，居民的寿命也延长了。但光从平均寿命来看还不够：几十亿发展中国家居民还过着穷苦日子，甚至三餐不继。即使在美国，无法负担医疗费用的穷人也越来越多。为了改善这些人的情况，有人提出种种方案（例如由政府负担所有医疗保险费用），但都因为政治因素被驳回。

此外，每个人都知道，银行账户余额多少并不代表经济情况的好坏，还要看现金流的方向。你看着银行对账单，上面虽然显示存款余额 5 000 美元，你还是可能愁眉锁眼：在过去几年，如果每个月你的账户都流出 200 美元，没有任何进账，依照这种流出速度，再过差不多两年你就得申请破产。国家经济、环境和人口趋势同样如此。现在发达国家享受的一切就是在消耗环境资本（这种资本都是不可再生能源，如渔业资源、表土、森林等），消耗这些资本不等于赚来钱。显然，我们现在走的仍是竭泽而渔的不可持续发展道路，千万不可自满于现况。

事实上，从过去人类社会的崩溃（如玛雅、阿纳萨齐印第安部落、复活节岛等）以及苏联解体的例子，我们学到非常重要的一课：一个社会往往会盛极而衰，在人口、财富和综合国力登峰造极之后，一二十年之间就急速走向衰败。因此，人类社会的发展轨迹和人生不同，人类社会时常走下坡路，不像人的生命有一段很长的衰老期。原因很简单：在人口、财富、消耗的资源和产生的废物都达到顶峰，对环境造成的冲击最大，超过环境所能承载的极限时，社会就会走向崩溃。无怪乎人类社会昌盛繁荣到了顶点后，往往急转直下，走向衰亡。

"过去不知有多少次，环境保护论者悲观的预言最后证明只是危言耸听。为什么这次我们要相信？"是的，有些环境保护论者的预言没有成真。像是保罗·埃利克、约翰·哈特和约翰·霍尔德伦在1980年预言的5种金属价格上涨并未成真，还有罗马俱乐部在1972年的预言也没成为现实，这些都是反对人士最爱提出的例子。但是选择性地挑出环境保护论者的错误预言，不看他们的正确预言，或是不提敌对阵营的错误预言，就会失之偏颇。环境保护论者的预言有误，反对阵营的预言也不见得每次都对，他们的错误一样比比皆是。像是过度乐观地预言绿色革命能解决全世界粮食短缺的问题，还有经济学家朱利安·西蒙预言地球能够养活全世界人口，即使人口再增长70亿年也没有问题，他还预言"铜可以利用其他元素制造出来"，因此不必担心铜的短缺。以西蒙的前一个预言来看，如果人口增长照目前的趋势发展下去，再过774年，每平方码的土地上将有10个人；不到2 000年，人类质量已和地球的质量相当；在6 000年内，人类质量将等于宇宙质量，哪能发展到西蒙说的70亿年后？至于他的第二个预言，我们知道铜是一种化学元素，不可能利用其他元素制造出来。依我之见，尽管金属价格没有像埃利克等人预言的一般上涨，世界也没有像罗马俱乐部预言的那样饿殍载道，但大抵而言这两个预言还是比较实际，不像西蒙的两个预言那么天马行空。

  基本上，就环境保护论者的预言错误来看，归结起来让反对阵营最不满的就是误警。在生活的其他层面，例如火灾警报，尽管误警造成一场虚惊，我们也不会见怪。在某些小镇，即使很少发生火灾，地方政府还是会拨出经费设立消防队。很多通报火警的电话也是误警，还有很多只是小火灾，在消防车赶到之前屋主就把火灭了。火灾刚开始发生的时候，风险大小很难判断，如果是无法控制的大火，造成的财产损失和伤亡将相当可怕。因此我们可以接受误警，即使屋主先把火扑灭，让消防队白跑一趟也没有关系。尽管一个城镇几年来未曾出现大火，也没有人认为应该撤除消防队。消防队总是要有的，不管是由全职的消防队员还是志愿者组成。如果你发现家里失火，立刻打电话给消防队，虽然在消防车赶到前你已经把火灭了，但没有人会怪你兴师动众。只有在误警多得离谱之时，我们才会觉得有问题。事实上，我们知道真正大火发生的频率和造成的损失远大于误警造成的浪费，因此我们能容忍某一个比率的误警。如果误警出现的频率很低，则表明屋主打电话给消防队的时候太迟了，消防队赶到的时候，房子往往已被火舌吞噬。

同理，我们应该可以理解，为何有些环境保护论者的警告是误警。要是没有这些误警，环境预警系统就太保守了。由于环境问题造成的损失常常是几十亿美元，适度的误警提醒人们提防是合理的。此外，误警之所以频频出现，也可能是因为在损害发生之前我们因警示而采取应对手段，将问题解决了。例如洛杉矶的空气质量的确不像 50 年前有人预言的那么可怕，这完全是因为洛杉矶和加州都意识到问题可能发生，采取了一些应对措施（如制定汽车尾气排放标准、排烟的合格测试证明和使用无铅汽油），预言才没成真，并非当初的预言太过夸张。

"人口危机已经解除。由于世界人口增长率已在逐渐减缓，今后世界人口数量可望趋于平稳，不会变成现在的两倍。"这个预言不一定正确，但目前来看的确有实现的可能性。然而，我们还是无法宽心，理由有二：首先，从很多标准来看，目前人类社会还是过着竭泽而渔的生活，地球资源总有一天会消耗殆尽；其次，正如本章前文所述，就我们现在面临的威胁而言，与其说是人口翻番，不如说是越来越多发展中国家居民的生活水平追赶上发达国家居民。有时候我们会从发达国家居民口中听到一种奇怪的说法，说世界人口"不过"将增加25亿（最低估值）而已，表现出无所谓的样子。事实上，现在地球上已有许多人面临营养不足的问题，每日生活费还不到3美元。

"这个世界容得下无穷无尽的人口。因为人可以创造更多的东西，带来更多的财富，人口永远不嫌多。"这种说法备受经济学家如朱利安·西蒙等人的推崇。地球的承载力的确是有限的，不可能容得下不断增加的人口。按照现在人口增长的速度发展下去，到2729年，每平方码的土地将有10个人。从国家财富的资料来看，人口更多的国家不但不会更富有，反而会更贫穷。人口总数排名前10的国家（人口都在1亿以上）依次是中国、印度、美国、印度尼西亚、巴西、巴基斯坦、俄罗斯、日本、孟加拉国和尼日利亚。最富有的10个国家（按照实际人均国内生产总值）依次是卢森堡、挪威、美国、瑞士、丹麦、冰岛、奥地利、加拿大、爱尔兰和荷兰。只有美国同时出现在这两个排行榜上。

人口众多的国家大多数是穷国：在人口最多的10个国家中，其中8个国家的人均国内生产总值在8 000美元以下，有5个更是不到3 000美元。富裕国家的人口反而少得多：在最富有的10个国家中，有7个人口总数在900万以下，有两个国家人口甚至在50万以下。但是这两个排行榜的最大差别还是人口增长率：那10个富国的人口增长率都很低（每年增长率还不到1%）；而人口最多的10个国家中，其中8个国家的人口增长率都比10个富国高,虽然另外有两个人口大国的人口增长率较低,却不是以我们乐见的方式来达成,中国政府严格执行计划生育,俄罗斯则是严重的卫生问题所导致。因此,以我们观察到的事实而论,人口越多、人口增长率越高,代表的是贫穷,而不是财富。

"关注环境是件奢侈的事,只有发达国家有钱的'雅皮士'才做得到。先进国家那些收入丰厚、注重生活品位的专业人士,没有责任告诉三餐不继的发展中国家居民该怎么做。"不少发达国家的"雅皮士"表示了这种看法,但他们都未实际去了解发展中国家。以我在印度尼西亚、巴布亚新几内亚、秘鲁、东非等发展中国家和地区的经验,这些发展中国家和地区居民也很关切日益严重的环境和人口问题,像是人口增长、森林砍伐、过度捕捞等造成的伤害。他们知道环境议题不可小觑,因为环境遭到破坏,他们也身受其害,例如盖房子的木头没了、大范围的土壤侵蚀等。我也常常听到他们哀叹自己没用,付不起孩子的学费或孩子没衣服穿、没课本等。为什么村落后方那一大片山头的树全都不见了?要么是政府腐败,尽管居民强烈抗议,还是让伐木公司把树砍光了,要么就是居民为了养儿育女,不得已只好跟伐木公司签约,换一点儿钱回来。我在发展中国家结交的好朋友,家里通常有4~8个孩子,他们听说发达国家有好的避孕法,非常羡慕,可惜他们没钱购买避孕产品,而美国政府外援计划中又没有家庭计划补助金。

很多发达国家富有的居民都认为,尽管有这么多的环境问题,他们还是过得好好的,发展中国家民不聊生不关他们的事。由于这种自扫门前雪的心态并不"政治正确",很少人会公开表示。

事实上，富有的人并非就可以对环境问题"免疫"。发达国家大公司的老板和其他人一样，也得吃东西、喝水、呼吸、生孩子（或努力克服不孕的问题）。虽然他们可以喝罐装矿泉水或纯净水，来应对水质不好的状况，可是也和所有人一样逃不过食物或空气污染的困境。因为人类在食物链的顶端，其他生物体的有毒物质累积在人体中，人类不孕的问题越来越严重。也许就是这个原因，越来越多人必须求助于人工生殖的医疗技术。此外，从前文讨论的古代社会来看，即使如玛雅国王、格陵兰岛维京酋长或复活节岛首领那样集富贵于一身，如果社会即将分崩离析，他们不但自身难保，子孙也没机会继续过着奢华、安乐的生活。金钱或权势只是让他们晚一点饿死或被杀。正如本章开头描述的，发达国家的人类社会消耗了地球的大多数资源，因此对地球环境造成很大的冲击。即使这个世界没有发展中国家，或发展中国家居民不努力追赶发达国家的生活水平，由于发达国家过着竭泽而渔的生活方式，不践行可持续发展策略，必然也无法长久。

"环境问题即使严峻，也不是现在，而在遥远的未来。那时我早就不在人世，因此现在不用着急。"本章一开始就提出12种重大的环境问题，照目前趋势发展下去，也许我们这一代还能逃过一劫，但我们的下一代在有生之年一定逃不过。大多数的人还是生育孩子，我们在孩子身上花这么多的心血、时间和金钱，为的不就是他们的未来？我们花钱让孩子受教育，让他们丰衣足食，为了儿女的未来预立遗嘱，或是为他们买保险，就是希望他们有幸福、快乐的人生，平安度过未来50年以上的岁月。如果我们为了自己的子女这么用心良苦，同时却破坏他们未来的生活环境，不是很矛盾吗？

我个人也为这种矛盾的行为感到歉疚。我出生于1937年，在我的孩子出世以前，我并没有特别关注环境问题（如全球变暖或热带雨林的消失）对2037年那个世界的影响。我哪活得到那个年头？2037年，多么遥远的未来！但是我的双胞胎儿子在1987年出生时，我和妻子也像一般的父母，开始为他们的教育进行规划，为他们买保险、预立遗嘱。我不禁心头一惊：到了2037年，他们就50岁了，和我初为人父时的年龄一样！那不再是无法想象的一年！如果到那时世界一团糟，我把所有财产留给他们又有什么用？

第二次世界大战结束不久，我在欧洲羁旅5年，也在那时成婚，我的妻子来自具有日本血统的波兰家庭。在看了许多亲友的遭遇后，我感触很深：即使父母对孩子呵护得无微不至，如果不管孩子长大成人后生存的世界，还是白费心血。我的亲友中有波兰人、德国人、日本人、俄罗斯人、英国人、南斯拉夫人，他们的父母也为他们买了保险、预立遗嘱，为他们的教育煞费苦心，就像我和妻子为我们双胞胎儿子做的事。有些人很富有，留了大笔遗产给子女，却发生了第二次世界大战这样的灾难，再多的财产都无济于事。很多欧洲友人和日本友人跟我同年，战争让他们变成孤儿，和父母分散，家园被炸毁，失去了求学的机会，家里的财产也没了，即使幸运地和父母一起生活，昔日的战争和集中营的阴影仍挥之不去。如果我们不为子女未来生存的世界着想，恐怕他们将会过着一样悲惨的日子。

反对环境论者的最后两种说法：一是"现代社会和过去崩溃

的人类社会——复活节岛、玛雅人和阿纳萨齐印第安部落怎可同日而语？因此，我们不能把古老社会的经验直接套用在现代社会"。二是"现今世界的主宰者是强势的政府和大公司，我能凭一人之力做什么"？这么说其实也有道理，不像前面10个禁不起检验的说法。因此本章最后将探讨前一个问题，第二个问题请见本章延伸阅读中的讨论。

过去与现在

过去的人类社会是否足以和今日社会相提并论？复活节岛岛民、亨德森岛岛民、阿纳萨齐印第安部落、玛雅文化和格陵兰岛的维京人等，他们崩溃的故事可作为借鉴吗？有人或许会着眼于过去与现在的明显差异，因而提出反对意见："现代世界，特别是今天的美国，和那些远古人类社会有如天壤之别，怎可一概而论？的确，古人没有现代科技。现代科技创造了很多奇迹，有了对环境友善的新科技，问题不就可迎刃而解了吗？古代人类社会因为气候变化而遭毁灭，那是他们的不幸。当然，他们也做了些蠢事，自作孽不可活——像是把森林砍光、把野生动物全都猎杀、眼睁睁看着表土被侵蚀、在缺水的干燥地区建造城市，加上当时酋长或国王没有过去的文字记录可参考，因而只顾着自己的权势，穷兵黩武，无视民间疾苦，不能从历史中吸取教训。最后，社会一个接着一个沦为人间炼狱，一拨拨饥饿的难民涌向还未崩塌的社会，消耗那里的资源，社会就这么被拖垮了。从这些层面来看，我们现代人和古人截然不同，他们的经验对我们并不适用。尤其是像美国这样的超级强权国家，地大物博、资源丰饶、领袖英明，加上盟国强大又忠心支持，弱小的敌人哪是对手？我们应该不会像过去人类社会那样不幸吧！"

没错，过去和现代人类社会的情况的确有很大差异，最大的不同就是今日社会的人口要比古老的人类社会多得多。比起过去，现代人类社会的科技对环境的冲击更大。古老的复活节岛顶多只有几万人，使用的工具只有石凿等石器，劳动以人力为主。就凭石器和这么一点人力，复活节岛岛民还是破坏了自己的生态环境，走上灭绝之路。今日地球人口已超过 60 亿，人类社会拥有威力十足的金属机械和核武器，如果恣意破坏环境，我们的危机岂不是更大？

另一个大差异来自全球化。让我们先把发达国家的环境问题放在一边，试问：今天的发展中国家是否可从过去人类社会的崩溃中得到教训？首先，且让我们向象牙塔里的生态学家请教一个问题：请说出目前环境压力或人口过多等问题最严重的国家。这些生态学家研究过许多环境问题的著作，但是从不看报纸，也对政治没有兴趣，他们的回答将是："不用想就知道了，答案不是很明显吗？不就是阿富汗、孟加拉国、布隆迪、海地、印度尼西亚、伊拉克、马达加斯加、蒙古国、尼泊尔、巴基斯坦、菲律宾、卢旺达、所罗门群岛、索马里等。"（参见第 632 页地图。）

然后，你再去找对环境和人口问题毫无兴趣的发达国家政客，请他们说出当今世界最动荡不安的国家，例如政府被推翻或已经瓦解，或因内战频仍、问题丛生而岌岌可危的国家。这些国家的难民不时涌入发达国家，让人大为头疼，可能必须提供外援给他们，必要时可能还得提供军事援助，派遣自己的军队去弭平叛乱、

—现代世界政治动荡地区分布图—

阿富汗、伊拉克、蒙古国、孟加拉国、索马里、尼泊尔、菲律宾、卢旺达、巴基斯坦、布隆迪、印度尼西亚、马达加斯加、所罗门群岛、海地

—现代世界环境问题严重地区分布图—

阿富汗、伊拉克、蒙古国、孟加拉国、索马里、尼泊尔、菲律宾、卢旺达、巴基斯坦、布隆迪、印度尼西亚、马达加斯加、所罗门群岛、海地

对付当地的恐怖分子。那些政治人物将答道："不用想就知道了，答案不是很明显吗？不就是阿富汗、孟加拉国、布隆迪、海地、印度尼西亚、伊拉克、马达加斯加、蒙古国、尼泊尔、巴基斯坦、菲律宾、卢旺达、所罗门群岛、索马里等。"

真巧，实在太巧了，怎么这两份名单一模一样？这两份名单的关联很明显，它们就是古玛雅、阿纳萨齐印第安部落、复活节岛的历史在现代世界的重演。今日世界和古代人类社会一样，环境问题越严重、人口压力越大，就越可能动荡不安，最后的下场不外乎政府瓦解、社会分崩离析。人民饿肚子，走投无路，失去希望，就会责怪政府没有能力解决问题。因此，他们不计任何代价纷纷离开，逃往其他国家。留在国内的人则争夺土地，互相残杀，陷入内战。人民已经一无所有，于是支持或容忍恐怖活动，甚至不惜铤而走险成为恐怖分子。

这些发生在现代世界的惨剧：如孟加拉国、布隆迪、印度尼西亚和卢旺达爆发的种族屠杀；上述名单上的大部分国家爆发了内战或革命；发达国家曾派兵到阿富汗、海地、印度尼西亚、伊拉克、菲律宾、卢旺达、所罗门群岛、索马里；索马里和所罗门群岛出现中央政府垮台的事件；所有名单上的国家都陷入贫穷。这些现代国家失败的例子（如出现流血革命、政权更迭、政府解体或种族屠杀），其实都有迹可循，在社会崩溃之前都有环境破坏和人口压力渐增的问题（如婴儿死亡率高、人口迅速增长、相当高比例的人口是十七八岁到20岁出头的年轻人），加上失业青年人数大增，因为走投无路最后加入民兵组织。在环境和人口的压力下，资源的争夺就会变得更激烈，如争夺土地（如卢旺达）、水、森林、鱼类、石油和矿物。内在冲突长久无法解决，政治和经济难民日增，有些威权政体为了让国内压力不至于成为国际社会注目焦点，因而出兵攻打邻国。

总之，我们不必为过去社会的崩溃能否作为现代社会的殷鉴多费唇舌。古代人类社会崩溃的惨剧已在近代重演，还有一些国家岌岌可危。真正的问题是：有多少国家将重蹈覆辙？

至于恐怖分子，你可能会说，像政治刺客、自杀式炸弹袭击或是发动"9·11"恐怖袭击的人，不一定都是来自发展中国家、未受过教育、走投无路的人，有些还是高级知识分子或是有钱人。没错，但是只有一个走到穷途末路的社会才会支持、容忍恐怖主义。当然，任何一个社会都有嗜杀的狂热分子，美国本土也有恐怖分子，例如俄克拉何马城联邦大楼爆炸案主犯蒂莫西·麦克维与炸弹客西奥多·卡辛斯基，后者还是出身哈佛的数学天才。但大抵而言，健康的社会，如美国、芬兰、韩国等，工作机会较多，人民不会支持狂热分子。

在全球化的影响下，那些环境败坏、人口过多、遥远国家发生的问题，也就成为我们的难题。我们总是把全球化想得过于美好，想着富裕、进步的发达国家把好东西（如互联网、可口可乐）送到贫穷、落后的发展中国家。事实上，全球化意指世界交流更加频繁，这种交流是双向的，而交流的也不见得总是好东西。

发达国家也将不好的东西送往发展中国家。发达国家自己唯恐避之不及的东西，干脆送到遥远的地区，眼不见为净，前文提过的每年几百万吨电子垃圾从工业国家运往中国即是一例，垃圾也在无意间进行了全球化的运输。以东南太平洋的两个小岛——奥埃诺岛和迪西岛为例，这两个小岛是不适合人居住的环礁，没有淡水，连游艇都很少造访，位于地球最偏远的一角，离最近的无人岛（亨德森岛）也超过100英里。调查显示，在这两个小岛的海岸线，几乎每一码就可发现一件垃圾。这些垃圾必然是由海上船只带来的，或自几千英里外的亚洲、美洲等环太平洋国家漂来的。最常见的垃圾是塑料袋、浮标、玻璃瓶或塑料瓶（特别是日本三得利威士忌的瓶子）、绳索、鞋子、灯泡等，还有一些奇奇怪怪的东西，如足球、玩具士兵、飞机模型、自行车踏板、螺丝刀等。

从发达国家运输到发展中国家的东西还有更可怕的。在全世界的居民中，血液中含有最多有毒化学物质和杀虫剂的是格陵兰岛东部和西伯利亚的因纽特人。这两个地区离化学工厂或使用很多化学物质和杀虫剂的地区非常遥远，然而因纽特人的血汞浓度很高，几乎达到急性汞中毒的程度，而因纽特产妇哺育婴儿的乳汁也含有高浓度的多氯联苯。这种乳汁称得上"毒物"，造成婴儿听力受损、脑部发育异常、免疫功能障碍、耳朵及呼吸道感染率高。

这些有毒化学物质明明来自欧美工业国家，为何受害的是远在十万八千里外的因纽特人，而不是住在都市的美国人或欧洲人？这是因为因纽特人的主食是鲸、海豹、海鸟，而这些动物又以鱼、虾、软体动物等为食。在这一食物链顶端的因纽特人，体内因而累积了相当多有毒的化学物质。发达国家的居民虽然也吃海产，吸收了些许有毒化学物质，但吃的量要少得多。（这不表示我们不再吃海产就没事。不管吃什么，或多或少都会将化学物质吃进去。）

　　发达国家对发展中国家造成的负面影响还包括森林砍伐，发展中国家热带雨林砍伐的主因是日本大量进口木材。此外，负面影响还包括日本、韩国、中国台湾渔队的过度捕捞，欧盟各国渔队也在政府大力补助下在各个海域滥捕。反之，发展中国家也把不好的东西带给发达国家，有时是有意，有时则是无意：如艾滋病、霍乱、西尼罗热等疾病跟随飞机航班入境；一拨又一拨的移民通过船、卡车、火车、飞机或步行涌入发达国家，有的是通过合法途径，有的则是非法移民；还有恐怖分子等其他问题。现在的美国已与世界其他国家紧紧相连，不再能像20世纪30年代那样，成为孤立的"美国堡垒"。美国是世界物资最重要的进口国：美国进口许多必需品（特别是石油和某些稀有金属）、消费品（如汽车和电子产品），流入的投资资金也居世界之冠。美国也是世界最重要的出口国，特别是食品和各种产品。美国社会很久以前就已和世界其他国家紧密相连。

　　这也就是为何世界其他地区的政治动荡，都可能会使美国的贸易路线、海外市场和供货商发生变化。因此，美国对世界其他国家和地区的依赖很强。30年前，如果你问一个政客，要他说出和美国利益八竿子打不着的国家，也就是那些离美国最遥远、最贫穷、国力最弱的国家，这份名单一定包括阿富汗、索马里。然而，物换星移，美国再也不能小觑阿富汗和索马里的地位，甚至在那两个国家部署兵力。今日世界再也不可能像复活节岛或玛雅王国那样孤零零地崩溃、瓦解，每一个地区或国家的问题都可能使全世界受到影响。在这个牵一发而动全身的世界，我们必须小心提防世界大衰退的骨牌效应。股市投资人应该都很了解这种情况："9·11"恐怖袭击发生后，美国股市即巨幅震荡下挫，经济受到严重冲击，海外股市和经济也遭受波及；反之，海外股市或经济不振，美国也会受到影响。今天的美国不再能一味地追求自己的利益，而不惜牺牲其他国家的利益。

减少利益冲突是一个社会的生存之道，荷兰就是最好的例子。荷兰人民或许是全世界环境意识最强、最积极参与环保组织的了。不久前我前往荷兰参观访问，才知道原因何在。我和三位荷兰友人共乘一辆车，在荷兰乡间行驶（见插图36和插图37）。我问，为什么荷兰人这么注重环境？这三位友人的回答让我毕生难忘。

"请看看四周。你看到的这一片农地低于海平面。其实荷兰1/5的国土都在海平面以下，最低处甚至低于海平面22英尺。这里本来是浅水湾，我们建造堤防阻挡海水、将洼地的水抽干、填海造成新陆地。我们荷兰人有句谚语：'上帝创造地球，荷兰人创造荷兰。'这些从海里争来的地方，就是我们荷兰人说的'圩田'。我们几乎在1 000年前就开始填海造地，今天还在不断努力把慢慢渗进来的海水抽干。从前荷兰风车星罗棋布，就是用来抽干圩田的水，后来我们就改用蒸汽机、内燃机、电动抽水机了。每一块圩田都有一排排的电动抽水机，从内陆一直延伸到海洋，不断把水抽到河流或海洋中。我们荷兰还有一句老话：'你得跟你的敌人和睦相处，因为他可能就是在你住的圩田下操作抽水机的人。'我们每一个人都在海平面以下生活。并不是有钱的人就可以住在高地，穷人才住在最低洼的地方。一旦溃堤，抽水机又坏了，大伙儿就会一起遭殃，无人能幸免。1953年2月1日，暴风雨侵袭泽兰省，大浪冲破河堤，将近2 000人被淹死，死者当中有富人也有穷人。我们发誓不再让这种惨剧发生，花费巨资修筑拦水坝和防波堤。如果全球变暖问题越来越严重，全球气温上升，导致南极冰山融化，海平面便会上升。海平面上升，我们作为低地国家首当其冲，恐怕在劫难逃。这就是我们荷兰人这么关切环境问题的原因。我们已经从历史中学到教训，知道我们都生活在同一片圩田中，大家相依为命。"

　　荷兰人相互依存的精神和美国有钱人的自扫门前雪形成鲜明对比。在美国，越有钱的人就越与社会上的其他人保持距离。他们希望住在一个只属于自己的城堡里，用金钱换取享受，反对为了公共服务或设施加税。他们住在有高墙保护、门禁森严、气派豪华的小区（见插图32）；请私人警卫，而不依靠警察；送孩子到经费充裕的私立学校上小班课，不去拥挤、经费不足的公立学校；花钱购买私人医疗保险；饮用瓶装矿泉水或纯净水，不喝自来水；宁可行驶收费道路，也不愿走免费的高速公路（如南加州）。这种种特权让美国精英阶层误以为他们可不受社会问题影响，就像格陵兰岛的维京酋长以为自己永远高高在上，到头来才发现特权只是让他们比别人晚一点饿死罢了。

　　翻开人类历史，大多数的人其实都和其他人性命相依，就像是住在同一片圩田。所有的复活节岛岛民分成约12个氏族，各有自己的领地，与其他所有岛屿隔绝，但是所有的氏族还是共享拉诺·拉拉库、普纳·帕乌的采石场及几个黑曜石产区。复活节岛社会解体之后，所有的氏族也就瓦解了，当时世界上没有一个人知道复活节岛岛民的命运，也没有人受到影响。东南波利尼西亚社会由三个互相依靠的岛屿组成，曼加雷瓦岛社会覆亡之后，皮特凯恩岛和亨德森岛的岛民也无法生存，但没有其他人受到波及。古玛雅人的主要活动地区是尤卡坦半岛及邻近地区。古典时期的玛雅城在南尤卡坦崩溃，难民可以逃往北尤卡坦，但无论如何都到不了佛罗里达。反之，今天的世界已成一个生命共同体，任何一个地区发生的事件，美国人都无法置身事外。索马里虽然遥远，政府崩溃之后，美国还是派兵进行维和行动；南斯拉夫和苏联解体后，无数的难民逃往欧洲各地和世界其他地区；非洲和亚洲地区因社会、聚落、生活方式改变而出现的新兴疾病也会蔓延至全球。今日的地球是个独立、孤立的单位，就像蒂科皮亚岛或德川幕府时代的日本。因此，我们必须像蒂科皮亚岛岛民或日本人一样提高觉悟，我们只能自立自强，不能向其他星球请求援助，也无法把自己的问题丢到宇宙其他地方。我们必须学习量入为出，像他们一样，谨慎利用资源。

对未来充满希望的理由

我在本章承认古代和现代的人类社会的确有重要差异，也提到最大的不同是今日社会人口数量庞大，并拥有强大的科技。此外，今天的人类社会牵一发而动全身，如果崩溃发生，将是全球性的大崩溃，而非地区性的崩溃。看来，人类似乎前景黯淡。过去人类社会如复活节岛碰到的只是地区性的小问题，他们因无法解决而灭亡；今日世界有这么多全球性大问题，如何解决得了？

想到这一点就觉得沮丧的人经常问我："你对世界未来的看法，是乐观还是悲观？"我的回答是："我是谨慎的乐观主义者。"我的意思是，一方面，我承认人类社会目前的问题的确严重。如果我们不下定决心，努力去解决这些问题，不到几十年，全世界的生活水平就会下降，或许还有更糟的情况在等着我们。这也就是为何我在人生的这个阶段，决定把大部分的心力放在环境议题，努力说服世人认真看待我们的问题。若这些问题不解决，就可能会变成沉疴，拖垮我们的未来。另一方面，如果我们决心行动，我相信问题还是可以解决的。这也就是我和妻子在17年前决定生孩子的原因，因为我们看得到对未来怀抱希望的理由。

一个理由是我们的问题并非无法解决。虽然我们面临很大的危机，且最严重的危机可能不是我们能控制的，例如每一亿年就可能有一颗体积不小的小行星撞上地球，但现在地球上的问题都是我们自己造成的。既然环境问题是我们自己造成的，我们就能决定是让问题继续恶化下去，还是不再制造问题，并开始解决它们。未来其实掌握在我们自己手中。我们不需要新科技来解决问题，虽然新科技或许有贡献，但我们已经有了解决问题的对策，"只需要"执行的政治魄力。当然，这件事还是不容易，但是很多社会过去早已施展过这样的魄力。我们的现代社会已有决心去解决某些问题，而其中有一些也得到了解决。

另一个怀抱希望的理由是各地的环保思想越来越普及，社会大众的环境意识已经提高了。长久以来，虽然我们已有尊重自然的想法，但是1962年《寂静的春天》一书出版后，才加速了环保思想的传播。投身环境保护运动的人越来越多，不只是美国和欧洲，多米尼加等发展中国家也都成立了各种环保组织，组织的效能也越来越高。不过，环境保护运动方兴未艾的同时，人类对环境的威胁也越来越大。这也就是我在本书前文提到的，这是一场紧张刺激的赛马比赛，输赢目前还看不出来。我们喜欢的那匹马不是不可能胜出，却也不是笃定会赢。

如果我们想成功，不想失败，应该做什么样的选择？我们能做的很多，我将在延伸阅读中举例与讨论。每个人都能有自己的选择。对社会整体来说，本书回顾的过去人类社会都可带给我们不少启发。我认为以下两种选择是成败的关键：有没有长期计划以及是否愿意反省核心价值。其实人生又何尝不是如此，而对这两件事的抉择，也关系到个人的成败。

其中一个选择在于是否有勇气从长远着眼，在察觉问题之初、还未酿成危机之时，就先做出大胆、勇敢的决定。这种决策和短期、反应式的决策完全相反，然而我们选出的政客所做的决策常常是后者，事到临头再想办法。就像我那位在政界人脉甚广的朋友所谴责的"90天焦点"——官员只把目光放在90天内可能爆发的危机。这种短期决策的例子比比皆是，让人看了只能摇头。反之，过去的人类社会与我们这个时代的非政府组织、企业和政府也同样制订过果敢的长期计划，令人竖起大拇指。当过去人类社会面临森林消失的危机时，复活节岛和曼加雷瓦岛的首领只看得到眼前之事，但德川幕府的将军、印加皇帝、新几内亚高地居民、16世纪的德国君王和富有农场主能着眼于未来，决定重新造林。同样，中国也在近几十年推广造林运动，并在1998年禁止砍伐原生林。今天还有很多非政府组织为推动长期、健全的环保政策而努力。在企业界，美国企业的常青树（宝洁公司）很早就能发现问题，防微杜渐，不会等到危机发生才来检讨公司的政策失误。前文也提过，荷兰皇家壳牌石油公司甚至成立了一个研究室，预测未来几十年内世界可能发生的变化。

　　有些政府和政治领导人也有勇敢、成功的长期计划，因而有突出的表现。过去 30 年来，在美国政府的不断努力下，美国国内 6 种主要的空气污染物质已减少了 25%，而同期的能源消耗和人口都增加了 40%，汽车里程数也增加了 150%。马来西亚、新加坡、中国台湾和毛里求斯都知道，为了未来的经济着想，必须在公共卫生上加大投资，万一暴发热带疾病，经济必定元气大伤。这几个国家和地区不吝在公共卫生上投资，近年来经济增长果然相当可观。人口众多的巴基斯坦在 1971 年一分为二，东边的孟加拉国独立后实行有效的计划生育政策，降低了人口增长率；西边的巴基斯坦则放任人口增长，目前人口居全球第 6 位。印度尼西亚前环境部长萨利姆和多米尼加前总统巴拉格尔都是长期关心环境问题的政府领导人，对国家具有强大的影响力。除了公共部门，私营机构也有相关的长期计划，这些例子都让我觉得未来更有希望。

　　过去人类社会做出的重大决定，包括以壮士断腕的决心忍痛舍弃某些价值观。他们必须思考哪些价值观可以继续留存，适用于新的环境，哪些过去珍视的价值观因不合时宜，必须放弃，采用不同的做法。格陵兰岛的维京人将自己定位为欧洲人、基督徒、农业社会，不肯放弃这些价值观，最后在冰雪中灭亡。反之，对蒂科皮亚岛岛民来说，猪是他们唯一拥有的大型家畜，也是美拉尼西亚社会的地位象征，但是猪会破坏生态环境，他们还是决心把岛上所有的猪都宰杀光。澳大利亚现在也重新评估以英国农业社会定位自己是否适当。冰岛人、印度的传统种姓社会与现代依赖灌溉用水的蒙大拿牧场主人，都能把群体利益置于个人利益之上，资源共享、妥善经营，避免常见的"公地悲剧"。为了避免人口问题失控，中国政府实行计划生育。1939年，苏联对芬兰虎视眈眈，芬兰在这强大的威胁下选择为自由而战，芬兰人的勇气让全世界刮目相看，虽然最后宣告战败，但是在这场命运的赌注中，他们还是赌赢了。1958—1962年我羁旅英国，也看到英国人的反省，他们接受大英帝国日落西山的事实，不再以世界第一大政治、经济和军事强权国家自居。法国、德国等欧洲国家甚至更进一步，尽管它们曾为国家主权浴血奋战，最后还是团结合作，把部分国家主权让渡出来，组成一个超国家的实体——欧盟。

这些发生在过去和现代社会的价值观取舍都非常不容易，但人类还是做到了，因而我认为人类社会还是很有希望的。这些成功之例或许可让现代的发达国家居民心生勇气，重新对自己目前处境进行评估：我们传统的消费价值观和发达国家的生活水平能保留多少？我先前提过，要发达国家居民降低自己对世界环境的冲击似乎不可能。反之，依照目前情况，继续对环境造成冲击，更不可行。这种两难使我想起丘吉尔的话，在听到有人批评民主政治时，他的回应是："等所有的政治制度都实验过了，才能说民主是最坏的一种政治制度。"套用他的话，我们只有在把其他所有可能发生的情况都考虑过之后，才能断言未来社会不可能降低对环境造成的冲击。

没错，现在就要我们做到并不容易，不过这也不是不可能的事。人类对地球环境的冲击等于人口总数乘以人均环境影响。因此，人类对环境的冲击包含两个因素：一个是人口总数，另一个则是人均环境影响。就第一个因素而言，所有发达国家的人口增长率近年来下降不少，很多发展中国家，如中国（人口总数世界第一）、印度尼西亚（人口总数世界第四）和孟加拉国（人口总数世界第九）这三个国家亦是如此。日本和意大利的生育率已降到低于替代率，如果不吸收移民，很快就会面临人口萎缩的危机。至于人均环境影响，如果森林和渔业能继续朝可持续经营的目标发展，我们甚至不必降低目前木制品和水产品的消耗率，也许还能用得更多。

最后，我对未来的希望来自现代世界因全球化产生的相互联结。古代人类社会没有考古学家，也没有电视。15世纪，复活节岛岛民为了养活更多的人口，忙着砍伐高地森林、开垦农田，浑然不知东边几千英里外的格陵兰岛维京社会已走向衰亡，也不知西边几千英里外的高棉帝国正摇摇欲坠，而美洲的阿纳萨齐印第安部落在几个世纪前已经倾圮，古典时期的玛雅文化也已在几百年前陨落，希腊的迈锡尼文明更在2 600年前就崩溃了。但今天，我们只要打开电视、收音机或拿起报纸，就知道几个小时前索马里或阿富汗发生了什么事。我们观看电视纪录片或翻开书本，复活节岛、玛雅文化等过去人类社会覆亡的悲剧就会再次在眼前上演。因此，我们可从远方的人们和古人的错误中吸取教训，避免重蹈覆辙。古代人类社会就没有这种学习的机会。我希望自己写出本书之后，能让更多人知道，即使每一个人只能付出绵薄之力，也有机会扭转乾坤，让人类的明天变得更好。

后 记

吴哥王朝的崛起与衰落

关于吴哥王朝的疑问

位于当今柬埔寨的中世纪东南亚古城吴哥王城遗址令我心驰神往已久。2008年,我终于到访吴哥,得偿所愿。虽然我已经从书中了解到吴哥规模很大,但亲眼看到后,还是惊讶于它的恢宏磅礴。在其大约1 000年前的鼎盛时期,吴哥是世界上规模最大的城市,也是人口最稠密的城市之一,它是东南亚面积最大、实力最强的帝国(高棉帝国)的都城。吴哥的寺庙中,比如吴哥窟,有着前现代世界最大的宗教建筑遗址。吴哥窟规模宏大,与中国的长城一样,都是从太空中最容易看到的古代建筑。

然而,到了19世纪,那里只剩下大概8个小村庄,散落在这片曾经被巨大王城盘踞的中心地区。柬埔寨如今已然沦为东南亚最贫穷的国家,但国旗上还展示着吴哥窟的图案。据我所知,没有哪个国家像柬埔寨这般对考古历史上消失的辉煌如此认同与眷恋。从庞大的都城溃败成只剩零星村庄的空城,这无疑可以称得上"崩溃"。这片养育贫穷农民的自然环境,何以在一开始孕育出如此宏伟的城市，又在后来黯然失色？

我在 2005 年出版了《崩溃》一书，书中只用了 4 句话讲述吴哥，因为当时手头的信息太少，无法连贯地叙述这座王城崩溃的始末。现在，得益于从航空雷达测量、地面测量、挖掘工作以及树木年轮测量所得的大量最新信息，我们更加理解了过去的事情，尽管还有许多问题尚无答案。虽然吴哥的崩溃乍看起来是特殊现象，但事实表明并非如此。有一类城市虽然在今天不复存在，但在过去较广泛地分布于季节性潮湿的热带地区，吴哥"只是"其中一个最典型的例子。这类现在让人们感到陌生的城市包括低密度城市，甚至比我的家乡洛杉矶还要分散得多：城市中的农田和农舍紧挨着宫殿和寺庙，人们所处环境的人口密度，比我们熟悉的只有城市建筑、没有农田的城市的人口密度低，但比现代人口稠密的纯农村地区的人口密度高。除了吴哥，这类低密度城市还曾经存在于斯里兰卡、爪哇岛、泰国、越南和缅甸。这些城市在墨西哥和洪都拉斯的故土玛雅尤为常见，蒂卡尔、科潘以及玛雅的其他大城市都是今天的人们不陌生的例子。即便是蒂卡尔这座被研究得相当透彻的玛雅最大的城市，面积也仅仅是吴哥的 1/5 左右。所有这些低密度城市在被欧洲人发现并记录下来之前就已经崩溃。理解吴哥的衰落，对于理解我在第五章中描述的古典时期玛雅低地的衰落，是否也会有所启发？

我在参观吴哥时，脑海中思考着关于其更广泛意义的另一个问题。悲哀的是，当今的柬埔寨不仅闻名于它辉煌的古代历史，还因其恐怖的现代史而臭名远扬。1975—1979 年，在波尔布特的独裁统治下，柬埔寨成为第二次世界大战以来最大的种族屠杀场，超过 100 万柬埔寨人被自己人杀害，这一数字相当于该国总人口的 1/7~1/3。有些遇难者"只是"被饿死，还有些遇难者被折磨而死，甚至被自己的父母亲手杀死。我在 2008 年参观吴哥时，我的柬埔寨导游中就有一位是从波尔布特恐怖时期熬过来的。我们问他当时的情况，他极不情愿地回答了我们。只要有蛛丝马迹显示这个人不是农场工人，比如戴眼镜的人、会说除高棉语外第二种语言的人、受过教育的人，都会被杀死。对柬埔寨社会的口诛笔伐甚至使朝鲜和阿尔巴尼亚都相形见绌，人们企图将时间倒回 1 000 年前的吴哥王朝时期。在这片声讨声中，城市变得荒无人烟，货币、宗教、市场、私有财产和商业往来全被摒弃，医院、学校和超市统统关闭，书刊或报纸纷纷停刊，所有人都必须身着黑色衣服，在公社食堂就餐，并且只能当农民种水稻。

然而，如今的游客对柬埔寨人的印象是友好、温顺、和善、爱好和平。平日里如此温和的人何以变成如此彻头彻尾的野蛮人？在那种温顺的外表之下，许多柬埔寨人一定是压抑着满腔愤怒。关于柬埔寨的历史，关于促使柬埔寨人建造出这般非凡的城市和帝国的社会文明，是否有什么线索，可以帮助我们理解现代柬埔寨的困境与爆发？

吴哥王朝的环境

高棉帝国赖以发展的几个环境特征对于理解该帝国的崛起与衰落及其都城的辉煌历史至关重要。在其鼎盛时期，高棉帝国控制着东南亚 1/3 的陆地。尽管其中心地带是柬埔寨的湄公河下游流域，但它的疆土扩大到了当今的越南、老挝、泰国等毗连国家的大部分国土,这些国家都位于北纬9~20度。这里是热带地区,气温几乎常年在21℃以上,即便在一年中最冷月份的最冷夜晚过后的黎明时分也是如此。保暖服和用火取暖实在鲜有必要。曾在越南战争期间于此处作战的现代美国人对此有着挥之不去的痛苦记忆。

吴哥最大的环境问题与降雨和水资源有关。这片地区是季风气候区,季风容易让人联想到强降雨。事实上,吴哥的年均降水量只有59英寸,比纽约市的年均降水量高不了多少。在新几内亚我进行研究的一些地区年均降水量为400英寸,我的家乡洛杉矶的年均降水量为15英寸,相比之下,吴哥的气候既不是特别潮湿,也不是特别干燥。

因此,吴哥的水资源问题是由另外一个现实造成的,即降水量的变化在四季之间可以预测,但在不同年份之间难以预测。大部分雨水来自6月至11月的夏季季风。12月至次年5月相对干燥,使得农作物的生长受到季节限制,除非人们可以在雨季将雨水储存起来——我们接下来会看到,高棉人确实这么做了。至于在不同年份之间的差异,年降水量可能低至38英寸,或者高达91英寸。除非高棉人有一套水利系统,能在涝年储水、旱年放水,能在汛期控制并迅速应对雨水径流,不然这种差异会将吴哥居民暴露在因干旱或洪涝而导致的庄稼失收的风险之中。我们接下来会看到,高棉人的水利系统在应对这些问题方面支撑了好几个世纪,但最后还是因为在严重干旱和严重洪涝的极端天气之间波动而不堪重负。

吴哥以南是从泰国湾海岸开始绵延的低山,由此带来的结果是，高棉帝国发展的是内陆贸易而不是海上贸易，并且直到1960年，柬埔寨才终于建成第一个可供远洋船舶使用的沿海港口。吴哥以北12英里左右是库伦山脉，山脉坡度很大，如果没有植被覆盖，坡面就很容易发生大规模水土流失。（这也成了高棉帝国的一个难题。）从库伦山脉向南越过吴哥，是一片非常平坦的地带，平均坡度只有0.1%。这为吴哥的高棉工程师带来了控制河流流经平原的难题。这还带来了卫生难题，因为河流流经这些平坦平原的速度十分缓慢，这些平原上的河流和沟渠不仅供应饮用水、烹饪用水和洗漱用水，还承担着该地区排污水道的功能。因而此地痢疾频发，一个在吴哥鼎盛时期到访那里的中国人就此有过记载，称痢疾对90%的患者而言都是致命的。

高棉中心地带的一个显著特征是这里有东南亚最大的淡水湖洞里萨湖，这或许是高棉将都城定在吴哥的主要原因。洞里萨湖是湄公河四大支流之一洞里萨河的延伸部分。在旱季，这一浅湖的面积缩小至1 000平方英里。但在雨季，从湄公河主要支流倾泻而下的水量十分之大，以至于旱季时从湖泊流向洞里萨河的水流逆转了流向。洪流将河水倒灌进湖里，湖泊面积翻了两番，变成4 000平方英里。这意味着有3 000平方英里的河漫滩季节性地被天然大水漫灌，是种植水稻的理想地区。

对附近的吴哥居民来说，洞里萨湖的第二个好处是可以作为通向湄公河和海洋的交通干线。还有一个优势是洞里萨湖有着很高的生物生产力，其每立方码的淡水鱼密度为世界之最，这得益于湄公河洪流每年带给湖泊的沉积物。早先到过洞里萨湖的一位法国游客写道："湖里的鱼群数量大得令人难以置信，每当湖水高涨时，鱼群黑压压的一片聚在船底，连船桨都经常划不动。"洞里萨湖是当前柬埔寨渔业的主要产地，为柬埔寨人供给大部分膳食蛋白质，使其成为世界上鱼肉消耗水平最高的国家之一。

虽然大米是现代柬埔寨人的主食，也是过去高棉人的主食，但是柬埔寨的大部分平原被认为是种植水稻的中低质量土地，其土壤大部分是沙质土壤，养分含量低。在柬埔寨有三种种植水稻的主要方式。一种是烧垦农业，即刀耕火种，完全依赖降雨获得浇灌农作物的水源，这种方法特别在丘陵高地被应用。第二种方式应用得最广泛，即在被雨水淹没的平坦地形上开垦水稻田，但按照中国以及日本的标准，这种方式也不是特别高产。生产力最高的方式是退洪耕作：稻田依赖从上游蓄水池中放出来的水获得灌溉，这种种植方式生产了大部分供古代高棉人食用的水稻。

因而，吴哥的自然环境提供了许多优势——特别是那些与湖泊，以及湄公河下游流域大片平坦平原地区相关的优势。但它也造成了一些问题，在好几个世纪里，高棉人凭借聪明才智解决了这些问题，由此成功建立起一座宏伟的城市和一个伟大的帝国，但最终还是被这些问题吞没。

吴哥王朝的崛起

高棉人是谁，他们的帝国又是如何崛起的？今天，90%的柬埔寨人都是高棉人，并且他们最晚在1 400年前就已经在吴哥地区占据了支配地位。高棉语属于南亚语系，南亚语系由大约150种语言组成，分布在从印度到越南北部和马来西亚半岛的零散地区，周边地区大部分都是说其他语系（特别是汉藏语系和壮侗语系）的人。这种零散的分布表明汉藏语系和壮侗语系一直在南亚语系的土地上蚕食鲸吞，并且我们确实知道泰语和越南语在历史上的不断扩张。除高棉语之外，唯一一门本书大多数读者熟悉的南亚语是与其略有亲缘关系的越南语。与高棉语相比，越南语因与汉语的接触而得到了更大程度的演变（比如变成了一种声调语言）。

直到并不遥远的 5 000 年前，热带东南亚的所有人都是使用石器工具的狩猎-采集者，就像农业起源之前世界上所有地方的人那样。水稻种植在公元前 2000 年前后从中国南部传到柬埔寨，高效的铁制工具跟随其后在公元前 500 年前后传到柬埔寨，促进了粮食产量的增加和人口激增。在柬埔寨的考古挖掘发现，200年前后，柬埔寨已经有中型城镇和小型王国。从 245 年往后，中国的帝王传记中记述了一个叫作"扶南国"的国家，该国显然位于现代的柬埔寨，扶南国向中国遣送商贸使团或者向中国进贡，它的国王骑在大象背上，它的国民阴险狡诈。尽管古代柬埔寨与中国往来密切，但其与印度的交往对其影响更加深刻，也就是在这个时候（大概从 300 年开始），印度教和佛教、源自印度南部婆罗米书写系统的文字传到柬埔寨，梵文也在宗教文本中使用。用高棉语写成的第一篇碑文可以追溯到 611 年。

在柬埔寨最早的印度化王国中，政治权力集中在湄公河下游三角洲区域，这里可以进行沿海贸易。然而，到 600 年左右，权力转移到内陆，实力强大的王国在这里建立了大得惊人的城镇、神庙和蓄水池。802 年，各个独立王国最终在阇耶跋摩二世的统治下实现大一统。阇耶跋摩二世被视为高棉帝国的奠基者，他选择吴哥地区作为都城所在地。在就下来的5个世纪里，高棉帝国一共经历了24位国王的统治，所有国王都有长长的印度化称谓，比如"乌达雅地耶跋摩二世"、"陀罗尼因陀罗跋摩"，以及"阇耶波罗密首罗跋摩"等。每隔半个世纪左右，国王的去世就会在王位继承者之间引发一场争斗，帝国分裂成数个部分，然后再度实现统一。

继任国王以大一统前的各个国王所完成的大型建筑工程为样板，将它们不断扩建，工程规模从庞大到超级巨大，最后成为硕大无朋的世界纪录级工程，以此赶超前任国王的丰功伟绩。举个例子，统一后的第三任国王因陀罗跋摩一世受到大一统前各王国大型蓄水池的启发，在即位5天后，就开始动工兴建一座长2.3英里、宽0.5英里的矩形蓄水池，并谦逊地用自己的名字将其命名为"因陀罗塔塔迦湖"（或称"因陀罗的海"），以此打破了之前的纪录。之后，他的继承者耶输跋摩又修建了一座比这大8倍的蓄水池。蓄水池长4.7英里、宽1.1英里，也被国王谦逊地用自己的名字命名为"耶输塔塔迦湖"，又称"东池"。又过了一个世纪，苏利耶跋摩一世兴建了一座5英里长、1.4英里宽的西池，刚刚超过了上一个纪录，成为工业时代之前人工修建的最大型建筑之一。两个世纪后，阇耶跋摩七世忙于建造大吴哥和巴戎寺，不得不放下他的骄傲，用自己的名字命名一座新修建的小蓄水池"闍耶塔塔迦湖"（或称"闍耶的海"），它只有2.2英里长、0.6英里宽。若外星人从太空俯瞰地球，这些高棉建筑都清晰可见。

在印度化称谓、文字书写和宗教兴盛于吴哥的同一时间，中国的影响仍在继续。高棉人派遣使者前往古代中国的朝廷，中国也礼尚往来向吴哥派遣使者、馈赠宝物。吴哥的石刻上记录了许多中国的发明，比如浮桥和多发火炮。中国唐宋时代的遗存之物，以及后期的陶器遍布吴哥各处。

吴哥王城富丽堂皇的宫廷和建筑让农民不堪重负，他们以上缴大米和出卖苦力的形式缴纳赋税。据估计，20万农民经过三年的劳作才建成了西池。一位国王需要4 000名妃嫔，一个中等大小的神殿寺庙需要1 000名行政人员、600多名舞者、95名学士以及其他各类人员，加起来共有12 640名宫廷人员，这些人都得靠农民养活。当我第一次听到这些数字时，忽然就窥见了骄奢淫逸的达官贵人对柬埔寨农民数个世纪的剥削，压抑的愤怒在波尔布特的统治下爆发，两者间脱不了干系。

我们不应当被这些寺庙、佛像和壮丽的蓄水池迷惑，认为吴哥国王是一群爱好和平的人。实际上，高棉人阋墙之争不断，与西边的泰国、东边的占婆国、东北的越南也战火频仍。高棉帝国最终不仅征服了当今的柬埔寨和老挝一带，而且还侵占了越南和泰国的很多土地，以及缅甸东南部的一小块领地。大量的石雕生动细致地描绘了当时的火炮、盾牌、盔甲、战车、骑在马和大象上的骑兵、步兵作战，以及使用带有钩锚和数十名划桨手的船只进行的海战。就像古代的罗马，吴哥堆满了战利品，包括从占领的城镇及神庙中抢夺的青铜、白银和黄金。

伟大的王城

在我们熟悉的城市化社会中，人口的分布并不均匀且等级分明。也就是说，在给定的一片区域内，大多数土地是农业用地或者工业用地，并且人口密度低，而非常小的一部分土地是城市用地，并且人口密度高。城市地区形成了一个等级分明的结构，最上层是大都市，其次是规模和人口数量上次一级的中等城市，再次是小城市、城镇，以及被明显有别于城市的农田环绕着的村庄。

然而，在高棉帝国，至少在其被研究得相当透彻的核心地区，等级划分中的所有中间阶层消失不见了：唯一一座大城市是吴哥，往下只有乡村。在那么大的城市核心区，城市用地与农业用地的差别模糊不清或者根本没有。相反，吴哥是一座人口密度低的城市，稻田与圣殿仅一墙之隔，城市本身也大部分由稻田组成，农民的房屋成簇成行地遍布其中。吴哥的面积约有 400 平方英里，比常见的前工业化时期亚欧大陆上人口密度高的城市大很多，比如 19 世纪的东京（被称为"江户城"）、中世纪的君士坦丁堡、7 世纪的巴格达、罗马帝国时期的罗马城，以及 16 世纪前的其他欧洲城市，所有这些城市的面积都不足 40 平方英里，其中大多数城市的面积不足 10 平方英里。尽管吴哥的人口密度比这些高密度城市的人口密度低，但它的面积大得多，导致其人口总数也大得多，估计在 75 万左右，接近同时期的中国大都城的人口数量。

考古学家越来越清楚地知道，这种前工业化的、以农业为基础的低密度城市在潮湿的热带比我们想象的更常见。这种城市的例子越来越多，包括 9 世纪之前玛雅古典时期南部低地的许多大城市，比如蒂卡尔和科潘；公元前 4 世纪到公元 12 世纪的阿努拉德普勒和波隆纳鲁沃等斯里兰卡古城；13世纪缅甸的蒲甘与吴哥两座敌对城市，13世纪前位于越南的占婆都城美山，以及1238—1438年泰国的都城速古立；9—10世纪婆罗浮屠神殿和普兰巴南神殿周围的爪哇中心区也可能是其中之一。没有欧洲人亲自见证并记载过以上这些低密度热带城市的鼎盛时期，因为它们全部在1500年左右欧洲人开始探索世界之前就已溃败或被遗弃。很显然，从长期来看，这种城市模型存在明显不稳定的因素：它是什么呢？我将回到吴哥这个例子上来。

对于吴哥，尽管没有同时期欧洲人的记载，但一个中国人，即元代商务使节周达观，给我们提供了大量文献资料。他于1295—1296年，即阇耶跋摩八世统治末期，到访过吴哥一年。幸亏有惊人的好运，19世纪时，人们在北京找到了一本周达观所著传记部分篇章的手抄本。他对吴哥日常生活的详尽记载与石碑上的记载和神殿浮雕上的描绘相互补充，相得益彰。石碑上记载了神殿的管理体系，浮雕上描绘了典礼和战争的场景，给我们提供了其他方面的信息。想象一下，假如我们也有一份像周达观记载吴哥那样记载玛雅城市蒂卡尔最灿烂时期的古籍，我们对古代玛雅生活的了解会多多少！下面引用了一段周达观所著的《真腊风土记》的原文，可以从中感受一下周达观的所见所闻。

关于穷奢极欲的建筑，他写道："当国之中，有金塔（巴戎寺）一座……东向金桥一所；金狮子二枚，列于桥之左右……金塔至北可一里许，有铜塔（巴方寺）一座。比金塔更高，望之郁然……东池在城东十里，周围可百里。中有石塔、石屋，塔之中有卧铜佛一身，脐中常有水流出。"1936年，这座巨大佛像的一部分被重新发现,这证实了他的说法,但实际是在西池;周达观看来是弄反了罗盘的方向。

作为商务使节,周达观尤其对吴哥与中国之间的贸易感兴趣。他列出了从吴哥出口到中国的主要商品,按照其个人喜好程度从高往低排列,比如翠毛、象牙、犀角、黄蜡、降真、豆蔻、画黄、紫梗、大风子油和胡椒。吴哥从中国的主要进口商品包括金、银、五色轻缣帛、锡镴、漆盘、青瓷器、水银、纸札以及用于制作火药的焰硝。

关于奴隶,他写道:"少壮者一枚可直百布,老弱者止三四十布可得。秖许于楼下坐卧,若执役方许登楼,亦必跪膝、合掌、顶礼,而后敢进……若有过挞之,则俯首受杖,畧不敢动……或有逃者,擒而复得必于面刺以青,或于项上带铁以锢之,亦有带于臂腿间者。"

关于审讯和惩罚罪犯,他写道:"其人大逆重事,亦无绞斩之事,止于城西门外掘地成坑,纳罪人于内,实以土石坚筑而罢……且如人家失物,疑此人为盗,不肯招认,遂以锅煎油极热,令此人伸手于中。若果偷物则手腐烂,否则皮肉如故云。番人有法如此。"

关于柬埔寨女性强烈的性欲,他写道:"产后一两日即与夫合,若丈夫不中所欲,即有买臣见弃之事。若丈夫适有远役,只可数夜。过十数夜,其妇必曰:'我非是鬼,如何孤眠?'淫荡之心尤切。然亦闻有守志者。"

周达观对高棉军事技能进行了简要而轻蔑地评价:"往往亦别无智畧谋画。"

高棉人也有自己的书籍。宗教书籍是用尖条在棕榈树叶上划刻，然后以黑色颜料填充切口制作而成。世俗书籍是用白色粉笔或黑色墨水分别在黑色或白色的手风琴式折子纸上写就。可惜，这些材料在湿热的气候中容易腐烂，吴哥的所有书籍无一例外全部丢失。关于书中告诉我们的高棉人的历史、社会、科学以及哲学，我们只能猜测。这就好比在荷马、柏拉图、亚里士多德、修昔底德、希罗多德、莎孚和索福克勒斯的著作全部丢失的情况下，我们要试图评价古希腊人一样。

宏伟的工程

当1863年法国在柬埔寨建立保护国时，吴哥大部分地区密林丛生，但巨大的寺庙、蓄水池和沟渠干道仍然清晰可见。在接下来的一个世纪里，法国考古学家清理并绘制了该地区的地图，并重建了废弃的建筑物，关于蓄水池功能的一场争论也随之而来。在20世纪80年代，英美学者开始支持这样的观点，即这些蓄水池用于装饰，只用于举行宗教仪式，而法国学者（特别是在贝尔纳-菲利浦·格罗利耶的作品完成之后）认为吴哥是依靠这些蓄水池灌溉稻田的"水利城市"。一种强烈反对格罗利耶的观点是，这些蓄水池似乎缺少进水口和排水口，而缺少这些意味着它们无法用来灌溉农田。

这场争论到柬埔寨内战和波尔布特时代新测绘技术应用时才解决，2002年，澳大利亚、法国和柬埔寨考古学家的一个联合项目启动。项目中的两个研究团队来自悉尼大学和法国远东学院（团队负责人分别是罗兰·弗莱彻和克里斯托夫·鲍狄埃），他们与管理吴哥的柬埔寨官方展开合作。一项关键的先进技术是航空雷达的应用，它可以穿透云层，探测到地表平整度、植被情况以及湿度，从而识别出观测人员从地面上看不到的环境特征。有了这些雷达图像，随后就可以在地面搜索砖块、瓷器碎片以及其他倒塌和被掩埋的建筑物的直接证据。第一批吴哥窟雷达图像是在1994年从奋进号航天飞机获得的，在20世纪90年代克里斯托夫·鲍狄埃进行了密集的实地调查后，美国国家航天航空局/喷气推进实验室于2000年9月进行了机载雷达调查，从而大大扩展了图像范围。当雷达图像与航拍等其他调查技术相结合时，结果就绘制出了大吴哥400平方英里城市综合区的高分辨率地图。

这张地图展示了一幅运河网，有高凸的河岸作为道路，有大小不一的蓄水池建在人工湖至每户人家的小水池的沿路上，还有精致的稻田网格，在当今遍布现代稻田的地面下依稀可见。从洞里萨湖北至库伦山脉的整个地面已然不见当初的原始森林，变成了被用于生产稻谷、建造房屋和寺庙的低密度城市。中心地区拥有最大的寺庙，大型堤坝上的6条交通干道从中心地区辐射开来，并且建有桥梁。地面勘测定位了人们找了很久的人工湖的进水口和排水口，将它们连接到了灌溉网络。除了吴哥窟、巴普昂寺、巴戎寺等著名的大寺庙，还有数以百计的地方小寺庙，每一座都建于65英尺见方的小丘上，四周环绕着护城河，在东侧有一条堤道穿过。

吴哥的土地被划分为三个区域，各自在水利管理中发挥着不同的功能：包括库伦山脉在内的东北区域负责将沿山脉流下来的河水汇集起来；包括大型人工湖在内的中间区域负责储蓄汇集起来的河水；西南区域有着纵横交错的沟渠，负责将水引至稻田或者迅速排到湖泊，具体因需而定。有一条大沟渠以最短距离连接着西池和湖泊，可以在强降雨后排除多余的水。沟渠有直角转弯和交叉渠道，以减缓水流速度，减少堤岸侵蚀，清除悬浮泥沙，防止渠道淤塞。随着河流渐渐流向更远的北部和西部并被用于汇集水源，我们可以通过该系统的规划及其组成部分的年代，将其发展过程追溯到8—14世纪。

这整个系统是一项规模巨大的工程。经过工程改造，河流一改其本来的东北至西南的天然流向，改道为由北向南。还有一片水域的流向被完全逆转。大型蓄水池的规模堪比工业化时代的水库，举个例子，其堤岸宽达300英尺、高达30英尺。最终建成的系统十分复杂，我们对其运行原理的理解可能才刚刚起步，还有三个大的组成部分的功能仍然是个谜。显而易见的是，这个系统是用来管理水利的，而不只是像有些考古学家之前假设的那样，是为了看起来漂亮并作为庆典场所。这个系统最突出的功能就是应对风险：在不同季节和年份之间调节水资源，确保即使在季风降雨少或者没有季风降雨的年份，稻田也能够得到充足的灌溉。因此，该系统起到了保障都城居民粮食供应的作用，展示出整个帝国用来保障人口、扩张权力的体系脉络。

吴哥王朝的衰落

到13世纪初，在阇耶跋摩七世统治下的高棉帝国以吴哥为都城，成为东南亚面积最大、实力最强的国家。19世纪60年代，到达这里的法国人发现，高棉王国变得非常弱小，都城迁至了吴哥以南 140 英里的金边，以前的吴哥城内只剩下寥寥无几的小村落。从 13 世纪初到 19 世纪 60 年代之间，究竟发生了什么，让高棉帝国沦落至此？

在阇耶跋摩七世之后的一个世纪，高棉帝国日渐式微。就在 1295—1296 年中国人周达观还在惊异于其金塔之辉煌、盛典之浮夸时，巨大的石碑已经停止建造，最后一座传统寺庙于 1295 年落成，最后一部梵文经文于 1327 年镌刻完毕。在 15 世纪初的某个时期，新的城郭开始在金边附近的洞里萨湖东部和南部发展起来，人们似乎已经逐渐从吴哥搬离。尽管 17 世纪的一位高棉统治者还在吹嘘自己将吴哥寺的金塔重新镀了金，但吴哥的城区在大约 1660 年后就已被遗弃，并且高棉王国还在不断萎缩。

高棉帝国衰落的原因之一是强大敌国的崛起。泰国和越南是高棉帝国的两个劲敌，前者位于中国的西南方向，后者位于吴哥以东，泰国人和越南人从 13 世纪开始不断向南挺进，以两侧夹击之势挤压钳制着高棉帝国。泰国人声称在 15 世纪占领了吴哥一段时间，而越南人在 18 世纪从高棉割据了湄公河三角洲区域。

另一个原因是高棉经济重心的转变。高棉的经济重心一开始是内陆农业，后来在东南亚沿岸与中国、印度以及伊斯兰中心地带进行的海上贸易占据了越来越大的比重。这大概就是促使高棉从位于内陆的吴哥迁都金边的原因所在，这样就能与湄公河沿岸有更直接的联系。但是，后来越南人的扩张使得高棉的海上贸易变得更加困难。

现在，我们在理解吴哥的衰落时，还需加入另外一个重要因素，即气候变化。关于水资源网络的研究得出了看似相互矛盾的证据,即在14世纪和15世纪既发生了洪灾,又发生了旱灾。一方面,吴哥以南的大型沟渠被粗砂填满,可以从中推断出这里经历了强降雨和严重的洪水。另一方面,大型人工湖的出口水道被堵塞,东池的出水口则被重新修建得更窄,之后出水口又被改为进水口——这些迹象都明确显示出水资源短缺,人们试图将蓄水池保持在高水位。从长达979年的树木轮距记录中,我们找到了关于洪水和干旱这一矛盾现象的解释,这与我在第四章中讨论的阿纳萨齐地区的树木年轮图谱类似,它揭示了气候的变化。这些年轮图谱显示出在1350年之后,东南亚的季风降雨变得异常波动,1336—1374年以及1400—1425年发生了严重的干旱,而在干旱年份之间、干旱发生之前,以及干旱过去之后,又经历了罕见的强降雨。1322—1453年经历了过去1000年中异常多的旱年和涝年。

我在本书的序言中提出了理解社会兴衰的五点框架,现在可以在吴哥的衰落中得到印证。第一,高棉人确实在无意中对自然环境造成了破坏:他们在吴哥平原和库伦山脉的山坡上滥砍滥伐。失去了减缓雨水径流的植被,强烈的季风侵蚀了土壤,泥沙被冲进沟渠,暹粒河河道被洪水淹没。这条河现在大约在吴哥地表下20英尺。第二,气候变化使得吴哥地区暴露在更加干旱和更加潮湿的环境中,而这已经超出了吴哥水利系统的调节能力。第三,与罗马帝国和格陵兰岛的维京人一样,高棉人所面临的来自敌对邻国的威胁日益严峻。第四,友好的贸易伙伴也有所影响,他们给高棉人带来了发展海上经济的机会,这比位于内陆的吴哥所能提供的机会更具吸引力,但是之后这些机会受到了制约。第五,高棉帝国在应对吴哥自然环境的优势和劣势时，采取的策略是修建日益庞大、复杂且难以修缮的水利系统，导致无路可退。这5个因素相互交织：气候变化和水土侵蚀削弱了高棉人的实力，以致他们再也无力抵抗外敌，无力修缮和改进水利系统，他们从农业经济转为海上贸易，但最后偏移的贸易路线和政治权力使海上贸易也变得无利可图。

我们还可以将高棉的衰落置于崩溃的谱系范围内考量，两极分别是快速且致命的崩塌和缓慢且非致命的消亡。位于前一级的是格陵兰岛西部定居点的覆灭，所有人很可能在一个冬季里全部死亡。吴哥的衰落看似位于另外一极：它在好几个世纪里逐渐向外延散，人口逐渐搬离，并且没有证据表明发生过大规模的人口死亡。尽管如此，结果还是毫不含糊地走向了崩溃：以前的大都市核心地带、曾经的世界一流城市、东南亚最强帝国，都已是过往云烟，而今这片土地上只剩下几个村落零星可见。

对所有着迷于吴哥的荣耀与神秘的人来说，这些年是激动人心的。在20世纪考古调查的基础上，我们在过去10年里获得了许多有关这座城市的详尽信息。但是几个重大的问题还没有得到解决，下个10年有望会更加令人振奋。以下是我就5个问题列出的简短清单，希望能在2020年之前得到答案：

吴哥人用于建筑和燃料的木材是从何处获取的？这座城市里生活着75万人，他们必然需要大量的木材来建造房屋和其他建筑，以及用来制作做饭用的木炭。虽然吴哥平原和库伦山脉许多地方的原始森林遭到砍伐，但是我们难以想象在这之后，他们在房屋周围种植的树木如何能够满足这么庞大的人口的需求。

高棉人是如何管理水资源的？他们一定有办法记录季风时节并预测季风带来的水流。人工湖中间的神坛在管理沟渠网络中发挥着什么作用？高棉人是如何在没有水泵的情况下在地表运送水？西池不是从地下挖出来的，而是建在地面上的，并且位置明显突出，使得取水渠在出口处形成了高于地面几英尺的水位。高棉的水利工程师是如何根据需求将水流从一个渠道引入另一个渠道的呢？这些沟渠有可移动的闸门吗？

整个水利系统是如何运转的？该系统中坐落着许多大型建筑物，但其功能尚未可知。

为什么吴哥大部分区域在17世纪遭到遗弃后，花了这么长时间才恢复到以前的人口密度呢？这对玛雅南部低地来说同样是个谜，它在1524年科尔斯登陆时仍然人口稀疏，这距离古典时期玛雅的崩溃已有六七个世纪之久。

最后，我在本章开篇提到，除了吴哥，在世界其他季节性潮湿的热带地区也存在过不计其数的低密度城市，但是所有这些城市都在过去5个世纪中，在欧洲扩张之前崩溃。吴哥以及其他所有此类的城市无法长久持续，它们的致命缺陷是什么呢？

致 谢

我必须承认，有许多人为本书的创作做出了重要贡献，对此我深表感激。探究本书内容的过程中充满了趣味，且不乏令人激动不已的瞬间，很幸运有朋友和同事与我分享这些时刻。

首先我欠6位朋友一个英雄勋章，他们阅读了全部手稿，并且给出评价，他们就是：Julio Betancourt、Stewart Brand、我的妻子 Marie Cohen、Paul Ehrlich、Alan Grinnell 和 Charles Redman。此外，我还欠企鹅出版集团（纽约）的编辑、维京企鹅出版公司（伦敦）的 Stefan McGrath 和 Jon Turney，以及我的经纪人 John Brockman 和 Katinka Matson 一个更大的感谢，他们不光阅读了全部手稿，还以各种方式参与了本书从最初的抽象概念到最后面世的过程。Gretchen Daily、Larry Linden、Ivan Barkhorn 和 Bob Waterman 阅读了后面几章有关现代社会的内容并提出了意见，在此我也深表谢意。

Michelle Fisher-Casey 不厌其烦地将全部手稿录入，Boratha Yeang 梳理了相关书目和文章，Ruth Mandel 整理了插图资料，

Jeffrey Ward 负责了全书的地图。

我在加州大学洛杉矶分校地理系任教，曾连续向两届本科生介绍了本书的大部分素材。我还曾在斯坦福大学人类学系的研究生研讨会上作为访问学者开设了一门微型课程。我的这些学生还有同事们甘愿担当小白鼠，贡献了许多新颖且刺激的观点。

本书中有7章内容都是基于早前的文章进行阐发，那些文章曾发表于《发现》杂志、《纽约书评》、《哈珀斯》杂志和《自然》杂志上。特别是第12章关于中国的内容，是基于我和刘建国共同撰写的文章进行拓展，由刘建国负责起草并搜集资料。

我还要感谢其他的朋友和同事，他们以这样或那样的方式参与了具体某一章的创作。比如，有人安排我到他们生活或研究的国家访问，为我提供实地指导，耐心地与我分享他们的经验，并为我提供了相关文章和参考资料，对某一章的内容提供建议，等等。他们慷慨地付出了自己的时间，感激之情，无以言表。下面将他们分章列出。

第一章：Allen Bjergo、Marshall and Tonia and Seth Bloom、Diane Boyd、John and Pat Cook、John Day、Gary Decker、John and Jill Eliel、Emil Erhardt、Stan Falkow、Bruce Farling、Roxa French、Hank Goetz、Pam Gouse、Roy Grant、Josette Hackett、Dick and Jack Hirschy、Tim and Trudy Huls、Bob Jirsa、Rick and Frankie Laible、Jack Losensky、Land Lindbergh、Joyce McDowell、Chris Miller、Chip Pigman、Harry Poett、Steve Powell、Jack Ward Thomas、Lucy Tompkins、Pat Vaughn、Marilyn Wildee、Vern and Maria Woolsey。

第二章：Jo Anne Van Tilburg、Barry Rolett、Claudio Cristino、Sonia Haoa、Chris Stevenson、Edmundo Edwards、Catherine Orliac、Patricia Vargas。

第三章：Marshall Weisler。

第四章：Julio Betancourt、Jeff Dean、Eric Force、Gwinn Vivian、Steven LeBlanc。

第五章：David Webster、Michael Coe、Bill Turner、Mark Brenner、Richardson Gill、Richard Hansen。

第六章：Gunnar Karlsson、Orri Vésteinsson、Jesse Byock、Christian Keller、Thomas McGovern、Paul Buckland、Anthony Newton、Ian Simpson。

第七章和第八章：Christian Keller、Thomas McGovern、Jette Arneborg、Georg Nygaard、Richard Alley。

第九章：Simon Haberle、Patrick Kirch、Conrad Totman。

第十章：René Lemarchand、David Newbury、Jean-Philippe Platteau、James Robinson、Vincent Smith。

第十一章：Andres Ferrer Benzo、Walter Cordero、Richard Turits、Neici Zeller、Luis Arambilet、Mario Bonetti、Luis Carvajal、Roberto and Angel Cassá、Carlos Garcia、Raimondo Gonzalez、Roberto RodríguezMansfield、Eleuterio Martinez、Nestor Sanchez Sr.、Nestor Sanchez Jr.、Ciprian Soler、Rafael Emilio Yunén、Steve Latta、James Robinson、John Terborgh。

第十二章：Jianguo（Jack）Liu。

第十三章：Tim Flannery、Alex Baynes、Patricia Feilman、Bill

McIntosh、Pamela Parker、Harry Recher、Mike Young、Michael Archer、K. David Bishop、Graham Broughton、Senator Bob Brown、Judy Clark、Peter Copley、George Ganf、Peter Gell、Stefan Hajkowicz、Bob Hill、Nalini Klopf、David Paton、Marilyn Renfrew、Prue Tucker、Keith Walker。

第十四章：Elinor Ostrom、Marco Janssen、Monique Borgerhoff Mulder、Jim Dewar、Michael Intrilligator。

第十五章：Jim Kuipers、Bruce Farling、Scott Burns、Bruce Cabarle、Jason Clay、Ned Daly、Katherine Bostick、Ford Denison、Stephen D'Esposito、Francis Grant-Suttie、Toby Kiers、Katie Miller、Michael Ross，还有商界的其他许多人，在此就不一一列出。

第十六章：Rudy Drent、Kathryn Fuller、Terry Garcia、Frans Lanting、Richard Mott、Theunis Piersma、William Reilly、Russell Train。

这些研究得到了 W. Alton Jones 基金会、Jon Kannegaard、Michael Korney、Eve and Harvey Masonek、Samuel F. Heyman and Eve Gruber Heyman 1981 Trust Undergraduate Research Scholars 基金、Sandra McPeak、Alfred P. Sloan 基金会、Summit 基金会、Weeden 基金会和 Winslow 基金会的慷慨支持。

延伸阅读

以下是我筛选后的参考书目,供有心进一步研究的读者参考。我尽量列出最近的出版物,读者同时可从这些出版物中了解更早的文献,以免书目数据过于庞大。此外,我还列出了一些重要参考书籍和期刊文章。期刊名称出现在文章篇名之后的括号内,期刊名之后是卷数,冒号后是文章首尾页码,最后则是出版年份。

序曲

有关世界各地古代文明社会崩溃的比较研究,具有影响力的著作包括 Joseph Tainter 的 *The Collapse of Complex Societies*(Cambridge: Cambridge University Press, 1988)与 Norman Yoffee、George Cowgill 等人编著的 *The Collapse of Ancient States and Civilizations*(Tucson: University of Arizona Press, 1988)。着重于古代社会对环境的冲击或环境冲击在社会崩溃中扮演的角色的专著:Clive Ponting 的 *A Green History of the World: The Environment and the Collapse of Great Civilizations*(New York: Penguin, 1991);Charles Redman 的 *Human Impact on Ancient Environments*(Tucson: University of Arizona Press, 1999);D.M.Kammen、K.R.Smith、K.T.Rambo 与 M.A.K. Khalil 编著的 *Preindustrial Human Environmental Impacts: Are There Lessons for Global Change Science and Policy?*(Chemosphere, volume 29, no. 5, September 1994);还有 Charles Redman、Steven James、Paul Fish 与 J.Daniel Rogers 编著的 *The Archaeology of Global Change: The Impact of Humans on Their Environment*(Washington, D.C.: Smithsonian Books, 2004)。至于古代社会的比较研究,探讨气候变化对社会的影响可参考 Brian Fagan 的三本

著作：*Floods, Famines, and Emperors: El Niño and the Fate of Civilizations*（New York: Basic Books, 1999）；*The Little Ice Age*（New York: Basic Books, 2001）；*The Long Summer: How Climate Changed Civilization*（New York: Basic Books, 2004）。

关于国家兴衰的比较研究，可参考 Peter Turchin 著 *Historical Dynamics: Why States Rise and Fall*（Princeton, N.J.: Princeton University Press, 2003）和 Jack Goldstone 的 *Revolution and Rebellion in the Early Modern World*（Berkeley: University of California Press, 1991）。

第一章

有关蒙大拿州的发展史，请参考 Joseph Howard 的 *Montana: High, Wide, and Handsome*（New Haven: Yale University Press, 1943），K. Ross Toole 的 *Montana: An Uncommon Land*（Norman: University of Oklahoma Press, 1959），K. Ross Toole 的 *20th-century Montana: A State of Extremes*（Norman: University of Oklahoma Press, 1972），以及 Michael Malone、Richard Roeder 与 William Lang 合著的 *Montana: A History of Two Centuries*（修订版）（Seattle: University of Washington Press, 1991）。Russ Lawrence 也为比特鲁特山谷出版了一本图志：*Montana's Bitterroot Valley*（Stevensville. Mont.: Stoneydale Press, 1991）。至于比格霍尔盆地的发展史，可参考 Bertha Francis 著 *The Land of Big Snows*（Butte, Mont.: Caxton Printers, 1955）。有关蒙大拿与美国西部山区的经济问题，参看 Thomas Power 著 *Lost Landscapes and Failed Economies: The Search for Value of Place*（Washington, D.C.: Island Press, 1996）以及 Thomas Power 与 Richard Barrett 合著的 *Post-Cowboy Economics: Pay and Prosperity in the New American West*（Washington, D.C.: Island Press, 2001）。蒙大拿矿业发展史及其对环境的冲击可参见这两本书：David Staler 著 *Wounding the West: Montana, Mining, and the Environment*（Lincoln: University of Nebraska Press, 2000）与 Michael Malone 著 *the Battle for Butte: Mining and Politics on the Northern Frontier, 1864—1906*（Helena, Mont.: Montana Historical Society Press, 1981）。论森林火灾的专著包括 Stephen Pynes 的著作 *Fire in America: A Cultural History of Wildland and Rural Fire*（Princeton, N.J.: Princeton University Press, 1982）与 *Year of the Fires: The Story of the Great Fires of 1910*（New York: Viking Penguin, 2001）。讨论美国西部火灾问题的书，可参考 Stephen Arno 与 Steven Allison-Bunnell 合著的 *Flames in our Forests: Disaster or Renewal?*（Washington,

D.C.: Island Press, 2002), 其中一位作者是比特鲁特山谷的居民。Harsh Bais 等人在论文 "Allelopathy and exotic plant invasion: from molecules and genes to species interactions" [Science 301:1377-1380 (2003)] 中表示, 斑点矢车菊会从根部分泌一种不会伤害自己、只会毒害本土植物的毒素。美国西部 (包括蒙大拿) 农牧业对环境的冲击, 见 Lynn Jacobs 在 *Waste of the West: Public Lands Ranching* (Tucson: Lynn Jacobs, 1991) 一书中的讨论。

本章讨论的蒙大拿问题, 可从下列网站或通过以下组织的电子邮件地址得到最新数据: Bitterroot Land Trust: www.BitterRootLandTrust.org; Bitterroot Valley Chamber of Commerce: www.bvchamber.com; Bitterroot Water Forum: brwaterforum@bitterroot.mt; Friends of the Bitterroot: www. FriendsoftheBitterroot.org; Montana Weed Control Association: www. mtweed.org; Plum Creek Timber: www. plumcreek.com; Trout Unlimited's Missoula office: montrout@montana.com; Whirling Disease Foundation: www.whiriing-disease.org; Sonoran Institute: www. sonoran.org/programs/ si_se; Center for the Rocky Mountain West: www.crmw.org/ read; Montana Department of Labor and Industry: http://rad.dli.state.mt.us/ pubs/ profile.asp; Northwest Income Indicators Project: http://niip.wsu.edu/。

第二章

如果大众读者想对复活节岛有个大概的认识, 下面三本书是很好的起点: John Flenley 与 Paul Bahn 合著的 *The Enigmas of Easter Island* (New York: Oxford University Press, 2003), 此书是这两位作者前一本书 *Easter Island, Earth Island* (London: Thames and Hudson, 1992) 更新后的版本; 还有 Jo Anne Van Tilburg 写的两本书 *Easter Island: Archaeology, Ecology, and Culture* (Washington, D.C.: Smithsonian Institution Press, 1994) 和 *Among Stone Giants* (New York: Scribner, 2003)。最后那本书是了不起的英国考古学家 Katherine Routledge 的传记, 这位考古学家在 1914—1915 年在岛上采访岛民, 记录了岛民记忆中最后的奥朗戈宗教仪式。她的一生就像一部精彩的小说一样引人入胜。

近年来出版的有关复活节岛的专著包括: Catherine Orliac 和 Michel Orliac 合著的 *The Silent Gods: Mysteries of Easter Island* (London: Thames and Hudson, 1995); 还有 John Loret 与 John Tancredi 共同编著的 *Easter Island: Scientific Exploration into the World's Environmental Problems in Microcosm* (New York: Kluwer/Plenum, 2003), 书中 13 个章节论述了近年来科学家在岛上考察的结果。对

复活节岛有兴趣深入研究的人可参考较早出版的两本经典之作：Katherine Routledge 的专著 *The Mystery of Easter Island*（London:Sifton Praed, 1919, reprinted by Adventure Unlimited Press, Kempton, Ill.,1998）和 Alfred Métraux 的作品 *Ethnology of Easter Island*（Honolulu: Bishop Museum Bulletin 160, 1940, reprinted 1971）。另外，Eric Kjellgren 编著的 *Splendid Isolation: Art of Easter Island*（New York: Metropolitan Museum of Art, 2001）收录了数十张照片，很多是彩色的，有复活节岛上的石像、朗戈朗戈木板、卡瓦卡瓦摩艾、穿树皮布的人，还有一个红色羽毛做的头饰——巨人石像的红色石帽普卡奥，也许就是由这种头饰启发的灵感。

Jo Anne Van Tilburg 写的论文包括："Easter Island（Rapa Nui）archaeology since 1955: some thoughts on progress, problems and potential," pp. 555-577，收录于 J. M. Davidson 等人编著的 *Oceanic Culture History: Essays in Honour of Roger Green*（New Zealand Journal of Archaeology Special Publication,1996）；与 Cristian Arévalo Pakarati 共同发表的 "The Rapanui carvers' perspective: notes and observations on the experimental replication of monolithic sculpture（moai）," pp. 280-290, 收录于 A. Herle 等人编著的 *Pacific Art: Persistence, Change and Meaning*（Bathurst, Australia: Crawford House, 2002）；以及与 Ted Ralston 合作写的 "Megaliths and mariners: experimental archaeology on Easter Island（Rapa Nui）"，收录于 K. L. Johnson 等人编著的 *Onward and Upward! Papers in Honor of Clement W. Meighan*（University Press of America）。上述的最后两篇论文描述了考古学家为了弄清石像的雕刻、搬运过程和搬运时间所做的实验研究。

有关波利尼西亚聚落的形成或人类在太平洋的发展，有很多好书值得大众读者参考：Patrick Kirch 的 *On the Road of the Winds: An Archaeological History of the Pacific Islands Before European Contact*（Berkeley: University of California Press, 2000）、*The Lapita Peoples: Ancestors of the Oceanic World*（Oxford: Blackwell, 1997）与 *The Evolution of the Polynesian Chiefdoms*（Cambridge: Cambridge University Press, 1984）；Peter Bellwood 所著的 *The Polynesians: Prehistory of an Island People*（修订版）（London: Thames and Hudson, 1987）；Geoffrey Irwin 著 *The Prehistoric Exploration and Colonisation of the Pacific*（Cambridge: Cambridge University Press, 1992）。David Lewis 的 *We, the Navigators*（Honolulu: University Press of Hawaii,1972）对太平洋传统航海技术有独到的描述。作者是个现代航海家，与现今仅存的还采取古代航海方式的原住民一起远航，以研究传统的航海技术。Patrick Kirch 与 Terry Hunt 共同编著的 *Historical Ecology in the Pacific*

Islands: Prehistoric Environmental and Landscape Change（New Haven, Conn.: Yale University Press, 1997）收录了多篇论文，讨论人类对复活节岛等太平洋群岛生态环境的冲击。

Thor Heyerdahl 写的两本书也可参考，即 *The Kon-Tiki Expedition*（London: Alien & Unwin, 1950）与 *Aku-Aku: The Secret of Easter Island*（London: Alien& Unwin, 1958）。这两本书引发我对复活节岛的兴趣，也使得很多读者想一探究竟。Heyerdahl 还带考古学家去复活节岛做考察挖掘，因此对复活节岛做了另一种相当不同的诠释，见 Thor Heyerdahl 与 E. Ferdon, Jr. 共同编著的 *Reports of the Norwegian Archaeological Expedition to Easter Island and the East Pacific, vol. 1: The Archaeology of Easter Island*（London: Alien & Unwin,1961）。Steven Fischer 写的两本书 *Glyph Breaker*（New York: Copernicus,1997）和 *Rongorongo: The Easter Island Script*（Oxford: Oxford University Press, 1997）描述了 Fischer 如何解读"朗戈朗戈木板"文字。Andrew Sharp 编著的 *The Journal of Jacob Roggeveen*（London: Oxford University Press, 1970）reprints on pp. 89-106 有第一个来到复活节岛的欧洲人的描述。

Claudio Cristino、Patricia Vargas 与 R. Izaurieta 合著的 *Atlas Arqueológico de Isla de Pascua*（Santiago: University of Chile, 1981）对复活节岛上的考古研究进行了简要介绍。有关复活节岛，更详细的讨论可以参看 Easter Island Foundation 定期出版的期刊 *Rapa Nui Journal*，该基金会偶尔也出版有关复活节岛的会议论文集。重要的论文集有：Claudio Cristino、Patricia Vargas 等人合编的 *First International Congress, Easter Island and East Polynesia, vol. 1Archaeology*（Santiago: University of Chile, 1988）；Patricia Vargas Casanova 编的 *Easter Island and East Polynesia Prehistory*（Santiago: University of Chile, 1998）；还有 Christopher Stevenson、William Ayres 合编的 *Easter Island Archaeology: Research on Early Rapanui Culture*（Los Osos, Calif.: Easter Island Foundation, 2000）。至于复活节岛民与其他族群文化接触的历史，可参看 Claudio Cristino 等著 *Isla de Pascua: Procesos, Alcances y Efectos de la Aculturación*（Easter Island: University of Chile, 1984）一书中的简要介绍。

David Steadman 的鸟类骨头辨识报告及在阿纳克纳海滩的考古发现见下面三篇论文："Extinctions of birds in Eastern Polynesia: a review of the record, and comparisons with other Pacific Island groups"［*Journal of Archaeological Science* 16:177-205（1989）］与"Stratigraphy, chronology, and cultural context of an early faunal assemblage from Easter Island"［Asian Perspectives 33:79-96（1994）］，这两篇文章都是由 Patricia Vargas 和 Claudio Cristino 合著；还有 "Prehistoric extinctions of Pacific Island birds: biodiversity meets zooarchaeology"［Science 267:1123-1131（1995）］。我们可在 William Ayres 发表的 "Easter Island subsistence"［Journal de la Société des Océanistes 80:103-124（1985）］看到有关岛民食物更进一步的考古证据。至于复活节岛上棕榈树消失之谜的解释和湖底沉积物中的花粉研究，见下面论文：J. R. Flenley 和 Sarah King 共同发表的 "Late Quaternary pollen records from Easter Island"［Nature 307:47-50（1984）］；J. Dransfield 等人写的 "A recently extinct palm from Easter Island"［Nature 312:750-752（1984）］；J. R. Flenley 等人发表的 "The Late Quaternary vegetational and climatic history of Easter Island"［Journal of Quaternary Science 6:85-115（1991）］。Catherine Orliac 的研究结果见上述 Stevenson 与 Ayres 编辑的期刊和 "Données nouvelles sur la composition de la flore de l'Île de Pâques"［Journal de la Société des Océanistes 2:23-31（1998）］。至于 Claudio Cristino 及其研究同人的研究结果，可参看下面论文：Claudio Cristino 与 Christopher Stevenson 合作的 "Residential settlement history of the Rapa Nui coastal plain"［Journal of New World Archaeology 7:29-38（1986）］；Daris Swindler、Andrea Drusini 与 Claudio Cristino 共同发表的 "Variation and frequency of three-rooted first permanent molars in precontact Easter Islanders: anthropological significance"［Journal of the Polynesian Society 106:175-183（1997）］；Claudio Cristino 与 Patricia Vargas 共同发表的 "Ahu Tongariki, Easter Island: chronological and sociopolitical significance"［Rapa Nui Journal 13:67-69（1999）］。

Christopher Stevenson 论集约农业和石块覆盖法的论文见 Archaeological Investigations on Easter Island; Maunga Tari: An Upland Agriculture Complex（Los Osos, Calif.: Easter Island Foundation, 1995）以及他与 Joan Wozniak、Sonia Haoa 共同发表的 "Prehistoric agriculture production on Easter Island（Rapa Nui）, Chile"［Antiquity 73:801-812（1999）］，还有他和 Thegn Ladefoged、Sonia Haoa 共同发表的 "Productive strategies in an uncertain environment: prehistoric agriculture on Easter Island"［Rapa Nui Journal 16:17-22（2002）］。Christopher Stevenson 在 "Territorial divisions on Easter Island in the 16th century: evidence from the distribution of ceremonial architecture," pp. 213-229, 这篇论文重现了复活节岛上 11 个传统氏族的界线，见 T. Ladefoged 与 M. Graves 编著的 Pacific Landscapes（Los Osos, Calif.: Easter Island Foundation, 2002）。

世界上还有其他地区也采用石块覆盖法，更多的证据参考 Dale Lightfoot 的论文"Morphology and ecology of lithic-mulch agriculture"[*Geographical Review* 84:172-185（1994）] 以及 Carleton White 等人发表的"Water conservation through an Anasazi gardening technique"[*New Mexico Journal of Science* 38:251-27（1998）]。有关波伊克半岛上的森林砍伐及土壤侵蚀情况，见 Andreas Mieth 与 Hans-Rudolf Bork 的讨论："Diminution and degradation of environmental resources by prehistoric land use on Poike Peninsula, Easter Island（Rapa Nui）"[*Rapa Nui Journal* 17:34-41（2003）]。Karsten Haase 等人发表的"The petrogenetic evolution of lavas from Easter Island and neighboring seamounts, near-ridge hotspot volcanoes in the S.E.Pacific"[*Journal of Petrology* 38:785-813（1997）] 分析了复活节岛上火山的形成年代和化学成分。Erika Hagelberg 等人发表的"DNA from ancient Easter Islanders"[*Nature* 369:25-26（1994）] 则对 12 个复活节岛民的骨骸做了 DNA 分析。James Brander 与 M. Scott Taylor 的论文"The simple economics of Easter Island: a Ricardo-Malthus model of renewable resource use"[*American Economic Review* 38:119-138（1998）] 则从经济学观点来检视复活节岛上资源过度利用的情形。

第三章

有关东南波利尼西亚聚落，见第二章延伸阅读中有关波利尼西亚聚落形成的资料，即 Tim Benton 与 Tom Spencer 编著的 *The Pitcairn Islands: Biogeography, Ecology, and Prehistory*（London: Academic Press, 1995）。这是 1991—1992 年科学家在皮特凯恩岛、亨德森岛及奥埃诺、迪西环礁研究考察的报告。该书的 27 章讨论到这些群岛的地理、植物、鸟类（包括在亨德森岛灭绝的鸟类）、鱼类、陆上和海洋中的无脊椎动物，以及人类对当地生态环境造成的冲击。

本书提到波利尼西亚族群在皮特凯恩岛和亨德森岛殖民的资料，来自上述论文集中的一章，即 Marshall Weisler 及其研究同人的研究成果："Henderson Island prehistory: colonization and extinction on a remote Polynesian island"（pp. 377-404）。Weisler 还发表了两篇概论式的报告："The settlement of marginal Polynesia: new evidence from Henderson Island"[*Journal of Field Archaeology* 21:83-102（1994）] 和"An archaeological survey of Mangareva: implications for regional settlement models and interaction studies"[*Man and Culture and Oceania* 12:61-85（1996）]。Weisler 在其他 4 篇论文中解释了如何对当地发现的玄武岩石锛进行化学分析，

以了解玄武岩源于何地，也有助于了解当时的贸易路线："Provenance studies of Polynesian basalt adzes material: a review and suggestions for improving regional databases" [*Asian Perspectives* 32:61-83（1993）]；他与 Jon D.Whitead 共同发展的 "Basalt pb isotope analysis and the prehistoric settlement of Polynesia." [*Proceedings of the National Academy of Sciences*, USA 92:1881-1885（1995）]；他与 Patrick V. Kirch 共同发表的 "Interisland and interarchipelago transfer of stone tools in prehistoric Polynesia" [*Proceedings of the National Academy of Sciences*, USA 93:1381-1385（1996）]；以及 "Hard evidence for prehistoric interaction in Polynesia" [*Current Anthropology* 39:521-532（1998）]。讨论波利尼西亚东部与东南部贸易网络的论文有：Marshall Weisler 与 R. C. Green 共同发表的 "Holistic approaches to interaction studies: a Polynesian example," pp. 413-453，收录于 Martin Jones 与 Peter Sheppard 编著的 *Australasian Connections and New Directions*（Auckland, N.Z.: Department of Anthropology, University of Auckland, 2001）；R. C. Green 和 Marshall Weisler 共同发表的 "The Mangarevan sequence and dating of the geographic expansion into Southeast Polynesia" [*Asian Perspectives* 41:213-241（2002）]；以及 Marshall Weisler 发表的 "Centrality and the collapse of long-distance voyaging in East Polynesia," pp. 257-273，收录于 Michael D. Glascock 编著的 *Geochemical Evidence for Long-Distance Exchange*（London: Bergin and Garvey, 2002）。有关亨德森岛上的作物和骨骸，见 Jon G. Hather 与 Marshall Weisler 合作发表的 "Prehistoric giant swamp taro (*Cyrtosperma chamissonis*) from Henderson Island, Southeast Polynesia" [*Pacific Science* 54:149-156（2000）] 以及 Sara Collins 和 Marshall Weisler 的论文 "Human dental and skeletal remains from Henderson Island, Southeast Polynesia" [*People and Culture in Oceania* 16:67-85（2000）]，还有 Vincent Stefan、Sara Collins 与 Marshall Weisler 共同发表的 "Henderson Island crania and their implication for southeastern Polynesian prehistory" [*Journal of the Polynesian Society* 111:371-383（2002）]。

对皮特凯恩岛有兴趣或是喜欢看精彩故事的人请勿错过 Charles Nordhoff 与 James Norman Hall 合著的小说 *Pitcairn's Island*（Boston: Little, Brown,1934）。此书以写实笔法描述《叛舰喋血记》中的布莱船长及船员在船舰被夺回后，在皮特凯恩岛一带漂流以及和波利尼西亚人生活的情况。这一史实详细经过可参阅 Caroline Alexander 的书 *The Bounty*（New York: Viking, 2003）。

第四章

有关美国西南部的史前历史，有许多著作可于供大众读者参考，有的还附上了彩色插图和照片，如 Robert Lister 与 Florence Lister 合著的 *Chaco Canyon*（Albuquerque: University of New Mexico Press, 1981），Stephen Lekson 著 *Great Pueblo Architecture of Chaco Canyon, New Mexico*（Albuquerque: University of New Mexico Press, 1986），William Ferguson 和 Arthur Rohn 合著的 *Anasazi Ruins of the Southwest in Color*（Albuquerque: University of New Mexico Press, 1987），Linda Cordell 的 *Ancient Pueblo Peoples*（Montreal: St. Remy Press, 1994），Stephen Plog 的 *Ancient Peoples of the American Southwest*（New York: Thames and Hudson, 1997），Linda Cordell 的 *Archaeology of the Soutwest*（第二版）（San Diego: Academic Press, 1997），以及 David Stuart 的 *Anasazi America*（Albuquerque: University of New Mexico Press, 2000）。

还有三本介绍明布雷斯彩陶的图书也不可错过：J. J. Brody 著 *Mimbres Painted Pottery*（Santa Fe: School of American Research, 1997）；Steven LeBlanc 著 *The Mimbres People: Ancient Pueblo Painters of the American Southwest*（London: Thames and Hudson, 1983）；Tony Berlant、Steven LeBlanc、Catherine Scott 与 J. J. Brody 合著的 *Mimbres Pottery: Ancient Art of the American Southwest*（New York: Hudson Hills Press, 1983）。

有关阿纳萨齐印第安部落及其邻近部落的战争，详细描述参见 Christy Turner II 与 Jacqueline Turner 合著的 *Man Corn: Cannibalism and Violence in the Prehistoric American Southwest*（Salt Lake City: University of Utah Press,1999），Steven LeBlanc 著 *Prehistoric Warfare in the American Southwest*（Salt Lake City: University of Utah Press, 1999），以及 Jonathan Haas 与 Winifred Creamer 合著的 *Stress and Warfare Among the Kayenta Anasazi of the Thirteenth Century A.D.*（Chicago: Field Museum of Natural History, 1993）。

有关美国西南族群的论文或学术著作包括 Paul Minnis 著 *Social Adaptation to Food Stress: A Prehistoric Southwestern Example*（Chicago:University of Chicago Press, 1985）、W. H. Wills 著 *Early Prehistoric Agriculture in the American Southwest*（Santa Fe: School of American Research, 1988）、R. Gwinn Vivian 著 *The Chacoan Prehistory of the San Juan Basin*（San Diego: Academic Press, 1990）、Lynne Sebastian 著 *The Chaco Anasazi: Sociopolitical Evolution and the Prehistoric Southwest*（Cambridge: Cambridge University Press, 1992），以及 Charles Redman 著

People of the Tonto Rim: Archaeology Discovery in Prehistoric Arizona（Washington, D.C.: Smithsonian Institution Press, 1993）。Eric Force、R. Gwinn Vivian、Thomas Windes 与 Jeffrey Dean 在专论 *Relation of "Bonito" Paleo-channel and Base-level Variations to Anasazi Occupation, Chaco Canyon, New Mexico*（Tuscon: Arizona State Museum, University of Arizona, 2002）中再次评估干河道下蚀使查科峡谷水位下降的影响。有关林鼠贝冢的一切，你可从 Julio Betancourt、Thomas Van Devender 与 Paul Martin 合著的 *Packrat Middens*（Tucson: University of Arizona Press,1990）中得到答案。

很多论文集收录了不少有关美国西南部的文献资料，如 David Grant Nobel 编著的 *New Light on Chaco Canyon*（Santa Fe: School of American Research,1984）; George Gumerman 编著的 *The Anasazi in a Changing Environment*（Cambridge: Cambridge University Press, 1988）; Patricia Crown 与 W. James Judge 共同编著的 *Chaco and Hohokam: Prehistoric Regional Systems in the American Southwest*（Santa Fe: School of American Research,1991）; David Doyel 编著的 *Anasazi Regional Organization and the Chaco System*（Albuquerque: Maxwell Museum of Anthropology, 1992）; Michael Adler 编著的 *The Prehistoric Pueblo World A.D. 1150–1350*（Tucson: University of Arizona Press, 1996）; Jill Neitzel 编著的 *Great Towns and Regional Polities in the Prehistoric American Southwest and Southeast*（Dragoon, Ariz.: Amerind Foundation, 1999）; Michelle Hegmon 编著的 *The Archaeology of Regional Interaction: Religion, Warfare, and Exchange Across the American Southwest and Beyond*（Boulder: University Press of Colorado, 2000）; Michael Diehl 与 Steven LeBlanc 合著的 *Early Pithouse Villages of the Mimbres Valley and Beyond*（Cambridge, Mass.: Peabody Museum of Archaeology and Ethnology, Harvard University, 2001）。

我所引用的书目资料可作为美国西南部研究论文的路标。与本章有关的几篇论文在此将一一列出。Julio Betancourt 及其研究同人发表的论文有助于我们了解古代查科峡谷的植物：Julio Betancourt 和 Thomas Van Devender 共同发表的"Holocene vegetation in Chaco Canyon, New Mexico" [*Science* 214:656-658（1981）]; Michael Samuels 与 Julio Betancourt 的论文"Modeling the long-term effects of fuelwood harvests on pinyon-juniper woodlands" [*Environmental Management* 6:505-515（1982）]; 以及 Julio Betancourt、Jeffrey Dean 和 Herbert Hull 发表的"Prehistoric long-distance transport of construction beams, Chaco Canyon, New Mexico" [*American Antiquity* 51:370-375（1986）]。至于阿纳萨齐木材用途的变

化，有两篇论文可以参考，一是 Timothy Kohler 和 Meredith Matthews 发表的 "Long-term Anasazi land use and forest production: a case study of Southwest Colorado" [*American Antiquity* 53:537-564（1988）]，另一是 Thomas Windes 和 Dabney Ford 的 "The Chaco wood project: the chronometric reappraisal of Pueblo Bonito" [*American Antiquity* 61:295-310（1996）]。William Bull 在他的论文 "Discontinuous ephemeral streams" [*Geomorphology* 19:227-276（1997）] 中对河道切割的复杂起因提出了很好的讨论。有两篇论文讨论利用锶的同位素来辨识查科峡谷地区阿纳萨齐印第安人用的木材和玉米来自何方：木材方面的研究见 Nathan English、Julio Betancour、Jeffrey Dean 与 Jay Quade 发表的 "Strontium isotopes reveal distant sources of architectural timber in Chaco Canyon, New Mexico" [*Proceedings of the National Academy of Sciences*, USA 98:11891-11896（2001）]；玉米方面的研究参看 Larry Benson 等人发表的 "Ancient maize from Chacoan great houses: where was it grown?" [*Proceedings of the National Academy of Sciences*, USA 100:13111-13115（2003）]。有关凯恩塔阿纳萨齐人在长屋谷一带的人口总数和可能实施的农业，见 R. L. Axtell 等人的论文："Population growth and collapse in a multiagent model of the Kayenta Anasazi in Long House Valley" [*Proceedings of the National Academy of Sciences, USA* 99:7275-7279（2002）]。

第五章

有关玛雅文明的崩溃，有三本最近出版的书各提出不同的观点，即 David Webster 著 *The Fall of the Ancient Maya*（New York: Thames and Hudson, 2002）、Richardson Gill 著 *The Great Maya Droughts*（Albuquerque: University of New Mexico Press, 2000）以及 Arthur Demerest、Prudence Rice 与 Don Rice 共同编著的 *The Terminal Classic in the Maya Lowlands*（Boulder: University Press of Colorado, 2004）。Webster 对玛雅社会和历史进行概述，从人口与资源分配的角度来解释玛雅的崩溃，而 Gill 则把焦点放在气候变化，以干旱作为主因，至于 Demerest 等人则强调各遗址之间的差异，比较不关注生态方面的变因。更早的探讨见 T. Patrick Culbert 编著的 *The Classic Maya Collapse*（Albuquerque: University of New Mexico Press, 1973）与 T. Patrick Culbert、D. S. Rice 合编的 *Precolumbian Population History in the Maya Lowlands*（Albuquerque: University of New Mexico Press, 1990）。David Lentz 编著的 *Imperfect Balance: Landscape Transformation in the Precolumbian Americas*（New York: Columbia University Press, 2000）中有好几

个章节讨论到玛雅的崩溃，同时也提到其他族群，如在霍霍卡姆、安第斯山和密西西比地区的印第安人族群。

简要介绍特定玛雅城市的繁华与衰落的书包括：David Webster、AnnCorinne Freter 与 Nancy Gonlin 合著的 *Copán: The Rise and Fall of an Ancient Maya Kingdom*（Fort Worth: Harcourt Brace, 2000）；Peter Harrison 著 *The Lords of Tikal*（New York: Thames and Hudson, 1999）；Stephen Houston 著 *Hieroglyphs and History at Dos Pilas*（Austin: University of Texas Press,1993）；M. P. Dunning 著 *Lords of the Hills: Ancient Maya Settlement in the Puuc Region, Yucatán, Mexico*（Madison, Wis.: Prehistory Press, 1992）。有关玛雅历史和社会的专著，可参见：Michael Coe 著 *The Maya*（第六版）（New York: Thames and Hudson, 1999）；Simon Martin 与 Nikolai Grube 合著的 *Chronicle of the Maya Kings and Queens*（New York: Thames and Hudson, 2000）；Robert Sharer 著 *The Ancient Maya*（Stanford, Calif.: Stanford University Press, 1994）；Linda Schele 与 David Freidel 合著的 *A Forest of Kings*（New York: William Morrow, 1990）；Linda Schele 与 Mary Miller 合著的 *The Blood of Kings*（New York: Braziller, 1986）。不过这些书籍并没有把焦点放在玛雅的崩溃上。

John Stephens 把自己的发现写成两部经典之作：一本是 *Incidents of Travel in Central America, Chiapas and Yucatan*（New York: Harper, 1841），另一本是 *Incidents of Travel in Yucatan*（New York: Harper, 1843）。两书皆由 Dover Publications 再版。Victor Wolfgang von Hagen 著 *Maya Explorer*（Norman: University of Oklahoma Press, 1948）记录了 John Stephens 的一生及其发现。

有关玛雅的集约农业和人口，B. L. Turner II 发表了不少论文，也出了好几本相关专著，见：B. L. Turner II 发表的 "Prehistoric intensive agriculture in the Mayan lowlands" [*Science* 185:118-124（1974）]；B. L. Turner II 和 Peter Harrison 共同发表的 "Prehistoric raised-field agriculture in the Maya lowlands" [*Science* 213:399-405（1981）]；B. L. Turner II 与 Peter Harrison 合著的 *Pulltrouser Swamp: Ancient Maya Habitat, Agriculture, and Settlement in Northern Belize*（Austin: University of Texas Press, 1983）；Thomas Whitmore 与 B. L. Turner II 发表的 "Landscapes of cultivation in Mesoamerica on the eve of the conquest" [*Annals of the Association of American Geographers* 82:402-425（1992）]；B. L. Turner II 和 K. W. Butzer 合作的论文 "The Columbian encounter and land-use change" [*Environment* 43:16-20 and 37-44（1992）]。

至于以湖底沉积物研究作为与玛雅干旱和崩溃关联的证据，可参见下列论文：Mark Brenner 等人发表的 "Paleolimnology of the Maya lowlands: longterm perspectives on interactions among climate, environment, and humans" [*Ancient Mesoamerica* 13:141-157（2002）]（同一期的其他论文也值得参考，如 pp. 79-170 及 265-345）；David Hodell 等人的论文 "Solar forcing of drought frequency in the Maya lowlands" [*Science* 292:1367-1370（2001）]；Jason Curtis 等人发表的 "Climate variability of the Yucatán Peninsula（Mexico）during the past 3500 years, and implications for Maya cultural evolution" [*Quaternary Research* 46:37-47（1996）]；David Hodell 等人发表的 "Possible role of climate in the collapse of Classic Maya civilization" [*Nature* 375: 391-394（1995）]。上述科学家也在佩滕地区进行湖底沉积物研究，并发表两篇论文：Michael Rosenmeier 的 "A 4000-year lacustrine record of environmental change in the southern Maya lowlands, Petén, Guatemala" [*Quaternary Research* 57:183-190（2002）]；Jason Curtis 等人发表的 "A multi-proxy study of Holocene environmental change in the Maya lowlands of Petén, Guatemala" [*Journal of Paleolimnology* 19:139-159（1998）]。此外，Gerald Haug 等人发表的 "Climate and the collapse of Maya civilization" [*Science* 299:1731-1735（2003）] 也可作为参考，他们分析了被河流冲积到海洋中的沉积物，以了解每一年雨量的变化。

对玛雅的文化与艺术有兴趣的读者请勿错过 Mary Ellen Miller 的 *TheMurals of Bonampak* (Princeton, N.J.: Princeton University Press, 1986)。书中收录了很多壁画的图片，有黑白的，也有彩色的，包括刻画酷刑的壁画。Justin Kerr 介绍玛雅陶器的书 *The Maya Vase Book* (New York: Kerr Associates, various dates) 也是必读之一。破解玛雅文字的经过也是精彩的故事，可阅 Michael Coe 著 *Breaking the Maya Code*（第二版）(New York: Thames and Hudson, 1999)，以及 Stephen Houston、Oswaldo Chinchilla Mazareigos 与 David Stuart 合著的 *The Decipherment of Ancient Maya Writing* (Norman: University of Oklahoma, 2001)。有关蒂卡尔的蓄水池，可参看下列文章：Vernon Scarborough 与 Gari Gallopin 合写的 "A water storage adaptation in the Maya lowlands" [*Science* 251:658-662（1991）]；Lisa Lucero 的论文 "The collapse of the Classic Maya: a case for the role of water control" [*American Anthropologist* 104:814-826（2002）]，解释了地区可用水量的差异导致玛雅古典时期各城市崩溃时间的不同；Arturo Gómez-Pompa、José Salvador Flores 和 Victoria Sosa 在共同发表的论文 "The 'pet kot': a man-made tropical forest of the Maya" [*Interciencia* 12:10-15（1987）] 中描述了玛雅人培育有用的树

种。Timothy Beach 的研究报告"Soil catenas, tropical deforestation, and ancient and contemporary soil erosion in the Petén, Guatemala"[*Physical Geography* 19:378-405（1998）]显示玛雅有些地区利用梯田来改善土壤侵蚀的情况。Richard Hansen 等人发表的"Climatic and environmental variability in the rise of Maya civilization: a preliminary perspective from northern Petén"[*Ancient Mesoamerica* 13:273-295（2002）]以跨学科的方式研究前古典时期人口稠密的地区，并证明对石灰的利用与森林砍伐的关系。

第六章至第八章

William Fitzhugh 与 Elisabeth Ward 合编的 *Vikings: The North Atlanta Saga*（Washington, D.C.: Smithsonian Institution Press, 2000）中有许多彩色插图，书中的 31 个章节详细介绍了维京人的社会、维京人在欧洲的扩张及维京人在北大西洋建立的殖民地。没那么厚的专著，可参见 Eric Christiansen 的 *The Norsemen in the Viking Age*（Oxford: Blackwell, 2002）、F. Donald Logan 著 *The Vikings in History*（第二版）（New York: Routledge, 1991），还有 Else Roestahl 的 *The Vikings*（New York: Penguin, 1987）。Gwyn Jones 的 *Vikings: The North Atlantic Saga*（第二版）（Oxford: Oxford University Press, 1986）以及 G. J. Marcus 著 *The Conquest of the North Atlantic*（New York: Oxford University Press, 1981）则把焦点放在维京人在北大西洋殖民地的发展，包括冰岛、格陵兰岛和文兰。Jones 的书在附录中还收录了维京英雄传奇的英译，包括《冰岛人之书》、文兰传奇和艾纳·索卡森的故事。

有关冰岛历史，可参考最近出版的两本书：Jesse Byock 著 *Viking Age Iceland*（New York: Penguin Putnam, 2001），这本书是以他前一本书 *Medieval Iceland: Society, Sagas, and Present*（Berkeley: University of California Press, 1988）为基础撰写的，对冰岛的介绍到冰岛邦联时期结束（1262—1264 年）为止；Gunnar Karlsson 著 *Iceland's 1100 Years: The History of a Marginal Society*（London: Hurst, 2000），不但涵盖了冰岛的中世纪，还论及现代的冰岛。Judith Maizels 与 Chris Caseldine 合编的 *Environmental Change in Iceland: Past and Present*（Dordrecht: Kluwer, 1991）收录了多位作者的文章，专门研究冰岛环境史。Kirsten Hastrup 著 *Island of Anthropology: Studies in Past and Present Iceland*（Viborg: Odense University Press, 1990）收录的论文是作者以冰岛为主题发表的人类学研究报告。*The Sagas of Icelanders: A Selection*（New York: Penguin, 1997）中有 17 篇维京传

奇故事的英译（包括两篇文兰传奇），这是选自五卷本的 *The Complete Sagas of Icelanders*（Reykjavík: Leifur Eiriksson, 1997）。

有关冰岛的环境变化，有两篇相关论文可以参考：Andrew Dugmore 等人发表的 "Tephrochronology, environmental change and the Norse settlement of Iceland"［*Environmental Archaeology* 5:21-34（2000）］; Ian Simpson 等人的论文 "Crossing the thresholds: human ecology and historical patterns of landscape degradation"［*Catena* 42:175-192（2001）］。由于每一种昆虫生活的栖息地和气候条件各有不同，Paul Buckland 与其研究同人通过对考古遗址中保存下来的昆虫做研究，借以找出环境指标。他们发表的研究报告包括：Gudrún Sveinbjarnardóttir 等人的 "Landscape change in Eyjafiallasveit, Southern Iceland"［*Norsk Geog.Tidsskr* 36: 75-88（1982）］; Paul Buckland 等人发表的 "Late Holocene palaeoecology at Ketilsstadir in Myrdalur, South Iceland"［*Jökull* 36:41-55（1986）］; Paul Buckland 等人发表的 "Holt in Eyjafiallasveit, Iceland: a paleoecological study of the impact of Landnám"［*Acta Archaeologica* 61: 252-271（1991）］; Gudrún Sveinbjarnardóttir 等人发表的 "Shielings in Iceland: an archaeological and historical survey"［*Acta Archaeologica* 61:74-96（1991）］; Paul Buckland 等人写的 "Palaeoecological investigations at Reykholt, We-stern Iceland," pp. 149-168，收录于 C. D. Morris 与 D. J. Rackhan 合编的 *Norse and Later Settlement and Subsistence in the North Atlantic*（Glasgow: Glasgow University Press, 1992）; Paul Buckland 等人的文章 "An insect's eye-view of the Norse farm," pp. 518-528，收录于 Colleen Batey 等人编著的 *The Viking Age in Caithness, Orkney and the North Atlantic*（Edinburgh: Edinburgh University Press,1993）。Kevin Edwards 等人发表的 "Landscapes at Landnám: palynological and palaeoentomological evidence from Toftanes, Faroe Islands"［*Fródskaparrit* 46:177–192（1998）］同样以昆虫为切入点，以了解法罗群岛的气候变化。

有关维京人在格陵兰岛的发展，可参见下面两本书收录的详细资料：Kirsten Seaver 著 *The Frozen Echo: Greenland and Exploration of North America ca. A.D. 1000-1500*（Stanford, Calif.: Stanford University Press,1996）; Finn Gad 著 *The History of Greenland, vol. I: Earliest Times to 1700*（Montreal: McGill-Queen's University Press, 1971）。Finn Gad 写的续篇 *The History of Greenland, vol. II: 1700—1782*（Montreal: McGill-Queen's University Press, 1973）则是探讨格陵兰岛再次为世人发现的经过和丹麦人在此殖民的情形。Niels Lynnerup 在其专著 *The Greenland Norse: A Biologic-Anthropological Study*（Copenhagen: Commission for Scientific Research in Greenland, 1998)中分析了从格陵兰岛出土的维京人骨骸。至于格陵兰岛上的因纽特人以及在他们之前来到格陵兰岛发展的美洲原住民，有两本论文集可参考：Martin Appelt 与 Hans Christian Gullóv 等人合编的 *Late Dorset in High Arctic Greenland*（Copenhagen: Danish Polar Center, 1999）；Martin Appelt 等人编著的 *Identities and Cultural Contacts in the Arctic*（Copenhagen: Danish Polar Center, 2000）。Jens Peder Hart Hansen 等人编著的 *The Greenland Mummies*（London: British Museum Press, 1991）中详细描述了在格陵兰岛出土的因纽特人的尸体，包括6个女人、1个孩童和1个婴儿。这些人约莫在1475年被埋葬。由于格陵兰岛气候干冷，这些因纽特人的尸体和衣服并未腐烂，依然保存完好。这本书的封面上就是那个死婴的脸部照片，令人久久无法忘怀。

有关维京人在格陵兰岛的考古遗址研究，近20年来，Thomas McGovern 和 Jette Arneborg 及其研究同人发表了两个重要的系列研究：Thomas McGovern 的研究报告 "The Vinland adventure: a North Atlantic perspective"［*North American Archaeologist* 2:285-308（1981）］；Thomas McGovern 的 "Contributions to the paleoeconomy of Norse Greenland"［*Acta Archaeologica* 54:73-122（1985）］；Thomas McGovern 等人发表的 "Northern islands, human era, and environmental degradation: a view of social and ecological change in the medieval North Atlantic"［*Human Ecology* 16:225-270（1988）］；Thomas McGovern 的论文 "Climate, correlation, and causation in Norse Greenland"［*Arctic Anthropology* 28:77-100（1991）］；Thomas McGovern 等人发表的 "A vertebrate zooarchaeology of Sandnes V51: economic change at a chieftain's farm in West Greenland"［*Arctic Anthropology* 33:94-121（1996）］；Thomas Amorosi 等人的论文 "Raiding the landscape: human impact from the Scandinavian North Atlantic"［*Human Ecology* 25:491-518（1997）］；Thomas Amorosi 等人发表的 "They did not live by grass alone: the politics and paleoecology of animal fodder in the North Atlantic region"［*Environmental Archaeology* 1:41-54（1998）］。Jette Arneborg 的系列报告包括：""The Roman church in Norse Greenland"［*Acta Archaeologica* 61:142-150（1990）］；"Contact between Eskimos and Norsemen in Greenland: a review of the evidence," pp.23-35, 收录于 *Tvaerfaglige Vikingesymposium*（Aarhus, Denmark: Aarhus University,1993）；"Burgundian caps, Basques and dead Norsemen at Herjolfsnaes, Greenland," pp.75-83, 收录于 *Nationalmuseets Arbejdsmark*（Copenhagen: Nationalmuseet, 1996）；"Change of diet of the Greenland Vikings determined from stable carbon isotope analysis and ^{14}C dating of their bones"［*Radiocarbon*

41:157-168（1999）]。Arneborg 及其研究同人在格陵兰岛挖掘出来的遗址包括著名的西部定居点"沙下牧场"。Jette Arneborg 与 Hans Christian Gullóv 两人编著的论文集 *Man, Culture and Environment in Ancient Greenland*（Copenhagen: Danish Polar Center, 1998）中描述了沙下牧场和其他几个在格陵兰岛的遗址。C. L. Vebaek 也在三本论文集中描述了他 1945—1962 年在格陵兰岛的考古研究，参见 *Meddelelser om Grónland*, Man and Society, Copenhagen 这个系列的论文集，编号 14、17、18（1991、1992、1993）: *The Church Topography of the Eastern Settlement and the Excavation of the Benedictine Convent at Narsarsuaq in the Uunartoq Fjord*; *Vatnahverfi: An Inland District of the Eastern Settlement in Greenland*; *Narsaq: A Norse Landndma Farm*。

有关维京人在格陵兰岛，其他重要的研究报告如下：Robert McGhee 发表的 "Contact between Native North Americans and the medieval Norse: a review of the evidence"[*American Antiquity* 49:4-26（1984）]；Joel Berglund 的 "The decline of the Norse settlements in Greenland"[*Arctic Anthropology* 23:109-135（1986）]；Svend Albrethsen 与 Christian Keller 共同发表的 "The use of the saeter in medieval Norse farming in Greenland"[*Arctic Anthropology* 23:91-107（1986）]；Christian Keller 的论文 "Vikings in the West Atlantic: a model of Norse Greenlandic medieval society"[*Acta Archaeologica* 61:126-141（1990）]；Bent Fredskild 的 "Agriculture in a marginal area: South Greenland from the Norse landnam（1985 A.D.）to the present 1985 A.D.," pp. 381-393，收录于 Hilary Birks 等人编著的 *The Cultural Landscape: Past, Present and Future*（Cambridge: Cambridge University Press, 1988）；Bent Fredskild 的研究报告 "Erosion and vegetational changes in South Greenland caused by agriculture"[*Geografisk Tidsskrift* 92:14-21（1992）]；还有 Bjarne Jakobsen 发表的 "Soil resources and soil erosion in the Norse Settlement area of φsterbygden in southern Greenland"[*Acta Borealia* 1:56-68（1991）]。

第九章

有关新几内亚高地社会，有三本专著可以参考，这几本各有所长：Gavin Souter 从历史观点出发所著的 *New Guinea: The Last Unknown*（Sydney: Angus and Robertson, 1964）；Bob Connolly 与 Robin Anderson 合著的 *First Contact*（New York: Viking, 1987），讲述了新几内亚高地族群初次与欧洲人接触的故事，写得精彩动人；Tim Flannery 所著的 *Throwim Way Leg*（New York: Atlantic Monthly

Press, 1998)则是一个动物学家在新几内亚高地的经验。R. Michael Bourke 的两篇论文则讨论了新几内亚高地居民用木麻黄种植等方法维持土壤肥沃:"Indigenous conservation farming practices," *Report of the Joint ASOCON/Commonwealth Workshop*, pp. 67-71(Jakarta: Asia Soil Conservation Network, 1991); "Management of fallow species composition with tree planting in Papua New Guinea", *Resource Management in Asia——Pacific Working Paper 1997/5*(Canberra: Research School of Pacific and Asian Studies, Australia National University, 1997)。Simon Haberle 则在以下三篇研究报告中,以古植物学证据重建了新几内亚高地居民种植木麻黄的历史: "Paleoenvironmental changes in the eastern highlands of Papua New Guinea" [*Archaeology in Oceania* 31:1-11(1996)]; "Dating the evidence for agricultural change in the Highlands of New Guinea: the last 2000 years" [*Australian Archaeology* no.47:1-19(1998)]; S. G. Haberle、G. S. Hope 与 Y. de Fretes 共同发表的 "Environmental change in the Baliem Valley, montane Irian Jaya, Republic of Indonesia" [*Journal of Biogeography* 18:25-40(1991)]。

Patrick Kirch 与 Douglas Yen 在蒂科皮亚的田野调查,见他们出版的专著 *Tikopia: The Prehistory and Ecology of a Polynesia Outlier*(Honolulu: Bishop Museum Bulletin 238,1982)。Kirch 其他有关蒂科皮亚的研究报告,参阅 "Exchange systems and inter-island contact in the transformation of an island society: the Tikopia case," pp. 33-41,收录在 Patrick Kirch 编著的 *Island Societies: Archaeological Approaches to Evolution and Transformation*(Cambridge: Cambridge University Press, 1986);还有他的书 *The Wet and the Dry*(Chicago: University of Chicago Press, 1994)第十二章;还有 "Tikopia social space revisited," pp. 257-274,收录在 J. M. Davidson 等人编著的 *Oceanic Culture History: Essays in Honour of Roger Green*(New Zealand Journal of Archaeology Special Publication, 1996);以及 "Microcosmic histories: island perspectives on 'global' change" [*American Anthropologist* 99:30-42(1997)]。Raymond Firth 以蒂科皮亚为题写作的一系列专著始自: *We, the Tikopia*(London: George Allen and Unwin, 1936)和 *Primitive Polynesian Economy*(London: George Routledge and Sons, 1939)。人类在蒂科亚岛建立定居点初期岛上鸟类的灭绝,可参见 David Steadman、Dominique Pahlavin 与 Patrick Kirch 等人的研究报告 "Extinction, biogeography and human exploitation of birds on Tikopia and Anuta, Polynesian outliers in the Solomon Islands" [*Bishop Museum Occasional Papers* 30:118-153(1990)]。至于蒂科皮亚岛上的人口变化和人口控

制方式，参见 W. D. Borrie、Raymond Firth 与 James Spillius 的报告"The population of Tikopia,1929 and 1952"［*Population Studies* 10:229-252（1957）］。

我在本章对日本德川幕府的描述，是以 Conrad Totman 写的三本专著为基础：*The Green Archipelago: Forestry in Preindustrial Japan*（Berkeley: University of California Press, 1989）；*Early Modern Japan*（Berkeley: University of California Press, 1993）；*The Lumber Industry in Early Modern Japan*（Honolulu: University of Hawaii Press, 1995）。John Richards 的专著 *The Unending Frontier: An Environmental History of the Early Modern World*（Berkeley: University of California Press, 2003）中第五章也援引了 Totman 的书，加上其他现代环境个案的比较研究，以分析日本林业。Luke Roberts 在其著作 *Mercantilism in a Japanese Domain: The Merchant Origins of Economic Nationalism in 18th-century Tosa*（Cambridge: Cambridge University Press,1998）中讨论了大名领地的经济如何倚重森林。日本德川幕府早期的历史可参见 John Whitney Hall 编著的 *Early Modern Japan*（Cambridge: Cambridge University Press,1991），也就是 *Cambridge History of Japan* 中的卷四。

丹麦、瑞士和法国如何从森林滥伐转变成为大力育林，可参见 Alexander Mather 的论文"The transition from deforestation to reforestation in Europe,"pp. 35-52，见 A. Angelsen 与 D. Kaimowitz 合编的 *Agriculture Technologies and Tropical Deforestation*（New York: CABI Publishing,2001）。至于安第斯山区印加帝国的森林再造，可参见 Alex Chepstow-Lusty 与 Mark Winfield 共同发表的文章："Inca agroforestry: lessons from the past"［*Ambio* 29:322-328（1998）］。

现代小型农业社会自给自足的案例可参见下列文章：有关瑞士阿尔卑斯山区，见 Robert Netting 的"Of men and meadows: strategies of alpine land use"［*Anthropological Quarterly* 45:132-144（1972）］，"What alpine peasants have in common: observations on communal tenure in a Swiss village"［*Human Ecology* 4:135-146（1976）］以及 *Balancing on an Alp*（Cambridge: Cambridge University Press, 1981）；关于西班牙的灌溉系统，见 T. F. Click 著 *Irrigation and Society in Medieval Valencia*（Cambridge, Mass.: Harvard University Press, 1970），还有 A. Maass 与 R. L. Anderson 合著的 *And the Desert Shall Rejoice: Conflict, Growth and Justice in Arid Environments*（Malabar, Fla.: Krieger, 1986）；论及菲律宾的灌溉系统的专著，见 R. Y. Siy, Jr. 著 *Community Resource Management: Lessons from the Zanjera*（Quezon City: University of Philippines Press, 1982）。Elinor Ostrom 在其著作 *Governing the Commons*（Cambridge: Cambridge University Press, 1990）的第三章比较了瑞士、

西班牙和菲律宾的做法。

有关种姓制度之下的印度社会如何对有限的自然资源进行可持续利用,可参见 Madhav Gadgil 与 Ramachandra Guha 合著的 *This Fissured Land: An Ecological History of India*(Delhi: Oxford University Press, 1992),及两篇论文: Madhav Gadgil 与 K. C. Malhotra 共同发表的 "Adaptive significance of the Indian castes system: an ecological perspective" [*Annals of Human Biology* 10:465-478(1983)]; Madhav Gadgil 和 Prema Iyer 合作的文章 "On the diversification of common-property resource use by Indian society," pp. 240-255,收录于 F. Berkes 编著的 *Common Property Resources: Ecology and Community-based Sustainable Development*(London: Belhaven, 1989)。

***

除了这些例子,我想再讨论一些其他失败社会的例子。失败社会的例子,我已经深入讨论了5个。对我而言,这5个社会似乎是我们了解最深的。不过,过去人类社会还有很多失败的例子,有的也广为人知,而且也可能是由于资源过度利用导致衰败或者崩溃。关于这些例子,比起我讨论过的社会,由于未知的方面更多,因此我不打算在书中深入探讨。然而,为了完整起见,我还是简要地介绍其中的9个,从新大陆开始,然后论及旧大陆的例子。

洛杉矶附近的加州海峡群岛的美洲原住民曾过度捕捞贝类,从岛上贝冢中出土的贝壳可见一斑。最古老的贝冢中出土的贝类最大,这些大型的贝类都生长在离海岸较近的地方,因此很容易被捕捞。年代越晚的贝冢中出土的贝壳就越小,而且这些贝类都生长在离海岸较远处或是深水区。就这样,几乎所有的贝类都逐渐被捕捞光了,最后剩下的都是没有经济效益、不值得捕捞或难以捕捞的。请参见 Terry Jones 编著的 *Essays on the Prehistory of Maritime California*(Davis, Calif.: Center for Archaeological Research, 1992),以及 L. Mark Raab 的 "An optimal foraging analysis of prehistoric shellfish collecting on San Clemente Island, California" [*Journal of Ethnobiology* 12:63-80(1992)]。在该群岛上,另一种被过度消耗的食物资源是一种不会飞的海鸭 Chendytes lawesi。这种海鸭因不会飞,容易遭到人类捕杀,在人类入主海峡群岛之后不久就灭绝了。现代南加州的鲍鱼也是。我在1966年刚搬到洛杉矶的时候,超市里的鲍鱼还不少。但由于过度捕捞,最后鲍鱼就渐渐从洛杉矶餐厅的菜单上消失了。

在北美洲,由原住民建立的最大城市就是卡霍基亚。此城就在圣路易斯城外,这里有许多美洲原住民留下的土墩遗址,供游客参观、凭吊。随着新的玉米品种传到密西西比河谷,土墩建筑文化逐渐流行,并传到美国东南部。卡霍基亚文化在13世纪登峰造极,但在欧洲人来到之前早已崩溃。卡霍基亚崩溃之因至今未有定论,但森林砍伐以及随之造成的土壤侵蚀、湖泊沉积物过多都可能是重要原因。参见 Neal Lopinot 与 William Woods 的文章 "Wood exploitation and the collapse of Cahokia," pp. 206-231,收录于 C. Margaret Scarry 编著的 *Foraging and Farming in the Eastern Woodlands*(Gainesville: University Press of Florida,1993);也可参见 Timothy Pauketat 与 Thomas Emerson 合编的 *Cahokia: Dominationand Ideology in the Mississippian World*(Lincoln: University of Nebraska Press, 1997);还有 George Milner 著 *The Cahokia Chiefdom: The Archaeology of a Mississippian Society*(Washington, D.C.: Smithsonian Institution,1998)。在美国东南部,许多具有土墩文化的酋邦起起落落,土壤肥力的耗尽可能是这些酋邦败亡的原因。

在秘鲁海岸出现的第一个具有国家规模的社会是莫切社会。莫切人那具有写实色彩的陶器非常有名,特别是人像壶。莫切社会在800年左右崩溃,原因显然是厄尔尼诺现象加上干旱,以及洪水破坏了灌溉系统。(参见 Brian Pagan 在1999年出版的专著,书目资料列于本书"序曲"的延伸阅读部分。)

在安第斯高地,出现于印加帝国之前的还有蒂瓦纳科帝国。蒂瓦纳科的崩溃也可能和干旱有关,参见 Alan Kolata 著 *Tiwanaku*(Oxford: Blackwell, 1993),以及 Alan Kolata 编著 *Tiwanaku and Its Hinterland: Archaeology and Paleoecology of an Andean Civilization*(Washington, D.C.: Smithsonian Institution, 1996),还有 Michael Binford 等人发表的论文"Climate variation and the rise and fall of an Andean civilization"[*Quaternary Research* 47:235-248(1997)]。

古希腊也历经了好几个荣枯周期,每一个周期约400年。在每一个周期,随着人口渐渐增加,遭到砍伐的森林越来越多,丘陵斜坡被辟成梯田以避免土壤侵蚀,居民还建造水坝以减少谷底的泥沙淤积。然而,最后梯田和水坝还是无法解决问题,于是整个区域人口锐减,社会复杂度也大为降低,直到土地复原,人口才能再度增长。希腊迈锡尼文明的崩溃就是一个例子。这是荷马歌颂的社会,还曾发生特洛伊战争。迈锡尼社会有自己的文字(线形文字B),但迈锡尼社会崩坏之后,这种文字系统消失了,希腊又变成没有文字的地区,直到公元前800年左右,文字才又出现(参见"序曲"延伸阅读中提及的 Charles Redman 在1999年出版的著作。)

我们通常认为,人类文明发轫于10 000年前左右的西南亚,也就是肥沃新月。

这个地区包括现代的伊朗、伊拉克、叙利亚、土耳其东南部、黎巴嫩、约旦和以色列／巴勒斯坦。世界上最古老的农业活动就源于此地，冶金、书写系统和国家类型的社会也最先出现于此。因此，肥沃新月的族群在文明伊始可谓一马当先，胜过世界其他族群。然而，为什么当初遥遥领先之地后来却远远落后，今天甚至成了最穷苦的不毛之地，除了石油储量，其他乏善可陈，"沃土"一词竟成了一个残酷的笑话？今日的伊拉克哪里还能看出当年世界农业盟主的风采？这和肥沃新月降雨稀少以及森林砍伐有关，再加上土壤盐碱化，导致世界最古老的农田永远变成荒地（参见"序曲"的延伸阅读中介绍的 Charles Redman 的著作或编著）。

在赤道以南的非洲，最著名的遗迹就是大津巴布韦遗址。该遗址位于今天的津巴布韦，是由 90 多万块花岗石砌造的建筑。大津巴布韦在 11—15 世纪达到顶盛，控制了非洲内陆地区和东部海岸之间的贸易。大津巴布韦的衰亡可能是森林砍伐加上贸易路线改变的结果，参见 David Phillipson 著 *African Archaeology*（第二版）(Cambridge: Cambridge University Press,1993) 与 Christopher Ehret 著 *The Civilizations of Africa: A History to 1800*(Charlottesville: University Press of Virginia, 2002)。

在印度次大陆的印度河流域，即今巴基斯坦一带，于公元前 3000 年出现了最早的城市与大型城邦。这些曾在印度河流域繁盛的城市即所谓的哈拉帕文明。这个文明的文字至今尚未被破译。人们向来认为，哈拉帕文明是因操印欧语言的雅利安人从西北部入侵才灭亡的，但现在看来，那些城市在雅利安人入侵之前已经衰败（见插图 38）。原因也许是干旱和印度河的改道，参见 Gregory Possehl 的 *Harappan Civilization*（Warminster, England: Aris and Phillips, 1982），以及 Michael Jansen、Maire Mulloy 与 Günter Urban 合编的 *Forgotten Cities of the Indus*（Mainz, Germany: Philipp von Zabern, 1991），还有 Jonathan Kenoyer 所著的 *Ancient Cities of the Indus Valley Civilization*（Karachi, Pakistan: Oxford University Press, 1998）。

最后，高棉帝国的首都吴哥窟那巨大的庙宇结构和蓄水池堪称东南亚最著名的遗址，也是考古学的一大谜题，此地位于现代柬埔寨的西北（见插图 39）。高棉帝国的败亡可能和蓄水池的泥沙淤积有关，高棉帝国种植水稻所需的水就是来自这些蓄水池。高棉帝国日渐衰落之后，就再也无法像强盛时期那样抵挡暹罗人的入侵。参见 Michael Coe 所著 *Angkor and the Khmer Civilization*（London: Thames and Hudson, 2003），及 Coe 在书中引用的 Bernard-Philippe Groslier 的研究报告和著作。

第十章

有关卢旺达的种族屠杀及其前因,如果读者欲一探究竟,免不了接触一段沉痛的历史。

Catharine Newbury 写的 *The Cohesion of Oppression: Clientship and Ethnicity in Rwanda, 1860-1960*(New York: Columbia University Press, 1988)描述了卢旺达社会的转变,以及胡图族和图西族从前殖民时期到独立前夕的对立与仇视。

人权观察组织出版的 *Leave None to Tell the Story: Genocide in Rwanda*(New York: Human Rights Watch, 1999)一书细致呈现了卢旺达 1994 年种族屠杀的背景,用 414 页详述了两族人自相残杀的经过,最后述及这次种族屠杀的余波。

We Wish to Inform You That Tomorrow We Will Be Killed with Our Families(New York: Farrar, Straus and Giroux, 1998)一书的作者 Philip Gourevitch 是名记者,他采访了许多劫后余生者,记录这次种族屠杀的经过,也描述了其他国家和联合国为何束手无策,没能阻止这次人间惨剧的发生。

我在这一章引用了 Gérard Prunier 在 *The Rwanda Crisis: History of Genocide*(New York: Columbia University Press, 1995)一书中的部分内容。Prunier 是专门研究东非问题的法国专家,在种族屠杀事件落幕后写下此书,生动重现了参与屠杀者的动机,也探讨了法国政府干涉的原因。这一章提到胡图人在卡纳马地区的自相残杀是根据 Catherine André 与 Jean-Philippe Platteau 在 "Land relations under unbearable stress: Rwanda caught in the Malthusian trap" [*Journal of Economic Behavior and Organization* 34:1-47(1998)] 一文中的分析。

第十一章

同在伊斯帕尼奥拉岛的海地与多米尼加,这两国历史的比较研究可参见 Michele Wecker 以生花妙笔在 *Why the Cocks Fight: Dominicans, Haitians, and the Struggle for Hispaniola*(New York: Hill and Wang, 1999)一书中的描述。Rafael Emilio Yunén Z. 以西班牙文写成的 *La Isla Como Es*(Santiago, República Dominicana: Universidad Católica Madre y Maestra, 1985)则侧重地理与社会的比较研究。

有关海地,Mats Lundahl 写的三本书是很好的入门读物:*Peasants and Poverty: A Study of Haiti*(London: Croom Helm, 1979);*The Haitian Economy: Man, Land, and Markets*(London: Croom Helm, 1983);*Politics or Markets? Essays on Haitian Underdevelopment*(London: Routledge, 1992)。有关海地在 1781—1803 年的革命,C. L. R. James 写的 *The Black Jacobins*(第二版)(London: Vintage,

1963)是经典名作。

至于用英文论述的多米尼加共和国史，Frank Moya Pons 所著的 *The Dominican Republic: A National History*（Princeton, N.J.: Markus Wiener, 1998）是其中标杆。这个作者还以西班牙文写了另一个版本：*Manual de Historia Dominicana*（第九版）（Santiago, República Dominicana, 1999）。也可参考 Roberto Cassá 的 *Historia Social y Económica de la República Dominicana*（Santo Domingo: Editora Alfa y Omega, 1998 and 2001）。Marlin Clausner 的书则着重于多米尼加农村的发展史，见 *Rural Santo Domingo: Settled, Unsettled, Resettled*（Philadelphia: Temple University Press, 1973）。Harry Hoetink 写的 *The Dominican People, 1850—1900: Notes for a Historical Sociology*（Baltimore: Johns Hopkins University Press, 1982）则把焦点放在19世纪晚期的多米尼加。Claudio Vedovato 的 *Politics, Foreign Trade and Economic Development: A Study of the Dominican Republic*（London: Croom Helm, 1986）则以特鲁希略为主角，并论及后特鲁希略时代。如果想对特鲁希略时代有所认识，可参考 Howard Wiarda 的 *Dictatorship and Development: The Methods of Control in Trujillo's Dominican Republic*（Gainesville, University of Florida Press, 1968），以及 Richard Lee Turits 最近出版的 *Foundations of Despotism: Peasants, the Trujillo Regime, and Modernity in Dominican History*（Palo Alto, Calif.: Stanford University Press, 2002）。

Walter Cordero 写的有关多米尼加共和国环境政策发展史的专论 "Introducción: bibliografía sobre medio ambiente y recursos naturales en la República Dominicana"（2003），和本章非常相关。

第十二章

有关中国环境和人口的主要文献，最新资料大多是中文写的，也可在网络上找到。参考数据请看本人与刘建国共同发表的 "China's environment in a globalizing world: How China and the Rest of the World Affect Each Other"［Nature 435: 1179-1186（2005）］。至于英文方面的专著或期刊，华盛顿特区的 Woodrow Wilson Center（电子邮件地址：chinaenv@erols.com）出版了一系列名为 *China Environment Series* 的期刊，每年出版一期。世界银行的出版物包括 *China: Air, Land, and Water*（Washington. D.C.: The World Bank, 2001），除了印刷版本，也有光盘版本。其他可以参考的书籍包括：L. R. Brown 写的 *Who Will Feed China?*（New York: Norton, 1995）；M. B. McElroy、C. P. Nielson 与 P. Lydon 合编的 *Energizing China:*

Reconciling Environ-mental Protection and Economic Growth（Cambridge, Mass.: Harvard University Press, 1998）；J. Shapiro 的 *Mao's War Against Nature*（Cambridge: Cambridge University Press, 2001）；D.Zweig 的 *Internationalizing China: Domestic Interests and Global Linkages*（Ithaca, N.Y.: Cornell University Press,2002）；Mark Elvin 著 *The Retreat of the Elephants: An Environmental History of China*（New Haven: Yale University Press, 2004）；还有曲格平与李金昌合著的《中国人口与环境》（中国环境科学出版社，1992）,英译本为 *Population and Environment in China*（Boulder, Colo.: Lynne Rienner, 1994）。

第十三章

关于英国人在澳大利亚的早期殖民历史，从1778年至19世纪，可参见 Robert Hughes 写的 *The Fatal Shore: The Epic of Australia's Founding*（New York: Knopf, 1987）,此书备受好评。Tim Flannery 的 *The Future Eaters: An Ecological History of the Australasian Lands and People*（Chatsworth, New South Wales: Reed, 1994）则是从4万年前澳大利亚原住民在此落脚写起，并论及原住民与后来欧洲人对澳大利亚环境的影响。也可参考 David Horton 从另一个角度写的 *The Pure State of Nature: Sacred Cows, Destructive Myths and the Environment*（St. Leonards, New South Wales: Alien & Unwin,2000）。

有关澳大利亚的环境、经济和社会，澳大利亚政府官方的资料非常详尽：参见 Australian State of the Environment Committee 2001年出版的 *Australia: State of the Environment 2001*（Canberra: Department of Environment and Heritage, 2001），补充资料网站 http://www.ea.gov.au/soe/；以及上述文献的前身 State of the Environment Advisory Committee 1996年出版的 *Australia: State of the Environment 1996*（Melbourne: CSIRO Publishing, 1996）；还有 Dennis Trewin 编的澳大利亚年鉴 *2001 Year Book Australia*（Canberra: Australian Bureau of Statistics, 2001）建国百年庆祝专刊。这本年鉴自1908年就已开始出版。

澳大利亚环境问题纵览，可参考 Mary E. White 所写的两本附有精美插图的书：*Listen... Our Land Is Crying*（East Roseville, New South Wales: Kangaroo Press, 1997）和 *Running Down: Water in a Changing Land*（East Roseville, New South Wales: Kangaroo Press, 2000）。Tim Flannerys 的"Beautiful lies: population and environment in Australia"（*Quarterly Essay* no.9, 2003）一样是关于澳大利亚环境问题的综述，但篇幅较短。有关澳大利亚土壤盐碱化问题以及对环境造成的冲击，参见

Quentin Beresford、Hugo Bekle、Harry Phillips、Jane Mulcock 在 *The Salinity Crisis: Landscapes, Communities and Politics*（Crawley, Western Australia: University of Western Australia Press, 2001）一书中的探讨。Andrew Campbell 在他的书 *Landcare: Communities Shaping the Land and the Future*（St. Leonards, New South Wales: Alien & Unwin, 1994）中描述了旨在改善澳大利亚乡村土地管理的草根运动。

第十四章

本章开头，除了提及我在加州大学洛杉矶分校的学生问我的问题，Joseph Tainter 的著作 *The Collapses of Complex Societies*（Cambridge: Cambridge University Press, 1988）也凸显了这么一个问题：为什么一个社会没能解决自己的环境问题？Thomas McGovern 等人发表的"Northern islands, human error, and environmental degradation: a view of social and ecological change in the medieval North Atlantic"［*Human Ecology* 16:225-270（1988）］追溯中世纪格陵兰岛的维京人为何不能洞察环境问题，乃至最后面临灭亡的命运。对这个历史谜团有兴趣的读者，可以仔细研究 McGovern 的这篇论文。有关这个谜题，我在本章提出的解答，部分和 McGovern 的观点重合。

有关公地悲剧的研究，Elinor Ostrom 及其研究同人以比较研究和实验的方式，找出在何种情况之下，消费者最容易发现他们的共同利益，实行有效的配额系统。参见 Elinor Ostrom 的 *Governing the Commons: The Evolution of Institutions for Collective Action*（Cambridge: Cambridge University Press, 1990）; Elinor Ostrom、Roy Gardner 与 James Walker 合著的 *Rules, Games, and Common-Pool Resources*（Ann Arbor: University of Michigan Press, 1994）。Elinor Ostrom 近年发表的研究报告包括："Coping with tragedies of the commons"［*Annual Reviews of Political Science* 2: 493-535（1999）］；她与其他作者共同发表的"Revisiting the commons: local lessons, global challenges"［*Science* 284:278-282（1999）］；她与 Thomas Dietz、Paul Stern 共同发表的"The struggle to govern the commons"［*Science* 302:1907-1912（2003）］。

Barbara Tuchman 的书 *The March of Folly: From Troy to Vietnam*（New York: Ballantine Books, 1984）涵盖了古往今来的重大错误决策，除了特洛伊之战、越南战争，还有阿兹特克帝国皇帝蒙提祖马的愚行、8世纪信仰基督教的西班牙被穆斯林势力掌控、英国对美国革命的挑衅等自毁行为。Charles Mackay 的书 *Extraordinary Popular Delusions and the Madness of Crowds*（New York: Barnes and

Noble, 1993, reprint of the original 1852 edition）论及的范围比 Tuchman 的书更广，还提到了发生在 18 世纪英国的南海泡沫、17 世纪荷兰的郁金香热、末日审判即将来到的预言、十字军东征、猎杀女巫、鬼魂信仰、圣迹崇拜、决斗以及国王有关头发与胡须长度的规定等。Irving Janis 写的 *Groupthink*（Boston: Houghton Mimin, 1983, revised 2nd ed.）以近年来美国总统及其顾问团的决策来探讨群体决策的成败。Janis 的个案研究包括 1961 年猪湾事件、美军在 1950 年越过朝鲜半岛的北纬 38 度线、美国珍珠港在 1941 年遭到日本偷袭、美国介入越南战争、1962 年古巴导弹危机，还有美国在 1947 年为了援助欧洲经济复兴推动的马歇尔计划。

Garrett Hardin的"The tragedy of the commons"*Science* 162:1243-1248（1968）］是常被引用的经典文章。Mancur Olson以"流寇"和"坐寇"来比喻中国军阀的文章，参见"Dictatorship, democracy, and development"［*American Political Science Review* 87:567-576（1993）］。沉没成本效应，见 Hal Arkes 与 Peter Ayton 发表的"The sunk cost and Concorde effects: are humans less rational than lower animals?"［*Psychological Bulletin* 125:591-600（1999）］以及 Marco Janssen 等人的论文"Sunk-cost effects and vulnerability to collapse in ancient societies"［*Current Anthropology* 44:722-728（2003）］。

第十五章

有关石油业的发展史和未来可以参考两本书：Kenneth Deffeyes 的 *Hubbert's Peak: The Impending World Oil Shortage*（Princeton, N.J.:Princeton University Press, 2001）；Paul Roberts 的 *The End of Oil*（Boston:Houghton Mifflin, 2004）。业界的观点可从国际大型石油公司的网页了解，如雪佛龙公司：www.chevrontexaco.com。

至于金属矿业的情况，可参考大型矿业公司共同参与的一项计划"Mining, Minerals, and Sustainable Development"，这计划包括一些出版物，载明很多事实和资料，包括以下两本专刊：*Breaking New Ground: Mining, Minerals and Sustainable Development*（London: Earthscan, 2002）；Alistair MacDonald 的 *Industry in Transition: A Profile of the North American Mining Sector*（Winnipeg: International Institute for Sustainable Development, 2002）。其他数据包括华盛顿矿业政策中心的出版物，如最近更名为 Earthworks 的刊物（网址：www.mineralpolicy.org）。讨论与采矿业相关环境问题的专著有：Duane Smith 的 *Mining America: The Industry and the Environment, 1800—1980*（Boulder: University Press of Colorado, 1993）；Thomas Power 写的 *Lost Landscapes and Failed Economies: The Search for a Value* of Place（Washington, D.C.: Island Press, 1996）; Jerrold Marcus 编著的 *Mining Environmental Handbook: Effects of Mining on the Environment and American Environmental Controls on Mining*（London: Imperial College Press,1997）; Al Gedicks 的 *Resource Rebels: Native Challenges to Mining and Oil Corporations*（Cambridge, Mass.: South End Press, 2001）。描述巴布亚新几内亚布干维尔岛铜矿开采业经营失利的书，有以下两本可以参考：M. O'Callaghan 写的 *Enemies Within: Papua New Guinea, Australia, and the Sandline Crisis: The Inside Story*（Sydney: Doubleday, 1999）; Donald Denoon 的 *Getting Under the Skin: The Bougainville Copper Agreement and Creation of the Panguna Mine*（Melbourne: Melbourne University Press, 2000）。

有关森林认证，请参考森林管理委员会的网站：www.fscus.org。至于森林管理委员会与其他认证系统的比较，见 Saskia Ozinga 的 *Behind the Logs: An Environmental and Social Assessment of Forest Certification Schemes*（Moreton-in-Marsh, UK: Fern, 2001）。森林砍伐史有两本书可以参考：John Perlin 的 *A Forest Journey: The Role of Wood in the Development of Civilization*（New York: Norton, 1989）; Michael Williams 写的 *Deforesting the Earth: From Prehistory to Global Crisis*（Chicago: University of Chicago Press, 2003）。

至于渔业认证，请参考海洋监管委员会的网站：www.msc.org。Howard M. Johnson（网站：www.hmj.com）提供了美国水产业的年报（Jacksonville, Ore.: Howard Johnson, annually）。虾与三文鱼的水产养殖，可参考 Jason Clay 的 *World Agriculture and the Environment: A Commodity-by-Commodity Guide to Impacts and Practices*（Washington, D.C.: Island Press, 2004）中的两个章节。有关某些鱼类的过度渔捞问题，可参考下面 4 本书：Mark Kurlansky 的 *Cod: A Biography of the Fish That Changed the World*（New York: Walker,1997）; Suzanne Ludicello、Michael Weber 与 Robert Wreland 合著的 *Fish, Markets, and Fishermen: The Economics of Overfishing*（Washington, D.C.: Island Press, 1999）; David Montgomery 的 *King of Fish: The Thousand-Year Run of Salmon*（New York: Westview, 2003）; Daniel Pauly 与 Jay Maclean 合著的 *In a Perfect Ocean*（Washington, D.C.: Island Press, 2003）。期刊文章则可参见 Jeremy Jackson 等人发表的 "Historical overfishing and the recent collapse of coastal ecosystems" [*Science* 293:629-638（2001）]。人工养殖的三文鱼比野生三文鱼含有的有毒物质更高，这个发现详见 Ronald Hits 等人的报告 "Global assessment of organic contaminates in farmed salmon" [*Science* 303:

226-229（2004）]。

要了解大企业的环境措施，必须先对竞争激烈的企业经营环境有所认识。有关这个主题，可参考以下三本著作：Thomas Peters 与 Robert Waterman Jr. 合著的 *In Search of Excellence: Lessons from America's Best-Run Companies*（New York: Harper Collins, 1982, republished in 2004）；Robert Waterman Jr. 的 *The Renewal Factor: How the Best Get and Keep the Competitive Edge*（Toronto: Bantam Books, 1987）；Robert Waterman Jr. 的 *Adhocracy: The Power to Change*（New York: Norton, 1990）。

讨论企业经营与环境保护如何两全其美的书，可以参考 Tedd Saunders 与 Loretta McGovern 合著的 *The Bottom Line of Green Is Black: Strategies for Creating Profitable and Environmentally Sound Businesses*（San Francisco: Harper San Francisco, 1993），以及 Jem Bendell 编著的 *Terms for Endearment: Business NGOs and Sustainable Development*（Sheffield, UK: Greenleaf, 2000）。

第十六章

2001 年以来出版的一些专著讨论了当今的环境问题，也介绍了这方面的文献资料：Stuart Pimm 的 *The World According to Pimm: A Scientist Audits the Earth*（New York: McGraw-Hill, 2001）；Lester Browns 的 *Ecoeconomy: Building an Economy for the Earth*（New York: Norton, 2001）、*Plan B: Rescuing a Planet Under Stress and Civilization in Trouble*（New York: Norton, 2003）及 *State of the World*（New York: Norton, published annually since 1984）；Edward Wilson 的 *The Future of Life*（New York: Knopf, 2002）；Gretchen Daily 与 Katherine Ellison 合著的 *The New Economy of Nature: The Quest to Make Conservation Profitable*（Washington, D.C.: Island Press, 2002）；David Lorey 编著的 *Global Environmental Challenges of the Twenty-first Century: Resources, Consumption, and Sustainable Solutions*（Wilmington, Del.: Scholarly Resources, 2003）；Paul Ehrlich 与 Anne Ehrlich 合著的 *One with Nineveh: Politics, Consumption, and the Human Future*（Washington, D.C.: Island Press, 2004）；James Speth 的 *Red Sky at Morning: America and the Crisis of the Global Environment*（New Haven: Yale University Press, 2004）。

第十五章的延伸阅读部分已介绍了有关森林砍伐、过度渔涝和石油业等问题。Vaclav Smil 的 *Energy at the Crossroads: Global Perspectives and Uncertainties*（Cambridge, Mass.: MIT Press, 2003）提到的能源问题不只是石油、煤炭、天

然气，还包括其他形式的能源。探讨生物多样性面临的危机和栖息地破坏问题的专著有：John Terborgh 写的 *Where Have All the Birds Gone?*（Princeton, N.J.: Princeton University Press, 1989）及 *Requiem for Nature*（Washington. D.C.: Island Press, 1999）；David Quammen 的 *Song of the Dodo*（New York: Scribner, 1997）；Marjorie Reaka-Kudla 等人编的 *Biodiversity 2: Understanding and Protecting Our Biological Resources*（Washington, D. C.: Joseph Henry Press, 1997）。

最近发表的有关珊瑚礁被破坏的研究报告有：T. P. Hughes, "Climate change, human impacts, and the resilience of coral reefs" [*Science* 301:929-933（2003）]；J. M. Pandolfi 等人发表的 "Global trajectories of the long-term decline of coral reef ecosystems" [*Science* 301:955-958（2003）]；D. R. Bellwood 等人的文章 "Confronting the coral reef crisis" [*Nature* 429:827-833（2004）]。

探讨土壤问题的专著：Vernon Gill Carter 与 Tom Dale 合著的经典之作 *Topsoil and Civilization*（修订版）（Norman: University of Oakalahoma Press, 1974）；Keith Wiebe 编著的 *Land Quality, Agricultural Productivity, and Food Security: Biophysical Processes and Economic Choices at Local, Regional, and Global Levels*（Cheltenham, UK: Edward Elgar, 2003）。不同的观点见其他期刊文章：David Pimentel 等人发表的 "Environmental and economic costs of soil erosion and conservation benefits" [*Science* 267:1117-1123（1995）]；Stanley Trimble 和 Pierre Crosson 共同发表的 "U.S. soil erosion rates—myth and reality" [*Science* 289:248-250（2000）]；还有其他作者在 *Science* 上发表的 8 篇相关文章 [304:1613-1637（2004）]。

至于淡水不足的问题，参见 Peter Gleick 每隔两年发表的 *The World's Water, 1998—1999: The Biennial Report on Freshwater Resources*（Washington, D.C: Island Press, 2000）。Vernon Scarborough 的 *The Flow of Power: Ancient Water Systems and Landscapes*（Santa Fe: School of American Research, 2003）比较了古代社会解决淡水不足的各种方式。

至于全球植物光合作用使用的太阳能，参见 Peter Vitousek 等人发表的 "Human domination of Earths ecosystems" [*Science* 277:494-499（1997）]，更新的文章及分地区的讨论见 Mark Imhoff 等人写的 "Global patterns in human consumption of net primary production" [*Nature* 429:870-873（2004）]。

有毒化学物质对人类的影响，参见 Theo Colborn、Dianne Dumanoski 与 John Peterson Myers 合著的 *Our Stolen Future*（New York: Plume, 1997）。关于人类社会对有毒化学物质付出的经济代价和有毒化学物质对整个生态系的冲击，参看

Tom Horton 与 William Eichbaum 合著的 Turning the Tide: Saving the Chesapeake Bay（Washington, D.C.：Island Press, 1991）。

有关全球变暖和气候变化的专著，参见 Steven Schneider 的 Laboratory Earth: The Planetary Gamble We Can't Afford to Lose（New York: Basic Books,1997），Michael Glantz 的 Currents of Change: Impacts of El Ninõ and La Ninã on Climate and Society（第二版）（Cambridge: Cambridge University Press, 2001）；Spencer Weart 的 The Discovery of Global Warming（Cambridge, Mass.: Harvard University Press, 2003）。

有关人口问题的经典之作有三本书可以参考：Paul Ehrlich 的 The Population Bomb（New York: Ballantine Books, 1968）；Paul Ehrlich 与 Anne Ehrlich 合著的 The Population Explosion（New York: Simon & Schuster, 1990）；Joel Cohen 写的 How Many People Can the Earth Support?（New York: Norton, 1995）。

我对我居住的城市洛杉矶的环境和人口问题的评估，参考了 The Heinz Center 的专著 The State of the Nations Ecosystems: Measuring the Lands, Waters, and Living Resources of the United States（New York: Cambridge University Press, 2002）。

本章列举的关于环境问题的迷思，请参见 Björn Lomborg 的 The Skeptical Environmentalist（Cambridge: Cambridge University Press, 2001）。更进一步破解这些迷思的讨论，见 Paul Ehrlich 与 Anne Ehrlich 合著的 Betrayal of Science and Reason（Washington, D.C.: Island Press, 1996）。本章讨论到的罗马俱乐部，参见 Donella Meadows 等人所著的 The Limits to Growth（NewYork: Universe Books, 1972）。Donella Meadows、Jorgen Randers 与 Dennis Meadows 又出了新版 The Limits to Growth: The 30-Year Update（White River Junction, Vt.: Chelsea Green, 2004）。至于误警是否过多的问题，参看 S. W. Pacala 等人发表的"False alarm over environmental false alarms"［Science 301:1187-1188（2003）］。

至于环境、人口问题与政局动荡不安的关联及其相关资料，可参见国际人口行动的网站（www.population action.org），也可参考 Richard Cincotta、Robert Engelman 与 Daniele Anastasion 合著的 The Security Demographic: Population and Civil Conflict after the Cold War（Washington, D.C.: Population Action International, 2004），还有 Woodrow Wilson Center 出版的年度报告 The Environmental Change and Security Project Report（www.wilson.org/ecsp），及 Thomas Homer-Dixon 发表的报告："Environmental scarcities and violent conflict: evidence from cases"［International Security 19:5-40（1994）］。

最后，读者如果对漂流到太平洋东南的奥埃诺岛和迪西岛的垃圾感兴趣，想知道除了三得利威士忌瓶子,还有哪些东西,可以参阅 T. G. Benton 的报告"From castaways to throwaways: marine litter in the Pitcairn Islands"[*Biological Journal of the Linnean Society* 56:415-422(1995)]中的三张图表。

***

至于本章开头列举的12种严重的环境问题,已有很多好书探讨政府和组织该如何面对。然而,还是有很多人问:凭我一己之力能做什么?如果你有惊人的财富,可以做的事当然很多。就像比尔·盖茨夫妇为世界急迫的公共卫生问题捐出几十亿美元。如果你是一国元首或政府官员,可以利用职务上的机会推动自己的计划,例如美国前总统布什和多米尼加共和国总统巴拉格尔就发挥自己的影响力,为自己国家的环境问题贡献心力。至于像我们这些没钱也没权势的一般大众,面对政府和大企业,难免有无力感。像我们这样的无名小卒,不是大企业的老板,也不是呼风唤雨的政治人物,到底能做什么呢?

事实上,我们至少能采取6种行动,而且常有成效。然而,一开始我们必须注意一点,那就是个人一次的行动并不能改变什么,在短短几星期内做的几次努力也还不够。如果你想改变这个社会或世界,这辈子你都必须在某一方面持续不断地努力。

在民主政体中,最简便、经济的行动就是投票。有些大选之战的胜负就取决于关键少数,像2000年美国总统大选就是一个很好的例子,布什在佛罗里达州以几百票的微弱优势击败对手。除了投下神圣的一票,你还可以写信给当地代表,让他们知道你对目前某一个环境问题的看法。如果那些代表没听到这种意见,可能会认为选民对环境议题漠不关心。

此外,作为消费者的我们,面对那些以赢利为目的的大企业,我们可以拒绝购买它们的产品。如果消费者不买某一些产品,那些公司就会停止生产这样的物品;受消费大众青睐的,他们自然会大量生产和推销。现在,有越来越多的林业公司致力于森林的可持续经营,原因就是消费者偏好森林管理委员会认证的产品。这样的产品大受欢迎,甚至常常缺货。当然,要影响国内的商家比较容易。不过,在全球化的世界,消费者的影响力也增加了,不但可以影响国外的公司,而且可影响国外的政府。南非的白人政府和种族隔离政策在1989—1994年瓦解,就是一个很好的例子。由于消费者和外国大企业、各国投资基金经理人和政府的强力经济抵制,南非的白人政府最后不得不屈服。我在20世纪80年代去过好几次南非,看当时的他们那样固守种族隔离政策,实在很难想象会有今天的局面。

消费者除了可通过购买或拒绝购买来影响大企业的政策，也可唤起大众对企业政策或产品的注意。例如服饰名牌 Bill Blass、Calvin Klein 和 Oleg Cassini 就是在反虐待动物运动的影响之下，宣称它们不使用动物皮毛。另一个例子是，家居建材零售巨头家得宝在环保人士的游说下，不再使用有消失危机的森林木材，同时尽量贩卖有森林管理委员会认证的木制品。家得宝的政策改变让我很惊讶——没想到消费者竟能影响这样的零售巨头。

大多数的消费者运动是通过让一家公司为自己的所做所为感到难堪，进而改变其做法，但这可能会让环保人士背负狂热、偏激的污名。参与消费者运动的人可以因为赞同某一家公司的政策而以行动支持他们。我在第十五章里提到，有些大企业的做法正是环保人士希望看到的，然而这些企业得到的好评很少，万一做得不好，就骂声四起。我们都听过伊索寓言中北风与太阳的故事：北风拼命吹，反而让人更加裹紧外套；太阳发光发热，很快就让人把衣服脱下来了。消费者或许可从这则寓言中得到启示：其实大企业采取某些环保政策时已有自知之明，光靠自己宣传，愤世嫉俗的社会大众不一定会相信，企业需要外界的帮助，来使自己的努力得到认可。以雪佛龙-德士古和博伊西加斯凯德公司为例，顾客爱用它们的产品就是最好的支持。环保人士除了抨击罔顾环境的黑心厂商，更该赞扬、支持爱护环境的良心公司。

想通过购买或拒绝购买来影响大企业的消费者必须做一番功课，找出企业产品链中最容易受到大众影响的环节，以及可以影响其他环节的关键环节。直接销售产品给消费者的公司比较容易受到消费者的影响，若是原料供应商，由于其客户是其他制造商，不直接面对消费者，就不容易受其影响。这时，购买原料的零售商或采购团体就是动摇这些原料供应商的关键。除了我在第十五章举的例子，还有很多例子可以参考。

例如，如果你不赞同某些大型石油公司的经营方式，你可以针对这些石油公司旗下的加油站采取行动，不去那里加油或是去其加油站抗议。如果利希尔岛上的金矿公司做法不当，你别浪费时间想象自己可以促使那些金矿公司改变。你应该从杜邦公司、蒂芙尼珠宝公司或沃尔玛下手，因为这些公司是那些金矿公司的主要客户。如果不能辨识零售材料的源头，赞美或攻击林业公司都于事无补。你该把这个责任交给家得宝、劳氏公司或百安居等零售业巨头，因为只有它们才能影响林业公司。同样，像联合利华和全食超市这样的大企业，会很在乎消费者是否喜欢购买它们的水产食品，它们才是能影响渔业公司的人。沃尔玛是世界最大的零售商，这种规模的零售商才能影响农民怎么耕作。农民不会听你的，但是沃尔玛在意你的意见。如果你想要在企业的产业链中找到消费者可以影响的环节，可以向矿业政策中心（Earthworks）、森林管理委员会和海洋管理委员会这样的组织求教（它们的网址请参看第十五章的延伸阅读）。

当然，作为一个小小的选民或消费者，我们不可能以一己之力影响选举的结果，也不能在一夕之间改变沃尔玛。但是任何一个人都可以发挥自己的力量，去影响另一个人，说服他们把票投给某一个候选人或是购买某一家公司的产品。你可以从改变你的父母、你的孩子、你的亲友开始做起。人多力量大，最后大公司还是会受到这种消费者群体力量的影响。有些大型跨国石油公司就是如此，原本对环境漠不关心，最后变成环保尖兵。一家公司的员工也可能会因为家人、亲友对自己服务的公司多有抱怨，而为自己的公司感到羞耻，最后做不下去。大部分的企业大老板，像比尔·盖茨等人，都有配偶、子女。他们可能会在配偶或子女的压力下改变公司做法；他们的配偶或子女会这么做，也可能是因为受到朋友的影响。虽然我们多半是无名小卒，不在盖茨或布什的朋友名单之列，但是人际关系无远弗届，我们儿女的同学或是朋友的亲友可能就是具有影响力的人士。以多米尼加共和国总统巴拉格尔为例，他就可能是受到姊妹的影响才致力于环境保护。2000年美国总统大选争议案，美国最高法院以5：4裁定布什获得最后选举胜利。参与投票的9位法官人人都有配偶、子女、亲友，最后的决定或多或少会受到这些人的影响。

有宗教信仰的人，也可以在自己的宗教团体中采取行动，增强自己的力量。美国民权运动是从教会开始发起的，有些宗教领导人也勇于为环境议题发声。不过，到目前为止，这么做的宗教领导人不多。宗教领导人对信徒的影响力很大，远超过历史学家或科学家，可以发挥很大的效果。反过来说，虽然我们只是小小的信徒，还是可以影响教会的其他成员或领导人（如神父、牧师或拉比等）。更何况，造物的神圣、爱护环境和大自然的富饶多产常与宗教信仰不谋而合。

希望自己的行动有成效的人，可以考虑多花一点时间、心力改善自己的居住环境。我最熟悉的例子就是泰勒野生生物保护区（位于蒙大拿比特鲁特山谷），我每年暑假都和家人前去参加那里的活动。泰勒野生生物保护区是一个小型的非营利组织，致力于比特鲁特山谷野生生物栖息地的保护和复原。这个保护区的创办人是奥托·泰勒，这位巨富是在朋友的影响下这么做的，但是影响他的朋友并不富有，今天在泰勒野生生物保护区工作的义工也不是有钱人。他们会这么做是因为自己得到了好处（其实，比特鲁特山谷每一个居民或每一个游客都可感受到这种好处）——可以享受美丽的自然风光、可以垂钓。如果放任土地开发，那些美景恐怕很快就不见了。这种例子不胜枚举,几乎每一个地方都有居民团体、业主协会等,都可以为社区环境的保护尽一份心力。

为了改善社区环境而努力,不但能使自己过得更好,而且可以立下好的典范,让人仿效。各个社区的环境保护组织可以多联络,交换意见,并互相激励。我计划对蒙大拿居民进行调查访问,以深入了解泰勒野生生物保护区和布莱克富特河生态保护计划,我发现有些居民已经忙着和其他团体或其他州的居民交流,因此很难抽出时间接受我的访问。此外,美国人(从美国人的观点出发)告诉其他国家的人民,他们该怎么做才有利于自己和国际社会。但这样的信息常常变成耳边风。因为他们心里会想:你们美国人自己都做不好,凭什么告诉我们该怎么做。因此,如果我们自己先做好,再来告诉别人怎么做,会比较有成效。

最后,经济能力许可的人可以捐献一点钱给自己选择的公益组织,让这些组织更能发挥功效。关心鸭子的人,可以捐钱给 Ducks Unlimited,喜欢钓鱼的人可以捐助 Trout Unlimited,重视人口问题的人可以捐给 Zero Population Growth,对岛屿环境保护有兴趣的人则可以捐给 Seacology 等。这些环境组织普遍都有经费不足的问题,因此知道钱要花在刀刃上,只要捐款略有增加,它们就能做很多的事。事实上,即使是规模最大、经费最多的环境组织也一样。以世界自然基金会为例,它是世界三大环境保护组织之一,在世界多国都有分支机构。世界自然基金会最大的分支机构在美国,以这个分支机构来看,年度预算约一亿美元——虽然这笔钱听起来是大数目,但它必须支持基金会在100多个国家的分支机构,包括所有陆上和海洋动植物的保育费用(连许多大型计划也在内,如为期10年、预计总共要花费4亿美元的亚马孙盆地栖息地保护计划,更别提一些小型计划),如此一来预算就少得可怜。也许你会认为,捐那么一点钱给这么庞大的机构可能没什么用。这么想就错了,只要几百美元,就可雇用一个训练有素的国家公园巡逻员,让他使用全球定位系统来调查刚果盆地的灵长类动物数量,否则我们难以得知那些灵长类动物的保育现况。有些环境保护组织有很强的杠杆作用,他们用私人捐赠吸引世界银行、政府和援助机构的资助,因此多一块钱也是好的。他们效能十足,可使资源发挥好几倍的效益。以世界自然基金会亚马孙盆地计划为例,经费效益多达6倍。如果你捐了300美元,对这个机构来说,就像增加了近2 000美元。

当然,我以世界自然基金会为例,只是因为我对这个基金会的经费运作最为熟悉。还有许多的环境保护组织,它们的目标各有不同。上面说的几个例子都是可以发挥一己之力的地方。别忘了,聚沙成塔,不要小看了你的力量。

插图来源

插图 1、插图 2、插图 3：© Michael Kareck
插图 4：Courtesy of Earthworks/Lighthawk
插图 5：Courtesy of Chris Donnan, © Easter Island Statue Project, Cotsen Institute of Archaeology, UCLA
插图 6、插图 7：Photographs by David C. Ochsner, © Easter Island Statue Project
插图 8：Photograph by Jo Anne Van Tilburg, © Easter Island Statue Project
插图 9：Jim Wark/Air Photo North America
插图 10：Nancy Carter/North Wind Picture Archives
插图 11：Courtesy of the National Park Service, photograph by Dave Six
插图 12、插图 13：© Steve MacAulay
插图 14：© 2000 Bonampak Documentation Project, courtesy of Mary Miller, painting by Heather Hunt with Leonard Ashby
插图 15：© Jon Vidar Sigurdsson/Nordic Photos
插图 16：© Bill Bachmann/Danita Delimont.com
插图 17：© Irene Owsley
插图 18：© Staffan Widstrand
插图 19：Spencer Collection, nla.pic.an2270347, National Library of Australia
插图 20：© Jon Arnold/DanitaDelimont.com
插图 21、插图 22：Corinne Dufka
插图 23：UN/DPI
插图 24：AP Photo/Daniel Morel
插图 25：© John P. Baker

插图 26：© G. R. "Dick" Roberts/National Science Image Library, New Zealand
插图 27：National Archives of Australia, A1200, L44186
插图 28：Courtesy of Dr. Kerry Britton/USDA Forest Service
插图 29：Cecil Stoughton, White House/John Fitzgerald Kennedy Library, Boston
插图 30：AP Photo/Dave Cauklin
插图 31：© Pablo Bartholomew/Liaison
插图 32：Courtesy of FAAC USA
插图 33：C. Mayhew & R. Simmon (NASA/GSFC), NOAA/NGDC, DMSP Digital Archive
插图 34：Jim Wark/Air Photo North America
插图 35：© David R. Frazier Photolibrary, Inc.
插图 36：Keystone/Getty Images
插图 37：Photograph © Alex J. de Haan
插图 38：© Ancient Art and Architecture/DanitaDelimont.com
插图 39：Reuters/ Chor Sokunthea/Landov